ARISTOTE, SES DEVANCIERS, SES SUCCESSEURS

DU MÊME AUTEUR
CHEZ D'AUTRES ÉDITEURS

Éternité et historicité, Verdier, 2011.
L'Europe après l'Europe, Verdier, 2007.
Conférences de Louvain, Ousia, 2001.
Papiers phénoménologiques, Jérôme Millon, 1995.
Introduction à la phénoménologie de Husserl, Jérôme Millon, 1992.
L'Idée de l'Europe en Bohême, Jérôme Millon, 1991.
Liberté et sacrifice, Jérôme Millon, 1990.
L'Écrivain, son « objet », P.O.L, 1990 ; Presses Pocket, 1992.
L'Art et le temps, P.O.L, 1990 ; Presses Pocket, 1992.
Qu'est-ce que la phénoménologie ?, Jérôme Millon, 1988, 2002.
Le Monde naturel et le mouvement de l'existence humaine, Kluwer, 1988.
La Crise du sens, t. 1 et 2, Ousia, 1985-1986.
Platon et l'Europe, Verdier, 1983.
Essais hérétiques sur la philosophie de l'histoire, Verdier, 1981, 1999 ; Verdier/Poche 2007.
Le Monde naturel comme problème philosophique, M. Nijhoff, 1976.

BIBLIOTHÈQUE DES TEXTES PHILOSOPHIQUES
Fondateur : Henri GOUHIER Directeur : Jean-François COURTINE

Jan PATOČKA

ARISTOTE, SES DEVANCIERS, SES SUCCESSEURS

Traduit du tchèque et présenté par
Erika ABRAMS

Ouvrage traduit grâce à une bourse du programme Paul Celan, parrainé par l'Institut für die Wissenschaften vom Menschen (Vienne) et l'ERSTE Stiftung (Vienne), avec le concours de l'Université Paris 1 Panthéon – Sorbonne et de l'Institut Universitaire de France. Publié avec le concours du Centre national du livre.

PARIS
LIBRAIRIE PHILOSOPHIQUE J. VRIN
6, Place de la Sorbonne, V^e
2011

Titre original :
Aristoteles, jeho předchůdci a dědicové.
Studie z dějin filosofie od Aristotela k Hegelovi

ERSTE Stiftung

Institut für die Wissenschaften vom Menschen
Institute for Human Sciences

Imprimé en France
ISSN 0249-7972
ISBN 978-2-7116-2399-0

www.vrin.fr

AVERTISSEMENT

« Ce n'est pas nous qui choisissons nos problèmes, ce sont les problèmes qui nous choisissent en nous interpellant », dira Jan Patočka en décembre 1966, en soutenant, pour le titre de docteur ès sciences philosophiques de l'Académie tchécoslovaque des sciences [1], *Aristote, ses devanciers, ses successeurs*, sa dernière œuvre majeure à être rendue accessible, à cinquante ans de distance, au public occidental. Le problème du mouvement, qu'il a plus particulièrement en vue, omniprésent dans ses écrits phénoménologiques des années 1960 et 1970, l'a très tôt interpellé par la voix d'Aristote. Avant de publier en 1964 l'ouvrage traduit ici, le jeune Patočka a signé en 1936 un compte rendu de l'*Aristote* de Walter Bröcker et, en 1938, l'entrée Aristote dans l'*Encyclopédie pédagogique* tchécoslovaque. Il a professé à l'Université Charles de Prague, pendant le semestre d'été 1949, un cours sur Aristote [2] (dont la continuation projetée, interdite en haut lieu, cédera la

1. Les titres de « candidat » et de « docteur ès sciences de l'Académie », sans véritable équivalent dans le monde universitaire français, étaient une invention du régime communiste, inspirée du modèle soviétique. Tout chercheur ayant obtenu un poste à l'Académie des sciences – à plus forte raison un non-marxiste comme Patočka, affecté en 1956 à l'Institut pédagogique puis, deux ans plus tard, à l'Institut de philosophie – était tenu de briguer ces titres pour rester en place. Contrainte bureaucratique et matérielle donc, qui transforme à nouveau en « thésard », à cinquante ans passés, un philosophe internationalement reconnu, malgré le doctorat de philosophie obtenu à l'Université Charles dès 1931 (avec une thèse intitulée *Le Concept d'évidence et sa signification pour la noétique*) et l'habilitation de 1936 (*Le Monde naturel en tant que problème philosophique*; voir trad. fr., La Haye, M. Nijhoff, 1976), ce deuxième doctorat, lorsqu'il est enfin accordé en 1967, aura aussi quelque chose d'un lot de consolation pour celui à qui les autorités persistaient alors encore à refuser une chaire à l'Université.

2. Mentionné le 16 avril 1949, dans une lettre à Robert Campbell où le lecteur de l'*Aristote* de 1964 retrouvera avec intérêt l'évocation des inspirations « systématiques » que Patočka alors déjà y puisait; voir *Les Temps Modernes*, 48 (1992), n° 554, p. 69-70.

place en 1950 – sa dernière année d'enseignement en attendant le dégel post-stalinien – à des leçons sur *La Phénoménologie de l'esprit* de Hegel [1]) et participé en 1961-1962 à l'édition scientifique de la traduction tchèque des *Premiers* et *Seconds Analytiques*. La première mention, dans sa correspondance, du travail qui aboutira au livre communément qualifié de sa « seconde habilitation » remonte au mois de septembre 1959, lorsqu'il écrit à son amie Miloslava Holubová qu'il est « en train de terminer [s]on *Aristote* ». Il est plus que probable que ce projet initial répond à des pressions de la part du nouveau directeur de l'Institut de philosophie de l'Académie [2], soucieux de préserver sa situation. On ne sait rien de précis du sommaire, qu'on peut supposer bâti autour d'une refonte de la série d'articles sur « l'évolution intellectuelle des sciences de la nature » publiés en 1953-1954 dans le mensuel de vulgarisation scientifique *Vesmír (L'Univers)* qui sera à la base des actuels chapitres III, V, VI et VIII. En tout état de cause, le véritable travail de transformation qui donnera à cet ouvrage « d'histoire de la philosophie » sa place à part dans la littérature phénoménologique ne commence que deux ans plus tard. La correspondance permet d'en retracer les grandes lignes. Le 14 août 1961, Patočka écrit à la même destinataire :

> Personnellement : je retravaille mon livre, le chapitre sur Aristote, où il reste des obscurités et des inexactitudes ; j'espère en venir à bout pendant mon séjour à la montagne, s'il pleut un peu.

Le 12 septembre 1961, à Robert Campbell :

> Personnellement, je suis en train de préparer la publication d'un volume d'études sur l'histoire de l'aristotélisme, « Aristote et ses adversaires ». Ce n'est que de la vulgarisation, il y a très peu de personnel là-dedans. Mais cela m'a fait un grand plaisir de relire Aristote et certains autres auteurs anciens — et les modernes qui ont écrit sur eux.

1. Archives Jan Patočka, cote 3000/306.

2. Le mathématicien et philosophe marxiste Arnošt Kolman (1892-1979), citoyen soviétique et membre du PCUS. Directeur de l'Institut de philosophie de l'Académie tchécoslovaque de 1959 à 1962, il se souviendra, dans une nécrologie rédigée en mars 1977, que Patočka « était alors déjà la bête noire des bonzes du parti. Ils exigeaient de moi que je licencie ce sans-parti, non marxiste. J'ai tergiversé, objectant qu'il était le seul connaisseur de la philosophie antique à l'Institut. Quand cela n'a pas aidé, j'ai sorti mon argument massue. J'ai dit : "Il y a le professeur [Valentin] Asmus qui travaille à l'Institut de philosophie de Moscou, et lui non plus n'est ni communiste ni marxiste." Cela a sauvé alors Patočka ».

Le 9 octobre 1961, au même :

> Il est vrai que la pensée française se doit de chanter la palinodie par rapport à Aristote. L'ouvrage de Robin et le texte repris dans sa *Pensée hellénique* offrent une image fort inadéquate de ce héros de la Philosophie. Robin déduit quasiment la physique d'Aristote de sa logique et n'y voit que mythologies.
> Je suis précisément en train de travailler sur le concept de mouvement-processus chez Aristote, et j'y trouve bien des choses importantes, au point de vue tant actuel qu'historique. En effet, on refait maintenant des analyses du mouvement vital qui était le point de départ d'Aristote. Je pense à Buytendijk et à son école. [...]
> Je prépare une publication réunissant plusieurs études historiques, de Platon et Aristote jusqu'à Hegel ; ce sera en tchèque, avec un résumé français ; mais la parution est encore lointaine.

Le 28 octobre 1961, au même :

> Pour vous dire maintenant ce qui m'occupe si bien que j'ai du mal à m'en arracher : je travaille sur le problème du mouvement chez Platon et chez Aristote, tâche de prime abord ingrate, mais tout à fait passionnante dès qu'on approfondit. C'est toute la préhistoire du monde moderne, les prémices de la mathématisation du mouvement qui marque, me semble-t-il, l'heure de naissance de la révolution rationaliste qu'on voit depuis lors déferler à travers le globe.
> Fink a attiré l'attention sur le fait que le mouvement est chez les premiers penseurs, jusqu'à Aristote, avant tout le mouvement *cosmogonique* par lequel le monde se constitue à partir du chaos (pour s'y résoudre à nouveau). Comment cette conception du mouvement cosmogonique a-t-elle fait place au mouvement *dans* le temps et *dans* le monde ? Cet événement marquant se situe entre Platon et Aristote. Démocrite et les pythagoriciens ne connaissent encore, pour l'essentiel, que le mouvement cosmogonique. Seulement, à partir de Parménide, la genèse du monde ne se joue plus dans la profondeur, mais *à la surface* de l'être ; elle n'est plus l'essence de l'être même.
> Chez Platon, le mouvement cosmogonique reprend dans toute son ampleur. C'est l'être qui devient, non pas les étants. Seulement Platon, dans sa dernière période, s'applique à montrer que même le devenir physique fait partie en quelque sorte de ce devenir de l'être même. C'est une tâche qu'il entend mener à bien par l'entremise des mathématiques. Les mathématiques étant pour lui le modèle du devenir ontologique, elles auront à fournir aussi la charpente du devenir physique. Pourtant, il ne trouve pas, dans sa formule du devenir ontologique, de quoi construire conceptuellement le devenir temporel, à-venir au sens fort du terme. C'est la grande critique qu'Aristote lui adressera. La première

mathématisation du mouvement échoue faute de *voir* le devenir temporel.

J'aborde là le récit de ma propre aventure. Je crois avoir trouvé un nouvel angle de vue sur la relation Platon-Aristote. Aristote aurait découvert sa voie en repensant le problème du devenir, du mouvement-processus abandonné par Platon. Il l'aurait découverte en repensant plus précisément la solution platonicienne du problème de l'essence du devenir, par la même méthode de « réduction » qui avait servi à Platon pour mathématiser l'être. C'est ce que j'essaie de montrer à travers une interprétation du livre I de la *Physique* à la lumière de la reconstruction de la leçon platonicienne περὶ τἀγαθοῦ proposée par P. Wilpert dans son ouvrage *Zwei aristotelische Frühschriften zur Ideenlehre*. Il y décrit la méthode du vieux Platon, méthode qui consiste à « réduire » les phénomènes à leurs αἰτίαι, ἀρχαὶ καὶ στοιχεῖα en en recherchant les présupposés plus simples, plus élémentaires. Or, dans le premier livre de la *Physique*, les termes ἀρχαί, αἰτίαι καὶ στοιχεῖα ne sont pas employés au sens spécifique qui sera par la suite celui d'Aristote, mais comme équivalents, de même que chez Platon. Je pars de là pour établir qu'Aristote essaie, dans cette πραγματεία sur les principes, de trouver les principes de l'être en mouvement par la méthode de réduction. Pour autant, son regard n'est plus fixé sur le devenir ontologique, il prend en vue le devenir temporel et constate que les principes platoniciens s'y trouvent en défaut. Il leur manque un terme essentiel pour saisir précisément le *passage* d'une détermination à une autre, ou plutôt de l'indétermination à la détermination. De là, une foule de conséquences : le devenir au sens de Platon est impossible, de même que les êtres censés en résulter. Les êtres idéaux ne deviennent pas, il n'y a pas de genèse des objets mathématiques, ni des objets physiques à partir du géométrique. Surtout, il faut démathématiser la majeure partie du devenir physique. En revanche, tout devenir, tout mouvement-processus se trouve subordonné à un même concept, à un même modèle : tout mouvement est corporel, tout mouvement est temporel. Cela admis, Aristote essaie de montrer, et de se prouver à lui-même, que rien d'essentiel n'est perdu ; le mouvement tel qu'il le conçoit suffit à comprendre les phénomènes *et* à concevoir le monde comme échelle à la fois de l'être et des êtres.

Lorsqu'on déterrera, au XVIe siècle, la philosophie de Platon pour l'opposer à celle d'Aristote, lorsque Kepler et Galilée se mettront à lire Platon avec les yeux d'Archimède, plus personne ne se rendra compte que le retour au platonisme se meut sur un sol aristotélicien : il ne s'agit pas de restaurer le mouvement au sens de Platon, mais de mathématiser le mouvement corporel et temporel à l'aide de la méthode platonicienne de réduction. Cette méthode réductive, Galilée réussira à l'imposer à l'analyse du mouvement. Dès lors, la science moderne sera née, et avec elle, un monde nouveau.

Le 16 janvier 1962, au même :

> J'ai fait aussi, en français cette fois, un article sur « L'idée d'espace depuis Aristote jusqu'à Leibniz » [première version du chapitre IV] [...], mais je ne suis pas content de ce travail que j'ai dû bâcler à la hâte pour un recueil en l'honneur d'un collègue. Au départ, ce n'était que le chapitre introductoire à un travail d'ensemble sur l'espace traité au point de vue ontologique.

Le 16 février 1962, au « collègue » en question, l'historien de l'art Václav Richter :

> J'ai beaucoup travaillé au cours de l'année écoulée, j'ai fait tout un livre, *Aristote et ses adversaires*, qui est maintenant prêt à l'impression. Je pensais d'abord réunir simplement de vieux articles, mais je les ai tous revus à fond, au point qu'il n'est rien resté de l'ancien.
> J'essaie aussi de philosopher pour mon compte, dans la suite du *Monde naturel* et du texte sur l'espace que tu connais et dont, malheureusement, seule la partie historique peut paraître pour l'instant.

Le 25 avril 1962, à Janine Pignet :

> J'ai bien terminé mes études sur le mouvement chez Platon et chez Aristote, et il en résultera un ouvrage de 300 pages à paraître aux éditions de l'Académie, avec un résumé français de 30 pages.

Le 30 juin 1962, à Irena Krońska :

> Je travaille aussi, depuis longtemps, sur des problèmes historiques (Aristote, Platon, un volume sur les problèmes de l'histoire du concept de mouvement est en cours de préparation – à paraître l'année prochaine aux éditions de l'Académie), et sur les questions systématiques (problème de l'espace, de la maison et de la demeure, du chez-soi et de l'étranger, etc.). Malheureusement, j'en suis arraché à tout moment par les tâches urgentes de ma vie tourmentée.

Le 2 décembre 1962, à Václav Richter :

> Pour ma part, je viens seulement de terminer pour de bon mon travail sur Aristote (ou plutôt le concept aristotélicien de mouvement) qui m'a donné du fil à retordre...
> Je pense que j'ai réussi à esquisser l'histoire du concept fondamental de mouvement (en tant qu'idée *philosophique*) depuis les commencements jusqu'à Hegel. À montrer comment Aristote utilise Platon comme tremplin précisément dans le problème du mouvement. À montrer toute la genèse du formidable concept de mouvement qui est celui d'Aristote. À montrer que l'opposition entre Aristote et Galilée, si elle est bien réelle, n'est pourtant pas tout à fait celle dont parle la tradition, et que la

> différence n'est pas au détriment d'Aristote. À faire la lumière sur le rapport entre la physique (= la philosophie de la nature) et la métaphysique chez Aristote. Questions qui ne sont pas seulement historiques, mais actuellement philosophiques. C'est pourquoi je ne regrette pas le temps considérable que j'y ai investi.
> Cela doit aller maintenant à l'impression pour paraître peut-être l'an prochain, vers Noël. Nos jeunes amis me proposent de le soutenir pour le doctorat de l'Académie. Bien sûr, Kolman ne l'a pas encore lu. Mais même si cela n'aboutit pas, j'y aurai beaucoup gagné et beaucoup appris.

Le 4 décembre 1962, à Janine Pignet :

> J'ai bien écrit à Robert [Campbell] que je suis en train de terminer mon livre. C'est une histoire, ou plutôt une esquisse de l'histoire du mouvement considéré comme problème philosophique. Le protagoniste de l'histoire, Aristote, y reçoit un traitement plus soigné que les autres acteurs. J'ai essayé de brosser un tableau d'ensemble de l'évolution de sa conception de la μεταβολή et de la κίνησις. Je ne puis affirmer avoir tout tiré au clair, mais j'espère que certains points sont tout de même un pas en avant, attendu surtout qu'il n'y a presque rien de moderne sur le problème, du moins rien qui soit au niveau de l'état actuel des problèmes aristotéliciens et autres, analogues.

Le 20 mars 1964, à Robert Campbell :

> Vous recevrez dans quelques jours un exemplaire de mon recueil d'études d'histoire du concept de mouvement, *Aristote, ses devanciers, ses successeurs*. Il y a un résumé français, un peu trop laconique. [...] C'est le résultat d'un compromis. Ne pouvant faire un travail systématique, je me suis rabattu sur l'histoire, et ce n'est ni l'un ni l'autre. L'idée qui sous-tend mes considérations historiques est la suivante. Le devenir, le mouvement qui est à l'origine de toutes nos expériences, est lui-même impossible sans un devenir plus profond et plus élémentaire qui est, non pas mouvement dans l'expérience et dans le monde, mais devenir, mouvement *du* monde en tant que tel : devenir ontologique. Ce devenir ontologique a été thématisé chez les premiers penseurs grecs sous les espèces du devenir cosmique, par l'opposition chaos-cosmos que reflète encore, malgré l'étape interposée de l'éléatisme, la cosmologie du *Timée*. La thématisation du mouvement intramondain se fait dans la discussion entre Platon et Aristote. J'essaie de montrer que, chez Aristote lui-même, le mouvement possède encore et toujours cette fonction plus profonde de source de l'être (de la vérité) des choses à côté et au travers de sa fonction d'événement intracosmique, empirique. J'essaie de montrer, ensuite, que cette fonction ontologique empêche Aristote de considérer le mouvement du point de vue de sa structure strictement mathématique, malgré les pas faits par lui dans cette direction. Chez Galilée et

Newton, enfin, je vois le problème du mouvement se dégager complètement de ses attaches ontologiques. L'histoire du mouvement serait, dans cette perspective, celle de la perte de son sens cosmique et des tentatives entreprises pour le récupérer.
Voilà pour le livre. Bien sûr, je n'ai pu expliquer cela qu'indirectement, à travers des exposés doctrinaux.

Le livre, qui paraîtra cinq semaines environ après l'envoi de cette dernière lettre, sous le titre définitif que Patočka y indique, accompagné d'un article important dans la revue de l'Université Charles de Prague [1] conçu expressément pour en éclairer les visées, est ainsi un ensemble composite. Les chapitres I, II et IX sont intégralement le fruit du travail intense évoqué dans la lettre à Richter de décembre 1962, le II en particulier se reflétant très nettement dans la lettre à Campbell du 28 octobre 1961. Le chapitre IV reprend et développe la version tchèque du texte français annoncé au même Campbell en janvier 1962 [2], ajoutant les passages sur les présocratiques, sur Platon et sur le volet négatif de la doctrine de l'espace chez Aristote, ainsi que le résumé final, qui fait le rapport entre conception de l'espace et conception du mouvement, dans

1. « O filosofickém významu Aristotelova pojetí pohybu a historických výzkumů věnovaných jeho vývoji », *Acta Universitatis Carolinae. Philosophica et historica*, 1964, n° 1, p. 87-96 ; trad. fr. « La conception aristotélicienne du mouvement, signification philosophique et recherches historiques » dans J. Patočka, *Le Monde naturel et le mouvement de l'existence humaine*, Dordrecht, Kluwer, 1988, p. 127-138. Restituons ici le texte intégral du dernier alinéa, amputé de ses trois dernières phrases dans la version française : « Il est de fait impossible aujourd'hui d'obtenir une vision claire de la nature de l'évolution spirituelle de l'humanité européenne, de sa périodisation et de ses problèmes, sans tenir compte de l'influence d'Aristote, de sa profondeur et de sa portée. C'est cette conviction qui nous a amené à tenter de présenter au lecteur tchèque aussi l'ensemble de la problématique esquissée ici. Tentative imparfaite, en raison non seulement des lacunes inéluctables de la préparation et des forces individuelles de celui qui l'entreprend, mais aussi de l'état général des études aristotéliciennes aujourd'hui. Peut-être ces quelques lignes auront-elles servi à mieux éclaircir l'entreprise dans laquelle nous nous sommes risqué dans notre livre sur Aristote. » – Sont aussi *grosso modo* contemporains de la parution une conférence (abordant, au-delà de « l'importance historique de la doctrine du mobile et du mouvement chez Aristote », « l'intérêt aujourd'hui encore actuel que sa philosophie conserve en tant que théorie du mouvement ontologique » notamment pour les questions touchant « le sens, la signification, la vérité dans le monde ») pour laquelle nous avons, en préparant ce volume, découvert aux Archives de Prague dix-huit pages de notes manuscrites (cote 3000/406), et enfin un article généraliste (intitulé simplement « Aristote »), à l'intention du grand public, donné à la revue d'histoire *Dějiny a současnost* (7 [1965], n° 3, p. 10-12). Voir aussi *infra*, « Résumé de soutenance », p. 423, note 1.

2. Et à Richter dès le 24 décembre 1960. Voir « L'idée d'espace depuis Aristote jusqu'à Leibniz (esquisse historique) », *Sborník prací filosofické fakulty brněnské university. Řada uměnovědná (F)*, 10 (1961), n° 5, p. 23-41.

la foulée de la réflexion phénoménologique parallèle qui a abouti dès l'été de 1960 à l'essai « L'espace et sa problématique », présent entre les lignes de cette lettre et de celle à Mme Krońska, annoncé à Richter sur le moment comme « pas du tout fait pour être imprimé [1] » – la bien-pensance idéologique étant alors ce qu'elle était – et qui restera de fait inédit du vivant de Patočka [2]. Tous les autres s'inspirent peu ou prou des articles de « vulgarisation » déjà mentionnés [3] qui, orientés pour la plupart sur la dissolution du système, expliquent le titre donné à l'ensemble dans les lettres de 1959 à 1961. L'importance de la refonte qui mène des « adversaires » aux « devanciers » et aux « successeurs » est, cela dit, très variable. Si les actuels chapitres VI et VIII ne conservent du texte initial pour ainsi dire que le titre, comme aussi le chapitre III (qui passe de 30 000 à 300 000 signes en gardant également l'entrée en matière du texte des années cinquante avec l'obligatoire citation de Marx), en revanche, le chapitre V reprend presque mot à mot la première mouture, et le chapitre VII, cas à part, se contente de remanier légèrement, en gommant l'aspect biographique pour mieux faire ressortir le rapport philosophique avec Aristote, le texte publié dans *Vesmír* hors série, en 1961, à l'occasion du quadricentenaire de la naissance de Bacon [4].

1. Lettre du 21 octobre 1960, où Patočka pousse la franchise plus loin encore, dans un aveu qui permet de mieux comprendre les étapes de la composition d'un livre comme l'*Aristote* et la force de l'idée qui s'y déploie : « Vous autres historiens de l'art, vous êtes encore favorisés par rapport à nous ; toi, tu peux espérer publier dans un cadre *meilleur* que les éditions pédagogiques ; moi, je ne serai pas publié, même dans les pires conditions. Au fond, je ne sais même plus pourquoi je me donne du mal, si ce n'est pour une poignée d'amis très chers, comme toi ; mais là encore, cela me désole de ne pas avoir la possibilité d'approfondir les choses comme je le souhaiterais pour mes amis. Ni de les développer comme l'idée l'exigerait. » (J. Patočka, *Sebrané spisy*, t. 20 : *Dopisy Václavu Richterovi*, Prague, OIKOYMENH, 2001, p. 109.)

2. Voir trad. fr. dans *Qu'est-ce que la phénoménologie ?*, Grenoble, Millon, 1988, p. 17-96 et 303-316.

3. Voir *Vesmír*, 32 (1953), n° 3, p. 102-105 ; n° 7, p. 254-256 ; n° 8, p. 285-287 ; 33 (1954), n° 1, p. 27-29. Les trois derniers textes (à l'origine des actuels chapitres V, VI et VIII) ont été publiés en traduction allemande par Ludger Hagedorn dans le volume *Andere Wege in die Moderne* (Würzburg, Königshausen & Neumann, 2006 : « Die ersten Kritiker des Aristotelismus », p. 211-223 ; « Zerfall der Aristotelischen Dynamik und Vorspiel des modernen mechanistischen Weltbildes », p. 225-235 ; « Galileo Galilei und das Ende des antiken Kosmos », p. 273-280), permettant au lecteur qui le désirerait de mesurer l'étendue de la transformation.

4. « O významu Francise Bacona z Verulamu » [Sur la signification de Fr. B. de V.], *Vesmír*, 40 (1961), n° 5, p. 152-155.

Ces neuf chapitres, les seuls mentionnés directement ou indirectement ci-dessus, dans notre inventaire presque complet des références au livre dans la correspondance de Patočka, et les seuls traduits ici, ne forment pourtant, sous le titre « Aristote et le problème du mouvement », que la première partie du volume publié en 1964 (p. 7-325). Celui-ci comporte en outre une seconde partie (p. 327-388), qualifiée par Patočka lui-même d'« annexe », réunissant deux essais « sur la philosophie de J. A. Komenský »[1] que nous avons choisi ici d'omettre (tout en laissant subsister les quelques lignes justificatives que l'auteur leur consacre dans sa « Préface » et quitte à les faire paraître ultérieurement, dans une publication indépendante, si l'intérêt des lecteurs le réclame) : « Intermède au seuil de la science moderne : Nicolas de Cues et Comenius », repris presque tel quel de la série de *Vesmír*, où il figurait à titre de « parenthèse », en avant-dernière position[2], et « La *Consultation universelle* de Comenius », texte qui servira encore de postface à la première édition intégrale de la *De rerum humanarum emendatione consultatio catholica*[3] et dont la première partie reproduit un article publié en 1962 dans un bimestriel de sensibilité réformée[4]. Tout en soulignant, pour certains, « la haute valeur de ces études et leur intérêt éminent pour les lecteurs tchèques », les critiques contemporains déjà s'accordent pour regretter l'inclusion, dans l'ouvrage sur Aristote, de ces textes « ne traitant pas directement du problème du mouvement », perçus comme déplacés, préjudiciables

1. Textes évoqués dans une lettre sans date à la traductrice et coméniologue tchéco-norvégienne Milada Blekastad (1917-2003), où Patočka, sans prononcer le nom d'Aristote, annonce la parution « l'année prochaine peut-être [d']une série de [s]es articles sur l'histoire de la philosophie, dont des travaux, plus tout récents, sur la *Consultation universelle* », avec promesse de l'envoi d'un exemplaire « si jamais vraiment cela se réalise ». (Cf. J. Patočka, *Sebrané spisy*, t. 21 : *Korespondence s komeniology I*, Prague, OIKOYMENH, 2011, p. 15 ; les responsables de ce volume classent ce document en 1962.)

2. « Mezihra na prahu moderní vědy : Cusanus a Komenský », *Vesmír*, 32 (1953), n° 9, p. 322-325.

3. « Epilogus », dans J. A. Comenius, *De rerum humanarum emendatione consultatio catholica*, t. 2, Prague, NČSAV, 1966, p. 685-717. (Le texte y paraît traduit en latin et dans une version augmentée, mais la publication semble être demeurée incertaine jusqu'à la dernière minute. Patočka l'annonce à Milada Blekastad le 9 juillet 1963 en dénonçant la « dénaturation regrettable » de son « appendice » : « Je n'ai pas trouvé l'énergie de résister aux conseillers qui me poussaient à publier même contre ma volonté, à condition de modifier et d'ajouter certaines choses. »)

4. « Z osudů Komenského Opus grande » [Des péripéties du grand œuvre de Comenius], *Křesťanská revue*, 29 (1962), supplément théologique n° 2-4, p. 59-64.

à l'unité et à la structure de l'exposé [1]. Il nous semble probable que cet ajout est à compter au nombre des contraintes liées, dans un climat idéologique encore nettement hostile à toute pensée indépendante [2], à la fonction de thèse qui fut d'emblée assignée à l'ouvrage. Il fait, en tout état de cause, clairement écho à un premier projet en ce sens, évoqué dans les lettres à Richter : une thèse intitulée *Didactique et pansophie. Études sur la philosophie de l'éducation de J. A. Komenský*, que Patočka, en octobre 1957, se disait en train de fabriquer « à coups de ciseaux et de colle », sur un sujet imposé par l'académicien qui chapeautait l'édition des œuvres de Comenius, pour briguer le titre de « candidat ès sciences » (marchepied du doctorat qui lui sera finalement décerné pour l'*Aristote* le 2 février 1967 [3]). La soutenance n'avait pu alors avoir lieu. La reprise du projet mentionnée en passant dans la même correspondance en 1960 [4] s'inscrirait ainsi dans le prolongement du changement de personnel à la tête de l'Institut de philosophie et, directement, dans l'« Aristote » ébauché en 1959 – mesure de précaution aux motivations essentiellement matérielles (rappel des « urgences de la vie ») [5] que nous croyons avoir d'autant moins à respecter que, lorsque Patočka soutiendra cette fois bel et bien, le 13 décembre 1966, aucun des quatre

1. Voir, par exemple, Jiřina Popelová, « Vynikající dílo z dějin filosofie » [Une œuvre remarquable d'histoire de la philosophie], *Filosofický časopis*, 12 (1964), n° 4, p. 584-587 ; Dušan Machovec « Patočkovy studie o Aristotelově přírodní filosofii, její historii a tradici [Les études de Patočka sur la philosophie aristotélicienne de la nature, son histoire et sa tradition], *Filosofický časopis*, 13 (1965), n° 2, p. 318-323. – À noter peut-être que Patočka lui-même, mentionnant en passant, dans la lettre à Campbell du 9 octobre 1961 citée ci-dessus, les études sur Comenius qu'il a déjà publiées en français et en allemand, écrivait : « Ce n'est pas dépourvu d'intérêt philosophique, puisque le fait que quelqu'un ait pu retrouver, au XVIIe siècle, une véritable inspiration platonicienne et fonder une première pédagogie systématique n'est pas ordinaire. Mais cela se situe tout de même en marge de la voie royale de la philosophie. »

2. Voir *supra*, p. 8, note 2. Patočka connaîtra encore une période d'incertitude pendant les premiers mois de 1964, menacé, avec tout le personnel de l'Institut de philosophie, d'un licenciement collectif pour défaut d'orthodoxie.

3. L'ouvrage lui aura valu aussi, le 13 mai 1966, sur décision du présidium de l'Académie en date du 29 octobre 1965, une médaille de bronze « Pour le mérite scientifique et humaniste ».

4. « Pour consolider un peu ma position à l'Institut, écrit Patočka à Richter le 21 octobre 1960. Cela veut dire me remettre à Comenius. Ce n'est pas de gaieté de cœur, tu t'imagines bien, je suis déjà terriblement loin de tout cela. » (*Sebrané spisy*, t. 20, p. 110.)

5. Le doctorat le fera monter en grade dans la fonction publique, avec un traitement majoré de 25 %, à un moment où il écrit à son ami le poète français Raymond Datheil (le 15 novembre 1966) : « Si je publie tant de livres et d'articles, c'est qu'il me faut vivre et faire vivre mes enfants qui tous ont de la peine à joindre les deux bouts. »

rapporteurs [1] ne tiendra compte, dans son jugement, de la seconde partie de l'ouvrage.

À la place de cet appendice coméniologique, nous proposons trois annexes plus proprement aristotéliciennes : les pages du résumé français du volume de 1964 (écrites, vraisemblablement, en 1962) concernant Aristote et le problème du mouvement (texte soumis, comme la correspondance française citée ci-dessus, à un léger toilettage syntaxique et stylistique); le résumé de soutenance (texte de quatre pages dactylographiées, inédit en tchèque, conservé aux archives de l'Académie des sciences [2]), datable, d'après les publications mentionnées dans le *curriculum vitae* qui l'accompagne, des derniers mois de 1965 ou du tout début 1966; et le « discours de soutenance » (treize pages manuscrites de réponses aux quatre rapports datés d'octobre-novembre 1966, conservées aux Archives Jan Patočka de Prague [cote 3000/016/1] sous le titre « Aristote. 13.XII.1966 » et, elles aussi, inédites) qui laisse entrevoir le rapport entre la lecture du concept aristotélicien de mouvement et la réflexion phénoménologique sur les « mouvements de l'existence humaine » qui, annoncée dès 1960 dans le volet « impubliable » de l'essai sur l'espace, explicitée à partir des « Notes sur la préhistoire de la science du mouvement » qui seront accueillies en 1965, en marge du monde académique et universitaire, par le mensuel littéraire emblématique du versant non marxiste de l'avant-printemps de Prague [3], se nourrit de sa « radicalisation ».

1. Ivan Úlehla (1921-2004), physicien de l'atome, auteur en 1963 d'un essai interdisciplinaire intitulé *De la physique à la philosophie*; Robert Kalivoda (1923-1989), marxiste spécialisé dans le mouvement hussite, chercheur à l'Institut de philosophie depuis 1954, membre du parti, bien en cour jusqu'à l'écrasement de « printemps de Prague » (homme d'influence donc, dont le nom figure à la p. 2 de l'*Aristote* comme « responsable scientifique » de la publication et qui, en 1965, soutiendra Patočka contre ceux qui proposent de censurer sa postface à la *Consultation universelle* de Comenius); Karel Kosík (1926-2003), marxiste réformiste, chercheur à l'Institut de philosophie depuis 1953, connu surtout par sa *Dialectique du concret* (1963; trad. fr. 1970); Jiřina Popelová-Otáhalová (1904-1985), professeur d'éthique et d'histoire de la philosophie à l'Université Charles, attirée par le marxisme dès avant la guerre, mais qui usera souvent de son influence par la suite pour protéger la création philosophique en Tchécoslovaquie. Le seul rapport à dire le moindre mot de Comenius est celui de Popelová qui, tout en louant « l'immense travail » accompli par Patočka dans l'arène des études coméniennes, précise que « cette sphère d'activité ne fait pas partie de l'objet de sa thèse ».

2. Fonds J. Popelová-Otáhalová, cote 1053.

3. « K prehistorii vědy o pohybu : svět, země, nebe a pohyb lidského života », *Tvář*, 1965, n° 2, p. 1-5; trad. fr. dans *Le Monde naturel et le mouvement de l'existence humaine*, p. 3-12. – En écrivant à Janine Pignet le 2 décembre 1966, à dix jours de la soutenance, qu'il « prépare en même temps un grand ouvrage qui a pour sujet le problème du

À l'exception de quelques rares fragments (une dactylographie corrigée des premiers paragraphes de la septième section du sous-chapitre 2 du chapitre III, une autre, non corrigée, de la préface) et d'une maigre poignée de brouillons ou variantes (une première esquisse manuscrite du schéma de la dièrèse du mouvement chez Platon au chapitre I, une brève digression philologique sur les premiers livres de la *Physique* qui aurait pu s'insérer vers la fin du chapitre II, une amorce de parallèle entre l'οὐσία aristotélicienne et le ἕν des Éléates, ainsi que quelques pages sur l'analyse du schéma tripartite du mobile conçues peut-être pour s'intégrer au début du chapitre III), le manuscrit du livre comme tel n'a pas été conservé. C'est donc en collaboration avec les Archives de Prague, dans le cadre de la préparation de la réédition de l'ouvrage en tchèque comme tome 14 des *Œuvres complètes*[1], et sans signaler nos interventions dans le texte, que nous avons résolu les problèmes posés par les très nombreuses négligences et fautes d'impression de la première édition, déplorées dans la recension déjà citée de Dušan Machovec (qui dénonce « la hâte et le peu de soin de la composition » – « comme s'il n'y avait eu aucune relecture des épreuves » – état de choses[2] d'autant plus choquant qu'il s'agit d'« un ouvrage philosophique d'un niveau hors pair, publié par la première maison d'édition du pays », mais qui paradoxalement, ajouterions-nous, rejoint les problèmes qui seront plus tard ceux des éditions *samizdat*). Nous avons ainsi procédé à la vérification de l'ensemble de l'apparat critique (notes et bibliographie), en nous permettant également, dans la foulée, d'unifier les citations de Hegel en indiquant systématiquement les références de l'édition Suhrkamp de 1986 (là où le texte de 1964 renvoie tantôt à l'édition Lasson, tantôt à la première édition des amis, tantôt aux traductions de Patočka lui-même) et, en général, là où Patočka cite des traductions tchèques (d'Engels, de Giordano Bruno, de Max Dvořák, etc.), de remplacer ses références par des renvois aux textes originaux.

Les traductions du grec sont, elles, toutes de sa propre plume, qu'il s'agisse d'Aristote, de Platon ou des présocratiques. Pour respecter les nuances de l'interprétation, nous avons donc calqué scrupuleusement

mouvement en tant que clé de la manifestation », Patočka pense sans doute déjà au texte important dont il compte augmenter la seconde édition de sa thèse d'habilitation, commandée quelques mois auparavant par les Éditions Československý spisovatel; voir trad. fr. dans *Le Monde naturel et le mouvement de l'existence humaine*, p. 50-124.

1. À paraître en 2012 ou 2013.

2. Le 7 novembre 1963, Patočka se plaindra pourtant à Milada Blekastad qu'il « ploie sous le poids des épreuves de [s]on *Aristote* à corriger ».

notre propre traduction sur la sienne, tout en consultant aussi, pour les présocratiques, le volume de la Pléiade publié sous la direction de Jean-Paul Dumont ; pour Platon, les traductions de Léon Robin ; pour la *Physique* d'Aristote, la traduction française d'Annick Stevens, la traduction anglaise de R. P. Hardie et la traduction allemande de Hermann Bonitz ; pour la *Métaphysique*, le *De caelo* et le *De generatione et corruptione*, les traductions de Jules Tricot. Même si, comme Patočka le rappelle dans un essai de 1968 [1] encore inédit en français au moment où nous écrivons ceci, « la terminologie n'est pas le seul problème ni, peut-être, le problème principal de la traduction philosophique », un cas exemplaire, et qui se passerait difficilement de commentaire, où traduire son *Aristote*, c'est traduire en même temps le traducteur d'Aristote qu'il était, c'est celui du mot οὐσία. Un des rares termes du vocabulaire aristotélicien que Patočka traduit presque systématiquement, et toujours de la même façon – déroutante de prime abord – depuis les années 1930 jusqu'aux années 1970, οὐσία est rendu, non pas (sauf exception, pour mieux orienter le lecteur habitué à un autre usage) par *podstata* (« substance » ou « essence »), mais par *bytost*, mot de la langue courante (loin donc des néologismes *étance* en français ou *bytnost* dans les plus récentes traductions tchèques d'Aristote), réunissant un suffixe formateur de substantifs de qualité à la racine du verbe *être* (radical, soit dit en passant, dont le sens primitif se serait conservé dans le grec φύομαι), qui correspond à l'allemand *Wesen* et aux sens B et C du substantif « être » dans le *Vocabulaire* de Lalande et convient donc parfaitement pour l'οὐσία aristotélicienne en son sens d'« être individuel » (dans le résumé français, Patočka traduit parfois aussi par « existant » ou met le point sur le i en qualifiant l'« être » dont il s'agit de « fini »). En tchèque comme en français, il faut se rappeler la polysémie du mot et réactiver une acception quelque peu désuète (celle qui faisait dire, par exemple, à Pascal, que c'est « la pensée qui fait *l'être* de l'homme ») pour y entendre aussi l'οὐσία dans l'acception qui l'identifie au τί ἦν εἶναι. Dans les deux sens, nous revenons au grec partout où le contexte pourrait prêter à malentendu.

Dernière mise en garde, enfin : que le lecteur français qui aborde ce livre plus de vingt ans après la chute du système totalitaire en Europe

1. « K problémům filosofických překladů », dans *Sebrané spisy*, t. 5 : *Umění a čas II*, Prague, Oikoymenh, 2004, p. 35-44 ; trad. fr. « Sur les problèmes des traductions philosophiques », à paraître dans Nathalie Frogneux (dir.), *Jan Patočka. Existence, histoire et monde commun*, Paris, Éditions du Cercle herméneutique.

centrale, en ayant peut-être présentes à l'esprit les circonstances de la mort de l'auteur, ne se formalise pas d'entendre Patočka caractériser son travail comme un « ensemble d'études d'histoire de la philosophie *prémarxiste* » ou reconnaître les « mérites » du matérialisme dialectique. Il s'agit justement d'un tribut de pure forme, rendant à César ce qui était à César, de même que les remerciements à la fin de la préface mélangent les vrais conseillers, les « jeunes amis » plus ou moins marxisants et bien intentionnés, les apparatchiks de l'Institut de philosophie et des éditions de l'Académie et quelques personnalités plus ambivalentes. Les textes réunis ici ont été rédigés en pleine période de gel stalinien, dans un climat moins rigoureux sans doute que celui des années cinquante, mais loin de la liberté d'expression même toute relative dont les Tchèques allaient jouir brièvement en 1968-1969 et dont on perçoit des amorces dans le discours de soutenance. Ce n'est pas ici le lieu d'épiloguer sur les subtilités de la censure communiste et de son contournement, et le lecteur sera certainement capable de faire lui-même la part des circonstances, comme il saura apprécier le double mouvement qui anime ce livre charnière dans l'œuvre de Patočka – « étude historique d'un problème philosophique (selon les termes de Ladislav Hejdánek[1]) qui est elle-même de la philosophie et un problème philosophique qui nous interpelle » –, les motifs phénoménologiques mis en œuvre dans l'analyse de la théorie aristotélicienne du mouvement et de son cadre ontologique et les impulsions décisives que le penseur y puise pour le tournant décisif qui suit dans ses propres recherches systématiques.

Reste à remercier ceux sans qui la présente traduction aurait été impossible : Jutta Braidt, Heide Wihrheim et l'ERSTE Stiftung de Vienne, Klaus Nellen et l'Institut für die Wissenschaften vom Menschen de Vienne, Renaud Barbaras et l'Institut Universitaire de France, Ivan Chvatík et les Archives Patočka de Prague, et enfin Filip Karfík de l'Université de Fribourg en Suisse.

E. A.

1. L. Hejdánek, « Aristoteles a naše doba » [Aristote et notre époque], *Lidové noviny*, 13 (1964), n° 33, p. 4.

ARISTOTE, SES DEVANCIERS, SES SUCCESSEURS

Études d'histoire de la philosophie d'Aristote à Hegel

PRÉFACE

Le mouvement et le processus sont des thèmes philosophiques d'une importance fondamentale. Dans l'Antiquité, cette thèse – la signification philosophique du mouvement – était généralement acceptée. Les Temps modernes ont adjugé le mouvement aux sciences spéciales, laissant pourtant sans solution la question de l'unité du mouvement et du processus sous leurs différentes formes. L'un des traits essentiels de la philosophie du matérialisme dialectique, et un de ses grands mérites, c'est l'accent mis sur le problème des différentes formes de mouvement et de leur unité. La dialectique cherche à résoudre la question de l'essence, de l'unité et des formes du mouvement.

Le travail qui suit – ensemble d'études d'histoire de la philosophie prémarxiste – voudrait contribuer à l'éclaircissement historique de ce problème. Sans perspective historique, la discussion objective pâtit de l'absence de l'horizon concret qui a vu émerger les concepts au sujet et au moyen desquels on discute, dans lequel ces notions ont puisé leur vie effective.

Il ne s'agit pas d'un simple travail d'érudition. Les questions traitées ici ont une importance fondamentale pour les destinées de l'humanité. La mathématisation du mouvement, qui a rendu l'homme maître de la nature, était un problème philosophique avant de devenir un fait.

Bien sûr, elle a été freinée par les conditions sociales qui, jusqu'à la naissance du capitalisme moderne, ne mettaient pas l'homme dans la nécessité de donner toujours une application à son savoir.

Freinée, elle l'a été aussi par des conceptions philosophiques qui ont contribué à amonceler, entre le mouvement (le processus), d'une part, et le traitement mathématique de la nature, de l'autre, des obstacles tout d'abord insurmontables. Il a fallu supprimer cette barrière, mais la suppression a entraîné par ailleurs l'oubli de conceptions et de problèmes importants et précieux, indirectement associés à ce qui entravait le développement de la science mathématique de la nature. Telle est la situation que nous nous proposons ici de tirer au clair.

Quelques mots d'abord sur la méthode utilisée dans ces études. Que l'évolution des idées est relative à la réalité socio-économique, cela est pour nous un présupposé évident. Cela dit, la connexion des conceptions philosophico-scientifiques (notamment de celles qui se situent à la charnière de la philosophie et des sciences spéciales) avec le développement social et idéologique est extrêmement complexe. La *fixation provisoire* de ces conceptions dans leur structure immanente est, partant, une exigence méthodique bien fondée. Nous retenons les fils logiques que l'analyse des textes philosophiques permet de dégager en tant que matériel pour la véritable explication qui sera à attendre d'une future synthèse socio-historique.

C'est cette optique qui nous a poussé à aborder les questions dans une série d'études monographiques, qui présentent, non pas une conception suivie, mais une série de *contributions ponctuelles* au problème donné. Il ne s'agit donc pas d'une histoire homogène du problème du mouvement dans la philosophie européenne.

Pour autant, il y a bien en définitive une ligne qui découle de ces analyses partielles et qu'on peut désigner comme la *thèse* de tout l'ouvrage. Cette thèse est, au fond, la suivante :

Les premiers penseurs ioniens instaurent, à la place de la méditation mythique sur les connexions du monde et de la vie, une enquête qui réagit à l'émerveillement devant la présence prodigieuse de l'étant en totalité et répond, par des conceptions empruntées au *présent en tant que tel*, à la question naissante du « pourquoi ». Il faudra cependant attendre longtemps encore avant que cette enquête ne reçoive une forme sous laquelle elle pourra se développer systématiquement, en connaissance de cause. Dans ce chemin, elle avance de pair avec la mathématique, qui devient une discipline de démonstrations rigoureuses vers le même moment où prend forme l'enquête portant sur la φύσις, sur la nature. L'atomistique et le pythagorisme, les deux courants majeurs où débouche, au Ve siècle, le questionnement plus ancien, attestent l'un et l'autre une forte influence des mathématiques. Platon, lorsque à la fin de sa carrière il transforme sa doctrine des Idées en un système de reconduite progressive de toutes les espèces et de tous les domaines de choses étantes à des « principes et éléments » (ἀρχαί et στοιχεῖα) communs, sera le premier à trouver, dans cette *réduction aux fondements*, une formule universelle pour l'explication à la fois philosophique et scientifique. Son système de « réduction » est le premier mathématisme systématique et entièrement conséquent. L'étant visible se réduit pour lui, comme dans l'atomisme, à l'invisible, l'invisible à l'incorporel mobile (l'âme) et à l'incorporel immobile (le stéréométrique), ceci à son tour au planimétrique, à l'arithmétique, et enfin aux Idées-nombres et à leurs principes, l'Un et la Dyade indéfinie. C'est dans ce contexte aussi qu'est posé pour la première fois le problème de la nature mathématique du mouvement.

Le platonisme dans son explication se dirige vers ce qui est toujours plus immuable et plus universel. D'après cela, on pourrait s'attendre à ce qu'il analyse aussi les mouvements en éléments simples, invariables et universels. Sur ce point, son programme réducteur enregistre un échec total. Plutôt que d'analyser le mouvement en ses éléments, Platon se borne à dégager les « mouvements » qui, eux-mêmes, *en tant que tout*, portent un caractère de constance, d'uniformité, d'universalité, tels les mouvements « logiques » de l'âme pensante ou les mouvements astronomiques, qui sont à l'image de ceux-ci; ces mouvements, il les inclut dans la sphère médiane, mathématique, qui médiatise entre l'étant idéal et l'étant sensible, tandis que le mouvement et le devenir proprement dits, dans le sensible, sont abandonnés au « flux héraclitéen », lequel ne fait l'objet d'aucun savoir, mais seulement d'*apparences* et de conjectures; la science rigoureuse, la dialectique ascendante et descendante, la réduction et la diérèse, ne concernent pas le monde de la γένεσις, monde dont la naissance n'intéresse que le regard divinatoire du mythe.

C'est ainsi que, *si Platon crée bien un système mathématique du monde, c'est, pour l'essentiel, sans mouvement* (le mouvement compris dans son système mathématique n'est pas le mouvement naturel, mais ou bien la genèse métaphysique de tous les étants à partir des principes ou bien le mouvement logique de l'âme et les mouvements astronomiques qui l'imitent).

Aristote est le premier à saisir la tâche qui consiste à analyser le mouvement-processus comme tel en *ses éléments*, ses στοιχεῖα. Précisément parce qu'il y a des ἀρχαί et des στοιχεῖα du mouvement et du mobile en tant que tel, il y a aussi la possibilité d'une *science* portant sur le mouvement et le mobile, la possibilité d'une physique qui ne soit pas un simple mythe. L'application de la méthode de réduction conduit à la découverte de trois στοιχεῖα fondamentaux de l'étant en mouvement – un substrat (ὕλη), objet de déterminations, auquel s'ajoutent la privation (στέρησις) et la forme positive (εἶδος, μορφή), qui ne deviennent pas, mais se relaient dans un même substrat. Ce schéma fondamental auquel il aboutit *permet à Aristote de fonder une science dont l'objet est le mouvement, mais c'est un schéma essentiellement non mathématique.* Le modèle en est fourni surtout par les changements qualitatifs, les processus de la génération, du périssement et de l'évolution des êtres vivants. Aristote crée donc bien une science systématique de l'étant en mouvement, mais c'est, au fond, sans mathématique. Dans les profondeurs de son essence, le mouvement-processus aristotélicien n'est pas mathématisable. La mathématisation, par rapport à ce mouvement, ne peut signifier qu'une procédure fictive, tout extérieure, qui en facilite la description, mais n'en saisit pas la nature propre.

Non qu'Aristote ait directement des préventions contre la mathématique et les méthodes mathématiques – il est lui-même le premier méthodologue des mathématiques, méthodologue excellent, et on peut dire qu'il contribue à la future mathématisation du mouvement par les thèses selon lesquelles a) tout mouvement est matériel et b) le mouvement est nécessairement temporel, ainsi que c) par l'analyse des continus qui relèvent nécessairement du mouvement, notamment celle du temps, et d) par sa tentative de formulation mathématique de certaines lois dynamiques.

La raison principale qui rend, chez Aristote, le mouvement-processus foncièrement non mathématisable, c'est toutefois sa nature, non pas *empirique* (le mouvement n'est pas un simple fait donné aux sens), mais *ontologique* : le mouvement n'est pas quelque chose qu'un être subit de l'extérieur, il n'est pas un simple changement de relations, mais quelque chose d'intrinsèque, qui constitue et édifie les êtres dans leur être ; il est le processus de détermination d'un substrat indéterminé ou à la détermination incomplète par l'action opérante d'une essence dont la présence développe toutes les « facultés » ou « puissances » d'une certaine « nature » en mettant les êtres à part de leur entourage non individué et en remplissant de manière créatrice ce cadre initialement vide. La découverte de la nature ontologique du mouvement amène Aristote à remplacer le système platonicien de réduction, dans lequel le problème de la connexion du tout du monde était résolu en reconduisant aux principes premiers, les plus universels, par son propre système d'une totalité d'êtres individuels collaborant à la même œuvre. La principale découverte d'Aristote – le mouvement ontologique – s'oppose à la nature mathématique du mouvement et devient aussi un obstacle historique à sa mathématisation.

Premièrement, cette conception conduit Aristote, en traitant du mouvement-processus, à mettre l'accent sur ce qui le différencie des entités mathématiques ; toutes ses composantes mathématiques sont, sinon ignorées, du moins minimisées (le temps est destructeur, le trajet peut être effectivement divisé, le mouvement seulement de manière fictive, la conception mathématique du mouvement conduit à son identification avec le trajet). – Deuxièmement – ce qui est plus grave et plus périlleux : la conception ontologique, jointe à l'empirisme naïf d'Aristote, l'amène à introduire directement des structures ontologiques dans des réalités sensibles analysées très grossièrement ou pas du tout, associant ainsi les choses à une certaine image de l'étant naturel et à un système global du monde. Il n'y a pas de véritable critique scientifique de la méthodologie pour faire contrepoids au programme ambitieux d'Aristote visant à comprendre les causes non seulement du devenir, mais encore de l'être de ce qui est : il comprend avant de constater, surtout avant d'opérer une constatation exacte et quantitative. Il est tellement certain que l'empirie externe est une simple expression de la nature interne qu'il demeure aveugle au problème complexe de la recherche inductive. C'est cette transposition directe de l'ontologie dans l'empirie qui dresse, sur le chemin de la science empirique de la nature, une barrière qui devra être écartée au XVIIe siècle.

Et c'est pour cette raison précisément que la science de la Renaissance se détourne de plus en plus résolument d'Aristote. Elle cherche un appui chez Platon tout en prenant conscience de ce que celui-ci a négligé et en s'efforçant pour sa part d'effectuer l'analyse du mouvement en ses éléments et principes simples, ses στοιχεῖα. Le facteur nouveau qui permet à la science de la Renaissance de repartir à l'attaque du problème du mouvement, c'est la connaissance de plus en plus précise de l'*inertie*. En connexion avec cela, le mouvement est pris en vue, de plus en plus nettement, en tant qu'*état*, et non plus – à l'instar d'Aristote – en tant que processus-changement. Or, dès lors que le mouvement n'est pas un processus-changement, qu'il n'est pas ce qu'Aristote y voyait, mais plutôt quelque chose de statique, comme toutes les grandeurs géométriques, il peut aussi être traité à l'avenant – non seulement il peut, mais il doit être mathématisé. Galilée finit ainsi par rattraper ce que Platon lui-même, considérant le mouvement physique comme un changement-processus et celui-ci comme un flux héraclitéen, n'avait pas su accomplir : l'analyse du mouvement *more geometrico* en ses éléments, ses στοιχεῖα. Le résultat est alors un *système mathématique de mouvements qui ne sont pas des processus*, c'est-à-dire la partie cinématique de la mécanique moderne.

D'un système mathématique du monde sans mouvement à un système mathématique de mouvements qui ne sont pas des processus, en passant par un système du monde engagé dans un mouvement(-processus) non mathématisable – tel est le chemin de l'évolution du problème du mouvement dans la science et la philosophie européennes. C'est un schéma singulier, on pourrait presque dire triadique, qui n'est pas construit spéculativement, mais représente un pur résumé des faits.

L'œuvre du XVIIe siècle sera ensuite de détacher le concept mathématisé du mouvement de la tradition platonicienne. Une grande importance revient ici – encore qu'il ne joue qu'un rôle mineur dans la science concrète de la nature – à Bacon, du fait de son insistance sur l'expérimentation et de sa nouvelle conception de la science, rapportée non plus à l'intuition des essences éternelles, mais à la domination humaine sur les choses. Certes, Bacon ne préconise pas l'expérimentation pour vérifier des lois mathématiques ; ce qu'il veut vérifier, ce sont ses « formes », qui ne sont que vaguement quantitatives ; mais on n'aura ensuite qu'à mettre une quantité précise à la place de l'imprécise pour ouvrir une voie royale à la méthodologie empiriste qui voit dans le conditionnement réciproque des lois mathématiques et de l'empirie, dans l'alternance rythmique de l'analyse du donné et de la synthèse hypothético-déductive, l'essence propre du processus scientifique.

Au terme de ce chemin, il y a un système de lois du mouvement traitées mathématiquement, un système de mouvements qui ne sont plus des processus au sens d'Aristote, mais des entités mathématiques au même titre que les segments de droite ou les courbes dont s'occupe la géométrie analytique.

L'intuition d'Aristote, le regard qui discerne le mouvement-processus ontologique à la base du mouvement, là même où cela n'est pas empiriquement évident, et qui fait comprendre comme purement accessoire ce que le mouvement aurait de mathématique (le mouvement en tant que quantité, relation et structure relationnelle), cette intuition semble avoir été rendue définitivement caduque par la nouvelle science mathématique de la nature, la mécanique. Pourtant, sans elle, la compréhension du mouvement comme ce qui, « plus qu'une simple propriété », est « le mode d'existence de la matière[1] » – ce sans quoi la matière ne saurait être ce qu'elle est, sans quoi l'étant ne serait pas – serait elle aussi impossible. La naissance de la science moderne de la nature repousse forcément dans l'ombre cette découverte d'Aristote ; asseoir le pouvoir de l'homme sur l'étant, cela n'est possible que par l'action, donc par le mouvement, et les prévisions exactes qui seules rendent possible la

1. Fr. Engels, « Aus Engels' Vorarbeiten zum "Anti-Dühring" (zu : VI. Naturphilosophie, S. 55 ff) », dans K. Marx et Fr. Engels, *Werke*, éd. de l'Institut für Marxismus-Leninismus auprès du comité central du SED, Bd. 20, Berlin, Dietz, 1962, p. 575.

maîtrise du mouvement présupposent des lois mathématiques, impossibles, elles, sans une conception du mouvement aussi en tant qu'entité mathématique. L'éclipse du concept ontologique de mouvement est, de ce point de vue, une nécessité historique.

La conscience du mouvement en tant que facteur ontologique ne persiste au XVIIe siècle que chez des penseurs marginaux par rapport à la naissance de la science mathématique moderne de la nature, tels Campanella ou le Tchèque Comenius. Comenius reconnaît des principes du mouvement supérieurs à la *natura* : l'*ars*, principe de la création et du travail humain, et la *prudentia*, principe de l'organisation de la société. Les « mondes » autres que celui de la nature ont une source du mouvement qui leur appartient en propre et qui explique aussi la forme spécifique des processus qui s'y déroulent.

Le mouvement ontologique, bâtisseur de l'étant, mouvement qui donne forme à la réalité de l'intérieur, ne sera redécouvert que par Hegel. Bien sûr, Hegel ne le découvre pas tel qu'il figure chez Aristote, mais sous une forme entièrement nouvelle, essentiellement opposée à la manière dont Aristote le comprend, bien qu'opérant derechef avec les contraires et leurs possibilités de rapports réciproques. Chez Aristote, le mouvement ontologique est conçu de telle sorte que les contraires ne se rencontrent pas, qu'ils se fuient et n'entrent jamais en contact. Les contraires sont par principe au-dessus de chaque mouvement-processus, mais si le mouvement se réalise à l'aide des contraires, ce n'est pas du fait de l'évolution qui leur est propre. L'évolution des contraires à partir l'un de l'autre est une conception qu'on ne relève nulle part dans l'Antiquité, même pas là où (comme chez Platon) les contraires « agissent l'un sur l'autre »; cette action consiste, en effet, à « informer la matière » ou à « imprimer une mesure », métaphores que la conception d'Aristote dépasse. C'est néanmoins à juste titre que Hegel croit discerner une affinité entre sa propre conception et celle d'Aristote; il défend contre Bayle la réfutation des paradoxes de Zénon par Aristote en louant ses « concepts véritablement spéculatifs d'espace, de temps et de mouvement [1] ». Le mouvement ontologique demeure un grand acquis philosophique, quand même on est parfaitement fondé à en critiquer la composition chez Aristote et la manière dont celui-ci le conçoit. Quoi qu'il en soit, la conception dialectique du mouvement chez Hegel

1. G. W. Fr. Hegel, *Wissenschaft der Logik, Erster Teil : Die objektive Logik, Erstes Buch (Werke 5)*, Francfort, Suhrkamp, 1986 (nouv. éd. d'après les *Werke* de 1832-1845), p. 226-227.

montre que l'idée qui a conduit à la naissance de la science mathématique moderne de la nature ne suffit plus, qu'il faut une conception plus ample et plus profonde, à même, bien sûr, d'inclure le mouvement mécanique en tant que cas limite. Il est symptomatique que la conception nouvelle, qui abandonne à nouveau la surface empirique pour les profondeurs de l'ontologie, arrive à un moment où la pensée n'est plus monopolisée par le rapport de l'homme à la nature et par le propos de maîtriser le monde matériel, mais où les grandes luttes sociales liées à la disparition des formations féodales tournent l'attention des penseurs vers les processus sociaux comme une forme supérieure de mouvement, d'une explication plus exigeante.

Telle est la perspective historique esquissée dans cet ouvrage. Répétons-le : l'histoire présentée ici est celle, non de *solutions* définitives, mais de *problèmes* conduisant pour la plupart à d'autres problèmes. Notre intention n'est pas simplement de faire part de résultats historiques, mais de faire voir aux philosophes une problématique qui les incite à de nouvelles entreprises.

Le fait d'axer notre travail sur Aristote nous a obligé à approfondir tous les principaux concepts de son système philosophique. Aussi l'étude centrale, consacrée expressément à Aristote, réunit-elle des lectures des passages les plus importants de la *Physique*, de la *Métaphysique* et de quelques autres de ses œuvres. Rien de plus classique en histoire de la philosophie que l'étude d'Aristote, mais rien aussi de plus épineux; par la masse des commentaires, par les questions philosophiques qu'elle pose et qui ne sont en rien moins complexes que l'interprétation proprement dite, cette étude est des plus ardues.

Le but assigné à notre travail a nécessité également l'étude du dernier Platon – celui qu'Aristote a pu connaître, le Platon de l'enseignement oral et des dialogues tardifs. La reconstruction de ce dernier système, inaugurée par Robin il y a un demi-siècle, compte parmi les plus grands progrès en histoire de la philosophie réalisés à notre époque; les travaux de Gomperz, de Merlan, de Wilpert et d'autres dans ce domaine conduisent à une définition de plus en plus précise de l'atmosphère dans laquelle Aristote baignait lors de ses débuts philosophiques.

L'interprétation d'Aristote lui-même se place depuis près de quarante ans maintenant sous le signe de l'œuvre de W. Jaeger. Œuvre de *philologue*, dont le résultat le plus marquant, chose étonnante, semble être d'avoir fait découvrir Aristote *philosophiquement*, en tant que chercheur inlassable, en désaccord avec lui-même, créant dans une incessante évolution et lutte d'opinions, d'avoir obligé nos savants actuels à analyser à fond, dans leur développement à la fois *interne* et *externe*, chacune des questions qu'Aristote s'est appliqué à résoudre, de façon à faire revivre le *processus* dans lequel, arrivant successivement à des résultats différents, il modifiait en conséquence ses écrits antérieurs, refondant ceux qui laissaient à désirer en des ensembles plus satisfaisants. *Cette image d'Aristote*, désormais généralement acceptée, a presque totalement supplanté – chez les néoscolastiques eux-mêmes – la vision longtemps dominante de l'Aristote-systématicien par excellence, forgée par la tradition scolastique. Pour autant, il est compréhensible que la complexité des tâches auxquelles la nouvelle optique confronte les chercheurs ne permette pas aussitôt un consensus, serait-ce sur des questions aussi fondamentales que l'évolution globale d'Aristote ou le problème particulièrement important de la chronologie, absolue et relative, des différentes parties de la *Métaphysique*. De fait, les opinions de Jaeger, de von Arnim, de Guthrie, de Ross, de Gohlke, d'Oggioni, d'Owens, de Merlan, de Nuyens et de Mansion accusent, sur des questions tout à fait essentielles, des différences capitales. Nous ne pouvons et n'avons pas ici à prendre position sur tous ces points. Notre propre travail sur Aristote n'exige pas une reconstruction de l'ordre exact de la rédaction des différents traités dont se composent la *Physique* et la *Métaphysique*.

En effet, ce qui nous paraît décisif dans la *Métaphysique*, ce n'est pas la naissance de la théologie monothéiste, mais plutôt la *perspective* de l'ἐνέργεια pure et de l'être pur en tant qu'idéal et principe d'ordre pour l'étant sensible, mobile. De ce point de vue, le livre Λ nous semble montrer les étapes de la genèse de la principale idée de la métaphysique comme *philosophie première*, car il n'est pas du tout question, dans les chapitres 1-5, du ὁρισμός (la définition) et du τί ἦν εἶναι (l'essence), composantes essentielles de la théorie mûre de l'οὐσία – des êtres ou de la substance – qui change, et l'εἶδος n'y est traité encore que très généralement en tant que φύσις, de même qu'au livre II de la *Physique*. Aristote, au moment où il produit le tout qu'est le livre Λ de la *Métaphysique*[1], a déjà trouvé, dans le concept d'ἐνέργεια pure, la

1. Nous ne sommes pas sans nous rendre compte des problèmes ardus liés à la question de la genèse du livre Λ en tant que tout. Le célèbre chapitre 8, que Jaeger tient pour un ajout postérieur du penseur qui aurait eu besoin de concilier sa doctrine monothéiste avec les derniers progrès de l'astronomie, est présenté par Elders (*Aristotle's Theory of the One*, Assen, Van Gorcum, 1961, app. IV), au contraire, avec des arguments sérieux à l'appui, comme le germe de tout le livre, à laquelle la doctrine du premier moteur aurait été rattachée précisément sous l'influence de la conception nouvelle de l'objet de la

nouvelle clef de la totalité qui remplacera pour lui l'unité platonicienne dans l'universel suprême; lorsqu'il élabore et précise l'image de l'étant changeant et matériel dans les livres Z-Θ, cela se fait d'ores et déjà d'un point de vue nouveau.

Au lieu des problèmes philologiques, nous nous sommes laissé tenter plutôt par les questions d'interprétation philosophique. Pour la *Physique*, A. Mansion, dans son *Introduction à la Physique Aristotélicienne* désormais classique, a frayé les voies aux questions essentielles en présentant la genèse du concept aristotélicien de φύσις comme le fruit d'une explication avec Platon et les premiers physiciens. W. Barrett, dans sa thèse, poursuit dans la même direction. W. Bröcker, comme auteur d'un petit ouvrage lourd de contenu sur la pensée d'Aristote, porté par la question du mouvement, nous a aidé à comprendre la signification du premier schéma du mouvement sur lequel nous portons notre attention d'une manière différente, en nous attachant à en suivre la genèse et l'évolution ultérieure dans le développement successif des différents chapitres de la *Physique*. La thèse d'E. Fink, selon laquelle il y aurait un « mouvement ontogonique », qui ne se déroule pas simplement à même l'étant achevé, mais dans lequel l'étant s'édifie en tant que tel, nous a poussé à étudier plus particulièrement le mouvement-processus aristotélicien sous cet angle et à constater que le mouvement « cosmogonique » originel des premiers penseurs grecs et de Platon, constituant le monde à partir du chaos, devient chez Aristote un mouvement *ontologique*, qui structure, détermine, dégage et fait mûrir les êtres dans un monde qui est éternel et n'a plus de place pour les notions mythiques (telles que le chaos). Nous voyons donc Aristote comme le principal représentant de ce mouvement ontologique avant Hegel (chez Platon, le mouvement ontologique n'est que sous-entendu). Nous nous sommes appliqué par ailleurs à rattacher ces questions à l'histoire des problèmes du mouvement dans les sciences spéciales, notamment pour ce qui concerne sa mathématisation – optique entièrement étrangère aux auteurs que nous venons de citer, dont le champ d'intérêt se borne aux problèmes métaphysiques. Il est vrai qu'on ne pourra jamais rendre tout

philosophie première. Quoi qu'il en soit, cela indique qu'il s'agit bien d'un collage de deux, voire, probablement, de trois ou quatre parties. La perspective qui préside à la réunion du tout est cependant, très certainement, la doctrine exposée aux chapitres 6-7. – La solution d'Elders exclurait un autre thème « évolutionniste » de l'aristotélisme qui aurait conduit, d'après Jaeger, à l'abandon de la métaphysique et au passage aux recherches empiriques : l'impossibilité de concilier la doctrine des moteurs immobiles avec l'astronomie de Callippe.

à fait justice au concept aristotélicien de mouvement d'un point de vue purement scientifique, mais la plénitude concrète de sa conception implique aussi cet aspect, à comprendre en connexion avec le premier et à mettre ainsi à sa place dans le cours de l'histoire.

Une remarque de Wilpert, selon qui le premier Aristote platonicien aurait repris à l'Académie, dans les fragments de ses écrits platonisants, le programme de recherche des ἀρχαί, αἰτίαι καὶ στοιχεῖα (concepts qui auraient été d'abord équivalents pour lui, exactement comme pour Platon), nous amène ensuite à interpréter de ce point de vue le livre I de la *Physique* et à présenter, à titre d'hypothèse, le schéma tripartite issu de la recherche des ἀρχαί de l'étant mobile comme la cellule souche de l'aristotélisme. Nous essayons d'appliquer cette idée tout d'abord dans la *physique* d'Aristote, dont la découverte des στοιχεῖα a fait une science, rendant possible un *savoir* effectif portant sur ce que Platon tenait pour un simple objet d'opinions et de conjectures. Mais nous examinons également sa signification dans la *métaphysique*, où ce point de vue est à l'origine d'une manière nouvelle de poser la question de la totalité, différente de ce qu'on trouve chez Platon. Sur ce point, nous tentons encore de prendre position à l'égard de ceux qui soutiennent aujourd'hui qu'il n'y a pas chez Aristote de doctrine générale de l'être en tant que tel, comme concept formel, mais uniquement une doctrine de l'être substantiel, une théologie. C'est ce qu'affirme Ph. Merlan, au contraire d'A. Mansion qui accentue la distinction systématique traditionnelle entre les deux et propose une lecture historique selon laquelle la doctrine aristotélicienne de l'étant en tant que tel (ὂν ᾗ ὄν), distincte de la première philosophie première (πρώτη φιλοσοφία), c'est-à-dire de la théologie, ne serait devenue elle-même « philosophie première » qu'au cours du temps, dans une visée d'unification de motifs initialement indépendants – aux dépens de la précision conceptuelle, à en croire Mansion.

Nous croyons, pour notre part, que l'identification aristotélicienne de la πρώτη φιλοσοφία avec la science portant sur l'ὂν ᾗ ὄν est quelque chose d'essentiel, lié à la découverte d'une nouvelle clef du tout de l'univers dans le concept d'ἐνέργεια – non que la doctrine de l'ἐνέργεια pure aurait pour but, comme dans le platonisme (et comme Merlan se le figure), l'ascension vers la théologie et l'étant suprême, mais plutôt en ce sens qu'elle dévoile l'étant matériel mobile et le rend manifeste en ce qu'il est et pourquoi il est. Telle est la conclusion à laquelle nous conduit l'étude du mouvement ontologique de l'étant, embryonnairement présent dès le livre I de la *Physique* et que nous avons vu se développer en toute la théorie de la φύσις, de l'εἶδος/μορφή, de l'ὁρισμός et du τί ἦν εἶναι, de la δύναμις et de l'ἐνέργεια.

Un ouvrage comme celui-ci, qui se propose de mettre en lumière des problèmes multiples, dans des étapes et des dimensions plurielles, sans prétendre à un caractère globalement exhaustif, contient forcément un certain nombre d'éléments disparates. L'auteur ne peut pas ne pas y faire état aussi des travaux des autres. Des chapitres comme « Les premiers critiques de l'aristotélisme » ou « La dissolution de la dynamique aristotélicienne » tiennent ainsi, par endroits, du compte rendu : le lecteur tchèque y découvrira bien des choses que personne, sinon, n'avait portées à sa connaissance. Notre objectif, dans ces passages, est d'attirer l'attention, entre autres, sur la signification des recherches réalisées, dans toute une série d'études sur la philosophie de la nature des scolastiques tardifs, par Anneliese Maier, à la suite de Duhem et dans un débat critique avec les thèses excessives de celui-ci sur la naissance des conceptions essentielles de la mécanique moderne au XIVe siècle; de signaler aussi l'importance de publications comme *The Metaphysical Foundations of Modern Physical Science* de Burtt, les *Études galiléennes* et *From the Closed World to the Infinite Universe* de Koyré, *The Great Chain of Being* de Lovejoy et (ouvrage, il est vrai, plus spécialisé et moins philosophique) *Die Mechanisierung des Weltbildes* de Dijksterhuis. Tous ces penseurs (représentant des tendances très diverses dont il nous est impossible ici de faire la critique) axent leurs efforts sur le problème de la formulation à donner, philosophiquement et *dans le domaine de la philosophie*, au changement révolutionnaire qui, défini socialement par le passage des formations précapitalistes au capitalisme, est responsable de la naissance de notre monde dédivinisé et y a mis les leviers de commande entre les mains de l'homme. Peut-être notre point de vue – il s'agirait d'une éclipse, d'un oubli passager, mais pratiquement inéluctable, du caractère ontologique du mouvement-processus – pourra-t-il contribuer à l'élucidation philosophique de cette question.

La seconde partie [1], que nous avons choisi d'annexer à nos études d'histoire de la philosophie, traite de la pensée philosophique de Comenius. C'est, en apparence, un tout autre thème, bien distinct.

Pourtant, la philosophie du XVIIe siècle, dans le contexte de laquelle Comenius a sa place, est intégralement déterminée par la lutte pour l'héritage d'Aristote; et dans la mesure où Comenius prend une part active à cette lutte, où le renouveau de la tradition platonicienne se

1. Omise dans la présente traduction. Voir Avertissement, p. 15-17. *(N. d. T.)*

reflète dans son œuvre comme guère ailleurs, où il puise son inspiration au premier chef chez des personnalités comme Nicolas de Cues, Campanella, Bacon – pour ne nommer que quelques-uns des protagonistes de la lutte autour d'Aristote – ces études sur Comenius ne représentent pas une digression par rapport à notre thème fondamental.

Elles dessinent plutôt un second foyer dans ce cadre ; nos études coméniologiques se proposent de montrer comment les problèmes de la philosophie moderne naissante se reflètent chez le penseur tchèque le plus universel de cette période.

Nous ne pouvons ici remercier individuellement tous ceux qui nous ont obligé par des observations, des remarques, des critiques. Que soient néanmoins nommés ceux qui ont lu et commenté tout ou partie de cet ouvrage : Robert Kalivoda, Ivan Dubský, Jindřich Zelený, Zdeněk Pokorný et Miroslav Zůna de l'Institut de philosophie de l'Académie tchécoslovaque des sciences, Kazimír Večerka de l'Institut d'histoire, Václav Frei de l'Institut de physique du solide ; de même, Dušan Machovec, Karel Berka et le professeur Jiřina Popelová, de la Faculté de philosophie de l'Université Charles. Les conceptions d'ensemble et de détail ont été discutées à fond avec de nombreux amis, dont František Jiránek et le professeur Josef Stavěl, de l'Université Charles. Le chapitre sur l'évolution du concept d'espace doit beaucoup aux suggestions du professeur Václav Richter, de l'Université Jan Evangelista Purkyně de Brno, et d'autres historiens de l'art. L'auteur tient à exprimer sa reconnaissance à toutes ces personnes, non moins qu'à Arnošt Kolman et à Václav Vaněček, de l'Académie des sciences, qui, en l'encourageant à livrer au public certaines des études que l'on retrouvera ici, lui ont inspiré l'idée de cette publication dans son ensemble.

CHAPITRE PREMIER

LES DÉBUTS DE LA MATHÉMATISATION DU MOUVEMENT ET LE RÔLE D'ARISTOTE DANS SON DÉVELOPPEMENT

I

La « physique » présocratique ne connaît pas le mouvement au sens de la science moderne de la nature, comme changement de position des choses singulières par rapport à d'autres. Elle ne distingue pas le mouvement du processus en général, qui l'intéresse au premier chef comme processus de génération (et en même temps de périssement) par lequel les réalités singulières déterminées ainsi que leur ensemble – le monde, le cosmos – se mettent à part du fondement originel, indéterminé; le mouvement est donc chez eux, tout d'abord, ce par quoi le cosmos naît et périt, c'est le devenir du cosmos plutôt que le mouvement dans le cosmos, mouvement du monde plutôt que mouvement dans le monde. Les présocratiques, pour autant qu'ils parlent du mouvement, ont toujours en vue le mouvement cosmogonique dont les contraires inséparables et mutuellement exclusifs sont le moteur inépuisable; relèvent de ce contexte les mots d'Héraclite sur l'identité du chemin « vers le haut » et « vers le bas », sur la « mesure » qui règle l'allumage et l'extinction du feu cosmique, sur l'un qui, en différant, s'accorde avec lui-même [1]. Que l'on ne possède aucune définition exacte du mouvement et du processus remontant aux débuts de la réflexion humaine sur le tout du monde, cela tient non seulement au fait que la « physique » originelle ne signifie que

1. Cf. H. Diels et W. Kranz, *Die Fragmente der Vorsokratiker*, Berlin, Weidmann, 6e éd., 1954, Héraclite, B LX, XXX et LI. *(N. d. T.)*

les premiers petits pas timides dans la connaissance issue de l'expérience et son analyse, mais aussi à la particularité de cette première pensée philosophique : elle est une réflexion sur le monde en totalité qu'elle tente de thématiser par opposition au « chaos » primitif, au fondement premier, indifférencié de ceux qu'Aristote nomme οἱ πρῶτοι θεολογήσαντες [1].

On pourrait demander si au moins le système qui, dans le cadre de cette première enquête sur la φύσις, s'approche le plus des idées de la science moderne de la nature – le mécanisme des atomistes abdéritains Leucippe et Démocrite – ne fait pas exception également dans la question du mouvement. Ne sommes-nous pas là, en vérité, d'ores et déjà en présence d'une théorie positive concernant des mouvements empiriques, voire d'une théorie dont l'inspiration est largement mathématique ? L'atomistique est un arithmétisme conséquent ; elle est proche, sous ce rapport, du pythagorisme, et ses représentants parviennent, sur la base du principe atomique, à des résultats géométriques non négligeables. L'idée de la structure mécanique des corps composés de particules élémentaires et celle de la genèse des qualités supérieures sur la base des structures atomiques (le grand principe des explications atomistiques) sont au fond des conséquences de cet arithmétisme. Il est du reste fort probable que l'atomisme était compris initialement dans un sens, non pas physique (l'insécabilité de corpuscules qui ne sont divisés par aucun vide), mais plutôt géométrico-spatial (l'atomisme des « points » ultimes dont se compose l'étendue) [2] ; c'était une réponse finitiste à l'argument éléatique de la dichotomie, de la divisibilité indéfinie du continu, une spéculation donc sur des concepts mathématiques fondamentaux, notamment sur l'impossibilité d'une grandeur infiniment petite. Si l'on considère par ailleurs que les atomistes tenaient aussi le temps et le mouvement pour composés d'atomes (comme Aristote le donne à entendre au livre VI de la *Physique* [3]), et cela sans doute parce que le déplacement ne pouvait signifier à leurs yeux qu'un saut d'une position-unité à une autre, ce qui conduit à la notion d'un intervalle de temps élémentaire (on ne peut définir un intervalle de temps moindre que celui dans lequel se déroule un tel saut) et à l'idée de vitesse maximale (celle à laquelle se meut le corpuscule qui traverse à chaque

1. *Métaphysique*, A, 3, 983 *b* 29.

2. Cf. S. Luria, « Die Infinitesimaltheorie der antiken Atomisten », *Quellen und Studien zur Geschichte der Mathematik, Astronomie und Physik*, Abt. B II, 1933, p. 106-185.

3. 231 *b* 18-19.

instant successif une nouvelle unité d'espace, au lieu que tous les autres degrés de vitesse signifient la persistance dans les unités successives durant plusieurs unités de temps), cela nous amènerait à conclure que les atomistes appliquaient aussi au mouvement des concepts essentiellement mathématiques, que nous nous trouvons là en présence d'un des premiers essais de mathématisation du concept de mouvement ; les notions de trajet, de temps et de vitesse semblent bien y avoir été thématisées, fût-ce de façon très rudimentaire, sans plus de précision que chez Zénon d'Élée, dans l'élaboration de ses paradoxes du mouvement. Il est certain que la réponse finitiste à Zénon présuppose la discontinuité parallèle non seulement de l'espace et du temps, mais encore du mouvement et, partant, une prise en compte de leur relation mutuelle ; à partir de là, il serait tout naturel d'aborder une réflexion sur le mouvement uniforme et non uniforme, c'est-à-dire ayant ou n'ayant pas même vitesse, même direction, etc., à chaque instant consécutif. Or, il ne s'est conservé aucune trace écrite de rien de la sorte ; pas un seul mot, pas un propos rapporté qui permettrait de conclure que les atomistes regardaient le mouvement comme une quantité relevant du domaine des mathématiques, qu'ils comprenaient en général le mouvement comme un état dont les changements puissent et doivent faire l'objet d'une considération causale et quantitative.

Et pourtant il y avait amplement l'occasion de considérations positives sur les causes des changements affectant le caractère du mouvement dans l'autre grand vivier de la pensée atomiste, l'expérience [1] (depuis les grains de poussière dans un rayon de soleil et la porosité des solides jusqu'à l'observation des tourbillons et du mécanisme du sable se déposant sur la plage). Les atomistes portaient une attention soutenue au phénomène du *choc* (παλμός) qui communique l'impulsion aux corps ; ils observaient les circonstances dans lesquelles le mouvement s'accélère ou s'amortit ; loin d'être de la spéculation pure et simple, leurs exposés sur le mouvement réel comportent un trait d'observation systématique. Ils ont bien vu que le choc entraîne un mouvement rapide s'il y a un espace où celui-ci peut se déployer, comme aussi que le manque d'espace ralentit le mouvement, jusqu'à le rendre finalement impossible. À notre connaissance, cependant, ils n'ont jamais mis leurs observations globales des « collectifs » atomiques en rapport avec l'analyse élémentaire du mouvement dont témoigne le propos d'Aristote, indiquant qu'ils

1. Cf. par exemple A. Rivaud, *Les Grands Courants de la pensée antique*, Paris, Librairie Armand Colin, 1929, p. 58.

concevaient aussi le temps et le mouvement de façon atomique[1]. Il est probable qu'ils n'ont même pas essayé d'associer les deux. À la doctrine élémentaire du mouvement – qui n'allait sans doute guère au-delà de l'affirmation de son caractère atomique, jointe peut-être à quelques considérations sur le vide, en tant qu'il rend le mouvement possible, et sur l'impénétrabilité des atomes – se sont, non pas greffées, mais plutôt surajoutées une doctrine purement empirique, s'appuyant sur l'expérience non analysée, et des hypothèses hardies qui la développent.

Que signifie, cela étant, la doctrine de l'éternité du mouvement qui revient si souvent dans les textes[2] ? Rien décidément n'autorise à y voir une analogie, moins encore une anticipation des principes modernes d'inertie et de conservation du mouvement ou de l'énergie. Toutes ces idées comprennent d'ores et déjà le mouvement comme une grandeur qui ne peut être saisie qu'en étant intégrée dans des systèmes de relations mathématiques. Rien n'indique que le mouvement une fois commencé dans le vide ne s'épuiserait pas ; au contraire, les atomistes ne parlent concrètement que de mouvements qui s'« épuisent » (il est vrai que ces propos ne concernent que les mouvements complexes de corps composés). Ce qui dure éternellement est uniquement l'échange, la communication mutuelle du mouvement ; rien n'indique que les atomistes aient envisagé un atome ou un corps isolé se déplaçant dans le vide et qu'ils aient affirmé l'impossibilité principielle d'assigner un terme à son mouvement. Certes, la supposition de l'espace vide n'exclut pas une telle possibilité ; les atomistes *auraient pu* penser ainsi, à la différence des partisans du plein, comme Platon et Aristote ; ce qui est bien impossible, c'est que, dans ce cas, on ne trouve pas chez ces penseurs postérieurs un écho polémique d'une thèse aussi contraire à leur propre conception ; les atomistes n'ont donc réellement pas profité de cette possibilité contenue dans leur doctrine. – D'autre part, les principes de conservation du mouvement ou de l'énergie présupposent le concept de masse en tant que grandeur dynamique, distincte, par sa fonction, d'une grandeur

1. Cf. aussi *Physique*, VI, 1, 232 *a* 18-19.

2. Voir les passages réunis par A. O. Makovelskij, *Zlomky starořeckých atomistů* [*Fragments des anciens atomistes grecs*], Prague, SNPL, 1953, trad. K. Svoboda, p. 103-104. [Sous les titres « Le temps » et « Le mouvement éternel et la mécanique des atomes », on y trouve, sur l'éternité du mouvement, le fragment A LVI du chapitre de l'édition Diels-Kranz consacré à Démocrite et, sur la « doctrine élémentaire du mouvement », les fragments A LXXI, LXXII, XLVII et B CLXVIII, ainsi qu'une partie du fragment A XLV du chapitre Anaxagore, un bref extrait de la *Physique* d'Aristote (VI, 1, 231 *b* 18-19) et trois fragments de la lettre d'Épicure à Hérodote citée par Diogène Laërce, X, 47, 58-59 et 62.]

purement géométrique, et s'il faut bien que les atomistes aient eu une notion intuitive de la masse, sans laquelle l'action du choc ne serait guère imaginable, en revanche ils ne semblent pas l'avoir dégagée quantitativement de l'amalgame d'expériences qualitatives fourni par l'observation brute et le contact physiologique avec les masses en mouvement et au repos [1].

Burnet a donc sans doute raison de voir, dans la doctrine atomistique de l'éternité du mouvement, un retour de l'éléatisme vers la théorie milésienne, plus ancienne, de l'éternité du changement [2]. Pour les premiers penseurs ioniens, dit Burnet, ce qui demandait une explication n'était pas le changement, le mouvement, mais plutôt le repos ; Leucippe, ayant trouvé le moyen de répondre aux objections des Éléates contre le devenir et le mouvement en proclamant l'existence du non-être (du vide), peut tranquillement revenir à la doctrine originelle, partant de l'éternité du devenir.

Cela dit, le mouvement dont parlent les premiers penseurs ioniens n'est pas celui des choses dans le monde une fois existant, mais avant tout le mouvement dans lequel le monde lui-même vient à l'être. Si Burnet est dans le vrai, le mouvement des atomistes antiques serait, de même, primordialement celui de la génération du monde, le mouvement cosmogonique. Le problème que les atomistes veulent résoudre par leur notion de mouvement perpétuel ne serait pas alors un problème physique, mais le problème cosmogonique. Or, le problème que pose la cosmogonie aux premiers penseurs grecs, c'est celui de la genèse de l'étant temporel et individué dans le temps dans le cadre de quelque chose qui n'est ni temporel ni individué en ce sens.

Si l'idée de Burnet est bien exacte, l'infini des atomes dans l'infini du vide représente l'ἄπειρον des premiers penseurs ioniens, ce dont émergent les mondes et les réalités mondaines, incarnant le périssable par opposition à l'impérissable fondement originel qui, chez les atomistes grecs, a des traits aussi bien ioniens qu'éléatiques – étant tout ensemble a) indéterminé et contrariété fondamentale et b) être immuable, indestructible, indifférent à tout devenir et toujours

1. Aristote parle des atomes comme se mouvant « κατὰ βαρύτητα » (Simplicius, *In Arist. Phys.*, 310 *a* 25 [CAG, vol. 10, p. 1318, 35, éd. Diels]), et on peut voir là une allusion à leur masse plutôt qu'au poids au sens de la physique moderne dont parle Zeller [*Die Philosophie der Griechen in ihrer geschichtlichen Entwicklung*, Teil I, Abt. 2, 6e éd., Leipzig, R. Reisland, 1920, p. 1085-1086].

2. J. Burnet, *Greek Philosophy, Part I : Thales to Plato*, Londres, Macmillan, 1914, p. 98 (§ 81).

identique à soi. Les ἄτομα et le κενόν sont eux-mêmes un tout autre chapitre que la γένεσις qui leur advient ; la suprématie de l'ἄπειρον est ainsi accentuée davantage encore que chez les premiers penseurs ioniens. Sous l'influence de l'école éléate ? Aristote du moins comprend la doctrine des atomistes comme n'impliquant pas de lien intime entre la substance des atomes et le mouvement qui se déroule avec eux dans le vide, et Simplicius dit même à un moment que les atomes sont φύσει ἀκίνητα [1]. Si l'ἄπειρον et son mouvement sont inséparables chez les physiciens ioniens, ce lien n'a pas le même caractère de nécessité chez les atomistes : les atomes eux-mêmes, comme le vide, sont indifférents à tout devenir. Ceux qui traitent de l'atomistique ne mettent jamais le mouvement au nombre des principes, avec les atomes et le vide ; le mouvement ne figure même pas parmi les πάθη fondamentaux des atomes, manifestement parce qu'il est ce qui doit venir encore s'associer au fondement premier pour qu'il en naisse les mondes et les choses à partir d'eux. Bien sûr, cela ne veut pas dire que le mouvement s'ajouterait aux atomes dans un second temps, mais simplement que sa fonction n'est pas celle des principes premiers ; le mouvement, comme toutes ses conséquences, les réalités périssables, est quelque chose qui se déroule à la superficie de l'étant proprement dit ; celui-ci n'est pas, dans son fond, impliqué dans le devenir, encore que ce soit lui qui le rend possible.

Se rapporte alors à cette position singulière du fondement atomique originel qui, lui, est assez clairement lié au point de départ éléatique de la conception de l'atome – l'atome, c'est, *grosso modo*, l'étant des Éléates au pluriel –, le trait de la doctrine mis en avant de façon si perspicace par Aristote : le fait qu'elle est, dans son fond, adynamique, qu'il n'y a pas de rapport intime entre la substance, les êtres mêmes, et leur mouvement. L'étant des Éléates a des σήματα qui lui sont propres ; il est ἀκίνητον [2], ἀνώλεθρον, ἀτρεμές. L'opinion de Zeller, selon qui les atomes de Leucippe et de Démocrite se meuvent « vers le bas » sous l'effet de la pesanteur originelle qui leur est propre, est difficilement conciliable avec ce trait [3]. Au contraire, les interprètes ont préféré à l'avis de Zeller celui de Brieger [4], pour qui le mouvement originel des atomes est un volettement désordonné et un entrechoquement mutuel comme ce qu'on

1. Diels-Kranz, *Die Fragmente*..., Démocrite, A XLVII.

2. *Ibid.*, Parménide, B VIII, 26.

3. E. Zeller, *Die Philosophie der Griechen*..., I, 2, p. 1084 *sqq.*

4. A. Brieger, *Die Urbewegung der Atome und die Weltentstehung bei Leukipp und Demokrit*, Halle, Heynemann, 1884 ; « Die Urbewegung der demokritischen Atome », *Philologus*, 63 (1904), p. 584-596.

constate dans la danse tourbillonnante des grains de poussière qu'un rayon de soleil rend visibles, un mouvement semblable encore à celui des menues particules d'encre en suspension dans un liquide. Cette inquiétude originelle de ce qui remplit l'espace est le « mouvement perpétuel » des atomes; elle est du même ordre que l'inquiétude de la χώρα platonicienne dans le *Timée*. Le mouvement perpétuel relève lui-même du chaos originel, tout en en montrant la sortie.

À côté du mouvement originel et sur son fondement, les mouvements des choses générées, secondes, sont eux-mêmes générés comme quelque chose de dérivé. De quelle manière, c'est ce que nous verrons en esquissant la genèse de ces choses dérivées.

Le mouvement originel constitue les choses dérivées selon les différences de grandeur des atomes[1]. Ces différences de grandeur (de prime abord, une inconséquence dans la doctrine) sont un présupposé indispensable de tout le mécanisme qui suit; le mouvement originel (ainsi que tous les autres) est τυχαία et ἀπρονόητος[2], un mouvement aléatoire, que ne dirige aucune prévision; il doit donc y avoir un fondement originel de l'ordonnance ultérieure, et c'est la manière dont le mouvement primitif agit sur les différentes sortes d'atomes. Leur entrechoquement conduit à des conglomérations, à des συνθέσεις et à des περιπλοκαί; le noyau étendu, entraînant la périphérie, conduit au tourbillon originaire (δῖνος); dans ce tourbillon, semblables s'assemblent, les parties les plus massives occupent le bas, tandis que les éléments petits et aisément mobiles se retrouvent à la périphérie; chacune des choses qui ainsi se séparent ou s'assemblent reçoit aussi de ce fait, avec le temps, son mouvement propre.

Aristote indique que, outre la γένεσις, qui s'explique comme σύνθεσις et περιπλοκή, l'atomistique ancienne connaît encore une autre sorte de mouvement – le changement qualitatif, qu'elle reconduit à l'altération de l'ordonnance des éléments en un tout, à des changements de τάξις et de θέσις[3]. C'est de ce domaine que relève la genèse des

1. Simplicius, *In Arist. De caelo*, 133 *a* 18 [CAG, vol. 7, p. 295, 10, éd. Heiberg] : διά τε τὴν ἀνομοιότητα.

2. Diels-Kranz, *Die Fragmente*..., Leucippe, A XXIV (Aétius. Cf. H. Diels, *Doxographi graeci*, Berlin, W. de Gruyter, 2e éd., 1929, p. 289). Le mot τυχαία n'est évidemment pas à trouver chez les atomistes, c'est là une caractérisation péripatéticienne; du point de vue de Démocrite, le mouvement dont il s'agit ici n'échappe pas à la définition selon laquelle tout est κατὰ λόγον; la caractérisation n'en est pas moins intéressante dans la mesure où ce mouvement considéré indépendamment, pour soi, ne comporte encore (à la différence du mouvement céleste chez Platon et Aristote) aucune raison de l'ordre de l'univers.

3. Cf. *De generatione et corruptione*, I, 2, 315 *b* 6-14.

qualités et leur transformation. Le monde de l'atomistique est, de fait, l'émergence progressive de l'apparition, de la déterminité, de la forme et de la figure à partir du chaos primitif. Démocrite utilise souvent pour caractériser cette émergence des expressions que certains interprètent de façon subjectiviste (lorsqu'il dit, par exemple, que les couleurs et les sons sont νόμῳ, par convention, mais que les ἄτομα καὶ κενόν existent en vérité[1]). La différence n'est pourtant pas à comprendre comme de la subjectivité pure et simple ; les « sujets » eux aussi émergent du chaos en tant que structures de relations périssables sur le fondement indifférent de l'étant impérissable ; les qualités ne sont possibles que dans une relation entre des êtres déterminés, elles sont les étages supérieurs de structures mobiles.

L'univers, le cosmos, étant une structure de ce genre, déterminée, finie, hautement complexe, à la superficie de l'étant, côtoie, bien sûr, l'infini de l'ἄπειρον chaotique – l'infinitude de l'espace rempli du mouvement primitif désordonné et d'autres structures cosmiques. C'est dire qu'il y a bien assez de raisons pour qu'une telle structure singulière, eût-elle duré depuis longtemps, trouve aussi son terme dans les collisions et les conflits avec le dehors. S'étant arrachée au chaos, elle y disparaît, et ce en vertu de la loi de sa nature propre, d'une façon qui n'a donc rien d'accidentel. Ce qui vaut de chaque chose singulière – qu'elle ne naît pas au hasard, mais au sein d'un tout déterminé qui peut être défini par le discours – cela vaut également pour un tel cosmos. C'est ainsi que s'applique aux mondes de Démocrite la parole d'Anaximandre : ἐξ ὧν δὲ ἡ γένεσίς ἐστι τοῖς οὖσι, καὶ τὴν φθορὰν εἰς ταῦτα γίνεσθαι κατὰ τὸ χρεών (à partir de quoi les étants adviennent, vers là aussi il leur vient de périr suivant la contrainte)[2].

Le mouvement primordial et éternel des atomistes n'est pas conçu de façon mathématique ; sa mécanicité est une simple suite du caractère indifférent des fondements premiers – l'être et le « non-être » – à la surface desquels se déroule toute la cosmologie, c'est-à-dire le monde des phénomènes, des êtres temporellement individués, périssables ; il est de nature à rendre possible la génération des différents tourbillons cosmiques ; c'est, au fond, un mouvement cosmogonique, dont la fonction n'est pas d'élucider la marche des phénomènes dans le monde, mais plutôt la genèse et l'essence du monde comme tel. Vaut aussi

1. Diels-Kranz, *Die Fragmente...*, Démocrite, B CXXV. Voir aussi *infra*, chap. IV (« Esquisse de l'évolution historique du concept d'espace… »), p. 277, note 1. *(N. d. T.)*

2. *Ibid.*, Anaximandre, B I.

du monde de Démocrite : αἰὼν παῖς ἔστι παίζων, πεσσεύων· παιδὸς ἡ βασιλήη (ce qui dure de tout temps est un enfant qui joue avec des figurines : royauté d'un enfant) [1].

Quoi qu'il en soit, les trois éléments de la doctrine atomistique du mouvement – la réponse à Zénon, l'étude empirique du mouvement tourbillonnaire et le mouvement cosmogonique – sont loin de donner une théorie mathématique du mouvement ; ils ne s'appuient pas sur une telle théorie et ne peuvent pas non plus y conduire. La réponse à Zénon est une arithmétisation rudimentaire du mouvement qui, manifestement, ne va pas au-delà des tout premiers pas, ne trouve aucun lien avec la théorie empirique du mouvement dans le monde et ne peut en rien concerner le mouvement cosmogonique où il s'agit, non pas du mouvement des choses, mais de leur genèse à partir du chaos originel.

II

Les mathématiques grecques font plusieurs grands pas en avant au cours du Ve siècle. Ces progrès sont liés en grande partie à l'école italique des penseurs qui se nomment eux-mêmes pythagoriciens. Non seulement les pythagoriciens élèvent les mathématiques à la dignité d'un « art libéral » exercé pour lui-même, avec la tendance à la systématisation scientifique qui va avec, non seulement ils découvrent, dans la sphère des grandeurs, des rapports d'irrationalité (d'incommensurabilité) jusque-là insoupçonnés, mais ils intègrent au mode de réflexion mathématique, outre les domaines du nombre et de la grandeur, les rapports musicaux et les mouvements des corps astronomiques. Non qu'on n'eût pas déjà une connaissance pratique des rapports simples et précis qui existent entre le poids ou, le cas échéant, la longueur du corps résonnant et la hauteur du son produit, que le calendrier et d'autres connaissances élémentaires en matière d'astronomie n'aient pas déjà fait l'objet de calculs. Il semble bien pourtant que les pythagoriciens soient les premiers à comprendre tous ces domaines comme parties intégrantes d'un même complexe de savoir, caractérisé par des résultats exacts, atteints essentiellement de la même façon. Ce sont eux qui, en élaborant leur théorie des proportions, découvrent l'idée centrale qui leur paraît autoriser la réunion théorique de toutes ces disciplines, y compris la musique et l'astronomie.

1. *Ibid.*, Héraclite, B LII.

Particulièrement important pour notre problème est le lien étroit des rapports musicaux, comme de l'astronomie, avec le mouvement. Les proportions de longueur ou de poids des corps résonnants sont les proportions de corps en mouvement, qui vibrent. La découverte de cette cause des différences de proportion, qui ne va pas de soi, est effectivement formulée dans le premier fragment d'Archytas de Tarente (vers 400) [1]. Les proportions entre les temps de révolution des corps astronomiques sont alors des rapports cherchés directement dans le mouvement. Bien avant toutes considérations cinématiques au sens propre du terme, impliquant l'analyse du mouvement en ses composantes intrinsèques (le trajet, le temps et la vitesse), de même qu'avant toute considération dynamique, faisant intervenir la notion de force comme cause du changement de l'état de mouvement, l'on assiste ici à un essai de mathématiser le mouvement au moyen du concept de proportion, de proportionnalité, et en coordonnant les rapports proportionnels à certaines qualités. Les qualités, ici les notes de la gamme, sont le signe de certaines proportions, susceptibles d'une expression numérique (ainsi, les proportions arithmétiques, harmoniques et géométriques [2]), et l'on cherche alors les mêmes rapports entre les temps de révolution des corps célestes, leurs trajectoires étant conçues comme des cordes dont les bouts sont joints ensemble (telles les extrémités des bandes de l'âme du monde dans le *Timée* de Platon [3] ou les trajectoires des planètes dans *Harmonice mundi* de Kepler, selon l'hypothèse de Frank [4]). C'est dire que ce mode de mathématisation du mouvement 1) fait abstraction de ce qu'est le mouvement singulier et, partant, du fait que le mouvement singulier est lui-même mathématisable; 2) ne présuppose aucune analyse du mouvement, mais seulement la répétition périodique de mouvements identiques, susceptibles de servir de base aux proportionnalités considérées – ce qui est ici mathématisé, c'est, à vrai dire, une pluralité de mouvements, plutôt que le mouvement singulier en lui-même. Pour ce qui est de l'analyse du mouvement singulier, il se peut que les pythagoriciens n'y soient même pas allés aussi loin que les

1. Diels-Kranz, *Die Fragmente...*, Archytas, B I. À noter aussi le commentaire de Théon de Smyrne, évoquant, sans plus de précisions, des « penseurs autour d'Eudoxe et d'Archytas » qui auraient vu des proportions mathématiques (τοὺς λόγους) également entre les mouvements (ἐν κινήσεσιν) (*ibid.*, Archytas, A XIX *a*).

2. Cf. *ibid.*, Archytas, B II.

3. 36 *c*. *(N. d. T.)*

4. Voir E. Frank, *Plato und die sogenannten Pythagoräer. Ein Kapitel aus der Geschichte des griechischen Geistes*, Halle, Niemeyer, 1923, p. 31.

Éléates (Zénon) et les atomistes; il n'y a rien, du moins, qui permette de conclure à une telle analyse.

Mais la conception pythagoricienne n'entre pas en jeu uniquement dans la compréhension de certains mouvements dans le monde. Son influence se fait sentir aussi et surtout dans l'explication du mouvement cosmogonique. L'antique problématique première des Milésiens : comment, à partir du fondement originel, indéfini et inépuisable, obscur et non individué, il peut advenir (et comment il advient de fait continuellement) une série déterminée d'êtres individués qui, l'heure venue, sombrent à nouveau dans l'indéterminé – cette question s'éclaircit soudain à leurs yeux avec l'intervention du nombre. Le mouvement cosmogonique se traduit pour eux en l'éternelle opposition entre πέρας et ἄπειρον, qui remonte vraisemblablement aux premiers penseurs ioniens; on relève ainsi une note archaïque dans ceux des fragments de (ou plutôt attribués à) Philolaos qui parlent de la composition du cosmos ἐξ ἀπείρων τε καὶ περαινόντων [1] ou affirment que les choses se composent intégralement d'ἄπειρα et de περαίνοντα qui ne peuvent jamais exister isolément, pour soi [2]. Le rapport entre les deux, entre les ἄπειρα et les περαίνοντα, est expliqué par l'ἀριθμός. Il est probable en effet que les origines de l'ἀριθμός remontent aux pythagoriciens (avant Platon), lorsque l'on pose à l'intérieur d'un segment de droite divisé un point de division qui le sépare en deux parties exprimées par un rapport précis, 1 : 2, 1 : 3, etc. C'est ainsi que naît la ἁρμονία, ajointement du tout et de la partie qui est en même temps réunion des contraires originellement et immédiatement irréconciliés, πέρας et ἄπειρον (que l'ἄπειρον est contenu dans la divisibilité indéfinie du segment de droite, tous les arguments de Zénon le présupposent). La ἁρμονία musicale est alors encore une occurrence de la ἁρμονία que révèle initialement l'ἀριθμός, présupposé dans toutes les autres harmonies (car ce sont des rapports numériques).

Sans doute tous ces thèmes étaient-ils mis en rapport chez les pythagoriciens de la charnière du Vᵉ et du IVᵉ siècle; il n'est pas exclu qu'il y ait eu même des amorces d'une théorie plus systématique portant sur le mouvement. Mais rien de tel ne s'est conservé; seul est certain le fait qu'une théorie d'ensemble était un *desideratum*, quelque chose qui était dans l'air et sans quoi il devenait impossible de progresser. C'est ce qu'indiquent clairement les thèmes pythagoriciens que l'on trouve bien

1. Diels-Kranz, *Die Fragmente...*, Philolaos, B I.
2. *Ibid.*, Philolaos, B II.

systématisés dans les doctrines cosmologiques et physiques de la dernière période de l'œuvre de Platon, ainsi que le prodigieux succès de cette synthèse. Aux yeux de l'Antiquité déjà, celle-ci éclipse si parfaitement ses modèles et ses composantes qu'on ne réussira peut-être jamais à distinguer en toute certitude la strate platonicienne de la préplatonicienne.

III

Le *Timée* de Platon nous permet de prendre connaissance de ce pas de plus dans l'évolution historique de la mathématisation du mouvement. Pour bien mettre en contexte la doctrine professée dans ce dialogue, il faudra cependant a) rappeler certains éléments importants de l'histoire des recherches platoniciennes au cours de ces dernières décennies et présenter brièvement une esquisse à la fois b) synthétique et c) analytique du système de Platon, ainsi que d) une analyse de sa théorie du mouvement et e) une évaluation de cette théorie.

a) Les études platoniciennes nous montrent Platon à la lumière des contradictions les plus aiguës. D'un côté, dans ses œuvres écrites, les dialogues, s'exprime une pensée qui n'est pas achevée, qui se présente comme pur questionnement sans conclusion et problématique ouverte. Pourtant, l'étude des textes où Aristote rend compte de l'enseignement oral de Platon, entreprise en 1908 par L. Robin en faisant systématiquement abstraction de tout ce qu'on trouve dans les dialogues [1] et accueillie alors par beaucoup comme une excentricité méthodique [2], a fait apparaître, plus encore depuis les travaux de H. Gomperz, de J. Stenzel, d'A. E. Taylor, de J. Burnet et, plus récemment, surtout de Ph. Merlan et de P. Wilpert, un Platon entièrement différent, bâtisseur d'un des systèmes les plus vastes et les plus subtils jamais conçus et édifiés [3]. Cet édifice, que Gomperz qualifie de « système de réduction » *(Ableitungssystem)*, peut être exposé de deux manières, à travers une approche ou synthétique ou analytique; la première offre un regard avantageux sur

1. Voir L. Robin, *La Théorie platonicienne des Idées et des nombres d'après Aristote*, Paris, F. Alcan, 1908.

2. Cf. D. Parodi, *La Philosophie contemporaine en France. Essai de classification des doctrines*, Paris, F. Alcan, 1919, p. 65.

3. Cf. Ph. Merlan, « Beiträge zur Geschichte des antiken Platonismus, II », *Philologus*, 89 (1934), p. 197-214.

l'ensemble du système, l'autre est plutôt une introduction à la méthode, au mode de pensée qui le caractérise. Voyons d'abord le regard synthétique en nous appuyant sur le travail de Merlan.

b) Selon la description de Merlan [1], le système de réduction peut être esquissé en quelques thèses peu nombreuses. Le tout de l'étant se divise en sphères si étroitement liées qu'elles passent les unes dans les autres. La sphère la plus élevée est constituée par les principes suprêmes : l'Un et la Dyade indéfinie du grand et du petit; la plus basse est celle du sensible concret. La sphère intermédiaire se compose des objets idéaux, des nombres idéaux [2], ainsi que des entités mathématiques proprement dites (les nombres, les formes géométriques et les âmes). Chaque sphère a, au fond, la même structure : il y a dans chacune, à côté du principe actif et formateur, un principe passif et matériel; la sphère supérieure est toujours le principe actif de celle qui lui est immédiatement subordonnée, tandis que le principe matériel est un supplément spécifique à chaque nouvelle sphère. L'ordre des différentes sphères pourrait être caractérisé ainsi : 1) la sphère de l'inengendré – le principe actif est l'Un, le principe passif, la Dyade indéfinie, le principe cognitif, le νοῦς; 2) la sphère intermédiaire des entités mathématiques (comprenant les nombres aussi bien idéaux que mathématiques et les figures géométriques) – les premiers principes sont le principe actif, le principe passif est la ὕλη νοητή, le principe cognitif, la δόξα ἀληθὴς μετὰ λόγου [3]; 3) la sphère corporelle-sensible – le principe actif est la sphère mathématique, le principe passif, la χώρα avec son fondement matériel aux mouvements incoordonnés, le principe cognitif, l'αἴσθησις. La première sphère est éternelle et inengendrée, la deuxième éternelle, mais non inengendrée, la troisième est changeante et matérielle. La troisième sphère est à la seconde ce que celle-ci est à la première.

c) Toute cette série peut encore être présentée par la démarche inverse, analytique, décrite par P. Wilpert [4] sur la base de la source

1. *Ibid.*, p. 202.

2. Selon l'exposé de Wilpert, les Idées sont des nombres parce qu'elles sont générées par division du *summum genus*, division qui compte un nombre précis de degrés; différentes Idées peuvent être des occurrences d'un même nombre idéal dont le rapport à ses concrétisations est celui du *genus* aristotélicien – la ὕλη νοητή – aux *species*.

3. Cf. *Théétète*, 210 *b*. *(N. d. T.)*

4. P. Wilpert, « Neue Fragmente aus περὶ τἀγαθοῦ », *Hermes*, 76 (1941), p. 225-250, et *Zwei aristotelische Frühschriften über die Ideenlehre*, Ratisbonne, J. Habbel, 1949, chap. II : « Περὶ τἀγαθοῦ ».

platonicienne, par lui démontrée, du compte rendu du livre X de l'*Adversus mathematicos* de Sextus Empiricus. Sous le rapport analytique, il s'agit, en partant du donné, d'en trouver les principes, les causes ou les éléments (selon Wilpert, ces trois termes, ἀρχαί, αἰτίαι et στοιχεῖα, sont, chez Platon, équivalents [1]). Les principes se cherchent selon le principe dont le *Protreptique* d'Aristote [2] offre la formulation classique : « Ce qui précède est davantage cause que ce qui suit : car, avec la suppression de ce qui précède, ce qui tient de lui son être sera aussi supprimé ; ainsi, les longueurs disparaîtront avec les nombres, les figures planes avec les longueurs, les solides avec les figures planes. » Platon, dans son réalisme conceptuel, explique tout naturellement la dépendance logique découverte ainsi comme dépendance génétique : l'analyse suit en sens inverse la marche de la genèse de tout ce qui est à partir de ses principes [3]. L'être est donc généré par un processus atemporel qui relève nécessairement de ses fondements premiers. – Platon part dans son analyse du plus haut degré atteint par les présocratiques dans l'analyse de l'étant donné aux sens : l'atomisme. L'atomisme, dans sa quête des στοιχεῖα du monde visible, sensible, arrive par l'analyse à d'ultimes parties invisibles, procédant du visible à l'invisible et, dans ce sens, à l'insensible. Mais l'analyse atomistique na va pas plus loin, la doctrine abdéritaine reste à mi-chemin. D'après le principe de la genèse logique, cité ci-dessus, l'analyse doit passer encore du corporel invisible à l'incorporel : les principes corporels ne peuvent jamais être véritablement simples. Du corporel à l'incorporel, c'est dire à la sphère des entités idéales. Ce sont en premier lieu les entités mathématiques, tout d'abord géométriques qui, des solides aux surfaces, aux lignes et aux points, se réduisent aux nombres. Ce sont ensuite les Idées. Sans abandonner sa découverte des Idées, le vieux Platon affirme désormais que les Idées elles-mêmes, n'étant pas absolument simples, doivent avoir des éléments et des principes ; il y a parmi les Idées aussi une progression qui va du fondement à ce qui en dérive, un cheminement qui renvoie plus haut, à quelque chose de supérieur aux Idées elles-mêmes. Comme les Idées sont des genres et qu'il y a entre les genres un rapport de supériorité et de subordination qui peut être exprimé à l'aide de la méthode de la division des genres en genres toujours inférieurs, chaque Idée est

1. *Zwei aristotelische Frühschriften*..., p. 130.

2. Frag. 5a (29, 2-4) Walzer (52 [61, 11-13] Rose).

3. A. Mitterer [*Die Entwicklungslehre Augustins im Vergleich mit dem Weltbild des hl. Thomas von Aquin und dem der Gegenwart*, Vienne, Herder, 1956, p. 33-42 et *passim*] qualifie cette manière de voir de « *Beteilungsätiologie* ».

caractérisée par un certain nombre de pas descendants dans la hiérarchie qui va du plus simple qu'est l'Un jusqu'à l'*infima species*. L'Idée n'est donc Idée qu'en tant qu'elle renferme un certain nombre de composants (éléments) signifiants, voilà pourquoi l'Idée est un nombre. La division, la διαίρεσις des genres en espèces est ainsi un mode de réduction, permettant de remonter aux éléments de l'étant incorporel. (Quant au rapport des nombres idéaux aux Idées mêmes, les opinions divergent : les uns les tiennent pour les présupposés des Idées, d'autres, qui peuvent se prévaloir du témoignage formel d'Aristote [1], vont jusqu'à les identifier à elles.) Toutes les Idées ont alors pour élément et principe l'Un et la Dyade indéfinie. Il est inutile ici d'entrer dans les détails de l'idée que Platon se fait de la génération de tout ce qui est à partir de l'Un et de la Dyade. Wilpert montre [2] comment les catégories fondamentales de l'étant chez Platon, le καθ' αὑτό, le πρός τι et les ἐναντία (la substance, les corréla-tions et les contraires) se laissent réduire à l'Un et à la Dyade indéfinie par le moyen de l'opposition ἰσον-ἄνισον (égal-inégal) ou ὑπεροχή-ἔλλειψις (excès-défaut). Il tente ensuite d'esquisser la manière dont Platon tire les nombres des principes que sont l'Un et la Dyade indéfinie par le moyen de la notion de la proportion [3] où se trouvent les deux segments d'une ligne progressivement divisée [4], s'engageant par là dans un chemin qui ramène à l'explication synthétique.

d) Quel est donc la place réservée au mouvement dans ce système qui conçoit tout ce qui est, comme on vient de le voir, sous l'angle des mathématiques ?

Si l'on prend le mouvement au sens le plus large, en tant que processus en général (y compris le processus supratemporel), il est partout présent, à commencer par la génération des premières entités idéales, la genèse des Idées-nombres.

L. Robin, élève d'Hamelin, et donc indirectement de Hegel, a été un des premiers auteurs modernes à parler, chez Platon, de la notion du processus dans le monde idéal par lequel l'Un, le Supérieur, la forme, mesure et détermine l'Indéfini, l'Inférieur, la matière. Le mouvement qui se produit ainsi est la synthèse, le mélange des deux, et son résultat, dans le monde idéal, est immédiat et constant : c'est l'étant idéal dont les représentants, les Idées, sont toujours, selon le dialogue le *Sophiste*

1. Cf. *Métaphysique*, N, 2, 1090 *a* 6 et *passim*. *(N. d. T.)*
2. P. Wilpert, *Zwei aristotelische Frühschriften*..., p. 191-192.
3. *Ibid.*, p. 197.
4. *Ibid.*, p. 216-217.

(255 *e*), une réunion du Même et de l'Autre, unissant, en d'autres termes, un contenu positif déterminé au nombre infini de ses relations à tous les autres. La méthode de la « division » consiste simplement à suivre le mouvement de la détermination progressive de l'indéfini. L'essence du mouvement, conclut Robin, n'est jamais autre chose qu'une synthèse d'opposés, la relation irréductible de deux contraires [1]. En ce sens, la γένεσις est même antérieure et supérieure aux Idées. La « mobilité », la possibilité indéterminée de changement, est contenue dans la nature de la Dyade indéfinie.

Le mouvement dans la sphère mathématique, en particulier la génération des formes et des figures géométriques, relève lui aussi de cette genèse supratemporelle. C'est la détermination de l'indétermination de l'espace idéal (présupposé par les formes géométriques) à l'aide de quatre nombres fondamentaux qui, pris ensemble, jouent ici le rôle de principe formel. « Le "mouvement" de l'"Idée" point (de la monade dans le domaine du mathématique [...]) est bien connu de l'Académie : c'est ce mouvement qui génère la ligne, de même que le mouvement de la ligne génère la surface, etc. [2]. » En général, la genèse de toutes les entités idéales, que ce soient les Idées, les nombres arithmétiques ou les figures géométriques, paraît être toujours la même – on applique progressivement à différentes formes, à différents modes de l'indéterminé (qu'il s'agisse de différence qualitative ou de diversité spatiale, quantitative), un critère, une mesure qui le détermine.

En ce sens, il y a donc mouvement jusque dans le monde des Idées ; dans un sens, il peut y avoir là aussi de la compréhension en tant qu'acte de saisie immédiate de l'objet déterminé par le principe déterminant. En revanche, ce qui ne peut pas s'y présenter, c'est le mouvement en tant que pluralité de phases, unies néanmoins en un même tout.

Or, selon le *Sophiste* (249 *a*), l'étant parfait (τὸ παντελῶς ὄν) implique non seulement la κίνησις, mais encore la vie (ζωή), le principe de vie qu'est l'âme (ψυχή) et l'intelligence (φρόνησις). La division successive est en conséquence : 1) κίνησις, 2) ψυχή, 3) ζωή, 4) φρόνησις ; tel est également l'ordre des justifications. L'intelligence (laquelle est distincte de l'acte par lequel le premier principe, l'Un, saisit ce à quoi il donne forme : ici il n'y a pas de différence entre l'objet, sa création et sa

1. L. Robin, « Études sur la signification et la place de la physique dans la philosophie de Platon », dans *La Pensée hellénique des origines à Épicure, questions de méthode, de critique et d'histoire*, Paris, P.U.F., 1942, p. 306.

2. Ph. Merlan, « Beiträge zur Geschichte des antiken Platonismus, II », p. 205.

compréhension ; même le νοῦς d'Aristote connaît toujours θιγγάνων [1], en entrant en contact, ὥστε ταὐτὸν νοῦς καὶ νοητόν) est donc un mouvement qui présuppose l'âme et qui consiste à retracer les relations entre les Idées, leurs assemblages et leur dissociation, τῶν εἰδῶν συμπλοκή [2] ; ce mouvement est le fondement de ce que nous nommons le λόγος, le discours sensé. Dans le domaine du langage combinant les ὀνόματα et les ῥήματα (les substantifs et les verbes) de manière à saisir la réelle συμπλοκὴ τῶν εἰδῶν (mais en courant toujours le risque de la manquer) se présentent l'ἀληθές et le ψεῦδος (le vrai et le faux) qui sont ainsi un résultat du mouvement qu'est la σύνθεσις τῶν ῥημάτων καὶ ὀνομάτων [3].

Quel est, cela dit, le rapport entre la κίνησις, la ζωή, la ψυχή et le λόγος (la φρόνησις) ? Nous pouvons ici nous orienter jusqu'à un certain point d'après l'enseignement de l'Académie selon lequel la ψυχή, principe de toute ζωή comme de toute φρόνησις, serait elle-même l'ἰδέα τοῦ πάντῃ διαστατοῦ κατ' ἀριθμὸν συνεστῶσα ἁρμονίαν περιέχοντα [4] ou, selon une autre source, l'ἰδέα τοῦ πάντῃ διαστατοῦ [5]. A aussi sa place ici la doctrine de Xénocrate qui définit la ψυχή comme ἀριθμὸς ἑαυτὸν κινῶν [6]. Dans le système de réduction, la ψυχή signifie donc le mathématique auquel vient s'associer le mouvement [7] ; peut-être pourrait-on dire aussi : un mouvement mathématiquement, c'est-à-dire numériquement déterminé. On dit par ailleurs de Xénocrate qu'il composait l'âme de la ταυτότης et de la ἑτερότης ; ὄν, ταὐτόν-ἕτερον, κίνησις-στάσις – Platon lui-même établit, dans le *Sophiste*, le rapport le plus étroit entre ces Idées précisément et la φρόνησις et le λόγος. Il est difficile de parvenir à une clarté absolue dans ces relations ; toujours est-il que le principe de mobilité génère tout d'abord chez Platon le mouvement de l'âme, dans le cadre duquel l'essentiel est alors le mouvement du λόγος intelligent.

1. *Métaphysique*, Λ, 7, 1072 *b* 21.

2. *Sophiste*, 259 *e*.

3. *Ibid.*, 263 *d*.

4. Plutarque, *De animae procreatione in Timaeo*, 22, 1023 *b* (= Posidonius [frag. 141a, 4-6 Edelstein et Kidd]).

5. Ainsi Speusippe (frag. 40 Lang), transmis par Stobée, *Eclogae*, I, 49, 32, p. 364, 4-5 Wachsmuth.

6. Aristote, *De anima*, I, 4, 408 *b* 32.

7. C'est ainsi que Merlan écrit (« Beiträge zur Geschichte des antiken Platonismus, II », p. 205) : « *Die Bewegung der Seele scheint* [...] *eher Prinzip der Bewegung als diese selbst zu bedeuten, so daß vielleicht angenommen werden dürfte, Seele sei Mathematisches + Bewegungsprinzip.* »

Comment nous représenter le rôle de l'âme dans son rapport au nombre et au mouvement ? Qu'est-ce à dire, que le nombre qui se met en mouvement soit l'âme ? Que l'ἰδέα τοῦ πάντῃ διαστατοῦ puisse également être nommée âme ? De prime abord, une figure stéréométrique telle que l'âme du monde du *Timée*, par exemple, ne présuppose rien outre l'espace et sa détermination numérique. Cela signifierait la considération statique d'une figure achevée. Platon cependant rapporte l'âme au processus par lequel une telle figure est générée ; cette κίνησις présuppose la continuité ; continuité qui, elle, n'est pas contenue dans les nombres, mais pas davantage dans la simple étendue – c'est une continuité autre que le continu de la simple étendue, une continuité qui relie précisément entre elles les différentes phases que la figure parcourt ; cette continuité, qui passe du même à l'autre sans cesser de retenir la phase initiale, est précisément le mouvement de l'âme.

La mobilité de l'âme découle de sa position singulière au sein de l'étant – elle unit ce qui est sans changement au monde du changement, c'est dire qu'elle est tout entière mobile tout en dominant entièrement ce mouvement. L'âme est le Mélange en général[1], comprenant en soi « l'essence même de mixte ». Aussi contient-elle l'être, l'identité et la différence. L'être, l'identité et la différence ne sont pas les mêmes dans le monde sensible de la divisibilité et dans le monde de l'indivisibilité idéale. L'âme du monde unit tout d'abord l'être, l'identité et la différence divisibles et indivisibles. C'est dire que l'être, l'identité et la différence n'auront pas en elle la forme d'un simple ἄπειρον, d'une indéterminité infinie, mais que l'infini y sera lié par la chaîne solide de la mesure, de la détermination. L'ἄπειρον défini, c'est d'abord le nombre, puis la forme. L'âme du monde est l'un et l'autre : nombre et forme. Toutefois, sa génération exige encore que les éléments de l'âme ainsi reliés entrent dans une relation nouvelle. Les contraires les plus extrêmes – le même et l'autre – y seront unis par l'être. L'âme en tant que mélange devra avoir un centre dont les extrémités soient partout à égale distance. Rappelons encore que, comme déjà dit, le mouvement chez Platon est l'unité des contraires, et nous verrons que l'âme ainsi composée est nécessairement en mouvement. Ce mouvement sur place étant un mouvement de rotation, l'âme du monde devra avoir la forme correspondante : celle d'un cercle, plus précisément d'un double cercle. Son mouvement interne est l'union du même et de l'autre : le même qui devient autre,

1. C'est ainsi que Robin la désigne dans *La Pensée hellénique*..., p. 236.

l'autre qui devient même. Cela donne deux cercles, le cercle de l'Autre et le cercle du Même.

Par la participation à deux mouvements omni-englobants, le mouvement du « Même » (qui est perpétuellement semblable – nous verrons qu'il est matérialisé dans le mouvement de la sphère des étoiles fixes) et le mouvement de l'« Autre » (matérialisé dans les mouvements des planètes, notamment du Soleil), l'âme délimite l'espace originaire de tout le sensible. Parce qu'elle est l'unité intrinsèque du mouvement, parce que dans son présent elle projette un retour continuel à ce qui est déjà, elle constitue le temps originel, condition de toute continuité du mouvement ; le temps mesuré, « image mobile de l'éternité [1] », ne prend naissance qu'avec les corps célestes dont les retours, toujours semblables, forment les jours et les nuits, les mois, les années et les grandes années cosmiques.

En vertu du principe de continuité interne qui est le sien, l'âme peut parcourir différentes phases et, en elles, se trouver chaque fois en présence d'autre chose, si bien que les contraires ne sont plus nécessairement unis de manière immédiate, comme lors de la création de l'étant idéal ; au contraire, c'est le mouvement de l'âme qui les fait entrer en contact. L'âme ne voit, ne touche pas seulement de l'identique ; elle différencie et, ce faisant, retient ; elle compare pour ensuite déterminer ce qui est même ou autre, revenant ainsi à son point de départ. L'âme peut, en vertu de sa continuité interne, distinguer les moments de tout mélange d'Idées (par exemple, dans l'homme, le « vivant » ou l'« animal » et le « rationnel ») puis, en vertu de la distinction, faire retour à l'unité. Cela signifie dire de chaque chose ou bien qu'elle est, ou bien qu'elle est identique (à elle-même ou, en partie, à d'autres) ou différente (d'avec d'autres). Or, ce sont là les trois aspects fondamentaux d'un même : le point de départ (le sujet) et le déroulement (le prédicat) sont liés par l'unité de l'être, si bien que le déroulement fait revenir au même. Ce retour de l'autre au même, qui peut lui-même se répéter à l'infini, est ainsi un mouvement – une succession de phases – dans lequel le changement n'affecte que les rapports internes, et ce de façon à ramener finalement au point de départ : un mouvement de ce genre, qui ne sort pas du même et fait retour à son point de départ, c'est la rotation. – En voyant et en entrant en contact à sa manière spécifique, en tant que continuité interne de phases différenciées, avec des réalités idéales et non idéales, en différenciant ce qui est uni et en unifiant ce qui est différencié, en

1. *Timée*, 37 d. *(N. d. T.)*

jugeant donc, en discourant, en articulant des unités dotées de sens, l'âme effectue un mouvement déterminé avec précision de façon géométrique.

> Attendu qu'elle est constituée d'un mélange de trois parts, de la nature du Même, de celle de l'Autre, et de l'Être, divisée selon des proportions et unie par elles, il arrive, comme en outre elle se meut en cercle sur elle-même, que chaque fois qu'elle vient en contact avec un objet de nature dispersée, ou encore indivisible, elle déclare quand et comment, en quel sens et sous quel rapport il revient à un objet d'être déterminé comme même ou autre vis-à-vis de n'importe quelle chose donnée, que celle-ci soit identique à ou différente de n'importe quelle autre, tant du domaine des choses qui deviennent que de celles qui se conservent sans changement[1].

Par son mouvement originel, l'âme rend possible la distinction de chaque chose en elle-même et sa réintégration dans l'unité de l'énoncé; elle rend possible l'expression de la synthèse de l'être par la synthèse de l'énoncé, du λόγος. Le mouvement originel de l'âme est ainsi le présupposé du jugement et de la proposition dans laquelle s'exprime le vrai (ou, le cas échéant, le faux). Le mouvement de l'âme est le fondement de toute vérité et de toute connaissance en tant que discours, distinct de son objet, mais orienté sur et faisant retour à lui.

Afin que l'âme puisse remplir cette fonction, analyser tout ce qu'elle rencontre pour alors le recomposer dans ses rapports internes intelligibles, le mouvement devra constituer son essence même. C'est dire que l'âme ne peut pas tenir son mouvement de l'extérieur, rien ne doit y donner lieu. Le mouvement n'émane que d'elle-même, elle en est elle-même l'auteur. L'âme est foncièrement activité : elle se meut d'elle-même, perpétuellement. La cause du mouvement n'est pas quelque part hors d'elle, elle en est elle-même la cause ultime.

L'âme est une entité mathématique, mais sa mathématicité n'est plus, comme dans le cas des figures géométriques, exempte de tout changement. Outre les entités mathématiques entièrement exemptes de changement (les figures géométriques, par exemple), Platon connaît aussi une mathématique d'une espèce intermédiaire, placée entre ce qui est tout à fait immuable et le monde qui, toujours changeant, n'est jamais véritablement étant – une mathématique du changement. La mathématicité du changement concerne la musique et l'astronomie[2]. La musique

1. *Timée*, 37 *a-b*.
2. Cf. Aristote, *Métaphysique*, B, 2, 997 *b* 12-19.

et l'astronomie connaissent en effet des rapports précis, numériques et géométriques, qui, loin d'être inaltérables, saisissent plutôt le changement et l'érigent en loi.

Aussi la forme de l'âme du monde obéit-elle à des proportions musicales ; elle contient tous les intervalles musicaux dans les divisions de l'ensemble de sa circonférence selon les degrés de l'échelle musicale. Adraste, cité par Théon de Smyrne [1], caractérise cette fonction de l'âme du monde en les termes suivants : « L'âme doit être composée selon une harmonie portée jusqu'aux nombres cubiques [c'est-à-dire aux nombres qui figurent des solides], lesquels doivent être accordés par deux moyennes proportionnelles, afin qu'elle puisse comprendre toutes les choses existantes, attendu qu'elle s'étend par l'ensemble du corps tridimensionnel du monde. » L'âme doit pouvoir saisir, sous une forme à la fois immédiate et précisément déterminée, tous les changements qui se présentent dans le monde. Cette forme est celle d'une échelle, soit, pour ainsi dire, d'un alphabet des changements : l'idée des στοιχεῖα, de ce qu'une époque postérieure nommera l'*alphabeta rerum* [2], appliquée au processus. Dans ses mouvements internes, dans les changements qu'elle traverse, l'âme possède une mesure propre à maîtriser toute la diversité qu'elle rencontre.

Voyons maintenant comment le mouvement harmonique originel de l'âme conduit au mouvement physique réel qu'est le mouvement astronomique.

La révolution de l'âme du monde dans ses deux cercles, le cercle indivis du Même et le cercle de l'Autre, divisé en les trajectoires des planètes, est le mouvement qui génère la vérité, le λόγος et la connaissance. Mais ce mouvement de rotation se communique également au corps du monde. Le dialogue du *Politique* (269 *d-e*) le caractérise ainsi : « Ce à quoi nous avons donné le nom de ciel ou de monde a reçu assurément de celui qui l'engendra nombre de dons bienheureux. Il n'en est pas moins vrai qu'il participe aussi de la nature corporelle. Parce qu'il lui est impossible d'être totalement étranger au changement, le mouvement qui caractérise le monde est, autant que possible, un mouvement sur place, mouvement unique et toujours selon les mêmes rapports. Aussi le monde a-t-il eu pour son lot le mouvement circulaire, parce que c'est celui qui s'éloigne le moins du mouvement que nous effectuons

1. *Expositio rerum mathematicarum ad legendum Platonem utilium*, 65, 2-6 Hiller [= 104, 19-23 Dupuis].

2. Voir aussi *infra*, chap. II, p. 88-91 ; chap. VII, p. 373 ; chap. VIII, p. 383. *(N. d. T.)*

en nous-mêmes. » Les mouvements astronomiques sont une imitation des mouvements de l'âme, de la double révolution du cercle du Même et du cercle de l'Autre. Une « imitation », cela veut dire une matérialisation et une visualisation, propres à rendre accessible aux sens le mouvement de l'âme qui est la rotation invisible que nous avons décrite comme génération du λόγος, mouvement logique.

Le mouvement des corps célestes est produit par l'âme sans le moindre « effort », c'est-à-dire sans dépense de force. Nulle part Platon ne parle des corps célestes comme ayant une quelconque masse ou nécessitant de l'énergie pour se mettre en mouvement. Il les conçoit de façon purement cinématique, sans aucune dynamique. Les lois mathématiques qui s'y appliquent sont donc tout à fait exemptes de considérations dynamiques.

La composition harmonique de l'âme du monde à partir de parties dont les proportions constituent l'échelle musicale signifie sans nul doute que les proportions musicales seront à trouver également, dans un sens ou un autre, dans le monde astronomique. (Platon lui-même ne formule pas ouvertement une telle loi ; son harmonie cosmique deviendra cependant, au XVIe et au XVIIe siècle encore, le point de départ de spéculations mathématiques sur le cosmos, le germe des idées d'un Kepler. Erich Frank [1] voit dans l'association de la musique et de l'astronomie une grande nouveauté de la science pythagoricienne – la première amorce d'une loi de la relation entre la vitesse des planètes et la longueur de leur orbite proviendrait, d'après son hypothèse, d'une analogie hardie avec la relation, découverte par Archytas, entre la longueur d'une corde et la fréquence de ses vibrations. Pour notre part, nous n'irions sans doute pas aussi loin ; peut-être l'idée de la possibilité de concevoir les trajectoires des corps célestes comme des cordes fermées en boucle vient-elle justement du *Timée* de Platon, du mode de composition de l'âme du monde, assemblée à partir de parties aux proportions harmoniques, puis de bandes droites, ployées en forme de cercle.)

Les mouvements des planètes sont, d'une certaine manière, harmoniques, quoique Platon ne se hasarde pas à définir avec précision la relation entre leur vitesse et leur trajectoire, se bornant à suggérer

1. Voir *supra*, p. 46, note 4.

l'existence d'un tel rapport. Il voit dans les mouvements planétaires des composantes distinctes du mouvement de l'Autre, dont les corrélations s'expliquent de façon très cohérente à partir de la combinaison de deux mouvements : le mouvement commun du cercle de l'Autre et le propre mouvement accessoire de la planète sur la trajectoire où elle est emportée par ce mouvement commun. Cornford compare cette combinaison de mouvements à un trottoir roulant, incurvé en cercle, où certaines personnes (le Soleil, Vénus, Mercure) restent immobiles, d'autres (la Lune) courent dans le sens de la marche, et d'autres encore (Mars, Jupiter, Saturne) ont un mouvement rétrograde [1]. Le résultat est une loi simple du mouvement circulaire uniforme pour tous les corps célestes – pour les étoiles fixes, la révolution du Même; pour les planètes, le mouvement partagé de l'Autre, la vitesse angulaire identique suffisant, en conjonction avec les mouvements propres des planètes, à expliquer tous les phénomènes.

Dans les *Lois* (X, 893 *c*-894 *c*), on trouve une caractérisation de dix sortes de mouvement à laquelle les exégètes n'ont pas à ce jour accordé l'attention qu'elle mériterait. Il s'agit en effet, non pas d'une simple énumération, mais d'une véritable diérèse du mouvement. En effectuant la diérèse, il faut distinguer les véritables espèces ultimes, indivises, des genres par lesquels la division passe sans s'y arrêter. Seuls les membres de la série dont la division ne se poursuit pas sont à proprement parler des espèces – en l'occurrence, les espèces du mouvement. C'est pourquoi le *changement de lieu*, par exemple, qu'Ast [2] compte parmi les espèces du mouvement, n'en est pas une. Dans le texte, Platon ne nomme pas expressément ces espèces (qu'il dit être au nombre de dix), mais se borne à indiquer les étapes de la démarche que le lecteur devra lui-même accomplir : telle est souvent sa manière – Platon introduit dans le problème en laissant à l'initiative du lecteur d'en mener la solution à bien. La diérèse se présente alors ainsi :

1. Cf. Fr. M. Cornford, *Plato's Cosmology*, Londres, Routledge & Kegan Paul, 2e éd., 1948, p. 82-85.

2. Cf. Fr. Ast (éd.), *Platonis Leges et Epinomis*, t. II, Leipzig, Weidmann, 1814, p. 482.

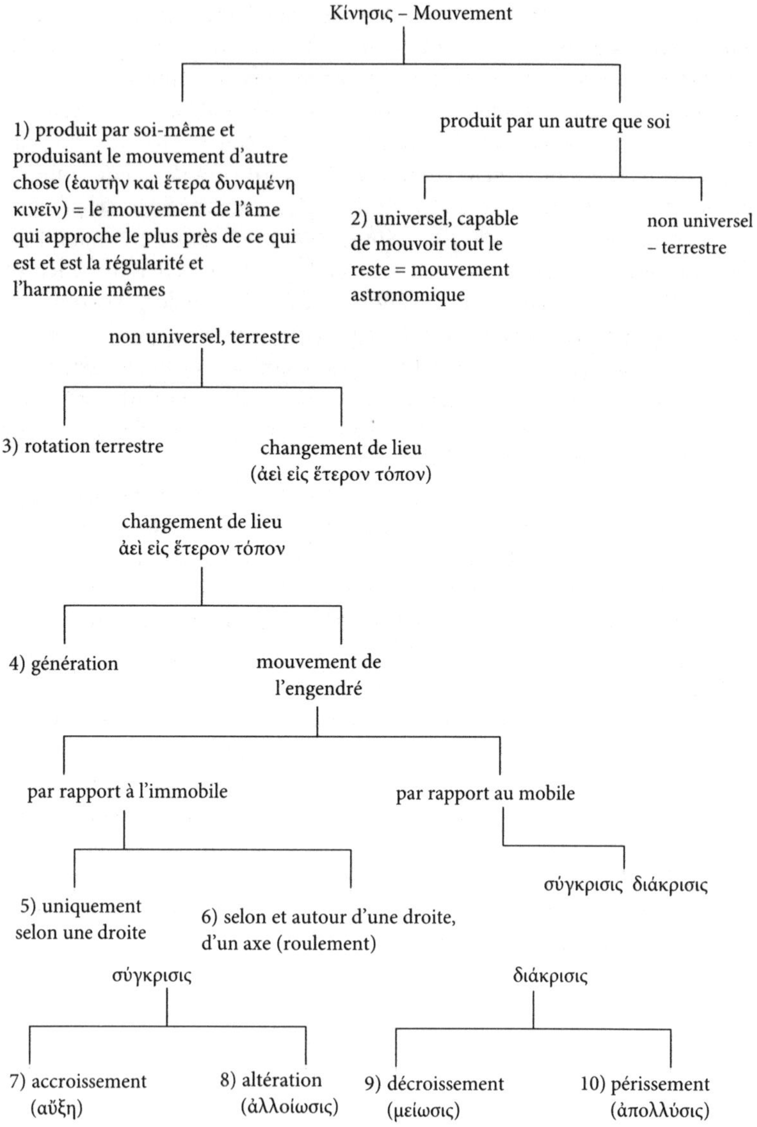
Κίνησις – Mouvement
1) produit par soi-même et produisant le mouvement d'autre chose (ἑαυτὴν καὶ ἕτερα δυναμένη κινεῖν) = le mouvement de l'âme qui approche le plus près de ce qui est et est la régularité et l'harmonie mêmes
produit par un autre que soi
2) universel, capable de mouvoir tout le reste = mouvement astronomique
non universel – terrestre
non universel, terrestre
3) rotation terrestre
changement de lieu (ἀεὶ εἰς ἕτερον τόπον)
changement de lieu ἀεὶ εἰς ἕτερον τόπον
4) génération
mouvement de l'engendré
par rapport à l'immobile
par rapport au mobile
5) uniquement selon une droite
6) selon et autour d'une droite, d'un axe (roulement)
σύγκρισις διάκρισις
σύγκρισις
διάκρισις
7) accroissement (αὔξη)
8) altération (ἀλλοίωσις)
9) décroissement (μείωσις)
10) périssement (ἀπολλύσις)

Les mouvements numérotés sont les ultimes résultats de la division, les espèces proprement dites du mouvement. Ce sont donc : 1) le mouvement de l'âme, 2) le mouvement astronomique, 3) la rotation terrestre, 4) la génération, 5) la traction et la poussée, 6) le roulement, 7) l'accroissement, 8) la transformation, 9) le décroissement, 10) le périssement. Plus on avance dans la série et plus le mouvement s'éloigne de ce qui est, de la régularité, de la périodicité (les mouvements 4-10 étant, cela dit, *grosso modo* au même niveau). Les mouvements dans la sphère terrestre relèvent du domaine de la γένεσις, du devenir, tandis que les mouvements célestes et celui de l'âme sont plus proches de l'οὐσία, de l'être.

Certes, « ce qui n'est jamais, mais sans cesse devient [1] » – la sphère du devenir purement matériel avec ses éléments fondamentaux, mus d'un mouvement chaotique, désordonné, le tout situé dans une étendue non qualifiée, passive, indéterminée – « existait » déjà avant la création, ou disons plutôt avant l'ordonnance du monde. Platon se fait une idée très complexe de la genèse de ce monde matériel. Son fondement est la χώρα, un espace que le penseur se représente, non pas comme le vide où prennent place des corpuscules existants (comme chez Démocrite), mais comme un miroir où se reflètent les Idées des quatre éléments – le feu, l'air, l'eau et la terre – offrant, dans ce milieu singulier, une image mouvante, éphémère, toujours en devenir; la mobilité de l'image tient à ce que les éléments semblent tous permuter continuellement les uns dans les autres. Tel est le changement qualitatif incessant que l'on constate dans la nature; le devenir peut en être d'abord qualitativement réduit aux quatre éléments, mais les éléments seront derechef à réduire. Cela se fait en attribuant à chacun une structure géométrique quantitative que nous ne pourrons ici caractériser que de la façon la plus générale : à chacun des éléments est associé un des quatre polyèdres réguliers, en sorte que la forme du solide explique quelques-unes des qualités de l'élément : le tétraèdre est attribué au feu, l'octaèdre à l'air, l'icosaèdre à l'eau, le cube à la terre; reste le dodécaèdre, réservé à la forme d'ensemble du monde comme approximation de la sphère. Les corps de trois des éléments sont composés de triangles rectangles scalènes, le corps de la terre de triangles rectangles isocèles; les triangles des trois éléments plus légers peuvent ainsi se regrouper entre eux, les tétraèdres engendrant des octaèdres, etc., tandis qu'ils ne pourront jamais former un cube; la permutation réciproque de tous les éléments

1. Cf. *Philèbe*, 59 *a*. *(N. d. T.)*

est donc une pure apparence, en réalité seuls le feu, l'air et l'eau se transforment l'un dans l'autre. – La réduction à la quantité affecte l'explication non seulement de la permutation réciproque, mais encore d'autres qualités des éléments. La réduction procède, on le voit, d'Empédocle à Leucippe.

Or, la constitution géométrique des éléments, qui présuppose le changement qualitatif, n'est qu'une part de l'explication du devenir dans le monde matériel. Laissés à eux-mêmes, les éléments sont agités d'un mouvement irrégulier, saccadé, qui rappelle les secousses imprimées au tamis pour vanner le grain. Dans ce ballottement, qui vient de la synthèse des contraires qu'est l'apparition, entre le modèle constant et l'assise spatiale infinie et indéfinie, les semblables s'assemblent, en sorte que, si les corpuscules avaient assez de place, les éléments se sépareraient tout à fait les uns des autres et il s'ensuivrait un état d'équilibre et de repos. Entre ici en jeu la forme finie et sphérique de l'univers, découlant, comme nous l'avons déjà vu, de la nature de l'âme du monde : cette forme agit en sens contraire, s'opposant à l'expansion des éléments qui voudraient se déployer et se séparer, les contraignant, au contraire, à se mêler toujours à nouveau les uns aux autres. Ce brassage, cette compression qui fait que, sauf des lacunes infimes, il n'y a nulle part de vide, entraîne l'interaction et la permutation réciproque des éléments, et ces deux tendances – la tendance des éléments entre eux, vers l'isolement et la pureté, et la tendance vers le changement – se maintiennent en équilibre, si bien que le mouvement dans le monde des éléments est ininterrompu et jamais ne prend fin. L'attraction du même vers le même est un mouvement essentiellement rectiligne; les corps en sont portés toujours vers la partie de l'univers où se trouve accumulée une masse substantielle de l'élément concerné. Le mouvement dans le monde des éléments a ainsi deux faces : l'interaction de l'autre sur l'autre, dont le résultat est la transformation des éléments, et l'attraction du même vers le même, dont le résultat est leur accumulation dans un lieu donné de l'univers.

e) Considérant à nouveau le « système de réduction » de Platon, nous voyons :

1) qu'il est bien plus proche du néoplatonisme que l'idée que se faisaient de Platon la philologie et la philosophie du XIXe siècle; les néoplatoniciens avaient raison d'associer le platonisme à un mathématisme cosmique et de souligner les éléments pythagoriciens chez Platon; les néoplatoniciens disposaient certainement, sur le système de Platon,

d'autres informations en sus de celles qui peuvent être puisées dans la lecture des dialogues [1] ;

2) que les mouvements de l'âme du monde représentent la première tentative documentée pour considérer le mouvement en général comme une grandeur, un premier essai d'arithmétisation et de géométrisation du mouvement; nous assistons là à la naissance extrêmement difficile, revêtue encore de tous les habits du mythe, d'une idée dont l'auteur ne discernait certainement pas la portée : l'idée de l'ordre mathématique de tout mouvement et de tout mobile. Platon l'étend même jusqu'au règne de l'ordre mathématique sur le monde entier; dans son idée, aucun détail n'y échappe, bien qu'il demeure incapable de le formuler en tant que règne de la loi mathématique, s'en tenant à l'expression mythique de la providence du démiurge et de l'âme du monde présidant à tout ce qui en dépend.

La différence entre la mathématisation statique et la mathématisation du mouvement est fondamentale; seule la maîtrise mathématique du mouvement rend l'homme maître de la nature, soumet au sens plein la nature à des lois offrant la possibilité de prévoir l'avenir. La mathématisation du mouvement, que Platon réalise ainsi pour la première fois de façon bien plus approfondie et détaillée que quiconque avant lui, aussi loin que remontent nos informations, a donc une portée considérable. Pourtant, Platon lui-même y procède pour ainsi dire sans s'en rendre compte. Cela vient de la grande hétérogénéité du concept de mouvement tel qu'il se présente chez lui, comme aussi du fait qu'il ne pose jamais expressément la question de l'essence du mouvement en général, bien que le dynamisme, la génération, les considérations génétiques jouent dans sa philosophie un rôle immense, voire de plus en plus grand : la philosophie de Platon se révèle être effectivement la synthèse d'héraclitéisme et de socratisme qu'Aristote verra en elle [2].

On pourrait dire, en bref, que Platon ne distingue pas entre le processus et le mouvement (pas plus qu'Aristote après lui). Parmi les processus, le premier rang revient à la génération au sens absolu, au processus de formation de la matière par le principe actif qui, sans le concours du temps, donne naissance à tous les degrés de l'étant : le degré de l'être idéal (qui jamais ne « devient »), le degré intermédiaire (qui connaît la pluralité et le changement, mais est incorporel) et le degré de

1. Tout cela est mis en relief par Ph. Merlan dans le texte déjà cité, ainsi que dans son ouvrage *From Platonism to Neoplatonism*, La Haye, M. Nijhoff, 1953.

2. *Métaphysique*, A, 6, 987 *a* 30 *sqq*.

ce qui devient et n'« est » jamais au sens plein, éternel, établi de ce terme. Un cas particulier de cette genèse absolue, c'est la genèse des entités idéales, des Idées, des nombres mathématiques et des figures géométriques. Ici partout, la γένεσις pourrait être définie avec Robin comme unité des contraires débouchant directement dans un résultat stable. Il n'y est pas question du temps au sens propre ; c'est un processus éternel, supratemporel. Pour le platonisme a surtout valeur de modèle le mouvement qui « génère » les entités mathématiques : le passage du point à la ligne, de la ligne à la surface, etc. Les constructions géométriques, dans lesquelles on fait abstraction de la succession réelle dans le temps pour ne suivre que l'ordre des étapes logiques, sont, aux yeux de Platon, le fondement premier de tout mouvement. Fondement qui renferme aussi le principe instinctif de la mathématisation du mouvement ; si la géométrie est un mouvement, le mouvement doit être une géométrie.

Le mouvement réel présuppose le temps, le temps présuppose une diversité de phases, diversité qui présuppose à son tour le projet de leur unité, le temps originaire ; or, celui-ci n'est possible que dans l'âme. L'âme à la fois domine et rend possible la diversité des phases. Par conséquent, elle permet de défaire les relations qui constituent l'unité au sein de l'étant et, au contraire, d'unifier ce qui, dans la chose, est divisé. Tel est le premier mouvement temporel, le mouvement de la vérité, le dévoilement de ce qui est par le λόγος. Il est défini mathématiquement comme une rotation, sa composition est harmonique, faite de relations numériques, et les mouvements astronomiques, qui génèrent en premier lieu le temps réel, en sont une imitation. Voilà pourquoi la définition de l'âme en tant que nombre qui se meut a des racines platoniciennes. La forme de ce qui se meut dans l'ordre astronomique découle, ainsi que l'espèce et la règle de son mouvement, des mouvements originels de l'âme. Sur ce plan, Platon tire parti de toutes les découvertes musicologiques et astronomiques des pythagoriciens. Il reste pourtant au même niveau : la mathématisation concerne les proportions des différents mouvements, en aucune façon le mouvement singulier et ses composantes, qui ne sont jamais expressément différenciées. Alors même qu'il conçoit le temps comme la mesure commune de tous les mouvements, il n'en fait pas un paramètre d'analyse du mouvement en ses composantes abstraites. L'uniformité, la révolution circulaire, la régularité sous différentes formes et dans différentes combinaisons, tel est le caractère du mouvement astronomique (dont les mouvements des âmes inférieures, individuelles, telles que l'âme humaine, sont aussi une espèce).

Le mouvement élémentaire est complexe, et le mouvement astronomique y entre comme l'une de ses causes concomitantes. D'autres facteurs sont les secousses chaotiques provenant du « réceptacle » spatial (le δεχόμενον, la χώρα), les apparences qualitatives de transformation continuelle des éléments, leur mélange et leur permutation réciproque comme, au contraire, l'attraction qui les fait tendre vers des lieux d'accumulation maximale. L'attraction est liée aux secousses, l'interaction et le mélange à l'influence du mouvement astronomique. Platon parle expressément[1] de l'irrégularité, du déséquilibre qu'entretiennent la forme et le mouvement de l'univers comme de la source du mouvement élémentaire. La mathématisation dans cette sphère se manifeste en ceci que tous les changements qualitatifs ont une base quantitative, géométrique. Platon cependant ne propose une explication quantitative que des structures changées ; à aucun moment il ne tente de géométriser le changement comme tel. Il n'analyse pas clairement le processus, son déroulement, ses éléments. Sa mécanique est en fait bien plutôt une proto-chimie quantitative. Le problème de l'analyse et de la « réduction » de l'équilibre et du mouvement comme tel, Platon le laisse en totalité aux penseurs à venir, à Archimède et à Galilée (encore qu'on pourrait à juste titre affirmer que l'analyse du mouvement en ses formes les plus simples et ses composantes abstraites, ainsi que la complication progressive, telle que Galilée l'introduit dans ses *Discours sur deux sciences nouvelles*, est tout à fait dans l'esprit de la méthode de « réduction » platonicienne).

Dans l'ensemble, on peut dire qu'un trait saillant du rapport de Platon au mouvement est son manque d'intérêt pour le mouvement dans le temps. Il porte son attention principalement sur le mouvement cosmogonique, celui par lequel le cosmos émerge de l'indéfini, de la démesure, du chaos. Cela l'amène aussi à aborder la genèse du temps, mais il laisse tomber le sujet dès que se posent les questions de la genèse dans le temps. La supraprocessualité, la supratemporalité dans l'acception mathématique n'aurait pas entravé la mathématisation du mouvement, mais le non-intérêt pour le temps en tant que quantité *sui generis*, paramètre du mouvement, la rend, chez Platon, trop abstraite.

Pour que le mouvement soit un jour effectivement mathématisé, il faudra, au contraire, focaliser toute l'attention sur le mouvement dans le temps, sur le processus temporel, à concevoir, non plus divisé entre le mouvement de l'âme et son imitation, d'une part, et le processus

1. Cf. *Timée*, 52 *e*-53 *a*. *(N. d. T.)*

corporel, de l'autre, mais de façon unitaire, comme processus matériel – fût-ce au prix d'une régression temporaire de la mathématisation. L'attention devra se fixer expressément sur le concept de mouvement, faire du mouvement un problème philosophique central, au lieu, à l'instar de Platon, de ne le traiter qu'accessoirement à d'autres questions (ce qui explique l'éclatement conceptuel du mouvement chez Platon, la raison pour laquelle celui-ci ne réussit pas à le dominer conceptuellement).

Quand, après avoir exposé son concept du mouvement en tant que passage, ἐνέργεια τοῦ δυνάμει ὄντος ᾗ δυνάμει[1], en tant donc que quelque chose qui se déroule essentiellement dans le temps, Aristote aborde, au chapitre 2 du livre III de la *Physique*, la critique des définitions antérieures, il est presque surpris de constater qu'il n'y en a pas ou qu'elles sont tellement abstraites qu'elles restent en deçà du problème du mouvement réel dans le temps. Les définitions (platoniciennes) qui le ramènent à la « différence », à l'« inégalité » ou au « non-étant » parlent de choses qui, du point de vue d'Aristote, ne sont pas nécessairement en mouvement; toutes sont trop larges. Platon voit d'après Aristote le mouvement là où il n'est pas, et ne le voit pas là où il est.

Fidèle à sa manière, le Stagirite tente néanmoins d'atteler aussitôt ce même Platon au triomphe de son propre système en montrant qu'il se manifeste, jusque dans la classification platonicienne du mouvement parmi les contraires indéterminés, une anticipation instinctive de l'unité de la δύναμις et de l'ἐνέργεια dans laquelle il voit pour sa part l'essence du mouvement-processus.

Du point de vue de l'intratemporalité, du point de vue du processus dans le temps, Aristote a conditionnellement raison contre Platon. Le regard que Platon porte sur le mouvement passe à côté de choses essentielles, car il est en fait dirigé ailleurs; le questionnement de Platon vise la genèse de l'être dont il tente dans un second temps seulement, accessoirement, de déduire aussi le devenir des étants. L'intervention d'Aristote n'en est pas moins nécessaire – dans l'intérêt même de la future mathématisation du mouvement qu'il ne cesse de combattre et à laquelle son propre système impose de si profondes limites.

1. Cf. *Physique*, III, 1, 201 *a* 10 : ἡ τοῦ δυνάμει ὄντος ἐντελέχεια, ᾗ τοιοῦτον. *(N. d. T.)*

IV

À côté du mathématisme naïf des pythagoriciens, qui voyaient dans le nombre ou la matière de l'étant ou le modèle que l'étant « imite », Platon érige un mathématisme méthodique, universel, lui-même construit *more geometrico*. Certes, il ne parvient à le réaliser de façon cohérente qu'en ontologisant sa méthode de réduction – l'ontologie des principes signifie à ses yeux la meilleure assurance contre les abus méthodiques qui mélangent le plan de l'expérience sensible et celui de la pensée constructive. L'ontologisation se fait donc dans l'intérêt de la mathématisation, mais elle conduit à une mythologie nouvelle, à une mystique de la genèse de l'univers à partir du Bien-Un et à l'éclatement de la réalité en une pluralité de niveaux.

Le système de réduction renfermait des potentialités à perte de vue. C'est l'une d'elles que nous avons tenté de mettre en relief dans ce qui précède : l'essai d'une mathématisation principielle du mouvement. Il se déroule, de façon insolite, voire non naturelle à notre sens, en majeure partie dans une sphère que Platon nomme l'âme et qui est chez lui une entité essentiellement mathématique – la partie inférieure de la sphère médiane entre le monde des Idées, où il n'y a ni répétition ni changement, et le monde corporel, où règne le changement permanent et où le seul vestige d'intelligibilité réside dans la répétition continuelle des mêmes phénomènes et des mêmes relations dans un substrat instable, chaque fois différent. L'âme chez Platon a vocation d'être ce qui réalise l'unité de son univers dualiste; mais l'unité réalisée a pour conséquence l'éclatement – la division du monde en un plus grand nombre encore d'échelons et la découpe du mouvement en davantage de niveaux différents.

Cela étant, l'idée de la mathématisation du mouvement n'a pas pu réellement se développer chez lui, donner des résultats en vérité positifs, générer l'idée d'une loi mathématique de la nature régissant non seulement l'être statique, mais le processus et le devenir temporel. Le chemin qui mène à ce but sera long. Le premier présupposé est que tout le réel mondain soit à nouveau placé sur le même plan, dans le monde d'une réalité uniformément mobile. Ce n'est qu'ensuite qu'on pourra poser de façon réellement positive la tâche suivante – celle de sa mathématisation.

C'est Aristote qui entreprend l'unification du mouvement, sa réduction au niveau d'une réalité une. Il y est amené dans le cours de sa révision du système platonicien, en en perçant à jour les présupposés métaphysiques et en critiquant la séparation de l'universel. Il est tout naturel que la simplification de la structure ontologique de l'univers à étages de Platon se manifeste également dans la doctrine du mouvement-processus qu'Aristote voit comme propre à la seule sphère de la φύσις, des réalités matérielles. C'est précisément par son concept de φύσις qu'Aristote parvient à l'unification du mouvement.

Dans un des textes qui suivent, « La science philosophique de la nature chez Aristote », nous nous attachons à dégager la structure, les composantes et la signification de ce concept de φύσις. Nous y étudions en même temps la structure et la signification du concept de mouvement chez Aristote, dans l'idée de parvenir, par cette analyse, à une évaluation historiquement juste de son accomplissement, qui n'a pas toujours été pris en vue dans la bonne perspective. La science mathématique moderne de la nature est née dans un combat contre Aristote et l'aristotélisme. La philosophie aristotélicienne du mouvement, considérée sous cet angle, ressemble à un rocher qui pendant deux millénaires a barré le chemin à la mathématisation de la nature. Mais il y a aussi une autre perspective, une vue de l'autre côté, depuis les présocratiques et Platon, qui donne à la chose un aspect quelque peu différent. Et il y a encore la perspective plus vaste qui pose le problème, non pas du mouvement de l'étant achevé, mais de celui qui constitue l'étant, mouvement inconnu du mécanisme du XVIIe siècle, mais qu'Aristote a bien vu.

Nous allons essayer de montrer dans le détail qu'Aristote n'a pu effectuer son travail unificateur, son repositionnement de l'ensemble du réel mondain mobile sur le sol d'une réalité unique, qu'en sacrifiant une bonne part, voire une part essentielle du programme de mathématisation esquissé par Platon. Cela concerne aussi la mathématisation du mouvement. Aristote ne conserve de façon consistante le caractère de mouvements susceptibles d'une description mathématique exacte qu'au seul domaine astronomique. Au fond cependant, il comprend même le mouvement astronomique comme vital et qualitatif, lui attribuant donc un caractère qu'il n'a pas chez Platon. Là où le modèle fondamental du mouvement chez Platon demeure l'unité des contraires, Aristote introduit un modèle foncièrement différent, nouveau – le modèle du processus qualitatif : les contraires qui se succèdent et se remplacent dans un même substrat.

Ce nouveau modèle du mouvement est la véritable innovation de la philosophie aristotélicienne. C'est lui qui donne à Aristote la possibilité de bâtir sa doctrine du mouvement dans une unité systématique sans précédent, commençant par la réfutation de la polémique des Éléates contre le mouvement et la mise en évidence des conditions de sa possibilité, se poursuivant avec la théorie des « causes » et des

« principes » auxquels il est conduit chaque fois par un mouvement conçu sur la base de ce modèle, pour aboutir au passage du mouvement à l'acte « pur » dont dépend tout le mouvement du monde, quoiqu'il soit pour sa part exempt de tout mouvement-processus. Le mouvement-processus est chez Aristote, dans son principe, toujours un mouvement matériel, c'est le substrat matériel commun de tout processus qui lui donne le sol un dont il a besoin.

Nous ne tenons nullement pour probante l'opinion, souvent émise, suivant laquelle ce serait le dogmatisme d'Aristote, sa recherche d'une solution rapide et définitive qui, joint à une aversion pour les mathématiques, l'aurait fait se détourner du platonisme et « méconnaître » sa propre tendance [1]. Le contraire aussi est fort bien concevable : il se peut que ce soit le modèle qualitatif du mouvement, nouvellement découvert, qui lui a fait prendre conscience de la possibilité, voire de la nécessité de philosopher autrement que *more geometrico*, pour cette raison que ce premier – génial – méthodologue des mathématiques se trouve en même temps à l'origine du tournant antimathématique en philosophie. Or, comme nous allons essayer de le montrer, c'est en appliquant au mouvement la méthode de réduction platonicienne – grâce donc, au fond, à la méthode mathématique de Platon lui-même – qu'Aristote est arrivé au modèle qualitatif. La qualitativité de la conception d'Aristote est liée à l'héritage du platonisme dans sa théorie : à la doctrine des contraires comme principes premiers de tout.

Le nouveau concept de mouvement conduit par ailleurs à des conséquences qui deviendront non moins définitives que la réduction du mobile au seul plan de la réalité matérielle. Le mouvement-processus n'est plus, chez Aristote, mouvement *du* monde, mais mouvement *dans* le monde. Cela peut paraître paradoxal chez un penseur qui affirme et qui étudie le mouvement global de la sphère cosmique. Mais, alors même qu'il s'agit du mouvement du tout du monde, l'angle de vision et le modèle demeurent ceux du processus qualitatif fini ; celui-ci est la clef qui y donne accès ; Aristote explique le monde en totalité sur le mode des choses contenues dans le monde, le mouvement du monde sur le mode des processus qui se déroulent dans ses parties. Le mouvement n'est plus mouvement cosmogonique ; non seulement la cosmogonie, le passage du chaos au cosmos, n'a plus de sens pour Aristote (le monde est éternel, le chaos à identifier tout au plus – métaphoriquement –

1. Voir, par exemple, L. Robin, « Aristote (la vie, l'œuvre, la doctrine) », dans *La Pensée hellénique*..., p. 523.

à celle de ses composantes essentielles qui est le plus dépourvue de déterminations), mais la formation de la matière, qui constitue à ses yeux l'essence du mouvement-processus, n'a plus – du moins plus à titre exclusif ou prépondérant – la signification cosmique suprasensible dont elle était investie chez Platon.

L'exposé des chapitres finals rendra compte de la manière dont prend forme, lentement, malaisément et dans la dispersion, un front d'opposition contre la conception aristotélicienne du mouvement. Nous verrons qu'un rôle important dans la lutte contre l'aristotélisme est joué par les retours en amont, notamment au platonisme. On peut comprendre que, dans le feu de la lutte, les adversaires d'Aristote exagèrent leur opposition au point de dénier à celui qu'ils combattent le moindre rôle positif dans l'évolution des conceptions physiques. Plus difficilement, que l'histoire des idées ait, de nos jours encore, tendance à regarder la chose du même œil – sous l'ascendant des fondateurs de la science mathématique de la nature. Or, le fait est que les adversaires platonisants d'Aristote au XVIe et au XVIIe siècle, pour autant qu'ils jouent un rôle positif dans la naissance de la science mathématique de la nature, acceptent, comme sol évident sur lequel ils se meuvent, toutes les conséquences de la lutte d'Aristote contre Platon que nous venons de passer en revue. Le problème du mouvement traité mathématiquement est, pour eux, celui du mouvement homogène de la substance matérielle dans l'univers. Le processus physique, dont ils étudient les lois, n'est pas le processus cosmogonique. Le mouvement dont ils recherchent la mathématisation est celui, non pas de Platon, mais d'Aristote. Ce qu'ils atteignent au bout du compte est une reconstruction d'Aristote par Platon et la décomposition réciproque des deux systèmes, mais la persistance du problème de la substance au XVIIe siècle atteste toujours une influence aristotélicienne.

Comme les planètes, l'histoire de l'esprit aussi connaît le mouvement rétrograde. Peut-être une analyse rationnelle dévoilera-t-elle là encore une simple apparence, reflet de luttes et de perspectives subjectives. La véritable marche dialectique de la pensée mènerait ainsi, en spirale, toujours de l'avant.

Chapitre II

LES ΓΡΆΜΜΑΤΑ ET LES ΣΤΟΙΧΕΪΑ DANS LA PHILOSOPHIE GRECQUE JUSQU'À ARISTOTE

Qu'une diversité de prime abord (au point de vue phénoménal) inépuisable et infinie puisse se réduire à un nombre fini de principes susceptibles d'être embrassés du regard en toute clarté, c'est un thème caractéristique de la philosophie grecque et de la civilisation grecque en général. Un thème passé, de là, dans le fonds commun de la culture européenne. On pourrait affirmer même qu'il figure parmi les phénomènes fondamentaux qui en illustrent le caractère originel et la différence d'avec d'autres cultures. Non que le phénomène à la base de cette démarche, l'alphabet phonétique, soit une invention purement grecque ou généralement européenne. Loin de nous de prétendre qu'il ne se rencontre pas également ou n'ait pas des parallèles dans d'autres cultures. Reste que nulle part, depuis la plus haute Antiquité jusqu'à nos jours, ce thème n'est aussi vivant, nulle part on n'en tire autant de conséquences, on ne lui trouve autant d'applications. C'est un tableau d'une fécondité et d'une profondeur telles qu'on pourrait y voir comme le germe et le symbole de toute rationalité comprise en mode européen.

L'écriture grecque se distingue des systèmes graphiques antérieurs par son esprit de suite rationnel. L'écriture est un prolongement de la langue; la langue a une dimension objective, une dimension phonético-symbolique et une dimension signifiante; l'écriture idéographique exprime directement l'aspect objectif, l'écriture pré-alphabétique, en partie l'aspect signifiant, en partie celui du symbolisme phonétique, l'aspect phonético-symbolique n'étant représenté par l'écriture que dans la mesure où il sert à saisir l'aspect signifiant (si bien que dans les systèmes sémito-chamitiques pré-alphabétiques de l'Orient ancien, par exemple – ainsi, le système phénicien, dont les caractères grecs sont dérivés [1] – il n'y a pas de signes pour les voyelles). L'écriture grecque s'en tient systématiquement à l'aspect des symboles phoniques qu'elle analyse en d'ultimes composantes indivises et reproduit dans leur intégralité; c'est par l'intermédiaire de cet aspect qu'elle présente les significations et, par l'intermédiaire des significations, les objets dont il s'agit.

Autre différence : alors même qu'ils sont phonétiques, les systèmes de l'Orient ancien ont le plus souvent plusieurs signes pour un même son, circonstance qui atteste le règne d'un autre principe encore que le principe rationnel dans le système d'écriture. Sans doute, l'écriture est dès l'origine une invention technique; comme la plupart des prestations techniques primitives, elle appelle cependant une interprétation mythique. La fonction mythico-magique de l'écriture est liée à son utilisation pratique dans les contrats, les documents et les monuments; son action contre le temps, sa fonction de permanence est conçue causalement et exige comme telle la conservation des formes anciennes, des traditions graphiques. Il n'y a plus trace de tout cela dans l'écriture grecque. La lecture ici n'a plus rien d'un *déchiffrement*, d'une *divination*; elle est non problématique, une *composition à partir d'éléments.* On a raison d'insister sur le peu d'abréviations qui se rencontrent dans les inscriptions grecques anciennes, en comparaison, par exemple, de l'usage latin [2], ou encore sur le peu d'inclination de l'écriture grecque ancienne pour les ligatures; chaque lettre demeure dans son isolement, dans son caractère atomique, chacune a *sa* place, sa valeur d'individu.

On sait pourtant que l'écriture alphabétique n'est pas le premier système graphique grec. En 1899 déjà, Hermann Diels, se fondant sur l'analyse du nom ionien des caractères phonétiques (φοινικήϊα), émettait l'hypothèse que le système phénicien aurait supplanté chez les Grecs une écriture plus ancienne [3]; en 1939, C. W. Blegen découvrait alors, à proximité du palais de Nestor, 600 tablettes mycéniennes portant des

1. En passant par l'araméen et en tirant parti de l'invention araméenne de signes vocaliques; voir S. Segert, « Počátky abecedy podle nových objevů » [Les commencements de l'alphabet selon les nouvelles découvertes], *Vesmír*, 42 (1963), p. 173-176.

2. R. Harder, « Die Meisterung der Schrift durch die Griechen », dans H. Berve (dir.), *Das neue Bild der Antike*, I, Leipzig, Koehler & Amelang, 1942, p. 98.

3. H. Diels, *Elementum : eine Vorarbeit zum griechischen und lateinischen Thesaurus*, Leipzig, Teubner, 1899, p. 58, note 3.

inscriptions en Linéaire B de Cnossos [1] ; la confirmation la plus éclatante de l'hypothèse de Diels a été apportée toutefois par le récent déchiffrement de ce système d'écriture crétois, dans lequel on a découvert un syllabaire archaïque grec. L'adoption de l'alphabet, qui jouera un rôle investi d'un tel poids destinal, sera manifestement l'œuvre du même esprit ionien auquel l'on doit aussi la naissance des mathématiques et de la philosophie grecque.

La découverte de la graphie alphabétique favorise puissamment le goût hellénique pour l'écriture, documenté par une grande richesse de trouvailles archéologiques, dont beaucoup, importantes, remontent au VIe siècle. Cette passion de l'écrit atteint son point culminant dans l'Attique [2]. Ce n'est que là qu'on érige publiquement sur l'acropole des statues de scribes. D'innombrables témoignages de l'Athènes du Ve siècle, des documents de caractère et public et privé montrent l'écriture comme l'un des éléments qui véhiculent le sang vital de l'Attique. La meilleure preuve de l'importance d'Athènes et de sa région dans cette évolution est cependant fournie par le terme même qui désigne le caractère d'écriture : στοιχεῖον, terme d'origine attique, dont Diels a présenté une analyse magistrale [3].

Le terme στοιχεῖον est documenté pour la première fois au Ve siècle, chez Aristophane, désignant la longueur de l'ombre d'une personne, utilisée comme celle d'un gnomon primitif : « lorsque ton ombre sera longue de dix pieds, tu t'oindras d'huile et tu iras vers le dîner [4] ». Le στοιχεῖον est ici l'ombre en tant qu'elle suit son objet, en tant qu'elle appartient à son objet comme vont ensemble deux choses qui se suivent à la file. Κατὰ στοιχεῖον signifie « en rang », « en ligne ». – Le terme στοιχεῖον désigne ainsi initialement, dans la langue attique du Ve-IVe siècle, un élément d'une série bien ordonnée, dont les membres peuvent être associés les uns aux autres de façon univoque. Ainsi, la locution « ἐν ἴσῳ στοιχείῳ » signifie « de même largeur », et elle est employée aussi bien par rapport aux pierres de taille qu'en parlant de bancs de poissons de même calibre. Le mot semble être passé des soldats en rang et des danseurs alignés aux pierres posées en une rangée (horizontale) continue.

1. M. P. Nilsson, *Geschichte der griechischen Religion*, I, Munich, Beck, 1941, p. 800 (note de la p. 336).

2. R. Harder, « Die Meisterung der Schrift durch die Griechen », p. 102.

3. H. Diels, *Elementum*..., p. 57.

4. Aristophane, *L'Assemblée des femmes*, v. 651-652. *(N. d. T.)*

C'est *en tant que membres d'une série* que les lettres se nomment στοιχεῖα. On pense, bien sûr, à l'ordre dans lequel on les apprend par cœur ou dans lequel elles se suivent en bordure d'une tablette (ainsi, sur l'abécédaire de Marsiliana, du VIIe siècle). Le fait de s'insérer dans un rang dote les lettres d'une autre fonction encore : fonction de coordonnance et, partant, de dénombrement. C'est effectivement le cas des lettres grecques : elles représentent aussi les nombres. En tant que chiffres, elles ne répondent pas, bien sûr, au nom de στοιχεῖα, mais d'ἐπίσημα. Mais la fonction du rang, qui leur est initialement propre, créera tout naturellement un système de positions.

Nous verrons tout à l'heure, en parlant de Platon, comment le mot στοιχεῖον acquiert la signification qui est la sienne notamment en philosophie, le sens d'une substance élémentaire, indécomposable. L'idée des quatre substances élémentaires : la terre, l'eau, l'air et le feu comme formant une série continue n'est pas sans importance pour la propagation de cette conception.

La *série* est importante pour une autre extension encore du terme στοιχεῖον – connue par l'usage spécialisé en mathématiques et dans les sciences déductives en général. Ici, l'occurrence la plus ancienne est à trouver chez Aristote. En *Métaphysique* Δ, 3 (1014 *a* 35 *sqq.*), il traite de l'utilisation du terme στοιχεῖον d'abord dans les démonstrations en géométrie, puis dans n'importe quelle autre discipline démonstrative : les στοιχεῖα sont les démonstrations primitives, présupposées dans tout le développement ultérieur de la discipline et qui se trouvent à la base de plus d'une série de démonstrations. Tel est le point de départ des Στοιχεῖα d'Euclide.

Le caractère d'écriture, le corps simple, l'élément, la démonstration primitive à partir de laquelle se génèrent de nouveaux théorèmes – le στοιχεῖον rassemble tout cela comme autant de facettes d'un même phénomène originaire et fondamental. Le parler courant concourt dans une large mesure, avec le travail intellectuel spécialisé, à développer le germe que recèle l'image initiale de l'unité constitutive d'une série ou d'un rang serré. Voyons maintenant la *signification philosophique* de ce thème.

Les premiers philosophes chez qui nous savons l'exemple de l'alphabet le point de départ d'une réflexion fondamentale, ce sont les atomistes Leucippe et Démocrite. Le mot στοιχεῖον ne se rencontre pas chez eux, et la comparaison des atomes avec les lettres de l'alphabet n'a pas encore pleinement le sens qui fera de l'alphabet l'archiphénomène de la réduction de l'infini et de l'inépuisable à un nombre limité de principes premiers; l'association des lettres les unes aux autres, leur ordonnancement en des ensembles, n'en est pas moins, à leurs yeux, l'archétype de toute explication. Nous le tenons d'Aristote, de son compte rendu de la doctrine atomiste en *Métaphysique* A, 4 (985 *b* 4-20). Les atomistes, nous dit Aristote, prennent pour principe matériel de l'étant les atomes et le vide (soit, selon leur propre terminologie, l'étant et le non-étant) et, pour principe formel (analogue à ce qui ordonne, chez les plus anciens physiciens, le substrat matériel en toute la richesse des choses – ainsi, chez Anaximène et d'autres, les contraires μανόν-πυκνόν), la figure, l'ordre et la position. Le Stagirite illustre alors, manifestement d'après l'original, l'ordre et la position par différentes lettres, leurs combinaisons en syllabes et les formes de celles qui ne se distinguent que parce qu'elles sont tournées dans un autre sens : *A* et *N* sont différentes lettres, *AN* et *NA* différents ordres, *Z* et *N* différentes positions d'un même signe. Le sens de cette comparaison atomistique est vraisemblablement le suivant : si les vingt-quatre lettres de l'alphabet suffisent à exprimer, par leurs combinaisons, toute la diversité des pensées, les formes atomiques, infinies en nombre et en diversité, suffiront à plus forte raison à expliquer le monde entier par les leurs. Ce n'est donc pas encore *l'alphabet* qui est pris ici, comme tel, pour *modèle originel de l'univers*, mais uniquement l'ordonnancement des lettres de l'alphabet, leur combinaison en ensembles supérieurs, qui est érigé en *modèle de toute explication*; l'alphabet ne sert pas encore à réduire l'illimité au fini, mais seulement à remonter de l'illimité composé à l'illimité élémentaire [1].

*

L'auteur chez qui le phénomène de l'alphabet acquiert véritablement la signification d'un thème de pensée fondamental, modèle à la fois de toute explication et de l'univers, c'est Platon. Analyser les différentes manières dont Platon utilise le thème de l'alphabet, ce serait écrire une bonne part de l'histoire de sa philosophie, tâche dans laquelle nous ne pouvons nous lancer ici. Nous nous efforcerons simplement de saisir la

1. Que les atomes des anciens atomistes avant Épicure sont infinis non seulement en nombre, mais encore en formes, cela est dit *expressis verbis* chez Aristote, *De generatione et corruptione*, I, 1, 314 *a* 21-24 et I, 2, 315 *b* 6-14; voir aussi Simplicius, *In Arist. Phys. I*, [CAG, vol. 9], p. 28, 4-16, éd. Diels.

signification globale de sa méditation sur le thème de l'alphabet phonique.

Chez Platon, le terme στοιχεῖον désigne le concept fondamental d'opérations d'explication déjà présentes, voire fréquentes, chez les premiers penseurs milésiens et dans l'école italique, qu'il retrouve dans le socratisme et chez les disciples d'Héraclite, ses contemporains, et qui accusent certaines analogies. Aussi crée-t-il pour sa part, dans le dialogue *Théétète*, l'image d'un penseur qui – de même qu'Empédocle à partir de ses « racines » (ῥιζώματα) – prétend tirer toutes les choses composées des premiers στοιχεῖα physiques indivis et, parallèlement, qui explique aussi le savoir par la combinaison des noms simples, correspondant aux éléments premiers, indécomposables, en λόγος, langage composé [1] ; dans le *Cratyle*, au contraire, l'image est celle d'un penseur qui veut reconduire tous les mots « dérivés » aux termes primitifs élémentaires dans lesquels se reflète sans voile l'essence mobile, fuyante, de l'étant sensible [2], puis réduire encore les noms primitifs aux sons qui figurent directement ce devenir éphémère [3]. L'analogie est encore soulignée par une analyse philosophique montrant que toutes ces tentatives de pensée partagent une même assise philosophique dans la conviction qui tient la réalité sensible pour réalité unique et en voit l'essence dans le devenir et le flux permanent. Platon, dans une généralisation puissante, affirme alors que tous – le penseur étymologisant visé dans le *Cratyle*, le théoricien inconnu du savoir, comme aussi les φυσιολόγοι anciens – réduisent pareillement tout à ses στοιχεῖα primitifs, et Diels a raison de conclure que l'emploi du mot στοιχεῖον pour désigner un élément matériel est dû directement à Platon. (Il est de fait qu'on ne rencontre nulle part un tel usage avant Platon ni parmi ses contemporains, alors que nous venons d'esquisser ce qui, chez lui, motive objectivement cette acception du terme.) – Or, il est clair aussi que la généralisation de Platon révèle une intention finitiste, plus précisément : la réduction de la diversité indéfinie à un *nombre fini* d'éléments.

Le fait de donner au mot le sens d'« élément » est, du reste, loin de marquer la fin de l'intérêt de Platon pour la problématique du στοιχεῖον. Diels n'étudie pas dans le détail la suite de cette problématique

1. *Théétète*, 201 *e*-202 *c*.

2. Je pense que la parodie de Socrate dans le *Cratyle* saisit le fond de la pensée de Cratyle sur les noms ; cf. *Cratyle*, 422 *d-e*.

3. *Ibid.*, 426 *d*, 427 *b-c*.

platonicienne ; aussi constate-t-il finalement, non sans un certain dépit, que Platon lui-même ne regarde pas les quatre στοιχεῖα connus comme des éléments, ajoutant que la théorie des éléments n'a jamais été au cœur de son enseignement [1].

En réalité, il en va du problème des στοιχεῖα comme d'autres questions que Platon reprend à son compte en les transformant. De même qu'il transforme la problématique socratique de l'ἀρετή en problème d'une communauté parfaite, de même qu'il repense le problème de la perception et de la rencontre immédiate avec les choses en celui de la connaissance en général, il refond également le problème de l'élément – στοιχεῖον ; ici aussi, il tente de montrer que ce que ses prédécesseurs ont accompli dans cette voie n'est, en regard de ce qu'il en est véritablement, qu'une prémonition et un rêve sans consistance.

Le *Cratyle* et le *Théétète* poursuivent un but parallèle. Les deux dialogues veulent montrer que, si l'on ne prend pas en considération le règne de l'être (ὄντως ὄν), si l'on s'en tient au domaine où le contact direct avec l'étant singulier (l'αἴσθησις) passe pour l'instance décisive de la vérité (ἀλήθεια), on ne pourra résoudre ni le problème de la connaissance, c'est-à-dire de la constatation constante, invariable, de ce qui est (*Théétète*), ni, parallèlement, celui de l'expression sans laquelle une telle compréhension resterait muette, voire – attendu que l'examen dialogué est le seul moyen d'y parvenir – ne serait même pas possible (*Cratyle*). Il faudra donc, jusqu'à un certain point, analyser en parallèle les conceptions de ces deux dialogues, le *Théétète* et le *Cratyle*, si nous voulons démêler l'opinion de Platon sur les véritables éléments de l'étant, de la connaissance, comme de l'expression linguistique.

Les premiers présupposés pour établir de tels éléments sont fournis, non par le *Cratyle*, mais par le *Théétète* avec sa réfutation de la prétention de l'αἴσθησις au titre de connaissance. Si la connaissance est en effet l'αἴσθησις, à l'objet sans cesse changeant, il s'ensuivrait qu'on ne peut rien connaître hormis la γένεσις, le changement et le mouvement – le changement, non pas en lui-même, mais toujours seulement par rapport à ce qui en est cause ou à sa propre action opérante [2]. L'αἴσθησις est un processus grâce auquel, sans doute, l'objet devient manifeste, mais si nous nous en rendons maître à coup sûr et indubitablement, de façon immédiate et en original [3], en revanche cet objet, soustrait à l'interaction

1. H. Diels, *Elementum...*, p. 20-21.
2. *Théétète*, 155 *d*-160 *d*.
3. *Ibid.*, 160 *a*-*d*.

dans laquelle il se transforme sans cesse, n'a pas lui-même d'essence solide [1]. On ne pourra donc jamais dire de l'objet qu'il est, qu'il est égal à lui-même, qu'il diffère d'autres objets, qu'il ressemble à certains et non à d'autres ; c'est dire, indirectement, non seulement *que* l'αἴσθησις ne connaît pas, mais aussi *pourquoi* – parce que la connaissance est connaissance de ce qui *est* [2]. Être signifie durer – de telle sorte qu'il soit possible de faire retour à l'objet, de l'identifier, de le comparer, de le différencier. Tant qu'il ne sera pas clair que la connaissance doit s'appuyer sur de l'étant – τὸ ὄν – en ce sens, soustrait à l'infini indéfini de l'interaction, c'est en vain qu'on voudra la définir à l'aide du jugement [3], de la mémoire [4], du dénombrement des parties dont la chose se compose [5], avec ou sans définition distinctive – il sera toujours possible que ce que nous prenions pour une connaissance se transforme en tout le contraire et qu'il n'y ait pas de différence fondamentale entre connaissance et non-connaissance, que tout soit donc vrai en quelque manière – thèse qui fait la joie de tous les sophistes à la recherche d'un appui théorique [6]. Et pourtant, il y a quelque chose de foncièrement légitime dans l'idée qui situe la connaissance dans le jugement saisissant l'étant tel qu'il est, l'idée – que Platon critique par ailleurs – selon laquelle il serait possible, dans le jugement qui *réfléchit sur* les impressions (non pas dans les impressions elles-mêmes), de saisir l'être et la vérité [7]. De même, il y a du vrai à dire que le jugement vrai doit être composé rien que d'éléments de connaissance comme les syllabes sont composées de lettres, les mots de syllabes et le discours de mots. Mais, pour qu'une telle composition à partir d'éléments – στοιχεῖα – soit effectivement une connaissance, les éléments devront aussi être eux-mêmes connus, et non pas un inconnaissable [8], comme se l'imaginent ceux qui identifient la connaissance au processus même de *composition* à partir d'éléments simples et immédiats, montrant par là qu'ils n'ont toujours pas renoncé entièrement à l'influence de l'idée qui tient le

1. *Théétète*, 159 *e*.
2. *Ibid.*, 185 *a*-186 *c*.
3. *Ibid.*, 187 *a*-*b*.
4. *Ibid.*, 191 *b*-*e*.
5. *Ibid.*, 201 *d*-202 *c*.
6. L'impossibilité de présenter une théorie du jugement faux sans un concept de l'être vrai = ferme et constant est la raison principale pour laquelle le *Théétète* s'occupe, dans sa seconde partie, de la question du faux jugement.
7. *Théétète*, 186 *d*.
8. *Ibid.*, 202 *e*.

fondement propre de la connaissance pour le contact immédiat avec la réalité dans son flux héraclitéen.

Retenons pour l'instant le résultat : si Protagoras avait raison de définir la connaissance par l'αἴσθησις, non seulement il serait impossible de dire de quoi que ce soit que cela est, mais on ne pourrait même pas mettre un nom sur les choses. Il est dit expressément dans le *Théétète* : « Or, puisque rien ne demeure – ce qui s'écoule ne s'écoule pas blanc, mais, au contraire, change, en telle sorte que la blancheur elle-même change et passe en une autre couleur, afin qu'on ne puisse adresser à la chose le reproche d'immobilité en ce sens – sera-t-il jamais possible de mettre sur cette chose un nom de couleur en étant certain de la justesse de l'appellation employée ? » À quoi l'interrogé répond : « Comment serait-ce possible, Socrate ? Comment une chose quelconque de cette sorte pourra-t-elle être appelée de son nom vrai, alors qu'à l'instant même où nous parlons, le flux l'emporte loin de nous [1] ? »

Se rapporte alors à cet énoncé clairement compréhensible, comme l'endroit positif à son envers négatif, ce qui est dit dans le *Cratyle* :

> Ainsi donc, si le fait est que les choses ne sont pas semblables simultanément et pour tous, et qu'on ne puisse pas davantage dire que chacune soit pour chacun en particulier [comprendre : pour chaque percevant en tant qu'il se trouve en interaction avec la chose en question], alors il est clair que les choses sont de telle manière qu'elles possèdent en elles-mêmes *un être constant*, qui ne tient donc aucunement à leur rapport à nous ou dans leur action sur nous, qu'elles ne se laissent pas tirer vers le haut ou vers le bas selon notre fantaisie, mais, au contraire, qu'elles existent en elles-mêmes selon leur être propre et de la manière qui découle de leur nature [2].

Dès lors qu'il y a une telle nature constante des choses, il s'ensuit que les activités et opérations ayant à faire avec la chose devront aussi se régler sur la nature de celle-ci. Le premier exemple déjà est important : découper une chose, la diviser au mieux selon sa nature (ailleurs, Platon dira « suivant ses articulations naturelles [3] »). Parler correctement n'est possible, de même, qu'en tenant compte de la nature de la chose, de la faculté de dire et d'être dit (de la façon dont il est naturel d'exprimer la chose et naturel pour la chose d'être exprimée). Or, parler, c'est, entre autres, nommer ; la dénomination aussi devra se conformer à la nature

1. *Ibid.*, 182 *d*. [Souligné par J. P.]
2. *Cratyle*, 386 *d-e*.
3. *Phèdre*, 265 *e*.

de la chose. Chaque activité spécialisée requiert des instruments, la production de l'instrument, un créateur habile, mais c'est celui qui travaille avec cet instrument qui sera le mieux à même de juger de l'activité de l'artisan. Dans le cas qui nous intéresse, l'instrument est le nom, le créateur, celui qui institue les noms, mais celui qui travaille avec eux, celui qui est à la fois juge et administrateur de leur œuvre, c'est celui qui sait interroger et répondre, le maître du dialogue : le dialecticien [1]. Le faiseur de noms, s'il veut les faire correctement, ne devra prendre pour modèle de sa création aucune occurrence singulière de l'expression verbale; de même que celui qui fabrique une navette de tisserand devra attacher son regard, non sur telle ou telle navette, mais sur la nature même de la navette, ainsi celui qui fabrique les noms devra avoir égard, non à tel ou tel mode d'expression verbale, mais à l'essence même de la dénomination [2].

Or, quelle est l'essence de la dénomination? L'imitation (μίμησις) de l'essence des choses au moyen des sons du langage. L'ὄνομα est μίμημα [3]; non pas n'importe quelle imitation, mais une imitation au moyen de lettres et de syllabes. La nature des éléments avec lesquels il travaille devra donc être claire au faiseur de noms : il devra connaître les propriétés fondamentales (δυνάμεις) de ses στοιχεῖα et les répartir en conséquence (par exemple, en voyelles, consonnes sourdes et consonnes sonores); il devra connaître en outre les divisions réelles de l'étant, afin d'envisager si l'étant aussi ne se compose pas d'éléments ultimes – στοιχεῖα – et si ces στοιχεῖα ne se regroupent pas au sein de certaines catégories primitives, fondamentales [4]. Examinant chacun de ces éléments du point de vue de la ressemblance, l'on constatera s'il est d'espèce à ne pouvoir être adjoint à un autre qu'isolément (d'espèce à ne pas se combiner avec d'autres, à les exclure), ou bien si plusieurs peuvent entrer en même temps en composition avec l'un. Se présente alors une nouvelle image, non moins importante que celle des voyelles et des consonnes – l'image des couleurs qui se mélangent sur la palette d'un peintre lorsqu'il veut imiter un ton précis; un ton complexe comme la couleur chair est atteint, de même, à partir des couleurs simples, fondamentales [5].

1. *Cratyle*, 390 *d*.
2. *Ibid.*, 389 *b*.
3. *Ibid.*, 423 *b*.
4. *Ibid.*, 424 *d*.
5. *Ibid.*, 424 *e*.

Ce n'est pas le créateur de mots qui interroge la nature même de l'étant et le répartit selon ses articulations, mais, comme nous l'avons déjà vu, le dialecticien. Nous savons aussi que le créateur de noms est dépendant du dialecticien. Le créateur de noms a fourni néanmoins un thème d'une grande force pour aider le dialecticien dans sa tâche – l'idée des στοιχεῖα, du petit nombre des éléments fondamentaux de l'alphabet. La *République* atteste l'influence puissante, quoique non encore pleinement développée, de ce thème sur le dialecticien.

> De même que nous ne saurons lire que dès lors que nous aurons élucidé et compris que c'est le même petit nombre de lettres qui revient continuellement dans tout ce qui est écrit, que [jusqu'à cet instant] nous ne serons donc pas indifférents à leur égard, ni en petit ni en grand, comme si nous n'avions pas à nous soucier des lettres [individuelles], mais mettrons, au contraire, partout notre zèle à en prendre connaissance, persuadés que nous sommes que, sans cela, nous n'apprendrons jamais réellement à lire [...] (et nous ne reconnaîtrons pas davantage les images des lettres, se reflétant à la surface de l'eau ou dans un miroir, tant que nous n'aurons pas connu les lettres elles-mêmes [...]) [...] de même nous ne serons [...] véritablement en possession d'une culture musicale, nous-mêmes et ces gardiens dont nous affirmons avoir à faire l'éducation, que le jour où nous saurons reconnaître, partout où nous les rencontrerons, les formes de la sobriété et du courage, de la noblesse, de la magnanimité et de toutes les vertus apparentées à celles-ci, ainsi que de leurs contraires, où nous saurons percevoir tant ces formes que leurs imitations en tout ce dont elles font partie, sans les mésestimer ni en grand ni en petit, mais en sachant que le fondement est chaque fois le même art et la même discipline [1].

Il est dit ici expressément, et avec insistance, que les γράμματα, autrement dit les στοιχεῖα, sont les formes, les Idées. Voilà les véritables éléments sans la connaissance desquels il ne saurait être question de déchiffrer le texte du monde. Le décryptage est possible parce que ce ne sont pas toujours de nouvelles formes qui adviennent, mais les mêmes qui reviennent toujours à nouveau ; il y a relativement un petit nombre de formes, en comparaison de l'immensité du monde et de son devenir qui s'étend à l'indéfini. Or, lire le texte du monde, c'est lire d'abord le texte – la texture cohérente – de l'étant vrai ; c'est lire encore, dans un second temps, le reflet de ce texte vrai dans les eaux et les miroirs, dans des « milieux » toujours nouveaux – rien ne devant nous paraître trop

1. *République*, III, 402 *a-c*.

petit pour valoir la peine, ni grand au point de nous faire désespérer d'en venir à bout.

Comment déchiffrer le texte de l'ὄντως ὄν que présuppose toute lecture ultérieure du monde ? Le *Cratyle*, avec sa recherche des différentes formes, puis des propriétés fondamentales selon lesquelles elles se combinent ou non les unes avec les autres, nous a quelque peu initié au problème. Nous avons vu ensuite, dans le *Phèdre*, que la méthode est double, consistant, d'une part, à rassembler par le regard ce qui est diversement dispersé, d'autre part, à diviser selon les espèces, sans aller contre la nature des choses. Pourquoi il y faut deux procédés distincts, c'est ce que nous apprenons dans le dialogue qui s'approche le plus d'un exposé systématique de l'ontologie, le *Sophiste*. La nécessité de rassembler par le regard et de diviser tient à ceci que la réalité vraie, τὸ ὄν, est un tout qui se compose de parties. Les parties sont de telle espèce qu'il y en a qui se combinent avec toutes les autres, d'autres seulement avec quelques-unes, tandis que d'autres encore excluent toute combinaison. Il en va comme des lettres (γράμματα) dans l'expression linguistique, car il y a aussi des lettres qui s'accordent et d'autres qui ne s'accordent pas entre elles : les voyelles sont comme un lien qui court à travers le tout et sans lequel il est impossible d'accorder les autres sons [1]. On a donc besoin d'une science qui décidera quels γένη (quels genres en tant que parties de l'étant, analogues aux lettres) s'associent de façon à pouvoir entrer en composition (ou se mélanger, selon le terme de Platon) et lesquels ne s'acceptent pas ; qui dira en outre s'il y a des genres analogues aux voyelles parmi les sons, des genres qu'on pourrait appeler les voyelles de l'étant, qui admettent tous les accords ; qui dira pareillement s'il y en a qui entraînent la division totale de la réalité (des genres tels que tout ce qui leur est subordonné exclut ce qui ne l'est pas) [2]. Le dialecticien, maîtrisant cette science qui, de toutes, est la plus haute, est à même 1) de discerner une forme (Idée) *une*, étendue de toutes parts à travers la multiplicité des autres (unie, mélangée avec toute la multitude des autres), lesquelles demeurent néanmoins des formes à part (n'importe quelle forme demeure à part tout en se combinant avec l'être, l'un, le même et l'autre) ; 2) de voir aussi *plusieurs* formes distinctes les unes des autres, extérieurement embrassées par une seule (de voir donc comment il se constitue des *combinaisons* des genres simples, des ensembles supérieurs correspondant aux syllabes et aux mots composés

1. *Sophiste*, 253 *a*.
2. *Ibid.*, 253 *b-c*.

de lettres) ; 3) de voir pareillement, dans la multiplicité des autres, une même forme globale (c'est-à-dire le genre supérieur, qui circule à travers la multitude de ce qui lui est subordonné) ; et 4) une pluralité de formes entièrement à part les unes des autres, isolées de partout, inaptes à se combiner [1].

Le dialecticien interroge donc toute communauté, toute associativité ou non-associativité des formes. Important est en particulier le fait que τὸ ὄν, l'étant vrai, est composé de genres comme de lettres. Non d'un nombre infini, mais d'un nombre *défini* de genres. Et que cette κοινωνία (communauté, rassemblement) engendre de nouveaux ensembles, analogues aux syllabes et aux mots : ce sont ceux que l'auteur de la *République* a pris d'abord pour des caractères simples – des espèces comme le Courage, la Sobriété, la Noblesse, etc., ou des formes composites, telles que l'Humanité, la Chevalité, l'Ignéité, la Terréité. Ces formes sont en réalité des *collectifs* stables, réunissant des formes simples, hautement universelles, à d'autres, subordonnées à ces formes supérieures qu'elles différencient. Des formes comme l'Être, le Même, l'Autre jouent le rôle de voyelles qui peuvent être pensées indépendamment et associées à n'importe quelle autre forme ; sans ces formes-là, aucune autre ne serait pensable ; ce sont les présupposés communs à toutes, qui font en même temps que toutes les formes ensemble constituent *un même* tout. Il y a aussi des formes qui s'associent *avec un grand nombre*, sans pour autant jouer un rôle d'unité et de liaison *universelle* (ce sont les genres généraux) ; enfin, il y en a qui ne s'associent guère (peut-être, en dernière analyse, seulement avec les formes de la première espèce – le cas limite, ce seraient les ultimes différences auxquelles plus rien n'est subordonné) [2]. Ainsi les γένη se différencient selon leur κοινωνία (communauté) en trois groupes clairement marqués : un groupe qui ne s'associe guère (peut-être uniquement avec les genres « transcendantaux »), un autre qui s'associe avec un grand nombre (les genres supérieurs et suprêmes) et enfin un dernier qui s'associe avec tous (les genres « transcendantaux »).

Revenant à l'analogie relevée dans le *Cratyle*, entre les groupes de στοιχεῖα, d'une part, et les espèces d'éléments de l'étant, de l'autre, nous pourrons dire maintenant que les éléments de l'étant aussi peuvent être répartis en trois groupes, semblables à ceux des lettres-sons : aux voyelles, qui sont prononçables isolément et s'associent à toutes les

1. *Ibid.*, 253 *d-e*.
2. *Ibid.*, 254 *b*.

consonnes, correspondraient les formes mentionnées en dernier, les formes telles que l'Être ou l'Un; aux consonnes sonores, ayant une certaine autonomie phonique, mais qui ne peuvent pas s'associer à tous les sons, correspondraient les genres supérieurs; aux consonnes sourdes correspondraient les ultimes genres différentiels.

Les Idées peuvent ainsi réellement être comprises selon l'analogie de l'écriture et des combinaisons d'éléments graphiques. Elles sont ou bien des στοιχεῖα « vocaliques » ou bien des compositions de ceux-ci et de certains éléments « consonantiques ». Mais qu'est-ce à dire? En quel sens expliciter l'analogie entre les trois espèces de sons (les voyelles, les consonnes sonores et les consonnes sourdes) et les trois espèces de composantes de l'étant idéal (les transcendentaux, les genres suprêmes et les différences)?

Il y a une hiérarchie entre les sons : sans voyelles, les autres ne sont pas prononçables, du moins pas pleinement, et surtout ils ne peuvent pas être réunis entre eux. Aussi les voyelles sont-elles les *premiers* parmi les sons, les consonnes sonores venant en second lieu, les consonnes sourdes en dernier. Qu'en est-il des Idées? Les Idées sont, pour la plupart, des genres et des espèces. Les espèces se composent d'Idées génériques et différentielles : l'humanité, par exemple, d'animalité et de rationalité (ou aussi de bipédie, sans importance pour notre exemple). Le monde des Idées est une pyramide de notions générales dont quelques-unes (les genres supérieurs) indiquent ce en quoi les inférieures s'accordent, d'autres (les différences) ce par quoi elles se distinguent. Il n'est possible de comprendre, de prendre en vue l'ordonnancement en genres et en espèces que si l'on comprend déjà le même et l'autre, l'être et le non-être, bref, les Idées qui peuvent s'appliquer à *toutes* les autres. Celles-ci ont, dans le monde idéal, la même priorité que les voyelles parmi les sons – sans elles, la compréhension dans la hiérarchie des universaux serait impossible, les éléments du monde des Idées ne sauraient être assemblés entre eux. Seule la communauté des premières « voyelles de l'étant idéal » avec tous les autres rend possible l'existence d'assemblages déterminatifs d'éléments idéaux, c'est-à-dire d'un discours sensé, du λόγος. Ce discours, par son mouvement, est ce qui apporte la clarté sur la structure du monde idéal, si bien que le λόγος est indissolublement uni au monde des Idées. La tâche du *Sophiste* est de montrer non seulement que la possibilité des jugements et de la vérité dépend de la communauté des genres, mais encore que le λόγος, la ψυχή et la ζωή sont inséparables de l'étant vrai.

On voit là en même temps le lien qui rattache le lire et le dire. Lire et dire, l'un et l'autre sont un assemblage, une unification d'éléments en des ensembles supérieurs. La signification fondamentale du grec λέγειν, c'est rassembler. Si, en grec, le terme qui désigne la lecture n'est pas dérivé de cette racine, en revanche la dérivation est bel et bien présente dans le latin *legere*. Malgré l'absence du mot correspondant, c'est néanmoins l'exemple de la lecture qui sert à l'analyse (incomplète, mais profonde) du λόγος.

Si nous ne faisons pas ici fausse route, il s'ensuit que de telles réflexions devaient nécessairement conduire à tout autre chose que la « lecture du texte des Idées » d'après le livre III de la *République*. Dans le passage déjà cité, toutes les formes (εἴδη) sont égales en valeur, toutes sont au même titre des στοιχεῖα, des caractères d'écriture. La seule question est de discerner toujours avec précision où et quand elles se présentent. Selon la nouvelle image que brosse le *Cratyle* et à laquelle répond le *Sophiste*, il y a certaines Idées qui sont des lettres, d'autres des syllabes, d'autres encore des mots. Voire, s'il n'y en a, au bout du compte, aucune qu'on puisse désigner comme le fondement absolu de toutes les autres, si chacune participe toujours peu ou prou à d'autres, il faut conclure que l'étant idéal n'est aucunement simple et, cela étant, on peut demander si les Idées, les formes, n'ont pas elles-mêmes des στοιχεῖα, d'ultimes fondements entièrement simples. Cette question a réellement été posée; nous savons que Platon, dans sa maturité, critique la doctrine initiale des Idées précisément de ce point de vue; il n'abandonne pas la doctrine des Idées, τὸ ὄν lui demeure, comme à l'époque du *Phédon*, indispensable à l'explication du monde, mais il ne regarde plus les Idées comme simples ou, du moins, comme étant, dans tous les cas, les ἀρχαί et στοιχεῖα de tout ce qui est [1].

L'analogie de l'alphabet conduit ainsi tout naturellement à un dernier dépassement de la doctrine initiale des Idées, de grande envergure et à double orientation : 1) le dépassement vise, comme nous venons de le voir, les premiers ἀρχαὶ καὶ στοιχεῖα, mais 2) la question qui se met en quête de ces ἀρχαί et στοιχεῖα apparaît dès lors à Platon comme le prototype de toute question théorique en général, l'intention cachée de toute doctrine philosophique, de toute explication du monde

1. Cf. P. Wilpert, *Zwei aristotelische Frühschriften...*, chap. II : « Περὶ τἀγαθοῦ »; *id.*, « Neue Fragmente aus περὶ τἀγαθοῦ », *Hermes*, 76 (1941); *id.*, « Die Elementenlehre des Platon und Demokrit », dans *Natur – Geist – Geschichte. Festschrift für Aloys Wenzl*, Munich, Filser-Verlag, 1950, p. 49-66.

tentée jusque-là. Platon comprend alors que tous les penseurs avant lui, Empédocle et Anaxagore, Démocrite, Leucippe et les pythagoriciens, voire, à tout prendre, les mathématiciens eux-mêmes dans leurs efforts pour bâtir sur des fondements simples des résultats de plus en plus complexes, avaient toujours en vue, au fond, la *réduction* du divers à un moins divers, plus simple et plus originaire; et que toutes les tentatives de réduction peuvent s'intégrer à un même tout, procédant pas à pas, de la diversité sensible la plus foisonnante et impossible à embrasser du regard vers des niveaux plus primitifs et fondamentaux. Lui-même réduit d'abord, avec Empédocle, toute la richesse sensible aux quatre éléments, (sans omettre de préciser que ceux-ci ne sont pas en réalité des στοιχεῖα, ni même des syllabes [1]) et intègre tout ce qu'il trouve de valable chez les atomistes dans le système de réduction en tant que conversion du visible à l'invisible. Ce principe, de « réduction » ou de remontée aux principes, est cela même qui découvre un nouveau modèle de lecture de l'étant idéal : ce qui est indépendant est originaire et simple, ce qui est dépendant, dérivé et composé. C'est ainsi que le formule le jeune platonicien doué qu'est Aristote dans ses premières œuvres, encore tout imbues de l'esprit de Platon – les ἀρχαὶ καὶ στοιχεῖα sont ce sans quoi tout le reste, qui en dépend dans son essence, ne saurait être pensé. Ce principe universel rendra alors possible la réduction du corporel invisible à des principes incorporels purement géométriques, ainsi que, au même titre, la réduction subséquente du géométrique à l'arithmétique, du qualitatif à l'idéal, de l'idéal lui-même encore plus avant – aux principes du monde des Idées.

C'est là qu'apparaît une autre explication du monde idéal, qui domine la dernière période de Platon et la pensée de l'Académie durant les ultimes années de sa vie. Cette interprétation est un pas supplémentaire dans la même problématique, et elle présuppose la conception de l'étant (τὸ ὄν) idéal sur le modèle des sons et des lettres de l'alphabet. C'est l'explication selon laquelle les Idées seraient des nombres. Depuis L. Robin, cette doctrine a fait l'objet d'exégèses aussi nombreuses que variées. Le but de ces lignes n'est pas de participer à ce débat, mais peut-être pourrons-nous en éclaircir quelque peu le sens en suivant toujours la conception de Wilpert : les Idées sont des nombres parce qu'elles sont *composées*, et cela en tant que l'unité d'un nombre déterminé d'éléments

1. *Timée*, 48 *b*. La répugnance de Platon à se servir du terme στοιχεῖα pour désigner les éléments (usage pourtant introduit par lui) à une époque où les Idées elles-mêmes ne sont plus à ses yeux des στοιχεῖα apparaît des plus compréhensibles.

indivisibles. De même que le nombre est une certaine pluralité d'unités (unités que le Grec comprend comme indivisibles – à l'instar des points), de même les Idées sont une pluralité des unités de signification qui sont les στοιχεῖα fondamentaux de l'étant vrai. Chaque Idée est un son, une syllabe ou un mot, la démarche procédant de l'une à l'autre par la « division » progressive de la forme supérieure ; comme la division compte un nombre précis d'étapes, l'Idée donnée est déterminée par ce nombre. – Il est clair, cela dit, que les formes tout à fait universelles (d'une universalité supracatégorielle), telles que l'Être, le Même, l'Autre, poseront problème sous ce rapport.

Quoi qu'il en soit, l'explication des Idées comme nombres permet de faire avancer la question des fondements (ἀρχαὶ καὶ στοιχεῖα) du monde idéal lui-même. Le monde idéal en tant que *composé* a lui aussi ses στοιχεῖα. Ce sont les principes du nombre en général. Platon, on le sait, tente de montrer que ces principes – ce sans quoi le nombre serait impensable – sont deux : l'Un en tant que limite et mesure et la Dyade indéfinie du grand et du petit (soit, selon l'explication de Wilpert, un intervalle divisible à l'infini, dont une partie ne cesse de croître du fait des divisions successives, tandis que l'autre diminue au même rythme). On pourrait demander si Platon, en prenant comme second principe la Dyade indéfinie, qui représente l'infini, ne compromet pas le principe finitiste qui est à la racine de son système. Il importe de bien comprendre que la Dyade n'est pas une *quantité*, mais une notion *unique*, comme n'importe quelle forme ou Idée. Elle n'est pas une *quantité infinie* de choses, mais *une seule* chose, à savoir la notion d'approximation de la limite. Au bout du compte, tout est alors « réduit » à ces deux principes premiers, ἀρχαί ou στοιχεῖα. Les nombres sont générés par une *proportion déterminée*, introduite dans le continu par une partition ou une mesure définie. Platon se fait fort de réduire en dernière analyse tout le texte du monde, toute la variété de l'étant d'abord sensible, puis mathématique et enfin idéal, à ces deux ultimes principes, à ces deux lettres mères. Tel est l'extrême auquel l'idéal de réduction est porté déjà par l'un des premiers de ses penseurs classiques.

Mais que la réduction revendique ainsi sa maximisation dans la pleine mesure du pensable, ce n'est pas encore tout. Tout le processus de réduction, regardé par l'autre bout de la lorgnette, apparaît à Platon comme un *processus créateur sui generis*. Le corrélat inverse de la réduction est la génération : les ἀρχαὶ καὶ στοιχεῖα sont en même temps αἰτίαι. Montrer le cheminement de la réduction, c'est montrer en même temps comment tout l'étant est généré par un processus supratemporel, instantané, où les causes coexistent avec leurs conséquences. Envisagé sous cet angle, le système du dernier Platon ressemble à une formation itérative : dans le monde de l'étant vrai, la formation de la matière intelligible par l'Unité primordiale ; dans le monde sensible, la formation de la matière sensible, c'est-à-dire de l'espace, « nourrice de tout devenir [1] », à l'aide des formes de l'étant vrai, des Idées et des figures mathématiques parmi lesquelles l'âme aussi a, au bout du compte, sa place.

Nous ne pouvons ici suivre plus loin la construction de ce système hardi. Nous clorons en constatant qu'il en arrive à ses fins par la mathématisation absolue de tout ce qui est. Platon, conduit par le thème des στοιχεῖα, de l'alphabet, aboutit à un mathématisme universel. La ligne de la philosophie attique qui part de Socrate se termine chez Platon et ses successeurs immédiats en élevant le pythagorisme à un nouveau niveau d'abstraction et d'universalité.

*

Avant d'aborder l'autre sujet principal de ce chapitre – l'histoire du thème des στοιχεῖα chez Aristote – qu'il nous soit permis de formuler encore une conclusion de l'analyse qui précède. Un des thèmes littéraires et plus généralement spirituels les plus répandus, c'est l'image du monde en tant que livre, au singulier ou au pluriel. On retrouve ce thème de méditation traité avec plus ou moins d'insistance et une profondeur elle aussi variable dans la mystique médiévale et dans la scolastique, chez Nicolas de Cues, dans les écrits d'un Arndt, d'un Gerhard ou, en Bohême, d'un Comenius (pour ne citer que quelques noms au hasard). Nous croyons notre exposé propre à montrer où se trouve, sinon l'origine proprement dite de ce thème, du moins l'une de ses sources principales. Il ne s'agit pas d'une fantaisie mystique absurde qui, avec le temps, chez certains héritiers, se serait épurée en méditation philosophique, mais bien au contraire d'un thème philosophique très ancien, d'un des thèmes primordiaux de la philosophie, qui se galvaude. (Il en va du thème du monde-livre comme de celui de l'Antéchrist ou adversaire : ce thème aussi est puisé, du moins pour certains de ses traits, dans le trésor platonicien, dans le *Sophiste*, qui montre comment le philosophe et son adversaire, le sophiste, sont indissolublement liés et, au regard

1. *Timée*, 49 *a*. *(N. d. T.)*

profane, se ressemblent à s'y méprendre – alors que l'un est un chevalier de la lumière, l'autre un habitant des ténèbres, l'un le suprême représentant des principes du Bien, l'autre tout le contraire. Il est rare que l'adversaire soit cité parmi les mythes de Platon, alors que c'est un de ses legs dont l'action s'est fait le plus sentir dans l'histoire [1].)

Il en va de même du livre du monde et de son thème corrélatif : l'alphabet des choses. Le motif de l'alphabet des choses parcourt l'histoire de la philosophie depuis Raymond Lulle, en passant par Nicolas de Cues et les penseurs de la Renaissance, jusqu'à Bacon et Comenius ; l'on connaît l'influence de cette idée sur l'émergence de la *characteristica universalis* et, par là, sur les commencements de la logique mathématique chez Leibniz. Et la même idée s'exprime également dans les conceptions fondamentales de certaines sciences positives modernes. Un des fondateurs de la dynamique en physique, R. J. Bošković, a redécouvert l'analogie des caractères d'écriture en voulant décrire la manière dont la science explique la nature : la nature est une bibliothèque écrite en plusieurs langues (le règne de la nature), contenant des livres (les choses) imprimés avec les mêmes caractères (les éléments) qui à l'analyse (microscopique) se décomposent à leur tour en points discrets homogènes (les centres de forces de Bošković) [2]. À la lumière de la comparaison de Bošković, il est alors tout à fait clair que l'atomistique de Dalton et le système de Mendeleïev sont autant de réalisations positives de l'idée de l'alphabet des choses. À vrai dire, tout système axiomatisable, avec son nombre fini de principes et de concepts fondamentaux, est une telle réalisation. – En biologie moderne, un rôle analogue est joué par l'idée des types fondamentaux de la structure animale, qui inspire l'œuvre de Cuvier et d'autres précurseurs de l'évolutionnisme.

Mais la comparaison de Platon a un autre aspect encore, destiné à avoir un effet considérable dans l'histoire. Si le législateur de la langue a à se conformer à l'articulation des choses, plus précisément à l'étant idéal dans sa structure élémentaire, le résultat de son activité ne sera pas

1. Là-dessus, voir J. Klein, « Die griechische Logistik und die Entstehung der Algebra », I, *Quellen und Studien zur Geschichte der Mathematik, Astronomie u. Physik*, Abt. B : *Studien*, Bd. III, n° 1, Berlin, Springer, 1934, p. 81 *sq.*

2. R. J. Bošković, *Philosophiae naturalis theoria redacta ad unicam legem virium in natura existentium* [Vienne, Bernardi, 1759]), p. 48 ; voir D. Nedelkovitch, *La Philosophie naturelle et relativiste de R. J. Boscovitch*, Paris, Éditions de la vie universitaire, 1922, p. 175.

la langue telle que nous la connaissons, langage de communication pratique dans le monde des choses sensibles, qui est intégralement devenir et changement : ce sera un langage nouveau, réformé, artificiel. Nous le qualifions d'« artificiel » par rapport au langage comme phénomène de la nature humaine, ce qu'est précisément la langue sensible. Du point de vue de Platon, c'est, au contraire, le langage artificiel qui est *naturel.* Ainsi, l'idée d'une réforme du langage, d'une langue vraie, saisissant l'essence des choses, est également un thème qui relève du monde-livre et de l'*alphabeta rerum.* La langue adamique de Jacob Böhme, les tentatives du XVIIe siècle pour inventer une langue artificielle de la précision, tout cela a son précurseur dans le législateur de la langue chez Platon. Peut-être même l'algorithme logique d'Aristote n'est-il pas sans en avoir subi l'influence.

La théorie n'est pas non plus la seule sphère où se fait valoir la thématique de l'*alphabeta rerum.* Il y a à tout le moins une discipline *artistique* qui – dans sa version européenne occidentale – en est intégralement gouvernée. C'est la musique. Déjà la musique grecque travaille avec un nombre fini d'éléments qu'elle rassemble dans un nombre bien défini et bien ordonné de gammes caractérisées par la disposition des sons qui en font partie. Le système tonal moderne a nivelé encore davantage les parties du discours musical et bâtit toutes les composantes de l'expression de même façon, à partir d'éléments fondamentaux, qu'il s'agisse des instruments, de leurs ensembles, du travail motivique ou des formes musicales. – En poésie, la même idée trouve une application qui, bien que plus restreinte, n'en est pas moins manifeste à certains égards – en ce qui concerne notamment la prosodie et les formes poétiques. – En architecture, les ordres connus se signalent également par une sorte d'alphabet des formes et des éléments; chaque ordre comporte des formes et des éléments qui lui sont spécifiques, un alphabet fini et bien ordonné de ses compositions. Cela étant, il est clair que la « logique » propre aux différents ordres admet aussi et rend possible l'émergence de quelque chose comme une logique de *l'évolution* des formes, l'apparition ou la transformation d'un élément donné entraînant nécessairement des conséquences pour tout le système, pour les autres éléments comme pour les compositions dans lesquelles ils entrent. – À une époque relativement récente, la tentative de Wölfflin pour caractériser deux styles dans le champ des beaux-arts, la Renaissance et le baroque, en opposant un petit nombre de principes tels que le linéaire et le pictural, la forme ouverte ou fermée, etc. [1], témoigne d'une inspiration analogue et vise, tout compte fait, à découvrir une base finitiste jusque dans cette sphère.

*

Aristote, au temps de son séjour dans le milieu de l'Académie, était un platonicien convaincu. Le fait est connu. Pourtant, on ne réfléchit pas de façon assez approfondie sur les conséquences de ce fait pour l'étude de l'évolution de ses propres vues. Aristote était, pendant vingt années déterminantes pour l'ensemble de sa formation psychique, non seulement un disciple de Platon, mais un des défenseurs les plus zélés aussi bien de son système que de sa méthode. Comment ce platonicien est-il devenu tout le contraire, l'adversaire le plus convaincu, le plus énergique de Platon et du platonisme? Cette question est en général formulée de façon trop vague. On constate en quoi Aristote critique Platon (en partant habituellement de la doctrine des Idées) pour alors prendre ce résultat, tel qu'exprimé dans ses écrits, pour le point de départ même. La question est cependant de savoir ce qui fait perdre au platonicien fervent qu'était Aristote la conviction qu'il avait si longtemps partagée concernant τὸ ὄν, l'étant vrai indépendant, et les formes, les εἴδη. Ce ne peut être un sujet largement en discussion, un débat nullement près de se clore, comme celui sur l'existence des Idées que Platon avait lui-même, sinon initié, du moins substantiellement nourri. La question est plus précisément la suivante : par quelle démarche (ou quelles démarches) de pensée *spécifiquement platonicienne(s)* un platonicien en vient-il à franchir les bornes de la pensée de Platon, quelles thèses *spécifiquement platoniciennes*, pensées profondément, jusqu'au bout, le poussent-elles à renier le platonisme?

Il nous semble qu'un de ces cheminements pourrait être reconstitué ainsi : parmi les grandes découvertes de la pensée de Platon, il y a la réflexion sur les multiples sens du terme τὸ ὄν (ce qui est, étant, l'être). Ces réflexions, développées par le Platon des dialogues notamment dans le *Sophiste*, le *Parménide* et le *Philèbe*, montrent précisément la *pluri*vocité de ce terme et, sur la base de cette plurivocité,

1. Cf. H. Wölfflin, *Kunstgeschichtliche Grundbegriffe. Das Problem der Stil-Entwicklung in der neueren Kunst*, Munich, Bruckmann, 1915; trad. fr. *Principes fondamentaux de l'histoire de l'art : le problème de l'évolution du style dans l'art moderne*, Paris, G. Monfort, 1994. *(N. d. T.)*

font apparaître comme non fondées les thèses de Parménide, d'une signification fondamentale pour toute l'étape ultérieure de la pensée, sur l'Un étant, exempt de toute multiplicité, car de toute négativité. Platon lui-même montre dans le *Sophiste*, en se fondant sur la constatation que l'être n'exclut ni la diversité ni la négativité, que le non-étant (au sens de *l'autre*) est possible et, par conséquent, qu'est possible aussi la prédication, la prédication correcte, mais également incorrecte – l'erreur.

Or, il n'est pas documenté que Platon ait tiré de là, de sa preuve de l'existence du non-étant (relatif), des conclusions d'importance pour la démarche scientifique *en physique*. Aux yeux de Platon, la nature sensible est le domaine du flux héraclitéen et ne peut pas faire l'objet d'une science. C'est l'antipode de la fixité mécaniste introduite dans cette sphère, sous l'influence de Parménide, par Empédocle, Anaxagore et les atomistes. Tous ces penseurs en déduisaient qu'il n'y a pas de véritable devenir, pas de changement, que rien ne naît ni ne périt, mais qu'il y a seulement de *nouveaux regroupements* du *déjà-là*. Leur grand argument, c'est le mot de Parménide suivant lequel tout devrait naître ou de ce qui est ou de ce qui n'est pas, chose impossible au même titre dans les deux cas : que l'étant naisse de ce qui est, parce qu'il est déjà et ne peut donc pas advenir, ou du non-étant, car celui-ci est par définition inexistant. Tous les « physiciens », dit Aristote[1], acceptent l'idée que rien ne provient du néant, et pourtant le caractère plurivoque des termes « étant » et « non-étant » ne leur est pas clair (pas plus qu'il ne l'était à Parménide). C'est pourquoi Aristote consacre une attention particulière à cette question précisément dès les premières pages de sa *Physique*, où semblable débat paraît de prime abord déplacé. Il s'agit pour lui de tirer les conséquences là où Platon, pour sa part, a omis de le faire. Tout cela rattache expressément le livre I de la *Physique* aux questions soulevées par Platon dans le *Sophiste*[2]. « D'ailleurs, tous ceux qui tantôt unissent toutes choses, et tantôt les séparent, soit qu'ils les réduisent à l'un et divisent cette unité en un nombre infini d'éléments (στοιχεῖα) ou que ce nombre soit défini, que tout cela ait lieu, selon leur thèse, tour à tour ou perpétuellement, tous parleraient pour ne rien dire s'il n'y avait aucun mélange des genres » – ce passage du *Sophiste* (252 *b*) pourrait figurer en exergue à tout l'exposé du livre I de la *Physique*. Et de même qu'il est

1. *Physique*, I, 4, 187 *a* 27.

2. Cf. Fr. M. Cornford, *Plato's Theory of Knowledge*, Londres, Routledge & Kegan Paul, 2e éd., 1946, p. 248.

montré dans le *Sophiste*, avant tout implicitement, que τὸ ὄν possède au moins deux significations – la signification du tout de l'étant vrai et celle de l'être en tant qu'universel transcendantal [1], de même Aristote part ici, au premier chef, des multiples sens des mots τὸ ὄν et ἕν (l'étant – l'un).

Après un premier chapitre où Aristote explique que le présupposé de toute enquête physique est l'existence des ἀρχαί, αἰτίαι et στοιχεῖα, auxquels l'on parvient par la division (διαίρεσις) de ce qui nous est donné sous forme confondue et, partant, globale, le deuxième chapitre aborde l'examen de la question du nombre des ἀρχαί – la question de savoir s'il y a un seul principe ou plusieurs; si le principe est un, la question devient alors de savoir s'il est immobile ou mobile; s'ils sont multiples, si leur nombre est fini ou infini. C'est de même, dit Aristote, que procèdent ceux qui examinent τὰ ὄντα en cherchant à savoir quel en est le nombre – c'est-à-dire ceux qui font comme Platon à l'époque de son système mathématisant : ils analysent les Idées complexes afin de parvenir à leurs στοιχεῖα, dont le nombre indique celui des ἀρχαί primitives; Aristote, comme nous le verrons encore, ne se met pas en quête de τὰ ὄντα, des éléments de l'étant stable, durable, mais entreprend plutôt l'examen de l'étant essentiellement mobile.

Une ἀρχή une et immobile n'est pas l'affaire de la physique [2]. Le physicien présuppose que tous les étants, ou du moins quelques-uns, sont mobiles [3]. Ce nonobstant, comme la thèse d'une ἀρχή *une et immobile* a des conséquences pour la physique dans certains problèmes qui en découlent (les φυσικαὶ ἀπορίαι [4]), Aristote propose de la soumettre à une étude dialectique. Comme Platon dans le *Parménide*, Aristote aussi interroge à la fois « l'Un » et l'« étant ». Dire « toutes choses sont une » présuppose l'examen de l'acception dans laquelle l'Un *est* toutes choses. La plurivocité du mot « étant » est prise en vue ici, avant tout, au sens des catégories : substance, quantité, qualité une. La discussion s'appuie donc sur l'élaboration de la doctrine des genres suprêmes, implicitement présupposée dans le *Sophiste* de Platon [5]. Chacune de ces acceptions aboutit à une contradiction avec la thèse de l'Un étant immobile. D'autre part, chaque sens de « l'Un » comme tel (la continuité, l'indivisibilité,

1. *Ibid.*, p. 243 *sq.*
2. *Physique*, I, 2, 184 *b* 25.
3. *Ibid.*, 185 *a* 13.
4. *Ibid.*, 185 *a* 18.
5. Sur l'évolution de la doctrine aristotélicienne des catégories dans le cadre de l'Académie platonicienne, voir Ph. Merlan, « Beiträge zur Geschichte des antiken Platonismus, I », *Philologus*, 89 (1934), p. 35-53.

l'essence une) conduit à une contradiction avec la thèse selon laquelle le tout est un.

Comme il est donc impossible que le tout soit un, reste à réfuter les arguments des deux principaux penseurs de la thèse de l'Un étant : Mélissos et Parménide. Ces arguments s'appuient sur des présupposés faux, dont ils ne sont même pas correctement déduits. Nous ne suivrons pas ici la réfutation de Mélissos, qui n'apporte rien d'intéressant au point de vue philosophique. Plus digne d'attention est la polémique contre Parménide. Parménide présuppose à tort que le mot « étant » n'aurait qu'une seule signification (alors qu'il en a plusieurs, soit exactement trois), et il en déduit à tort, puisque tout peut être qualifié d'un, qu'il s'ensuit que le tout *est* effectivement un, alors qu'il est clair qu'il reste une différence entre ce qui est le porteur et sa qualité – soit entre *deux* étants [1]. Cette double signification du mot « étant », signifiant à la fois substance et attribut, est à la base de l'argumentation qui montre qu'on ne peut, sans se contredire, affirmer, de l'Un étant de Parménide, qui veut *être* au sens simple du terme et être *quelque chose de tout à fait simple*, ni ceci ni cela [2]. Particulièrement intéressant est le raisonnement suivant. Si « l'être un » signifie la substance, il ne saurait être simple : en effet, la substance (par exemple, « l'homme ») peut être divisée en d'autres substances (par exemple, « animal » et « bipède »). Si ces parties de la substance ne sont pas elles-mêmes des substances, elles seront des attributs du sujet « homme » ou d'un autre sujet dont « homme » serait l'attribut; or, l'un et l'autre sont impossibles. – Cet argument montre qu'Aristote ici considère toujours les *genera* et les différences comme des substances, fussent-elles « secondes » – optique que sa théorie de la substance dépassera sous sa forme mûre.

Le plus important dans toute cette argumentation complexe, c'est toutefois la dernière remarque qu'Aristote introduit, en apparence, comme simple appendice à ce qui précède. Il est tout à fait incorrect, dit-il, de raisonner ainsi : « l'étant » signifie une seule chose; il ne peut en signifier en même temps le contraire; donc le « non-étant » n'existe pas. Car, même en admettant que ce qu'on pourrait appeler « le non-étant » au sens absolu ne peut pas exister, il n'est pas vrai qu'il ne puisse pas y avoir un non-étant *particulier*, c'est-à-dire un étant *autre* [3]. C'est très

1. *Physique*, I, 2, 186 *a* 25-32.
2. *Ibid.*, 186 *a* 32-35.
3. *Ibid.*, 186 *b* 4 *sqq.*

clairement une reprise du raisonnement de Platon, dans le *Sophiste*, sur l'existence du non-étant.

Toutes ces démarches de pensée évoluent dans un cadre qui, somme toute, n'est pas étranger à l'Académie des dernières années de Platon. Aristote en franchit néanmoins les bornes en appliquant le résultat – l'existence d'un non-étant relatif – à l'étant en mouvement, ce que Platon lui-même n'a pas su faire. Platon pensait en effet que le *non-étant* dont quelque chose proviendrait serait, comme dans l'idée de Parménide, absolument différent de tout étant, non-étant qui s'identifiait à ses yeux, comme autrefois à ceux de Démocrite, à l'espace, χώρα ou ὑποδοχή [1]. Avec cela, il ne croyait ce non-étant susceptible de recevoir, par la formation, qu'une seule forme – ce qui implique que le mouvement n'est pas la succession des formes d'un substrat *étant*. Aristote cependant argumente : s'il n'est pas exact que le non-étant n'existe pas et que rien ne provienne du non-étant, on peut dire de plein droit que c'est *la même chose* qui, de non blanche, devient blanche, d'informe, formée, d'ignorante, savante. La chose elle-même peut être considérée comme un non-étant en tant que sujet de la privation (στέρησις). Le mouvement, le devenir, le changement ne seront pas une détermination extérieure de la chose (ni l'œuvre d'un être moteur spécial, comme l'âme chez Platon), mais engageront *les choses mêmes*.

Vu qu'il devient ainsi non seulement possible, mais nécessaire d'attribuer la mobilité aux êtres eux-mêmes, comme cela se fait couramment dans la vie de tous les jours, et que la mobilité devient en outre un caractère intrinsèque de l'étant même, il faut alors reposer la question des principes et des éléments – ἀρχαὶ καὶ στοιχεῖα – de l'étant mobile ainsi compris. En effet, comprendre quelque chose, c'est le comprendre à partir de ses principes ; le savoir et la science n'existent que dans l'examen où l'on peut démêler causes et principes, parvenir, en d'autres termes, jusqu'aux éléments, aux composantes premières [2]. Aristote commence, à l'instar de Platon, par traiter ces trois concepts comme identiques [3], identification documentée par P. Wilpert dans les fragments des écrits de sa période platonicienne [4]. Au livre A de la

1. *Ibid.*, I, 9, 191 *b* 35.

2. *Ibid.*, I, 1, 184 *a* 10-16.

3. Il est vrai que le livre I de la *Physique* n'utilise ces appellations que pour les principes *internes* des choses, comme le signale R. P. Hardie (dans la note 2 de la p. 184 *a* 10 de la traduction anglaise dans l'édition d'Oxford de 1930), mais ce qui importe est surtout le fait que, ici, il n'en connaît pas d'autres.

4. P. Wilpert, *Zwei aristotelische Frühschriften…*, p. 130 *sqq*.

Métaphysique et au livre II de la *Physique*, en revanche, on relève un usage d'ores et déjà différencié : les στοιχεῖα sont les ἀρχαί internes, à l'opposé de l'ἀρχή externe, et αἴτιον est une appellation collective qui réunit les ἀρχαί externes et internes.

À la lumière des remarques de Wilpert concernant l'usage platonicien des termes ἀρχή, αἴτιον, et στοιχεῖον, la synonymie de ces termes au livre I de la *Physique*, constatée depuis longtemps [1], prend une signification nouvelle. Au lieu qu'on explique traditionnellement qu'Aristote les utilise ici pour désigner les seules causes « internes », la question s'impose désormais de savoir si nous ne sommes pas plutôt en présence encore d'un vestige de l'usage platonicien, témoignant de la transition de l'ancien point de vue vers une position nouvelle, de la naissance de la propre idée d'Aristote concernant la nature du mouvement.

À nous en tenir à la lettre, le livre I de la *Physique* présente un double usage du mot στοιχεῖον. D'une part, il y a « ce qu'on [comprendre : les physiciens] appelle les στοιχεῖα [2] », soit l'acception platonicienne ; les éléments qu'en physique on nomme parfois στοιχεῖα n'en sont pas, car στοιχεῖον signifie quelque chose de simple, et les στοιχεῖα des physiciens sont composés. D'autre part, le même mot est utilisé dans un sens qui rappelle ce que nous avons vu dans la recherche platonicienne de τὰ ὄντα : les στοιχεῖα, ce sont les caractères d'écriture dont se compose le texte de l'étant, les lettres qui permettent de déchiffrer ce texte, de le lire. Cela correspond aussi au *premier* sens du mot στοιχεῖον cité par Aristote en *Métaphysique* Δ : les στοιχεῖα sont les premières composantes *internes* d'une chose constituée, indivisibles en choses d'une autre espèce [3], à l'exemple précisément de la voix, c'est-à-dire de l'aspect phonématique de la langue, composé sans équivoque de tels éléments (στοιχεῖα) que nous appelons aujourd'hui des phonèmes.

Aristote se met en quête des στοιχεῖα de l'étant mobile parce que : 1) la quête des στοιχεῖα = ἀρχαί = αἰτίαι est dans le platonisme la méthode philosophique par excellence, la méthode d'*explication* scientifique ; 2) la saisie intuitive du principe *interne* de mobilité, immanent à la chose même, demande la confirmation d'une *analyse* méthodique en les éléments conceptuels qui seuls permettront de construire avec la clarté requise le *schéma* fondamental du mouvement.

1. Entre autres, par R. P. Hardie, dans la note citée ci-dessus.
2. *Physique*, I, 4, 187 *a* 25.
3. *Métaphysique*, Δ, 3, 1014 *a* 25.

La quête des ἀρχαί = στοιχεῖα du mobile comporte alors, chez Aristote, les étapes suivantes : 1) la constatation que le mobile n'est pas possible sans certains contraires et sans un substrat déterminé [1]; 2) la constatation que le substrat n'est lui-même aucun des contraires (comme c'est le cas chez Platon) [2]; 3) le passage des contraires κατὰ τὴν αἴσθησιν (du plan de l'αἴσθησις) au plan du λόγος (à un plan que l'αἴσθησις ne saisit pas) [3]. Ici, les contraires apparaissent sous les espèces de la στέρησις et de l'εἶδος, et la matière subsistante comme ὑποκείμενον, substrat en général.

Le résultat global est donc : le ὑποκείμενον, la στέρησις et l'εἶδος sont les trois στοιχεῖα de l'étant mobile. Ce qui n'a pas une telle structure est incapable de mouvement.

Ce résultat est d'une portée immense. Il signifie que seul peut se mouvoir ce qui a une matière (ὕλη), car le mouvement est la succession, le passage de la privation (στέρησις) à la détermination positive (εἶδος), et inversement, dans un même substrat. Or, la succession implique le temps : il ne peut y avoir de mouvement (ni, partant, de génération et de périssement) si ce n'est dans le temps.

Ces deux conclusions s'opposent foncièrement à l'enseignement de Platon concernant le mouvement et le devenir. D'après Platon, le mouvement primitif est celui, principiellement incorporel, de l'âme; le devenir de l'étant en général, une génération atemporelle à partir des fondements premiers (στοιχεῖα) que sont l'Un et la Dyade indéfinie.

En appliquant la méthode de la réduction aux principes, élaborée dans l'Académie, Aristote parvient ainsi à un résultat foncièrement différent de celui de Platon dans la question du mouvement et du mobile. Et la raison qui le pousse à entreprendre cette analyse du mobile est derechef platonicienne : la compréhension de la conséquence essentielle que la réfutation platonicienne de la non-existence du non-étant entraîne pour le mobile en tant que tel.

Son résultat est révolutionnaire pour toute la conception de la nature élaborée par Platon dans sa dernière période. La nature de Platon est, dans son fond, mathématique. Toutes les qualités y sont sous-tendues par des structures quantitatives. Et pourtant, malgré l'homogénéité totale du principe de réduction tant dans le monde intelligible que dans le sensible, Platon laisse subsister une différence radicale entre les deux

1. *Physique*, I, 5-6.
2. *Ibid.*, I, 6, 189 *a* 29.
3. *Ibid.*, I, 7.

– il n'y a de science que de l'intelligible, le sensible ne pouvant faire l'objet que de la conjecture et du mythe.

Chez Aristote, en revanche, le modèle du mouvement est principiellement qualitatif. Le passage de la privation à la détermination positive, et inversement, est une idée qui n'a sa pleine application que dans la sphère de la qualité. Plus Aristote approfondit sa réflexion là-dessus, plus il est nécessairement amené à réviser les vues de Platon.

Ce modèle de l'étant mobile et du mouvement en général une fois établi, il pourra alors reprendre le questionnement et demander *sous quelle influence* se produit le passage de la στέρησις à l'εἶδος ou inversement. La question reçoit assez facilement une solution grâce à la distinction conceptuelle δύναμις-ἐνέργεια, le rôle du moteur revenant à l'être (οὐσία) qui est en état d'ἐνέργεια. Or, c'est là une problématique *nouvelle*, qu'on ne rencontre pas dans le platonisme. Le nouveau problème oblige à forger aussi des concepts nouveaux : στοιχεῖον et ἀρχή ne sont plus équivalents car, outre les στοιχεῖα internes, l'explication du mobile nécessite également un *réalisateur* qui est ἀρχή (du mouvement, τῆς κινήσεως). L'on a donc désormais quatre ἀρχαί, qui sont à la fois αἴτια : le ὑποκείμενον, le couple στέρησις-εἶδος, l'ἀρχὴ κινήσεως. C'est cet état de choses que reflète la *Métaphysique*, Λ, 4 [1], où Aristote dit expressément qu'il y a une différence entre ἀρχή et στοιχεῖον. À l'adresse de qui le dit-il ? Vraisemblablement, ce sont ses propres opinions antérieures qui sont visées, à titre de simple approximation. D'une certaine façon, il y a alors trois αἴτια, d'une autre, quatre [2], de même que la *Physique* parlait dans un sens de deux, dans un autre, de trois στοιχεῖα [3].

Bref, nous avons plus d'une raison de nous croire effectivement en présence, au livre I de la *Physique*, d'un stade de transition entre l'étape platonicienne et l'étape proprement aristotélicienne de l'évolution du penseur. Si Aristote y parle de trois causes internes, ce n'est pas parce qu'il exclurait *méthodiquement* les causes externes, mais parce que, à ce stade, il ne connaît pas encore d'autres causes que les ἀρχαὶ καὶ στοιχεῖα platoniciens. Le passage du livre I de la *Physique* [4] qui annonce que, en ce qui concerne l'ἀρχὴ κατὰ τὸ εἶδος, il en sera question plus précisément dans la πρώτη φιλοσοφία, où l'on déterminera s'il est un ou

1. *Métaphysique*, Λ, 4, 1070 *b* 22 *sqq*.
2. *Ibid.*, 1070 *b* 32.
3. *Physique*, I, 7, 191 *a* 14.
4. *Ibid.*, I, 8, 192 *a* 34.

multiple, atteste du reste qu'il en est bien ainsi. Or, en parlant ici de l'ἀρχὴ κατὰ τὸ εἶδος, Aristote a clairement en vue la question des moteurs : il est donc inexact de dire, comme on le fait d'ordinaire [1], qu'il n'est question, au livre I de la *Physique*, que des causes internes : l'ἀρχὴ κινήσεως y est encore subsumée sous l'ἀρχὴ κατὰ τὸ εἶδος [2]. La question des στοιχεῖα de l'étant mobile devient ainsi, nous semble-t-il, l'un des axes autour desquels la pensée d'Aristote passe, sur la base de thèmes et de problèmes platoniciens, à des positions expressément non platoniciennes.

1. À l'instar de Diels, par exemple, dans son *Elementum*.

2. R. P. Hardie aussi, dans une note à ce passage, pense que l'allusion à la *Métaphysique* concerne les chapitres Λ, 7-9, soit la question des moteurs. Gohlke, en revanche, y voit un ajout postérieur de la part d'Aristote; voir *Die Entstehung der aristotelischen Prinzipienlehre*, Tübingen, Mohr, 1954, p. 110.

CHAPITRE III

LA SCIENCE PHILOSOPHIQUE DE LA NATURE CHEZ ARISTOTE

Karl Marx a qualifié Aristote d'Alexandre macédonien de la philosophie grecque[1]. De même qu'Alexandre inaugure l'époque où la culture grecque devient créatrice d'empires mondiaux, de même Aristote est sans doute le plus grand de ceux grâce à qui la pensée grecque acquiert une valeur universelle, se déployant largement au-delà des frontières de la vie grecque, dans le temps comme dans l'espace. Voire leurs destinées respectives rapprochent étroitement ces deux maîtres du monde politique et spirituel – Aristote est entre 343 et 340 le précepteur du jeune Alexandre, et l'on est fondé à croire que c'est lui qui étaie chez son élève l'idée de la supériorité de l'homme hellénique, Aristote qui inculque donc à Alexandre l'idéologie à la racine de ses futures grandes conquêtes[2]. Mais là où l'empire d'Alexandre est éphémère, son legs restant longtemps en déshérence avant d'être recueilli et transmis à la postérité par l'État romain, le génie d'Aristote domine sans solution de continuité presque toute l'Antiquité hellénistique, le Moyen

1. Plus généralement, Marx prisait Aristote comme le plus grand penseur de l'Antiquité. Voir *Das Kapital*, t. I, Hambourg, Meißner, 1867, p. 772 : « *großer Forscher [...] der die* Werthform, *wie so viele Denkformen, Gesellschaftsformen und Naturformen zuerst analysirt hat, und meist glücklicher als seine moderne Nachfolger...* » [Trad. fr. Paris, Éditions sociales, 1976, p. 59 ; voir aussi, pour la phrase citée, sa *Différence de la philosophie de la nature chez Démocrite et chez Épicure* (1841), Première partie.]

2. W. Jaeger, *Aristoteles, Grundlegung einer Geschichte seiner Entwicklung*, Berlin, Weidmann, 1923, p. 122-124. [Trad. fr. *Aristote : fondements pour une histoire de son évolution*, Paris, Éditions de l'éclat, 1997, p. 120-122.]

Âge et une partie des Temps modernes ; à certains égards, notre actualité même a encore à en secouer l'emprise. Toute l'histoire de la genèse de la science moderne est, à vrai dire, l'histoire d'une lutte avec la tradition aristotélicienne, qu'il aura fallu surmonter, en grande partie, par ses propres moyens conceptuels, car ou il n'y en avait point d'autres, ou ceux qu'il aurait pu y avoir n'étaient pas compris ; c'est dire que même les adversaires d'Aristote se seront vus obligés pendant longtemps de suivre bon gré mal gré, du moins partiellement, sur les traces de sa pensée.

Or, la comparaison de Marx s'applique autant à la nature même de la doctrine d'Aristote qu'à son influence extrinsèque. Là où la philosophie et la première « science » grecques élargissaient leurs recherches sans approfondir à l'avenant l'appareil conceptuel – ainsi, les auteurs du *Corpus Democriteum*, qui ne nous est pas parvenu – ou s'épuisaient, au contraire, dans de spirituelles constructions conceptuelles sans pénétrer jusqu'au réel – ainsi, en partie, Platon et l'ancienne Académie –, Aristote fait sortir d'un coup la philosophie des spéculations scolaires dans le vaste champ de la réalité du monde, il en fait l'organe de la description et de la compréhension multilatérale de cette réalité qui chez lui n'est pas une simple image d'un autre monde, plus profond, mais resplendit de toutes les nuances de sa richesse qualitative et de son objectivité matérielle, cette réalité qui, pour autant, n'est pas dépourvue de sens, mais s'offre, au contraire, à la raison comme une sphère d'intelligibilité limpide.

Le caractère qualitatif de la vision d'Aristote fait paraître sa philosophie, souvent, comme un pas en arrière par rapport à Démocrite et à d'autres chercheurs plus anciens. L'universalité de Démocrite en impose à Aristote lui-même, qui en parle comme du premier à avoir écrit « sur tout [1] » – comme il le fera à son tour ; pourtant, le mécanisme démocritéen n'est pas alors une voie praticable pour la science ; il lui faudra attendre les Temps modernes pour renaître en étant associé au principe des lois mathématiques de la nature ; en réalité, les anciens atomistes procédaient de façon tout aussi spéculative qu'Aristote et, comme lui, ne décrivaient le monde que dans ses grandes lignes. Ils n'étaient donc pas réellement en avance sur Aristote ; c'est, au contraire, Aristote qui, en élaborant les concepts fondamentaux de tous les domaines, y compris la nature inorganique, la mécanique, la météorologie, l'astronomie, aura pour la vision moderne une signification qui,

1. *De generatione et corruptione*, I, 2, 315 *a* 36 *sqq*.

si elle n'est pas toujours positive, demeure bien plus importante que celle de Démocrite. – Quant à Platon, il n'a pas la multilatéralité de Démocrite ni, jusqu'à ses dernières années, le même rapport à la réalité naturelle. Pour lui, la philosophie est une « dialectique » qui s'élève du singulier jusqu'à l'unité générale, l'Idée, conçue à la fois comme modèle et comme but, pour ensuite redescendre des unités suprêmes jusqu'aux infimes, réalisées dans le matériau sensible. La pensée de Platon vieillissant tourne de plus en plus autour des lois qui régissent le rapport entre l'universel et le particulier, entre le *genus* et la *species*, cherchant un passage intellectuel de l'un à l'autre dans la méthode dite de la « division », la διαίρεσις [1]. Aristote tire de ces considérations une théorie de la définition, une théorie du syllogisme et une théorie de la démonstration scientifique – la théorie des « Idées » censées exister séparément dans un au-delà du monde concret devient ainsi théorie d'une démarche de pensée exacte, d'un mouvement qui concerne n'importe quel contenu de pensée et peut servir surtout à des démonstrations touchant l'étant qui existe objectivement et se manifeste en une guise sensible. La « dialectique », que Platon tenait pour *la* science au sens fort du terme, se retrouve un simple *instrument* de la connaissance scientifique, et cela parce que l'objet de la science est déterminé autrement.

Aristote est alors le penseur qui, après les efforts prodigieux des socratiques et surtout de Platon et de son école, tente d'appliquer à nouveau leurs acquis là où les philosophies plus anciennes, ne disposant pas d'une technique élaborée du λόγος, avançaient avec des armes de pensée moins affûtées : à la compréhension de la réalité concrète qui nous entoure. Il est le premier à comprendre le λόγος comme une pure technique de la signification, qui en elle-même ne donne pas encore accès à l'étant vrai, au « réellement réel ».

La logique est ainsi l'un des piliers sur lesquels repose la conception aristotélicienne de la philosophie. L'autre, celui dont nous allons nous occuper plus particulièrement ici, c'est la doctrine de la réalité sensible concrète, de la réalité des choses en mouvement, de leurs « causes » ou moments fondamentaux et de la source du mouvement des choses finies

1. Sur le problème de la διαίρεσις chez Platon, voir surtout, de J. Stenzel, *Zahl und Gestalt bei Plato und Aristoteles*, Leipzig, Teubner, 1924 ; *Studien zur Entwicklungsgeschichte der platonischen Dialektik*, Leipzig, Teubner, 1931 ; et *Metaphysik des Altertums*, Munich, R. Oldenbourg, 1931, où l'on trouvera à la p. 128 la référence à d'autres travaux qui portent les idées de Stenzel plus loin.

(pour autant qu'elles ne soient pas l'œuvre de l'homme) qu'Aristote nomme la φύσις.

Ici, dans la doctrine aristotélicienne de la φύσις, dans sa science de la nature, nous sommes en présence de la racine positive de sa conception de la philosophie.

Nous voudrions, dans ce qui suit, relever brièvement quelques grands éléments du regard actuel sur Aristote :

I. la vision génétique, qui s'efforce d'expliquer l'évolution progressive de la doctrine d'Aristote depuis le platonisme tardif jusqu'à une conception indépendante de la philosophie ;

II. l'analyse des principes de l'étant mobile, la relation μορφή-ὕλη comme origine de l'idée de la φύσις et l'analyse élargie du passage-changement comme source de la compréhension des « causes » fondamentales de l'étant sensible ; l'édification systématique de la doctrine du mouvement dans la *Physique* ;

III. la philosophie première comme théorie nouvelle de la nature de l'étant en tant que tel avec l'analyse d'un être (οὐσία) concret sensible comme point central ;

IV. l'image d'ensemble du monde qui en découle et sur laquelle la conception prend derechef appui.

I

La principale différence entre l'image d'Aristote préservée par la tradition jusqu'au XXe siècle et le regard actuel, c'est que les études aristotéliciennes sont dominées aujourd'hui par la prise en compte de l'évolution de la personnalité intellectuelle du penseur. Ce point de vue évolutionniste est l'un des derniers fruits de la méthode historico-génétique, introduite dans l'histoire des lettres et des idées par Herder et les historiens et philologues romantiques, et qui a déjà fourni tant d'impulsions fécondes et de résultats positifs [1]. On peut s'étonner que cette idée ait tant tardé à se faire valoir dans les études aristotéliciennes ; l'œuvre classique de Zeller encore fait remonter toute l'œuvre systématique d'Aristote à son second séjour à Athènes et ne voit, entre l'Aristote platonicien des écrits exotériques de jeunesse et le penseur mûr, qu'un abîme radical. Après Zeller, il y a certes, notamment de la part de

1. Cf. Fr. Dirlmeier, « Aristoteles », dans W. Kastell *et al.* (dir.), *Festschrift Albert Stohr, Jahrbuch für das Bistum Mainz*, 5 (1950), p. 161-171.

philologues britanniques, quelques tentatives pour dégrossir le problème de la genèse de la philosophie propre d'Aristote, mais la question ne sera traitée dans son ensemble que par Werner Jaeger, dans son célèbre *Aristote* de 1923, cité ci-dessus [1]. Jaeger poursuit ici, en amenant ses vues à une cohérence systématique, les travaux débutés dix ans auparavant dans ses *Études sur l'histoire de la genèse de la Métaphysique d'Aristote* et l'article « Le *pneuma* au Lycée » [2].

Les principales thèses de l'ouvrage sont les trois grandes étapes de l'évolution d'Aristote : 1) jusqu'à la fin du séjour à l'Académie, une période purement platonicienne, représentée par les dialogues de jeunesse ; 2) les années de voyage qui voient naître son système personnel, inauguré par l'écrit programmatique Περὶ φιλοσοφίας, tandis que se développe, à partir des ébauches embryonnaires de la proto-métaphysique, de la proto-éthique, de la proto-politique, la forme pleine qui sera ensuite celle de toutes ces disciplines ; 3) la période de la maturité et du second séjour à Athènes, durant lequel le philosophe platonicien se transforme en chercheur spécialisé dont le travail d'organisation, de collection et de classification annonce l'époque alexandrine et marque le début du travail scientifique dont la tradition se perpétuera jusqu'à nos jours.

Les découvertes de Jaeger ont un écho considérable. Les voix des plus grands spécialistes, d'hommes comme A. E. Taylor [3], W. D. Ross [4], E. von Ivánka [5] et A. Mansion [6], saluent dans la méthode de l'ouvrage une étape nouvelle dans les études aristotéliciennes, en même temps que d'autres en contestent déjà le détail des résultats concrets sur des points qui ne tarderont pas à faire l'objet de critiques explicites. Des philologues aussi expérimentés que von Arnim, adoptant une démarche proche de celle de Jaeger, mais en se fondant sur d'autres critères, arrivent à des conclusions divergentes quant à l'évolution de la

1. *Aristoteles, Grundlegung einer Geschichte seiner Entwicklung*; voir *supra*, p. 101, note 2.

2. W. Jaeger, *Studien zur Entstehungsgeschichte der Metaphysik des Aristoteles*, Berlin, Weidmann, 1912 ; *id.*, « Das Pneuma im Lykeion », *Hermes*, 48 (1913), p. 29-74.

3. A. E. Taylor, « Critical Notice on Jaeger's Aristoteles », *Mind*, NS 33 (1924), p. 192-193.

4. W. D. Ross (éd.), *Aristotle : Selections*, Oxford, Clarendon Press, 1927, p. XIV-XV.

5. E. von Ivánka, « Die Behandlung der Metaphysik in Jaegers "Aristoteles" », *Scholastik*, 7 (1932), p. 1-29.

6. A. Mansion, « La genèse de l'œuvre d'Aristote d'après les travaux récents », *Revue Néo-scolastique de Philosophie*, 29 (1927), p. 307-341 et 423-466.

métaphysique, de l'éthique et de la politique d'Aristote [1]. S'ajoute à cela la polémique d'Oggioni [2] avec l'articulation et la datation des différentes parties de la *Métaphysique* proposée par Jaeger. Fr. Nuyens [3], partant d'un autre point de vue, en vient à dater les parties fondamentales de la *Métaphysique* tout autrement encore. Petit à petit, entre l'accord et la polémique, il se constitue, au cours des années trente et quarante, autour des perspectives ouvertes par Jaeger, une littérature volumineuse, bien résumée par l'un des chercheurs les plus actifs et les plus marquants dans ce domaine, P. Wilpert [4], dans un texte qui, sous les diverses rubriques des écrits de jeunesse, des traités de l'*Organon*, des écrits physiques, de l'éthique, de la politique, de la poétique et de la métaphysique, signale et commente tous les travaux de quelque importance parus notamment en langue allemande. Wilpert constate pour conclure que la conception de Jaeger, loin d'être devenue canonique, s'est révélée réellement une simple *Grundlegung*, base et point de départ de nouvelles recherches qui ont encore à définir, d'une façon qui fasse l'unanimité, même les traits les plus fondamentaux de l'évolution personnelle d'Aristote. S'il est bien hors de doute qu'Aristote a eu une période platonicienne, reste à savoir à quoi l'Académie ressemblait de son temps. Reste à savoir lesquelles de ses idées sont l'œuvre du travail collectif de l'école de Platon, quelles influences (notamment mathématiques) ont présidé à la naissance de l'apodéictique aristotélicienne et de sa méthodologie. Reste surtout l'objection qui revient quasiment sous la plume de tous les critiques de Jaeger, au point de faire figure ou presque de *communis opinio* : on ne peut admettre avec Jaeger qu'il y ait une période de sa vie où Aristote abandonne le sol de la philosophie au sens propre pour se consacrer exclusivement ou ne serait-ce que de façon prépondérante aux sciences spéciales.

1. H. von Arnim, « Zu W. Jaegers Grundlegung der Entwicklungsgeschichte des Aristoteles », *Wiener Studien*, 46 (1928), p. 1-48; voir aussi A. Mansion, « Autour des Éthiques attribuées à Aristote », *Revue Néo-scolastique de Philosophie*, 33 (1931), p. 80-107, 216-236 et 360-381. – D'autres ouvrages critiques de von Arnim figurent dans la Bibliographie en fin de volume.

2. E. Oggioni, *La « Filosofia prima » di Aristotele : saggio di ricostruzione e di interpretazione*, Milan, « Vita e pensiero », 1939.

3. Son ouvrage, publié initialement en néerlandais en 1939, porte dans sa version française le titre *L'Évolution de la psychologie d'Aristote* (Louvain, Institut supérieur de Philosophie, 1948).

4. P. Wilpert, « Die Lage der Aristotelesforschung », *Zeitschrift für philosophische Forschung*, 1 (1946), p. 123-140.

Depuis que Wilpert a posé ces questions, le débat a réuni plus d'une objection de principe à l'encontre de la conception de Jaeger sur l'évolution d'Aristote depuis le platonisme jusqu'aux sciences spéciales. Parmi elles, il faudrait citer l'argument de Mansion, selon qui l'inachèvement de la philosophie première dans sa seconde version, élaborée par Jaeger (E 2-4, Z-H-Θ, I, Λ 8, M 1-9), indiquerait qu'il s'agit d'une œuvre tardive, que la mort a empêché Aristote de terminer. Un autre argument substantiel a été apporté par Nuyens dans son étude de l'évolution de la doctrine aristotélicienne de l'âme : les contradictions entre les théories de la nature de l'âme défendues dans les écrits de jeunesse et ceux de la période intermédiaire, d'une part, dans le *De anima*, d'autre part, s'expliquent de la façon la plus naturelle en admettant une évolution qui aurait fait passer ces vues du dualisme platonicien des substances à « l'instrumentisme mécanique » et, enfin, à l'hylémorphisme conséquent ; cela admis, il s'ensuit que le *De anima* est un écrit tardif d'Aristote, dont le point de vue, concordant avec celui de la seconde version de la philosophie première, déterminera aussi la date de la composition de ce noyau intime de la *Métaphysique*. Le changement de principe qui intervient dans le regard porté sur la nature de la ψυχή serait, d'après Nuyens, postérieur à 336, date qu'on rencontre dans la partie plus récente de la *Politique*, où Aristote défend encore une position de transition entre le platonisme de sa jeunesse et la position du *De anima*. Ainsi, et le *De anima* et la partie principale de la *Métaphysique*, c'est-à-dire les œuvres les plus spéculatives d'Aristote, dateraient des dix dernières années de sa vie.

D'un autre côté, les considérations développées par Ph. Merlan dans l'ouvrage qu'il a consacré à Aristote sous le titre *From Platonism to Neoplatonism* [1] montrent bien à quel point l'entente sur ces questions est difficile. Dans ces pages [2], Merlan interprète, au contraire, la doctrine aristotélicienne de l'âme en tant qu'ἐντελέχεια comme étant d'origine très précoce. Il rattache la genèse de cette doctrine à la critique aristotélicienne du réalisme mathématique de l'ancienne Académie : l'ancienne Académie avait une tendance caractéristique à identifier la forme de tous les corps à l'âme (l'âme étant la principale représentante de la forme), alors que pour Aristote l'âme n'est la forme que du corps vivant ; or, l'âme devient à ses yeux cette forme du corps vivant « dans le même

1. Voir *supra*, chap. I, p. 63, note 1.

2. *From Platonism to Neoplatonism*, chap. II : « Posidonius and Neoplatonism », p. 30-52.

mouvement de pensée qui l'a amené à renoncer au réalisme extrême dans la conception des entités mathématiques[1] », et comme Aristote a abandonné le réalisme mathématique dès ses premiers pas en tant que penseur indépendant, la conclusion semble s'imposer que la naissance de sa doctrine de l'âme remonte à la même époque.

Le point de vue de Nuyens a néanmoins recueilli un large consensus, ralliant entre autres l'appui d'un chercheur aussi éminent que W. D. Ross. Dans l'un des plus récents tours d'horizon critiques de l'évolution d'Aristote[2], Ross admet le point de vue de Nuyens parmi les grands critères sûrs permettant de juger des étapes de l'évolution d'Aristote, encore que l'application de ce critère par Nuyens lui-même lui semble sujette à caution et qu'il formule certaines réserves à son égard. Plus important, c'est son rejet catégorique de la théorie de Jaeger sur la métaphysique transcendante du premier moteur immatériel comme vestige du platonisme de jeunesse d'Aristote, rejet qui entraîne un tout autre regard sur la position du livre Λ de la *Métaphysique*. Le livre Λ ne peut pas refléter les vues d'un Aristote proche encore du platonisme s'il est démontrablement le fruit d'un cheminement au commencement duquel Aristote ne défend pas l'idée d'un moteur immobile. Ross relève ici l'argumentation de Guthrie[3], qui montre qu'à l'époque de la version originelle du *De caelo*, généralement reconnu comme un des premiers écrits physiques, Aristote excluait toute source de mouvement transcendante aux étoiles. « Ainsi, la croyance à un premier moteur immobile n'est pas une croyance de jeunesse, mais le dernier mot d'Aristote sur le sujet[4]. » La *Métaphysique* Λ, même à supposer son très énigmatique chapitre 8 un ajout postérieur, ne reflète manifestement pas une position caduque ou devenue chancelante au moment où Aristote rédige les livres Z-H-Θ. – La conception de Guthrie s'appuie sur des travaux plus anciens, notamment ceux de von Arnim; celui-ci soutenait que tous les passages des premières œuvres d'Aristote contenant des références au moteur immobile seraient des ajouts postérieurs, qu'Aristote aurait donc

1. Ph. Merlan, *From Platonism to Neoplatonism*, p. 44 : « *within the same train of thought which led him to give up excessive realism in mathematics* ». Nous suivons la traduction de Patočka. *(N. d. T.)*

2. W. D. Ross, « The Development of Aristotle's Thought », dans I. Düring et G. E. L. Owen (dir.), *Aristotle and Plato in the Mid-Fourth Century*, Göteborg (Studia Graeca et Latina Gothoburgensia XI), 1960, p. 1-17.

3. Dans l'introduction à son édition du *De caelo* (Londres, Heinemann, « Loeb Classical Library »), 1939, p. XXIX-XXXI.

4. W. D. Ross, « The Development of Aristotle's Thought », p. 14.

« greffé » en quelque sorte la doctrine du moteur immobile sur le système achevé [1]. Gohlke va jusqu'à affirmer que ce serait seulement à la fin de sa vie qu'Aristote aurait voulu transformer sa « philosophie première » en théologie, sans y parvenir de façon conséquente [2]. Les propos de Mansion, constatant que la « métaphysique » n'était pas d'emblée, chez Aristote, synonyme de la « philosophie première », mais qu'elle le serait *devenue* [3], seraient alors à interpréter au sens d'Elders [4], qui reconduit la « métaphysique » à des racines platoniciennes. Tout cela semble indiquer qu'une des principales thèses de Jaeger sur l'évolution philosophique d'Aristote est désormais généralement abandonnée. Il se manifeste même une tendance à regarder le platonisme initial d'Aristote, dont Jaeger croyait trouver la preuve dans l'analyse des fragments de l'*Eudème* et du *Protreptique*, comme une simple légende (I. Düring), voire à mettre en doute l'origine des parties du *Protreptique* de Jamblique que Jaeger attribue avec une telle force persuasive à Aristote (W. G. Rabinowitz) [5]. Cette négation de Jaeger semble être, dans son extrémité même, une simple réaction à l'excès de confiance et d'enthousiasme de naguère. – Quoi qu'il en soit, notre brève esquisse suffit pour faire comprendre que, quelles que soient les incertitudes concernant les critères et les détails de la théorie de l'évolution de la pensée d'Aristote, l'opinion qui s'impose de plus en plus est celle selon laquelle le chemin qui le conduit à l'empirisme des sciences spéciales n'implique pas l'abandon du platonisme de départ, bien au contraire : Aristote reste, sa vie durant, à la fois empiriste et philosophe spéculatif. On peut citer Fr. Dirlmeier, qui résume les arguments à l'appui de cette conception, illustrée par des exemples percutants, en les termes suivants : « Aristote est *empiriste* au début comme à la fin. [...] Il est *platonicien* à la fin comme au début [6]. » Bien sûr, il n'entend pas, par « platonicien », la

1. H. von Arnim, *Die Entstehung der Gotteslehre des Aristoteles*, Sitzungsberichte der Wiener Akademie, 212, 1931.

2. P. Gohlke, *Die Entstehung der aristotelischen Prinzipienlehre*, p. 75-76. [Voir aussi, du même, *Aristoteles und sein Werk*, Paderborn, Schöningh, 1948, p. 163-166.]

3. A. Mansion, « Philosophie première, philosophie seconde et métaphysique chez Aristote », *Revue philosophique de Louvain*, 56 (1958), p. 165-221.

4. L. Elders, « Aristote et l'objet de la métaphysique », *Revue philosophique de Louvain*, 60 (1962), p. 165-183 (notamment 180 *sq.*).

5. Cf. I. Düring, « Aristotle in the Protrepticus », dans *Autour d'Aristote : recueil d'études de philosophie ancienne et médiévale offert à Mgr A. Mansion*, Louvain, Publications universitaires, 1955, p. 81-97 ; et W. G. Rabinowitz, *Aristotle's Protrepticus and the Sources of its Reconstruction*, Berkeley, University of California Press, 1957. *(N. d. T.)*

6. Fr. Dirlmeier, « Aristoteles », p. 170-171.

doctrine des Idées, mais plutôt d'autres thèmes qui remontent à Platon, en particulier la notion de la supériorité de l'âme rationnelle et l'idée des rois-philosophes. Dirlmeier retrouve cette bipolarité de la pensée d'Aristote dans le dialogue *Eudème*, comme ensuite dans la naissance parallèle de la proto-métaphysique et de la biologie descriptive pendant les années de voyage, dans la contradiction qui oppose les livres I et II au livre III du *De anima*, et enfin dans le livre X de l'*Éthique à Nicomaque*. Malgré les quelques obscurités qui entachent ses vues sur l'application des perspectives évolutionnistes modernes à l'Antiquité, grevant ainsi son texte notamment dans la partie introductive, la polarité défendue par Dirlmeier, polarité de la spéculation et de l'empirisme, de l'élément platonicien et de l'élément hippocratique à la fois dans la personnalité et dans la pensée d'Aristote, paraît être une position plus féconde et plus proche de la réalité que la conception de Jaeger. On trouve déjà chez P. Wilpert un point de vue analogue sur Aristote, mettant en avant la complexité, l'unité antinomique de l'élan vers une vision d'ensemble et du besoin de s'appuyer sur le détail scientifique confirmé [1]. Shorey [2] et Brémond [3] aussi y sont venus de leur côté.

En tout état de cause, il est clair que l'interprétation philologique du plus grand penseur de l'Antiquité ne peut être isolée de l'exégèse philosophique. Au contraire, la thèse philologique qui découpe l'œuvre conservée d'Aristote en une série de traités ou de « pragmaties », qui bien souvent s'attaquent toujours à nouveau à un même problème de points de vue différents, est à regarder comme un témoignage de la tension philosophique à la racine de son évolution continue. L'interprétation philosophique et l'investigation historico-philologique de l'héritage d'Aristote se trouvent dans le même rapport de polarité et de complémentarité réciproque que la totalité et le détail empirique dans sa pensée.

Cette idée a été récemment appliquée surtout à l'explication des écrits physiques et métaphysiques d'Aristote. Cela dit, il n'est guère possible de distinguer, comme Jaeger l'a fait pour l'*Éthique*, la *Politique* et la *Métaphysique*, une *Proto-physique* par opposition à une *Physique* plus tardive (quoique, selon l'opinion généralement admise, le livre VII

1. P. Wilpert, « Die wissenschaftliche Persönlichkeit des Aristoteles », *Blätter für deutsche Philosophie*, 12 (1938), p. 293-303 ; voir surtout le chap. IV.

2. P. Shorey, « Note on the "Evolution of Aristotle" and Calogero's "I fondamenti della logica aristotelica" », *Classical Philology*, 22 (1927), p. 420-423.

3. A. Brémond, *Le Dilemme aristotélicien* (*Archives de philosophie*, vol. 10, cahier 2), Paris, Beauchesne, 1933.

présente un exposé plus ancien de toute la doctrine du mouvement, le livre VIII, la forme mûre de la synthèse d'ensemble) ; sauf quelques détails (ainsi, la naissance de la théorie du cinquième élément [1]), les essais d'appliquer la méthode génétique à l'évolution des conceptions physiques d'Aristote réunies au sein de ce *corpus* n'ont pas apporté de résultats essentiels ou surprenants [2].

Ce n'est pas dire pour autant que les doctrines physiques précisément, les théories de la φύσις en tant qu'étant qui possède en lui-même le principe du mouvement, n'aient pas une importance fondamentale pour l'évolution d'ensemble d'Aristote philosophe. Bien que les uns et les autres situent cette importance ailleurs – tel regarde la question du mouvement, de son essence, de ses principes et de ses causes, comme la question fondamentale de toute la philosophie d'Aristote [3], tandis que pour tel autre c'est le mouvement qui fait que l'étant, de donné, devient transparent dans ses fondements et ses causes [4], ou encore la doctrine de la substance mobile qui donne lieu à la transformation du concept platonicien de la philosophie comme doctrine de l'ὄντως ὄν en doctrine de l'ὂν ᾗ ὄν, de la substance en général et de ses espèces, ainsi que de la substance première, immobile, en tant qu'indispensable à la compréhension de toutes les autres [5] – ce sont toujours des concepts et des théories physiques qui conduisent à la problématique originaire propre d'Aristote, celle qui commence à se dessiner à l'instant où Platon et ses compagnons abordent l'analyse critique de l'ἐπιστήμη solide des Idées en tant qu'« étant vrai », distinct de la réalité sensible (objet de la simple apparence).

C'est dire que la combinaison du point de vue génétique avec l'étude systématique de la physique générale d'Aristote a une importance fondamentale pour sa compréhension d'ensemble. C'est à cela que tient

1. W. Jaeger, *Aristoteles*, p. 155-158. [Trad. fr., p. 152-153.]

2. La tentative de P. Gohlke pour trouver dans la *Physique* deux traités qui font doublet (voir son étude « Die Entstehungsgeschichte der naturwissenschaftlichen Schriften des Aristoteles », *Hermes*, 59 [1924], p. 274-306) n'a pas recueilli de consensus. Golhke la renouvelle dans ses ouvrages plus récents : *Die Entstehung der aristotelischen Prinzipienlehre* (1954) et l'introduction au premier volume de sa traduction des œuvres d'Aristote [voir *supra*, p. 109, note 2]. – De nombreux chercheurs ont rejeté de même la tentative de H. E. Runner, *The Development of Aristotle Illustrated from the Earliest Books of the Physics*, Kampen, J. H. Kok, s. d.

3. W. Bröcker, *Aristoteles*, Francfort, Klostermann, 1935, p. 39.

4. E. Fink, *Nachdenkliches zur ontologischen Frühgeschichte von Raum – Zeit – Bewegung*, La Haye, M. Nijhoff, 1957, p. 198.

5. Ainsi Owens dans l'ouvrage cité *infra* [voir p. 112, note 2] et, après lui, Ricœur.

la signification particulière d'études comme celle de Mansion[1], qui analyse amplement le concept aristotélicien de φύσις et ses composantes, la matière et la forme, ou encore la série d'exposés sur le problème du mouvement dans l'ouvrage de Bröcker cité ci-dessus, ouvrage qui aborde tout le problème philosophique d'Aristote du point de vue des substances finies, propose de comprendre chez lui jusqu'à l'être de l'étant en tant que mouvement et repousse la question d'une οὐσία immobile, celle surtout du πρῶτον κινοῦν, dans la sphère marginale d'une construction limite. D'autre part, de récentes analyses de la philosophie première d'Aristote comme celles d'Owens[2] et de Ricœur[3] n'oublient pas l'importance des exposés physiques dans l'acheminement vers sa conception philosophique la plus propre.

Nous aussi, nous aimerions tenter, dans les pages qui suivent, une modeste esquisse de la problématique de la science de la nature – comprendre : la science de la φύσις et des étants physiques, de leurs principes et de la manière dont ils se font valoir dans le processus de la réalité – ainsi que de ses fondements philosophiques chez Aristote.

Une esquisse qui ne se veut rien de plus qu'un résumé de et une réflexion sur les actuelles lectures d'Aristote comme philosophe du mouvement, ou plutôt du changement. Pour une telle interprétation, l'étant mobile, intrinsèquement mobile – la φύσις – est le champ le plus propre de la pensée d'Aristote. L'idéal serait ici de montrer comment la réflexion de principe philosophique a égard aux recherches concrètes et, inversement, comment les recherches concrètes sont conditionnées dans leur développement par la réflexion philosophique. Malheureusement, mis à part quelques détails, personne encore n'est à même de présenter un tel tableau.

1. A. Mansion, *Introduction à la Physique Aristotélicienne*, Louvain-Paris, 1913; 2e éd. Louvain, Publications universitaires, 1945.

2. J. Owens, *The Doctrine of Being in the Aristotelean Metaphysics*, Toronto, Pontifical Institute of Mediaeval Studies, 1951.

3. P. Ricœur, *Platon et Aristote*, Paris, Centre de documentation universitaire, 1960 [= *Être, essence et substance chez Platon et Aristote*, cours professé à l'université de Strasbourg, 1953-1954].

II

1

Aristote exclut les considérations « logiques » de la philosophie proprement dite, tout en conservant à cette philosophie propre le même objet qui était le sien chez Platon. Elle est la saisie de l'étant par où il est, de son noyau le plus intime, mais la voie qui mène à ce cœur de l'être n'est plus, pour Aristote, celle qui va du particulier à une généralité toujours plus grande dans la sphère de la signification exprimable et intelligible.

Bien sûr, il est vrai que le vieux Platon, de même que toute l'Académie durant les années où Aristote séjourne dans cette école, se tourne déjà de plus en plus vers les problèmes du monde sensible, qu'il s'agisse de la question de la participation (avant tout, de la participation des Idées les unes aux autres, mais aussi des choses sensibles aux Idées [1]), de la composante durable du monde sensible (l'intérêt astronomico-cosmologique du vieux Platon [2]) ou enfin de la question du mélange des principes idéaux et sensibles dans la vie humaine [3].

Aristote donc prolonge somme toute les visées intellectuelles de l'Académie, qui trouvent un autre grand témoignage dans les œuvres de la vieillesse de Platon.

1. Question traitée dans le *Parménide* et le *Sophiste*. W. Jaeger (*Aristoteles*, p. 14 [trad. fr., p. 16]) voit dans le premier de ces deux dialogues la preuve de l'avancement considérable de la critique de la doctrine classique des Idées (celle du *Banquet* et du *Phédon*) au sein de l'Académie dès l'époque de l'entrée d'Aristote ; preuve aussi que Platon lui-même reconnaissait la légitimité philosophique de cette remise en question, tout en demeurant persuadé que la doctrine des Idées en sortirait victorieuse.

2. Composante soulignée par Jaeger (*ibid.*, p. 140-160 [trad. fr., p. 137-156]), qui relève en particulier les rapports du Περὶ φιλοσοφίας avec l'*Épinomis* de Platon et la cosmologie du *Timée*.

3. Cet aspect a été mis en avant dernièrement, à l'encontre de la conception de Jaeger, par R. Stark (*Aristotelesstudien. Philologische Untersuchungen zur Entwicklung der aristotelischen Ethik*, Munich, Beck, 1954). Reprochant à Jaeger de n'avoir pas assez tiré les conséquences de l'aperçu qui lui a fait comprendre les écrits de jeunesse d'Aristote comme un reflet de la situation alors régnant au sein de l'Académie, Stark conteste par ailleurs l'exactitude de sa lecture de ces écrits dans l'optique du cheminement supposé d'Aristote, du platonisme vers l'empirisme. Le platonisme d'Aristote n'a pas son point de départ dans l'utopisme de la *République*, mais plutôt dans le tournant marquant qui se dessine dans le platonisme à l'époque du *Philèbe*, du *Politique* et des *Lois*, visant un compromis entre l'Idée dans sa précision et la réalité empirique.

Dans l'analyse de l'étant mobile, il dispose de l'œuvre de prédécesseurs importants – les philosophes présocratiques. Les premiers penseurs de l'époque antérieure à Parménide ne mesuraient pas l'étant mobile à l'aune de l'éternité immobile. Pour Anaximandre et Héraclite, il n'y avait d'éternel que le mouvement lui-même, plus originaire que tous les étants, constituant les étants en tant que constructions mobiles en en détruisant et en en consommant d'autres. Aristote n'a pas de compréhension pour cette notion singulière du dynamisme universel qui est celle des présocratiques avec son échange continuel entre le fondement primordial non individué et les choses individuées (voir l'ἄπειρον d'Anaximandre ou le feu d'Héraclite). Il s'oppose principiellement à l'idée d'un mouvement unique, infini, qui engloberait tout [1].

Plus proches d'Aristote sont les penseurs postérieurs à la révolution parménidienne, ceux de la période qui supprime le problème même de l'individuation primitive, car, pour eux, l'étant *est*, inengendré et impéri. Aristote a avec eux, dans sa manière de voir, plus d'un point commun ; il les approuve de tenir davantage compte du problème du mouvement [2], loue en particulier Démocrite d'avoir distingué clairement le changement selon la qualité (ἀλλοίωσις) du couple génération-périssement (γένεσις-φθορά) [3] en reconduisant l'un et l'autre à un fondement commun, encore qu'Aristote conteste ce fondement (les atomes). Certes, dit-il, Leucippe et Démocrite font preuve eux aussi de trop de légèreté quant à l'origine du mouvement, dans la question de savoir d'où et comment les choses étantes le possèdent [4]. Ils ont beau parler du mouvement perpétuel où se trouvent les atomes, ils ne font pas le lien entre leur être et ce mouvement ou devenir. Malgré tout ce qui distingue entre eux les penseurs postérieurs à Parménide, tous s'accordent pour réduire le couple γένεσις-φθορά, la génération et le périssement, à quelque chose qui n'est ni l'un ni l'autre ; ou bien cela n'existe tout simplement pas pour eux – la génération et le périssement ne seraient en effet possibles, d'après les Éléates, qu'à partir soit de ce qui est, soit de ce qui n'est pas, ce qui dans les deux cas est exclu [5] – ou bien ils y voient une simple agrégation et désagrégation de ce qui est, d'éléments qui

1. Cf. *Physique*, VI, 10, 241 *a* 26 *sqq*.
2. *Métaphysique*, A, 3, 984 *a* 19 *sqq*.
3. Cf. *De generatione et corruptione*, I, 2, 315 *a* 34 *sqq*.
4. *Métaphysique*, A, 4, 985 *b* 19.
5. *Physique*, I, 8, 191 *a* 26-30.

subsistent sans possibilité intrinsèque d'altération et de changement, sans vie et sans évolution, la génération et le périssement n'étant ainsi, du point de vue de ce qui est au sens propre, que des relations superficielles, non essentielles [1]. Les penseurs antérieurs à Parménide qui connaissaient, eux, la génération et le périssement, ignoraient en revanche le concept d'οὐσία, désignant un étant fini, intérieurement stable, autonome, capable d'une existence indépendante [2].

D'autre part, Aristote prend aussi une position critique à l'égard de l'autre courant de l'ontologie post-parménidienne, représenté par Platon.

Platon n'est pas aussi profondément atteint que les penseurs déjà cités par la condamnation parménidienne de la génération, du périssement, du mouvement. Les processus de génération et de périssement se déroulent, comme le mouvement temporel, dans le monde sensible, qu'il s'accorde avec Parménide pour proclamer monde de l'apparence. Mais, pour cette raison même, les arguments de Parménide, qui concernent l'être vrai, ne le détournent pas d'une théorie de la génération et du périssement, de la γένεσις. D'après Platon, la raison de la γένεσις est la « présence » des Idées dans le substrat, soit la « participation » du substrat ou de la chose aux Idées ; cette participation est variable, les Idées auxquelles les choses ont part ne sont pas toujours les mêmes. Certaines Idées sont incompatibles ; si une Idée contraire s'associe à la chose, son opposé devra s'en séparer, faute de quoi il sera détruit. Cela dit, il est clair que tout processus de génération ou de périssement doit passer d'un contraire à l'autre [3] ; à partir de là, selon les différents couples de contraires, on peut établir une certaine classification des passages. Cette conception de la γένεσις [4] est sans nul doute débattue et développée dans l'Académie, inspirant Aristote aussi bien positivement que dans une optique critique : c'est du schéma platonicien, revu et approfondi, qu'il part pour rechercher les causes et les fondements de l'étant mobile.

Platon, lui, n'a pas pris ces thèmes pour point de départ de sa théorie de l'étant physique et de son mouvement – celle-ci a d'autres fondements, que nous avons analysés dans un chapitre précédent. Platon

1. Voir, sur ce qui précède, A. Mansion, *Introduction à la Physique...*, p. 54.
2. Cf. *De caelo*, III, 1, 298 *b* 12-35.
3. *Phédon*, 70 *d-e*.
4. Voir aussi *ibid.*, 100 *c*-101 *e*, 103 *c*-104 *c*.

critique principiellement la théorie du monde physique qui serait à lui-même son propre fondement.

Au livre X des *Lois* [1], il polémique contre la conception répandue qui croit trouver le fondement des choses, source aussi de tout mouvement et principe d'explication de l'univers, dans la φύσις et la τύχη, une force et une régularité intrinsèques dont la science et l'intelligence sont absentes; la φύσις, le *nisus* dynamique qui tend vers le mélange des éléments, feu, air, eau et terre, vers la croissance et le déploiement, sous-tendrait, d'après cela, toute génération, toute création, toute formation; Platon oppose à ce schéma de l'étant, pour lequel l'âme et l'intelligence aussi sont de simples manifestations de la φύσις (soit quelque chose de foncièrement « irrationnel » et contingent), sa propre vision de tout l'ordre de l'étant en tant que l'œuvre de l'âme et de l'intelligence. Le monde de Platon est, en totalité, le produit de l'ἰδέα τοῦ ἀγαθοῦ qui forme d'abord la « matière intelligible » en la pluralité des Idées, lesquelles sont alors imitées dans la multiplicité de la matière sensible en ce sens qu'elles prêtent pour un temps leur forme à certaines parties de cette matière; l'intermédiaire légitime de ce processus est l'âme – non pas l'âme individuelle, mais l'âme du monde [2].

L'âme de Platon, nous l'avons déjà vu, n'est pas le principe de la conscience et de la sensibilité subjectives. Elle est, par sa nature, proche de, sinon identique aux entités mathématiques. L'âme du monde se rattache au réalisme des entités mathématiques chez Platon. Sa fonction est cependant de résoudre la question de la finalité et de l'intelligibilité du tout de l'étant, la question de l'accessibilité du monde à l'intelligence [3].

Dès lors que le problème est posé dans l'autre sens : comprendre le monde, non pas à partir de l'« action » de l'être suprême, de « l'Un » (quel qu'il soit), de l'Idée du Bien, sur la matière indéterminée, mais à partir de l'analyse des êtres mobiles mêmes qui, sans être immédiatement donnés dans leur essence, nous sont néanmoins les plus proches, le concept de φύσις se reporte nécessairement au centre de l'intérêt. La φύσις ne saurait être abandonnée sans autre forme de procès pour le concept d'âme du monde, comme chez Platon; elle doit cependant

1. 889 *a sqq.*

2. Cf. A. Mansion, *Introduction à la Physique…*, p. 82 *sqq.*; voir aussi *supra*, chap. I, section III.

3. Cf. Ph. Merlan, *From Platonism to Neoplatonism*, chap. I : « Soul and Mathematicals ».

être transformée pour admettre aussi la problématique platonicienne de la finalité, de la compréhensibilité, de l'intelligibilité au sein de l'univers.

Mais l'importance de Platon pour la question aristotélicienne de la φύσις tient surtout à son système de réduction.

La « réduction » définissait chez Platon – à vrai dire, pour la toute première fois – la méthode scientifique en général. Elle signifiait la recherche des principes de chaque domaine, afin ensuite de déduire le singulier à partir de ces principes. Les principes, pour leur part, demandent une déduction plus fondamentale encore – remontant aux principes premiers. – Mais l'inverse aussi doit être vrai : là où nous nous trouvons en présence d'ἀρχαὶ καὶ στοιχεῖα, nous avons affaire à la science (ἐπιστήμη), et non pas à la simple apparence (δόξα).

Montrer qu'il y a des ἀρχαὶ καὶ στοιχεῖα du mouvement et de l'étant mobile, c'est donc montrer qu'il y a bien une science de l'étant mobile (c'est-à-dire sensible) qui n'est pas un simple mythe sur la manière dont l'apparence sensible imite l'être réel.

Apporter la preuve qu'il existe des principes du mobile et du mouvement, c'est rendre caduque – en vertu de motifs eux-mêmes essentiellement platoniciens – la limitation platonicienne de l'ἐπιστήμη au monde suprasensible de l'étant idéal et mathématique.

Nous essaierons dans ce qui suit de montrer comment Aristote développe ce germe d'un penser du mobile dans le système de sa doctrine du mouvement.

Notre lecture de la *Physique* d'Aristote part de ce qu'on pourrait appeler la doctrine platonicienne des catégories, de la classification fondamentale des objets éternels et sensibles chez Platon. Elle suit la projection du schéma platonicien simplifié dans l'espace, telle qu'Aristote la réalise vers le moment de la rédaction du dialogue Περὶ φιλοσοφίας, ainsi que l'analyse principielle de l'étant spatial, se mouvant dans les contraires, du livre I de la *Physique*. Cela donne le premier schéma tripartite du mobile (ὕλη–στέρησις/εἶδος), dont le développement sera ensuite influencé par deux séries de circonstances : 1) la généralisation du concept de φύσις, appliqué d'abord au seul domaine sublunaire, aux sphères célestes aussi (généralisation qui se fait en deux étapes avec a) l'attribution du mouvement naturel aux étoiles, b) l'application de la théorie de la cause externe aux sphères célestes et la projection de la négativité qu'implique toute δύναμις jusque dans l'étant céleste ; se rapporte à cela la genèse de la théorie du moteur immobile) ;

2) l'influence toujours croissante du domaine biologique sur la pensée des principes chez Aristote. (2) [1]

En nous attachant à suivre cette seconde influence, nous développons le schéma tripartite appliqué à un exemple biologique, montrant comment entre en jeu ici le couple conceptuel δύναμις-ἐνέργεια, contenu déjà implicitement dans le schéma. Ces considérations trouveront leur sédiment principiel dans les analyses de la φύσις au livre II de la *Physique*, avec la prééminence de la μορφή, l'analogie entre la φύσις et la τέχνη et la théorie des quatre causes; la cause motrice externe provient plutôt de la biologie que des mouvements élémentaires; au livre II de la *Physique*, on trouve déjà une conception nouvelle de l'action opérante de la φύσις comme « cause » purement formelle, responsable du *mode* de réalisation, mais seulement en partie de la *réalisation comme telle*. – Le schéma tripartite est à présent généralisé en ce sens qu'on en cherche l'application, plus particulièrement le substrat commun, la ὕλη, aussi dans le couple γένεσις-φθορά. Au lieu de la classification encore vague du processus (γένεσις) du livre I (μετασχημάτισις, αὔξησις, ἀπόκρισις, σύνθεσις, ἀλλοίωσις), Aristote introduit ici une classification selon les catégories en φορά, αὔξησις-φθίσις et ἀλλοίωσις. (3)

Le schéma initial, exposé à l'aide du couple δύναμις-ἐνέργεια, conduit, dans le livre III, à la définition du mouvement. L'on assiste en même temps à un approfondissement des concepts de δύναμις-ἐνέργεια, avec l'émergence de la notion de la δύναμις active et passive, ainsi que de la δύναμις qui est ou n'est pas en même temps ἐνέργεια. Le mouvement, ἐνέργεια imparfaite, est le mode de réalisation des choses qui ne peuvent pas être pleinement; il est une espèce de ce qui pourrait être qualifié d'activité ontologique (à savoir la création et le maintien du déterminable à l'état de déterminité). En tant que πάθος, passage dans

1. Les numéros entre parenthèses sont ceux des sous-chapitres traitant des questions partielles qui marquent à nos yeux les principales étapes de la construction intellectuelle de la *Physique*. En parlant de construction, nous ne pensons pas à l'évolution dans le temps, mais à l'agencement des problèmes qu'Aristote avait présents à l'esprit en réunissant les quatre premiers livres de la *Physique (Sur les principes)* aux quatre derniers *(Sur le mouvement)* dans un même tout qui nous a été transmis sous le titre de Φυσικὴ ἀκρόασις. Nous aurons égard aussi, épisodiquement, à d'autres écrits. L'interversion de certains livres (le VII et le VI) s'explique par le problème de la continuité du mouvement qui relie le VI au VIII, l'omission du IV (dont le chapitre sur le temps est renvoyé à la fin de notre exposé) par le fait que l'autre grand sujet de ce livre est traité dans notre étude sur « l'évolution du concept d'espace ».

une détermination, décidé par quelque chose d'extérieur, le mouvement est toujours *causé*, il a toujours une cause externe, un moteur. (4)

Arrivé là, il faut séparer la γένεσις et la φθορά du mouvement proprement dit. Cela se fait dans le livre V. La κίνησις, représentée sous sa forme suprême par le mouvement des astres, est l'expression d'une plus grande perfection que le couple γένεσις-φθορά ; dans ce dernier cas, nous sommes plus près du néant, dans le premier, plus près de l'être. Aristote conçoit initialement cette différence dans sa phase platonicienne, peut-être pour montrer qu'il y a des mouvements qui ne connaissent pas la négativité, qui ne sont donc pas, du moins pas tout à fait dans la sphère de la γένεσις. Il la conserve par la suite aussi, dans une autre fonction – celle de donner à voir l'échelle de perfection dans les mouvements (μεταβολαί) mêmes.

En même temps, l'analyse principielle du mouvement et du changement (μεταβολή) progresse : en relèvent 1) le moteur, 2) le mobile (seul analysé dans le livre I), 3) le temps, 4) le *terminus ad quem* et le *terminus a quo* (seule la κίνησις possède l'un et l'autre, pour la μεταβολή l'un des deux suffit), 5) le trajet (dans le mouvement local, qui est toutefois le fondement de tous les autres) et, partant, l'espace (la γένεσις, comme la φθορά, est une entrée dans ou une sortie hors de l'espace, non pas un processus qui se déroule dans l'espace). Le mouvement n'est plus seulement entre deux contraires, mais aussi entre présent et absent. La distinction du mouvement κατὰ συμβεβηκός, κατὰ μέρος et κατ' οὐσίαν est également importante pour l'évolution ultérieure. (5)

Un pas de plus, qui aura des conséquences pour toute la doctrine d'Aristote, c'est la tentative d'appliquer tous ces résultats aussi bien au domaine céleste que dans le domaine sublunaire. Cette tentative est à trouver, sous une forme particulièrement dense, difficile et pas toujours claire (il y a de nombreux doublons, et la structure d'ensemble n'est pas évidente), en *Physique* VII. Partant de l'axiome « tout ce qui se meut est mû par un autre que lui-même », Aristote montre que cette chaîne de causes ne peut pourtant pas aller à l'infini. Vient encore la preuve de la nécessité que le moteur soit au contact de ce sur quoi il agit, et la présentation d'un nouveau schéma des mouvements terrestres, notamment des φοραί ; la question se pose de la possibilité de comparer différents mouvements entre eux, et finalement une nouvelle et ultime analyse du mouvement en ses facteurs conduit à un résultat totalement sans précédent, quelque chose que Platon n'a jamais atteint – un essai de formulation mathématique de la relation entre ces facteurs et l'établissement de la première loi de la nature mathématiquement formulée. (6)

La continuité en général, et celle du mouvement en particulier, montre que le mouvement est quelque chose de simple, non composé de parties, qu'il est comme un tout organique, car il est toujours la réalisation, l'actualisation *de quelque chose*; pour autant que ce quelque chose s'insère dans les contraires, le mouvement est toujours ou bien une tentative de percée vers une réalisation supérieure, une ἐνέργεια plus parfaite, ou bien un déclin; en tout état de cause, le témoignage d'un manque chez l'être qui se meut. Aristote ici polémique derechef avec la conception platonicienne des continus composés d'éléments, conception particulièrement contraire à la manière dont il se représente le mouvement, et il laisse les paradoxes de Zénon décider entre lui-même et Platon. Tout cela fait l'objet du livre VI. (7)

Parmi les trois mouvements véritables, seule la translation et, parmi les mouvements locaux, seule la κυκλοφορία peut être ininterrompue. La κυκλοφορία devra donc être le fondement de tous les autres mouvements et changements. Mais, en tant que mouvement, elle ne peut être incausée. Elle est donc la preuve d'un moteur qui ne peut être lui-même en mouvement, car cela entraînerait une progression à l'infini. Le moteur devra être la force et la puissance suprêmes, dépassant même la force du premier mobile, qui se meut sans fin – une force infinie. Tel est l'objet du livre VIII. (8)

Dépend aussi de la κυκλοφορία ce sans quoi nous ne saurions situer et mesurer le mouvement, c'est-à-dire le temps. Dans l'analyse du temps, Aristote est le premier à rendre le temps dépendant de l'espace parcouru. Il n'analyse que le temps « vulgaire », le temps compté. (9)

2

Nous avons vu que l'aspiration platonicienne à trouver les premiers principes ou éléments de tout conduit à une mathématisation universelle. Les principes du nombre sont en même temps les principes ou éléments de tout. Avec cela, le système platonicien est également une genèse universelle, un système de l'émergence de tout être. Un système qui se veut aussi une théorie de l'émergence de tous les étants et des processus qui se déroulent dans et avec eux. Le système un, présentant la genèse de l'être, veut présenter aussi, en même temps et du même coup, la génération des choses étantes et les lois qui les régissent; pour emprunter les termes d'une époque postérieure, il se veut à la fois ontologie et physique.

Cela entraîne, à l'intérieur du système de Platon, des conséquences d'une portée considérable. Le mouvement cosmogonique, la genèse de l'être, est, par toute sa nature, un mouvement supratemporel. Or, le mouvement des étants, pour sa part et non moins essentiellement, est quelque chose qui se déroule dans le temps. L'unité du système oblige Platon à ignorer le temps même en ce qui concerne le devenir et l'étant concret. Il n'omet pas d'élucider la genèse du temps, mais il utilise le modèle du devenir intemporel comme formule d'explication du devenir dans le temps. Le mouvement est à ses yeux, ici aussi, unité des contraires, différence, inégalité, action de la forme sur la matière, mesure de la matière par la forme – on le voit, toutes ces formules sont sans rapport avec le temps.

Comme Aristote s'oriente d'emblée vers l'étant mobile en tant tel, son regard se porte non moins originellement sur le devenir temporel, sur le processus se déroulant dans le temps.

La théorie aristotélicienne du mouvement et du mobile, sous la forme sous laquelle elle nous est parvenue, porte les traces d'une évolution houleuse.

Il n'y a guère d'autre domaine de la pensée d'Aristote où les textes nous confrontent à autant de contradictions qu'en ce qui concerne le mouvement. Au livre I de la *Physique*, le mouvement s'explique comme la succession des contraires dans un substrat – c'est dire que le mouvement est toujours un mouvement entre des contraires (avec une restriction, formulée en 191 *a* 5). Le livre VI (241 *b* 2), au contraire, traitant du mouvement local, affirme expressément qu'il n'est pas nécessairement toujours entre des contraires. Dans la *Physique* I, les contraires n'agissent pas l'un sur l'autre; dans le *De caelo* (270 *a* 15), si. Au livre II de la *Physique*, on parle de la φύσις comme de la source interne du mouvement et du repos des êtres, et le ciel, dans le livre I du *De caelo*, se meut lui-même. Les livres VII et VIII de la *Physique*, en revanche, mettent en avant l'axiome selon lequel tout ce qui se meut est mû par l'action d'un autre que lui-même. Au livre I, la privation (στέρησις) apparaît comme un des facteurs classiques du mouvement : c'est l'élément que, selon Aristote, Platon aurait négligé dans son analyse du mobile, l'élément dont tout dépend – tout le caractère temporel et intérieurement contradictoire du mouvement est le fait de la στέρησις. Si, dans les autres livres de la *Physique*, la στέρησις passe à l'arrière-plan, cédant son rôle à la δύναμις, la composante négative dans le mouvement n'en est soulignée que davantage. Dans le *De caelo*, en revanche (notamment 279 *a* 35-*b* 1), le mouvement du ciel extérieur en figure la perfection, quelque chose de souverainement positif. Comment démêler cette pelote de contradictions ? Nous essaierons d'indiquer la sortie du labyrinthe en développant une hypothèse sur la progression de la pensée du mouvement chez Aristote dans la voie qui mène du platonisme à sa doctrine propre.

Plus l'évolution est complexe, plus les contradictions des différentes étapes seront multiples et radicales. L'évolution, elle, est fonction de l'intensité avec laquelle le penseur s'occupe de la question chaque fois donnée.

Les contradictions même de la théorie du mouvement confirment ainsi une préoccupation sans relâche et un intérêt intense pour le cercle des questions cinématiques. Le nœud qu'elles forment donne déjà une idée de l'importance du concept de mouvement dans la genèse de la doctrine aristotélicienne.

On ne peut prendre les contradictions pour les jalons d'étapes chronologiques distinctes que si le penseur en a eu conscience. Or, la prise de conscience des conséquences d'une doctrine, quelle qu'elle soit, est toujours incomplète – même chez le penseur le plus sagace. Ce qui marque le début d'une nouvelle étape d'évolution, c'est la prise de conscience des contradictions, non pas les contradictions comme telles.

En l'occurrence, il nous semble que toutes les contradictions textuelles ne pourront s'expliquer qu'en supposant qu'Aristote n'a pas d'emblée tiré toutes les conclusions de son aperçu le plus révolutionnaire, contenu dans l'analyse *interne* du mobile au livre I de la *Physique*, mais qu'il n'y est arrivé que progressivement. Il ne s'est pas rendu compte aussitôt que sa théorie nouvelle de l'étant physique éliminait *tout* le système de réduction (et donc toutes les entités suprasensibles de Platon), ni que la nouvelle théorie de la φύσις qui en résultait nécessairement l'amènerait à introduire la négativité jusque dans le domaine céleste et, de ce fait, à postuler en dernière analyse une cause motrice externe pour l'αἰθήρ lui-même.

Le point de départ d'Aristote, dans la question du mouvement aussi, c'était le système de réduction de Platon, reconduisant tout ce qui est à *deux* fondements primordiaux.

On peut extraire du compte rendu d'Hermodore sur l'enseignement oral [1] le schéma suivant de la classification des objets chez Platon [2] :

1. Simplicius, *In Arist. Phys. I*, (CAG, vol. 9), p. 247, 30 *sqq*., éd. Diels.

2. Cf. L. Elders, *Aristotle's Theory of the One*, « Introduction II : Aristotle's Early Theory of the Categories of Being », p. 25-36.

Élément « l'Un »	Élément « la Dyade » ou « plus-moins » (non-être)		
être en soi :	être pour un autre :		
	corrélats		contraires
Idées non relationnelles et qualités	Partie positive de la corrélation : défini même constant	Partie négative de la corrélation : indéfini autre grand-petit	bon - mauvais blanc - noir haut - bas

Seule la partie gauche de ce schéma mérite, d'après Platon, qu'on en dise qu'elle « est ». Les contraires et corrélats indéfinis ne méritent pas ce nom, mais plutôt la qualification de « non-être » (μὴ ὄν).

Aristote aussi s'approprie ce schéma en le simplifiant [1] :

- Étant en soi
  - Οὐσία
  - Ποιόν (qualité)
- Étant relatif à un autre
  - corrélats
  - contraires

Dans les corrélats négatifs, il se présente alors des titres platoniciens comme « indéfini, autre, grand et petit ».

Aristote essaie alors de montrer que tous les contraires proviennent d'une opposition primordiale (Égal-Inégal, Un-Multiple) ; cette génération présuppose l'action (ποιεῖν) qui fait que la chose possède quelque chose ou que quelque chose lui fait défaut (λῆψις et ἀποβολή, plus tard la catégorie du πάσχειν). Déjà ces premières réflexions sur les catégories ne sont donc pas sans rapport avec le mouvement.

Aristote dit que « certains » définissent le mouvement – κίνησις – comme ἑτερότης (altérité), comme ἀνισότης (inégalité) et comme μὴ ὄν [2].

1. *Ibid.*, p. 32.
2. Cf. *Physique*, III, 2, 201 *b* 20.

Nous voyons que ces trois termes se présentent dans le schéma platonicien : l'ἑτερότης est l'élément de « la Dyade », l'ἀνισότης, l'un des corrélats, et tous deux relèvent de la sphère du non-être, du μὴ ὄν.

Chaque mouvement présuppose l'*altérité*, la différence, déjà du fait de la non-identité du *terminus a quo* et du *terminus ad quem*, de la diversité de ses phases. Dans le cas du mouvement local quantitatif, l'espace parcouru est à chaque instant *autre*, différent par rapport à l'instant précédent. Dans la sphère qualitative, c'est le dissemblable qui correspond à l'inégal. Le mouvement présuppose en outre le *non*, c'est-à-dire le non-être, car ses phases *ne sont pas* toutes en même temps.

La pensée de la réduction se signale par la recherche des éléments (ἀρχαὶ καὶ στοιχεῖα) d'un domaine de phénomènes. On regarde comme élément ce sans quoi le phénomène serait impossible; le biffer, ce serait biffer aussi le phénomène en question [1]. Il est clair que biffer le ἕτερον, le μὴ ὄν et l'ἄνισον, c'est biffer le mouvement.

Par la suite, il deviendra clair à Aristote que ces aspects sont insuffisants, encore qu'ils saisissent bien le « caractère indéterminé » du mouvement.

Or, cette indétermination précisément, caractéristique, dans le platonisme, de la sphère sensible, le conduit à un pas important qui décide du sort ultérieur de la pensée du mouvement : il découvre les catégories abstraites du « non-être » incarnées dans le domaine de l'« étant » sensible, matériel, qui nous entoure, dans le domaine des contraires (notamment de l'opposition du haut et du bas). En revanche, la substance et l'être non relatifs, dépendants au premier chef de l'Un, trouvent une incarnation dans la sphère la plus haute avec son mouvement circulaire [2].

Dès lors, Aristote ne considère plus le mouvement de façon purement logique, par une analyse réductrice interne, mais bien *physiquement*.

C'est dire que la φύσις devient une composante importante de sa réflexion. Qu'est-ce que la φύσις chez Aristote dans ce premier stade? Pour la définir, nous ferons bien de partir du passage déjà cité des *Lois* de Platon (X, 889 *a sqq.*). Platon y expose un concept de la φύσις dépourvue d'intelligence et de finalité, indépendante et antérieure par rapport à toute τέχνη (laquelle présuppose l'intelligence et l'âme).

1. Voir *supra*, chap. I, p. 49-51.
2. Cf. L. Elders, *Aristotle's Theory of the One*.

Relèvent du domaine de la φύσις les quatre éléments, qui se meuvent au hasard (sans but ni prévisibilité), chacun en vertu de sa force interne, et engendrent par leurs rencontres, leurs mélanges et leurs ajointements, en vertu de la simple *vis a tergo*, de la « simple nécessité » (ἀνάγκη), tant le ciel que toutes les plantes, les animaux et l'ensemble des choses sous le ciel. La φύσις est la sphère de la τύχη, nullement celle de l'action intelligente (τέχνη) et de l'agissement des dieux. D'après cette conception, la τέχνη est tributaire de la φύσις, que les arts de divertissement imitent et à laquelle les arts sérieux participent. Platon polémique alors contre cette notion matérialiste de la φύσις, lui opposant sa propre conception, selon laquelle la φύσις matérielle dépend de la ψυχή, du νοῦς et de la τέχνη divine ; pour autant cependant que le terme φύσις désigne ce qui est plus originel, « antérieur », cette « aînesse » revient de droit plutôt à la ψυχή qu'aux éléments et à leurs produits contingents. Ainsi, c'est une double φύσις qui se donne à voir chez Platon lui-même – la force et la substance matérielles, contingentes, d'une part, et, de l'autre, la cause motrice intelligente avec ses lois, se manifestant principalement dans la sphère astronomique.

La φύσις d'Aristote, dans sa première période, possède des traits semblables à ceux que Platon décrit et contre lesquels il polémique dans le livre X des *Lois*. Quant à l'autre φύσις (au sens de Platon), Aristote n'en parle pas. Il semble insister plus encore que Platon sur le caractère dynamique et intérieurement contradictoire de la φύσις. Pourtant, les fondements premiers de tout, les substances élémentaires que sont le feu et la terre, l'eau et l'air, ne se meuvent pas *arbitrairement*, mais *conformément à des lois*, pour prendre chacune sa place, en haut ou en bas. Ce faisant, elles se *combattent*, s'attaquent les unes aux autres et, partant, subissent, les unes de la part des autres, une violence, βία, pouvant aller jusqu'à la destruction totale et à la permutation réciproque. Il n'y a pas trace encore de la différenciation d'un *porteur* des qualités, des déterminations. La φύσις, ce *sont* les contraires fondamentaux, pensés comme l'étant sensible même. S'ils sont, certes, dépourvus d'intelligence, on ne peut pas dire qu'ils soient entièrement sans ordre ni lois.

Le domaine de la φύσις, c'est l'opposition primordiale du haut et du bas. Le domaine céleste, en revanche, est en dehors de tout changement. Le mouvement du domaine céleste n'est pas un changement – le regard d'Aristote demeure ici platonicien. Le mouvement céleste, c'est l'intelligence, la libre volonté ordonnée et la perfection. La φύσις est dépourvue d'intelligence, elle est un automatisme. Le mouvement φύσει n'est rien d'autre que le mouvement des contraires qui possèdent leur loi interne :

le léger en haut, le pesant en bas. Il y a donc trois espèces et trois causes du mouvement : la φύσις, la βία et la volonté intelligente [1].

À ce stade initial, la naissance, la vie et la mort des êtres vivants ne sont pas l'œuvre de la φύσις, mais plutôt une violence (βία), exercée vraisemblablement par la ψυχή sur la φύσις, sur les contraires.

> Tout le composé qui périt se défait en ses parties composantes. Il n'y a donc jamais eu de périssement qui ne fût point un retour à la nature, d'où il s'ensuit que c'est, au contraire, la composition même qui faisait violence aux choses mises ensemble. Les hommes, en effet, se composent des quatre éléments fondamentaux qui sont ceux du ciel entier : la terre, l'eau, l'air et le feu ; c'est une petite part de ces éléments qui est utilisée en nous, mais ce qui est contraint d'entrer dans le mélange a dû abandonner son lieu naturel, car la chaleur, tendant vers le haut, est contrainte de descendre, tandis que la composante pesante, terreuse, est allégée et prend la place en haut qui est celle de la tête, la partie la plus terreuse. Mais le lien que noue la violence est le plus faible qui soit, il est non naturel et impermanent [2]...

La « projection » du système des contraires dans la réalité conduit donc à une première théorie de la φύσις, liée à la violence (βία), à la lutte et à la négativité. Un autre produit en est le concept de lieu naturel, celui que chaque élément tend à rejoindre en vertu de son mouvement naturel. « Aussi a-t-il été assigné à la terre le lieu au centre, où la chose terreuse retourne lorsqu'on la lance vers le haut. Or, telle est la marque du lieu naturel. En effet, là où une chose retourne sans violence, afin d'y être en repos, et où elle demeure, c'est là qu'est son lieu propre [3]... »

La régularité sans intelligence, la φύσις, la βία, le lieu naturel – tout cela est entièrement nouveau ; Aristote ne trouve pas dans la conceptualité platonicienne de moyens adéquats permettant de traiter tout cela de façon cohérente. Certes, le *Timée* de Platon aussi est une projection de l'étant idéal dans l'espace, dans la χώρα et la ὑποδοχή, mais cette

1. Περὶ φιλοσοφίας, frag. 24 Rose : « Aussi ne peut-on blâmer Aristote lorsqu'il enseigne que tout ce qui se meut, se meut ou par nature ou par contrainte ou par sa libre volonté. Or, le Soleil, la Lune et les étoiles sont en mouvement. Le mouvement naturel *(natura)* porte ou, par l'effet de la pesanteur, vers le bas ou, par l'effet de la légèreté, vers le haut, aucun des deux ne convenant aux étoiles, dont l'orbite est circulaire. Toutefois, on ne peut pas dire non plus qu'elles se meuvent contre leur nature, sous la contrainte d'une puissance supérieure. Quelle force, en effet, pourrait être assez grande ? Reste donc que cela se fait par leur libre volonté... »

2. Frag. 20 (35, 5-17) Rose.

3. *Ibid.*

projection est une simple imitation, un reflet, quelque chose de parfaitement passif, dépourvu de toute autonomie dynamique et, partant, intégralement dominé du dehors, par le mouvement de l'âme, d'une part, et les « secousses » de la ὑποδοχή, d'autre part. Dans la projection d'Aristote, en revanche, les choses, les éléments acquièrent leur indépendance – tel est le sens de son concept initial de la φύσις.

*

Force est à Aristote de se procurer autrement les moyens conceptuels de saisir le monde sensible d'ici-bas. Bien sûr, il y a les possibilités des représentations préplatoniciennes de la φύσις qui s'offrent à lui. Mais la manière dont la conception préplatonicienne appréhende la φύσις dépouille toujours la réalité de son remplissement sensible et fait siéger l'être ailleurs que dans le sensible. L'atomistique, la doctrine d'Empédocle comme celle d'Anaxagore partent toutes de ce qui se *manifeste* sous les espèces de la φύσις afin de la critiquer dans sa manifestation, c'est-à-dire dans sa mobilité et sa variabilité, pour découvrir, au fond du phénomène, le fondement immuable, non sensible.

C'est contre tout cela qu'Aristote réagit en s'efforçant de comprendre le sensible en tant que tel, c'est-à-dire l'étant *physique*, la φύσις. La méthode par laquelle il cherche à y parvenir est, pour lui, la méthode de la compréhension philosophique en général – or, celle-ci, pour un platonicien, ne peut être autre que la réduction. Ne reste qu'à aborder à nouveau l'étant sensible en tant que tel, par la méthode de réduction, afin de le saisir dans sa sensibilité, dans sa mobilité, et c'est dire aussi dans sa temporalité. Ce sera une analyse de l'étant *physique*, c'est-à-dire de l'étant dans les contraires. Le domaine céleste y est tout d'abord étranger. Nous en trouvons le sédiment principal dans le livre I de la *Physique*.

Aristote applique ici, tout naturellement, à l'étant mobile *dans son mouvement*, le grand aperçu qui lui a fait comprendre à ses débuts la possibilité de mettre en œuvre aussi par rapport à l'étant sensible mobile la preuve platonicienne de l'existence d'un non-étant relatif[1] et, partant, la nécessité de réviser le principe « rien ne provient de rien », qui guidait

1. *Sophiste*, 257 *b-e*.

la physique depuis Parménide. Cela, non pas comme se l'imaginait Platon, en admettant le non-étant en tant qu'espace illimité qui reçoit les images de l'étant vrai, mais de même que Platon a fait place au non-étant parmi les composantes de l'étant vrai (τὸ ὄν) : en tant qu'*altérité*, différence que revêt un même substrat. Le mouvement consistera alors en ceci que le mobile assume à différents moments *différentes* déterminations, qu'il traverse *différentes* phases. Cela signifie un retour à la vision naturelle, qui exprime le changement en disant : la chemise se blanchit (devient, de non-blanche qu'elle était, blanche), l'homme se cultive (devient, d'inculte qu'il était, cultivé), la statue est tirée de la pierre (la pierre, d'abord amorphe, sans forme, est informée). On peut de plein droit s'exprimer ainsi, car le grand apport de l'ontologie de Platon – l'existence du non-étant – est ici un point de départ que tous acceptent et dont il n'y a plus à discuter. Aristote peut ainsi tenir sa conception nouvelle de l'étant mobile pour platonicienne – la prémisse sur laquelle elle repose est bien platonicienne. En même temps, cependant, il voit clairement qu'il ne peut plus accepter l'*analyse* platonicienne, qui réduit l'étant sensible, mobile, à l'espace et aux formes qui s'y « reflètent »; il comprend que l'analyse de Platon demande à être revue. Aristote effectue cette révision par la même méthode qui, chez Platon, a abouti à la mathématisation universelle. Entre ses mains, la méthode « mathématique » donne pourtant un résultat singulier, conduisant à un modèle essentiellement non mathématique du processus et du mouvement. Aristote dévoile, par son analyse, que le schéma platonicien de la genèse ne comprend pas le passage, la succession, l'association du durable et de l'éphémère qui fait partie du devenir temporel en général; que, malgré l'intensité de son intérêt pour le problème de la genèse et du devenir, Platon ne peut donc pas véritablement contrer le raisonnement des Éléates sur l'impossibilité de la génération et du périssement qui inspirait un si profond respect à tous les penseurs après Parménide.

L'analyse censée élucider les principes de l'étant mobile (la φύσις) est exposée par Aristote dans le premier livre de la *Physique*.

Le savoir et la compréhension ferme (ἐπιστήμη), dit-il ici, sont possibles dans toute investigation où il y a des ἀρχαί ou αἴτια ou στοιχεῖα – partant, aussi, dans l'enquête qui porte sur la φύσις.

On est frappé par le lien établi dès ces premières lignes entre ἀρχαί, αἴτια et στοιχεῖα. Les trois termes, comme le montre P. Wilpert[1], sont équivalents chez Platon, mais différenciés avec précision dans la suite de l'œuvre d'Aristote. Dans le passage qui nous intéresse, Aristote les utilise en platonicien. Dans le texte même, après le premier chapitre, c'est surtout le terme ἀρχαί qui revient, mais nous verrons encore que la façon dont Aristote procède à la recherche des ἀρχαί est analogue à la recherche des στοιχεῖα chez Platon.

Les στοιχεῖα sont la réponse de Platon à la question de la réduction de l'étant à des parties constituantes essentielles à partir desquelles il serait possible de le reconstruire. Ces éléments ne sont des éléments physiques, des particules, qu'au premier degré de l'analyse, au niveau le plus grossier. Un moment essentiel de l'analyse, c'est le passage à des éléments a-somatiques, parmi lesquels figurent les éléments logiques : la réduction des parties réelles aux parties du discours.

Aristote s'accorde donc avec le sol natal de l'Académie aussi bien dans le problème qui le préoccupe que par la méthode de son enquête. Il pose à nouveau une question que Platon lui-même s'est posée et qu'il s'est appliqué à résoudre tant dans le Περὶ τἀγαθοῦ que dans le *Timée* et ailleurs. Ce faisant, il présuppose certains résultats des discussions générales dans le cadre de l'Académie (par exemple, sur le concept d'être et de non-être).

Bien sûr, cet accord avec l'Académie *sur la méthode* n'empêche pas que le but visé par Aristote ne soit profondément différent.

Les commentateurs voient pour la plupart dans l'insistance de la première phrase, εἰδέναι καὶ ἐπίστασθαι, la simple distinction aristotélicienne, soulignée aussi ailleurs, entre la connaissance des principes (εἰδέναι) et la connaissance déductive à partir des principes (ἐπιστήμη). Pourtant, on sait bien que la *Physique* n'est pas un système déductif. Qu'est-ce qu'Aristote veut dire en attirant ainsi, d'emblée, notre attention sur le couple εἰδέναι et ἐπίστασθαι ?

Peut-être n'est-ce rien de moins qu'une référence au fait que la découverte des ἀρχαί et στοιχεῖα de l'étant physique en tant que tel fait de la réflexion portant sur la φύσις une science, une science véritable, au même titre que la mathématique dans son domaine, quoique ses

1. P. Wilpert, *Zwei aristotelische Frühschriften...*, chap. II : « Περὶ τἀγαθοῦ », [p. 128 *sqq.*] ; *id.*, « Neue Fragmente aus περὶ τἀγαθοῦ », p. 246. Voir aussi *Physique*, I, 2, 184 *b* 25 : τὰ στοιχεῖα καὶ αἱ ἀρχαί.

principes ne soient pas *les mêmes* avec lesquels travaille la mathématique.

Notre attention est appelée sur deux choses : 1) La physique a *ses propres* principes, les principes du mobile, qui ne sont contenus dans ni réductibles à rien de supérieur. 2) Ces principes font de la physique, non pas un simple mythe, comme se veut le *Timée* de Platon, mais une *science*. Il ne s'agit pas en elle de la vraisemblance, mais de la vérité (ἀλήθεια) au sens fort du terme.

C'est là quelque chose à quoi l'Académie ne peut souscrire dans toute sa portée. La conception platonicienne de la réduction laisse subsister un grand hiatus entre l'être et le simple devenir.

Bref, alors même qu'il engage la démarche de la réduction, Aristote agit dans un but et une perspective ontologique qui ne sont plus ceux de Platon. Il se propose, par la méthode platonicienne, de légitimer *le monde d'ici-bas* comme contenant l'être.

Que l'analyse du livre I de la *Physique* a réellement à voir avec la démarche de la réduction, que nous sommes ici effectivement en présence d'un mode singulier d'application de la méthode conçue par Platon comme universelle, le texte parallèle du *Protreptique* d'Aristote [1] aussi le fait apparaître comme probable.

Il s'agit du passage qui expose (en cherchant à apporter la preuve que l'homme est réellement capable de parvenir à un savoir sur ce qui est juste et utile, sur la φύσις et le reste de la « vérité ») que la cause (αἴτιον) a toujours plus de valeur que l'effet : si la cause est abolie, on supprime du même coup tout ce qui en dérive essentiellement, ainsi la suppression du nombre entraîne celle de la longueur, la suppression de la longueur celle de la surface, la suppression de la surface celle du solide, la suppression des lettres celle de la syllabe. Ce n'est ni plus ni moins qu'une description de l'essence propre de la méthode de réduction. L'auteur en déduit la nécessité d'arts qui soignent l'âme en tant que principe supérieur par rapport au corps. Il poursuit alors : il en va pareillement dans la physique, où la réflexion sur les αἴτια καὶ στοιχεῖα doit venir avant tout ce qui en est dérivé. Car les ἀρχαί ne découlent pas des choses dérivées, ce n'est pas d'entre celles-ci que la φύσις désigne l'étant premier, mais parmi les αἴτια καὶ στοιχεῖα dont provient tout le reste et dont il se compose. Que la cause et la source de tout le reste soit le feu ou l'air ou le nombre ou n'importe quel autre être (οὐσία), il est toujours impossible de le comprendre si l'on ne sait rien des principes. Comment,

1. Cf. Jamblique, *Protreptique*, p. 38-39 Pistelli.

en effet, comprendre les mots si on ne saisit pas les syllabes, comment saisir les syllabes si on ne connaît pas les lettres ?

Ce passage du *Protreptique* reflète peut-être bien un stade primitif des recherches physiques, où le « feu » et l'« air » n'étaient pas encore analysés en leurs στοιχεῖα, il n'en montre pas moins, de toute évidence, que la physique d'Aristote, la science de la φύσις au sens exposé ci-dessus, entend appliquer la méthode de la réduction.

Revenons maintenant à cette application au livre I de la *Physique*.

Au premier chapitre, il est dit expressément que la voie pour passer de ce qui est plus clair et plus connaissable pour nous à ce qui est tel d'essence, par nature (φύσει), c'est la voie de la division. Ce qui est proche de nous est plutôt confus, non articulé (συγκεχυμένα μᾶλλον), mais ceux qui en entreprennent l'examen verront les στοιχεῖα et ἀρχαί plus clairement s'ils articulent, s'ils procèdent à la division (διαιροῦσι ταῦτα) de ce συγκεχυμένον. C'est en même temps le chemin qui conduit de ce qui concerne le tout, de ce qui est, en ce sens, universel, aux parties, au particulier. La méthode d'investigation sera semblable à l'analyse qui démêle les éléments d'expressions complexes dont les parties logiques ne sont pas claires de prime abord : en disant *cercle*, j'énonce en somme et sans distinction ce qui, analysé en ses éléments, est la définition du cercle. Ce dont il y va, c'est donc l'analyse, la division, plus précisément la division logique.

La division logique des ἀρχαί de l'étant physique (mobile) est une entreprise semblable à l'enquête qui s'intéresse à la partition de l'étant en général, qui l'interroge sur le nombre de ses principes et éléments (ce que fait Platon dans son système de réduction). Cela dit, examiner le principe comme Un et immobile, c'est ne pas examiner la φύσις (le mobile). L'Un en tant que seul existant n'est pas du tout un principe. Traiter la thèse de l'Un exclusif est, dans la science portant sur la φύσις, aussi déplacé que de s'y occuper de réfuter l'héraclitéisme ou une quelconque autre thèse sophistique. Dans son investigation physique, Aristote présuppose fondamentalement que les choses qui sont φύσει sont toutes ou, du moins, pour la plupart, en mouvement. Néanmoins, comme ceux qui posent l'Un en principe, s'ils ne parlent pas de la φύσις, parlent néanmoins de difficultés qui affectent le mobile (φυσικαὶ ἀπορίαι), les thèses des Éléates ont une signification généralement philosophique et méritent d'être exposées.

Nous laisserons ici de côté les chapitres 2 et 3, où Aristote réfute la doctrine éléate de l'Un étant sur la base de la théorie nouvelle et différenciée de l'Académie concernant la polysémie du mot « étant » et la complexité de la définition qui exprime le τί ἦν εἶναι, ce qui implique la divisibilité de l'essence des choses. Nous ferons remarquer seulement que le discours sur la définition, sur la divisibilité de ce que la chose est (ὅπερ ὄν) en d'autres choses que la chose est (εἰς ὅπερ ὄν τι ἄλλο), est clairement porté par la même tendance méthodique à la composition (métaphysique) de l'étant à partir d'éléments qui nous est apparue comme l'impulsion de la recherche des ἀρχαί physiques.

Aristote aborde ensuite les physiciens proprement dits, chez qui il trouve un double discours sur les principes.

Les uns ou bien érigent en fondement unique l'un des trois corps (c'est-à-dire un des trois éléments seuls susceptibles, chez Platon, de permuter entre eux : l'eau, l'air et le feu; la formulation reflète là encore une position proche de l'Académie), pour alors en tirer tout le reste par raréfaction et condensation, c'est-à-dire à l'aide des contraires [1]. (Ces contraires, projetés dans la forme la plus universelle, sont l'excès et le défaut, ὑπεροχή et ἔλλειψις – la ὑπεροχή et l'ἔλλειψις sont chez Platon les principes suprêmes, principes [et « éléments »] de la contrariété [2]. En reconduisant ainsi la μανότης et la πυκνότης aux premiers contraires [τὰ ἐναντία], Aristote montre derechef son intégration méthodique à la problématique de la réduction.) Ou encore (à l'instar de Platon) ils tiennent le couple grand-petit, ὑπεροχή-ἔλλειψις, pour la matière, et l'Un, au contraire, pour la forme (chez les premiers, c'était l'inverse). Ce sont donc là des physiciens qui voient trois principes premiers dans la relation de la matière et de la forme.

Les autres sont ceux qui, conformément à un *dictum* (perdu) d'Anaximandre, « éliminent et séparent de l'Un les contraires qui sont contenus en lui », ainsi Empédocle et Anaxagore. La différence entre Empédocle et Anaxagore n'a pas à nous intéresser ici. L'important, c'est qu'Anaxagore arrive à sa doctrine d'un nombre infini de στοιχεῖα parce qu'il partage l'opinion, commune à tous les « physiciens », selon laquelle rien ne provient du néant. C'est à cette opinion généralement reçue qu'Aristote s'en prend, tirant, si l'on peut dire, une conclusion supplémentaire de la révolution antiparménidienne que Platon a réalisée dans le *Sophiste* en démontrant l'existence du non-étant.

1. Aristote note aussi ailleurs que la terre n'a jamais été prise pour fondement (*Métaphysique*, A, 7, 988 *b* 30), mais c'est là également dans un écrit de sa première période.

2. Dans le schéma des étants tiré d'Hermodore, le couple ὑπεροχή-ἔλλειψις est remplacé par le principe du plus et du moins (τὸ μᾶλλον καὶ ἧττον) qui a approximativement la même fonction.

L'analyse essentielle du mobile en tant que mobile quant à ses principes est effectuée dans les chapitres 5-7.

Tous les penseurs prennent, avec de bonnes raisons, les contraires pour des principes. Les principes, en effet, ne doivent provenir ni les uns des autres ni d'autre chose (au contraire, il faut que tout provienne d'eux). Cette détermination s'applique aux premiers contraires : ils ne viennent pas d'autre chose, car ils sont premiers, ni les uns des autres, car ils sont contraires. Mais cette proposition ne fournit pas encore un point de départ suffisant pour l'analyse des principes. Pour cela, il faut entreprendre l'analyse signifiante, « logique », de l'étant mobile (ἐπὶ τοῦ λόγου σκέψασθαι). Le mobile est à réduire à ses parties « logiques ».

On constatera tout d'abord que rien ne peut agir arbitrairement sur n'importe quoi ni subir arbitrairement l'action de n'importe quoi : un enseignant (en tant que tel, c'est-à-dire en enseignant) ne peut pas réchauffer ni le soleil enseigner. Par conséquent, rien ne peut venir de n'importe quoi (si ce n'est par accident, comme il peut arriver à l'enseignant de chauffer) : le chaud ne peut pas venir du cultivé. Une chose devient blanche à partir d'un non-blanc ; non de n'importe quel non-blanc, mais du noir ou de quelque chose d'intermédiaire entre le noir et le blanc. Les choses ne peuvent se produire et advenir en général que dans les limites d'une gamme définie par des contraires. Elles ne peuvent périr, de même, que dans ces limites. Cela vaut de tout, non seulement du devenir, génération ou périssement, des déterminations simples (telles les qualités blanc, noir, chaud, etc.), mais aussi de la genèse des choses complexes, à ceci près que, pour les composés, nous n'avons pas de mot pour désigner le contraire négatif, celui qui représente la privation de la détermination positive[1]. Ainsi l'ajointé naît du disjoint, l'ordonné du désordonné, le composé de l'incomposé (du simple, des éléments), ce qui a forme de ce qui n'en a pas.

Toute la diversité du devenir physique est ainsi réduite à des espèces dans les limites desquelles se déploient les gammes des contraires. C'est de cette manière que le λόγος simplifie pour nous la multiplicité du devenir ; et il y a dans chaque espèce deux principes : les ἐναντία, les contraires.

Jusque-là, tout le monde serait d'accord ; tous, y compris même ceux qui réalisent l'analyse ἄνευ λόγου, sans l'aide du plan (universellement signifiant) du langage, posent les contraires comme principes. Certains

1. Aristote pense que tous les contraires sont déterminés ainsi : le noir est le pôle négatif, de même, le pesant, etc.

penseurs (en dehors de l'Académie) prennent cependant pour ἀρχαί des contraires du domaine sensible, « postérieurs », tandis que d'autres choisissent des contraires plus connaissables κατὰ τὸν λόγον, tels que περιττὸν καὶ ἄρτιον (l'impair et le pair) et φιλία καὶ νεῖκος (l'amour et la haine, ou plutôt l'attirance et l'aversion), qui sont « antérieurs ». Aristote veut indiquer par là que le λόγος permet de juger qui, parmi les penseurs anciens, était plus près des véritables principes premiers.

Un seul principe ne suffit pas, et ils ne peuvent pas non plus être en nombre infini. Le λόγος est à même de mener l'analyse jusqu'au plan des genres suprêmes, des catégories; les premiers contraires sont ceux qui caractérisent chaque γένος, et l'οὐσία aussi – l'être individuel en général – est un γένος. Nous aurons donc à la rigueur un principe de plus qu'il n'y a de contraires dans les catégories (en ajoutant à ceux-ci, comme principe supplémentaire, l'οὐσία qui, comme nous le verrons tout à l'heure, n'a pas de contraire). Un nombre limité de principes vaut mieux qu'un nombre illimité; la limitation, la réduction concernera en premier lieu les contraires, car il y en a qui « proviennent », c'est-à-dire qui peuvent être déduits « logiquement » d'autres contraires (de tels contraires seconds sont, par exemple, le noir et le blanc, l'amer et le doux), tandis que les principes au sens propre sont inengendrés.

La réduction de tous les contraires à une seule contrariété primordiale nous donne deux principes, mais nous ne pouvons nous en tenir à ce chiffre. Si les contraires étaient les seuls principes dans la γένεσις, il s'ensuivrait – attendu que la γένεσις signifie toujours une action exercée par quelque chose sur quelque chose – qu'au moins l'un de ces principes devrait agir sur l'autre; en réalité, on peut se demander si les contraires comme tels n'agissent pas plutôt sur un tiers. De fait, on voit qu'il n'y a pas de contraire constitutif de l'οὐσία en tant que telle, de l'être individuel dans son caractère de fondement. Or, le fondement est nécessairement principe, car il n'affirme rien d'un autre sujet. L'être (οὐσία) en tant que fondement ne peut provenir des contraires qui n'ont pas ce caractère. L'être ne peut venir d'un inessentiel, l'inessentiel ne peut être antérieur par rapport à l'être. C'est pourquoi, si la première analyse (des contraires réduits à la contrariété primordiale) et celle-ci (de l'οὐσία comme distincte des contraires) sont l'une et l'autre correctes, on devra nécessairement prendre pour fondement de la contrariété un tiers, comme faisaient les premiers φυσιολόγοι, qui tiraient tout de l'eau ou du feu ou de quelque chose d'intermédiaire entre les deux (si ce n'est qu'ils faisaient cela sur le plan, non pas du λόγος, mais de l'αἴσθησις, les mieux avisés étant ceux dont le principe comme tel était le plus éloigné de l'αἴσθησις – l'élément ἀήρ est ainsi un meilleur troisième principe que le ὕδωρ). La triade des principes est donc justifiée et, dans un certain sens, l'Académie fait retour à la triade des anciens physiologues – sur le plan désormais du λόγος. Le fondement est un; les contraires se réduisent à la contrariété primordiale, ὑπεροχή-ἔλλειψις. (Mais, comme nous l'avons déjà vu, le ἕν et le couple ὑπεροχή-ἔλλειψις jouent chez les platoniciens un rôle inverse – le ἕν est à présent actif, les contraires ὑπεροχή-ἔλλειψις, le principe passif.) Il est inutile qu'il y ait davantage de principes : les principes premiers auxquels aboutit l'analyse réductive ne peuvent se différencier par le genre (c'est-à-dire être chaque fois différents pour toujours de nouvelles espèces), mais uniquement par l'ordre (τῷ πρότερον καὶ ὕστερον), car l'οὐσία, le principe auquel se réduisent tous les êtres, est un seul genre, et toutes les contrariétés à l'intérieur de chaque genre se laissent réduire à une seule, si bien que la contrariété première est elle aussi unique. Il est donc clair que les « éléments » seront au nombre de trois ou, peut-être, de deux (si le couple ὑπεροχή-ἔλλειψις se conçoit comme un même principe – la δυάς). La grande question est maintenant de savoir pour laquelle de ces possibilités opter. La discussion, exposée au chapitre 7, est, à partir de là, enfin limitée au champ de la seule Académie. Au fait, elle ne fera qu'achever de tirer au clair la décision déjà prise. L'analyse logique qui précède a déjà montré que le couple ὑπεροχή-ἔλλειψις, la contrariété primordiale, ne peut en aucun cas jouer le rôle de fondement, pas plus que le fondement lui-même ne peut jouer le rôle des contraires; or, en cherchant les premiers principes logiques du processus (γένεσις), nous avons abouti à une contrariété primordiale et à un fondement.

Aristote veut d'abord formuler les principes du processus – de la γένεσις – en général (περὶ πάσης γενέσεως), puis les vérifier en prenant en considération les différentes espèces de mouvement. L'élucidation définitive des principes du processus sera derechef une analyse logique.

Nous disons que quelque chose devient à partir de quelque chose, une chose autre à partir d'une autre, différente, que le « quelque chose » et « l'autre » que nous entendons par là soient simples ou composés. Nous pourrions dire ainsi qu'un homme se cultive, devient cultivé, ou bien que l'inculte devient cultivé ou encore que l'homme inculte devient homme cultivé. Tous ces énoncés sont synonymes. Le sens ressort de l'analyse des composantes : les composantes simples désignent le sujet du processus, soit « homme » et « inculte »; la détermination produite par le processus, « cultivé », est également quelque chose de simple; les énoncés composés réunissent le devenant à ce qu'il devient et à ce à partir de quoi il le devient, soit « homme cultivé » et « homme inculte ». L'analyse fait apparaître ainsi les trois ultimes éléments simples de toute γένεσις, ainsi que la manière dont ils entrent en composition. Passant ensuite aux énoncés complexes, nous voyons que, s'il est possible de dire « il advient un homme cultivé » et « le cultivé devient à partir de l'inculte », en revanche, on ne dit pas « le cultivé devient à partir de l'homme », mais « l'homme devient cultivé ».

Pourquoi ? Parmi les composantes simples, il y en a qui subsistent dans le processus, d'autres qui ne subsistent pas ; « l'homme » subsiste en devenant cultivé, tandis que « l'inculte » ne subsiste pas. Il s'ensuit qu'il doit toujours y avoir dans le processus quelque chose qui subsiste, qui en soit le fondement ; le fondement subsistant est un par le nombre, mais ne l'est pas par la forme ou l'expression linguistique (le λόγος) – « l'homme » et « l'inculte » ne sont pas identiques. Ce qui subsiste, c'est le fondement ; ce qui passe et change, ce sont les contraires (ἀντικείμενα), ainsi que les composés réunissant le fondement et l'une des parties de la contrariété.

Dire d'une chose qu'il en advient autre chose et que, de « non telle ou telle », elle devient « telle ou telle », cela concerne plutôt ce qui ne subsiste pas. Il y a aussi des exceptions : ainsi, on ne dira pas que le métal devient statue, mais plutôt que la statue se fait à partir du métal. Par rapport à ce qui ne subsiste pas, on peut dire tranquillement, au choix, « l'inculte devient cultivé » ou « le cultivé advient à partir de l'inculte ».

Cela établi, l'analyse « logique » est à vérifier en considérant la γένεσις réelle [1]. Devenir (γίγνεσθαι) est un terme polysémique, signifiant tantôt le devenir-tel-ou-tel (de petit devenir grand ; de noir devenir blanc), tantôt l'advenir absolu (uniquement pour les êtres, les οὐσίαι). Dans le premier cas, en ce qui concerne le devenir-tel-ou-tel, il est évident qu'il doit toujours y avoir un substrat, car la croissance et le changement sont affirmés nécessairement au sujet de quelque chose. Pour les êtres aussi, il devient très vite clair à celui qui entreprend cet examen que l'advenir de l'οὐσία présuppose, de même, un fondement (ainsi les plantes et les animaux naissent d'une semence).

1. La γένεσις a une signification singulière dans la *Physique* I. Ce n'est pas la γένεσις au sens ultérieur de la μεταβολὴ ἐκ μὴ ὄντος εἰς ὄν (le devenir substantiel), mais plutôt tout advenir ou devenir qui renferme un élément négatif. Ce n'est donc pas le mouvement en général – la κυκλοφορία céleste n'en relève pas. Cela tient au fait qu'Aristote voit d'abord l'opposition platonicienne de l'étant et du non-étant projetée dans l'οὐρανός et la φύσις.

Empiriquement, on constate les espèces suivantes de γένεσις : 1) par changement de la forme (μετασχημάτισις) ; une glose ajoute « comme la statue à partir du bronze », mais il est bien possible qu'Aristote pense plutôt à la μετασχημάτισις des éléments dans le *Timée* de Platon ; 2) par addition – la croissance ; 3) par soustraction – l'Hermès devient à partir de la pierre, une forme déterminée à partir d'une masse informe ; 4) par composition à partir du désordonné – la maison ; 5) par altération (ἀλλοίωσις), comme lorsque le lait est transformé en fromage ou que l'homme naît des menstrues de la femme.

Il est à noter qu'Aristote ne connaît pas encore ici la classification du devenir selon les catégories qui sera exposée dans les livres III et V de la *Physique*. Le mouvement local n'est pas mentionné, et quatre des cinq espèces de γένεσις distinguées sont quantitatives. (Aristote a toujours en vue, avant tout, la γένεσις dont il est question dans les discussions de l'Académie. Même l'ἀλλοίωσις désigne plutôt la naissance d'un nouvel être qu'un changement qualitatif au sens que ce terme prendra par la suite.)

Ce catalogue de processus empiriques conduit à une seule conclusion : nous avons passé en revue toutes les occurrences de processus à partir d'un substrat, d'un fondement donné.

La conclusion qui suit concerne le devenir dans son ensemble, empiriquement vérifié : tout ce qui est engagé dans un processus est toujours composé (au sens logique). Est composé a) ce qui devient, b) ce à partir de quoi le devenant devient ce qu'il devient. Ce qui devient, comme ce à partir de quoi il devient, c'est chaque fois aa) un fondement, un substrat + bb) un contraire (par exemple, le fondement « homme », le contraire « cultivé »). Le fondement peut aussi être nommé matière (ὕλη), le contraire, forme (μορφή). Tout ce qui devient, devient toujours à partir d'une matière et d'une forme. « L'homme cultivé » est composé (nous savons maintenant en quel sens) d'« homme » et de « cultivé ». Tout ce qui se produit devient à partir de ces éléments : ce sont les στοιχεῖα de tout ce qui devient, de tout ce qui est engagé dans un processus.

Le fondement est un selon le nombre (bien que double par la forme) : nous comptons le substrat matériel, non pas ses déterminations, non pas la culture et l'inculture, mais l'homme ; l'homme est un dans une double détermination, c'est lui qui est au sens propre le point de départ de tout le processus, tandis que le couple culture-inculture est ce qui advient dans le processus, ce qui se produit de son fait. Le fondement est donc un principe; la détermination positive (ici, « cultivé ») en est un autre.

Du coup, nous nous retrouvons face à une situation en apparence identique à ce que nous avions dans le platonisme. La chose engagée dans le processus, τὸ γιγνόμενον, se compose de ὕλη et de μορφή, d'un principe passif et d'un principe actif. À quoi a servi toute cette analyse ardue ?

Derrière l'apparente identité du résultat se cache une différence fondamentale, celle qui amènera Aristote à rompre définitivement avec le platonisme.

Certes, les principes au sens positif sont deux. Pourtant, au commencement du processus, il y a l'homme inculte, dont l'inculture est un défaut, une privation (στέρησις). Si l'on prend les principes uniquement au sens de ce qui exerce une action réciproque, au sens de la détermination positive de l'un par l'autre, ils ne sont que deux, car les contraires ne peuvent pas agir l'un sur l'autre. Mais si l'on tient compte de la structure logique de ce qui est engagé dans le processus (et qui, comme nous venons de le voir, est toujours composé), nous verrons que « homme » et « cultivé » ne sont pas la même chose; la στέρησις qui détermine le substrat au commencement du processus figure aussi au nombre des principes. Cela veut dire que le processus sera nécessairement une succession, un changement; il parcourt nécessairement différentes phases dans lesquelles le même fondement (ὑποκείμενον) subsiste; le changement va d'un contraire à l'autre, au lieu que le fondement lui-même n'a pas de contraire et n'en est pas non plus un. Platon s'est donc trompé dans l'analyse logique de la γένεσις. Son analyse de l'étant processuel (γένεσις) est incomplète : elle s'est laissé écarter de la voie rigoureuse du λόγος par le discours éléatique sur la non-existence du négatif (encore que Platon ait lui-même démontré par le λόγος l'existence du non-étant) en concentrant toute son attention sur le bon, le positif.

Sans doute, le processus peut aussi se dire en parlant uniquement du substrat et de la présence ou absence en lui du seul extrême positif, mais on n'évitera pas, en procédant ainsi, la même conséquence essentielle. Le substrat passe du – au +, du non au oui. Ce moment du passage, ce qu'il y a de plus essentiel dans le processus, Platon y reste forcément aveugle en omettant de prendre en compte la στέρησις, le trait négatif propre à toute γένεσις. Il cherche alors le négatif dans le substrat même, mais la signification propre de la négativité pour le processus en tant que tel ne peut pas ne pas lui échapper; chez lui, le processus est au fond une mesure mathématique imposée à la matière ; Platon ne voit pas que le processus est le remplissement d'un manque (ou, au contraire, une chute dans l'état de manque), qu'il est un vide qui se remplit, qu'il n'est pas la forme réalisée, mais sa réalisation, une *intention* de forme.

Il n'en va pas ainsi uniquement dans les cas qui nous ont servi de modèles – l'homme inculte devient cultivé, le bronze informe devient statue –, mais aussi, de façon analogue, là où c'est la chose même, homme ou bronze, qui advient : en effet, là aussi je dois présupposer un substrat selon la proportion exacte qu'impose l'analyse « logique » générale du processus. Pour qu'il y ait « un être de telle ou telle nature » il faut un fondement, un substrat (fût-il totalement indéterminé), le second principe étant la définition (ce qui par la suite s'appellera le τί ἦν εἶναι). Lorsqu'un être advient, le substrat est d'abord en état de privation de détermination essentielle ; par exemple, il n'est pas encore homme (il est en état de στέρησις).

Cette analyse, lente, patiente, sans rien de spectaculaire, renferme un événement d'une portée immense – le passage à la contradiction dialectique. Nous avons vu que le mathématisme universel de Platon est le fruit de la méthode de réduction. En ce sens, on peut qualifier la méthode de réduction elle-même de mathématique. Nous avons vu aussi qu'Aristote, dans son analyse de l'étant mobile, procède rigoureusement selon la même méthode. Or, le résultat n'est pas une confirmation du mathématisme, mais un schéma essentiellement qualitatif du mouvement-processus qui conduira, comme nous le verrons encore, à une limitation essentielle de la mathématisation de l'univers, mais également, d'autre part, à l'unification essentielle de tout l'étant mobile-processuel par le concept de ὕλη. Seul ce qui a une ὕλη est en mouvement-processus. L'analyse platonicienne de la γένεσις a été démontrée insuffisante par ses propres armes, par la méthode que Platon lui-même applique en recherchant les principes de l'étant (αἰτίαι, ἀρχαὶ καὶ στοιχεῖα).

Résumons encore les résultats de l'analyse d'Aristote. Aristote constate :

1) que, sur le plan de l'αἴσθησις, les anciens physiciens analysaient correctement l'étant mobile en un substrat et les contraires qui lui donnent forme (quoiqu'ils n'aient pas su s'élever à ce niveau de pensée, impossible sans l'analyse plus poussée qui donnera naissance aux concepts de « substrat » et de « contraires », là où, pour leur part, ils parlent de ὕδωρ, d'ἀήρ, d'ἄπειρον, d'un côté, et des couples μανόν-πυκνόν ou θερμόν-ψυχρόν, de l'autre) ;

2) que Platon a raison de dire qu'il faut pousser l'analyse plus loin, passer, du plan somatique, au plan a-somatique du λόγος, où les contraires concrets deviendront la contrariété en général et les substrats concrets la ὕλη en général;

3) que Platon confond à tort deux *couples* de concepts, le couple ὕλη-μορφή et les ἀντικείμενα proprement dits, c'est-à-dire στέρησις-εἶδος;

4) que cette confusion l'amène à ne prendre comme principes du mobile en tant que tel *que les seuls* contraires, à regarder donc la relation ὕλη-μορφή comme celle de deux contraires;

5) que, cela étant, il n'effectue pas, *sur le plan du λόγος*, l'analyse approfondie du mobile en ses composantes simples et ce qui est composé à partir d'elles, ce qui l'amène à négliger le rôle qui revient à la στέρησις par opposition à l'εἶδος;

6) que tout cela lui fait sous-estimer le phénomène fondamental de *l'alternance* des contraires dans un même substrat, phénomène qui implique le temps. Par conséquent, le devenir, la génération, la causalité peuvent être à ses yeux des processus intemporels.

Ce résultat est indirectement confirmé par celui auquel arrive J. B. Skemp dans sa contribution au Symposium Aristotelicum qui s'est réuni à Oxford en août 1957, «Ὕλη et ὑποδοχή [1] ».

Skemp pense que le schéma tripartite d'Aristote s'adresse au problème de l'existence séparée ou concrète des Idées et que son origine remonte à la même époque qui voit naître aussi le *Timée* de Platon et le dialogue Περὶ φιλοσοφίας d'Aristote lui-même.

La différence fondamentale entre la ὑποδοχή au sens de Platon et la ὕλη au sens d'Aristote est en effet, de l'avis de Skemp, que nous partageons pleinement, que la ὑποδοχή a une fonction de *réflexion spéculaire*, les Idées apparaissant de façon *irréelle* comme des images et simulacres, tandis que la ὕλη aristotélicienne fait partie de la réalité des choses qui prennent forme dans le mouvement.

La réflexion spéculaire des Idées dans la ὑποδοχή, ajouterions-nous, est précisément le fondement de l'approche *mythique* du monde de la γένεσις : les Idées se reflètent dans la ὑποδοχή comme les choses réelles dans l'eau, imprécises et inconstantes, dans un courant sans cesse frémissant. Toutes les applications de la démarche de réduction au monde de la γένεσις ne changent rien à la séparation platonicienne entre

1. J. B. Skemp, «Ὕλη and Ὑποδοχή », dans *Aristotle and Plato in the Mid-Fourth Century*, p. 201-212.

le monde d'ici-bas et la possibilité de la *science*, du séjour constant auprès de la nature des choses.

Or, c'est précisément cela qu'assure le schéma tripartite, de façon à garantir à la fois l'efficace aux Idées et la cognoscibilité à la mobilité en tant que telle. On franchit là les limites du platonisme grâce à un thème platonicien.

La solution qu'Aristote apporte à la question des principes de l'étant mobile est aussi ingénieuse qu'originale. Bien sûr, elle n'est pas sans difficultés, signalées déjà dans l'Antiquité. Aristote y opposera par la suite sa théorie de l'action causale.

La principale difficulté, c'est que la forme (εἶδος) n'est pas elle-même engendrée, mais *apparaît* simplement dans le substrat au cours du processus. Or, si quelque chose apparaît là où il n'était pas jusque-là, il faut poser la question de son origine; comme le *processus de génération* ne peut être la réponse, la seule issue consiste à dire que nous sommes ici en présence de quelque chose qui est *engendré* sans passer par le processus de génération (ou qui, au contraire, périt sans subir le processus de périssement) [1]. La forme, l'εἶδος, la détermination positive, doit toujours déjà exister – elle est cependant initialement *ailleurs*, dans un autre substrat. L'homme engendre l'homme, la chaleur réchauffe ce qui est froid, etc. Nous abordons là les questions de l'action causale qu'Aristote résout avec une nonchalance étonnante. La question n'est-elle pas précisément de savoir comment la forme, l'εἶδος, la détermination positive advient dans un *nouveau* substrat ? Comme la forme demeure identique, Aristote considère son passage comme ne posant pas problème.

Il est à noter que Jean Philopon, commentateur bien connu d'Aristote et un des premiers interprètes chrétiens de sa doctrine, profite précisément de ce point faible pour tenter de prouver la possibilité de la naissance de quelque chose à partir de rien, la *generatio ex nihilo* au sens absolu, comme l'exige le dogme chrétien de la Création [2]. Sans le vouloir, Aristote se trouve ainsi avoir apporté de l'eau au moulin d'une doctrine profondément différente de sa propre conception, voire incompatible avec elle. C'est essentiellement et surtout sur cet argument que Philopon bâtit sa tentative d'ébranler ce vers quoi tend toute la théorie du mouvement chez Aristote – la doctrine de l'éternité du monde que le

1. *Métaphysique*, H, 3, 1043 *b* 14.
2. *Ap*. Simplicius, *In Arist. Phys. II*, (CAG, vol. 10), p. 1142, 4 *sqq*., éd. Diels.

Stagirite est le premier penseur grec à défendre expressément[1]. (La position de Platon n'est pas tout à fait claire sur ce point. La cosmogonie du *Timée* est probablement allégorique, mais elle implique au moins l'idée de la création *perpétuelle*, d'un processus perpétuel d'ordonnancement et de victoire de l'ordre sur le chaos.) Cette doctrine est comme la clef de voûte de tout l'édifice de sa pensée; s'y attaquer, c'est ébranler l'édifice dans ses fondements mêmes. En s'y attaquant précisément dans la question de la relation entre la ὕλη et l'εἶδος, Philopon prend effectivement pour cible l'un des piliers fondamentaux de toute la doctrine, et il y trouve un point faible indéniable[2].

Le texte du livre I de la *Physique* est le sédiment de bien des combats intellectuels qui y ont laissé des traces.

L'orientation sur les contraires indique que l'analyse devait se borner d'abord à l'étant « physique » au sens premier, restreint, c'est-à-dire à l'étant dans le domaine élémentaire, ayant pour fondement les contraires matériels terre-feu, eau-air. *Le mouvement céleste est laissé de côté dans ces analyses*, et si l'importance des contraires est atténuée dans les derniers chapitres, limitée en ce sens que l'alternance de la présence et de l'absence d'une détermination du substrat suffit également à l'essence du mouvement, c'est là le témoignage d'une évolution ultérieure, peut-être un ajout postérieur au texte original, ce que peut être 191 *a* 5-7.

Les analyses du livre I de la *Physique* sont elles-mêmes le fruit de considérations qui ont mis longtemps à se fixer, comme l'attestent d'autres textes – nous pensons à certaines parties du *De caelo* – plus ou moins contemporains de sa rédaction. Là[3], il est dit que toute génération se produit à partir d'un substrat et d'un contraire et que tout périt par l'action des contraires l'un sur l'autre. C'est dire que la pensée hésite encore entre deux possibilités : ou bien les contraires déterminent le substrat et n'agissent pas l'un sur l'autre, ou bien le contraire et le substrat ne sont pas encore nettement différenciés, et le substrat agit de concert avec un contraire sur un autre substrat. Aristote devra soumettre encore toute cette problématique à une analyse approfondie dans le *De generatione et corruptione*, où il tentera de tirer au clair la position

1. Voir *De caelo*, I, 10, 279 *b* 12 : « Le monde a été engendré : tous les philosophes l'admettent… »

2. Sur ce qui précède, cf. W. Wieland, « Die Ewigkeit der Welt (Der Streit zwischen Johannes Philoponus und Simplicius) », dans D. Henrich, W. Schulz, K. H. Volkmann-Schluck (dir.), *Die Gegenwart der Griechen im neueren Denken. Festschrift für Hans-Georg Gadamer zum 60. Geburtstag*, Tübingen, Mohr, 1960, p. 291-316.

3. *De caelo*, I, 3, 270 *a* 12 *sqq*.

singulière des éléments dans le cadre de sa conception alors plus avancée de la φύσις.

L'analyse du livre I de la *Physique*, c'est essentiellement, comme nous avons essayé de le montrer, une analyse de la φύσις. La φύσις est essentiellement mobile et essentiellement matérielle. En tant que substrat matériel, porteur déterminable de déterminations, la φύσις est également ce qui possède l'être : un être individuel – une οὐσία.

En même temps que ces réflexions sont en train de se cristalliser, l'évolution des vues d'Aristote sur la φύσις et l'οὐρανός se poursuit avec encore un pas important de l'avant.

Là où, dans le Περὶ φιλοσοφίας, le ciel est le représentant du principe spirituel supérieur de l'être et du mouvement, représentant de l'âme dotée d'intelligence et d'une volonté libre, ici l'idée tant méditée de la φύσις, initialement limitée aux contraires, commence à s'élargir et à se généraliser.

Comme plusieurs auteurs s'accordent à le penser [1], ce ne sont pas des considérations cinématiques qui sont à l'origine de l'idée selon laquelle il doit y avoir dans l'univers, outre les contraires, encore un autre principe matériel, qui ne se mélange pas avec les contraires et n'est pas en conflit avec eux. Le domaine céleste, qui se révèle être quantitativement d'une étendue immense en regard du domaine des contraires, ne peut être assigné au feu en sa qualité d'un des quatre éléments contraires, élément qui, dès lors, triompherait nécessairement dans la lutte continuelle qui l'oppose aux autres et prendrait une fois pour toutes le dessus. D'un autre côté, il s'agit néanmoins d'un principe qui, essentiellement étendu, exerçant une action physique, par la contiguïté et le contact, sur les autres choses, doit bien être *matériel*. De là, l'idée d'un cinquième élément, appelé αἰθήρ.

Le premier livre du *De caelo* apporte ensuite une élaboration de cette idée, attribuant à l'αἰθήρ son propre mouvement *naturel* : le mouvement circulaire. Celui-ci, s'il est bien un mouvement physique – il n'est pas moins automatique que le mouvement des éléments terrestres –, *ne se passe pas entre des contraires et a le caractère de perfection* propre au mouvement de l'âme dans la période platonicienne du Περὶ φιλοσοφίας. Il n'a pas la négativité qui caractérise le mouvement terrestre, la φύσις originelle.

1. Cf., parmi d'autres, W. Jaeger, *Aristoteles*..., p. 155-157 [trad. fr., p. 152-153], ou W. K. C. Guthrie, « The Development of Aristotle's Theology – I », *Classical Quarterly*, 27 (1933), p. 162-171.

Le monde est donc laissé tout entier à la φύσις; au-dessus du monde, l'on conserve cependant – du moins à titre d'hypothèse possible, non encore totalement réfutée – les étants idéaux de Platon[1]. Or, ces étants sont en dehors de tout changement et de tout devenir – cela découle de l'analyse du mouvement que nous avons vu se refléter dans la *Physique* I. Ce ne sont pas ces étants, en dehors de l'espace et du temps, qui donnent naissance à l'être spatial et temporel.

En même temps, le *De caelo* développe amplement les conséquences de la nouvelle doctrine des principes de la φύσις qui conduisent à rejeter l'image mathématique de l'étant élémentaire développée par Platon dans le *Timée*.

La projection des contraires dans le domaine sublunaire et leur conception essentiellement dynamique impliquent déjà une différence fondamentale par rapport au *Timée* de Platon. Dans le *Timée*, les formes se meuvent en vertu de la tendance du même vers le même, mais la véritable force d'impulsion réside dans la ὑποδοχή, qui imprime des secousses. Chez Aristote, la dynamique est inhérente aux choses mêmes, conception qui conduira au refus de la ὑποδοχή et de l'espace vide en général. La φύσις dynamique exige, au contraire, et implique la théorie du lieu naturel.

La théorie des lieux naturels aura à son tour une conséquence importante sur le plan de la vision du monde : le système du monde dit « géocentrique ». Tandis que Platon n'est géocentriste que de fait – il n'y a chez lui aucune nécessité *essentielle* que la terre soit immobile (emportée dans le mouvement de rotation global du cosmos, elle est même contrainte de tourner elle-même en sens inverse, afin que se produise l'alternance du jour et de la nuit) –, Aristote, avec sa théorie du lieu naturel, lie d'emblée sa pensée au géocentrisme par des chaînes solides.

La signification du *De caelo* pour la théorie du mouvement en dehors du règne des corps célestes tient à sa démonstration de la subordination du mouvement local au schéma tripartite du premier livre de la *Physique*. Dans la *Physique* I, il n'est pas expressément question du mouvement local. Le *De caelo*, en revanche, fait apparaître la translation terrestre comme le substrat dont relève le chemin qui va d'un contraire à l'autre (entre le haut et le bas). Seul le mouvement dans les contraires est une γένεσις de l'espèce dont traite le livre I de la *Physique*; c'est dire que seul ce mouvement a, pour l'instant, le caractère de négativité qui,

1. *De caelo*, I, 9, 279 *a* 12-22.

d'après la *Physique* I, est nécessairement associé à l'essence et à la source de la γένεσις (non seulement de la génération au sens spécifique, mais du changement en général).

La φύσις et son fonctionnement régulier n'exigent pas que les éléments aient des formes géométriques. Au contraire, la théorie platonicienne qui en réduit l'aspect à de telles formes s'empêtre dans une conséquence impossible en n'admettant la permutation réciproque que des trois éléments plus nobles (l'eau, l'air et le feu), en excluant donc la terre de ce cycle. La construction des éléments à partir de triangles présuppose en général une genèse contraire à la nature du mouvement constatée et analysée au livre I de la *Physique* – en contradiction avec la corporéité essentielle du mouvement : le corporel ne peut pas être généré à partir de l'incorporel, le solide à partir de surfaces [1]. Le fait est qu'il y a là une erreur dans les principes : les principes des choses perceptibles sont perceptibles, ceux des choses éternelles, éternels, ceux des choses périssables, périssables [2]. La version platonicienne de la réduction, dont l'explication aurait raison de toute γένεσις, de tout devenir et de tout temps, n'est que de l'entêtement qui se trouve nécessairement en contradiction avec les phénomènes. D'ailleurs, elle se trouve aussi en contradiction avec les principes des mathématiques, car elle conduit inéluctablement à d'ultimes unités insécables d'étendue, abolissant la continuité sans laquelle la géométrie est impossible. Si Aristote bannit donc la substructure géométrique de la nature – de la φύσις –, il ne se fait pas faute d'invoquer les mathématiques en ce faisant. Dans la question du continu en général et de ce qui s'y rapporte, le livre I de la *Physique* amorce déjà les analyses qui culmineront dans le livre VI. Il est intéressant de noter l'esprit de suite des deux penseurs dans ces problèmes. Ainsi, dans une question dont l'importance ne devient évidente que du point de vue du problème de la réduction, la question de savoir lequel, de la droite ou du cercle, est premier, antérieur à l'autre, Platon soutient la droite, Aristote, le cercle [3]. Il est difficile de dire si les analyses que le *De caelo* consacre aux efforts de Platon pour générer les figures géométriques à partir d'éléments (en dernière analyse, à partir de « lignes insécables », c'est-à-dire de points dotés d'une certaine longueur élémentaire) découlent des analyses des principes physiques dont la *Physique* I conserve le sédiment, ou s'il s'agit plutôt

1. *De caelo*, III, 7, 306 *a* 24-26.
2. *Ibid.*, 306 *a* 10.
3. Plutarque, *Quaestiones platonicae*, V ; Aristote, *De caelo*, II, 4, 286 *b* 13 *sqq*.

d'une des analyses partielles qui ont inspiré ces considérations fondamentales au sujet des ἀρχαί physiques. Quoi qu'il en soit, les unes sont en rapport et en accord avec les autres, et l'expression principielle de ces idées est à trouver au premier chef dans les analyses du livre I de la *Physique*.

La φύσις est donc sans substructure géométrique. Vis-à-vis des principes mathématiques, elle est libre.

Elle est un principe essentiellement, non pas géométrique, mais dynamique.

Dans le livre I de la *Physique*, Aristote montre comment ce principe agit : l'εἶδος succède à la στέρησις initiale dans un substrat commun. Aristote ici ne se soucie presque pas de savoir *sous quelle influence* cela se produit. – L'εἶδος est l'élément actif, déterminant ; non seulement la détermination, mais aussi la force. Son *efficace* pénètre la ὕλη et lui donne des propriétés. Le couple condensation-raréfaction avec tout son cortège de qualités, auxquelles viendront s'ajouter la consistance, la pesanteur (ou la légèreté) et, partant, le mouvement vers le lieu naturel, voilà la dynamique originelle dont les processus météorologiques offrent le prototype : le rare se condense et tend à tomber, le dense se raréfie et tend à monter. Ces processus et ceux qui leur ressemblent se déroulent de façon tout à fait automatique, « de l'intérieur » ; ils permettent de comprendre aussi, sans peine, la violence (βία) que les choses matérielles exercent les unes sur les autres dans leurs heurts et leurs collisions, la traction et la poussée.

Dans le ciel aussi, le mouvement auquel pense alors Aristote est celui dont les choses possèdent le principe purement en elles-mêmes. Le premier ciel, dit-il dans le livre I du *De caelo* [1], se meut de tout temps purement en vertu de sa propre φύσις, sans l'action d'une quelconque force extérieure. Il n'y a aucune force plus grande, à même de le mouvoir. Il n'a aucun défaut et il ne lui manque aucune des vertus qui lui sont propres. Il y a là une différence fondamentale par rapport au domaine sublunaire, où l'alternance de la στέρησις et de l'εἶδος montre que l'être (οὐσία) n'est pas toujours parfait – s'il se meut, c'est précisément parce qu'il n'est pas actuellement tout ce qu'il peut être. À ce stade, le mouvement du domaine céleste est tout autre chose : une manifestation de la positivité, de la plénitude, de la perfection de l'être. On peut y voir un vestige de la première période, encore platonicienne, où le mouvement céleste était attribué à un être divin, supérieur, à l'âme

1. *De caelo*, I, 9, 279 *a* 35-*b* 1.

censée se mouvoir elle-même ainsi que les autres choses. Sur un point, cependant, le mouvement de cette sphère rejoint celui des contraires – il n'est pas produit de l'extérieur, mais de l'intérieur. De même qu'il est difficile, dans le cas de la chute des graves ou de l'ascension de la vapeur, d'indiquer une cause externe pour laquelle la matière tend ou à descendre ou à monter, seule la φύσις propre semblant à ce stade assumer la responsabilité de tous les phénomènes du mouvement – de même, ici non plus, on ne peut désigner rien d'extérieur qui imprimerait une poussée ou une traction au ciel.

C'est dire que la généralisation du concept de φύσις au ciel aussi ne signifie pas pour autant la généralisation du concept de γένεσις, élaboré au livre I de la *Physique*, et son application au mouvement céleste.

Aristote n'a pas encore, à ce stade, un concept ontologiquement cohérent du mouvement.

Mais si c'est désormais la φύσις qui répond de tout le mouvement des étoiles, que devient l'âme ? Qu'en est-il de l'animation des sphères ? L'une et l'autre ont-elles été simplement biffées ?

Même au stade du *De caelo*, Aristote ne cesse pas de croire la sphère céleste, domaine de l'αἰθήρ, vivante et dotée d'âme.

Cela découle, d'une part, de l'identification de cette sphère avec le divin, d'autre part, de l'application qui lui est faite des exposés plus anciens des ἐξωτερικοὶ λόγοι – c'est-à-dire, vraisemblablement, du dialogue Περὶ φιλοσοφίας – sur le divin [1]. Les efforts d'Aristote pour s'accorder jusqu'à un certain point avec l'opinion populaire sur l'impassibilité et, partant, la béatitude des dieux vont aussi dans le même sens [2]. Si le *De caelo* ne fait pas expressément mention des attributs psychiques de l'αἰθήρ, c'est qu'il s'agit malgré tout d'un traité physique, où la ὕλη demeure au premier plan de l'intérêt.

Il n'y a, à ce stade, aucune raison d'exclure la ψυχή de toute influence sur le mouvement de la sphère céleste.

Guthrie, pour sa part, croit en trouver une dans le *De caelo*, II, 1, 284 *a* 19-23 et 27-30, où il est dit que le monde n'a pas besoin d'un Atlante pour le soutenir (à la différence du mouvement des êtres terrestres, qui nécessite toujours un appui), et qu'il serait au reste impossible qu'il dure éternellement dans ou sous la contrainte d'une âme. Nous ne pouvons souscrire à son interprétation de ce passage [3]. D'après

1. *Ibid.*, 279 *a* 31.
2. *Ibid.*, II, 1, 284 *b* 1-5.
3. W. K. C. Guthrie, « The Development of Aristotle's Theology – I », p. 169-170.

Guthrie, Aristote veut dire qu'on ne saurait attribuer à l'âme aucune participation au mouvement de la sphère céleste. En réalité, il affirme simplement que l'âme ne peut avoir part à son mouvement *violent, forcé*. À supposer la sphère composée de feu, ainsi que le croyaient les penseurs avant Aristote (et Aristote lui-même en rédigeant le Περὶ φιλοσοφίας), sa rotation serait un mouvement forcé en ce sens. Le mouvement circulaire se heurterait nécessairement, de la part du feu dont le lieu naturel (le lieu où le feu est en repos) est « en haut », à une résistance interne, il demanderait à l'âme un effort qui, à la longue, ne pourrait pas ne pas l'épuiser.

En réalité, il en va autrement : l'âme divine a un « corps » dont la nature est de se mouvoir en cercle ; c'est dire qu'il se refuserait à tout autre mouvement, mais ne résiste au mouvement circulaire ni plus ni moins que la matière terrestre à celui qui l'attire vers le centre du monde. Ce n'est pas dire que l'âme ne prenne aucune part à ce mouvement, quand même elle n'a pas à le diriger *volontairement*. Le mouvement est en même temps l'animation de la sphère céleste, il est une manifestation de vie. Il semble que l'âme de cette sphère agisse plutôt « végétativement », de même que la ψυχή d'une plante en dirige la croissance (sans la participation de la volonté et de l'αἴσθησις). Nous ne savons pas comment Aristote entendait résoudre toutes ces questions, mais la genèse de la théorie du moteur immobile est impensable en l'absence d'une idée persistante des âmes des sphères astrales. Ces âmes sont désormais exemptes du souci du mouvement des sphères et de toute peine qui y serait liée. De quoi s'occupent-elles ? Quel est l'objet, quel est le contenu de leur vie ? À ce stade, la question reste ouverte.

Qu'est-ce alors qui introduit dans ce monde, dans l'étape de l'évolution philosophique d'Aristote que nous venons d'analyser, l'impulsion d'un nouveau pas en avant ?

Comment, dans un univers gouverné par des forces internes, en vient-on à démontrer autre chose que des automatismes internes ?

Nous croyons que ce pas important est accompli lorsque Aristote passe de la considération des éléments et de leur action indifférenciée à l'observation et à l'analyse des *concreta* individuels, en particulier dans la sphère biologique que le langage courant désignait également du nom de φύσις.

Dans la sphère biologique, on voit d'abord clairement l'action de l'εἶδος, qui n'est pas le chemin d'un contraire à l'autre, mais ce qui dirige tous les processus et changements de ce genre.

On y distingue aussi, nettement, la différence entre les causes externes, qui donnent lieu à l'action de l'εἶδος et de la μορφή, et l'influence formelle de l'εἶδος comme tel.

Enfin, le processus d'évolution y montre en toute clarté le caractère d'une détermination progressive de la ὕλη, qui au départ *n'est pas actuellement* ce qu'elle *peut* être, mais le devient de façon régulière et conforme à des lois.

La généralisation du concept de φύσις a donc, outre la première phase, qui lui incorpore le domaine céleste, une autre étape encore, dont l'optique est biologique. C'est dans ce cadre que se développera la théorie de la δύναμις et de l'ἐνέργεια, ainsi que la théorie des quatre causes.

Dans le Περὶ φιλοσοφίας, Aristote mettait en avant (dans un contexte singulier, certes, s'agissant de la destructibilité de l'univers) la notion de la vie comme violence faite aux éléments. Suit une étape où – sous l'influence de l'idée selon laquelle ce qui peut être déterminé doit l'être de fait, le mouvement n'étant rien d'autre que ce processus de détermination progressive, l'actualisation des déterminations possibles – la vie devient, au contraire, le prototype par excellence de toute φύσις. Cette idée de l'actualisation du possible se trouve en germe dans le schéma tripartite, en ce sens que la ὕλη ne peut être déterminée par n'importe quoi n'importe quand, mais possède toujours un cercle de possibles fixé d'avance [1].

C'est ainsi le domaine biologique qui conduira à déterminer plus profondément, par l'opposition δύναμις-ἐνέργεια, l'élément négatif initialement contenu dans la ὕλη et qui se manifeste dans le mouvement par le passage d'un mode d'être mauvais, faible, négatif, à un mode positif et fort. Il sera parfaitement évident en même temps que ce passage, cet accroissement de détermination et de déterminité, n'est pas possible sous la *seule* action de la dynamique interne, mais qu'il y faut aussi, nécessairement, une impulsion de l'extérieur, que la détermination est une *co*détermination, l'effet d'une cause externe.

Petit à petit, on voit aussi plus clair dans les contradictions des textes qui traitent du mouvement.

1. Dans le *Protreptique* (IX, p. 50, 27-51, 6 Pistelli), on trouve un texte qui contient peut-être une allusion à une conception antérieure, bornant la φύσις aux contraires élémentaires. On y lit : « Les vivants font partie de ce qui est né φύσει, ou tous absolument, ou, du moins, les plus parfaits. *Peu importe, en effet, que certains les disent tous issus d'un désastre et d'un déclin.* Le vivant qui possède le plus de valeur ici-bas, c'est l'homme, en sorte qu'il est né ou sous l'action de la nature ou en accord avec elle… »

Tant qu'Aristote n'a pas la théorie du livre I de la *Physique* sur la ὕλη et l'alternance des contraires dans un substrat commun, les contraires se heurtent de front, se combattent et agissent les uns sur les autres. Dès lors que les contraires deviennent ce qui détermine successivement le même substrat, leur action réciproque est exclue.

Tant qu'Aristote tient le seul règne sublunaire pour le domaine de la γένεσις, le mouvement est à ses yeux, essentiellement, mouvement entre les contraires; lorsque l'idée de la φύσις se généralise de façon à englober aussi la κυκλοφορία, le mouvement des étoiles demeure un temps encore la manifestation d'un mode d'être parfait, divin, mais finalement lui aussi admet le concept de δύναμις avec sa composante négative.

Tant qu'Aristote n'a pas élaboré, grâce aux perspectives acquises dans la sphère biologique, sa théorie des causes externes, la φύσις lui apparaît sous l'angle des causes internes, et il attribue la rotation du premier ciel (la sphère éthérée) à la force de sa propre nature (φύσις) intime. Dès lors que les causes externes aussi se portent au premier plan, il sera, là encore, contraint de regarder les choses autrement : la question se posera d'une cause externe de la sphère céleste également, et l'élément négatif, la δύναμις, imprégnera même ce domaine.

C'est dire que l'unification de toute la φύσις, la généralisation complète de ce concept, ne sera achevée qu'avec la démonstration du premier moteur immobile.

3

Essayons de pousser un peu plus loin l'interprétation du schéma ὕλη–στέρησις/εἶδος.

Représentons-nous un processus biologique d'après ce schéma : l'églantier pousse à partir d'une graine, fleurit, porte un fruit – chaque année, jusqu'à ce que la plante se flétrisse et meure.

La graine tombe dans la terre et commence son activité. À partir des éléments désordonnés de son environnement – la terre noire, froide et sèche, l'eau froide et humide, l'air chaud et humide – elle crée, par l'*ordonnancement* et la *transformation*, des matières nouvelles : le tissu mou et vert des tiges, qui se transformera avec le temps en bois dur et blanc; prennent forme – derechef par une *ordonnance* spécifique, *à partir du désordonné* – des organes grâce auxquels la plante s'alimente, c'est-à-dire *prélève* sur la masse environnante et *assimile*, ajoute à sa propre masse des parties du mélange élémentaire; la nutrition fait largement appel aux processus de *condensation* et de *raréfaction*; tout cela fait que l'églantier, à partir d'une *petite* graine, devient une *grande* plante – la plante croît : il apparaît des bourgeons qui, en *réorganisant* leurs parties, se déploient en feuilles, puis, par un processus analogue, le bouton donne naissance à la fleur, qui subsiste avec sa forme et sa couleur tant qu'elle n'a pas rempli sa destination, après quoi elle se fane, se dessèche – *passe*, quant à sa couleur, du rouge au gris-brun et au noir ; apparaît un fruit, qui *passe* du vert au rouge, se dessèche, se sépare de la plante – celle-ci a produit la possibilité de nouvelles plantes de son espèce. Il en va ainsi année après année, jusqu'au dessèchement définitif de tous ses organes, jusqu'à la mort.

Les processus qui se déroulent là correspondent tous au schéma déjà décrit de la détermination d'un substrat par des contraires. Au cours de ces processus, la matière s'achemine d'un état d'indétermination élémentaire vers une forme de plus en plus spécifique, particulière : les fleurs et les fruits ne peuvent apparaître que si les racines, la tige et les feuilles sont déjà présentes, ils ont besoin de la matière d'ores et déjà transformée, spécifique, produite par la plante elle-même – chaque degré d'organisation de la matière est le présupposé d'un autre, chacun crée de nouvelles possibilités (δυνάμεις) avec lesquelles la plante alors travaille.

Or, tous ces processus – qui, comme nous le voyons, correspondent pleinement au schéma ὕλη–στέρησις/εἶδος – se déroulent dans un certain cadre. Le cadre comme tel est un présupposé de tous les processus singuliers : c'est lui qui détermine qu'il doit se produire une ordonnance ou une réorganisation, le passage d'une couleur à une autre, etc., et quand tout cela doit advenir. C'est la graine d'églantier qui a donné le coup d'envoi de tous ces processus. Dans la graine se trouve une matière ordonnée d'une façon spécifique, une substance d'ores et déjà déterminée en sorte que, confiée à la terre, elle fasse redémarrer tout le cycle d'activité que nous venons d'esquisser. Qu'est-ce qui lui a donné cette possibilité, cette aptitude que ne possède pas n'importe quel morceau de matière élémentaire ? L'arbuste qui a produit le fruit dont elle provient. Ce qui règle les différents mouvements et processus de l'arbuste règle donc aussi sa génération. Ce présupposé régulateur doit être toujours déjà donné, afin que démarrent les processus décrits, à travers lesquels s'exprime la vie de l'églantier.

Il y a donc quelque chose qui fait que la matière élémentaire abandonne son état de désorganisation, son désordre ; qu'elle assume un ordre typique, devienne partie intégrante d'un organisme, reçoive, au sein du tout que représente celui-ci, la place et la fonction qui sont les siennes. De non organisée, elle devient organique – c'est derechef un passage de la στέρησις à l'εἶδος, mais un passage qui par sa signification se place un cran au-dessus de ceux que nous avons décrits dans ce qui précède. Qu'est-ce qui en est cause ? Nous avons mis là le doigt sur quelque chose de fondamental, qui règle les processus partiels et leur donne un cadre. Aristote le nomme la φύσις.

La φύσις fait passer une matière pour ainsi dire totalement indéterminée, mais susceptible de et prédisposée à recevoir une détermination, à l'état déterminé, à un haut degré d'organisation, d'une richesse prodigue.

L'églantier a découpé dans la continuité amorphe de l'environnement élémentaire la forme typique d'une plante. Chaque étape de ce processus conduit à la suivante – le premier enracinement, la germination, le déploiement de la tige, la poussée des feuilles, la fleur, le fruit –, chacune de ces manifestations de la présence de la *forme de l'églantier*, de sa φύσις, concourt à l'existence de l'églantier en son entier : à faire en sorte qu'un certain substrat, une matière tout d'abord indéterminée, *se tienne là* dans la diversité unitaire de ses déterminations. Cette diversité est infinie – ce sont les déterminations de la matière, dur-mou, chaud-froid, toute la gamme variée des couleurs, des odeurs, de la douceur et de l'amertume. Mais tout est réglé par la forme de l'églantier, c'est elle qui détermine quand et comment telle ou telle détermination secondaire se produira ou s'éclipsera.

Étant une *chose matérielle*, l'églantier est en même temps livré à toutes les influences matérielles qui ne font pas partie de lui, qui peuvent se présenter ou non, et sont, en ce sens, contingentes, accidentelles : la plante pourra être arrachée, brûlée par le gel, victime des intempéries. Si cela arrive avant qu'elle ne fleurisse, restera un églantier inaccompli, tronqué, une vie imparfaite. D'une imperfection qui ne lui est pas inhérente.

Supposons cependant que tout se déroule normalement, de façon « naturelle » : quand pourra-t-on dire de l'églantier qu'il existe *pleinement* ? Dans un certain sens, l'églantier ou, plutôt, la forme de l'églantier est toujours là, sans cela elle ne saurait régler toutes ses manifestations. C'est l'églantier tout entier qui est là. Mais il *n'est pas entièrement*. Lorsqu'il est en fleur, il ne peut pas porter de fruits. Lorsqu'il porte des fruits, il s'épuise, il ne peut ni croître ni fleurir. Il y a une différence entre la forme germinale de l'églantier et sa forme mûre, entre ce qu'a fait de lui l'arbuste mère et ce que l'églantier a fait de lui-même – l'arbuste mère en a fait simplement un arbuste en puissance, mais c'est l'églantier lui-même qui s'est *actualisé*, qui est devenu ce qu'il peut être, en acte.

Cela dit, il ne pourra jamais *être en acte tout entier en même temps*. Il lui *manquera toujours quelque chose* pour être pleinement actualisé. Pour cette raison, il opère son actualisation en *passant* d'une détermination à une autre, par le *mouvement* typique du déploiement de sa vie propre.

Il y a des formes nettement plus simples que celle de l'églantier. Un morceau de bois, par exemple, chose terreuse, manifestera sa forme par le simple fait de retomber automatiquement en bas lorsque la tempête l'arrache à son lieu naturel et l'emporte dans les hauteurs; il la manifestera aussi en périssant, remplacé par autre chose – du gaz (de l'« air ») et d'autres produits – lorsqu'on y met le feu. Les choses matérielles en général expriment leur nature dans un cycle sans fin de morts et de renaissances de ce genre; elles montrent ainsi le peu de déterminité de leur forme, son peu d'aptitude à maintenir le substrat dans un cadre défini et à lui donner des déterminations secondaires.

D'autres formes, en revanche, sont susceptibles d'une réalisation, d'une actualisation bien plus concentrée. L'animal éprouve du plaisir, les manifestations de sa vie lui font connaître quelque chose comme une jouissance et une joie; cette joie est quelque chose qui concentre les expressions de sa vie, la joie de vivre n'est pas quelque chose à quoi il faudrait renoncer pour autre chose, également important. Cela est plus frappant encore dans le cas de la vie humaine en tant que vie de l'esprit, dont la jouissance, loin de la dispersion dans une longue série d'étapes toutes égales en valeur, est une forme de concentration. – Mais donnons plutôt la parole à Aristote.

Aristote consacre à l'investigation de la nature de la φύσις le premier chapitre du deuxième livre de la *Physique* [1].

Dans la *Physique* I, il a examiné le mobile dans sa structure la plus générale pour arriver à une conception du mouvement comme alternance des déterminations (du positif et du négatif à l'intérieur d'un même genre) dans un substrat en tant que porteur. L'analyse valait au même titre pour l'advenir absolu d'un être, pour le changement d'un être déjà donné et pour les processus partiels dans son cadre. À présent, Aristote interroge le processus *concret* : il n'y a pas de processus partiels, mais toujours seulement des processus dans le cadre d'une φύσις déterminée. Or, qu'est-ce que la φύσις?

La φύσις est ce qui fait être certaines choses. Elle est même, comme nous le verrons encore, la cause (αἰτία) principale de l'être des choses, car les autres causes (la τέχνη, la τύχη, le ταὐτόματον) dépendent d'elle.

1. *Physique*, II, 1, 192 *b* 8-193 *b* 21.

La φύσις fait exister les êtres vivants et leurs parties, ainsi que les corps simples, les éléments. Aristote mentionne expressément deux grandes classes d'étants – les touts animés, hautement organisés, à un bout de l'échelle, les corps simples, à l'autre ; mais il va sans dire qu'ont aussi leur place ici tous les maillons intermédiaires, par exemple, les matières minérales composées.

En quoi les choses qui sont ainsi « par nature » diffèrent-elles de celles qui n'existent pas naturellement ?

Chacune d'elles possède en elle-même, *intrinsèquement*, un principe de mouvement et de repos. La φύσις, sa nature, fait que la chose se meut ou ne se meut pas en totalité et dans ses différentes parties, ses processus partiels, ses organes, que mouvement et repos en elle se succèdent en cadence ou en rapport avec sa ligne d'évolution. Un tel principe peut concerner le changement de lieu (des étoiles), la croissance et la décroissance (des animaux et des plantes du domaine sublunaire), la transformation qualitative (des choses inanimées) – ainsi, bien sûr, que les combinaisons de tout cela chez un même être.

Une chemise et un lit *en tant que tels* n'ont pas en eux cette impulsion. La chemise et le lit ne pousseront pas tout seuls, ne « se feront » pas sans l'intervention d'un art, d'un savoir-faire, d'une τέχνη. Or, la τέχνη forme selon une représentation humaine, en vue d'un but humain et par une volonté humaine quelque chose qui est déjà là par nature, φύσει. Le produit de la τέχνη est donc secondaire. Ce qui existe originellement, c'est le lin, la laine, le bois, le métal. Ce sont le lin, la laine, etc., qui possèdent en eux-mêmes une φύσις, une impulsion originelle. La φύσις est la source du mouvement dans ce à quoi elle appartient ainsi, originellement, par essence, et non par accident. En effet, il peut arriver que le savoir-faire, la τέχνη aussi ressemble à un principe *interne* de mouvement, par exemple, quand un médecin se guérit lui-même. Mais le médecin ne possède pas cette impulsion « par nature », celle-ci n'est pas quelque chose qui s'est développé en lui de lui-même, mais une faculté acquise, non sans peine, afin de former les choses de l'extérieur, et le médecin ne se soigne lui-même que pour autant qu'il se regarde de l'extérieur, objectivement, comme une « chose ». Dans certaines choses, la τέχνη est tout à fait étrangère à ce qu'elle produit (dont l'être a en elle sa cause). Ailleurs (chez l'homme qui se soigne lui-même, qui se cultive, etc.), si elle est bien interne, c'est sans pour autant faire partie de ce qui nous dirige dans notre être effectif, avec lequel elle n'a, au contraire, qu'un rapport extérieur, accidentel.

Ce qui suit est très important. La φύσις a déjà été définie ; est φύσει, « par nature », tout, chaque mouvement ou impulsion motrice qui provient de la φύσις ; et tout ce qui possède en soi une φύσις est une οὐσία, un *être*. Toute chose de ce genre est, en effet, un ὑποκείμενον, quelque chose qui est pris pour sujet de déterminations ultérieures, et la φύσις, comme nous l'avons vu, est une certaine détermination fondamentale du sujet. Or, l'être est précisément ce à quoi s'appliquent toutes les déterminations.

Quel est plus précisément le rapport de la φύσις à l'être qu'est l'οὐσία ? Les uns l'identifient à ce qui est présent en premier dans chaque chose en particulier, et ce en tant que non encore ordonné en soi (ἀρρύθμιστον). La φύσις du lit est ainsi, pour eux, le bois, la φύσις de la statue, le bronze. C'est mettre en avant la ὕλη comme φύσις et οὐσία propre. Tout ordre, affirment-ils encore, est à vrai dire, vis-à-vis de la φύσις, une sorte de contre-nature, quelque chose d'inessentiel et de secondaire, un νόμος externe, tandis que l'οὐσία proprement dite, qui subsiste dans le changement continuel de tous les « ordres », est la φύσις au sens de la ὕλη. Que ce fondement matériel soit originellement un ou multiple, c'est lui que tous les penseurs de ce type, regardant l'ordre et l'ordonnancement comme un simple νόμος, proclament l'οὐσία proprement dite, tandis que tout le reste serait les πάθη (apprêts), les ἕξεις (capacités, habilités) et les διαθέσεις (ordonnances, dispositions) de ce substrat [1]. Le substrat matériel est éternel, car il n'y a rien en quoi il pourrait passer ; les autres choses (les apprêts, les habilités et les dispositions) sont éphémères et se succèdent à l'infini dans le substrat.

La première signification du mot φύσις est donc celle-ci : la matière (ὕλη) première qui repose au fondement de chaque chose dans laquelle est présent un principe interne de κίνησις et de μεταβολή (nous verrons tout à l'heure l'importance de cette distinction). La seconde signification, ajoute aussitôt Aristote, de façon significative, c'est la figure (μορφή) et la forme déterminée par la parole (εἶδος τὸ κατὰ τὸν λόγον), c'est-à-dire la définition de la chose. La définition est, comme nous le verrons encore, la détermination interne de l'être (οὐσία) à partir de lui-même, à partir de ses propres signes internes.

1. Il est symptomatique qu'Aristote cite, comme représentant de cette manière de voir, le sophiste Antiphon (*Physique*, II, 1, 193 *a* 13-18). Son argument est un sophisme typique, car il néglige, dans le bois même, sa γένεσις *ordonnée*. Voir W. K. C. Guthrie, « Notes on Some Passages in the Second Book of Aristotle's *Physics* », *Classical Quarterly*, 40 (1946), p. 70-71.

Les premiers penseurs mettent donc l'accent sur le substrat matériel de la φύσις, lequel est éternel, immuable – cela étant, d'où vient la φύσις proprement dite, principe de mouvement ? Cette question déjà implique une critique de leur position, mais c'est autre chose qui aidera véritablement à élucider la situation :

1) le retour au schéma primitif « déterminé-détermination » (ὕλη-ἀντικείμενα en tant qu'εἶδος), interprété à l'aide du couple δύναμις-ἐνέργεια,

2) la comparaison entre la τέχνη et la φύσις.

Que signifie le couple δύναμις-ἐνέργεια ?

Rappelons encore le schéma tripartite ὕλη–στέρησις/εἶδος.

Dans la ὕλη, nous sommes en présence de quelque chose de subsistant auquel s'appliquent toutes les déterminations, tant négatives que positives. Cela veut dire que s'il s'agit, par exemple, d'une chose matérielle colorée à l'état de στέρησις (partant, noire), elle est *en même temps* en puissance de recevoir un εἶδος (la blancheur, la griseur, etc.), et inversement. La *possibilité* simultanée du contraire de ce qui détermine *actuellement* la ὕλη fait ainsi que la ὕλη n'est jamais pleinement ce qu'elle peut être. C'est dire qu'il y a là encore un *non*, outre la négativité de la στέρησις. Cet autre *non* appartient essentiellement à la ὕλη et la caractérise en elle-même ; c'est le négatif qui habite les êtres, ce que ceux-ci ne sont pas actuellement, mais dont l'absence est présente en eux : la possibilité, la puissance, la force, la δύναμις. Au contraire de la στέρησις, qu'on pourrait qualifier de *passive*, c'est un *non* actif. Parce qu'elle est caractérisée par la δύναμις, la ὕλη est toujours δυνάμει autre chose que ce qu'elle est actuellement, ἐνεργείᾳ. Or, la possibilité d'être dans une détermination est à la fois la possibilité de ne pas y être. Le fruit, en puissance d'être rouge, de rougir, est également en puissance d'être non-rouge ; c'est pourquoi la δύναμις est en dehors du principe de contradiction. Aristote la qualifie parfois, pour cette raison, comme le chaos des premiers penseurs, de πάντα ὁμοῦ (toutes choses confondues) ou πᾶν ἐν παντὶ μεμῖχθαι (tout mêlé dans tout) [1].

Qu'est-ce donc que la δύναμις ? Rien d'autre que la *déterminabilité* de l'indéterminé ou en général ou dans un certain sens. L'ἐνέργεια, en revanche, est un état de déterminité, de décision d'ores et déjà arrêtée. Il s'ensuit que la δύναμις et la ὕλη sont indissolublement liées, quoique conceptuellement distinctes : l'indéterminé et le déterminable.

1. Cf. *Métaphysique*, Γ, 4, 1007 *b* 26 ; 5, 1009 *a* 27. *(N. d. T.)*

Après cet éclaircissement général, qui sera substantiellement complété dans la suite, voyons la comparaison entre la φύσις et la τέχνη.

Le rapport de la τέχνη au processus technique, basé sur un savoir-faire, et à l'artefact ou produit technique est identique à celui de la φύσις au processus selon la φύσις ou processus naturel et à la réalité naturelle.

Quel est, cela dit, le rapport de la τέχνη à ce qui en est le processus et le produit ?

S'il n'y a pas dans le bois la *forme* du lit, s'il ne s'y est pas déposé une certaine ordonnance, il n'y aura là que la δύναμις, qu'une pure et simple possibilité de lit ; la τέχνη n'existe pas là où elle n'est pas appliquée. De même, il n'y a pas encore de φύσις si seul est donné un potentiel, une possibilité de chair et d'os, tant que cette possibilité n'assume pas *la forme donnée par la définition* de ce que sont la chair et l'os.

Alors même qu'elle est substrat, la ὕλη est donc une pure δύναμις. La chair et l'os *en tant que pure* δύναμις ne sont rien qui existe par ou selon la nature.

Il s'ensuit que la ὕλη est un simple substrat pour la φύσις proprement dite, qui en règle les déterminations ; en la déterminant effectivement, la φύσις fait de la ὕλη quelque chose d'étant, c'est-à-dire de déterminé, de défini, possédant des limites et une forme d'ensemble, cadre à l'intérieur duquel se déroulent tous les processus singuliers de son être.

On retrouve ainsi le schéma initial du mobile, approfondi par la réflexion sur la ὕλη en tant que δύναμις et sur la μορφή en tant que déterminant réel, φύσις. L'œuvre de la φύσις est un être concret, homme, plante, etc. – ce que la φύσις fait de la ὕλη en tant que δύναμις, capacité à recevoir des déterminations.

Désormais la φύσις est donc bien plutôt la μορφή, la forme, que la ὕλη, la matière ; on dit bien que ce qui est *effectivement* prime la simple possibilité, que cela *est davantage* que le simple possible. En même temps, il est clair que la φύσις ne peut être séparée de la matière, qu'elle appartient indissolublement à celle-ci.

Il est par ailleurs caractéristique de la φύσις, à la différence des produits de la τέχνη, que les produits de la φύσις engendrent d'autres choses de même espèce : un homme engendre un homme, le feu embrase et produit du feu. En revanche, un lit ne naît pas d'un lit. Tout au plus – s'il arrive que le bois du lit se mette à germer – il en naîtra un arbre, c'est-à-dire du bois par et selon la nature. Pour produire un lit, il faut une τέχνη. Or, la τέχνη est l'art de la forme, la capacité de donner une forme. Cette analogie aussi montre donc que la φύσις est bien plutôt *forme* que ὕλη.

Il y a encore une différence essentielle entre un produit de la τέχνη et un produit de la φύσις. Le cheminement de la φύσις vise, dans un sens, la φύσις elle-même, c'est-à-dire la même μορφή dans une autre matière, quand, par exemple, un homme engendre un homme. La φύσις avec un upsilon long, au sens de la procréation et de la naissance, est un cheminement vers la φύσις au sens de la μορφή, la forme commune à tous les divers individus. En revanche, l'art de guérir n'est pas son propre but, il ne conduit pas à l'art de guérir, mais à la *santé*, soit à quelque chose de distinct de la τέχνη comme telle. La τέχνη est le point de départ, mais non le point de retour. Sans doute, il est vrai que le point de départ de la φύσις aussi est, dans un sens, autre que le but vers lequel elle s'achemine ; le point de départ est la δύναμις, le but l'ἐνέργεια, l'être en acte, ce que la chose *est*. Là encore, il est clair que la φύσις au sens propre, *ce que* la chose est et *par où* elle est, est la μορφή – c'est bien celle-ci qui est le but de la ὕλη en tant que δύναμις.

Bien sûr, la μορφή, comme nous le savons par la *Physique* I, est de deux espèces : στέρησις et εἶδος, – et +. La στέρησις également est, dans un certain sens, un εἶδος. Sur ce rappel du commencement et de la source de ses réflexions sur la φύσις, Aristote en clôt l'analyse, promettant d'examiner plus tard s'il y a aussi une στέρησις et un ἐναντίον dans le cas de la *génération absolue* [1]. Pour nous, c'est l'occasion d'aborder dès maintenant cette question que pose la γένεσις.

Il est certain que, s'agissant de la génération d'un nouvel exemplaire d'une même espèce (par exemple, la procréation d'un homme), la στέρησις n'est pas la même qui intervient dans des processus tels que le changement de couleur, la translation de bas en haut, la croissance ou la décroissance. Ici partout, la détermination – alterne avec la détermination + à l'intérieur d'un même genre. Le manteau demeure pourtant le même, qu'il soit blanc ou teint en noir ; en tant que *chose physique, matérielle*, il a toujours une couleur *quelconque*. En revanche, l'ovule non fécondé n'est pas encore un germe d'homme, il n'est pas la forme, le mode d'existence propre à l'homme. La στέρησις dans ce cas n'est pas simplement *un mode d'existence « impropre »*, « faible », « mauvais », mais plutôt *la non-existence*. C'est pourquoi l'εἶδος doit venir de l'extérieur, et ce sous les espèces d'une φύσις qui est, d'une certaine manière, universelle et, partant, à même de passer aussi à une autre ὕλη. C'est seulement lorsque cela se produit que nous nous trouvons en présence d'un germe d'homme, d'une semence au sens propre de l'ovule fécondé,

1. *Physique*, II, 1, 193 *b* 20.

d'un fœtus au stade initial de développement[1] : là, il y a déjà un sens à parler du mode d'*existence* (immature par opposition à mature) de l'homme, succédant au simple mode d'existence du *résidu de la nourriture* qu'était jusque-là le germe non fécondé. Il est donc certain que, dans le cas de la génération, la στέρησις n'a pas la même signification que par rapport aux mouvements au sens plus restreint. Le schéma tripartite n'en est pas moins maintenu, car il s'agit là aussi d'un mode de *détermination de l'indéterminé*, plus radical même que dans le premier cas. Sans ce non, la détermination ne serait pas possible – le *non* passif est l'un des principes.

Il en va autrement encore dans le cas de la génération des corps élémentaires – l'eau, le feu, l'air, la terre – à partir les uns des autres. Ici, il n'y a pas de ὕλη « prédisposée », telle la semence, attendant la fécondation pour devenir homme à l'état embryonnaire, pas d'étape de « préfabrication » en ce sens. Qu'est-ce alors que l'εἶδος, qu'est-ce que la στέρησις, qu'est-ce que la ὕλη ? Décidément, la ὕλη en tant que ὑποκείμενον, ce qui subsiste, n'est pas une φύσις qui reçoit des prédicats, propres ou impropres ; l'eau et l'air ne sont pas les *attributs* d'une ὕλη déjà déterminée, d'une quelconque chose réelle ; ils ont eux-mêmes leur φύσις, ce sont des choses réelles. Et c'est précisément leur φύσις qui fait qu'ils permutent réciproquement ; on ne peut pas dire qu'il n'y ait que leurs propriétés qui changent : ce sont effectivement les *choses* qui se transforment, car les éléments sont pour ainsi dire des collections des qualités elles-mêmes *en tant que choses*. Sans doute, cette formulation paradoxale est bien peu aristotélicienne ; les qualités ne peuvent pas exister par elles-mêmes, sans porteur. Cela soulève un problème épineux qu'Aristote traite dans le *De generatione et corruptione*, I, 3[2].

Qu'en est-il donc de la permutation réciproque des éléments ?

Si les éléments subsistent – comme le pensaient Empédocle, Démocrite, Anaxagore – dans des mélanges divers, il n'y a pas chez eux de γένεσις. Leur mouvement est purement externe, quelque chose qui ne les concerne pas intrinsèquement ; ils seraient donc, essentiellement, immobiles – le contraire de ce qu'Aristote croit pouvoir constater dans la réalité.

Or, pour qu'il y ait génération au sens absolu – et s'agissant des éléments, dont tout est composé et qui, pour leur part, ne se composent pas d'autre chose, la question se pose de façon aiguë – une οὐσία, un être

1. *De generatione animalium*, I, 18, 724 *b* 14.
2. 317 *a* 31-319 *b* 5.

devra provenir de ce qui n'en est pas un. Mais dire qu'il vient du non-« être », c'est dire qu'il vient du non-être de l'être, et le non-être de l'οὐσία est en même temps – étant donné l'originarité de celle-ci – non-être de tous les autres modes d'existence, donc néant absolu. Ce qui naît au sens absolu serait ainsi une véritable génération à partir de rien.

Cela dit, il faut revenir au protoschéma du livre I de la *Physique*. Dans un sens, tout provient de ce qui n'est pas absolument, dans un autre sens, toujours, de ce qui est, car le devenir, la γένεσις, comporte toujours quelque chose qui est en puissance, δυνάμει, mais n'est pas *en acte*. Ce que postule le schéma fondamental, ce n'est donc pas nécessairement une ὕλη déjà déterminée, mais la ὕλη en général. Aristote maintient les résultats du livre I de la *Physique*.

Avec cette constatation, toutefois, rien encore ne s'est éclairci. Constater que la ὕλη doit être là, c'est dire que la ὕλη *en tant qu'οὐσία* est absolument inengendrée. Seuls naîtraient ses accidents, la qualité, la quantité, le lieu. Mais pour qu'il y ait effectivement génération d'un *être*, c'est-à-dire pour que, de non-actuel (δυνάμει), il devienne en acte, il faut qu'il y ait, à l'état de potentialité pure, un étant, un « être » de cette espèce (une ὕλη) à partir duquel la génération se produit et dans lequel la chose passe derechef en périssant. Un tel « être » a-t-il une quelconque qualification, une quelconque détermination effective ? Est-il quelque part ? A-t-il des dimensions, des propriétés ? Sans cela, il ne saurait exister – il serait totalement indéterminé. D'autre part, s'il a une détermination, nous serons en présence de qualités sans porteur, sans chose à laquelle elles appartiennent – or, les qualités ne peuvent rester ainsi suspendues dans le vide.

Il s'agit donc de trouver la clef de l'énigme, une approche qui résolve cette impraticabilité. Aristote propose d'examiner la question de savoir pourquoi la génération est perpétuelle, pourquoi il y a toujours génération et périssement au sens et absolu et relatif, c'est-à-dire génération à la fois des êtres et de leurs qualités. L'objet de cette question, telle qu'il l'entend, n'est pas *la cause du mouvement*, mais plutôt la ὕλη. Si l'on réussit à déterminer pourquoi il y a génération et périssement *perpétuels*, on parviendra peut-être par là même à comprendre pourquoi il y a génération et périssement *dans l'absolu*, à quoi tient le caractère de génération *absolue*. Cette question est à comprendre comme suit : si les choses périssent continuellement, comment se fait-il que tout n'ait pas depuis longtemps cessé d'exister ? Le quantum infini de la matière ne peut en être cause : il n'y a pas de matière en quantité infinie, car rien d'infini n'existe en acte. En dernière analyse, n'est-ce pas parce que la génération de l'un est le périssement de l'autre et inversement, le périssement de l'un la génération de l'autre ? Ce serait ainsi la chose qui périt qui fournit la ὕλη à la génération et la génération elle-même qui serait l'εἶδος de cette ὕλη.

Cela pourrait en effet être une solution. Mais si génération et périssement sont bien un processus tellement réciproque, pourquoi n'y a-t-il que certaines choses dont on dit qu'elles naissent ou qu'elles périssent, là où on dira des autres simplement qu'elles deviennent telles ou telles, ceci ou cela ?

Il faut ici faire très attention : « devenir tel » se dit de changements dans un substrat donné, déjà déterminé ; pour que quelqu'un se cultive, devienne savant, il lui faut déjà *être* homme. Il passe d'un mode impropre de l'être-homme au mode propre, positif. Peut-être serait-ce à transposer dans le problème qui nous occupe : si, parmi les corps élémentaires, il y en a un qui a le caractère d'une détermination *authentique, positive*, on pourrait parler de sa génération comme d'une génération absolue, tandis que, là où il n'en est rien, on dira simplement qu'il devient tel – par exemple, si le feu est le mode positif de la matière, sa génération sera une génération absolue, tandis que la génération de la terre ne sera qu'une génération *secundum quid*, un refroidissement, une diminution du feu. Le périssement au sens propre sera alors également périssement du feu, la génération et le périssement de la terre étant quelque chose de dérivé.

Cela nous ramènerait réellement au couple στέρησις/εἶδος, et aussi à la ὕλη, mais à une ὕλη qui ne se distinguerait plus, *en acte*, de l'un des deux. L'εἶδος serait également la ὕλη du périssement, la στέρησις, la ὕλη de la génération. Il en irait ainsi du point de vue de l'être *en acte* de la terre et du feu.

Pourtant, il n'y a pas que deux éléments, il y en a quatre. Comment décider où se trouvent respectivement le pôle positif et le pôle négatif ? La règle sera qu'est plus réel, davantage un être, ce qui est davantage un « ceci-là déterminé », ce qui est *plus près de la détermination*, tandis que le pôle négatif sera *plus près du déterminé.*

L'opinion courante identifie le pôle positif au *visible*, le pôle négatif à l'*invisible*, mais en réalité il en va inversement : l'air et le vent sont, malgré leur invisibilité, plus réels, car plus actifs que la terre.

On parle donc de génération et de périssement au sens absolu là où il y a une différence dans la matière à partir de et vers laquelle le changement se produit : selon que cette matière est « étant » ou « non-étant », « plus-étant » ou « moins-étant » (soit, pour le regard populaire : plus ou moins visible, plus ou moins susceptible d'être perçue).

Ainsi on parviendrait à projeter, des attributs dans les corps élémentaires mêmes, la différence du mode d'être propre et impropre. Cela expliquerait pourquoi on dit bien que le feu, par exemple, naît, mais non qu'il périt (plutôt qu'il est étouffé, éteint, etc.) ; de même, qu'on dise qu'une chose périt lorsqu'elle tombe en cendres et en poussière (matières terreuses), sans que la génération de ces matières nous paraisse digne de remarque. – *La génération et le périssement* concernent avant tout les choses, les êtres – mais, par ailleurs, on parle aussi de génération dans le cadre de *toutes* les catégories, là où émerge le *contraire positif* : voilà pourquoi on dit, des plantes qui croissent, qu'elles naissent.

Nous aboutissons ainsi derechef à une forme du schéma tripartite fondamental : nous avons à nouveau un – et un +, la στέρησις et l'εἶδος – et aussi la ὕλη, quoiqu'elle ne se présente plus comme un ὑποκείμενον déterminé de façon indépendante. La ὕλη est ici fournie réciproquement par les deux éléments qui se transforment l'un dans l'autre. Qu'en est-il plus précisément de cette ὕλη ? La terre en elle-même est-elle la ὕλη ? Est-elle en elle-même absolument indéterminée, négative ? Ou bien la terre et le feu sont-ils, l'un et l'autre, d'ores et déjà positifs en regard de la ὕλη ?

Aristote s'arrête à la solution qui présente la ὕλη comme distincte du mode d'être négatif des éléments, distincte donc de la terre. « Peut-être la solution est-elle en ceci que leur ὕλη est, dans un sens, la même, dans un autre sens, différente [1]. » En quel sens est-elle la même ? « Ce qui est substrat, en tant que substrat, est le même ; mais son *être en acte* n'est pas le même [2]. » Ce qui est substrat est donc, dans un sens, le contraire de ce qui est en acte – or, c'est là la définition de la δύναμις, de la simple possibilité. Ce qui en dernière analyse subsiste et est au fond de toute déterminité, c'est donc l'in-déterminité, l'in-décision fondamentale, la δύναμις de l'un et de l'autre. Bien sûr, celle-ci ne peut exister en soi ; elle est toujours déjà actualisée, sous la forme de la terre, sèche et froide, de l'eau, froide et humide, de l'air, humide et chaud, ou du feu, chaud et sec. Pourtant, sans le fait que le chaud *peut* devenir froid et vice versa, il n'y aurait pas non plus cette actualité-là. L'eau ne peut pas être du feu, ni le feu de l'eau, mais il faut présupposer quelque chose de potentiellement chaud et froid à la fois, si bien que la production de l'air est la

1. *De generatione et corruptione*, I, 3, 319 *b* 2-3.
2. *Ibid.*, 319 *b* 3-4.

destruction de l'eau et vice versa – de là, l'indestructibilité, l'inépuisabilité de l'univers matériel dans son ensemble.

On remarquera l'approfondissement et la transformation du schéma tripartite sous l'influence du modèle organique. Avant tout, il n'y a plus mouvement et changement uniquement entre les contraires, à l'intérieur de la gamme qui va du mode faible de qualification au mode fort, de la détermination impropre à la détermination propre. Il y a aussi un changement qui va du défaut ou de l'absence d'une détermination à sa présence, ce à quoi se référait déjà la *Physique* I, 7, 191 *a* 5-7. Un tel changement se présente, d'une part, dans la permutation réciproque des éléments, d'autre part, lors de la naissance d'un être vivant.

Or, c'est uniquement en appelant au secours le domaine biologique qu'on peut expliquer la permutation réciproque des éléments par le schéma tripartite. Avant l'émergence du schéma, tant que la lutte des éléments opposés était regardée comme l'interaction des contraires et qu'Aristote n'avait pas de théorie de la ὕλη-substrat, la génération et le périssement ne semblaient pas poser problème – c'était la défaite et l'assimilation totale par l'adversaire. Ce n'est que maintenant que le problème se pose – problème, comme nous venons de le voir, guère facile à résoudre. Seul le concept de δύναμις – la notion de la possibilité déterminable, réalisable, du contraire, appliquée avec succès plus particulièrement dans le domaine biologique – apporte ici aussi une solution : l'ultime ὕλη, le substrat potentiel de la permutation des corps élémentaires les uns dans les autres, c'est leur δύναμις de périr en cédant la place au contraire qui advient.

Ici partout nous relevons des traces du nouveau modèle ontologique qu'est la naissance et le développement des êtres vivants. Modèle documenté aussi par la comparaison de la φύσις et de la τέχνη, ainsi que par la théorie des quatre « causes » ou, pour mieux dire, des quatre facteurs [1].

Il n'y a pas de sens à comparer avec la τέχνη la φύσις qui consiste en la permutation réciproque des éléments et en l'automatisme du mouvement qui porte chacun à rejoindre son lieu naturel. Il n'y a là aucun art, mais plutôt des lois élémentaires. Dans le domaine biologique, en revanche, la comparaison avec l'art s'impose, soulevant aussi impérieusement la question de savoir lequel de ces deux facteurs, de l'art et de la nature, est l'origine de l'autre. – En regard du premier livre de la

1. *Physique*, II, 3-4, 194 *b* 16-196 *a* 3.

Physique, qui ne distinguait pas nettement la γένεσις naturelle de l'artificielle [1], la différenciation est ici marquée.

La théorie de la cause externe (du mouvement) est également quelque chose qui ne pouvait guère émerger dans le domaine élémentaire. La permutation des éléments a, certes, une cause externe : l'action de l'élément qui domine. Mais cette action est en fait son processus interne de croissance et d'augmentation. Et le mouvement naturel (la chute des graves, l'ascension de l'air et du feu) est de nature tellement interne qu'Aristote, en rédigeant le livre VIII de la *Physique*, aura bien de la peine à concilier ces cas avec son axiome, « tout ce qui se meut est mû par l'action d'un autre que lui-même ». Dans le domaine biologique, en revanche, cette action – la procréation, la reproduction – est tout à fait évidente.

La naissance de la théorie des causes externes aura ensuite une action en retour sur la conception de la cause interne aussi, qui alors seulement deviendra un facteur effectivement *formel*, responsable du mode d'effectuation, mais non pas de l'impulsion donnée.

L'optique de la théorie de la cause externe et interne du mouvement permet justement de comprendre enfin la véritable différence entre la τέχνη et la φύσις. La φύσις est close sur soi, se produit dans un certain sens elle-même, là où la τέχνη tend à sortir de soi. La φύσις est la cause interne, formelle, la τέχνη, une source du mouvement qui est externe.

Néanmoins, la comparaison avec la τέχνη est instructive aussi du point de vue de la manière dont sera à édifier la discipline ayant pour objet la φύσις. Si la φύσις est double, et ὕλη et μορφή, la question se pose de savoir si l'une et l'autre relèvent d'une même discipline ou plutôt de disciplines distinctes. Ici encore, la comparaison avec la τέχνη, qui a affaire aux deux (l'art médical doit connaître à la fois les substances dont est composé l'organisme et la *santé*, c'est-à-dire la bonne *ordonnance* de ces substances ; l'architecture, non seulement les matériaux, mais tout autant le mode de construction, la manière de les réunir), est éclairante. Le fait que la τέχνη se préoccupe autant de la fin, du but, que des moyens de réalisation a également son importance ici, le but étant entendu au sens à la fois du *but de la production* et du *but de l'utilisation*. Tout cela sera, de même, la tâche de la discipline ayant pour objet la φύσις, discipline qui traite, certes, au premier chef de la forme, mais uniquement pour autant qu'elle est réalisée dans la matière.

1. Voir surtout 190 *b* 5-8.

À présent que la comparaison avec la τέχνη a montré tout ce qui relève du domaine et des possibilités de l'investigation physique et que la confrontation avec les mathématiques et la philosophie première a éliminé ce qui n'est pas du ressort de cette discipline (le mathématicien traite les étants physiques, matériels, comme s'ils ne contenaient pas un principe de mouvement, isolant artificiellement du substrat propre, à un degré qui varie dans les différentes branches des mathématiques, l'aspect inessentiel du nombre et de la figure géométrique – ce qui a pour effet d'annuler le principe de mouvement; le « philosophe », au contraire, traite de ce qui est réellement sans matière), Aristote analyse les perspectives fondamentales dont découlent les problèmes de la science de la φύσις. Les perspectives fondamentales conduisent alors enfin aux questions concrètes de physique. Présupposés de toute interrogation physique, elles devront refléter un certain projet sur l'étant physique, mobile, en tant que tel. C'est un projet de ce genre qui a été présenté dans le livre I de la *Physique*, mais de façon trop abstraite et générale, sans souci de savoir s'il s'agit de processus partiels, abstraits, n'existant pas en soi, ou plutôt des processus réels d'un être réel, de son engendrement et de son périssement, ou de processus « physiques » dans le cadre de la φύσις. Il n'en va pas de même ici : l'être réel est désormais l'axe autour duquel tout tourne, et cet être réel, qui possède en lui-même le principe du mouvement et du changement, est bien sûr aussi en relation avec d'autres. Pourtant, nous avons toujours affaire au schéma initial. Développés en « processus vital » d'un être concret, la ὕλη et le couple στέρησις/εἶδος ou μορφή (en tant que φύσις) sont des éléments qui nous sont déjà familiers.

Or, le « processus vital » de la φύσις, qui nous a fait voir, avec l'églantier en train de produire d'autres églantiers, le cercle dans lequel la φύσις tourne en rond, nous pousse directement à chercher un *antécédent* – ce qui maintient la φύσις en marche, ce qui l'actualise – une cause *externe* du mouvement, qui en a déclenché et mis en branle les conditions internes. Ce sont là des choses d'emblée liées à l'émergence du concept de φύσις, et elles sont précisées par la comparaison avec la τέχνη.

D'un autre côté, comme nous venons de le voir, la φύσις nous conduit à tourner nos regards non seulement en amont, vers ce *d'où* le mouvement advient, mais encore en avant, à chercher *vers où* il s'achemine, à poser la question de son *but* et de sa *finalité*.

Ainsi le schéma initial du mouvement, qui comportait déjà l'indication d'un *d'où-vers où* (le couple στέρησις-εἶδος, un – et un + à l'intérieur du même genre), ouvre à présent une perspective plus vaste. L'εἶδος δυνάμει présuppose, antérieurement à lui, le même εἶδος ἐνεργείᾳ dans un autre porteur, ainsi que l'ἐνέργεια *à venir* dans sa propre ὕλη.

Nous n'avons donc ici, dans la théorie des « quatre causes », ou plutôt des quatre orientations fondamentales du regard qui sont indispensables à l'analyse concrète des processus des êtres naturels réels, rien de foncièrement étranger au schéma de départ, mais seulement un nouvel acquis qui en découle. La détermination de la ὕλη est un processus dirigé par sa μορφή en tant que φύσις, et ce processus, déjà intérieurement caractérisé par un certain *d'où-vers où*, conduit naturellement à prolonger le regard de part et d'autre.

Aristote analyse alors[1] minutieusement, avec une grande acribie, chacune des quatre espèces de « causes », terrain sur lequel nous ne le suivrons pas dans le détail; non seulement la matière *in concreto*, mais aussi ses espèces, etc., sont des conditions matérielles, non seulement l'essence, mais encore ses composantes (le genre, la différence spécifique) et les genres supérieurs sont ce que nous recherchons dans le domaine de la forme, etc. Le penseur examine les cas où différentes espèces de causes se confondent réellement, sinon conceptuellement, il distingue les modes de causalité, qui sont multiples – générique-spécifique, essentiel-accidentel, actuel-potentiel –, en montrant qu'il faut chercher le mode de détermination le plus précis.

La φύσις agit régulièrement. L'action de la φύσις nous met en présence de d'une légalité naturelle qualitative. Aristote tente de définir plus précisément la régularité de la φύσις par opposition à d'autres causes du devenir, notamment à la τύχη (la bonne ou mauvaise fortune) et au ταὐτόματον (ce qui se produit de soi-même). La τύχη et le ταὐτόματον sont des combinaisons de phénomènes concomitants irréguliers, c'est-à-dire variables à l'infini, qui n'ont pas de lien nécessaire avec le processus naturel. Ils ne signifient nullement que le processus en question soit dépourvu de sens et de finalité, mais seulement que, indépendamment des dispositions immanentes et de la régularité légale, le but atteint est autre que la fin propre de ces phénomènes. Ce nonobstant, du moins dans le domaine des choses mixtes et de la pluralité des causes, le ταὐτόματον et la τύχη figurent parmi les traits généraux et nécessaires du devenir. La φύσις, en revanche, peut l'emporter sur le ταὐτόματον et tirer parti de la τύχη. La φύσις est un

1. *Physique*, II, 3, 195 *a* 26-*b* 30.

dispositif qui permet d'atteindre régulièrement le résultat que le ταὐτόματον des causes inférieures est parfois à même de produire « par accident » – ainsi, lorsqu'une sélection fortuite de lettres « parvient » à donner une inscription. Le côté inférieur, matériel de la φύσις, le côté des conditions, est, en regard de la fin qui en est la conséquence régulière, l'aspect de la nécessité, car sans les conditions la fin ne peut se réaliser. Le fait même que le processus parte de la privation (στέρησις) pour s'acheminer vers une forme positive (μορφή) montre que la ὕλη est là-dedans une simple base pour la superstructure téléologique ; le processus ne va pas simplement de l'un à l'autre, d'autre en autre, mais de – en +, il va vers davantage de forme, s'oriente de bas en haut.

La régularité de l'action de la φύσις n'est pas sans exception. Précisément parce que la φύσις est, au figuré, une τέχνη réalisée en dehors de la sphère de l'intellect humain, une τέχνη dans les choses, elle peut aussi, comme la τέχνη humaine, se tromper et manquer son but.

Telle est donc l'une des conséquences de la conception qualitative de la φύσις, elle-même une conséquence de la conception qualitative de l'étant mobile en général.

4

La φύσις est donc, comme nous l'avons vu, ce qui, dans les êtres mêmes (ἐν ἑαυτῷ), préside à tout processus (ἀρχὴ κινήσεως καὶ μεταβολῆς) [1]. Qu'est-ce cependant que le mouvement ?

Le schéma tripartite a déterminé ce qui ressortit au mobile en tant que tel, établissant les concepts sans lesquels le mobile serait impensable. Grâce à ces concepts, nous savons que le mouvement est le passage de la ὕλη – indéterminée et déterminable, sujet de déterminations – d'une détermination à l'autre, s'agissant d'un plus ou d'un moins de déterminité. Il est l'alternance des déterminations dans un substrat. La question de ce qu'est le mouvement signifie donc : quelle est plus précisément la nature de cette « alternance » ? Pourquoi l'alternance se produit-elle ?

Rappelons ce que nous avons déjà exposé : la ὕλη est caractérisée en elle-même (non pas uniquement du point de vue de la *détermination négative*, de la στέρησις) par ce que nous avons appelé le *non* « actif », ou disons plutôt *activable*, auquel nous avons donné le nom de δύναμις. La ὕλη *est* toujours dans un état de détermination quelconque ; elle est toujours ceci ou cela (détermination essentielle), telle ou telle

1. Cf. *Physique*, II, 1, 192 b 14 et III, 1, 200 b 12. *(N. d. T.)*

(déterminations secondaires, accidentelles) ; en même temps, cependant, elle est capable de *ne pas être* dans l'état de la détermination donnée, d'être dans une détermination *autre* que celle qu'elle a. Cela varie, bien sûr, selon les circonstances, en fonction des êtres dont il s'agit, comme de leur stade de développement. Ainsi, une table et un homme, en tant qu'êtres matériels, *peuvent* l'un et l'autre changer de couleur (l'homme en jaunissant, par exemple, sous l'effet d'une maladie). Un homme adulte a la capacité de comprendre le théorème de Pythagore, même s'il est tout à fait inculte ; une table et un nouveau-né n'ont pas cette capacité. L'homme adulte qui est totalement ignorant peut être un être parfaitement normal ; il lui manque néanmoins quelque chose. Il y a, présent en lui, un absent. Cette détermination, qui est à la portée d'un être, mais n'est présente en lui que par sa non-présence, détermination donc qui lui *fait défaut*, c'est la δύναμις. Au sens large, on peut aussi concevoir la δύναμις de manière à englober jusqu'à l'absence de la στέρησις. À l'homme cultivé, il manque l'ingénuité. On ne gagne rien sans perdre autre chose. Soit, en généralisant : la ὕλη, le sujet indéterminé de déterminations, est *actuellement* (ἐνεργείᾳ) au stade de –A (la détermination faible, « impropre », la στέρησις) et *non actuellement* (δυνάμει) au stade de +A (la détermination positive, propre, l'εἶδος), ou bien vice versa. *L'alternance s'effectue parce que, à chaque stade de sa déterminité, il manque quelque chose à la chose qui subit la détermination.*

Aussi longtemps qu'elle est dans un état de δύναμις pure relativement à quelque chose, la question de savoir si elle aura ou non cette détermination *n'est pas résolue*. La δύναμις est toujours à la fois la possibilité des deux : avoir et ne pas avoir. La δύναμις est, en d'autres termes, le manque, le défaut de quelque chose dont il n'est pas encore décidé si la chose l'aura ou non. La δύναμις première, pure, est l'état d'indécision d'un quelque chose de déterminable.

Les choses existent en effet, dit Aristote en abordant *l'analyse de la nature de l'alternance*[1], dans *trois états* : 1) à l'état purement effectif, actuel – l'état de détermination ; 2) à l'état de δύναμις pure (état d'indécision non actuelle) ; 3) simultanément à l'état d'ἐνέργεια et de δύναμις, ce qu'il nous faudra élucider plus avant.

L'état indécis se mue en décision *sous l'action de quelque chose* : c'est ce que nous appelons « être mis en mouvement » ; mouvoir et être mû sont des déterminations corrélatives, dont le rapport réciproque est

1. *Physique*, III, 1, 200 *b* 25-27.

indissoluble. Le mouvement est toujours un mouvement *provoqué*, un mouvement causé ; rien ne peut de lui-même passer de l'état d'indéterminité à une détermination (la φύσις détermine seulement la *manière dont* la chose opère le passage, non le fait *que* elle l'opère ou l'opérera encore – l'épanouissement propre de chaque être vivant requiert aussi un certain milieu, l'action du Soleil, etc., et n'ira pas nécessairement à son terme.

Il y a autre chose encore qui se rattache à cela. Le mouvement a à voir avec la détermination d'un porteur de déterminations. Or, le sujet des déterminations (la ὕλη) avec ses déterminations (la détermination fondamentale : la φύσις et les déterminations secondaires : les propriétés et déterminités dans le cadre de la φύσις) constituent ensemble ce que nous appelons des choses, des πράγματα (Aristote utilise ici ce terme au lieu de « οὐσίαι » parce qu'il parle tout à fait généralement, non seulement des choses physiques, mais aussi des produits de la τέχνη, bref, de tout réel ayant une « nature », une « essence » déterminée). Il n'y a donc pas de mouvement en dehors des choses. Le mouvement qui, à partir d'une non-chose telle que le point, engendre une ligne, à partir de la ligne une surface, à partir de la surface un solide, ne peut pas *exister* (si ce n'est en tant que métaphore). N'existe pas davantage le « mouvement » qui fait se déployer les Idées et les catégories de l'étant à partir de l'Un et de la Dyade indéfinie. Il est impossible, car il n'y a plus rien, au-dessus des catégories, qui leur soit commun, donc pas non plus de mouvement qui les constituerait toutes. Toutes ces constructions platoniciennes sont inexistantes. Elles ne répondent pas aux exigences déjà établies par le schéma tripartite pour le mobile et le mouvement.

Revenons encore au processus de détermination. Les déterminations peuvent être classées selon les catégories : l'être (οὐσία), la qualité, la quantité, le lieu. L'indécision tient à ce que chaque catégorie recouvre au moins *deux* déterminations : un être ou bien est quelque chose ou bien ne l'est pas (μορφή-στέρησις) ; il est ou blanc ou noir, achevé ou inachevé (mûr-immature, grand-petit), en haut ou en bas[1]. Dans la catégorie de l'οὐσία, l'alternative est simple : la chose ou bien est ou bien n'est pas quelque chose (par exemple, un homme) ; dans les autres catégories, c'est le mode de détermination qui sera ou propre ou impropre (ainsi le « noir » est le mode impropre de la couleur, le « blanc », le

1. Les analyses du livre I de la *Physique* trouvent ici un complément important avec l'intégration explicite du mouvement local sublunaire (φορά) au schéma ontologique de détermination de la ὕλη à l'aide des couples ou de la gamme des contraires.

mode propre, le « gris » entre les deux; la détermination intermédiaire se ramène, cela dit, aux deux principales : propre-impropre). L'état initial d'indécision par rapport aux contraires, c'est la δύναμις, et cela une δύναμις pure; quand (sous l'influence d'un facteur externe) il *commence à se décider* que la chose ne sera pas indifférente au fait de posséder ou non la détermination positive, lorsqu'elle s'éloigne de la possibilité de ne pas l'avoir et se rapproche de la possibilité de l'avoir, la δύναμις, de capacité *et d'avoir et de ne pas avoir*, devient exclusivement *capacité d'avoir*. Certes, cette capacité ou possibilité de posséder la détermination n'est pas pour autant la présence de la détermination comme telle; dans la capacité, la détermination demeure *absente*, présente uniquement en tant que *ce qui manque ou à quoi il manque quelque chose*, toujours seulement δυνάμει. Ce n'est pas la présence de la détermination; mais c'est d'ores et déjà la *présence du processus de détermination*. Ce processus est en lui-même, d'ores et déjà, une détermination positive de la chose, bien loin de l'indéterminité indifférente. Le *processus de détermination* est ainsi le moyen terme entre l'indéterminité indécise et la détermination présente, en acte. Le processus de détermination est un *pont présent* vers la détermination non encore (ou non encore pleine-ment) présente. *Cette présence en devenir de la détermination est le mouvement*. De là, sa définition : *l'actualité de la possibilité (ou de la capacité) de l'étant (pour quelque chose de déterminé), pour autant qu'il n'est encore (ce déterminé) qu'en puissance* (pour autant que la détermination lui *fait* encore *défaut*) [1]. En d'autres termes : une actualité imparfaite, inachevée, une actualité en chemin, qui est en même temps l'actualité de ce chemin.

Dans le détail et selon les catégories, cela signifie : pour autant que l'étant a la possibilité d'une qualité déterminée, c'est l'altération (ἀλλοίωσις) ; pour autant qu'il a la possibilité de croître ou de diminuer, c'est la croissance et la décroissance; pour autant qu'il a la possibilité de donner naissance à quelque chose ou, lui-même, de périr, c'est la génération et le périssement; pour autant qu'il a la possibilité de passer d'un lieu dans un autre, c'est la translation (φορά). Nous retrouvons donc là les quatre mouvements (κινήσεις) ou changements (μεταβολαί) déjà cités. Toutes les μεταβολαί y figurent *promiscue*, ce qui est, sans nul doute, l'intention expresse d'Aristote; la γένεσις et la φθορά ne sortent pas ici du cadre du passage général de la δύναμις pure à la pure présence de la détermination, à l'ἐνέργεια.

1. *Physique*, III, 1, 201 *a* 10-11.

Les exemples cités par Aristote aident à illustrer la chose de plus près : un constructible *est en acte* pour autant qu'il est en train d'être construit, et le fait qu'il se construise, c'est la construction. De même, le fait d'apprendre, c'est l'apprentissage, le fait pour un médecin de guérir, c'est la guérison, et on peut en dire autant du roulement, du saut, du mûrissement, du vieillissement. – Attendu que certaines choses sont (sous différents rapports) et δυνάμει et ἐντελεχείᾳ, et que, chez elles, l'état de δύναμις alterne avec l'état d'ἐντελέχεια, elles produiront et subiront entre elles différentes actions, car tout est à la fois actif et passif : un poêle chauffé répand de la chaleur, mais il peut aussi subir l'influence d'un milieu froid, se refroidir et communiquer alors le froid. Ainsi chaque chose qui met *physiquement* en mouvement est également mobile ; chaque *chose physique* (possédant sa φύσις, sa loi et source interne de mouvement) est mue en même temps qu'elle meut. (Voire, dit Aristote, il semble à certains – Démocrite et Platon – que tout ce qui meut est mû, ce que, pour sa part, il tient pour une extrapolation exagérée et foncièrement inexacte : il y a bien quelque chose qui meut en étant lui-même immobile.) Il appartient à l'essence de la chose physique, du mobile en tant que tel, d'*être mû* ainsi. De là, une nouvelle définition du mouvement : *Le mouvement est la présence en acte dans l'étant qui a la possibilité (de recevoir une détermination) de ce que, étant effectivement (déterminé), il œuvre à quelque chose, actualise* (ἐνεργῇ) *quelque chose, non sous le rapport sous lequel il est effectivement (déterminé), mais sous le rapport où il est mû* (comprendre : amené à se décider pour une autre détermination) [1]. Lui-même commente alors :

Le bronze est une statue δυνάμει (en vertu d'une possibilité ouverte, non résolue). À partir du bronze on peut créer une statue, il peut devenir une statue – il a la possibilité de recevoir, à la place de son absence de forme, la détermination d'une statue. Ce qui, dans le bronze, sans forme ou informé, est la détermination effective (ἐντελέχεια τοῦ χαλκοῦ ᾗ χαλκός), c'est *le bronze*. Dire « le bronze », ce n'est pas dire « le pouvoir-être-coulé-en-statue » (la δύναμις résolue) ; sinon, si « l'être-bronze » (ou « l'être-or », « l'être-métal ») était équivalent au « pouvoir-être-coulé-en-statue », le bronze en tant que bronze serait lui-même la κίνησις, mais il n'en est rien. La même chose est claire en considérant les contraires : le même substrat, le même sujet de déterminations est capable *de l'un et de l'autre*, d'être malade aussi bien que d'être en bonne santé ; il peut recevoir les deux déterminations. Comme les deux

1. *Physique*, III, 1, 201 *a* 28-29.

(la détermination actuelle et le pouvoir-être) *ne sont pas identiques*, de même que la couleur n'est pas la même chose que le visible (le visible est, comme l'invisible, relatif à une certaine δύναμις, à la capacité de voir; la χρῶμα, la couleur, lorsqu'elle est, est toujours ἐντελεχείᾳ, c'est une détermination univoque de la chose), il est clair que la κίνησις est la détermination de cette δύναμις en tant que telle (de l'un ou l'autre des contraires), qu'elle en est la réalité effective, l'ἐντελέχεια (ce que nous avons appelé son *processus de décision*, sa *résolution*). Il est donc clair que c'est *cette* ἐνέργεια singulière, l'ἐνέργεια de la δύναμις en voie de détermination, qui est le mouvement, et que la chose ne se meut ni avant ni après (qu'elle ne soit ou qu'elle a été ainsi résolue) : chaque chose peut, dans certaines circonstances, *passer à l'acte, œuvrer ou être à l'œuvre* (ἐνεργεῖν) et, à d'autres moments, non; dans le cas du chantier de construction, par exemple, pour autant que le chantier reste en chantier, son actualité, sa détermination, c'est la *construction*. L'acte peut être ici l'une de deux choses : la construction ou la maison. Mais du moment que la maison est là, on ne construit plus; en revanche, ce qui est en chantier se construit, l'acte, la détermination, l'ἐνέργεια est, dans ce cas, la *construction*. Or, la construction est un mouvement, κίνησις. Par là, la chose est prouvée. Il en va de façon analogue pour les autres κινήσεις.

Certains compléments aideront à éclaircir plus en profondeur la nature du mouvement. Tout d'abord, la discussion des définitions, ou disons plutôt des caractérisations antérieures du mouvement (personne avant Aristote n'a tenté, au sens propre, de le définir). À les considérer, il est évident qu'il n'est pas facile de saisir correctement le mouvement, et l'on voit aussi quel aspect réel tend à induire le regard en erreur. Toutes les caractérisations citées par Aristote remontent à Platon. Typique de toutes est leur incapacité à fixer le γένος, la catégorie dont relève le mouvement (activité-passivité). Elles restent confinées dans la catégorie platonicienne de la relation – πρός τι, en la caractérisant de façon négative : comme ἑτερότης (altérité), ἀνισότης (inégalité), μὴ ὄν (non-étant). Or, il est clair que ni l'autre, ni l'inégal ni le non-étant ne se meut nécessairement, pas plus que le mouvement ne se fait vers eux ou à partir d'eux plutôt que de ou vers leurs contraires. Claire aussi, la raison pour laquelle Platon et les platoniciens caractérisaient ainsi le mouvement : c'est l'*in*déterminité, la négativité contenue inéluctablement dans le mouvement, les caractères de « l'autre colonne dans chaque catégorie » étant, en tant précisément que privatifs (στερήσεις), quelque chose d'in-déterminé (mieux : de négativement déterminé). Or, le mouvement apparaît comme indéterminé parce qu'on ne peut le classer sans réserve ni dans la δύναμις ni dans l'ἐνέργεια; s'il apparaît d'une certaine manière comme acte, c'est ainsi un acte incomplet (ἀτελὴς ἐνέργεια), incomplet parce que *n'est pas pleinement là le possible* dont la κίνησις est l'acte (ou plutôt l'actualisation, œuvrant en vue de son actualité) – la maison achevée, par exemple, n'est pas là. Compte tenu de cette ambivalence – c'est une détermination, mais encore inachevée comme telle, une détermination indéterminée –, il est difficile d'appréhender le mouvement. Où le situer? Il ne relève purement d'aucun des termes du schéma tripartite : ni de la στέρησις ni de l'εἶδος (ἐνέργεια absolue) ni de la ὕλη (δύναμις). Ne reste qu'à le classer parmi les déterminations *actuelles, mais sous réserve.* Le mouvement donc ne prouve aucunement que le schéma tripartite, interprété à l'aide du couple δύναμις-ἐνέργεια, soit insuffisant à définir les réalités physiques fondamentales. Au contraire, bien combinés, les concepts fondamentaux y suffisent entièrement.

Le concept d'ἐνέργεια, que nous venons de découvrir sous un jour nouveau et singulier – non seulement en tant que présence, mais aussi comme présentification d'une détermination donnée – nous incite cependant à pousser plus loin notre réflexion. Si la κίνησις est la détermination en devenir, quel est là-dedans le facteur déterminant? Quel facteur est à désigner comme actif, quel facteur comme passif *dans le processus de détermination d'un déterminable*? Assurément, la *détermination*, sans laquelle la ὕλη devrait persister dans son chaos, est un facteur actif. Et la détermination originelle est la φύσις; la φύσις est, partant, un facteur déterminant qui prime tout autre. Or, la présence de la φύσις est la même chose que l'ἐνέργεια, *l'être à l'œuvre*; le mouvement aussi est ἐνέργεια, bien que non encore achevée. La φύσις est principe de mouvement et de repos. C'est dire que la φύσις détermine la pure présence au repos, la durée, au même titre que la présence en devenir, le « mouvement ». Il y a quelque chose de commun à la durée et à la non-durée; dans les deux cas, on a affaire à l'action de la φύσις. L'action de la φύσις est précisément l'ἐνέργεια. Ἐνέργεια – activité, acte, actualité – est un terme qui chapeaute et le mouvement et le repos, et le changement et la stabilité. Conçue ontologiquement, *toute détermination est une activité*, qu'il s'agisse du *maintien* de la ὕλη dans la détermination une fois acquise ou de son passage à cet état. L'activité, l'actualité est donc plus large que le mouvement – s'il est vrai qu'Aristote voit dans le monde moins de *mouvement* que la science moderne de la nature, il n'y voit pas pour autant moins d'*activité*. Le fondement ontologique de toute déterminité, la base de toutes les déterminations, c'est l'ἐνέργεια.

Mais nous voyons maintenant aussi que la κίνησις en tant que πάθος, en tant que quelque chose de subi, n'est pas πάθος *pur*, pure passivité ; loin de là, elle est une *activité subie*. Or, ce qui met en mouvement (τὸ κινοῦν) est le plus souvent lui-même une chose physique, à laquelle appartient donc une δύναμις ; c'est dire qu'il est à son tour capable de mouvement, δυνάμει κινητόν ; le repos n'est en effet qu'im-mobilité (d'une chose *capable de mouvement*), et mouvoir n'est ni plus ni moins qu'activer, actualiser (nous avons dit « résoudre ») cette *capacité* en tant que telle. La mise en mouvement se fait par le *contact* ; le feu réchauffe l'air circonvoisin qui porte ensuite la chaleur plus loin ; l'apprentissage se fait par la fréquentation mutuelle ; la construction implique qu'on prenne les matériaux en main. Ce contact est un contact réciproque, de ce qui subit comme de ce qui produit l'action ; ce qui produit, s'il a en lui la δύναμις d'être influencé par l'autre chose, subit également une action, est mû lui aussi dans et par le même contact. (Cela ne vaut, bien sûr, que de ce qui possède la δύναμις de subir l'action donnée ; l'enseignant ne subit pas l'action de son élève ; l'αἰθήρ, qui est absolument immuable et indestructible, agit bien lui-même sur les sphères inférieures, mais ne subit aucune action.) Quelle est la signification de ce contact ? C'est par lui que s'effectue la « transmission » de la μορφή, autrement dit de l'εἶδος : transmission de la φύσις dans la procréation, de la qualité dans le réchauffement, de la quantité dans la croissance. Comme le contact est réciproque, la μορφή opposée peut aussi passer dans l'autre sens, la froideur du corps froid qui se réchauffe se communiquant au corps chaud ; il est bien entendu que ce dont il s'agit ici n'a rien à voir avec la loi de l'action et de la réaction.

La μορφή *peut* ainsi « se transmettre ». La détermination, la μορφή, est ἐνεργείᾳ. Mais justement cette *activité de maintien* de la chose dans une détermination donnée est aussi *davantage*. La détermination présente *attend* en même temps une chose à laquelle se transmettre pour la déterminer à son tour. *En tant que détermination*, en tant qu'ἐνέργεια, elle est aussi une δύναμις, non pas à la manière de la ὕλη, qui est la δύναμις de *recevoir*, de laisser agir sur soi, mais une δύναμις (une capacité) de donner, de déterminer. Cette « δύναμις » de l'agir (δύναμις τοῦ ποιεῖν) n'est donc pas une caractéristique de la ὕλη. Elle a néanmoins ceci de commun avec la δύναμις passive que *ce dont elle est la puissance* n'est pas encore présent. Cela le deviendra quand il y aura là un *autre* sujet de déterminations qui s'en laissera déterminer, soit une δύναμις passive (la δύναμις τοῦ παθεῖν, qui est la δύναμις que nous avons jusque-là analysée dans la ὕλη : la déterminabilité du substrat). La δύναμις τοῦ ποιεῖν est la μορφή en tant que *non encore* agissante, mais elle n'en est pas une atténuation ou un mode négatif. Tout au plus pourrait-on dire, dans certains cas, que c'est le mode originaire de l'être actif, qui connaît également des degrés supérieurs. Dès que la δύναμις passive correspondante se présente et entre en contact avec elle, la μορφή commencera à agir aussi en dehors de sa ὕλη première, à se « transmettre » à un nouveau substrat et à y œuvrer à la forme : c'est-à-dire à mouvoir, à agir, ἐνεργεῖν. Or, cette œuvre est une *col*laboration. C'est en effet une *autre chose* qui arrive à l'état d'ἐνέργεια, qui reçoit l'action étrangère selon sa φύσις et la subit comme résolution de sa pure δύναμις propre. La « transmission » d'une chose à l'autre est donc une métaphore : elle désigne en réalité le processus de résolution de l'irrésolu par quelque chose qui, du fait de son propre être-résolu, de sa propre déterminité, est à même de produire la décision aussi chez un autre, indécis et indifférent. Le mouvement est ainsi l'activité de l'un et de l'autre, et cela *l'activité une* de deux êtres : la production de la décision et la décision comme telle. On peut la décrire en partant de ce qui produit comme de ce qui subit, de même qu'un même chemin peut être nommé tantôt montée, tantôt descente, tantôt aller, tantôt retour : c'est toujours la même chose.

Aristote demande encore si la collaboration en ce sens, de deux êtres à une même détermination jusque-là purement possible, n'est pas absurde. *En quoi* sera alors à proprement parler le mouvement ? Où situer la réalisation de la détermination ? Ou bien il y aura et activité et passivité, production et réception de l'action dans ce qui est mû, ou bien l'activité sera dans l'agent, la passivité dans le porteur. Si l'activité est dans l'agent, cette activité est un mouvement et cela voudra dire que le mouvant se meut en même temps que le mû. Si l'activité et la passivité sont l'une et l'autre dans le porteur, cela voudra dire qu'il y a en lui deux mouvements à la fois, deux changements ayant le même but, ce qui est absurde. Et s'il est juste de dire que la production de l'action est identique à sa réception, enseigner sera la même chose qu'apprendre, le fait de réchauffer, la même chose que le fait de devenir plus chaud : on pourra se réchauffer en se couchant sur la glace. – Or, cette « dialectique » ignore le fait qu'« enseigner » et « apprendre » n'ont pas la même définition, mais ne sont unis que par un substrat commun ; il n'y a donc rien d'absurde à ce qu'une chose ait son activité, son ἐνέργεια, dans une autre. Les choses sont liées intérieurement par leurs activités. Si la réalité de la chose est son ἐνέργεια, il s'ensuit que la chose n'est pas seulement en elle-même, mais aussi, par l'action qu'elle produit et exerce, dans une autre. L'enseignant est dans ses élèves, le père dans ses enfants. Le mouvement en tant que l'*activité* d'une chose dans une autre, qui *subit* cette activité, est une même chose sous ces deux aspects. Agir, ce n'est pas acquérir soi-même de nouvelles déterminations, mais en donner à un autre. L'ἐνέργεια d'une φύσις, telle ou telle, ne se borne pas au maintien de sa propre ὕλη à l'état de déterminité, mais la dépasse pour agir aussi sur la ὕλη et la δύναμις d'autre chose.

Il est clair que la κίνησις, déterminée comme πάθος, englobera dans sa définition la cause et la causalité. Par cause, on entend ici partout la cause *externe*. Le fait de ranger la κίνησις dans cette catégorie implique déjà l'axiome des livres VII et VIII : tout ce qui se meut est mû par l'action d'un autre que lui-même [1].

5

Or, d'après Aristote, la définition « l'actualité de la possibilité (de posséder une détermination), pour autant qu'elle est (encore) une possibilité (qu'elle n'est pas devenue détermination effective) » ne saisit toujours pas ce qu'on entend habituellement et le plus souvent par mouvement. Cela ne saisit dans le mouvement que ce qu'il a de plus général, son caractère d'ἐνέργεια incomplète; rangé sous le chapeau de l'activité et de la passivité, il a dès lors sa place dans ce qu'on pourrait appeler *l'activité ontologique* – l'activité de détermination qui englobe, à parts égales, le maintien dans une détermination et son changement, et qui est désignée par le verbe ἐνεργεῖν. Reste encore à dégager et à différencier le vrai mouvement parmi les actualités incomplètes [2]; en effet, on parle aussi de mouvement κατὰ συμβεβηκός, par accident, lorsque, par exemple, un homme cultivé se promène – la culture détermine par hasard (accidentellement) le même substrat (l'homme) qui se meut de la manière indiquée par souci de sa santé; on en parle encore κατὰ μέρος (selon la partie, *pars pro toto*, par synecdoque) en disant qu'un homme se soigne alors qu'il soigne son œil ou qu'on peint une maison alors

1. Si nous ne poursuivons pas notre lecture avec les analyses du livre III sur l'infini et celles du livre IV sur le lieu, le temps et le vide, ce n'est pas que nous sous-estimions ces investigations fondamentales. Leur objet cependant n'est pas l'analyse du mouvement en ses facteurs essentiels, mais plutôt la détermination ontologique de ces facteurs comme tels.

2. *Physique*, V, 1, 224 *a* 21-225 *b* 9.

qu'on en peint les murs. Cela dit, le tri le plus essentiel, parmi les activités imparfaites qui ne sont telles ni par synecdoque ni par accident, reste toujours à effectuer. Il y a, d'après Aristote, certaines composantes que le vrai mouvement doit toujours avoir : il y faut quelque chose (une chose) qui est mû sous l'action d'autre chose, qui est moteur ; il comporte en outre un intervalle temporel et enfin un d'où-vers où – tout vrai mouvement (κίνησις) va *de quelque chose vers quelque chose.* C'est ainsi partout où nous disons que quelque chose se meut (la main portant la cuiller va de l'assiette à la bouche, l'homme rentre du travail à la maison, le rocher dévale de la montagne dans la vallée) ou bien s'altère (la pomme verte devient rouge, mûrit). En revanche, le changement (μεταβολή) est nommé plutôt d'après son seul point d'arrivée : ainsi, lorsque l'air se change en eau, on parle de la génération de l'eau, comme du périssement de l'homme qui, en mourant, passe au non-être. Il semble qu'il faille distinguer deux choses : la κίνησις, le mouvement, qui nécessite à la fois un *terminus a quo* et un *terminus ad quem*, et la μεταβολή, où il suffit de l'un des deux.

Quelle est la raison de cette distinction ? Sur quoi se fonde-t-elle ? Aristote ici recommence réellement par le commencement. Pour tout changement (μεταβολή), il distingue les possibilités suivantes :

1) d'une détermination positive présente à une détermination positive présente ;

2) d'une absence de détermination à une détermination positive présente ;

3) d'une détermination positive présente à une absence de détermination ;

4) d'un absent à un absent.

Ce sont, on le voit, les permutations possibles de la présence et de l'absence : un présent à la place d'un présent, un présent à la place d'un absent, un absent à la place d'un présent, un absent à la place d'un absent. La quatrième n'entre pas en ligne de compte, car il n'y a en elle aucune réalité. La deuxième et la troisième admettent l'une et l'autre deux cas de figure :

2a) De l'absence d'un être en général à sa présence – γένεσις ἁπλῆ.

2b) De l'absence de détermination d'un être à sa présence – γένεσίς τινος.

Ces deux cas du passage d'un absent à un présent relèvent, l'un et l'autre, de la γένεσις, le premier dans la catégorie de l'οὐσία, l'autre dans les autres catégories.

3a) De la présence d'un être en général à son absence – φθορὰ ἁπλῆ.

3b) De la présence de détermination d'un être à son absence – φθορά τινος.

Ces deux cas du passage d'un présent à un absent relèvent de la φθορά, le premier concernant derechef l'οὐσία, l'autre les autres catégories.

Dans 2b et 3b, l'apparition ou la disparition de la blancheur, par exemple (si de l'argent terni est poli ou se ternit à nouveau), suppose qu'il y ait là quelque chose dans quoi la blancheur advient ou périt, quelque chose qui devient blanc ou noir. Ce ne sont donc, à vrai dire, que des fragments du changement qu'est le passage d'une détermination positive présente à une autre détermination positive présente.

En revanche, 2a et 3a n'ont pas de porteur de ce genre. Si l'eau, par exemple, provient de l'air ou le feu de la terre, ils ont bien une πρώτη ὕλη, mais une πρώτη ὕλη qui n'a pas de φύσις, qui en elle-même n'est *rien*. L'air n'est pas de l'eau, même en puissance, sans cela l'eau serait une détermination de l'air. On ne peut pas dire que l'air ait la possibilité d'être de l'eau; on dira plutôt qu'il a la *possibilité de ne pas être*, de cesser d'être. Cette *possibilité de ne pas être* est, chez l'air, la possibilité du contraire de son être actuel en général; l'eau *naît*, pourrait-on dire, sur la base de ce μὴ ὂν κατὰ δύναμιν et donc, en quelque sorte, « *de* lui ». Mais ce qui n'est pas – le non-étant, le néant – ne peut ni être mû ni changer; le mouvement est pourtant une ἐνέργεια, il est un acte, il est une détermination – tout cela est incompatible avec le non-étant. Or, si le *néant* ne peut pas se mouvoir, devenir *quelque chose*, il s'ensuit (une fois admis que le mouvement est toujours *de quelque chose vers quelque chose*) que la *génération* ne peut pas être un mouvement. La génération est l'advenir de ce qui n'est pas (encore). Et même si ce qui n'est pas ne peut « advenir » autrement que comme détermination dans quelque chose d'étant – la naissance d'un enfant est la naissance d'un être *qui n'était pas (encore)*, non pas d'un non-étant –, il n'en demeure pas moins vrai qu'advient ce qui n'est pas (et non pas ce qui est). – De même qu'il ne peut être en mouvement, le non-étant ne peut pas non plus être en repos (le repos, comme nous le savons, est le défaut de mouvement là où *il peut y en avoir*). – La γένεσις, la génération, n'est donc pas un mouvement, ni, partant, son contraire, la φθορά, le périssement.

Il s'ensuit de tout cela, comme et 2b et 3b ne sont que des fragments du passage d'une détermination à une autre (l'une se substituant à l'autre), que seul est κίνησις, mouvement au sens propre, le premier cas de figure : le passage d'une détermination positive présente à une autre détermination positive présente. (Par positif, nous comprenons ici également la στέρησις à l'intérieur d'un γένος donné – par exemple, la couleur noire qui, pôle impropre de la couleur, est néanmoins en soi quelque chose de positif, pourvu d'un contenu.)

Attendu qu'il n'y a donc pas de mouvement dans la catégorie de l'être (οὐσία), pas plus que dans celle de la relation (où il ne s'agit que de mouvement κατὰ συμβεβηκός), attendu, en outre, qu'il n'y a pas de mouvement du mouvement, pas de mouvement donc dans la catégorie de l'action et de la passion, il ne reste que trois mouvements effectifs :

1) selon la qualité – κατὰ τὸ ποιόν – l'altération, ἀλλοίωσις;

2) selon la quantité – κατὰ τὸ ποσόν – la croissance et la décroissance, αὔξησις et φθίσις;

3) selon le lieu – κατὰ τὸν τόπον – la translation, φορά.

Pourquoi Aristote a-t-il besoin d'exclure du mouvement la génération et le périssement?

La génération et le périssement sont des changements qui touchent au noyau même des êtres – à leur φύσις. La génération et le périssement représentent, par toute leur nature, un processus fini, discontinu, qui ne peut aucunement se prétendre la source du devenir éternel, animant l'univers; or, la question que pose la *Physique* d'Aristote est celle de cette source. La génération et le périssement siègent dans la sphère élémentaire, leur forme la plus pure est la permutation des éléments terrestres, dans laquelle ne subsiste pas même l'unité spécifique. En écartant la génération et le périssement, Aristote écarte tout le domaine des éléments terrestres de l'investigation de la source du mouvement du monde, du devenir cosmique.

Le livre III ne présente ni analyse du mouvement en ses facteurs ni classification systématique. Le sens du livre III est la définition du mouvement et son rattachement à la catégorie du ποιεῖν et du πάσχειν. La définition se fait à l'aide du couple δύναμις-ἐνέργεια. Le rattachement montre la nécessité de deux facteurs dans le mouvement, un mû et un moteur.

Au livre V, on ne retrouve pas cette définition du mouvement. Il est probable qu'il s'agit d'une analyse antérieure, datant d'une période où Aristote non seulement n'avait pas de définition du mouvement en général, mais ne disposait peut-être même pas de la théorie de la *Physique* I sur le devenir, la γένεσις, comme alternance de la στέρησις et de l'εἶδος dans un même substrat. Il ne l'en a pas moins placée ici comme introduction à sa hiérarchie des mouvements, essentielle pour la démonstration de l'éternité du mouvement dont le monde, d'après Aristote, est perpétuellement animé.

Importante est aussi la distinction des facteurs ou στοιχεῖα du mobile : le temps, le lieu, le moteur et le mû (il n'est pas expressément dit que le moteur doive toujours être externe).

Le mouvement au sens restreint (κίνησις) est caractérisé également, à la différence du mouvement au sens large (μεταβολή), par la continuité. La μεταβολή est indifférente à cet égard; elle englobe aussi bien la κίνησις continue que la γένεσις et la φθορά, subites et discontinues.

Chaque mouvement doit être un passage continu à l'intérieur d'une gamme continue. L'élucidation du mouvement exige donc une définition, la plus précise possible, du concept de continuité; à cette fin, Aristote opère une distinction entre le « consécutif », le « contigu » et le « continu »; seul le mouvement continu peut être numériquement un. Le mouvement est numériquement, c'est-à-dire essentiellement, un là où son porteur, sa dimension et le temps dans lequel il s'effectue sont uniques par le nombre; l'on est en présence d'un mouvement un là où un même sujet parcourt une même dimension dans un intervalle de temps sans solution de continuité. Par la dimension du mouvement, l'on entend, par exemple, un continuum chromatique ou sonore, un intervalle d'espace, etc. (Il va de soi qu'Aristote ne parle ici que de mouvements élémentaires, non composés.)

En parlant du passage d'une détermination à une autre, Aristote a en vue le mouvement qualitatif dont le modèle est le changement de couleur ou d'habitus (le fait de recouvrer la santé ou de tomber malade, d'acquérir des connaissances ou de devenir ignorant). Dès lors qu'il commence à réfléchir à la continuité du mouvement, son modèle est plutôt le mouvement local, la locomotion. Pourtant, il explique la locomotion de façon analogue au changement de qualité ou d'habitus; le mouvement local aussi est un mouvement de quelque part vers quelque part, et ce « d'où-vers où » est saisi par la notion de « lieu naturel » et de distance à son égard. C'est dire que le mouvement local est vu toujours comme un éloignement ou un rapprochement; ce qui se meut selon le lieu change également en quelque sorte de détermination, de même que ce qui change de couleur ou d'habitus.

Comme nous venons de le voir, la continuité est une condition nécessaire et suffisante de l'unité du mouvement (les deux autres conditions y sont comprises). Mais l'unité du mouvement a un autre sens encore, supérieur – désignant le mouvement complet, qui a atteint son but. De même que la complétude est la réalisation de l'unité, l'irrégularité en est un affaiblissement. – Toutes ces déterminations montrent clairement que le modèle qu'Aristote utilise pour comprendre le mouvement en général, c'est le mouvement animal, plus particulièrement humain, notre orientation, notre praxis motrice dans l'effectuation des tâches vitales : le mouvement d'un être vivant s'oriente continuellement dans le champ immobile que signifie pour nous la terre, parmi des objets qui ont de l'importance pour notre vie et sont eux aussi en rapport avec la terre. Chaque mouvement de ce genre est déterminé par sa fonction, il possède un « d'où-vers où » et son unité est dans la continuité ; toute interruption nous fait éprouver un sentiment de fragmentarité, de discontinu. Le porteur un d'un tel mouvement est un être vivant qui possède la source de son mouvement (et de son repos) en lui-même, « par nature » ; le mouvement de cette espèce est une détermination interne de cet être, et non pas quelque chose de relatif (à moins de considérer l'animal purement comme un corps physique) : en mouvement, il *est* autrement qu'en repos ; il y a des mouvements par lesquels il s'achemine vers une détermination plus pleine, se forme et se parfait, d'autres à travers lesquels il actualise son essence la plus intime ; l'homme, par exemple, manifeste tout ce qu'il a conscience d'être par sa volonté et, dans ce cadre, par le mouvement. La création, l'acte sont inséparables du mouvement. Ce qu'Aristote analyse n'est donc pas le mouvement mécanique au sens moderne ; ce mouvement fondamental est quelque chose qu'il ne voit pas, que son mode d'analyse empêche directement de prendre en vue. Si Aristote vise si haut dans son analyse du mouvement, c'est que le mouvement a chez lui une fonction tout autre que dans la science moderne de la nature. Il ne cherche pas les éléments abstraits à partir desquels *notre intellect* peut, par ses déductions, reconstruire les données sensibles, l'expérience des sens ; son questionnement vise le mouvement concret par lequel un être concret se détermine, se définit, se réalise *comme tel*, et un tel mouvement, par lequel s'accomplit l'être de la chose, ne pourra se trouver que dans le domaine de la nature vivante

Après l'analyse de l'unité du mouvement vient l'analyse de la contrariété dont l'importance dans le mouvement est double et fondamentale. D'une part, presque tous les mouvements, à l'exception du mouvement circulaire du ciel (la κυκλοφορία), sont des mouvements entre des contraires (le mouvement du contraire vers l'intermédiaire et vice versa est également, dans un sens, un mouvement vers le contraire), fait qui donne aussi aux mouvements mêmes, selon leur point de départ et leur point d'arrivée, leur caractère de contrariété interne (maladie-guérison, gain-perte). D'autre part, la contrariété est une caractéristique des mouvements qui ne peuvent se poursuivre de façon ininterrompue ;

son analyse est donc indispensable à l'examen de la continuité du mouvement; se rattache encore à cela la constatation qu'il y a des états de repos qui sont le contraire l'un de l'autre et surtout qui sont le contraire d'états de mouvement – ainsi le repos non naturel d'un corps est l'opposé de son mouvement naturel.

6

Aristote s'efforce de développer les résultats de ses analyses et autres considérations relatives au mouvement, acquis pour l'essentiel en ayant égard à l'expérience biologique, de manière à englober le tout du monde dans un système unitaire de causalité continue.

Sur la base de ce qui précède, on peut émettre l'hypothèse qu'une première tentative de tirer une telle conclusion de ses réflexions physiques est à trouver dans le livre VII de la *Physique*.

Ce livre applique en effet l'idée de la causalité externe, du moteur externe, justifiée *in abstracto* dans les livres II et III, à l'univers en totalité, y compris sa partie céleste. Le livre VII connaît (du moins dans sa version définitive) les moyens conceptuels du couple δύναμις-ἐνέργεια (sans lesquels la théorie des quatre « causes » serait, du reste, impossible). Il connaît la classification du mouvement (κίνησις) en trois catégories (ce qui présuppose les résultats du livre V). Il tient aussi pour acquise l'analyse des différents moments du mouvement – le moteur et le mobile, le temps, le trajet, les termes d'où-vers où (qui remplacent dès lors les contraires, quelque peu dépassés et moins adaptés au but de généralisation) – et celle de son unité, générique, spécifique et numérique.

On ne peut pas dire que le premier chapitre présente une preuve réussie du moteur immobile. Aristote se borne à esquisser l'idée d'une démonstration possible. La thèse selon laquelle tout se meut sous l'action de quelque chose est justifiée en argumentant que toute chose mobile (en tant que matérielle) est étendue et comporte des parties, et que le tout ne peut pas se mouvoir sans le mouvement des parties; or, attendu qu'une chose étendue est divisible à l'infini, on pourra toujours trouver une partie plus petite, sans laquelle le mouvement du tout sera impossible. Aucun mobile n'a donc la propriété de se mouvoir sans condition, par essence, d'un mouvement originel. En d'autres termes : rien de matériel, rien d'étendu ne peut se mouvoir de soi-même. Il s'ensuit qu'il doit y avoir ou bien une suite infinie de moteurs ou bien un premier moteur (sous-entendu : immobile, inétendu). Aristote réfute alors la première hypothèse, qui entraînerait la possibilité qu'un mouvement infini se déroule (qu'un espace infini soit parcouru) en un temps fini.

La chose est claire : cette « preuve » ne prouve ni l'unicité ni l'éternité du premier moteur, ni la constance de son action, mais seulement l'impossibilité d'une série infinie de causes, l'impossibilité d'un automoteur (l'âme platonicienne, qu'elle soit universelle ou particulière), ainsi que d'une première cause matérielle du mouvement. Cela dit, elle se rapporte d'ores et déjà à tout mobile, à l'étendu en totalité, sans excepter la sphère céleste ; désormais, le mouvement des cieux aussi est considéré comme non originaire, non autonome, causé par autre chose. Il n'est plus la preuve du mode d'être parfait des sphères astrales, il y est introduit de l'extérieur.

Dans la section suivante, Aristote tente de prouver que toute action s'opère par le contact immédiat, par l'attouchement, qu'il n'y a pas d'action à distance. Il présente cette démonstration dans l'intention manifeste de montrer que tout mouvement dans le monde dépend, à travers le premier mobile, du premier moteur, et cela par une série continue d'intermédiaires. La justification est inductive, procédant par examen de toutes les espèces de mouvement local, ramenées uniformément à la traction et à la poussée qui s'expliquent à leur tour par l'association et la dissociation (mouvement vers et à partir de la chose même). La même chose est montrée pour le changement qualitatif, l'ἀλλοίωσις, pour sa forme inorganique comme pour l'ἀλλοίωσις spécifique des êtres vivants qu'est la perception, ainsi que pour le changement quantitatif, l'αὔξησις et la φθίσις. L'idée est manifestement que l'action du premier moteur ne peut pas se propager d'un bond à toute l'étendue du monde, qu'elle requiert la médiation d'une série de contacts (raison pour laquelle le premier moteur ne peut pas mouvoir la Terre, par exemple).

Vient ensuite une discussion du concept d'ἀλλοίωσις et de ce à quoi l'ἀλλοίωσις appartient. Il apparaît que l'ἀλλοίωσις, le changement qualitatif, ne peut se présenter que dans les choses sensibles et la partie sensitive de l'âme. Ces considérations s'insèrent manifestement dans le contexte de l'impossibilité que l'ἀλλοίωσις et, partant, l'αἴσθησις appartiennent à un être spirituel tel que le premier moteur (initialement, Aristote attribuait au moins la vue et l'ouïe aux divinités [1]). – Le sens de cette section est peut-être d'exclure l'action en retour du monde sur

1. Cf. frag. 48 Rose (du dialogue *Eudème*).

le premier moteur, action qui, vu son caractère non spatial, ne saurait être que l'ἀλλοίωσις.

Le chapitre 4 esquisse une thématique bien plus intéressante en abordant les problèmes de la comparaison, de la commensurabilité des différents mouvements. Ce chapitre, où le premier moteur est complètement perdu de vue, se rattache à l'autre thème principal du livre VII, qui est la question des relations dynamiques.

Quel est le rapport entre ce second thème et le premier ? Il est bien entendu qu'il ne relève pas de la réflexion sur le premier moteur. C'est, au contraire, le premier moteur qui ferait partie du thème d'ensemble qu'est, dans le livre VII, l'ordre causal universel et la possibilité de relations compréhensibles entre les mouvements dans le monde.

Dans l'ample chapitre 4, il est donc question de la commensurabilité, de la commune mesure entre différents mouvements. Tous les mouvements sont-ils commensurables ? Y a-t-il quelque chose comme un élément fondamental commun à tous, un moment qui autoriserait, par principe, la comparaison de tous avec tous ? A-t-on, par exemple, dans tous les mouvements, la possibilité de mesurer la vitesse, c'est-à-dire le trajet parcouru en une unité de temps ? Cette question, qu'Aristote pose ici en ces termes, est *au fond la question de la mathématisation du mouvement.* En analysant le mouvement en ses moments, en généralisant le concept de φύσις et le mouvement physique (résultat d'ores et déjà atteint ici, car la thèse du moteur immobile assimile le mouvement céleste aussi à la γένεσις dont le premier livre de la *Physique* traitait seulement par rapport au mouvement entre les contraires), Aristote rend possible de poser pour la première fois cette question d'une manière avec laquelle la science moderne de la nature pourra renouer dans un esprit critique. Le fait précisément d'avoir, *le premier*, analysé le mouvement en ses *moments* du temps, du trajet, de la vitesse, est ce qui permet à Aristote de poser cette question.

Sa réponse est typique. Aristote *ne trouve pas* de commune mesure du mouvement. Ce résultat négatif s'explique par toute la conception du mouvement issue des analyses du livre I de la *Physique.* On ne peut parler d'une même vitesse (c'est-à-dire d'une commune mesure) du mouvement que si des mouvements *identiques par le genre* sont accomplis en un temps égal. Mais l'ἀλλοίωσις est un mouvement d'une autre espèce que la φορά. Aussi l'ἀλλοίωσις ne peut-elle être *égale* à une φορά. Aussi les mouvements relevant des différentes catégories sont-ils incommensurables entre eux.

C'est là que se manifestent les conséquences de la suppression de la structure géométrique de la réalité naturelle qui existait encore dans le *Timée* de Platon. Ni Platon ni Démocrite ne sont parvenus à l'analyse du mouvement en moments quantitatifs qu'effectue Aristote. Aristote a de ce fait créé la condition de possibilité de toutes les lois du mouvement formulées mathématiquement. En même temps, cependant, son modèle du mouvement, essentiellement qualitatif et dynamique, bannit du monde la microstructure géométrique et, de ce fait, empêche de conjuguer l'analyse conceptuelle du mouvement avec l'idée de la substructure quantitative des phénomènes qualitatifs. Cette coïncidence singulière est ce qui rendra la mathématisation effective impossible pendant près de deux mille ans.

Cette décision fatale une fois prise, c'est en vain qu'Aristote examine, avec toute la finesse et tout le soin dont il est capable, les conditions d'une possible comparabilité entre les mouvements de différentes espèces; le point de vue qualitatif a déjà accompli son œuvre essentiellement antiphysique et continue à produire ses effets. Non seulement l'homonymie de l'attribut qui désigne le mouvement mais même l'unité spécifique ne suffit pas pour que deux mouvements soient comparables s'il n'y a pas aussi identité du substrat – ainsi l'ἀλλοίωσις, l'altération, le changement qualitatif de l'eau ne peut pas se comparer avec l'altération chez l'homme. La nécessité de l'identité spécifique fait que le mouvement circulaire, intégré au prix d'un tel effort intellectuel à la sphère ontologique de la γένεσις-μεταβολή, du processus-changement, est derechef spécifiquement distingué des mouvements en ligne droite – car la droite et le cercle sont des *espèces* de lignes *incommensurables*. On ne peut donc pas parler d'une même vitesse par rapport, par exemple, au mouvement des étoiles et à la chute des corps. (C'est là une conséquence radicale qu'Aristote lui-même est, au bout du compte, incapable de respecter : toute mesure du temps ne provient-elle pas du domaine céleste ?) Seuls sont de même vitesse les mouvements qui parcourent en un temps égal une grandeur spécifiquement identique – auront donc une commune mesure *ou bien* les mouvements circulaires entre eux *ou bien* les mouvements en ligne droite entre eux.

Dans ce cadre infiniment restreint des mouvements locaux commensurables, Aristote a néanmoins l'honneur et le mérite de réussir, le premier, à formuler mathématiquement une loi dynamique. Cette formulation est l'aboutissement d'*une* des tendances essentielles de sa pensée physique – la tendance à l'analyse du phénomène global du mouvement en ses facteurs qui, inspirée initialement de la réduction platonicienne, de la recherche platonicienne des principes premiers les plus universels, se propose ensuite d'établir les principes *propres* à chacun des domaines fondamentaux de l'étant. Sans la réduction platonicienne, sans la recherche de ce que les phénomènes d'un domaine donné *présupposent*, en l'absence de quoi ils seraient (conceptuellement) impossibles, il n'aurait pas été possible de créer la théorie des facteurs fondamentaux du mouvement que nous avons vu petit à petit prendre forme chez Aristote sur la base de la même question : que dois-je présupposer en disant que quelque chose se meut ?

C'est chez Aristote, et non chez Platon, chez les pythagoriciens ou chez Démocrite, que nous trouvons la première loi mathématique de la nature ; sans la définition des facteurs dont nous avons jusque-là suivi la genèse logique, de ces facteurs que sont le moteur et le mobile, le temps, le trajet, la vitesse comme commune mesure de différents mouvements locaux, elle n'aurait pas pu être établie – n'étant, en effet, rien d'autre que la synthèse de tous ces facteurs en une formule mathématique.

C'est d'autant plus remarquable qu'Aristote était, sur le plan de la méthode, de plus en plus entravé par le principe, formulé dans ses œuvres logiques [1], selon lequel les démonstrations doivent faire appel, dans chaque discipline, aux principes qui lui sont *propres* – règle qui substitue au système platonicien de la réduction, avec ses principes communs à tout, une compartimentation des sciences qui deviendra de plus en plus rigoureuse à mesure qu'Aristote avancera dans sa carrière de penseur. Il est vrai qu'il distingue, parmi les disciplines mathématiques, certaines qui sont « plus physiques [2] », qu'il parle aussi de l'astronomie, science mathématique, comme particulièrement proche de la philosophie [3]. Il y a donc, de toute évidence, des passerelles entre ses doctrines fondamentales. Le propos de séparer l'exposé physique de l'exposé mathématique n'en est pas moins patent chez Aristote, même s'il lui arrive à l'occasion d'aller à l'encontre de cette tendance – Solmsen a signalé, par exemple, qu'il fonde la différence physique des éléments sur des principes géométriques (droite/cercle) [4]. L'essai d'une formule

1. *Seconds Analytiques*, I, 9.

2. *Physique*, II, 2, 194 *a* 6-9 : τὰ φυσικώτερα τῶν μαθημάτων.

3. *Métaphysique*, Λ, 8, 1073 *b* 3-4 : οἰκειοτάτης φιλοσοφίᾳ τῶν μαθηματικῶν ἐπιστημῶν.

4. Cf. Fr. Solmsen, *Aristotle's System of the Physical World. A Comparison with His Predecessors*, Ithaca NY, Cornell University Press, 1960, p. 254 *sqq.* *(N. d. T.)*

mathématique dans la dynamique est encore une infraction à son principe.

La tentative est à trouver au cinquième chapitre du livre VII de la *Physique*[1]. Chaque mouvement, est-il dit ici, implique toujours, premièrement, un moteur et son action (le facteur dynamique), deuxièmement, quelque chose qui est mû, troisièmement, un intervalle temporel, dans lequel le mouvement a lieu, et, quatrièmement, une longueur selon laquelle il se déploie (le trajet). Aristote essaie alors de formuler la relation entre tous ces facteurs. Si le moteur (la force) *A* meut le corps *B* en un temps *D* de telle façon que *B* parcourt la distance *C*, la même force mouvra en un temps égal 1/2 *B* sur le double du trajet, car ainsi la proportion sera conservée (1). De même, si la même force meut la même charge en un temps donné sur un trajet d'une longueur donnée, le même corps parcourra, sous l'action de la même force, la moitié du trajet en la moitié du temps, et la moitié de la force mouvra la moitié de la charge sur le même trajet en un temps égal (2).

Mais si la force *A* fait parcourir à la charge *B* en un temps *D* la distance *C*, il n'est pas dit qu'en un temps égal la force *A*/2 meuve la charge *B* sur la distance *C*/2 ; si *A* meut en le temps *D* la charge *B* sur un intervalle égal à *C*, il ne s'ensuit nullement que la moitié de *A* (appelons cette fraction *E*) meuve le moins du monde la charge *B* en le temps *D*. Ni qu'elle meuve la charge en une fraction du temps *D* sur une fraction de la distance *C* qui soit, à la totalité de *C*, dans la même proportion que *A* à *E* (3). Il peut arriver même que la force ne produise aucun mouvement ; car même si la force entière fait parcourir à la charge telle ou telle distance, la moitié de cette force (mettons) ne la fera pas parcourir un intervalle quelconque en un temps quelconque ; sans cela, un seul homme pourrait faire avancer un navire, s'il était possible de diviser la force des haleurs selon leur nombre et selon la longueur (l'intervalle) sur laquelle tous ensemble ont pu remorquer le vaisseau.

Aristote s'exprime ici, à vrai dire, sur toute une série de questions cinématiques et dynamiques dont la formulation exacte occupera de longues périodes de l'évolution qui mène de ces commencements jusqu'aux Temps modernes. Il n'est donc pas étonnant que la mécanique actuelle traite de façon bien plus différenciée les relations qu'il a ici en vue. Ainsi, les formules (1) et (3), par exemple, sont des axiomes dynamiques généraux, s'appliquant, bien sûr, au mouvement libre (sans

1. 249 *b* 27-250 *a* 28.

frottement) ; la formule (2) est un axiome cinématique, s'appliquant au mouvement uniforme [1].

Toute la seconde partie du raisonnement s'adresse aux expériences que la mécanique moderne subsume sous le concept de frottement ; même si Aristote ne dit rien de la cause de l'écart par rapport à la proportionnalité exacte, c'est clairement à ces phénomènes qu'il pense.

En tout état de cause, cette détermination du mouvement est d'une tout autre espèce et d'un tout autre caractère que la détermination purement qualitative. La démarche d'Aristote est ici parfaitement dans le style de la manière de voir qui conduit à la quantification des processus naturels, il quantifie directement la force, le facteur dynamique, qui devient mesurable par la charge, c'est-à-dire le poids, et il met la force en rapport avec l'espace et le temps. La mise en œuvre conséquente de ce regard aurait abouti nécessairement à l'idée de lois mathématiques de la nature et à une conception de l'action opérante au sein de la nature comme descriptible par l'interdépendance de paramètres mathématiques. Or, le fait est qu'aucun penseur de l'Antiquité n'a eu l'idée que le rapport entre le trajet, le temps, la vitesse et son augmentation dans le cas du jet d'un projectile ou de la chute d'une pierre soit principiellement analogue à la relation entre l'hypoténuse et les côtés d'un triangle rectangle – idée qui, alors seulement, aurait mis la figure géométrique et le processus sur le même pied et les aurait rendus aussi calculables (pour le processus, prévisible) l'un que l'autre ; à la condition, bien sûr, soulignée par P. Duhem, que le mouvement mécanique complexe (dont le transport ou le port de charges, cité par Aristote, est une occurrence) soit analysé en ses composantes simples, primitives, ses éléments, ses στοιχεῖα, de même que les relations complexes des formes combinées sont à réduire à leurs premiers principes ou *elementa* : à condition, autrement dit, d'opérer la réduction platonicienne du mouvement en mouvement élémentaire, comme le fera un jour Galilée.

D'autres déterminations quantitatives du mouvement chez Aristote sont plus problématiques. Ainsi, les exposés du chapitre 8 du livre IV de la *Physique* sur la corrélation entre la vitesse des corps et la résistance du milieu, notamment la proportionnalité tristement célèbre entre la

1. Bien qu'il ne soit guère facile d'interpréter avec précision les idées d'Aristote dans les concepts de la physique d'aujourd'hui, il est clair que ces concepts relèvent réellement d'un même contexte ; sans doute est-ce cela qu'a voulu indiquer aussi Fr. von Krbek, dans ses *Grundzüge der Mechanik : Lehren von Newton, Einstein, Schrödinger* (Leipzig, Geest & Portig, 1954, p. 160), en citant la formule (1) dans le contexte du principe des déplacements virtuels (référence signalée par V. Frei).

pesanteur, le poids d'un corps (ou sa légèreté) et la vitesse à laquelle il parcourt un intervalle [1] – toutes ces proportionnalités sont des constructions spéculatives pures qui échouent dès qu'on les soumet au contrôle de l'expérience. Et aucune ne vise à rendre possible la prévision des processus réels, du temps, du trajet et de la vitesse des corps; la contingence, ainsi qu'une certaine imprécision, un flou, sont inhérents à la réalité des mélanges impurs que sont les choses qui nous entourent [2].

7

Une des conséquences de la nouvelle analyse du processus (κίνησις) chez Aristote est nécessairement que la genèse, au sens et selon le schéma préconisés par Platon, n'existe pas et ne peut pas exister. Le devenir au sens de l'interaction, du mélange et de la réunion des contraires est impossible [3].

Est donc impossible la genèse des entités idéales, des Idées, des nombres, des figures géométriques, telle que Platon se la représente [4]. Il ne peut pas non plus y avoir de génération de l'étendue à partir de l'inétendu. La génération de l'étendue géométrique à partir du nombre, de la ligne à partir du point, de la surface à partir de la ligne est une fiction. Cela rend nécessaire *une toute nouvelle théorie du continu*, profondément différente de la théorie de Platon. Le continu dans sa version aristotélicienne est quelque chose d'originaire, qui ne peut d'aucune façon être réduit à un discontinu. Les points, les lignes, les surfaces sont simplement des *limites* à l'intérieur du continu, non pas les éléments de celui-ci. Chez Platon, en revanche, les figures stéréométriques sont composées de surfaces, les surfaces de lignes [5]; la théorie platonicienne selon laquelle les figures mathématiques – lignes, surfaces, solides – sont générées par le mouvement est également une doctrine qui présente les points, les lignes, les surfaces comme les *éléments* réels de continus d'ordre supérieur.

1. 216 *a* 13-16.

2. Une raison plus importante, expliquant pourquoi le mouvement chez Aristote n'est pas mathématisable autrement que « par accident », κατὰ συμβεβηκός, c'est le fait que le mouvement est un tout et que sa division n'est jamais que potentielle, accidentelle. Voir, dans la section suivante, l'analyse de la continuité du mouvement et des paradoxes de Zénon.

3. Cf. *Physique*, III, 1, 200 *b* 32-201 *a* 1.

4. S'il n'est pas directement à la source de la conviction que les formes idéales, n'ayant pas pu venir à l'existence, ne peuvent donc pas exister, cet argument n'a pas pu ne pas renforcer substantiellement le scepticisme à leur égard.

5. Sextus Empiricus, *Adversus mathematicos*, X, 259-260.

Aristote est donc contraint, par sa théorie qualitative du mouvement, de présenter une théorie nouvelle de la *quantité continue*. Cela étant, il n'est pas étonnant que, pour la démontrer, il choisisse précisément, entre autres, le mouvement. Il le fait, avec une sagacité qui n'a d'égal que son esprit de suite, au livre VI de la *Physique*, associant à sa nouvelle théorie du continu une réfutation définitive de tous les vestiges d'éléatisme dans la théorie du mouvement, une réfutation donc de tout atomisme et de toute doctrine qui voudrait « réduire » le continu.

Cette analyse d'Aristote est elle-même une réflexion sur le concept fondamental de toute théorie de la grandeur continue; elle a sa place, sinon directement dans les mathématiques, du moins, sans conteste, dans les considérations portant sur les fondements des mathématiques. C'est là encore une preuve qu'Aristote n'est pas opposé par principe à une orientation quantitative de la pensée des continus tels que le mouvement [1].

L'analyse commence par une démonstration de l'impossibilité que les grandeurs continues soient composées d'indivisibles (un des grands arguments d'Aristote contre l'atomisme; sa thèse ne satisfait plus les points de vue modernes, car la conception actuelle du continu, depuis Dedekind, le réduit au discontinu; cela dit, certains élèvent toujours des objections philosophiques contre une telle identification [2]). Elle passe ensuite à l'explication du concept de vitesse : un mobile plus rapide parcourt un intervalle d'espace plus grand en un temps moindre, et Aristote, dosant diversement la vitesse, montre que l'intervalle d'espace, le mouvement et le temps aussi sont des continus. Zénon, dit-il, avait tort de supposer qu'il soit impossible que quelque chose entre en contact, en un temps fini, avec un nombre infini de choses; le contraire est parfaitement pensable si l'on conçoit « l'infini », non pas comme distance infinie, mais comme divisibilité à l'infini; en ce sens, le temps (c'est-à-dire l'intervalle temporel) est lui-même divisible à l'infini, et il n'y a pas de contradiction là où Zénon en voit une. C'est un infini en puissance qui est concerné par la divisibilité, mais la notion de

1. W. Barrett, *Aristotle's Analysis of Movement: Its Significance for Its Time*, New York, Columbia University, 1938, p. 26 : « *Aristotle's discussion of the continuity of movement can be said to lay a foundation for developing further a thoroughly quantitative analysis of movement. Quite the contrary of what is so often popularly conceived, his physics is not the negation of a quantitative study of movement.* »

2. Voir, par exemple, Ch. Bory, « Le continu et sa représentation dans les sciences », *Revue de métaphysique et de morale*, 62 (1957), n° 2, p. 134-156.

continuité n'en requiert point d'autre, et l'infini en puissance – δυνάμει – est tout naturellement lié à ce qui est potentialité en général – la ὕλη [1].

Un intervalle fini doit être parcouru en un temps fini (un infini en un temps infini) ; néanmoins, les continus finis sont potentiellement infinis et ne comprennent aucune partie indivisible. L'instant présent, qui est indivisible, ne peut donc pas être appelé une partie du temps. Le « maintenant » présent est une limite avant laquelle tout est passé et après laquelle tout est avenir ; s'il avait lui-même un caractère temporel, passé et avenir se mélangeraient, ce qu'Aristote tient pour inadmissible. Il s'ensuit, conséquence importante, que rien, dans l'instant temporel, ne peut être ni en mouvement ni en repos : le mouvement est un continu, le repos aussi présuppose un intervalle. (Cette conclusion est, bien sûr, fatale à l'argument de Zénon sur la flèche qui reste immobile.)

Tout ce qui change doit avoir des parties : l'indivisible n'est pas susceptible de changement (ni, par conséquent, de mouvement, nouvelle pique lancée contre l'atomisme, mais aussi contre Platon : seules les choses matérielles étant divisibles, comment l'âme pourrait-elle se mouvoir ?). Une partie de ce qui change doit se trouver encore au point de départ, alors qu'une autre partie se trouve au « but » (le « but » pris au sens large d'une quelconque étape ultérieure). La divisibilité de ce qui change concerne, d'une part, ses parties – le changement total est égal à la somme des changements de toutes les parties –, d'autre part, le temps dans lequel le changement se produit, et enfin l'intervalle spatial sur lequel il se déroule. Bref, tous les continus nécessaires au mouvement sont divisibles et ont nécessairement des parties. Il y a là correspondance entre l'intervalle spatial, le temps et le mouvement.

Suivent alors les paradoxes, mais, au fond, déjà élucidés : les paradoxes comme la conséquence de thèses évidentes. Le mouvement est un passage d'un état vers un autre état ; mais entre le mouvement et l'état il n'y a pas de passage. À l'instant où quelque chose est passé de *A* à *B*, il doit être dans *B*. Le « temps premier où » le passage s'est déroulé doit être indivisible ; sans cela, il ne contiendrait pas uniquement l'ultime complément du changement ; il n'y a donc pas de dernier instant où le passage se déroule encore, mais seulement le premier où il s'est achevé. De même, il n'y a pas de premier instant où le changement démarre, mais seulement le dernier instant de l'état précédent. Il n'y a pas de première particule de ce qui est en train de changer ; avant chacune

1. Sur l'infini dans le mouvement chez Aristote, voir L. Sweeney, « L'infini quantitatif chez Aristote », *Revue philosophique de Louvain*, 58 (1960), p. 516-518.

qu'on pourra alléguer, il y en aura d'autres, antérieures, et d'autres, antérieures encore à celles-là. – Une autre conséquence, c'est que la chose qui change change pendant tout le temps que dure le changement ; dans le changement, il n'y a pas d'étape qui pourrait être désignée comme la première ; tout ce qui change a dû toujours déjà changer (si on ne prend pas le changement comme un tout, y compris ses limites, mais uniquement comme le passage entre deux états), et tout ce qui change changera encore : le changement lui-même n'a ni commencement ni fin. En même temps, chaque changement signifie un nombre infini de changements ; aucun de ces changements n'a pu se produire dans l'instant, mais chaque instant est indicatif d'un changement en cours : le changement n'est possible que dans un intervalle, et chaque intervalle est divisible, mais c'est l'instant qui est la limite de l'intervalle. – Ces paradoxes ne sont rien d'autre que des conséquences de la conception du mouvement en tant que continu, et comme il n'y a en eux rien de contradictoire (mais simplement de l'insolite pour notre regard qui se préoccupe des réalités finies et néglige l'infini en puissance contenu dans les choses), ils sont également une réponse implicite au paradoxe zénonien de la « dichotomie ».

Le second paradoxe, celui d'Achille, est visé ensuite dans la démonstration de l'impossibilité qu'une chose accomplisse un mouvement fini en un temps infini (comprendre : que la totalité du temps infini soit prise par un mouvement fini). Achille et la tortue chez Zénon sont des choses de ce genre, qui parcourent un intervalle fini en un temps infini. Aristote démontre sa thèse séparément pour le mouvement uniforme et non uniforme : un mouvement plus grand se déroule en un temps plus long, un plus petit en un temps plus court. Dans un sens, bien sûr, le mouvement fini est en vérité infini et pourrait épuiser tout le temps actuel – au sens de l'infini en puissance, de la divisibilité potentielle. Pourtant, cette infinité en puissance n'est justement qu'une possibilité que l'actualité (fût-elle imparfaite) du mouvement parvient à avoir toujours déjà derrière soi, à avoir toujours déjà dépassée en direction de la déterminité (de la finitude) de la μορφή. – Il va sans dire qu'il est, de même, impossible qu'une chose finie accomplisse un mouvement infini en un temps fini, une chose infinie un mouvement fini en un temps fini ou une chose infinie un mouvement infini en un temps fini. Bref, il ne peut y avoir de mouvement infini dans le fini, comme le voudrait l'Achille de Zénon (à moins de faire jouer la différence entre l'infini actuel et potentiel).

L'enquête se poursuit autour du troisième argument de Zénon – la flèche. La portée de cette analyse est toutefois bien plus grande que ce qu'on a vu jusque-là, c'est un regard porté dans la nature même du changement en tant que tel. – De même que rien qui s'est arrêté ne peut être en mouvement, de même rien de ce qui passe au repos ne peut être en repos. Il ne peut pas non plus y avoir de « temps premier » de l'arrêt. Et ce qui s'est arrêté doit être, non pas dans un seul, mais au moins dans deux de ses points sans changement, non pas dans un seul, mais encore dans un autre instant. Et comme le mouvement de chaque mobile est, dans chaque intervalle temporel, à la fois mouvement de quelque chose vers quelque chose, il n'est pas possible que l'objet en mouvement coïncide originellement, en un instant quelconque, avec une chose qui est en repos. Le mobile parcourt son intervalle, mais ne coïncide dans son mouvement avec aucune partie de l'intervalle qu'il parcourt. S'il coïncidait avec une partie quelconque *pendant un temps*, il serait en effet en repos vis-à-vis de cette partie. Il ne peut coïncider avec une partie que dans l'instant, mais dans l'instant, comme on l'a déjà montré, il n'y a ni mouvement ni repos.

Aristote montre donc que le mouvement ne peut pas être réfuté par les paradoxes de Zénon – le « stade » non plus n'est pas probant, présupposant à tort qu'un corps donné dépasse en un même espace de temps, à la même vitesse, un corps en repos et un corps en mouvement[1] –, que celui qui admet le mouvement ne commet donc pas de contradiction logique. Reste cependant à savoir si Aristote ne relègue pas dans le changement comme tel la contradiction construite par Zénon sur les concepts inexistants de commencement, de fin et de position du mobile : le changement réunit en effet le potentiel et l'actuel, la δύναμις et l'ἐνέργεια, l'être et le non-être, le passé et l'avenir. Mais la contradiction dans le devenir, dans le changement même, n'est plus dangereuse – la δύναμις est toujours δύναμις des contraires, elle contient donc à la fois le positif et le négatif, elle est un lieu où la contradiction peut et doit être admise.

1. Quant à savoir si Aristote explique les paradoxes de Zénon, en particulier le « stade », de façon adéquate, c'est une autre question à laquelle nous ne pouvons répondre ici. Voir V. Brochard, *Études de philosophie ancienne et de philosophie moderne*, Paris, F. Alcan, 1912, p. 3-22; A. Koyré, « Bemerkungen zu den Zenonischen Paradoxen », dans *Jahrbuch für Philosophie und phänomenologische Forschung*, Bd. V, Halle, Niemeyer, 1922; E. Fink, *Nachdenkliches zur ontologischen Frühgeschichte...*, p. 121 *sqq*.

L'analyse aristotélicienne de la continuité du mouvement, présentée dans le livre VI de la *Physique*, trouve un complément essentiel dans le chapitre 8 du livre VIII.

Ces deux passages permettent en même temps de cerner la limite interne, infranchissable, qui sépare l'analyse quantitative réalisée par Aristote de la mathématisation effective du mouvement.

Au livre VIII de la *Physique* (263 *a* 18 *sqq.*), Aristote formule une objection contre sa propre tentative de réfuter les paradoxes de Zénon : si on a bien montré comment un corps peut parcourir en un temps fini un nombre infini de longueurs, la question se pose de savoir comment on peut, en un temps fini, parcourir un nombre infini de divisions du temps. Il y répond en rappelant que celui qui divise un continu, qu'il s'agisse du temps, de l'espace ou du mouvement, traite toujours un point unique comme s'il était deux, fin d'un continu et début d'un autre. Il en va ainsi chaque fois qu'on divise en deux et qu'on compte les moitiés. C'est pourquoi, à la question de savoir s'il est possible de parcourir un nombre infini de divisions du temps ou de l'espace, la réponse est oui dans un sens, non dans un autre : ce n'est pas possible si ce sont des unités actuelles; ce n'est qu'en puissance qu'on peut parcourir une infinité d'unités. Un nombre infini d'unités se parcourt donc κατὰ συμβεβηκός – nullement dans le mouvement effectif, dont l'essence et la définition sont tout autres; dans l'essence et la définition du mouvement effectif, il n'y a pas d'infini actuel. Vaut de même, pour le segment de droite, qu'il est par accident (κατὰ συμβεβηκός) un nombre infini de moitiés. Aristote montre ensuite que, si l'on ne veut pas tomber dans la contradiction d'une même chose qui serait à la fois étant et non étant, le point temporel séparant l'« antérieur » du « postérieur » devra être considéré expressément et exclusivement comme faisant partie du « postérieur ».

Or, circonstance importante, Aristote regarde la division mathématique sur laquelle repose toute comparabilité et, partant, en dernière analyse, toute mathématisabilité du mouvement, comme une simple volte artificielle, une opération extrinsèque, qui ne concerne pas le mouvement effectif, mais des mouvements possibles, équivalents au mouvement effectif sous un certain rapport – par exemple, pour ce qui est de l'intervalle, du trajet. En lui-même, chaque mouvement est un tout qui se déroule indivisiblement du début à la fin et qui, une fois divisé, devient autre chose, à savoir deux touts. La mathématisation est donc une procédure extérieure, qui fait abstraction de la distinction de la puissance et de l'acte, ainsi que de ce qui est καθ' αὑτό et κατὰ συμβεβηκός.

Aristote, comme Barrett le fait remarquer à juste titre [1], pense qu'on ne peut identifier les mouvements, en déterminer la nature, que lorsqu'ils sont achevés. Toute mathématisation, au même titre que tout raisonnement qui divise le mouvement, est ainsi un regard en arrière, sur un processus déjà clos, étendu dans l'espace et qui, partant, admet la comparaison avec d'autres mouvements potentiels, recouvrant le même espace. En lui-même, chaque mouvement est cependant quelque chose d'originaire, il est un tout vivant. Comme il ne peut pas être divisé en mouvements plus courts, il n'est pas non plus composé d'autres mouvements.

L'analyse aristotélicienne des paradoxes de Zénon est-elle dirigée uniquement contre les Éléates qui, à l'époque où il compose la *Physique*, ne sont pourtant qu'un objet d'étude théorique au sein de l'Académie ? On peut penser que c'est, au contraire, *contre les platoniciens* qu'Aristote met en avant l'argument éléatique, car son exposé s'applique avant tout à démontrer qu'un continu composé d'éléments, un continu comme ensemble d'éléments, ne saurait pas y faire face. Les arguments de Zénon contre le mouvement servent ainsi à Aristote à édifier une théorie du continu *en général* – non seulement d'un continu du mouvement, mais également, sur la base de celui-ci, d'un continu temporel et d'un continu spatial qui se correspondent.

Aristote est contraint d'abandonner la théorie platonicienne du continu parce qu'il a abandonné la théorie du devenir, les principes de l'étant et les principes du mouvement qui étaient ceux de Platon. L'instance ou expérience cruciale qui décide entre les deux conceptions, ce sont les paradoxes de Zénon contre le mouvement, paradoxes auxquels résiste sa conception du continu du mouvement comme tout organique, divisible seulement en puissance, de façon fictive, artificiellement.

*

Quelle est cependant la fonction de ces considérations sur la continuité du mobile et du mouvement, que signifie cette insistance sur l'unité et la non-compositionnalité foncière du mouvement du point de vue de la structure d'ensemble de la doctrine aristotélicienne du

1. W. Barrett, *Aristotle's Analysis of Movement...*, p. 32.

mouvement, telle qu'elle se déploie dans les livres III, V, VI et VIII de la *Physique* ?

Les considérations sur le mouvement en tant que continu, avec toutes les conséquences, étaient sans nul doute, pour Aristote, d'une importance capitale dans l'édification minutieuse de la preuve suprême de l'origine et de l'unité du mouvement du monde qu'il se proposait de présenter. La continuité du mobile, jointe à la continuité et à l'unité intime du mouvement, élimine définitivement l'âme du monde platonicienne des causes du mouvement du monde. Si chaque mobile est continu, il est nécessairement étendu et, partant, nécessairement matériel. D'autre part, l'éternité et la perpétuité des *divers* mouvements dans le monde doivent être selon Aristote, en dernière analyse, l'œuvre d'une cause motrice *une*, laquelle ne peut pas être tantôt en mouvement et tantôt non, mais à laquelle le mouvement appartient comme l'acte de sa vie, acte essentiellement un, qui ne peut être composé de parties. Non pas l'âme du monde, qui peut aussi bien finir que commencer le mouvement, mais un être dont la φύσις même comporte le mouvement éternel devra être postulé à l'origine de l'unité en même temps que de l'infinie diversité du devenir cosmique. En un mot : la signification systématique de la théorie de la continuité est de préparer le concept de *primum mobile.*

8

Nous arrivons là à la récapitulation de la synthèse finale de la doctrine aristotélicienne du mouvement, synthèse dont l'objet est *l'origine du mouvement.*

Cette synthèse est préparée dès le début de la réflexion sur le mouvement et sur la φύσις.

Son pilier central est l'idée de la φύσις comme principe de toute loi et de tout ordre dans le mobile et son mouvement – analysée amplement au livre II.

Son double point de départ est le principe de causalité comme fondement de l'éternité du mouvement et de la nécessité d'un moteur, fourni par les analyses des premiers chapitres (1-3) du livre III.

Opérer cette synthèse, c'est éliminer progressivement les processus qui ne sont pas à même de remplir la fonction de mouvement premier et éternel : celui qui garantit que tous les autres, finis et discontinus, formeront dans les siècles une chaîne qui jamais ne sera rompue. Ceci a été préparé par la mise à part du couple γένεσις-φθορά, exclu, au livre V, du mouvement proprement dit.

Le livre VIII, pour sa part, élimine l'altération (ἀλλοίωσις) et les mouvements contraires dans le domaine du déplacement (φορά). Cette élimination est guidée par l'idée de continuité et d'unité élaborée aux livres V et VI.

Nous ne pouvons ici analyser la synthèse opérée par Aristote avec la même minutie que nous avons consacrée aux premières parties de la *Physique*. Cela exigerait un traitement d'une ampleur qui en ferait un ouvrage à part. D'ailleurs, cette synthèse pose essentiellement la question de la *vision du monde* d'Aristote – là où notre propos est avant tout de mettre en relief ce que nous avons appelé le caractère ontologique de sa doctrine du mouvement.

Nous passerons en revue les étapes de sa démonstration détaillée, aussi riche en éventualités de toute sorte qu'en digressions intellectuelles.

Le mouvement est-il né un jour? Périra-t-il? Ou bien est-il sans génération ni périssement, quelque chose qui était de tout temps et sera à jamais? Se mouvoir, est-ce le lot impérissable et incessant des choses étantes, en quelque sorte la vie de tout ce qui est constitué par la φύσις, la nature?

Le mouvement est éternel. Le repos absolu est inconcevable, le principe de causalité ne permet pas de penser le monde en état d'immobilité. Le mouvement est en effet, comme nous le savons, l'action d'un moteur sur un mobile. Il présuppose donc, d'une part, un moteur, d'autre part, dans ce sur quoi le moteur agit, la capacité, la puissance d'être mû. Or, et la puissance et le moteur ou bien ont dû être engendrés, ou bien existent de tout temps. Si le moteur et la puissance d'être mû ont été engendrés, il s'ensuit qu'il y avait une action et un mouvement – la génération – avant le mouvement qu'on a commencé par supposer premier. Si le moteur et la puissance d'être mû n'ont pas été engendrés, s'ils sont là de tout temps, mais que le mouvement ait eu un commencement, il faut croire que le moteur et la puissance d'être mû ont changé, passant d'un état où ils ne pouvaient agir l'un sur l'autre à un état où cela est devenu possible, ce qui fait derechef apparaître l'impossibilité de concevoir un commencement absolu du mouvement dans le temps. La continuité du temps confirme ce que nous avons vu en considérant la causalité. Ce que nous saisissons dans le temps n'est jamais que le « maintenant », qui n'est pas un intervalle, mais une simple frontière entre présent et passé. Comme il est cependant toujours, en tant que limite, la fin d'une chose et le début d'une autre, il est impossible de statuer un premier instant : il y a toujours un temps antérieur; et comme (nous le verrons tout à l'heure) le temps est une détermination du mouvement, le temps éternel signifie aussi le mouvement éternel. Ce qui vaut *a parte ante* vaut aussi, *mutatis mutandis*, *a parte post*. La fin du mouvement est tout aussi inconcevable que son commencement. Toutes les tentatives de penser autrement – l'alternance de périodes de mouvement et d'immobilité absolue, d'après Empédocle, ou l'idée d'Anaxagore selon laquelle les choses auraient été depuis toujours en repos avant que le νοῦς ne les départage en les mettant en mouvement – *sont contraires à la nature* de la φύσις, qui est, comme nous l'avons vu partout, un principe d'ordre et de loi, non d'arbitraire ou de gratuité. La cause n'est même pas, comme dit Démocrite, « qu'il en a toujours été ainsi [1] », car même ce qui est de tout temps, à moins d'être comme tel principe, doit avoir une raison supérieure – le théorème de la somme des angles d'un triangle a toujours été valable, et pourtant il a des raisons supérieures qui permettent de le démontrer.

Le mouvement est donc éternel. Se pose alors la question de sa répartition dans le monde : est-il aussi universel ? L'expérience sensible déjà répond clairement que tout n'est pas en repos ; il n'est pas non plus difficile de démontrer que tout n'est pas en mouvement. La question devient alors de savoir si toutes choses sont tantôt en mouvement, tantôt en repos, ou s'il en va autrement, s'il n'y en a pas qui sont toujours en mouvement, d'autres toujours en repos, d'autres encore alternativement en mouvement et en repos.

La suite du raisonnement se fonde sur la preuve qui est faite que rien ne se meut soi-même, que tout mobile, par nature ou par contrainte, est mû par l'action d'une cause motrice externe ; les animaux, les éléments et les choses matérielles qui tombent ou tendent à s'élever ne font exception qu'en apparence. Même les animaux ne se meuvent pas eux-mêmes, c'est plutôt l'une de leurs parties qui les meut, partie qui, elle, est mue par des influences extérieures.

Tout est donc mû par quelque chose. Cela dit, ce qui est mû peut l'être ou directement ou indirectement, à travers un instrument. Il peut se constituer ainsi toute une série, un enchaînement de moteurs. La chaîne a cependant nécessairement un commencement – ou bien quelque chose qui se meut soi-même, ou bien un mouvant qui est lui-même immobile. Se mouvoir soi-même, cette idée que Platon partage avec le gros bon sens est en contradiction avec l'expérience et les principes de la *Physique*. Ce qui se meut soi-même doit être étendu,

1. Cf. *Physique*, VIII, 1, 252 a 33-35. *(N. d. T.)*

comme tout mobile, et ne peut se mouvoir tout entier, car cela voudrait dire que le mouvant serait *en tant que tel* mû, le construisant construit, l'enseignant enseigné, etc. Même ce qui est couramment qualifié d'automoteur doit donc avoir une partie immobile, qui le meut. En tout état de cause, les mouvements médiats renvoient toujours à un premier moteur qui lui-même ne se meut pas.

Ce stade du raisonnement donne ainsi une première thèse solide : il y a nécessairement quelque chose qui ne se meut pas, mais, étant en dehors du mouvement, est en même temps la source du mouvement. Il n'est pas encore clair si cette chose est une ou multiple, périssable ou éternelle. En effet, les âmes en tant que sources immobiles du mouvement pourraient tantôt être, tantôt ne pas être, sans génération ni périssement. Mais de telles causes éphémères ne peuvent être à l'origine de l'éternité du processus de génération et de périssement. L'éternité et la continuité de la génération et du périssement ne peuvent provenir d'aucune cause singulière de ce genre, ni de leur ensemble, car la cause d'un tel processus nécessaire et éternel doit être elle aussi nécessaire et éternelle. Les moteurs immobiles qui naissent et périssent sont eux-mêmes dépendants de la cause de la génération et du périssement qui les contient tous. Comme le mouvement est éternel, sa cause première sera elle aussi éternelle; si elle est une, elle sera unique, mais il n'est pas impossible qu'il n'y en ait davantage. Cela dit, il est plus raisonnable d'en admettre un nombre fini plutôt qu'un nombre infini, le plus conforme à la raison étant de n'en supposer qu'une seule.

La *continuité* du mouvement plaide décidément en faveur de l'unicité du premier moteur immobile. Si le mouvement est éternel, cela ne signifie pas simplement une *multiplicité* de mouvements *consécutifs*, qui se rattachent les uns aux autres, mais un mouvement *un*, car seul le mouvement *un* est continuel, continu. Or, le mouvement un signifie un seul moteur et un seul mû : un moteur immobile un et éternel et un premier mobile un et éternel.

On mesure là le lien étroit de la thèse aristotélicienne de l'indivisibilité du mouvement avec l'idée du mouvement unique de la plus haute sphère et l'unicité du premier moteur immobile.

Le premier moteur immobile est sans mouvement non seulement *en soi*, mais encore *par accident*; se mouvoir accidentellement, comme l'âme en mouvant le corps, c'est se mouvoir sous l'action de causes externes qui ne sont pas toujours agissantes; il s'ensuit que ce qui se meut par accident n'aura pas la possibilité de mouvoir d'un mouvement continu.

L'éternité et l'unicité du premier mobile découlent alors de l'éternité et de l'unicité du premier moteur. Ce n'est qu'avec le premier mobile éternel que le premier moteur constitue la cause pleine et effective de la génération et du périssement perpétuels. Le premier moteur, lui, agit toujours de même ; la naissance de choses toujours nouvelles requiert donc quelque chose qui change continuellement. Tel est le mouvement du premier mobile, lequel est, envers toutes choses, dans un rapport toujours différent, du fait précisément de son mouvement. – Nous savons désormais non seulement qu'il y a des choses qui sont toujours en repos, mais aussi qu'il y en a une qui est continuellement en mouvement ; nous savons aussi pourquoi il y en a, par ailleurs, qui sont tantôt en repos et tantôt en mouvement : le mouvement du premier mobile, causé par le moteur immobile, produit à son tour d'autres mouvements qui ne sont pas continus ni toujours identiques.

À ce stade, tout a été prouvé *in abstracto* : reste à concrétiser, à montrer de quelle nature est le *primum mobile* et de quel mouvement il est mû par l'action du *primum movens*, comme aussi de quelle nature doit être le *primum movens* pour être à même de produire un mouvement un, éternel et continu.

De quelle manière se meut le *primum mobile*, c'est ce que révèle l'ordre de dépendance réciproque des mouvements. Le *primum mobile* ne peut se mouvoir que du mouvement dont tous les autres dépendent et découlent. Il est clair que cela ne peut pas être le couple γένεσις-φθορά. Il faut montrer qu'il ne peut pas davantage s'agir de l'altération, du changement qualitatif (ἀλλοίωσις). L'ἀλλοίωσις n'est pas le premier des mouvements parce qu'elle présuppose toujours le mouvement local : d'une part, de ce qui la produit, d'autre part, en elle-même, intrinsèquement – se fondant toujours sur un processus de condensation-raréfaction qui implique un changement de lieu ; de surcroît, elle ne peut, en tant que processus entre des contraires, être continue ; la translation, en revanche, est le seul processus qui peut être continu, le seul qui peut engager les choses éternelles, le seul qui n'affecte pas l'essence intime de ce qui en est mû. Or, une fois établi que la translation est le premier des mouvements, il redevient nécessaire de montrer auquel des différents modes de translation revient la primauté, ce qui se fait derechef à travers une réflexion sur la continuité, l'unité et la possibilité d'un mouvement éternel.

Il apparaît que, parmi les mouvements simples (auxquels se réduisent les possibles mouvements composés), aucun mouvement en ligne droite ne peut être un, éternel et continu; en effet, ne pouvant pas se poursuivre à l'infini, lequel n'existe pas, le mouvement rectiligne est contraint de revenir à son point de départ s'il veut continuer; le retour cependant présuppose un arrêt, sans cela il y aurait un instant où la chose aurait deux déterminations opposées – mouvement à la fois vers le haut et vers le bas – ce qui est contraire à l'essence même du mouvement, laquelle exclut la présence simultanée en acte de déterminations contraires dans un même substrat. Même le mouvement selon un cercle (à la manière, par exemple, du fil à plomb qu'on fait tourner) ne suffit pas. Le seul mode de continuité possible est celui qui caractérise la rotation de la sphère, tournant uniformément sur elle-même sans changer de position, en déplaçant simplement ses parties toujours dans la même direction et à la même vitesse. Le mouvement uniforme de rotation de la sphère (céleste) est en même temps la mesure de tous les autres mouvements; c'est le seul mouvement susceptible d'une uniformité absolue (Aristote sait que le mouvement rectiligne – le mouvement de chute libre, par exemple – est accéléré).

Ayant ainsi montré quel doit être le mouvement du *primum mobile* – et, partant, quel est le mouvement continu produit par le *primum movens* – reste à expliquer où est ce premier moteur et quelle est la force par laquelle il agit. Aristote pense pouvoir situer le moteur à la périphérie du monde, car c'est là que le mouvement est le plus rapide, et l'expérience apprend que le mouvement n'est nulle part plus rapide qu'à proximité du moteur. Il croit également pouvoir affirmer que la force par laquelle le premier moteur agit est nécessairement une force infinie, car aucune force finie ne saurait mouvoir pendant un temps infini. Or, comme aucune chose étendue, matérielle ne peut avoir une force infinie, le moteur immobile doit être lui-même exempt de toute matière. Il est indivisible, sans parties et sans grandeur.

On le voit, la « preuve » du premier moteur qu'Aristote présente dans la *Physique* fait appel exclusivement à des moyens physiques. Il se borne à rechercher la cause du mouvement, cause motrice au sens strict, source première de tous les mouvements. La force par laquelle le moteur meut n'est déterminée que de façon quantitative – non dans son fond propre, mais selon l'effet qu'elle produit. L'*in*extension et l'*im*matérialité aussi sont des déterminations purement négatives, découlant nécessairement de son mode d'action. Aristote tient beaucoup à différencier la manière dont le πρῶτον κινοῦν est traité *ici* et la réflexion dont il fait l'objet dans la science philosophique première, dont nous aborderons bientôt l'analyse. Il est donc compréhensible que certains exégètes (M. De Corte et d'autres) identifient le premier moteur de la *Physique* avec l'âme du premier ciel en le distinguant toujours du moteur immobile du livre Λ de la *Métaphysique*[1]. Pourtant, l'âme du ciel est κινούμενον, du moins κατὰ συμβεβηκός. Par conséquent, il faut sans doute considérer les moteurs de la *Physique* et de la *Métaphysique* Λ comme identiques, à ceci près que, pour des raisons méthodiques, Aristote dans la *Physique* ne traite de l'étant immatériel que comme principe de mouvement, et non pas en lui-même. Cette abstention même indique qu'à l'époque de la rédaction du livre VIII de la *Physique*, la doctrine du moteur immobile existait probablement déjà sous la forme que nous connaissons par la *Métaphysique*.

9

Ce n'est qu'à présent, après ce tour d'horizon des dépendances causales du mouvement, ayant établi que tous les mouvements inférieurs dépendent du mouvement perpétuel et parfaitement continu de la sphère céleste en tant que mouvement premier, que nous pouvons reprendre l'examen de ce qui permet de comparer les mouvements à la fois dans leur continuité et dans leur divisibilité, à savoir le temps.

C'est à Aristote qu'on doit la découverte du temps comme caractéristique fondamentale et indispensable, moment inséparable du mouvement. Ni Démocrite ni Platon ne pensent le mouvement comme se déroulant dans le temps[2]. Platon s'intéresse surtout à la genèse de l'être au sens supratemporel, à partir des principes. La doctrine de Démocrite, rapportant tout aux atomes, considère le devenir dans des insécables temporels, jamais dans le passage de l'un à l'autre : d'une manière donc qui n'a rien de temporel. Aristote, en revanche, affirme que tout mouvement est nécessairement dans le temps[3] et aussi que le temps n'existe pas sans le mouvement. Qu'est-ce que le temps chez Aristote ?

La réflexion sur le problème du temps montrera derechef qu'Aristote n'est pas un partisan naïf du point de vue qualitatif. Bien loin de se laisser guider par une aversion pour la quantité en tant que telle, il tient

1. Cf. L. Sweeney, « L'infini quantitatif chez Aristote », p. 524. *(N. d. T.)*

2. Sur Démocrite, voir W. Barrett, *Aristotle's Analysis of Movement*..., p. 56 ; sur Platon, *supra*, chap. I, p. 63 *sqq*.

3. *Physique*, IV, 14, 222 *b* 30 *sqq*.

à l'optique quantitative comme ce qui rend possible de comparer les mouvements entre eux, possibilité qui, si elle ne saurait conduire à l'essence même du mouvement, n'en est pas moins indispensable. Nous verrons qu'aux yeux d'Aristote le temps représente précisément cette possibilité de comparaison réciproque, charpente quantitative de tout mouvement. Cette armature quantitative fondamentale est un présupposé indispensable de toute mathématisation du mouvement. Loin de s'opposer par principe au traitement mathématique du mouvement, Aristote est celui qui, par son analyse du temps, rend pour la première fois un tel traitement possible.

Il ébauche le problème du temps par un exposé qui renferme la question entre deux positions extrêmes : l'une situe principiellement le temps et ses moments parmi les non-étants, l'autre l'identifie ou à la réalité concrète du monde en général ou à une réalité particulière dans le monde.

La première position, que nous n'analyserons pas dans le détail, s'efforce de démontrer la non-réalité du temps d'une manière qui évoque nettement les arguments des Éléates contre la multiplicité et la diversité du devenir, en confinant le phénomène donné dans des alternatives dont chaque terme se révèle absurde. Ainsi le temps se compose, selon cette façon de voir, de deux irréels, entre lesquels se dresse la limite également irréelle du « maintenant ». Le « maintenant » lui-même est frappé d'une absurdité semblable : il ne peut ni être toujours autre ni demeurer toujours le même. – L'autre position identifie le temps ou bien avec le mouvement du tout du monde, ou bien avec le tout en tant que tel. Les deux propositions sont impossibles : la première bifferait complètement le temps ; la seconde l'identifie à ce sans quoi il ne serait pas possible, mais qui ne coïncide pas avec lui. Le temps n'est, sans nul doute, rien d'irréel, sans non plus être aussi réel que les êtres et leur mouvement naturel. Le mouvement, en effet, est l'affaire intime de chaque être qui se meut, tandis que le temps est quelque chose qui leur est commun à tous ; et le mouvement a chaque fois une vitesse, plus ou moins grande, tandis qu'on ne peut pas parler de la vitesse du temps – la vitesse étant précisément ce que le temps sert à mesurer. Il est donc clair que le temps non seulement n'est pas un être quelconque, il n'en est pas davantage le mouvement.

Pour autant, on ne peut pas dire non plus qu'il soit indépendant du mouvement. C'est seulement là où l'on constate du mouvement, du changement, que l'on constate aussi du temps. S'il ne se produit aucun changement dans notre esprit, ou qu'il s'en produise un, mais à notre insu, nous n'avons pas la sensation du temps qui passe. La condition de la perception du temps, ce sont deux « maintenant » qui se distinguent l'un de l'autre et délimitent un intervalle. Si deux « maintenant » se confondent, ce qui peut arriver pour ceux qui passent l'intervalle à dormir, il n'y a aucune conscience du temps, l'âme se croit toujours dans le même état, dans la même phase indivisible; inversement, là où deux « maintenant » nous servent à délimiter un intervalle, il y a nécessairement eu un changement; un tel changement est d'autant plus patent qu'il est plus simple, moins il y a d'éléments qui y participent – ainsi quand, dans l'obscurité, dans un état de passivité totale du corps, nous sentons simplement qu'il se passe quelque chose en nous, nous avons pour ainsi dire la pure impression du passage du temps, passage qui est tout ensemble la conscience d'un changement, d'un mouvement. Bref, il est clair que, si le temps n'est pas un mouvement, sans le mouvement il n'est pas. Il s'agit donc d'établir quel aspect, quel moment du mouvement est le temps.

Nous arrivons là à un point important : la classification du temps parmi les grandeurs continues. Le mouvement s'effectue toujours de quelque part vers quelque part – et Aristote pense ici au mouvement local; l'intervalle, le trajet est continu; sa continuité fait que le mouvement est continu, et le fait que le mouvement soit continu fait que le temps l'est aussi. Le trajet est le premier facteur qui implique quelque chose comme une succession – un rapport entre « antérieur » et « postérieur »; le mouvement aussi tient ce rapport de son trajet. La suite « antérieur-postérieur » est alors parcourue par toujours de nouveaux « maintenant », c'est-à-dire par toujours de nouvelles phases du mouvement; dès lors que nous distinguons deux phases dont l'une précède et l'autre suit, nous disons qu'il s'est écoulé du temps – le temps est donc cet « avant-après » dans le mouvement, défini par au moins deux « maintenant »; entre les « maintenant » s'étend un intervalle, une infinité potentielle de phases; le temps existe dès lors que l'âme le circonscrit au sein de cet infini en énonçant deux « maintenant » distincts l'un de l'autre. Or, que fait l'âme en disant ainsi, toujours à nouveau, « maintenant »? Rien d'autre que lorsqu'elle divise un trajet (un intervalle de lieu) toujours à nouveau, en sorte qu'il se laisse finalement comparer avec une unité de mesure, la coudée ou le pied, ou lorsqu'elle applique toujours à nouveau une mesure à un objet mesuré : elle marque des limites, elle délimite, et délimiter, c'est dire un et un, etc., à l'indéfini. Mesurer, c'est faire la somme de ces unités qui sont comme des entailles dans le continu. De même que la mesure spatiale signifie des coupes dans le continu du lieu, la mesure temporelle signifie des coupes dans le continu du mouvement. Or, un ensemble d'unités, c'est un nombre. Le temps n'est rien d'autre que le nombre du mouvement, considéré selon la dimension de « l'avant » et de « l'après », autrement dit, selon « l'antérieur et le postérieur ». De même que nous déterminons le « plus » et le « moins » dans l'espace par un nombre ou, le cas échéant, par une mesure, de même le temps est ce qui nous sert à déterminer un plus ou un moins de mouvement, un mouvement plus ou moins grand.

D'où vient l'« antérieur-postérieur » dans le mouvement ? Nous l'avons déjà vu : du trajet. Observons une bille dans une rainure légèrement inclinée et posons maintenant le doigt sur son point de départ : voilà fixé « l'antérieur ». La bille, demeurant la même, arrive jusqu'en bas, au terme de son trajet, et c'est là qu'elle se trouve « maintenant ». La distinction « antérieur-postérieur » – l'intervalle simultanément donné – est fournie par le trajet ; le « maintenant » identique est fourni par l'objet qui se meut et qui est toujours le même. Ainsi un même (corps) reçoit des attributs toujours différents, maintenant ici, maintenant là-bas, maintenant plus loin encore… La diversité pénètre le « maintenant » du fait de ces attributs toujours nouveaux, alors que le « maintenant » lui-même est comme une unité vis-à-vis de l'infinité de phases qu'il traverse.

S'il correspond à un mobile dont le mouvement « de… vers… » est un, ininterrompu, il est clair que le « maintenant » rend ce mouvement à la fois continu et divisé. En tant qu'il est le même, le « maintenant » constitue la continuité du mouvement, ce qui en lui est un ; en tant qu'il a toujours de nouveaux attributs, il divise. Il faut deux « maintenant » pour constituer un nombre ; le temps est donc un nombre de même que les extrémités d'un segment de droite ; le « maintenant » ne fait jamais partie du temps, il n'en est que la limite ; il en va exactement comme du point, qui ne fait jamais partie de la ligne, n'étant que la limite de sa continuité. Cela dit, il y a une différence entre la manière dont le point divise et la division que représente le « maintenant ». Le point peut être à la fois commencement et fin ; cela étant, la division *en tant que mouvement* s'arrête un instant dans ce point. Le « maintenant » ne peut pas marquer ainsi un temps d'arrêt, à moins que le mouvement ne s'arrête avec lui – mais alors le temps aussi disparaîtrait.

Le temps n'est donc ni le mouvement, ni le discontinu des « maintenant » dénombrés, mais une grandeur continue qui permet de mesurer tout mouvement ; il advient lorsque nous comparons des mouvements en les coordonnant à un autre continu, celui du trajet; par cette coordination, par le fait de dire « maintenant », nous introduisons dans la continuité du mouvement le temps qui, sans faire partie du mouvement, permet de le diviser en parties et, partant, de comparer différents mouvements entre eux; la division et la comparaison peuvent se poursuivre à l'infini, et la grandeur qui rend la comparaison possible est précisément le temps.

C'est dire qu'en parlant du temps comme du nombre du mouvement dans sa coordination avec l'avant et l'après, Aristote ne veut pas affirmer la discontinuité du temps; si le temps est un nombre, c'est simplement au sens où les grandeurs continues aussi se dénombrent, par exemple, les segments de droite, qui peuvent être assemblés.

Il est clair que la continuité du temps dépend de la continuité du mouvement, l'existence même du temps, de l'existence du mouvement continu : le temps est rendu possible par le seul fait que le ciel se meut continûment d'âge en âge.

Reste encore à régler la question du sens précis dans lequel le temps est un nombre. Le nombre au sens abstrait, ce par quoi on compte ou dénombre les choses, est, bien entendu, sans rapport avec le temps. Des déroulements temporels comptés peuvent même avoir le même nombre, c'est-à-dire être de longueur égale, sans avoir nécessairement le même temps; ils peuvent, en d'autres termes, se situer à l'intérieur de différentes portions de temps. En parlant ici du nombre, il faut préciser qu'il s'agit du nombre concret, non pas du nombre par lequel on dénombre, mais du nombre nombré, du nombre du mouvement même. Comprendre : le nombre au sens, non pas du dix en général, mais de dix brebis ou de dix personnes. Parce qu'il y a un rapport de ce genre, où la chose indique *ce qui* va être nombré, la détermination est réciproque, la chose déterminant le nombre comme le nombre la chose : ici aussi le mouvement indique ce qui va être nombré, et c'est le mouvement récurrent, périodique, qui donne le nombre dont il s'agit : le jour, le mois, l'année. Le même mouvement, parcourant le même trajet, devient ainsi une mesure pour d'autres et d'autres encore, qui se composent à partir de lui, définissant une mesure du temps valable pour tous les mouvements qui coïncident avec eux quant au commencement et à la fin, à l'« antérieur » et au « postérieur ». Il est caractéristique de la mesure temporelle de mesurer divers degrés de concrétude – pour tous les intervalles de grandeur égale, elle est plus abstraite, pour tous les mouvements simultanés, plus concrète, dénombrant, dans le premier cas, les espèces, dans l'autre, les individus. Les espèces n'ont pas besoin d'être simultanées, mais seulement de grandeur égale ; les individus doivent être, de plus, simultanés.

Arrivé là, on voit aussi ce que cela signifie que d'être dans le temps. Cela ne veut pas dire « être en même temps que le temps » considéré comme un milieu neutre, une sorte d'espace du mouvement. Être dans le temps, c'est être mesuré par le temps, être en lui comme dans un nombre. C'est dire que chaque chose, chaque processus dans le temps en est englobé, car il y a toujours autre chose encore – encore un temps qui excède leurs limites.

On le voit, le temps n'a rien d'originel ; au contraire, il est, par tout ce qui le caractérise, dérivé. Ce caractère secondaire se reflète également dans le fait que le temps est quelque chose de négatif. Son action en elle-même est toujours destructrice : la durée temporelle ne construit pas, elle démolit. Dans le temps, on vieillit, on oublie, on périt ; la simple durée ne crée rien, en ne faisant que durer, l'homme n'aura rien appris. Ce n'est donc pas le temps qui fait le caractère créateur du mouvement ; celui-ci tient foncièrement à autre chose – au fait que le mouvement, tout imparfait qu'il est, est néanmoins actualité, acte, décision d'un possible. Cette décision ne peut s'opérer que dans le temps ; telle est la limitation, la face négative, l'imperfection du mouvement.

À titre primaire, le temps est la mesure du mouvement ; comme toutefois le repos est un mode déficient du mouvement – la privation de mouvement dans ce qui en est susceptible –, le temps mesure accessoirement le repos aussi ; tel corps demeure au même endroit, tandis que tel autre se meut, et le même nombre qui dénombre les étapes du mouvement de celui-ci indique la longueur de la demeure de celui-là au même endroit. En effet, ce qui est en repos peut « être dans le même nombre » que ce qui est en mouvement.

La constatation la plus importante est donc que tout changement ou mouvement a lieu dans le temps ; le temps advient par la coordination du mouvement à un trajet ; en regard de l'originarité et du caractère créateur du mouvement, le temps est quelque chose de négatif ; son caractère quantitatif n'est pas une force, mais une faiblesse, une atténuation de l'originarité et de l'intégrité du mouvement, qui a cependant comme conséquence marquante la notion de vitesse : le trajet plus ou moins long parcouru en une unité de temps. Le trajet, le temps, la vitesse sont trois quantités continues qui se conditionnent réciproquement, et Aristote est, à notre connaissance, le premier penseur à insister comme il convient sur cette interdépendance.

Comme le temps est un nombre et que le nombre présuppose quelqu'un qui dénombre, le temps est d'une certaine manière lié à l'âme. Non qu'il soit quelque chose de subjectif. Le nombre de bêtes dans un troupeau non plus n'est rien de subjectif; pourtant, seul l'intellect de quelqu'un pourra réellement dénombrer le troupeau qui, objectivement, est simplement nombreux. Il en va de même du temps : les mouvements sont susceptibles d'être coordonnés entre eux et avec des trajets, mais il faut quelqu'un pour effectuer la coordination. Ce qui réalise la coordination actuelle, c'est l'âme et, dans l'âme, le νοῦς; l'âme tire parti des mouvements réguliers pour en faire des mesures effectives, les ὥραι (mot qui donnera nos « heures »); les mouvements cosmiques deviennent ainsi des instruments de comparaison et de mesure.

Comparant la conception du temps chez Aristote avec la détermination platonicienne de l'âme, l'on constate sur ce point justement un contraste singulier.

L'âme d'après Platon se meut elle-même précisément parce qu'elle domine une pluralité de phases, une diversité de positions « avant » et « après » – elle ne compare pas simplement le mouvement et le trajet, mais projette et reprend dans son présent différentes étapes du mouvement. Aristote, en traitant du temps, ne demande même pas ce qui donne à l'âme la possibilité de dénombrer; il ne prend pas davantage en considération le fait que le trajet en lui-même ne comporte aucun avant-après, mais reçoit ce caractère du mouvement qui, lui, serait confiné au pur présent ponctuel si ses étapes passées n'étaient pas retenues et celles qui se préparent anticipées. Lorsqu'il pose cette question dans le traité *De memoria*, il la ramène à la mémoire, réponse qui pourtant contient d'ores et déjà une orientation temporelle, les dimensions du temps comme quelque chose d'originaire. Aristote voit le problème du temps presque entièrement dans le seul domaine de la chronométrie; non pas le temps comme ce qui rend possible la mesure, mais les processus dans le temps, voilà ce qui l'intéresse.

*

Si nous voulons proposer maintenant une évaluation globale de la doctrine aristotélicienne du mouvement et du mobile, il faudra revenir au schéma fondamental exposé dans le livre I de la *Physique*.

Ce schéma est l'apport philosophique propre d'Aristote en regard de Platon. Il renferme une telle profusion de conséquences et de possibilités philosophiques qu'on peut y voir sans exagération le germe organique d'une nouvelle conception à la fois de l'être et des étants dans leur ensemble.

La première découverte fondamentale de ce schéma est la nécessité d'un porteur. Chaque mouvement part d'un porteur, il en est la détermination active-passive – en tout état de cause, quelque chose d'interne. Il n'y a aucun mouvement en soi, aucun mouvement constitutif des déterminations des choses (comme le mouvement en géométrie qui « génère » les figures supérieures). Ce moment est à la racine de l'idée de la φύσις.

Il n'y a pas non plus de mouvement sans direction, pas de mouvement ayant un moteur, mais dépourvu de but, comme celui des atomes de Démocrite ; le mouvement est toujours déterminé par son point de départ et son but, ce vers quoi il tend.

La direction du mouvement n'est pas déterminée d'abord de façon spatiale – ce n'est pas un simple paramètre géométrique dans l'espace homogène. La direction du mouvement n'est pas du tout une question originellement spatiale, au contraire, ce sont les dimensions et les directions spatiales qui sont données par la direction originelle du mouvement. Or, cette direction originelle va vers le haut, c'est une croissance, une progression du moins-être au plus-être. Cela est donné par le fait que le point de départ est la στέρησις, le point d'arrivée l'εἶδος. Le mouvement va du – vers le +, du non-être vers l'être, du vide vers le plein (le cas échéant, vers une plus grande plénitude).

Cette direction originelle appartient au mouvement en tant que formation temporelle. L'alternance de la στέρησις et de l'εἶδος dans un substrat commun (en d'autres termes : le fait que le substrat parcourt une gamme continue allant de la στέρησις à l'εἶδος) est rendue possible par le fait que chaque mouvement se déploie dans le temps.

Le passage de la στέρησις à l'εἶδος s'explique par l'opposition δύναμις-ἐνέργεια (la δύναμις étant entendue comme force) et donne la clef du couple ὕλη-μορφή, ainsi qu'une garantie de l'originalité de chaque mouvement en connexion avec l'originalité de l'être qui se meut. Il y a autant de mouvements que d'êtres qui peuvent être déclarés indépendants. L'être et son ou ses mouvements sont inséparables ; l'être est une entité en mouvement bien plutôt que le mouvement l'une des caractéristiques de l'être. Étudier la nature, c'est au fond étudier les forces spécifiques qui rendent possible le mouvement des êtres dont le monde se compose et ces mouvements eux-mêmes. Comme le mouvement est quelque chose qui est originellement caractéristique de chaque être, son étude ne s'arrête pas à la mécanique et à la cinématique habituelles. L'étude de la nature est essentiellement dynamique.

Parce qu'il est déterminé par son commencement et sa fin (éventuellement, dans le cas de la κυκλοφορία, par le fait d'être au-dessus du commencement et de la fin, par un dépassement de la fin, lequel est néanmoins une caractéristique interne), le mouvement est toujours un tout, et cela un tout qui, dans son noyau, n'admet aucune comparaison. La comparaison des mouvements est toujours une tentative pour déterminer l'équivalence de différents mouvements par rapport à une composante abstraite. La division du mouvement, présupposé de toute mathématisation, est une telle comparaison. La mathématisation présuppose le regard abstrait qui morcelle l'unité du mouvement en multiplicité. La mathématisation est donc toujours quelque chose d'artificiel, qui ne saisit pas le caractère interne du mouvement en tant que tel ; quelque chose qui, en dernière analyse, compromet son originalité, le nivelle, ignore la circonstance que le mouvement n'a pas d'abord une signification et une orientation spatiales, mais plutôt une direction « vers le haut », vers la plénitude d'être.

Parce que le mouvement est déterminé par son d'où-vers où en tant que caractéristique d'un être tel ou tel, ayant son propre mouvement typique (c'est-à-dire « naturel »), l'étude de cet être mobile en tant que tel, l'étude de sa φύσις, est toujours à la fois l'étude de sa matière et de sa forme, mais davantage de celle-ci, car c'est en elle que réside sa caractéristique positive.

La régularité qui caractérise la φύσις et son action est ainsi essentiellement différente de la régularité mathématique. C'est la régularité d'une certaine forme essentielle, régularité qui signifie son insertion dans l'ordre global des choses. Cet ordre en tant que tel est ce qui garantit l'unité et le fonctionnement constant et régulier du monde. Pour cette raison, en tant que l'œuvre et l'ensemble de toute φύσις, le monde est unique et éternel. Le problème de l'émergence du monde à partir du chaos, le problème cosmogonique, dont tous les présocratiques se sont préoccupés et que le *Timée* de Platon aussi retient, du moins sous la forme mythique d'une allégorie, devient caduc ; le concept de φύσις précisément montre que c'est un faux problème.

La science et la philosophie modernes contesteraient au premier chef l'identification aristotélicienne du mouvement et du processus. Le processus est essentiellement changement, passage d'un état à un autre ; mais seuls quelques mouvements relèvent de ce concept, qui ne recouvre pas le mouvement en général. Le mouvement le plus fondamental de la mécanique classique, le mouvement d'inertie, n'est pas un changement – si ce n'est, à la rigueur, un changement de relations spatiales – mais un état. Et, du point de vue relativiste, l'état de mouvement et l'état de repos sont équivalents ; savoir ce qui sera considéré comme un mouvement ou un repos, cela dépend du système de référence.

Aristote tiendrait un tel point de vue pour un fruit de l'abstraction. Le mouvement d'inertie, uniforme et rectiligne, est un résultat de l'identification du mouvement avec le tracé géométrique de son trajet.

Sans rejeter par principe la géométrisation du mouvement, Aristote la tient pour un fruit de l'abstraction, qui n'en pénètre pas la nature. La véritable source du mouvement est malgré tout le changement, le processus, et le processus est indissolublement lié à la nature des êtres qui y sont engagés. Le processus n'est rien d'autre que l'histoire de ces êtres, leur « vie ». On peut, à partir de cette histoire, expliquer le mouvement mathématisable par l'idéalisation géométrique, mais il n'est pas possible, inversement, d'expliquer les processus dans leur diversité, l'univers vivant et toujours en croissance, à partir de la complication des mouvements mécaniques.

Il n'y a donc pas chez Aristote de refus de principe de la mathématisation (pour autant qu'elle ne prétende pas saisir l'essence du mouvement) ; simplement, ne tenant pas à prévoir et à maîtriser le mouvement, mais plutôt à l'expliquer et à le comprendre dans son sens, il ne s'y intéresse pas. Le propos de la science et de la philosophie n'est aucunement pour lui d'agir sur la réalité, de la dominer, de la transformer, mais plutôt – comme pour toute la philosophie grecque – d'agir sur et de transformer son propre rapport au tout du réel, son rapport au monde ; c'est la prise de conscience, la réflexion, l'explicitation de ce rapport.

Entre Aristote et la conception du mouvement qui est celle de la science moderne de la nature, il y a donc un décalage du point de départ : la science moderne attribue au mouvement une signification relationnelle, elle réduit les traits qualitatifs de la réalité au mouvement précisément en raison de sa mathématisabilité, elle voit par conséquent dans le monde bien plus de mouvement qu'Aristote : la chaleur, la lumière, les couleurs, etc., sont pour elle des mouvements.

D'un autre côté, la science moderne de la nature retrouve, sur une nouvelle base, la problématique aristotélicienne de l'individuation dans le mouvement même. Par le concours de la force et de l'inertie (le cas échéant, d'une pluralité de forces), il se constitue des figures de mouvement qui se conservent, qu'il s'agisse de l'orbite des planètes ou des structures atomiques et moléculaires [1].

Il y a donc, dans la conception de la science moderne de la nature comme dans celle d'Aristote, un certain accord pour considérer qu'on peut constater dans la nature un acheminement du non-individué vers l'individué, vers une individuation plus complexe et plus riche ; dans les deux optiques – la moderne comme celle d'Aristote – le non-individué est le fondement de l'individué, et au commencement, dans le plus élémentaire, le regard se perd dans quelque chose par rapport à quoi la question de l'identité individuelle, de la durée « personnelle », est dépourvue de sens. Chez Aristote, cette limite est la continuité des éléments ; pour la science moderne, l'individuation semble réservée aux structures matérielles relativement complexes ; au niveau des particules élémentaires, on se heurte à une limite en deçà de laquelle l'individuation, au sens de la possibilité d'identifier, dans un collectif donné, une unité déterminée à différents moments du temps, n'a plus de sens.

En général, on pourrait dire que plus un étant naturel est complexe et élevé dans l'échelle, et mieux le schéma aristotélicien, avec son idée du principe et du sens interne du mouvement, s'y applique, car plus il devient clair que de tels êtres ont une évolution se signalant par des traits typiques, une ligne de vie qui, si elle englobe bien les mouvements plus élémentaires à titre de moments et de parties intégrantes, ne se réduit pas pour autant à ceux-ci, n'en est pas simplement la somme ou l'ensemble. Tous les mouvements d'un être vivant, peut-être jusqu'aux réflexes et taxies, peuvent être placés sous le concept aristotélicien du mouvement ayant son d'où-vers où. Et le processus vital lui-même, dont tous ces mouvements font partie, comporte le trait qu'Aristote voulait pouvoir lire dans chaque mouvement, c'est-à-dire l'orientation ascendante, vers un plus-être, vers un maximum d'épanouissement des forces, des possibilités propres.

III

La *Physique* d'Aristote est l'héritière de la réduction platonicienne. Platon a montré que la tâche de la science est de réduire les phénomènes à leurs principes (poussant cette idée à l'excès dans la doctrine qui

1. Cf. W. Kossel, « Individuation in der unbelebten Welt », dans *6. Kolloquium der Gesellschaft für physiologische Chemie*, Berlin, Springer, 1955, p. 25-61.

prétend déduire tous les phénomènes, au bout du compte, des mêmes principes). Aristote procède à une révision de la doctrine des principes, découvre ce faisant les fondements de l'étant physique, mobile, en tant que tel, et juge que l'explication de la φύσις et de ses φαινόμενα, du point de vue de ces principes, peut être considérée comme une véritable science, non pas comme un mythe à la manière du *Timée* de Platon. Il se regarde probablement, pour cette raison, comme le fondateur de la physique en tant que science, tout en discernant clairement les mérites de penseurs plus anciens, notamment de Démocrite. Comme toutefois Leucippe et Démocrite négligèrent totalement le problème central de cette doctrine [1], à savoir la source interne du mouvement qui est pour ainsi dire la vie des choses, ils ne parvinrent pas à l'instituer proprement en science. – Dans notre approche de la physique aristotélicienne, nous avons vu apparaître une série de relations que nous nous sommes efforcé de faire mieux ressortir et d'élucider; nous avons relevé ainsi, comme germe de la théorie des principes, la distinction ὕλη–στέρησις/εἶδος; se pose ensuite, sur cette base, la question du « pourquoi » de la succession ou de l'alternance, conduisant à la différenciation du στοιχεῖον et de l'ἀρχή, ce qui entraîne la théorie définitive des quatre αἴτια. En même temps, l'autre face de la ὕλη en tant que δύναμις introduit l'opposition δύναμις-ἐνέργεια, qui rend possible la première définition explicite du mouvement-processus (κίνησις-μεταβολή) en tant que détermination *interne* de l'étant physique. C'est déterminer aussi la φύσις comme l'étant qui possède en soi une source de mouvement en ce sens. L'idée qu'Aristote se fait de la φύσις l'amène à rejeter comme superflue une grande partie de la substructure d'explication quantitative introduite par Platon dans le monde sensible. Cette même idée est aussi la base sur laquelle s'édifie une nouvelle théorie du lieu, qui aura des conséquences d'une immense portée (notamment le géocentrisme). D'autre part, la brèche ouverte dans la théorie platonicienne des principes avec le rejet de la « genèse » des figures géométriques nécessite également une théorie différente des continus, de l'étendue, du mouvement, du temps. Voilà quelques-unes des connexions qui nous ont paru éclairer le cheminement de la physique aristotélicienne, cette philosophie du mouvement la plus ambitieuse qu'ait connue l'histoire de la pensée – visant à réunir le plus bas et le plus haut, à fournir une explication unitaire de tout l'étant, depuis la pierre qui tombe jusqu'à la pensée philosophique et aux faits et gestes historiques de la communauté.

1. *Métaphysique*, A, 4, 985 *b* 20 : ῥᾳθύμως ἀφεῖσαν.

1

Première esquisse d'une science universelle, qui se propose de ramener, de restreindre, de « réduire » justement l'infinie diversité des phénomènes à un petit nombre de concepts pouvant être embrassés du regard et rationnellement maîtrisés, la réduction platonicienne n'est pourtant pas que cela. Que ce motif est bien présent, dans l'idéal réductif comme dans son modèle intuitif, l'idée des στοιχεῖα = γράμματα, à laquelle l'exposé d'Aristote aussi reste attaché, cela ne fait aucun doute ; mais, plus profondément, cet idéal est sous-tendu par l'ambition philosophique de découvrir ce qui, derrière tout, est en même temps contenu dans et se manifeste en tout, de mettre ainsi le doigt sur le lien qui relie tout à tout, la domination du tout sur les parties, la présence dans toutes les parties d'une unité qui fait que tout se tient, « *was die Welt im Innersten zusammenhält*[1] », l'unité absolue qui fait justement de la totalité de l'étant un tout. La méthode dite « de réduction » n'est pas en réalité une réduction, au contraire, elle est pour Platon le moyen de pénétrer le noyau qui jette une lumière sur le tout. C'est seulement dans la réduction que Platon découvre le sens de la doctrine des Idées : qu'il ne s'agit pas tant de l'universel en tant que qu'universel que du *tout*, de sa présence et de sa domination dans les parties[2].

Or, ce qui est ainsi relié et en connexion réciproque se nomme, chez Platon, τὸ ὄν, ce qui est, l'étant ; cela découle de l'« exercice » du *Parménide* (qui, dans sa première hypothèse, montre comment l'Un sans aucune relation est non seulement étranger à l'étant, mais s'abolit même en tant qu'Un), ainsi que du *Sophiste* avec sa συμπλοκὴ εἰδῶν[3]. Et, pour le vieux Platon, le domaine des relations, c'est tout le système de la réduction (exception faite des tout premiers principes) : le système de

1. Goethe, *Faust*, I, « La nuit », v. 382-383. *(N. d. T.)*

2. La conception de W. Jaeger nous paraît laisser à désirer dans la mesure où il ne voit dans la doctrine des Idées, chez le vieux Platon comme chez le jeune Aristote, qu'une théorie de l'étant immatériel, et non une théorie des premiers principes comme ce qui relie tout à tout au sein de l'étant, théorie donc de l'étant en totalité. La proto-métaphysique aristotélicienne a alors pour tâche unique la preuve de l'immatériel en acte. De ce point de vue, l'émergence de la métaphysique en son sens proprement aristotélicien (en tant que théorie générale de l'étant en totalité) devient, sinon incompréhensible, du moins quelque chose de tout extérieur. Dans l'esquisse qui suit, nous tenterons de montrer que la métaphysique, telle que la présente le livre Λ, a pour tâche, à travers l'existence de l'immatériel en acte, de présenter une théorie *nouvelle* de la connexion universelle de tout ce qui est.

3. Voir *supra*, chap. II, p. 53.

tous les *genera* et de toutes les *species*, procédant par dichotomies à partir des principes, par la méthode de la διαίρεσις platonicienne.

L'on a observé [1] que là où Platon veut indiquer la façon dont un *genus* particulier s'insère dans l'ordre global de tous les *genera*, il emploie souvent l'expression ταύτῃ… ᾗ… C'est dire que le ᾗ n'a pas une signification purement restrictive, *limitant* le *genus* à ses attributs génériques, mais marque plutôt l'intégration, la connexion avec le tout. C'est un usage qu'on retrouve chez Aristote aussi, même à l'époque de la maturité : ἄνθρωπος ᾗ ἄνθρωπος [2] signifie l'unité de l'homme, ce par où le concept d'homme *échappe à la division*. Le même auteur voit dans cet usage l'origine de l'ὂν ᾗ ὂν aristotélicien – ce qui caractérise chaque membre de la connexion universelle que représente le système « réductif ».

Tant qu'Aristote accepte, comme Platon, le système de « réduction », la tâche de la philosophie, la plus universelle de toutes les ἐπιστῆμαι, sera à ses yeux de « réduire » tout l'étant individuel, c'est-à-dire de le rattacher aux premiers principes de tout, plus particulièrement au principe actif, positif – l'Un.

Sur ce point, les exégètes divergent. Les uns affirment que cet examen de l'étant du point de vue des principes est à la fois science du plus-haut, du divin, théologie donc. L'expression ὂν ᾗ ὂν désignerait d'après cela la πρώτη οὐσία ; les ἀρχαὶ καὶ στοιχεῖα τοῦ ὄντος ᾗ ὂν seraient identiques à cet étant premier, ce seraient ses différents « aspects » [3].

Les autres rappellent que « le divin » n'est pas « la divinité », que la théorie des principes chez Platon est toujours universelle, puisque les premiers principes sont les principes de tout, ils sont ce qu'il y a de plus universel. D'après cela, la science des principes n'est pas uniquement une science de l'étant premier et suprême, mais porte aussi sur la manière dont chaque étant singulier est relié aux premiers principes, elle est donc véritablement une science générale de l'être en tant que tel, science de l'être en général, qui est également être en totalité [4].

1. Cf. L. Elders, « Aristote et l'objet de la métaphysique », p. 180.

2. *Métaphysique*, Δ, 6, 1016 *b* 4-6.

3. Ph. Merlan, par exemple, est de cet avis. C'est ce qui le pousse à nier qu'Aristote ait eu la moindre connaissance d'une science de « l'être universel », formel. [Voir *From Platonism to Neoplatonism*, chap. VII, et « Ὂν ᾗ ὂν und πρώτη οὐσία : Postskript zu einer Besprechung », *Philosophische Rundschau*, 7 (1959), p. 148-153.]

4. Tel est l'avis d'Elders.

On a signalé par ailleurs que les premiers principes peuvent être aussi autre chose que la substance première [1].

Les difficultés de cette question viennent de celles inhérentes à la pensée « réaliste », pour laquelle l'universel est en même temps un étant concret. Les premiers principes sont ici, manifestement, aussi bien l'étant suprême lui-même que ce qui est responsable de l'unité et de la totalité de tout, des étants abstraits comme de l'univers sensible. Chaque étant est précisément une « participation » à ces principes. (La question de la différence entre l'être au sens formel universel et les étants suprasensibles ne peut se poser qu'en regardant la théorie des principes du point de vue de la théorie aristotélicienne de l'universel qui n'existe que dans le singulier.)

2

Le traitement de l'ὂν ᾗ ὄν dans la *Métaphysique* Γ, 1-2, est sans nul doute un témoignage de ce premier stade de la pensée d'Aristote [2]. Il explique ici qu'il y a une science (ἐπιστήμη τις) qui étudie l'ὂν ᾗ ὄν et ce qui en soi (c'est-à-dire non par accident, mais nécessairement, intrinsèquement) lui appartient. Cette science ne se confond avec aucune science « partielle », car une telle science partielle isole une certaine partie de l'étant dont elle examine ainsi, séparément, les déterminations (les sciences mathématiques, par exemple, étudient les propriétés des nombres et des figures géométriques).

Nous savons que toute ἐπιστήμη présuppose les ἀρχαί, αἰτίαι ou στοιχεῖα propres à son domaine. Comme τὸ ὄν est commun à tous (1004 *b* 20), il est clair que rechercher la science portant sur l'ὂν ᾗ ὄν, ce sera se mettre en quête des causes ultimes, les plus élevées. Ceux qui cherchaient les στοιχεῖα τῶν ὄντων, c'est-à-dire Platon et ses disciples à l'époque du système de réduction, cherchaient ces causes ultimes ; il doit y avoir dans l'étant quelque chose qui en fait de l'étant, et ce sont certains « éléments » de l'étant dont l'ensemble nous dira ce que l'étant est – les « éléments » (στοιχεῖα) de l'étant en tant qu'étant.

Aristote signale ensuite que τὸ ὄν, sans être une expression univoque, n'est pas pour autant ambivalent. Τὸ ὄν a, certes, plus d'une acception, mais toutes se rapportent d'une manière ou d'une autre

1. H. Wagner, « Zum Problem des aristotelischen Metaphysikbegriffs », *Philosophische Rundschau*, 7 (1959), Heft 2, p. 146.

2. C'est ce qu'Elders s'applique à prouver, d'une manière qui nous semble convaincante, dans « Aristote et l'objet de la métaphysique », p. 180 *sqq*.

à l'οὐσία, qu'il s'agisse de l'οὐσία elle-même ou de son affection (πάθος), de sa génération, de son périssement, de sa privation, de sa causation ou des contraires de ces déterminations (en sorte que nous pouvons dire même du « non-être » qu'il est).

Cette théorie des multiples significations de l'expression τὸ ὄν n'est pas nécessairement quelque chose d'étranger au platonisme. Chez Platon aussi, la théorie des catégories distingue entre τὸ ὂν καθ' αὑτό (ce qu'Aristote nomme l'οὐσία) et ce qui est par rapport à un autre, πρός τι. De même qu'*il n'y a pas* chez Platon d'Idée du nombre au-dessus des nombres singuliers, de même il n'y a pas d'Idée de l'étant au-dessus de ce qui est par essence et de ce dont l'être est relatif – du moins cela peut faire problème également dans le platonisme.

Si l'examen veut saisir la spécificité de l'ὂν ᾗ ὄν, il devra tenir compte de cette particularité, de la polysémie de cette φύσις (si l'on peut dire). L'οὐσία est le premier maillon de la chaîne dont dépendent (littéralement : pendent, ἤρτηται) les autres genres de l'étant. L'οὐσία est, pour eux, « constitutive », sans elle les autres membres de la série ne sauraient exister. L'étude de l'ὂν ᾗ ὄν devra être donc au premier chef une étude de l'οὐσία et de ses principes. Cela ne signifie pas qu'on n'étudie pas aussi, d'une certaine façon, conjointement, ce qui dépend de l'οὐσία. On pourrait dire : nous aurons à nous occuper de l'οὐσία et de ses déterminations à chaque degré de l'existence. En effet, les êtres sensibles (οὐσίαι αἰσθηταί) ne sont pas les seuls à avoir des relations et propriétés non essentielles ; les nombres et autres entités semblables aussi ont, outre les relations et les propriétés qui leur appartiennent en propre, des attributs qu'ils ne possèdent que dans leurs rapports à d'autres (1004 *b* 12-13).

L'étude de l'ὂν ᾗ ὄν concernera toutes ses espèces, c'est-à-dire toutes les espèces d'οὐσία avec leurs déterminations. Cela ne veut pas dire que l'ὂν ᾗ ὄν ait à voir avec les différents *genera*. Il a à voir avec l'οὐσία, mais comme, sans l'οὐσία, tout le reste tombe, il fournit les présupposés nécessaires également pour les autres catégories de l'étant.

Aristote ne précise pas quelles espèces d'οὐσία il reconnaît. On peut cependant faire quelques inférences à cet égard à partir des exemples cités à titre de comparaison. En 1004 *b* 6, les déterminations de l'ὂν ᾗ ὄν sont mises en contraste avec les déterminations particulières des étants, et Aristote donne les exemples du nombre, de la ligne, du feu (ἀριθμός, γραμμή, πῦρ). Il s'agit donc de la détermination de l'ὂν ᾗ ὄν par opposition aux déterminations de l'ὂν ὡς ἀριθμός, de l'ὂν ὡς γραμμή, de l'ὂν ᾗ πῦρ. Les étants cités sont, dans deux cas, mathématiques, dans le troisième, physique. Les nombreuses comparaisons du philosophe avec le mathématicien vont dans le même sens. Sont des οὐσίαι, en tout état de cause, les μαθηματικά et les φυσικαὶ οὐσίαι.

Quels sont alors les « éléments de l'étant par où il est » ? L'exposé est ici très difficile à suivre, d'autant que le texte, altéré, demeure incertain. Aristote, abandonnant l'idée de la nécessité pour la science recherchée d'examiner toutes les espèces d'οὐσία, passe sans transition à tout autre chose : il montre que le ἕν et l'ὄν sont essentiellement identiques, bien que de signification différente, et il en déduit : autant il y a d'espèces de « l'un », autant il y a d'espèces d'« étant ». Nous ferons sans doute bien de prendre ici le mot εἶδος en son sens étymologique : autant il y a d'*aspects* de l'un, autant il y a aussi d'aspects de « l'étant », une *unité* diverse faisant apparaître différentes facettes de ce qui est. Aristote cite alors comme « aspects » τὸ ταὐτόν, τὸ ὅμοιον et leurs opposés, ajoutant que tous les contraires peuvent être réduits à ce principe (c'est-à-dire aux différents aspects de l'un et à leurs opposés). Pourquoi ce saut à l'Un et à son contraire ? Manifestement, parce que les aspects de l'Un et de son contraire sont ici, pour Aristote, les αἰτίαι ou στοιχεῖα de l'étant par où il est, de l'ὂν ᾗ ὄν. (Il dit ensuite en passant, avec l'air de revenir un instant à son idée de départ, qu'il y a précisément autant d'espèces (μέρη) de philosophie que d'espèces d'οὐσία, qu'il faut donc admettre l'existence d'une philosophie première et d'autres qui viennent après. Or, le rapport de ces différentes philosophies à celle à laquelle l'on assigne la quête de l'ὂν ᾗ ὄν n'est pas tiré au clair. Si celles-là sont des parties, des chapitres de celle-ci, cette science première se *composerait* de la théologie, des mathématiques et de la physique, par exemple ; ce n'est pas ainsi qu'Aristote l'entend, car dans ce cas il n'y aurait justement pas de place pour l'ὂν ᾗ ὄν.)

Aristote développe ensuite amplement l'idée selon laquelle c'est la même science qui s'occupe des deux séries de contraires : d'un côté, ταὐτόν, ἴσον, ὅμοιον, etc., en tant que différents aspects du ἕν, de l'autre, leurs négations et privations (ἕτερον, ἄνισον, ἀνόμοιον). Parmi ces dernières figure aussi la contrariété (ἐναντιότης), qui est une espèce d'altérité, de différence (ἑτερότης). La science recherchée examinera tous ces opposés. Il est bien entendu que son enquête concernera au premier chef l'οὐσία, mais elle n'est pas sans savoir que les choses se passent de façon analogue dans les autres catégories aussi – à ceci près qu'on n'y parle pas de l'égalité, de l'identité, de la similitude de la chose même, mais de ce qu'elle *a*, de ce qu'elle *fait*, des attributs de ses rapports aux autres.

La science des contraires premiers et fondamentaux sera donc également science de l'οὐσία. La science des déterminations les plus fondamentales aura, bien sûr, à élucider précisément la différence primordiale entre l'οὐσία, premier maillon de la chaîne, et les accidents qui viennent après. L'étant indépendant, qui est par lui-même, sera dévoilé par la science qui traitera du fondement même de l'ὄν ᾗ ὄν : ce par où l'étant est (pleinement pour un être indépendant, de façon dérivée – c'est-à-dire relativement aux autres êtres – pour le reste de l'étant, accidentel). Or, ce fondement, ce sont le ἕν et son contraire, nécessairement liés à l'ὄν et au μὴ ὄν. Le ἕν dans ses divers aspects signifie le rapport d'un être à lui-même, l'identité interne, tandis que ses contraires (πλῆθος, ἕτερον, ἄνισον, ἀνόμοιον) sont les rapports de cet être à tout ce qu'il n'est pas, ce qui l'insère dans la totalité de toutes les déterminations. De même que chaque nombre a des attributs génériques, sans lesquels il ne serait pas un nombre (ainsi, le pair et l'impair), de même que chaque corps, immobile ou mobile, sans poids ou pesant, a des propriétés qui en font un corps (l'extension dans les trois dimensions), de même l'étant en tant que tel a une détermination par où il est, à savoir l'identité et la différence (ce qui fait en même temps le rapport avec la suite du livre Γ, traitant des principes de contradiction et du tiers exclu). Ces premiers contraires sont à la base de tous les autres, dont les deux séries se rattachent respectivement à l'un des deux : ainsi le repos relève de l'Un, le mouvement du multiple (exemple typiquement platonicien). Tous les contraires (pair-impair, chaud-froid, limite-illimité, amitié-haine) se « réduisent » au bout du compte à ἕν-πλῆθος, autre version du couple platonicien de l'Un et de la Dyade indéfinie. La science qui porte sur les premiers contraires ἕν-πλῆθος, et qui est à la fois science de l'ὄν ᾗ ὄν, traitera précisément de cette réduction (ἀνάγειν). Aristote énonce alors [1005 *a* 3-4] une doctrine elle aussi typiquement platonicienne, qui sera nettement combattue et dans le livre I de la *Physique* et dans les parties de la *Métaphysique* rédigées plus tard (en particulier le livre Λ) : tous les êtres sont ou bien des contraires ou bien des composés de contraires (πάντα ἢ ἐναντία ἢ ἐξ ἐναντίων). Cette doctrine précisément, qu'Aristote professe ici sans aucune réserve, confirme, croyons-nous, l'origine platonicienne des chapitres 1 et 2 du livre Γ.

3

La conviction initiale d'Aristote, qui tenait la connexion du tout de l'étant pour garantie par la théorie des premiers contraires, est, bien sûr, ébranlée jusque dans ses fondements par la révision de la doctrine des principes de l'étant mobile. C'est le tribut qu'il faut payer pour la naissance de la physique. Mais l'Aristote créateur de la physique ne cesse pas pour autant de réfléchir à la question de la connexion universelle, à la totalité de toutes les choses, cherchant avec persévérance le moyen de thématiser à nouveau cette connexion après la chute de la réduction platonicienne.

Pour autant, il ne remet pas en question la grande thèse des chapitres 1 et 2 du livre Γ, selon laquelle l'être de l'étant, ce que nous avons proprement en vue en disant d'une chose quelconque qu'elle est, réside dans son identité à soi et sa différence par rapport au dehors en totalité. C'est donc à bon droit que ces chapitres prennent place dans l'ensemble du traité sur la « science recherchée ». La suite du livre Γ, qui, postérieure aux premiers chapitres, traite des principes de contradiction et du tiers exclu, en développe le thème d'un point de vue qui est d'ores et déjà celui de l'Aristote non platonicien. Ces principes, qui au fond sont un, « le plus ferme » et « le plus certain » (ἀρχὴ βεβαιοτάτη), sont ce sans quoi il est tout à fait impossible de s'orienter au sein de ce qui est, d'en pénétrer la structure et les causes. C'est pourquoi on peut dire que ceux qui les nient « anéantissent » et « démentent » tout ce qui est le thème propre de la philosophie (l'οὐσία et le τί ἦν εἶναι), car il n'y aura pas pour eux de différence entre la détermination accidentelle et la non accidentelle [1]. On ne pourra porter un jugement vrai sur rien, car et la thèse et l'antithèse vaudront au même titre pour tout : si nous tentons de nous représenter l'état correspondant à de tels principes de discours et d'élucidation, ce sera le « πάντα ὁμοῦ » (toutes choses confondues) d'Anaxagore, le chaos ou la δύναμις pure, dépourvue de toute actualité, le simple non-être. Aristote maintient donc le fond de la thèse des chapitres 1 et 2 du livre Γ. Mais il ne croit plus à sa justification platonicienne [2].

Le *fondement* sur lequel repose la thèse : être = être identique à soi et différent de tout le reste, n'est plus le même. Quel était ce fondement pendant la période platonicienne ? Qu'est-ce, d'après Platon, qui fait que nous pouvons dire d'une chose qu'elle est ? – En opérant la « réduction », Platon, comme nous le savons, n'abandonne pas son idée de la différence entre « être » et « devenir », différence donnée précisément par la subordination au principe d'identité, d'un côté, et la non-

1. *Métaphysique*, Γ, 4, 1007 *a* 21.
2. *Ibid.*, 1007 *b* 25-30.

subordination à ce principe, de l'autre. Ce qui « est » dans le monde sensible représente une simple *apparence* de la forme des étants suprasensibles, des figures géométriques, des qualités, des Idées ; en lui-même, le monde sensible est d'une nature « en flux perpétuel[1] », si bien qu'il ne peut pas être objet de « science » ; en d'autres termes, la demeure constante du regard de l'esprit en sa présence est impossible. Pour qu'une telle demeure soit possible – tel est le grand argument de Platon – le regard doit pouvoir s'arrêter auprès de quelque chose de *constant*, de constamment présent, il lui faut donc se détourner du monde du « devenir » vers un tout autre monde, le monde de l'être constant, immuable. Là, il y aura encore différents degrés de présence – en effet, certaines choses seront *toujours* présentes au regard de l'esprit, quel que soit l'objet sur lequel il se dirige, d'autres non : ce qui est *suprêmement présent*, dont la présence est suprêmement constante, ce sont précisément les premiers principes du système de réduction, que nous pensons toujours nécessairement dans et de concert avec tout le reste. Les choses sont (telle est la réponse de Platon) parce qu'est présent en elles l'Un et l'Étant en soi.

4

Qu'on s'imagine ce que signifie alors, face à cela, la découverte aristotélicienne de la possibilité, voire de la nécessité d'analyser l'être du mobile sensible même, présenté par le livre I de la *Physique*. Au fond, ce n'est rien de moins que la prétention d'introduire le même point de vue, la même demeure du regard de l'esprit dans l'αἴσθησις comme telle, qui sera ainsi affranchie de la marque infamante de chaos et d'incompréhensibilité que lui a imprimée Platon. Ce qui dure en tant que présent sera à appréhender directement dans l'étant sensible, ce qui ne dure pas, à déterminer en conséquence ; la corrélation permet de saisir l'un et l'autre, ce qui donne ensuite la définition du mouvement-processus. Ce auprès de quoi le regard peut être à demeure dans l'étant sensible, ce sont tout d'abord les contraires. Les contraires se remplacent, succèdent l'un à l'autre, mais sont comme tels inengendrés ; voilà pourquoi le regard peut s'y arrêter, pourquoi ils peuvent sans difficulté lui être immédiatement présents ; ils sont toujours manifestes dès lors qu'un seul – εἶδος ou στέρησις, il n'importe – est donné à l'aide de l'αἴσθησις. Autre chose auprès de quoi le regard peut séjourner, c'est la ὕλη, qui dure dans

1. *Ibid.*, A, 6, 987 *a* 33-34.

le changement de ses déterminations : la ὕλη, elle, ne devient manifeste qu'à travers ces déterminations ; étant en elle-même la possibilité de l'une comme de l'autre, l'aptitude à l'une comme à l'autre détermination, elle ne peut être naturellement manifeste – la manifesteté présuppose l'actualisation, l'acte. Or, le langage en témoigne, le regard de l'esprit pénètre nécessairement en deçà des déterminations présentes, à ce qui les sous-tend et qui en change : nous ne disons pas que la noirceur se change en blancheur, mais que quelque chose de noir blanchit – par exemple, les cheveux. Et, bien sûr, le regard saisit alors de surcroît le changement comme tel, qui fait que le substrat se détermine de plus près, que la détermination devient détermination de quelque chose et, partant, elle-même quelque chose de réel en acte.

Il va de soi que nous ne pourrions voir et pénétrer l'étant sensible de cette façon si ces éléments de stabilité n'étaient pas effectivement présents en lui, si la réalité sensible ne se déterminait pas dans le mouvement, ne devenait pas, par là, manifeste.

Au cœur même du monde du changement et du renouvellement, nous pénétrons ainsi jusqu'à ce qui dure – non pas en tournant le dos au mouvement et à l'étant mobile, mais en élucidant la structure interne de l'étant mobile comme tel à la lumière du principe selon lequel être = être quelque chose de déterminé, intrinsèquement identique et distinct de l'autre. Cet examen nous montre ensuite le chemin qui mène de l'indéterminé stable et de ses déterminations instables à la détermination stable, puis à l'unité d'un substrat avec une détermination stable – ce qui est un être concret. C'est le mouvement même qui nous conduit vers la structure des formes dans lesquelles il se déroule, qui nous apprend à regarder cet *être*, *chose* ou *substance*, comme chose animée par un mouvement interne, qui en quelque sorte se dégage elle-même du sein du monde et se construit dans un cadre défini par ses propres forces. Aristote considère, pour cette raison, la substance, l'être qu'est l'οὐσία, analysé en profondeur, de la manière indiquée, en deux composantes non indépendantes – une forme déterminée, spécifiquement propre à cet être, et une matière indéterminée, qui sert de substrat à une multiplicité d'êtres différents – comme sa découverte philosophique la plus propre [1]. C'est, de fait, une découverte à laquelle il n'a pu arriver qu'en abandonnant le suprasensible platonicien pour faire retour à la plénitude de la réalité sensible. L'οὐσία à laquelle aboutit l'analyse du mobile est cependant trois en un : c'est la ὕλη, c'est la φύσις (ou l'εἶδος), et c'est

1. *Métaphysique*, A, 7, 988 *a* 34-35.

enfin l'unité composée de l'une et de l'autre. L'οὐσία des choses sensibles est toujours composée ainsi.

Or, la complexité de l'être concret qu'est l'οὐσία, étant donné son unité manifeste, est précisément ce que les analyses que nous avons suivies jusque-là n'ont pas su pleinement justifier. La *Physique* nous a montré les composantes et le mécanisme de l'étant sensible. Ce qui requiert une justification et peut en faire l'objet, c'est précisément l'unité d'un être sensible fini, l'unité de l'οὐσία. Nous savons que celle-ci est intrinsèquement composée et pourtant une; son être est cette unité, la présence de l'εἶδος (de la φύσις) dans le substrat, son non-être, la désintégration de l'unité; il s'agira donc de saisir la cause de l'être de chaque être fini, de chaque οὐσία. La cause devra contenir tout ensemble l'origine, la fin et le sens de cette unité. En même temps, l'enquête portant sur l'οὐσία, sur les causes de son être, signifiera d'une certaine façon une enquête sur les causes de l'être en général. Certes, l'être n'est pas un genre, un noyau de contenu commun aux οὐσίαι, aux qualités, aux quantités, etc.; au contraire, chaque catégorie a *son propre* mode d'être (indépendant ou non indépendant, et cela chaque fois autrement); c'est pourquoi il n'y a pas non plus les mêmes composants (στοιχεῖα) pour tous les étants [1]; la réduction platonicienne au ἕν et à l'ὄν se révèle derechef impossible. Comme toutefois l'οὐσία est ce sans quoi rien d'autre n'existe – seule l'οὐσία possède l'être indépendant – les causes de l'être de l'οὐσία sont les causes de tout ce qui est, et en ce sens les causes sont les mêmes pour tout [2]. Ce que l'Aristote platonicien nommait l'examen de l'ὄν ᾗ ὄν cède la place à περὶ τῆς οὐσίας ἡ θεωρία [3].

Il y a trois espèces d'οὐσίαι : deux sont sensibles et changeantes – l'une périssable (les éléments, les minéraux, les plantes, les animaux), la seconde éternelle (les astres, les sphères célestes) –, la troisième éternelle et suprasensible. Les deux premières espèces sont manifestes aux sens et n'ont pas besoin d'être prouvées, si ce n'est pour ce qui est de l'éternité des êtres éternels. La troisième – la suprasensible – requiert une démonstration.

Le questionnement d'Aristote reprend auprès de l'étant mobile, qui est manifeste. Ses « causes », c'est-à-dire ce sans quoi il serait impensable, font l'objet de l'enquête de la physique qui, au terme de ses questions sur le mouvement, découvre l'éternité du mouvement et une

1. *Ibid.*, Λ, 4, 1070 *b* 9-10.
2. *Ibid.*, 5, 1071 *a* 1-2.
3. *Ibid.*, 1, 1069 *a* 18.

certaine cause éternelle. Comment la présente investigation différera-t-elle de la physique ? Ne sera-t-elle pas concordante, pour autant qu'elle s'occupe des causes des choses physiques, de celles qui possèdent en elles-mêmes une source de mouvement ?

Les questions de la physique visent les choses mobiles en tant que mobiles, l'essence du mouvement et du repos, leurs causes et leurs conditions, les lois ou règles auxquelles ils obéissent ; si *être* signifiait *être en mouvement*, sans doute la physique suffirait-elle à donner la réponse – à dire pourquoi l'étant est et pourquoi il est tel qu'il est. Mais la physique ne se suffit pas ; la physique renvoie au-delà d'elle-même, vers quelque chose qui est transcendant aux sens et au mouvement. Aussi faut-il une autre science, capable de traiter de cet étant supérieur, et cela à la fois en lui-même et en tant que cause du mobile et du sensible [1].

Pourquoi faut-il poser un plus-haut ? Parce qu'il s'agit d'expliquer le fait que les choses sensibles soient toujours en mouvement, qu'elles changent en permanence, et que beaucoup naissent et périssent, c'est-à-dire qu'en elles la ὕλη et la φύσις s'unissent et se séparent. La cause prochaine des choses est toujours quelque chose d'homonyme : l'homme engendre l'homme, le feu produit le feu, la maison dans l'esprit de l'architecte produit la maison matérielle ; il y a en outre le hasard et la fortune, mais l'un et l'autre signifient simplement la privation, le défaut de cause régulière. L'homonymie de la cause signifie qu'il se maintient, dans différents individus, dans une ὕλη distincte, un εἶδος spécifiquement le même. Le même est donc la cause du même, la causalité naturelle normale signifie que le monde est le maintien constant du toujours différent, d'une matière (ὕλη) chaque fois autre dans les mêmes formes. (Il se peut que dans un seul cas – exceptionnel – il se maintienne aussi un εἶδος indépendant, non seulement spécifiquement le même, mais identique, après la perte de la ὕλη : cela peut être le cas de la raison, de l'intellect, du νοῦς [2].)

Or, toute causation est l'actualisation de quelque chose qui, jusque-là, sommeillait simplement dans la chose. Cet état somnolent, inachevé, indéterminé de l'étant est ce que nous appelons la δύναμις. La causation présuppose la déterminité, l'achèvement, l'acte – que la causation procède d'un homonyme, cela ne signifie pas autre chose. Cela dit, l'acte, l'ἐνέργεια est de différentes espèces : ou bien c'est une actualisation dans la même ὕλη – lorsque le vin, qui peut se gâter et tourner au vinaigre,

1. *Métaphysique*, Λ, 1, 1069 *b* 1.
2. *Ibid.*, 3, 1070 *a* 5-9, 25-26.

devient effectivement vinaigre en fermentant ; ou bien un même εἶδος dans une ὕλη différente – lorsqu'un père engendre un fils ; ou enfin un εἶδος différent qui *concourt* à causer les processus tels que la procréation, l'enfantement, la génération et le périssement. Les choses éternelles ont ainsi un εἶδος coactif. En effet, toutes les causes naturelles agissent au sein d'un grand tout, sous l'influence des processus se déroulant dans le domaine céleste, éternel. Au rythme des saisons se produisent toujours les mêmes transformations des éléments, année après année les plantes poussent, les animaux se reproduisent en conséquence ; la durée, la naissance et la disparition de chaque être sont déterminées par les cycles de la nature qui ont à leur tour pour cause les deux processus ultimes du règne céleste : le mouvement toujours identique du dernier ciel et celui, périodique et variable, du Soleil et des planètes. De leur combinaison naît alors le mélange constant de même et d'autre qu'est l'étant en mouvement [1].

Telle est donc, si l'on peut dire, la réponse physique. S'appuyant sur la κυκλοφορία éternelle, que nous connaissons déjà, elle montre que cette translation circulaire exige une cause éternelle, en acte, pleinement éveillée. Or, la *pleine veille* inaugure un nouveau chapitre de la philosophie. La pleine veille est quelque chose qui ne se présente pas dans le domaine sensible. Là, tout devenir est grevé du poids des contraires, donc de la négativité, donc de la ὕλη, du non-étant et de la δύναμις chaotique. S'il n'existait pas un être pleinement éveillé, pleinement en acte, le monde serait le fruit du chaos et de la nuit, une formation accidentelle, œuvre d'une puissance originelle non informée [2].

Or, le monde n'est pas un chaos tributaire du hasard. Le monde dépend en vérité de quelque chose de nécessaire, comme le croyait Platon, mais de quelque chose qui est profondément différent des Idées platoniciennes. Les Idées sont sans aucune vigilance, des étants morts. Ce dont dépend le monde visible est cependant la source de tout mouvement – mouvement qui, nous le savons déjà, est en quelque sorte la vie de toutes choses. Comment le moteur mettra-t-il en mouvement, lui qui est censé être absolument vigile ? Toute causation, toute action opérante dans notre monde est pourtant elle-même un mouvement, et le mouvement est toujours un acte imparfait, non pas un état de veille, mais un processus d'éveil. L'issue du problème est fournie par une réflexion sur la trace de la veille absolue qui se présente dans notre vie : la faculté de

1. *Ibid.*, 5, 1071 *a* 4-17 ; 6, 1072 *a* 8-18.
2. *Ibid.*, 7, 1072 *a* 19-20.

comprendre, l'intellect, le νοῦς. L'intellect nous représente un objet – un bien, un but – et c'est alors vers cet objet que se dirigent notre désir et nos efforts. L'intellect présuppose donc un objet qui nous met en mouvement sans lui-même se mouvoir. C'est ainsi que meut également l'être premier, pleinement vigile – en tant qu'objet de la pensée et du désir. Qui est-ce qui pense cet être ? Il est l'objet de la pensée et du désir des sphères célestes. La sphère céleste est elle-même un être suprêmement intelligent, le plus éveillé de tous ceux que compte le domaine sensible, et l'objet de son désir comme de sa pensée est la veille absolue, c'est-à-dire : un *être* absolument indépendant, sans aucune immixtion de négativité ni, partant, de chaos, un être qui, étant acte pur, se distingue foncièrement de l'Un de Platon [1].

Cela répond aussi à la question de savoir ce que fait au juste l'« âme » de la sphère céleste, de quelle manière cette φύσις de la sphère est cause de son mouvement.

L'âme a été affranchie du souci du mouvement de la sphère (qui lui incombait dans le platonisme [2]) et de tout contact avec l'étant matériel tel que la vision, l'audition ou une autre αἴσθησις. Son objet, ce avec quoi elle est en contact, est donc uniquement « l'étant en tant qu'étant », le pur être nécessaire, la seule chose qui surpasse encore cette sphère par la perfection de son être. La différence, l'ultime défaut d'être, trouve son expression dans le mouvement de la sphère céleste.

La pensée de l'être absolu et le désir dont il est l'objet, voilà la réponse à la question de savoir ce que fait au juste l'âme de la sphère, dépouillée de la fonction directrice qui était essentiellement la sienne dans le platonisme.

Le concept de premier moteur a donc, dans la systématique du mouvement chez Aristote, une fonction multiple :

1) il rend possible la généralisation totale du concept de φύσις et, par là, une conception ontologique unitaire du mouvement ;

2) il permet d'éliminer définitivement la conception platonicienne de l'âme automotrice (son mouvement fût-il κατὰ συμβεβηκός) et de répondre à la question : que fait au juste l'âme de la sphère et de quoi se préoccupe-t-elle ? quel est son acte, son ἐνέργεια ?

3) il rend possible un questionnement portant sur la cause de l'être de tous les étants finis, sur leur sens et sur l'ordre qui les régit – une science de « l'étant par où il est », comme nous le verrons tout à l'heure.

1. *Métaphysique*, Λ, 7, 1072 *a* 26-30.
2. Cf., par exemple, *Épinomis*, 983 *a-c*.

Arrivé là, nous pouvons prendre position sur les thèses de Bröcker, lorsqu'il affirme que « l'énigme du mouvement est le souffle vital de la philosophie d'Aristote [1] » et qu'il précise « l'énigme du mouvement » comme énigme « de l'être du non-étant [2] ».

La première thèse nous paraît, pour l'essentiel, exacte. L'apport original d'Aristote à la philosophie, c'est la manière dont il pose la question de l'étant mobile et celle du mouvement, de ses éléments, de sa structure.

Toutefois, le *mode de démonstration* adopté par Bröcker ne semble pas réellement adéquat. En formulant sa thèse, *il ne tient aucun compte de la genèse et de l'évolution* de la problématique chez Aristote. Dans cette optique, sa conception est l'une de plusieurs conceptions possibles; les divergences dialectiques qui se dessinent, dans un second temps, entre les unes et les autres, peuvent toujours recevoir une réponse du point de vue d'un système différent.

Le mode de démonstration adéquat serait *historique*, une démonstration qui fasse voir comment des motifs *platoniciens* conduisent Aristote à *franchir les limites de la pensée platonicienne.*

En abordant une telle démonstration, on verrait tout de suite pourquoi il est impossible d'approuver sans réserve la seconde thèse de Bröcker, celle qui prétend ramener l'énigme du mouvement à celle de l'être du non-étant. L'énigme du mouvement n'est pas *d'emblée* simplement celle de l'être du non-étant, elle ne le devient qu'avec la généralisation du concept de φύσις, l'émergence de la conception du premier moteur et le dépassement de l'idée du mouvement des astres comme expression de l'être parfait des êtres célestes.

L'objet de la pensée et du désir célestes est donc un être totalement exempt de négativité. Cela veut dire exempt de toute possibilité, de toute mutabilité, n'ayant pas non plus la possibilité de ne pas être – un être qui est nécessairement. Cet être plein, qui n'est rien d'autre qu'être (ὂν ᾗ ὄν – quoique le livre Λ n'utilise pas ce terme), est donc ce que désire l'étant suprême du domaine sensible, ce que désire *chaque* νοῦς. Le νοῦς veut connaître, c'est-à-dire se rapprocher de l'étant, il veut que l'étant lui soit présent, ne lui échappe par aucun endroit, il veut donc éliminer tout ce qui le lui dissimule, tout ce que l'étant aurait de chaotique et de négatif. C'est pourquoi son « idéal », ce qu'il désire et vers quoi il s'achemine nécessairement, est cet étant nécessaire qui, étant uniquement étant,

1. W. Bröcker, *Aristoteles*, p. 44.
2. *Ibid.*, p. 49.

constitue en même temps la connexion et l'ordre en tout. Chaque acte de la raison, chaque jugement qui utilise le verbe « être » se rapporte indirectement à cet idéal et le présuppose.

Comme l'étant nécessaire est intégralement acte, il est aussi vie, et cela, vie de l'esprit. Aristote montre que la nature de cet acte est la pensée, qu'il pense le suprêmement existant, un être donc, plus précisément le premier être, lui-même ; l'acte, étant en contact avec lui-même, devient son propre objet, présent à soi, si bien qu'il est tout entier rempli d'être et d'intelligibilité. Cet acte ne peut rien penser d'autre que lui-même, si bien que son intelligence est un pur savoir de soi – dans le spirituel, la connaissance et le connu ne font qu'un. Cet étant, qui n'est rien qu'être, cette veille, cette clarté absolue est en même temps une *séparation* absolue d'avec tout l'ici-bas, une clôture sur soi [1]. Telle est l'ab-soluité du premier moteur.

Il est clair, cela dit, que le premier moteur immobile est la divinité, plus précisément – la divinité grecque. Comme les dieux de l'Olympe, il a le propre de tout doter de sens et de tout préserver (σωτηρία), tout en demeurant intrinsèquement sans participation à toutes choses inférieures, détachement porté ici jusqu'à la séparation absolue.

C'est pourtant une « théologie » singulière, dont on peut trouver étrange surtout la « preuve » de l'existence de l'être absolu, de l'acte pur. Aristote montre simplement que, dans un monde où règne la κίνησις éternelle, le mouvement ascendant qui porte le plus bas vers un plus haut et un plus éveillé, la plus haute sphère de l'étant ne peut pas ne pas *penser* et désirer l'être absolu [2]. Au fond, il n'y aurait rien de changé à l'image qu'Aristote présente de l'étant si cet être absolu n'était pas compris comme existant pour soi (étant donné sa clôture absolue, il est impossible de l'approcher de l'extérieur), mais plutôt comme sens immanent et but de l'univers. Ce qui fait que les choses sont, et qu'elles sont comme elles sont, serait alors l'être même – être qui ne donne pas le mouvement de l'extérieur, mais structure de l'intérieur. Nous savons que chaque chose est composée de ὕλη et d'une φύσις, autrement dit d'un εἶδος. La ὕλη, c'est l'indétermination, le chaos ; elle est comme telle un inaccomplissement, donc quelque chose de l'ordre d'une aspiration, d'un désir. L'εἶδος, la φύσις lui donne de s'accomplir. L'accomplissement fourni peut être plus ou moins parfait, c'est-à-dire plus ou moins

1. *Métaphysique*, Λ, 7, 1072 *b* 14-27 ; Λ, 9, 1074 *b* 15-1075 *a* 5.

2. Comme Bröcker (*Aristoteles*, chap. VII : « Bewegung und Gott », p. 224-226) l'a bien montré.

durable et éveillé; plus l'εἶδος sera élevé, plus l'accomplissement s'approchera de l'être absolu. Rien n'approche plus près de l'être absolu que la sphère céleste; sa ὕλη n'est susceptible ni de génération et de périssement, ni d'altération, il ne lui reste que la seule puissance donnée par le fait qu'elle est étendue – que, par conséquent, ses parties peuvent changer de place – il ne lui reste donc qu'à tourner sur elle-même, sur place, et, par là, à actualiser continûment cette possibilité qui est la sienne. Ce mouvement nécessaire, qui n'est freiné par aucune possibilité opposée, la sphère céleste l'accomplit afin de s'approcher, à travers sa possibilité et sur son fondement, c'est-à-dire par l'activité, au plus près de l'être absolu, elle l'accomplit donc par désir et par amour de cet être absolu. Or, toutes les autres φύσεις font de même dans le cadre et les limites qui sont les leurs : par le mouvement, par cette « ἐνέργεια imparfaite », elles réalisent le plus possible leur forme dans la ὕλη. « Tout, en effet, a ce désir, et c'est en vue de lui que toutes choses font ce qu'elles font selon leur φύσις [1]. » À partir de là, on voit alors clairement pourquoi les οὐσίαι sont à la fois composées et unes, d'où vient l'unité de la ὕλη et de l'εἶδος, pourquoi l'οὐσία existe, pourquoi il y a de l'étant plutôt que rien, « le chaos et la nuit ».

On voit apparaître ainsi non seulement ce qui meut le monde, mais aussi quel est le sens de tout – sens un, qui cimente tous les étants dans l'unité intégrale d'un même monde. L'explication « physique » peut, certes, justifier l'éternité du mouvement, mais elle ne peut rien nous dire de son sens. Par conséquent, elle ne dit pas pleinement ce que signifie « être », et cela pour chaque espèce d'οὐσία. C'est là une question qui ne s'éclaircit que là où l'on se place au terme du mouvement.

L'être, c'est la manifestation. À la marge inférieure de l'étant, il y a ce qui peut être tout (le fini), mais n'est presque rien, ce qui demeure proche du chaos et de la nuit. S'en élève une échelle dans laquelle l'étant est de plus en plus déterminé et de plus en plus éveillé. Par-dessus tout, il y a quelque chose d'exempt de toute δύναμις, de toute indéterminité, de tout *non*, aussi libre de toute négativité que le ἓν ἐόν de Parménide. Énoncé sur tout, ce quelque chose constitue l'espace unitaire au sein duquel chaque chose individuelle se dégage de l'indéterminité éternelle. Cet énoncé de l'être pur au-dessus de tout, sa valeur d'« idéal » pour tout, c'est son universalité. La « science » (ἐπιστήμη) qui le dévoile est, pour cette raison, à la fois science de quelque chose de singulier – en tant qu'étant absolu, séparé – et science de tout, elle est universelle.

1. *De anima*, II, 4, 415 *b* 1-2.

En ce sens, on comprend alors ce qui est affirmé en E, 1, quant à l'existence d'une ἐπιστήμη qui, portant sur l'ὂν ᾗ ὄν et ce qui lui appartient en soi[1], est *à la fois* science de τὸ θεῖον. Ce passage a été interprété comme un ajout ultérieur d'Aristote, quelque chose qu'il aurait inséré dans le texte en s'apercevant de la contradiction entre la métaphysique-science de l'être en général et la métaphysique-théologie[2]. Pourtant, n'aurait-il pas pu supprimer la contradiction autrement qu'en attirant encore davantage l'attention là-dessus par son commentaire? Dans notre lecture, la contradiction s'efface complètement. La chose s'éclaircit encore plus grâce à l'exemple qu'Aristote cite ici à titre d'analogie : de même qu'il y a plusieurs disciplines philosophiques, dont la première est la plus universelle précisément parce qu'elle est première, il en va pareillement dans les mathématiques, où la géométrie et l'astronomie traitent d'une φύσις déterminée (particulière), tandis que la mathématique générale est commune à toutes[3]. Que signifie ici la « mathématique générale »? Aristote comprendrait-il la géométrie, l'astronomie comme des *occurrences*, des modèles d'une *mathesis universalis* formelle? Pas du tout : la « mathématique générale » elle aussi est περί τινα φύσιν, mais en même temps c'est elle qui rend possibles les autres disciplines mathématiques : c'est l'arithmétique et la logistique, les théories du nombre et du calcul numérique, sans lesquelles aucune autre discipline mathématique n'est possible, qui seules donnent sens à ces autres. – Devient alors clair aussi ce qu'Aristote entend par les mots profonds qui suivent : s'il n'y avait point d'οὐσία outre celles qui sont par nature, la physique serait la philosophie première – cela veut dire simplement : nous devrions nous contenter de l'explication superficielle qui, si elle nous montre bien *comment* sont les choses, ne dit pas *ce qu'*elles sont, ne donne pas à les comprendre. Comprendre, cela veut dire : ne pas s'en tenir à l'analyse de l'étant, mais saisir l'être comme tel. Or, on ne saisit l'être qu'en pensant l'être *pur*, dont l'accès passe exclusivement par l'étant suprême, étant unique qui a la particularité que sa compréhension donne du même coup les bases de la compréhension de chaque étant singulier. Il est réellement à la fois καθόλου et καθ' ἕκαστον.

Il y a, par conséquent, *deux* disciplines philosophiques fondamentales qui traitent de l'étant concret, c'est-à-dire de l'étant en

1. *Métaphysique*, E, 1, 1026 *a* 31-32.
2. Cf. W. Jaeger, *Aristoteles*..., p. 226-227. [Trad. fr., p. 220-221.]
3. *Métaphysique*, E, 1, 1026 *a* 25-27.

mouvement. (Les mathématiques font abstraction du mouvement et, partant, du concret.)

La *seconde* de ces disciplines est celle que nous avons décrite en premier, celle qui est à sa façon antérieure par rapport à nous, plus proche de la manière dont les choses se présentent sous leur forme sensible : la science de la substance sensible, de la ὕλη [1]. Les choses se présentent comme mobiles, la mobilité est le fondement même du phénomène sensible. Cette philosophie seconde est, pour cette raison, la science du mobile en tant que tel, la *physique*. Or, si quelque chose est mobile, c'est parce que sa composition intrinsèque comporte une privation : le mobile, c'est ce à quoi quelque chose *fait défaut*. La physique porte donc sur l'étant un regard *négatif*.

La philosophie *première* s'intéresse également à l'étant en mouvement, mais du point de vue de *ce qui* lui fait défaut, *ce dont* le mobile en tant que tel est la privation et vers quoi tend le mouvement. Elle est l'*avers* de la médaille. Elle permet donc de comprendre plus à fond tout ce que la physique a abordé et ébauché par ses analyses préalables. C'est la science de ce qui constitue l'actualité des êtres, l'actualité de l'οὐσία [2]. Elle représente le *positif* face au *négatif* de la physique.

Suprêmement positif, il y a d'abord l'être pur et nécessaire, ce qui existe en premier et sans quoi rien d'autre n'est possible. En tant qu'« être » premier et indépendant – le mot étant pris ici dans un sens particulier –, il sert ensuite de fondement aux êtres seconds, aux êtres dans la scission déterminé/détermination ; les êtres servent, bien sûr, de fondement à toutes les déterminations non essentielles qui peuvent se trouver réunies par accident dans un substrat ; et les déterminations essentielles elles-mêmes montrent, dans leur structure, une dépendance à l'égard de la première, de l'ἐνέργεια pure. L'échelle des êtres est l'échelle de l'ἐνέργεια, et le plus haut degré d'ἐνέργεια montre que la μορφή et l'ἐνέργεια ont toujours un rapport à l'ἀλήθεια. C'est ainsi que la science portant sur l'aspect positif de l'étant se développe tout à fait naturellement en la « phénoménologie du terme "étant" » dont parle Jaeger, qui y voit le dernier stade de l'idée philosophique d'Aristote [3].

1. *Ibid.*, M, 1, 1076 *a* 9.

2. *Ibid.*, 1076 *a* 10 ; cf. aussi H, 2, 1042 *b* 9-11.

3. Cf. W. Jaeger, *Aristoteles…*, p. 211 (trad. fr., p. 207), où il est question plus précisément de l'« *Aufbau einer Lehre von den mannigfaltigen Bedeutungen des Seienden, einer Art ontologischer Phänomenologie* ». *(N. d. T.)*

On atteint là un nouveau concept de la connexion universelle de l'étant, qui peut parfaitement remplacer la théorie platonicienne de la « réduction ».

Le principe de réduction chez Platon affirme : comprendre la connexion des choses, c'est comprendre leur « genèse » à partir des premiers principes dans lesquels, vu leur universalité, tout est « compris ».

Aristote remplace l'unité de l'universel par l'unité de l'ἐνέργεια. Si ce qui est, l'univers, forme un tout, ce n'est pas parce que tout découle des suprêmes universaux. Il forme un tout parce que, dans un sens, il *fait*, en tout ce qu'il est, la même chose – tout poursuit le but unique d'être le plus possible, et être le plus, cela ne signifie pas l'universalité, mais la pureté maximale, ne comportant aucun *non*, aucune indéterminité, aucun chaos, exempte de la possibilité constante du non-être, absolu ou relatif, qui est donnée dans la matière.

5

C'est là que commence alors le travail le plus proprement philosophique. La physique était comprise comme la science qui porte sur l'étant en mouvement, sur l'étant en cours de détermin*ation*, mais il s'agit en outre de l'étant dans sa détermin*ité* : ce qui fait question, ce n'est plus la structure du mouvement et ses conditions concomitantes (le τόπος, le χρόνος, etc.), sa continuité, ses lois, sa causation – c'est ce qui est *atteint* par le mouvement, ce qui constitue à la fois *son cadre et son sens*. Au livre Λ de la *Métaphysique*, sans doute, il était question de la ὕλη et de l'εἶδος en tant que ce cadre, mais la nature de l'εἶδος n'y est pas déterminée de plus près. L'unité de l'οὐσία y était le fil conducteur de la problématique, mais l'unité de l'οὐσία est elle-même un problème qui ne pourra être définitivement résolu que lorsqu'on aura fait toute la lumière sur ce qui dans l'οὐσία est unifié.

Aristote revient donc (dans les livres Z et H) à l'examen de l'οὐσία naturelle, qui a une matière et une forme, un εἶδος. Dans son examen, il met d'abord l'accent sur l'οὐσία en tant qu'étant premier parmi toutes les catégories, seul capable d'exister séparément (χωρίζεσθαι) et, en ce sens, seul pleinement étant, tandis que les autres catégories désignent simplement un quelque chose de l'οὐσία en tant que sujet (ὑποκείμενον), déterminé de plus près (αὐτοῖς ὡρισμένον) par elles, et n'ont un caractère de détermination individuelle, de « particulier », que grâce à cette présence dans la substance. Ainsi l'οὐσία serait l'étant au sens premier ; non pas simplement un genre ou une espèce de l'étant, mais l'étant en général. Premier au sens de la détermination : comme elle seule est par elle-même, son énoncé est contenu aussi implicitement dans les définitions de toutes les autres catégories. Pour la connaissance, elle est première : nous connaissons une chose lorsque nous savons *ce qu'*elle est (plutôt que comment, de quelle grandeur, où), et les qualités et quantités de même ne sont connues que si nous savons d'abord *ce qu'*elles sont. Somme toute : le problème primordial, « qu'est-ce que l'étant ? », problème dont on a cherché la solution de tout temps, comme on la cherche encore et qu'on continuera à chercher, toujours sans sol ferme sous les pieds – c'est cette question : qu'est-ce que l'οὐσία[1] ? « Qu'est-ce que l'οὐσία ? », telle est la formulation aristotélicienne de la question τί τὸ ὄν, « qu'est-ce que l'étant ? », en d'autres termes : qu'est-ce, dans l'étant, qui le « fait » être, qu'est-ce que « l'être de l'étant » ?

L'on considère communément comme occurrences de l'οὐσία les corps matériels naturels (σώματα), depuis les éléments jusqu'au ciel et aux astres. Quant à savoir s'il y a d'autres οὐσίαι encore, que ce soit au sens de la géométrie, de Platon, de l'Académie ou en un autre sens quelconque, c'est une autre question, qui présuppose tout d'abord l'examen de ce qu'est l'οὐσία.

Où, dans quel lieu chercher l'οὐσία ? Ce lieu, c'est le discours, qui contient toujours déjà la manifesteté des choses ; nous chercherons dans les réponses que, selon l'usage linguistique, dépositaire de la compréhension préphilosophique de l'étant et de ses déterminations, nous donnons à la question : qu'est-ce que c'est ? Aristote répartit ces réponses en quatre espèces : 1) τὸ τί ἦν εἶναι – la saisie de la chose en elle-même, saisie qui coïncide avec la chose – par exemple, quand on dit que l'homme est un ζῷον λόγον ἔχον, un vivant au discours sensé ; 2) τὸ καθόλου – quand on dit qu'il est « vivant » ou « doué de raison » ; 3) τὸ γένος – quand on dit qu'il est un existant ou un vivant ; 4) τὸ ὑποκείμενον – quand on montre du doigt l'homme que voici. Tout le reste (le τί ἦν εἶναι, le καθόλου, le γένος) se dit du ὑποκείμενον, jamais inversement.

Le ὑποκείμενον premier paraît donc être οὐσία au sens le plus fort, au sens originel. Or, qu'est-ce qui peut prétendre au rang de πρῶτον ὑποκείμενον ? 1) La ὕλη – par exemple, le bronze dont est faite une statue ; 2) la μορφή, la forme – par exemple, Hermès, qui peut être aussi dans la pierre ; 3) la statue d'Hermès, qui réunit les deux. La question est seulement de savoir ce qui est antérieur, de la ὕλη ou de la μορφή, car si

1. *Métaphysique*, Z, 1, 1028 *b* 2-4. *(N. d. T.)*

l'εἶδος (la μορφή) est antérieur à la ὕλη, il le sera également au σύνολον ou composé de μορφή et de ὕλη. Dire alors que l'οὐσία est le sujet de la prédication de tout le reste, tandis qu'elle-même, en tant que première, n'est prédicat de rien, ce serait une réponse insuffisante à la question qui nous préoccupe. Insuffisante, car l'οὐσία, l'étant premier, tout à fait indépendant et présupposé par tout le reste sans, pour sa part, présupposer quoi que ce soit, deviendrait un simple X. La ὕλη est un tel indéterminé, et si l'οὐσία était le sujet absolu de toutes les déterminations, rien d'autre que la ὕλη ne pourrait être οὐσία. Seule la ὕλη peut être ὑποκείμενον pur, exempt de toute détermination : ce qui *peut* être diversement déterminé, mais à quoi, en tant que tel, aucune détermination – ni positive ni négative – n'appartient. Or, si la ὕλη ne possède réellement aucune détermination en acte, ni positive ni négative, si elle n'est ni quelque chose ni rien, ni telle ni non telle, ni de telle grandeur ni d'une grandeur non telle, etc., elle ne pourra être distinguée, différenciée, isolée de rien. Cela étant, elle ne pourra pas être une οὐσία, un être qui implique aussi l'indépendence, la séparation et la possibilité d'énoncer à son sujet : il est ceci ou cela (à la différence de tout le reste).

Ce sera donc ou bien la μορφή, autrement dit l'εἶδος, ou bien le composé de ὕλη et de μορφή, le σύνολον, qui est οὐσία. Cela dit, le σύνολον, en tant que composé réunissant la ὕλη à l'εἶδος, dépend, dans son essence, de l'εἶδος. Il faudra donc examiner ce qu'est proprement l'εἶδος, car, de toutes les distinctions faites jusque-là, il est ce qu'il y a de plus énigmatique, de moins clair.

Là, l'exposé reprend soudain au commencement. Si l'οὐσία ne peut pas être définie simplement comme le premier ὑποκείμενον, voyons le τί ἦν εἶναι. Pourquoi cette volte ? Parce que τί ἦν εἶναι signifie : ce qui avant tout le reste était l'être (comprendre : d'un étant qui est par lui-même, mis à part, délimité face au reste, étant qui se tient dans sa forme [μορφή], si bien qu'il peut être désigné comme présent : la rose que voici). Ce qui était : c'est-à-dire ce qui toujours déjà, antérieurement à tout ce qu'on peut rencontrer chez l'étant en question (par exemple, ses relations et qualités sensibles), déterminait cet étant dans son être, déterminait ce qu'il est. Quelle sorte de détermination est-ce là ? Aristote dit : le τί ἦν εἶναι de chaque chose est ce qui est énoncé à son sujet καθ' αὑτό, par la chose même, n'étant ni séparé ni séparable de la chose comme telle. Pourtant, ce n'est pas chaque énoncé au sujet de la chose par elle-même qui est un énoncé καθ' αὑτό. Par exemple, « surface blanche » ne sera pas l'essence du « blanc », car le « blanc » est lui-même contenu à titre d'ajout dans un tel énoncé. L'essence, le noyau intime de l'être de la chose, sera exprimée par un énoncé dans lequel la chose même – le « ceci » – n'est pas présente, quoique l'énoncé l'exprime. Prenons encore une chose avec une détermination accidentelle, par exemple, un homme blanc, et désignons-la d'un nom commun – X ou « chemise » ou peu importe, en signe que nous visons bien le composé « homme blanc ». Que signifie « être X » ou « être chemise » ? Il est vrai que cela désigne d'un terme unique et le « blanc » et l'« homme », que l'on pourrait donc s'imaginer exprimer par ce moyen l'un ou l'autre « par soi », καθ' αὑτό. Mais le mot unique ne peut dissimuler le fait qu'il y a ici une détermination autre qui se surajoute à la chose. L'essence, τὸ τί ἦν εἶναι, est justement la chose même, non pas autre chose, en sus : c'est pourquoi « homme blanc » ou « X » ou « chemise » ne peut pas non plus être une détermination de ce que signifie « être blanc » ou « être homme » ; « être blanc » ne signifie rien d'existant par soi, aucun *ceci-là*, comme « être homme » ; cela relève d'une tout autre catégorie, et « homme blanc » dit simplement que les deux déterminations entièrement distinctes, « être homme » et « être blanc », appartiennent au même sujet logique.

Le τί ἦν εἶναι devra donc être une détermination dans une même catégorie, plus précisément dans la catégorie des êtres indépendants. Or, la détermination d'un même dans une même catégorie, c'est la détermination par différents degrés d'universalité. Une telle détermination – par le genre prochain et la différence spécifique – porte le nom de définition (ὁρισμός). En même temps, le τί ἦν εἶναι ne sera pas la réunion de n'importe quel genre et de n'importe quelle différence. Ce sera la définition de quelque chose de *premier* – c'est-à-dire quelque chose qui n'est la détermination d'aucune autre détermination. Le λόγος τοῦ τί ἦν εἶναι sera donc une expression plus précise, plus détaillée, du terme qui nous sert à énoncer ce qu'est ceci-là : « homme », « cheval »…, ce sera la définition, non pas de l'animal, du corps physique…, mais d'une *espèce* singulière qui, selon Aristote, n'est plus divisible et sous laquelle il n'y a ensuite que des individus, différenciés chacun par sa matière. Pour Aristote donc, les différences de race, par exemple, ne sont rien d'essentiel, ne caractérisent pas un être dans son fond ; l'espèce se démarque de tous les autres universaux par son *actualité*, son ἐνέργεια. – Il est vrai que, dans un certain sens, il y a, dans d'autres catégories aussi, une détermination de l'essence (par exemple, de la couleur) ; mais primordialement et en général, de manière à avoir une signification aussi pour toutes les autres catégories, l'essence n'appartient qu'aux οὐσίαι, aux *êtres*. Il se pose là encore un problème, que nous aurons sans doute plus de facilité à résoudre après avoir d'abord élucidé la relation entre l'essence et l'être (οὐσία) qui est un « composé » de matière et d'essence : il y a des déterminations qui, par un terme unique, signifient une dualité, quelque chose qui relève et de la matière et du τί ἦν εἶναι ; ainsi, « l'aquilin » signifie la forme d'un nez, quelque chose à la fois de déterminant et de déterminé, de formel et de matériel. Il y a des termes comme « femme », par lesquels nous signifions un être humain, mais qui, dans quelque chose de très général, quoique non essentiel (ici, le mode de la sexualité), s'appliquent à l'humain non pas en tant qu'humain, mais en tant que vivant capable de se reproduire. De tels énoncés demandent toujours à être analysés en ce qui constitue le noyau essentiel et ce qui appartient à l'être entier pris comme ὑποκείμενον ; l'analyse montre qu'il n'y a pas, dans tous ces cas, de définition au sens propre du terme.

Nous savons donc maintenant qu'aussi bien la réunion d'un être (entier, d'un σύνολον) avec une détermination non essentielle que le rapport de l'essence à l'entier de l'être sont en dehors de la sphère dans laquelle le τί ἦν εἶναι est à établir. Nous savons aussi ce qu'est proprement (au sens logique) le τί ἦν εἶναι : l'objet de la définition d'un être par le genre supérieur et la différence spécifique. C'est cette définition qui fait de la chose ce qu'elle est, déterminée, séparée, une chose une. Elle *fait* : non pas simplement au sens formel, où l'on dit, par exemple, que quelque chose fait la différence entre ceci et cela, mais au sens fort, actif : le τί ἦν εἶναι est non seulement *la même chose que* l'οὐσία, identique à chaque chose en particulier, il est en vérité ce qui *constitue* l'οὐσία. La ὕλη, en effet, n'est capable par elle-même de rien séparer, de rien mettre à part de la connexion ; Aristote dit a un moment [1], de la γῆ, de l'ἀήρ et du πῦρ, qu'ils n'ont aucune unité, que, avant de se consolider, ils sont plutôt comme un simple entassement – quelque chose à la fois de concret et de divisible, voire susceptible de dispersion à l'infini. Certes, la ὕλη fournit l'ultime substrat, sujet de toutes les déterminations ; mais ce qui sépare, le facteur qui, comme nous le verrons encore, est aussi formateur, est précisément le τί ἦν εἶναι. Cela dit, on aurait grand tort de prendre le τί ἦν εἶναι pour une *chose*, une sorte de chose à l'intérieur de la chose : il ne fait qu'un avec celle-ci. Le τί ἦν εἶναι est la chose même. Si la détermination de la chose dans son essence était encore une autre chose (comme c'est le cas chez Platon), la même question se reposerait pour cette autre chose : quelle est son essence, qu'est-ce qui la « fait » ce

1. *Métaphysique*, Z, 16, 1040 *b* 8-10.

qu'elle est ? La conséquence étant que les Idées seront inconnaissables et leur essence sans être. Il faut donc revenir en arrière : l'essence devra être identique à la chose même, *ce* qui est bon et « *l'être bon* » ne peuvent pas être deux choses différentes. En tout état de cause, si les Idées platoniciennes existent, leur substrat (ce qui y participe, μετέχει αὐτοῦ) ne peut pas être une οὐσία, car elles sont elles-mêmes quelque chose de premier, des substances, non pas une *détermination* de la substance. Ainsi, la condition pour connaître ce qu'est une chose, ce sera de ne pas poser sa détermination d'essence, son τί ἦν εἶναι, hors d'elle. Aristote démontre ici, sur l'exemple historique de la genèse de la doctrine de Platon, sa propre thèse contraire, antiplatonicienne ; l'absurdité de la séparation introduite par Platon entre la chose et son essence prouve que l'être (οὐσία) et ses déterminations ne sont pas séparés.

Or, comment le τί ἦν εἶναι, le noyau essentiel – commun à tous les hommes ou à tous les lions ou à toutes les roses et qui est donc *universel* – peut-il faire que l'οὐσία soit τόδε τι, un *ceci-là individuel* ? Ce problème est résolu par un concept que nous connaissons déjà : le τί ἦν εἶναι en tant que φύσις (ou τέχνη, celle-ci étant entendue comme une espèce, une instance déterminée de la φύσις : celle qui, dans son action opérante, part d'un savoir). La φύσις est toujours une mise en forme de la ὕλη. La ὕλη en elle-même, en tant que substrat, n'est pas un individu, elle peut être tout et n'est rien, elle peut être dispersée à l'infini ou scellée dans les unités les plus diverses – elle n'en fournit pas moins, pour l'unité essentielle, ce que celle-ci ne possède pas en elle-même : *ce dont* elle est l'unité. Nous savons déjà que l'essence ne peut pas exister pour soi ; son sens est dans le fait de *définir*, c'est-à-dire de découper la forme de la chose dans un continu et, par là, d'offrir un cadre à toutes les déterminations possibles, qui pourront alors se présenter dans le substrat en indiquant, par exemple, comment il est, où, quand et de quelle grandeur. Le substrat ne devient *ceci-là* que par la présence d'une telle unité essentielle, par la présence d'une φύσις. Tout devenir, toute génération est un processus de détermination effectué par la φύσις ou le τί ἦν εἶναι. Cela veut dire : le τί ἦν εἶναι ne peut pas lui-même venir à être, être engendré, il est toujours déjà présupposé par le devenir. Revenons encore au schéma primordial d'Aristote : la ὕλη et les déterminations contraires de la ὕλη. Le devenir même contient un noyau intime qui est au-dessus du devenir, noyau qui est toujours actualisé, sinon toujours dans la même matière. Il y a donc là, malgré tout, quelque chose comme une Idée (platonicienne). Est-ce à dire pour autant que les Idées existent au sens de Platon, séparément ? Nous avons déjà vu ce qu'il en est : si elles existaient séparément, il ne naîtrait jamais d'individu. Quand même le τί ἦν εἶναι de la chose, sa μορφή, est quelque chose d'universel, une manière d'*être-tel*, il n'en reste pas moins que c'est *ceci* qu'il forme et *fait tel*, et lorsqu'il y parvient, nous sommes en présence d'un *ceci-là*, *tel* ou *tel* : Socrate, Callias ou un autre individu. Simplement, l'εἶδος existant n'a pas besoin d'être un *modèle* du devenir, comme c'est le cas chez Platon ; il est suffisant et nécessaire qu'il soit quelque chose d'*efficient*, qui ait la capacité de former et de dominer sa propre matière et, le cas échéant, de transmettre sa forme à une matière autre. Le processus de mise en forme diffère selon la matière : tout en demeurant essentiellement identique, l'εἶδος (ou le τί ἦν εἶναι) est donc lui-même différencié en quelque sorte par cette activité qui est la sienne. C'est la ὕλη qui différencie, la ὕλη qui individualise l'εἶδος – l'εἶδος lui-même est une unité indivise. Situation étrange, paradoxale – l'universel individualise, mais il est en même temps lui-même différencié par quelque chose qui a besoin d'individuation, étant indéterminé ! Pourtant, cela se comprend : l'εἶδος trace le cadre de l'individu dans lequel la ὕλη se déploie en la forme idoine : elle reçoit *en acte*, selon le cadre tracé, les déterminations dont elle recèle le potentiel, et cette entité matérielle *circonscrite*, d'ores et déjà définie, est ce qui donne alors à l'εἶδος lui-même un champ d'action distinct du domaine de toute autre occurrence du même εἶδος.

Cela permet de comprendre aussi que l'εἶδος ait parfois besoin d'une matière *particulière*, qu'il produit lui-même par son action spécifique. Ainsi, les menstrues, dont, d'après Aristote, l'homme est formé, sont une matière qui se constitue concrètement dans le seul organisme humain, par ses propres processus spécifiques. Il n'y a que les processus élémentaires et les processus organiques qui partagent la même matière ; les célestes, en revanche, sont séparés des autres également par une barrière matérielle, et les organismes supérieurs ont une matière qu'eux seuls sont capables de produire. Inversement, on comprend que la matière elle-même soit capable d'atteindre parfois des résultats qu'on ne doit, sinon, qu'au savoir : lorsqu'elle est d'ores et déjà formée de façon à se prêter à certaines fonctions – lorsque la santé se rétablit spontanément, même sans soins, ou que les organismes inférieurs naissent de la pourriture. Bien sûr, nous sommes là, toujours déjà, en présence d'une matière *formée* par certains processus spécifiques, non de la pure matière élémentaire, de la πρώτη ὕλη au sens d'Aristote. La matière est du reste ce qui à proprement parler se meut, elle est une puissance de mouvement ; convenablement disposée, elle réagira même à une impulsion qui ne pourra pas la conduire à un terme parfait, mais seulement pour ainsi dire à mi-chemin – la pierre peut se mouvoir, non, certes, de façon à produire d'elle-même une maison, mais il n'en demeure pas moins que la construction serait impossible sans cette faculté naturelle qu'a la pierre de se mouvoir. Il en va de même de la guérison spontanée, « par la nature », comme de la génération des organismes imparfaits. Comprendre la matière, c'est comprendre deux choses : 1) que c'est la matière qui constitue la substratité en général – bien que, outre la matière, le σύνολον, composé de matière et d'εἶδος, soit lui aussi ὑποκείμενον ; et 2) que la matière est essentiellement une δύναμις, la possibilité de recevoir ou de ne pas recevoir un εἶδος, d'être telle ou non telle, aspect qui lui est propre à l'état de détermination positive ou négative au même titre, étant donné ou la στέρησις ou l'εἶδος. La substratité de la matière fait qu'il s'y concentre une pluralité de déterminations dont elle conditionne et médiatise la présence réciproque. Son caractère dynamique signifie : la ὕλη comme telle est indigence, insuffisance, elle est en elle-même apparentée à la στέρησις, au manque, à la privation ; mais l'in-suffisance est justement en elle-même quelque chose comme une exigence d'accomplissement, une tendance vers la positivité, une docilité à ce qui détermine. C'est pourquoi Aristote dit que la dernière ὕλη et sa μορφή sont une seule et même chose ; la ὕλη est en puissance ce que l'εἶδος et la μορφή sont en acte : la ὕλη est un substrat pour la μορφή, la μορφή la détermination de la ὕλη, et si la ὕλη sans détermination est inaccomplie, la μορφή, elle, ne peut exister autrement qu'en tant qu'accomplissement, organisation de la ὕλη. – Selon ces perspectives, l'on a raison de dire : « la semence est un homme en puissance », « l'eau est du vin en puissance », comme de ne pas dire : « le vin est du vinaigre en puissance » ou « l'homme est un cadavre en puissance ». En effet, le cadavre est la matière abandonnée de sa forme, et la possibilité d'être sans forme (comme la possibilité d'être informé), est une possibilité de la *seule matière*, non de la substance composée, du σύνολον qu'est l'homme. De même, le vinaigre, le vin corrompu, n'advient pas, pour Aristote, à partir du vin comme le vin à partir de l'eau, par la réalisation d'une possibilité supérieure, mais, au contraire, par la corruption d'une forme supérieure et donc, à vrai dire, derechef à partir de la matière qui était devenue vin au départ. Il est clair d'après tout cela que, si la ὕλη peut retomber dans son indigence de départ et que, laissée à elle-même, elle se corrompe, ce processus n'a pas la même valeur ontologique que celui de son organisation et de sa détermination. La ὕλη est l'aspect des simples moyens en vue de la réalisation de quelque chose ; ces moyens sont organisés par la fin qu'est *la présence et l'actualité* de ce qui organise, l'acte du τί ἦν εἶναι en tant que φύσις. Ainsi, la réflexion sur la ὕλη elle-même renvoie en direction du τί ἦν εἶναι et de l'ἐνέργεια comme source de toute compréhension et de toute explication.

En effet, on ne peut pas expliquer les choses, c'est-à-dire en découvrir les causes, en les réduisant simplement à la matière, à *ce dont* elles se composent. Expliquer, c'est demander pourquoi quelque chose d'étant a pour propre autre chose, en d'autres termes, pourquoi telle chose a telle détermination. Il n'y a de sens qu'à interroger l'unité du *divers*, non pas à questionner en direction d'un identique. L'unité est donnée par la cause, ou bien cause efficiente, motrice, ou bien cause finale, qui énonce alors non seulement pourquoi la chose est advenue, mais encore pourquoi elle est ce qu'elle est. Pour chercher la cause de l'être, d'abord faut-il savoir *comment* en poser la question. Question étrange à l'oreille de qui l'entend pour la première fois : quel substrat est ceci et cela (telle forme, telle μορφή) ? Demander : pourquoi l'homme est-il homme ? c'est demander : en vertu de quoi telle et telle matière (les organes, les tissus, etc.) est-elle quelque chose de déterminé, à savoir un homme ? La réponse étant, bien sûr, la définition de la φύσις humaine, l'essence de l'homme, c'est-à-dire la raison, le νοῦς, avec le discours, le λόγος, qui va avec, en tant que τί ἦν εἶναι humain – c'est celui-ci qui organise toutes les parties en une unité qui sert un même but : la bonne marche de la vie humaine, le maintien et l'accroissement de cette actualité, l'ἐνέργεια toujours plus pleine de ce qui fait de l'homme un homme.

C'est dire que nous comprendrons pourquoi l'homme est homme lorsque nous aurons compris en quoi les différentes parties et fonctions de l'organisme humain sont aptes à rendre possibles le fonctionnement, le développement, la manifestation de la raison humaine sous tous ses aspects – comment elles servent à cette fin. En d'autres termes : lorsque nous saurons voir dans l'organisme la forme externe de la raison humaine, lorsque nous verrons en quoi la raison humaine *exige précisément ce substrat-là*. La rose se développe, croît, fleurit en tant que manifestation extérieure du plan d'un mode précis de vie végétative. On le voit, l'explication au sens d'Aristote est très ambitieuse – il voudrait que le plan de vie universel permette de porter le regard jusque dans les structures matérielles qui en relèvent nécessairement.

Expliquer, c'est donc rechercher l'ἐνέργεια. Et l'ἐνέργεια est toujours quelque chose de distinct du substrat pur et simple, elle est une *détermination* du substrat. Tous les modes d'explication de l'être des choses sensibles conduisent au concept d'ἐνέργεια, tous sont des manières dont la ὕλη originaire est ordonnée, unifiée, liée, organisée ; Aristote dit mélangée, pétrie, enchaînée, condensée, etc. L'organisation est exprimée toujours par les contraires – tel le couple condensation-raréfaction –, par différentes espèces d'excès et de défaut ; c'est derechef le schéma fondamental de détermination de la ὕλη que nous connaissons déjà. Sans pour autant être toujours une οὐσία, ces divers modes d'explication sont quelque chose d'analogue – ils font apparaître une certaine ἐνέργεια. Le principal domaine d'explication est, bien sûr, celui des êtres naturels, produits de la φύσις.

Revenons donc encore une fois à ce qui est l'essence de la φύσις, au τί ἦν εἶναι. De nombreux problèmes ici demandent encore à être résolus. Nous savons que le τί ἦν εἶναι est l'unité organisatrice de la matière, qu'il est lui-même inengendré, toujours en acte, c'est-à-dire qu'il apparaît sans génération et disparaît sans périssement, qu'en organisant la matière il crée le σύνολον, un être en tant qu'unité de matière et de forme. Cela pose justement la question des parties composantes du τί ἦν εἶναι et de leur rapport aux parties de la substance composée, du σύνολον. Il est certain que la matière est présente dans certaines définitions et non dans d'autres : la « syllabe » comme « réunion d'une partie vocalique et d'une partie muette » contient de la matière, l'« homme » comme « vivant au discours sensé » n'en implique pas. La définition du cercle ne comporte pas de segments, le cercle réel, qu'il soit mathématique ou fabriqué, en bronze ou en bois, en est composé. En réalité, les « éléments » qui figurent dans la définition de la syllabe sont autre chose que les éléments au sens physique, matériel (sens qui recouvre et les signes graphiques et les sons articulés). Cette distinction entre les parties de l'essence et celles du substrat est importante ; elle montre que le τί ἦν εἶναι n'est pas simplement ce en quoi les individus d'une même espèce s'accordent, un universel obtenu par abstraction à partir du singulier. Il peut y avoir bien plus de choses dans lesquelles les individus s'accordent que de moments du τί ἦν εἶναι. Les bras et les jambes ne sont pas parties intégrantes du τί ἦν εἶναι, pas plus que les autres organes physiques de l'homme. Mâle ou femelle, l'être humain ne l'est pas en tant qu'humain, mais en tant que vivant. La corpulence, la stature, la forme, la coloration n'appartiennent pas à l'homme en tant qu'homme, mais en tant que corps physique. Du point de vue du τί ἦν εἶναι, tous ces éléments sont des parties du substrat, des composantes physiques de la substance, non pas des moments de l'essence.

Le τί ἦν εἶναι a donc des parties qui lui sont propres. Il n'est pas simple, il est articulé. Pourtant, il n'est pas une pluralité, un collectif.

Comment une chose composée pourrait-elle unifier, être cause et fondement d'unité ? Voyons les parties qui composent le τί ἦν εἶναι. Elles sont toutes universelles, καθόλου, aussi bien le *genus proximum* que la différence. Cela nous donne alors la possibilité d'intégrer aussi τὸ καθόλου dans la théorie de l'οὐσία. De même que le τί ἦν εἶναι n'est pas une chose dans la chose, de même ni le καθόλου ni le γένος n'est une chose particulière dans le τί ἦν εἶναι. Aristote indique la règle pour diviser unitairement le genre suprême afin d'obtenir la différence *vraie*, celle qui conduit au τί ἦν εἶναι : comme le τί ἦν εἶναι travaille avec la différence générique, il faudra, non pas diviser le genre selon différents points de vue, mais diviser toujours à nouveau et plus avant *la même* différence, car ce n'est qu'ainsi qu'on arrivera au terme, à l'unique et ultime différence qui est le noyau recherché de l'οὐσία. Cette idée donne aux genres une manière d'objectivité, quand bien même elle n'est pas substantielle, comme celle qu'ils avaient chez Platon. Les genres ne peuvent plus être des étants indépendants, pas plus que l'espèce n'en est un. Mais, de même que l'εἶδος est devenu, non plus une réalité modèle, mais une réalité *agissante*, une ἐνέργεια-ἐντελέχεια organisatrice, de même le γένος devient la réalité de l'ordre hiérarchique des choses. Le γένος montre au fond tout ce qui a été réalisé déjà pour que l'ultime différence puisse se produire, il en fait apparaître les « conditions de possibilité ». C'est pourquoi le γένος – et tous les γένη supérieurs jusqu'à la catégorie de l'être indépendant, qui est le μέγιστον γένος – est une sorte de matière qui reçoit sa forme de l'ultime différence, le τί ἦν εἶναι qui en résulte étant alors une manière de σύνολον. Le rapport du genre et des espèces est ainsi analogue à celui des composantes de l'οὐσία ; ici aussi il y a quelque chose comme une unité formée ou plutôt une inséparabilité de deux composantes distinctes, dont l'une n'a pas sa pleine déterminité et l'autre est sans autonomie. C'est de façon analogue que le genre et les espèces forment aussi une unité – le genre est quelque chose comme l'exigence de réalisation, la différence ce qui remplit cette exigence, l'espèce le genre réalisé.

Bref, Aristote intègre dans sa conception du τί ἦν εἶναι comme être propre de l'οὐσία tous les éléments dont était partie son analyse initiale : le ὑποκείμενον au sens de la ὕλη en est le fondement, le σύνολον le produit, le καθόλου et le γένος les constituants. Tous les thèmes des ontologies plus anciennes, les éléments du questionnement de ses devanciers sur ce qui fait que l'étant soit, y trouvent leur place (jusqu'à l'ontologie mathématisante des platoniciens, reprise et adaptée dans l'idée selon laquelle la définition, étant l'unité de parties indivisibles, serait un nombre *sui generis*). Or, par là, tous sans exception entrent dans le nouveau regard porté sur le tout de l'étant sous l'angle de l'ἐνέργεια.

La réponse à la question τί τὸ ὄν était : l'οὐσία. Qu'est-ce que l'οὐσία ? Aristote a répondu : τὸ τί ἦν εἶναι. En quoi réside la nature propre du τί ἦν εἶναι, ce par quoi il se distingue tant du ὑποκείμενον que du καθόλου et du γένος ? La réponse : dans l'ἐνέργεια. Qu'est-ce donc que l'ἐνέργεια, cette toute dernière clef de la (semble-t-il) toute dernière serrure ?

Qu'il se tient bien devant l'ultime porte, Aristote l'indique, entre autres, en ne proposant aucune définition de l'ἐνέργεια. Les choses tout à fait premières et tout à fait simples ne sont pas définissables. L'ἐνέργεια, dit-il à un moment, est la présence de la chose, non pas de la façon dont nous disons qu'elle existe en puissance [1]. La présence – cela indique qu'il s'agit d'une détermination fondamentale de l'être : la δύναμις est la présence inauthentique, présence d'un absent ; l'ἐνέργεια est la présence du présent en tant que tel. La forme d'Hermès est dans le bois δυνάμει, de même, la moitié d'un segment de droite dans le segment entier – là, le passage à l'ἐνέργεια est une *séparation*, le rejet du superflu, le tracé de la limite propre, requise par la détermination, par la forme. Dans d'autres cas, la δύναμις indique au contraire la nécessité de l'adjonction de quelque chose en sus – lorsqu'un sachant en puissance actualise son savoir ou acquiert des connaissances nouvelles. La relation constructeur : construisant, sommeil : veille, œil fermé : œil qui voit, matière : ce qui est tiré de la matière, produit brut : produit élaboré permet de cerner le sens de l'ἐνέργεια. L'ἐνέργεια est annoncée dans la δύναμις – Hermès ne peut pas être sculpté dans n'importe quel bois, mais uniquement dans un bois qui admet, qui « veut » cette forme ; les yeux fermés, l'esprit assoupi, le savoir inactif sont déjà intégralement en chemin vers quelque chose de plus, *en vue de quoi* ils existent, pour quoi ils sont préparés. Il y a différents modes d'ἐνέργεια, dont deux principaux : l'un est à la δύναμις comme le mouvement à l'aptitude, l'autre comme l'οὐσία (c'est-à-dire le τί ἦν εἶναι) à sa ὕλη. Hermès est au bois comme l'οὐσία est à la ὕλη : il est une détermination de la ὕλη, sa déterminité supérieure, plus parfaite. Le savoir inactif est à l'actif comme le mouvement à la faculté de se mouvoir : dès qu'une cause quelconque libère la faculté, qu'une pierre, par exemple, perd son appui, elle se mettra en mouvement, tombant ou roulant vers le bas – de même, le

1. *Métaphysique*, Θ, 6, 1048 *a* 30-33.

savoir inactif se mettra naturellement au travail, dès lors qu'il n'en sera pas empêché par les urgences de la vie. Mais il y a là une différence essentielle : le mouvement (κίνησις) a son terme et sa fin en dehors de lui-même : la pierre n'est *en bas* qu'après avoir parcouru son trajet ; le corps n'est mince qu'après avoir été travaillé par la gymnastique. En revanche, la vision n'est pas *qu'une approche* du vu ; la compréhension n'est pas *qu'une approche* du compris. L'approche du compris, c'est le processus d'apprentissage, l'étude – la compréhension comme telle est ensuite une vision achevée, non pas un retour aux ténèbres de la simple possibilité, mais le maintien de la chose comprise devant le regard au repos ; c'est une action achevée, dans laquelle la fin – la présence de l'étant compris devant un regard pleinement clair – est *immanente*, une action qui demeure auprès de ce qui a une fois été et n'a plus besoin de sortir d'elle-même. C'est pourquoi voir et avoir vu, c'est la même chose – on peut n'avoir jamais fini de voir ; comprendre et avoir compris, de même ; *comprendre* est une action qui ne veut pas, comme la κίνησις, se défaire d'elle-même [1].

L'ἐνέργεια imparfaite qu'est le mouvement (κίνησις) a ainsi un τέλος extérieur à elle-même. De ce fait, elle renvoie à une autre ἐνέργεια, celle qu'elle suscite plus durablement en dehors d'elle ; l'acte de construire, l'οἰκόδομησις, a un sédiment durable dans l'ἐνέργεια de la maison, la guérison dans la santé, la gymnastique dans la minceur. Il y aurait ainsi trois degrés d'ἐνέργεια – l'ἀτελὴς ἐνέργεια du mouvement, l'ὂν ἐνεργείᾳ en tant que *conséquence externe* du mouvement, et enfin l'ἐνέργεια comme ἐντελέχεια, *durée interne*, le but une fois atteint. Cet être au but peut, à son tour, être plus ou moins parfait : vivre = avoir une ψυχή = durer dans le cadre du τί ἦν εἶναι dont est doté le σῶμα ὀργανικόν [2] ; l'animal ou l'homme est en ce sens au but alors même qu'il dort. Bien sûr, l'animal ne vit pas pour dormir, il dort pour vivre ; l'ἐντελέχεια la plus pleine ne sera donc pas la simple possession de la faculté motrice et perceptive, la simple ἕξις, mais le mouvoir et le percevoir en acte. Étant entendu que, pour autant que ces πράξεις sont de simples κινήσεις, elles ne seront derechef pas des ἐντελέχειαι au sens plein du terme. La pleine ἐντελέχεια, comme nous venons de le voir, ne connaît plus de terme externe, ne vise plus aucun but, ne sort plus d'elle-même – une telle ἐντελέχεια est d'autant plus complète qu'elle est davantage un état de

1. *Métaphysique*, Θ, 6, 1048 *b* 33-34. – Nous pensons qu'il s'agit ici uniquement de la κίνησις transitoire, non pas de l'éternelle.

2. *De anima*, II, 1, 412 *a* 19-21 ; 412 *b* 5-6.

présence parfaite. Aussi l'αἴσθησις et la νόησις en sont-elles les meilleurs représentants : en elles, il y a quelque chose de présent en acte devant le regard, alors que dans les rétentions (μνῆμαι) et les intentions (ἐλπίδες) seule est présente l'absence de la chose [1]. Pourtant, l'αἴσθησις en tant que donation d'une détermination extrinsèque et transitoire (συμβεβηκός) de l'être (οὐσία) n'est elle-même qu'une présence sans durée, tout en étant la seule manière de rencontrer originellement les choses dans leur ἐνέργεια, ce sans quoi on ne saurait pénétrer plus avant. Le νοῦς et la διάνοια, en revanche, pénétrant jusqu'au τί ἦν εἶναι, saisissent quelque chose auprès de quoi il est possible de demeurer. La διάνοια, qui travaille à l'aide du discours (λόγος), plus particulièrement du « discours qui dévoile quelque chose de quelque chose » (λόγος ἀποφαντικός), procède par le raisonnement et les démonstrations, mais celles-ci reposent nécessairement, en dernière analyse, sur quelque chose qui ne se laisse pas démontrer; toutes présupposent la définition des objets, définition qui, elle, n'est acquise que par ce que le νοῦς discerne, dans différentes occurrences, un même εἶδος et un même τί ἦν εἶναι. L'échelle αἴσθησις – διάνοια – νοῦς est ainsi, également, l'échelle d'une ἐνέργεια toujours accrue (dont le νοῦς humain n'est qu'une forme faible). Aristote ira ensuite jusqu'à qualifier le plus haut degré – le νοῦς qui est à la fois νόησις νοήσεως – d'ἐνέργεια en et pour soi [2]. Ce νοῦς-là n'a plus, face à lui, même la pluralité d'essences éternelles, mais diverses, les εἴδη et les τί ἦν εἶναι, que contemple le νοῦς de l'être fini, il est, au contraire, entièrement plongé dans sa propre présence – présence qui n'est dispersée ni troublée par rien; pur être, acte pur, l'ἐνέργεια de cet être intelligent devient à la fois l'objet de sa propre intelligence – l'être, l'ἐνέργεια sous sa forme pure, est nécessairement intelligence, *compréhension.*

On voit donc que l'ἐνέργεια ἁπλῶς, au sens absolu, est le dernier terme d'une série qui ne compte, sinon, que des membres relatifs : l'ἐνέργεια relative correspond toujours à une δύναμις déterminée. Il s'ensuit que la δύναμις aussi est toujours relative à son ἐνέργεια; par conséquent, la ὕλη élémentaire n'est pas encore la δύναμις de l'homme, n'est pas encore un homme potentiel; seule la semence – voire peut-être seulement la semence dans un certain état, au terme de certains processus qui lui impartissent des aptitudes supplémentaires – est un homme en puissance; la terre en tant qu'élément n'est pas encore une

1. *Métaphysique*, Λ, 7, 1072 *b* 18-19.
2. *Ibid.*, 1072 *b* 27 : ἐκεῖνος δὲ ἡ ἐνέργεια.

statue en puissance, elle ne le devient qu'en se changeant en bronze. L'usage linguistique saisit ici quelque chose de réel. Selon la δύναμις, on ne dit pas qu'une statue est pierre, mais de pierre, qu'un banc est bois, mais de bois, de même qu'on dira d'un homme, non pas qu'il est savoir, mais qu'il est savant (détermination non essentielle) : la langue saisit ici, d'après Aristote, avec beaucoup de finesse, que la ὕλη et ses accidents sont, l'une et les autres, indéterminés (incomplètement déterminés, pouvant être ou ne pas être, pouvant aussi être autrement) [1].

La δύναμις, caractérisée malgré son indétermination par un rapport à l'ἐνέργεια, contient pourtant un ordre, une certaine hiérarchie, qui n'est pas l'échelle d'*universalité* des τί ἦν εἶναι, mais justement celle de leur ἐνέργεια. Le τί ἦν εἶναι, comme nous venons de le voir, est composé d'un genre en tant que ὕλη et d'une différence en tant que μορφή ou εἶδος. Cette comparaison n'a-t-elle pas une autre fonction encore que de marquer l'unité structurée de l'essence (τί ἦν εἶναι) ? Ce qui, dans un cas (par exemple, chez l'animal), fait partie du τί ἦν εἶναι, du noyau essentiel toujours en acte, peut être, par rapport à un τί ἦν εἶναι supérieur, une simple composante de la ὕλη correspondante. La nutrition et la reproduction font partie de l'εἶδος de la plante, mais seulement de la ὕλη de l'animal ; le mouvement et l'αἴσθησις font partie de l'εἶδος de l'animal, mais seulement de la ὕλη de l'homme. *On est là en présence d'une nouvelle hiérarchie des essences*, analogue à l'échelle platonicienne des étants selon la généralité, mais qui s'en distingue dans la mesure où elle plonge au noyau même de la nature, dans ce dont il y va dans son devenir, ce pour quoi lutte la nature (tel est aussi le sens de la comparaison de l'étant à une armée que l'on trouve en *Métaphysique*, Λ, 10, 1075 *a* 13).

Aristote montre ensuite, dans l'un des grands résumés de l'ensemble [2], l'antériorité de l'ἐνέργεια sur la δύναμις a) sous le rapport de la détermination logique : la définition de chaque δύναμις se rapporte à une ἐνέργεια ; b) selon le temps – cela découle du fait que l'ἐνέργεια est la ὕλη à l'état de déterminité, la ὕλη subsistant dans son τί ἦν εἶναι, autrement dit dans sa μορφή et sa φύσις, là où la δύναμις est un état où la ὕλη ne fait encore que tendre vers un εἶδος, et, quant à la φύσις, nous la savons déjà antérieure selon le temps à la simple ὕλη. Chaque δύναμις renvoie à une cause antérieure qui est ἐνεργείᾳ, jusqu'à remonter finalement au premier κινοῦν. Mais il y a un mode plus élevé encore (κυριωτέρως) d'antériorité de l'ἐνέργεια sur la δύναμις que ne l'est

1. *Métaphysique*, Θ, 7, 1048 *b* 35-1049 *b* 2.
2. *Ibid.*, 8, 1049 *b* 2-1051 *a* 2.

l'antériorité λόγῳ et χρόνῳ. C'est l'antériorité selon l'οὐσία même de ce qui est ἐνεργείᾳ ; on passe là, de ce qui est simplement *en état* d'ἐνέργεια, à ce qui est ἐνέργεια *par nature*, par son οὐσία, par son être même. Ce qui est ἐνέργεια par son être même ne peut pas ne pas être – cela *est nécessairement* – c'est-à-dire nécessairement *existe*. La pure ἐνέργεια est un *être nécessaire* – et, comme elle n'a ni *substrat* ni *déterminations* qui soient distincts de son être, elle est également *être pur*. Sans cet être pur (et les êtres sensibles qui s'en approchent le plus), il n'y aurait non plus rien d'autre, rien n'existerait.

Rien de ce qui est, par toute son essence (ἁπλῶς), impérissable, éternel, n'est par toute son essence en puissance (δυνάμει) ; de même, rien de nécessaire n'est un étant essentiellement possible. Tout ce qui est essentiellement être-dans-la-possibilité, c'est-à-dire ce à quoi appartient essentiellement la possibilité d'être ou de ne pas être, d'être tel ou non tel, devra tôt ou tard réaliser aussi sa possibilité de ne pas être, sans cela ce ne serait pas un possible : un tel étant périt donc nécessairement. Il s'ensuit que, sans l'être nécessaire, tout devrait nécessairement périr, c'est-à-dire (étant donné l'infinité du temps) qu'il n'y aurait rien. Aussi le mouvement éternel n'est-il pas un mouvement en vertu de possibilités (du contraire), mais, tout au plus, en vertu d'*un seul* possible sans contraire (par exemple, la possibilité de changer de lieu) ; c'est un mouvement nécessaire ; ce qui en a la possibilité ne peut pas ne pas en être mû. Ce n'est pas un mouvement qui épuise et fatigue les êtres, comme la fleur et le fruit épuisent l'églantier ; l'églantier dans son évolution lutte pour surmonter des obstacles, pour venir à bout de différentes forces de désintégration, il affaiblit ainsi son élan originel qui finit par s'arrêter tout à fait. Dans un être qui est matière et possibilité (du contraire), dans un être qui est une détermination progressive de la ὕλη, commençant par un état de δύναμις pour, de là, passer à l'ἐνέργεια en tant qu'état autre, meilleur, la décadence est inéluctable et survient nécessairement. Chez celui qui, comme les êtres célestes, les astres et les sphères, est, par son être et sa définition, ἐνέργεια, rien de la sorte n'est possible – ici, l'ἐνέργεια n'est pas un état transitoire, elle est l'être même dans sa nature, qui est inengendré et ne connaît pas le changement.

Il est frappant (et la circonstance a été mise en avant pour prouver que le livre Θ serait antérieur à la doctrine du moteur immobile) qu'Aristote parle ici, d'une même haleine, d'êtres éternels, nécessaires et animés d'un mouvement perpétuel – le texte ne permet pas de conclure si τὸ κινοῦν πρώτως (1050 *b* 6) signifie τὸ ἀκίνητον κινοῦν ou simplement un mouvement automoteur présupposé dont le siège est l'αἰθήρ. Ce serait pourtant l'occasion de parler du moteur immobile, et Aristote n'en fait rien [1]. C'est dire qu'il n'avait pas encore sa « théologie » en composant le livre Θ.

Mais si le Θ fait sans nul doute partie du complexe qu'Aristote a lui-même élaboré, du complexe *E–Z–H–Θ*, traitant de ce que Jaeger qualifie de « phénoménologie ontologique », si cette phénoménologie, sous la forme sous laquelle elle nous est parvenue, est, de plus, quelque chose qu'Aristote conserve même après être parvenu à sa conception du moteur immobile, ou disons plutôt quelque chose qu'il retravaille pour ce nouveau contexte, fût-ce sur le fondement de textes antérieurs – il faut alors demander : l'ambivalence que recèle le Θ n'a-t-elle pas un autre sens encore, plus profond ?

Ne pourrait-on regarder la chose ainsi : Aristote ne transforme pas sa philosophie en théologie, mais se sert de la théologie pour porter un regard nouveau (nouveau par rapport au regard de la physique qui montre seulement comment la *négativité* inhérente aux choses rend le mouvement possible) sur l'étant en totalité, c'est-à-dire sur l'étant fini et périssable dans sa connexion avec l'éternel ? La théologie lui donne ce qu'aucune autre discipline ne peut offrir – un modèle de l'être pur, *exempt de toute négativité* et, dans cette *positivité* absolue, absolument actif. Comme le principal attribut de l'étant premier est l'ἐνέργεια, cela implique la nécessité d'examiner tout l'étant second du point de vue de l'ἐνέργεια (et de son complément, inéluctable dans le fini, la δύναμις). C'est avec ce présupposé en main que la structure des étants finis sera à élucider.

L'examen de l'étant du point de vue de l'ἐνέργεια ne se dirigera pas de haut en bas, du supracéleste jusqu'à nous. Ce serait aller à contresens de tout le mouvement du monde. Celui qui veut respecter la réalité procédera en sens inverse. Le véritable point de vue de l'ἐνέργεια ne regarde pas de haut en bas, mais de bas en haut.

1. Cf. P. Gohlke, *Die Entstehung der aristotelischen Prinzipienlehre*, p. 40. Le mouvement automoteur, qui est ici justifié en détail par l'impossibilité d'appliquer la théorie ordinaire de la puissance et de l'acte aux corps célestes, est précisément l'argument principal, car la doctrine du moteur immobile ôte aux sphères tout souci concernant l'épuisement de leurs propres forces. – Bien sûr, c'est un argument *e silentio*, et tout le raisonnement sur le mouvement des sphères célestes vaudrait aussi en présupposant le moteur immobile ; il n'est donc pas exclu qu'Aristote se serve simplement d'une possibilité de raisonnement plus faible parce que, en tout état de cause, il n'entend pas introduire ici le moteur transcendant. – Il y a aussi un sens plus profond à l'utilisation du texte antérieur dans un contexte nouveau.

Son fondement, c'est l'analyse du singulier fini et la détermination précise de ce qui en lui est ἐνεργείᾳ, c'est-à-dire du τί ἦν εἶναι en tant qu'essence de la μορφή. La relation ὕλη-μορφή jette de la lumière sur le τί ἦν εἶναι lui-même. La μορφή et la ὕλη fondent une proportion qui permet d'éclairer l'être même des choses finies et de déterminer pourquoi la μορφή, c'est-à-dire l'Idée réellement agissante, ne peut être rien d'autre qu'une espèce indivisible [1].

Or, cette analogie, avec celle de la δύναμις et de l'ἐνέργεια, permet encore d'établir toute une hiérarchie des μορφαί finies selon les rapports des composantes des noyaux essentiels; ce qui dans l'un est l'ἐνέργεια même n'est encore pour d'autres qu'une δύναμις, caractérisant la ὕλη. Et s'il y a une hiérarchie des essences selon les degrés d'ἐνέργεια, cela veut dire que les essences sont, les unes par rapport aux autres, comme le bloc de pierre ou plutôt la statue à peine dégrossie par rapport à la statue finie, comme le sommeil par rapport à la veille. Non que l'une soit la matière de l'autre. Chaque essence est un noyau indépendant, mais l'une sert l'autre, la prépare, annonce ce qui se trouve sous une forme concentrée et éveillée dans l'essence supérieure. Les essences tendent à s'élever, elles sont donc de plus en plus ἐνεργείᾳ – elles sont donc *davantage*, plus éternelles, de moins en moins des *réalisations*, de plus en plus des *réalités*.

Ce regard d'en bas sur l'univers devra être présenté sans égard à l'action de la cause première. De bas en haut, c'est une *orientation* importante, cohérente à tous égards, encore que le point auquel elle tend se dérobe à perte de vue – par conséquent, ce serait pécher et contre le style et contre la méthode que de mêler à ce regard ce qui est totalement incorporel.

Du nouveau point de vue, reconstruit pour le regard d'en bas, l'on découvre ainsi une unité monumentale et un ordre quasi militaire, une τάξις à laquelle préside l'ἐνέργεια pure = le νοῦς. Cette τάξις est une hiérarchie : son point de fuite est l'être pur et nécessaire. À l'autre bout de l'échelle, il y a l'imitation, la μίμησις de cet être dans l'ἐνέργεια primitive que déploient les éléments, la terre et le feu, par leur mutation perpétuelle. Même au degré le plus chaotique de l'indéterminité, de la non-articulation, de la non-individuation élémentaire quasi totale, il y a

1. G. Patzig présente l'analogie, la proportionnalité comme principe de la dernière phase de la philosophie d'Aristote dans un article sur les deux phases de l'ontologie aristotélicienne : « Theologie und Ontologie in der "Metaphysik" des Aristoteles », *Kant-Studien*, 52 (1960-1961), p. 185-205.

donc encore de l'ἐνέργεια, ne fût-ce que l'ἀτελὴς ἐνέργεια du cycle continuel de la matière. Entre les deux extrêmes s'étend alors une vaste hiérarchie, donnée par l'ordre de tous les τί ἦν εἶναι – d'abord les δυνάμεις ἄλογοι des οὐσίαι matérielles, végétales et animales, qui ont toujours besoin de la présence d'une cause externe pour passer en acte, puis les δυνάμεις logiques des activités humaines, qui sont toujours des puissances de positivité et de négativité, de destruction autant que de création, et dont l'actualisation dépend d'une résolution interne de la faculté désirante, laquelle est sous l'influence du regard de la pensée, de la raison, du νοῦς.

On le voit : depuis la marge inférieure du monde, où tout est informe mais en mouvement, à travers l'ordonnancement qui requiert une causalité externe et le monde de l'activité humaine, causée en partie de l'intérieur, le chemin conduit jusqu'à la sphère la plus haute de l'ἐνέργεια pure. Ce qui va croissant à partir de la marge inférieure, c'est l'individuation, l'ordre, l'autonomie. Plus une strate d'étant est élevée, plus l'ordre et les lois qui la régissent sont parfaits et intelligibles. Plus on s'élève et moins il y a de chaos. Vu de bas en haut, le monde apparaît comme un exode hors du chaos, une fuite dont les étapes sont les suivantes : s'esquisser, se mettre à part, se former, puis se réveiller, comprendre, dévoiler ce qui est, d'abord dans son contenu inessentiel, puis dans sa teneur d'essence et, en vertu de cela, devenir de plus en plus soi-même et par soi-même, cause interne de ses propres actes. Par-dessus tout il y a l'être nécessaire, s'élevant jusqu'à la nécessité et à la pureté absolues ; c'est sur lui que repose tout ce système de l'étant en tant que manifestation.

C'est aussi pourquoi il est dit à la fin du livre Θ – de prime abord, en contradiction avec ce qu'Aristote énonce ailleurs – que la toute première signification de l'étant est ἀληθὲς ἢ ψεῦδος [1]. L'ἀλήθεια est le plus haut degré d'ἐνέργεια.

Le détour par la théorie de l'οὐσία nous ramène ainsi à notre point de départ. Le point de départ de la « science recherchée » était le pur être transcendant du moteur immobile. La théorie de l'οὐσία a montré dans le détail comment l'aspiration à une ἐνέργεια supérieure est inhérente à la structure des étants finis. Elle a élucidé cette structure en s'appliquant

1. *Métaphysique*, Θ, 10, 1051 *b* 1. Là où en E, 4, 1027 *b* 29-30, il est question du rapport entre l'étant dans le λόγος, c'est-à-dire la liaison et la séparation des termes, d'une part, et l'étant dans les choses, d'autre part, l'étant évoqué en Θ, 10 est celui qui rend possible chaque λόγος.

à ne pas quitter le sol ferme de la réalité sensible, la métaphysique transcendante faisant place à une quête immanente de la cause qui fait que chaque réalité en particulier est ce qu'elle est, quête de la cause de l'unité du dedans et du dehors, de l'essence et de l'apparition. Or, toutes ces conséquences découlent pareillement d'une réflexion toujours approfondie sur le schéma initial du mouvement-processus qu'Aristote a forgé au tout début de ses « considérations portant sur la φύσις » (la *Physique*) ; était contenue là, en germe, la doctrine aristotélicienne non seulement du mouvement et du mobile, mais encore de l'οὐσία, de son unité, du noyau essentiel qui la constitue, de l'acte perpétuel de cette essence, de la hiérarchie des actes jusqu'à l'être pur en haut de l'échelle.

6

On peut demander, au vu de la conception globale du mouvement et du mobile chez Aristote, si cette philosophie ne nous offre pas un cas typique d'anthropomorphisme, de la projection d'une manière de voir purement humaine dans les choses mêmes. Le modèle de la τέχνη pour la φύσις, l'« artificialisme » dans la conception du rapport μορφή-ὕλη témoignerait à l'appui de cette thèse.

Avant de pouvoir trancher cette question, il faut d'abord poser celle du *sens* global de l'enquête d'Aristote. Qu'il y a chez lui des structures philosophiques puisées dans l'environnement humain, empruntées à la τέχνη et aux expériences de la vie naïve, cela est certain. Toutefois, Aristote ajuste ces structures, il les schématise, les généralise, les analyse et les soumet toutes à des procédures idéalisantes. Ainsi la δύναμις, impensable sans l'expérience humaine des possibles, ne coïncide pourtant pas avec cette expérience ; elle est précisée à l'aide du principe de contradiction (possibilité des deux, aussi bien de –A que de +A) et rapportée aux contraires.

Pourquoi Aristote procède-t-il ainsi ?

Si l'anthropomorphisme signifie un *subjectivisme*, l'intention d'Aristote est tout le contraire. Il ne se propose pas de subjectiver le monde, de l'« animer » et de le « spiritualiser ». Au contraire, il cherche à découvrir des structures *asubjectives* propres à inclure et à expliquer, à partir de principes plus universels, même les phénomènes humains, la compréhension et le comportement humains, des choses aussi spécifiques à l'homme que la vie dans la vérité, la volonté et le choix, etc.

Sous ce rapport, Aristote est l'antipode de l'idéalisme moderne. Il ne cherche pas le sujet dans les choses – il n'a pas du tout de concept d'un sujet – pas plus qu'il ne l'introduit en elles. Il s'efforce plutôt de trouver une *commune mesure* entre le monde et l'homme, une conception de la réalité du monde qui permette de ne pas la scinder en deux, à la manière de Platon et du cartésianisme, mais de comprendre l'homme comme un cas particulier – fût-il exceptionnel – de structures ontologiques générales [1].

C'est ce qui motive son refus du mécanisme, où il ne voit pas une possibilité de ce genre, mais quelque chose de totalement étranger à la vie en général et à la vie humaine en particulier.

Qu'on condamne telle ou telle de ses structures ontologiques comme inexacte ou insuffisante, sa méthode n'est pas réfutée pour autant. On ne saurait tenir l'investigation ontologique d'Aristote pour foncièrement erronée qu'en refusant par principe toute recherche d'un pareil trait d'union qui en tant que tel – la chose ne fait aucun doute – ne peut pas ne pas contenir toujours, aussi, des éléments de l'expérience humaine.

Parmi les structures censées jeter ainsi un pont entre l'humain et l'extra-humain figure également, bien sûr, le concept aristotélicien de mouvement. Cette intention déjà rend le mouvement chez Aristote foncièrement différent de celui des sciences modernes de la nature. C'est un mouvement ontologique

1) en ce sens qu'il est ce qui relie le déterminé à ses déterminations (le mouvement est ce qui cause la *présence* de la détermination dans le déterminé ou, pour dire la même chose autrement : la présence du déterminé en un point donné de la série des déterminations ; le mouvement est un *passage* de détermination en détermination) ;

2) qu'il *est l'actualisation* d'une plus grande déterminité ;

3) qu'il est la manière dont un être fini, qui ne peut exister *pleinement*, peut néanmoins connaître une existence *maximale*.

Le mouvement ontologique est celui par lequel un être est constitué sous sa forme concrète, un être mis à part du reste du monde par son principe propre, s'expliquant avec le monde en vertu de sa structure propre, capable d'aménager le matériel chaotique du monde extérieur selon sa loi propre. Aussi le mouvement ontologique est-il nécessairement lié à la notion d'un être individuel. L'ontologie d'Aristote est liée au fait qu'il existe dans le monde, sans nul doute, des individus, c'est-à-dire des étants qui ne sont pas simplement séparés *par nous* du continu de l'expérience, mais qui *sont* dans leur fond une *séparation*, un

1. L'exception humaine ne signifie pas chez Aristote que l'homme serait en général le seul être, ni même le seul être matériel, sensible, capable de compréhension et de vérité, mais seulement qu'il est le seul être *terrestre* de cette nature.

processus d'organisation, de détermination et d'éveil, un acheminement de l'être impropre vers l'être propre.

Aristote s'efforce alors de retrouver le mouvement ainsi conçu dans les structures concrètes, empiriquement constatées. Ce qui chez lui n'est pas suffisamment assuré et analysé, contrôlé, révisé, c'est surtout *cette constatation. L'empirie* d'Aristote est trop grossière et naïve. On peut demander à quel point les structures ontologiques même, censées l'expliquer, en subissent l'influence. Ainsi la dynamique naïve des éléments se répercute sans nul doute sur sa théorie du couple γένεσις-φθορά. Mais peut-être y aurait-il la possibilité précisément d'une *ontologie critique*, capable de s'expliquer même avec l'expérience analysée et contrôlée de notre modernité.

Le *système* d'Aristote est le fruit de cette empirie acritique, jointe à une ontologie qui elle-même appelle la critique à plus d'un égard. Ainsi, les contraires, qui sont à la base de la conception du mouvement chez Aristote, sont eux-mêmes sans évolution, et on ne peut pas non plus parler d'un développement de la φύσις fondamentale, dans le cadre de laquelle tout mouvement se déroule. La *teneur d'essence* est, chez Aristote, immobile; le mouvement a lieu uniquement au sein de l'étant, non pas dans ce qui le détermine, dans son *être*. Les *problèmes de causalité* également sont minimisés; Aristote ne cherche même pas à résoudre la question de savoir comment l'εἶδος *apparaît* lorsque la chose est engendrée, comment il *se transmet* en influant sur une matière nouvelle. Pourtant, les *moyens* ontologiques d'Aristote sont une chose. Autre chose est son projet de pensée fondamental – comprendre l'être de l'étant fini comme faisant partie d'un mouvement global d'accroissement de l'être. Que ce projet de pensée soit inséparable de l'empirie grossière de départ ou des propres moyens conceptuels du penseur, cela n'a pas été prouvé. De nos jours, alors que la philosophie cherche derechef un fondement ontologique asubjectif, un Aristote *dédogmatisé* est, pour cette raison, actuel.

Bien sûr, c'est le *système* qui aura historiquement la plus grande influence. C'est le système, tout ensemble scientifique et philosophique, qui détient le pouvoir idéologique ensorceleur qu'il faudra battre en brèche au XVIIe siècle. Ce pouvoir, il l'acquiert principalement dans une alliance doctrinale avec l'organisation de l'Église catholique, qui fait d'Aristote, sous cette forme dogmatisée, son penseur officiel. Mais cela non plus ne va pas sans une transformation profonde du système transmis. Ainsi l'historien de bonne foi qu'est, dans le camp thomiste, É. Gilson, montre lui-même [1] (dans l'idée plutôt de prouver l'originalité de la pensée de Thomas d'Aquin) la conception de l'être profondément différente, le rapport profondément différent entre le monde et le principe supramondain qui anime l'aristotélisme classique, d'un côté, et l'aristotélisme chrétien, de l'autre. Il n'y a pas trace dans l'aristotélisme d'une dépendance de l'*ordre* du monde, moins encore de l'*être* même à l'égard de la cause première; chaque chose a son être – comme dirait Aristote, son mouvement – en et pour elle-même, elle le tient de sa propre φύσις et de ses causes naturelles, là où, dans le thomisme, l'*actus existendi* précisément lui est octroyé d'en haut. L'élément « théologique » dans l'aristotélisme originel est sans rapport avec la théologie au sens chrétien. Il ne répond à aucun penchant ou besoin « religieux », il n'y a pas en lui de *mysterium tremendum*, rien qui corresponde à la disposition à trouver un appui solide pour le désarroi, l'impermanence, la peccabilité et la faiblesse humains.

Reste, avant de quitter Aristote, à passer brièvement ce système en revue, plus particulièrement le système du monde, à l'influence, bien souvent, aussi funeste que pénétrante.

IV

La φύσις, qui laisse être chaque chose ce qu'elle est – car cette source dernière de tout mouvement signifie la rencontre, le rapprochement de la matière et de la forme, du transitoire et de l'éternel, insérant chaque singularité dans la connexion de l'espèce, l'espèce dans une échelle de déterminité, de clarté et de perfection – permet à Aristote d'esquisser une image du monde à la fois sobre (en comparaison du dualisme platonicien) et pourtant audacieuse.

Cette image, dont la composante principale est ainsi la « grande chaîne de l'être », sera généralement admise, pour l'essentiel, jusqu'au XVIe siècle et, dans certains de ses éléments, jusqu'au XVIIIe; son orientation ascendante est aujourd'hui encore à lire en filigrane dans l'actuelle théorie de l'évolution. Avec cela, elle a toujours quelque chose de commun avec les commencements mythologiques de la pensée grecque : la φύσις qui se déploie – non pas désormais dans le temps, mais dans

1. É. Gilson, *L'Être et l'Essence*, Paris, Vrin, 1948, chap. III *passim*. Voir aussi *id.*, *L'Esprit de la philosophie médiévale*, Paris, Vrin, 1932, p. 15-17.

l'espace, depuis le chaos de la transmutation permanente et de la possibilité d'être n'importe quoi jusqu'à la présence d'un pleinement déterminé, éternel et, partant, surhumain dans ce monde – y devient un lieu où chaque regard, chaque analyse, chaque réflexion met en contact avec le sens toujours présent du tout, dont le voile est finalement levé – il y a là un pathos singulier – non par le mythe, mais par la philosophie. Chez Aristote, la présence du schéma immémorial demeure peu apparente dans la mesure où l'ordre de l'univers est souvent décrit à contre-sens, non du plus bas au plus haut, mais plutôt en tant que mouvement descendant. Aristote est partisan du sens du monde visible. Si on ne se trompe pas aux projections anachroniques de la théologie chrétienne, si on considère comme faisant partie du monde ce qui peut être aperçu autant par le regard de l'esprit que par celui du corps, on peut dire que l'éternel, le divin, tout ce qui a un sens, est intégralement dans le monde, aucunement au-delà. Voilà pourquoi Aristote veut bannir du monde tout ce qui est radicalement vide et dépourvu de sens, toute négativité de principe qui pourrait jouer un rôle indépendant vis-à-vis du positif et du signifiant et en limiter la validité : l'espace vide, l'infini, les éléments en nombre incalculable, la contingence foncière qui va de pair avec la mécanicité de toute action opérante.

Pour Aristote, l'éternel n'est même pas, comme pour Platon, *vainqueur* de la contingence et du non-sens. Le monde sensible en son entier, et terrestre et céleste, est l'expression d'une teneur de sens et d'un équilibre parfaits, c'est précisément en cela qu'il est l'œuvre de la φύσις qui pénètre toutes choses. Le vieux Platon a beau atténuer les oppositions entre être et devenir dans son système, il n'en reste pas moins attaché au dualisme. Aristote s'en sépare précisément sur ce point. Sa théorie de la γένεσις, de la φύσις et de la κίνησις rompt avec Platon peut-être en même temps, peut-être plus tôt encore que la critique de la doctrine des Idées. Elle sera ensuite bien plus étroitement liée que la doctrine de Platon au système du monde dit « géocentrique ».

La présence de l'éternel dans la nature s'exprime au premier chef par le mouvement de rotation perpétuel de l'orbe céleste. Aristote tient pour le fondement premier de toutes choses corporelles la matière qui constitue la nature des sphères en rotation, ainsi que des corps célestes, sphériques, qui y sont fixés. D'un autre côté cependant, le domaine sublunaire aussi est indispensable à l'existence du ciel. Appartient en effet, à la périphérie en rotation, un centre fixe, et la tendance à chercher son repos au centre de tout est l'essence de la terre en tant qu'élément. Or, l'opposition du centre et de la périphérie est donnée par une droite dont les directions opposées – le bas et le haut – correspondent aux éléments qui eux aussi s'opposent : la terre froide étant le contraire du feu chaud. L'eau et l'air, éléments qui ne s'intègrent pas aussi rigoureusement au schéma géométrique, servent d'intermédiaires entre les deux. (La réalisation de ce schéma est d'ailleurs problématique chez Aristote : le feu est omis dans la *Physique*, IV, 5, 212 *b* 20 ; dans le *De generatione animalium*, III, 11 [761 *b* 15-23], il est dit que le feu n'a pas de forme propre ; et les *Météorologiques* aussi cherchent des transitions entre l'eau, l'air et le feu.) L'équilibre de la génération et du périssement des éléments sublunaires, indispensable à l'existence du centre du monde, est, lui, réglé aussi par les corps célestes secondaires, avant tout par le Soleil et son parcours de l'écliptique ; le dernier ciel, le plus haut, a donc besoin de la terre, la terre a besoin de son contraire, le feu, mais leur action réciproque, le processus de génération et de périssement perpétuel, requiert les corps célestes secondaires : toute la structure de l'univers accuse ainsi une réciprocité, une coordination, une nécessité parfaites.

La seule possibilité d'explication physique des phénomènes astronomiques est une combinaison de mouvements de rotation uniformes de sphères concentriques, de grandeur, de vitesse et d'orientation différente, autour de différents axes. Ici aussi, Aristote a modifié les détails de sa théorie. La doctrine des cinquante-cinq sphères et de leurs moteurs immobiles n'est peut-être pas, comme le pense Jaeger, le dernier mot de ses efforts [1].

La théorie des quatre éléments sublunaires – jointe à l'idée, évoquée ci-dessus, du « lieu naturel » propre à chacun, dans lequel seul chaque élément est pleinement ce qu'il est – tient lieu de théorie de la gravitation en fournissant de surcroît les fondements de la chimie et le principe de toute « météorologie ». La théorie aristotélicienne du mouvement, qui nous est maintenant familière, ne permet pas de voir un cloisonnement de principe entre la nature vivante et la nature inanimée. La croissance, l'altération et le mouvement local sont des anticipations des grandes fonctions vitales : la nutrition et la reproduction, qui vont ensemble, comme aussi la perception et le mouvement animal. La vie est liée à l'action de la chaleur, l'une des qualités élémentaires, dans un corps organique composé et compliqué ; une autre condition nécessaire et complémentaire de la vie organique, c'est le refroidissement

1. Voir là-dessus L. Elders, *Aristotle's Theory of the One*, app. IV : « Aristotle's Theory of the Essence of the Heavens and of the First Mover », p. 201-209.

qu'effectue le πνεῦμα inné; ainsi la lutte des qualités élémentaires se répète-t-elle, à un degré supérieur, dans la vie organique.

La biologie est un des aspects les plus brillants des recherches d'Aristote. On cite souvent le mot de Darwin dans son autobiographie : « Linné et Cuvier ont été mes deux dieux [...], mais c'étaient de simples écoliers à côté du vieil Aristote [1]. » Il est inutile d'énumérer ici les mérites d'Aristote, de souligner la fidélité de ses observations, dont beaucoup, contestées par la suite, seront finalement confirmées au XIXe ou au XXe siècle. Plus important est le fait qu'il est le premier à apprendre lui-même et à enseigner à d'autres à observer, à faire des constatations méthodiques et critiques, que c'est lui qui pose et qui, au fond, résout correctement le problème de la classification. Les nombreuses informations par ouï-dire reprises telles quelles dans la *Historia animalium* permettent de mesurer tout le chemin parcouru, la catharsis traversée entre ses débuts et les œuvres de la maturité, comme les traités *De partibus* et *De generatione animalium*. Il est vrai que, même ici, il y a des connaissances tout à fait fondamentales qui font défaut à Aristote; il ne sait rien, par exemple, de la reproduction sexuée des plantes ou du système nerveux des animaux, pour ne rien dire de la base physiologique des phénomènes psychiques. C'est, au fond, une ignorance touchant les phénomènes importants qui représentent l'élément mécaniste dans les explications biologiques. L'esprit de sa biologie est autre : la découverte du sens d'ensemble jusque dans les détails banals. C'est à juste titre que le *De partibus animalium* [2] cite le célèbre mot d'Héraclite sur les dieux qui se trouvent même à la cuisine. Les points de vue adoptés (le mode de reproduction avec ses degrés : la viviparité, l'oviparité, la larviparité; le substrat de la nutrition : le sang ou un autre liquide vital; le mouvement et, en connexion avec le mouvement, la fonctionnalité des extrémités et l'emplacement respectif des parties dures et molles) montrent que ce sont les grands principes de la vie biologique qui servent de fil conducteur à la classification aristotélicienne, les espèces de ψυχή que sont la nutrition, la reproduction et le mouvement orienté. En même temps, ces principes de la vie sont autant de degrés de participation à l'éternel, représenté dans la sphère élémentaire par le seul cycle sans fin, puis,

1. La citation provient, plus précisément, d'une lettre du 22 février 1882 à William Ogle, traducteur d'Aristote; voir l'édition, par Francis Darwin, de *The Life and Letters of Charles Darwin*, Londres, J. Murray, 1887, vol. 3, p. 251; trad fr. *La Vie et la Correspondance de Ch. D.*, Paris, C. Reinwald, 1888, vol. 2, p. 608. *(N. d. T.)*

2. I, 5, 645 *a* 17. *(N. d. T.)*

dans les règnes végétal et animal, par le maintien de l'εἶδος éternel de l'espèce. La classification animale a ainsi pour but final de montrer comment chaque singularité s'insère à sa façon dans la béatitude éternelle de l'être. On trouve l'idée fondamentale de cette conception énoncée déjà au livre II du *De caelo* (292 *b*) :

> Ce qui possède la vie la meilleure n'a besoin d'aucune action, étant à lui-même sa propre fin […] Ainsi donc, un seul être possède en vérité ce qu'il y a de meilleur et en participe ; tel autre y accède immédiatement et par un petit nombre d'étapes, tel autre par des étapes multiples, un autre ne tentera même pas d'en approcher, mais il lui suffira d'accéder au dernier maillon de la chaîne. Mettons, par exemple, que la fin soit la santé : tel être sera toujours en bonne santé, tel autre y arrivera par l'amaigrissement, tel autre par la course qui provoquera l'amaigrissement, tel autre en faisant autre chose pour être à même de courir, en sorte qu'il s'accumule ainsi toute une série de mouvements. Un autre encore ne pourra pas atteindre la santé, mais seulement la course et l'amaigrissement, l'un ou l'autre de ces états étant, pour ces êtres, une fin.

Tel est le principe de la vision « téléologique » de la nature, la φύσις, qui, artiste peintre et sculpteur habile et économe, « ne fait rien en vain [1] », mais avance par le chemin le plus court, compensant l'excès d'un côté par une diminution de l'autre. C'est pourquoi l'optique fonctionnelle est plus importante que celle de la simple composition structurelle. Aristote distingue les organes analogues selon la fonction, la fonction est donc, pour lui, ce qui dirige au premier chef le regard de la physiologie et de l'anatomie comparées. L'optique de la φύσις dans son ensemble se révèle la source de la méthode comparative. Le Blond a montré sur un bel exemple [2] – celui du *diagramme* de l'être vivant – comment cette vision globale génère de brillants aperçus sur les voies choisies par la « nature » en donnant forme aux différents règnes, genres et espèces. L'animal « sanguin » (notre vertébré), le plus parfait de tous, est représenté par une ligne verticale : la bouche en haut, l'anus en bas, entre les deux, l'œsophage et l'estomac. Chez les mollusques, la nature rapproche la bouche de l'orifice d'excrétion, si bien que le tout dessine une courbe orientée vers le bas ; chez les plantes, elle revient à la

1. *De anima*, III, 9, 432 *b* 21-22. *(N. d. T.)*

2. J.-M. Le Blond, *Aristote philosophe de la vie. Le Livre premier du traité sur les Parties des animaux*. Texte et traduction, avec introduction et commentaire, Paris, Aubier-Montaigne, 1945, p. 41 *sqq*.

verticale, mais c'est une verticale renversée : l'orifice d'ingestion est maintenant en bas. Ainsi tout être vivant est construit autour du tube digestif, autour de sa fonction fondamentale, mais de telle manière que sa forme reflète également l'enchaînement à cette fonction ou, au contraire, l'affranchissement progressif pour des fonctions autres, supérieures. Un autre des profonds aperçus d'Aristote, c'est celui qui fait voir la nécessité réciproque des différents règnes, les plus bas fournissant une base pour l'existence et le développement des plus hauts. Cette loi de la fondation et de l'affranchissement se répète partout : elle entre en jeu au même titre dans la nature vivante que chez l'homme individuel et au sein de la société. La φύσις, en effet, ne s'arrête pas à ce que nous appelons aujourd'hui la nature par opposition à la société et à toute la vie « spirituelle » qui présuppose le parapluie de la collectivité (sans lequel aucune vie supérieure ne serait possible) : entre le vivant et le spirituel il y a continuité, comme entre l'« inanimé » et le « vivant ». Aristote ne connaît pas de moi abstrait, il n'a pas de concept de « conscience » dans notre sens du terme ; la perception, la mémoire, l'expérience, la représentation, le jugement sont des choses qu'il voit dans le contexte de la vie, de l'acte, du mouvement. Plus une fonction est élevée et plus elle met de temps à se développer, plus la fondation requise est complexe. Cela est clair déjà à considérer le mouvement local en général, chez l'homme en particulier ; cela se voit dans l'échelle de la nature vivante comme dans l'évolution de la société humaine. Ce n'est qu'après s'être d'abord assuré ce qui est nécessaire à la vie que les hommes, à partir des excédents, créent le plus important, ce qui a le plus de valeur et donne sens à tout le reste – la communauté humaine ordonnée, la culture et la science-philosophie (de même que la chaleur vitale emmagasinée, dont l'excédent n'est pas consommé par la fonction vitale fondamentale de la nutrition, génère chez les animaux des modes de reproduction, de mouvement et d'orientation de plus en plus perfectionnés).

Cela dit, on comprend pourquoi l'éthique et la politique d'Aristote n'échappent en rien au cadre tracé par son concept de la nature, source du mouvement – le mouvement étant, comme nous l'avons vu, le processus de détermination de l'être du mobile. Ce dont il y va et dans l'éthique et dans la politique, c'est un degré supérieur du mouvement de la vie humaine qui s'achemine vers son but – la réalisation de la vie bonne, c'est-à-dire d'une vie à un niveau supérieur d'actualité, d'être, de réalité. Cette vie bonne, supérieure, qu'on nomme aussi le bonheur, est l'objet de l'éthique, pour autant qu'elle prend sa source dans la vertu individuelle[1], l'objet de la politique, pour autant qu'elle a à voir avec la bonne ordonnance de la cité[2]. Or, de toutes les vertus qui rendent l'homme heureux, la plus excellente est celle de la vue intellectuelle. Son organe est la philosophie. En elle se concentre tout le contenu essentiel de la vie humaine qui, de la vision des yeux et d'autres impressions sensorielles, passe à l'ἐμπειρία et à la μνήμη, ayant pour propre de retenir le passé dans le présent, et s'élève enfin au niveau désigné par les termes de τέχνη et de λόγος, permettant une saisie directe de l'universel, du nécessaire, de l'éternel. La φιλοσοφία porte alors cette saisie au plus haut degré en recherchant, parmi l'universel, le nécessaire et l'éternel, ce qu'il y a de suprêmement élevé. Elle est par là une enquête portant sur l'être de l'étant, sur ce qui fait que l'étant soit. La philosophie n'est donc pas seulement la réalisation de ce qu'il y a de plus proprement humain – elle est en même temps le point culminant de tout le mouvement du monde vers ce qui, éternel et impérissable, est[3].

L'esquisse du monde présentée par Aristote, son essai de philosophie scientifique et de science philosophique portant sur le tout de la réalité, nous met donc sous les yeux le grand ordre – le cosmos au sens fort du terme. Il fait apparaître les réalités concrètes comme une échelle dont les membres *sont* dans une mesure et à des degrés divers, car – considérés de haut en bas – ils ne sont capables de traduire en acte ce qui constitue leur teneur d'essence que de façon de plus en plus faible et dispersée. Les éléments y parviennent en imitant le mouvement de rotation cosmique; les vivants tout d'abord par la reproduction et la nutrition, qui rendent l'individu durable et l'espèce éternelle, puis par les différentes espèces du mouvement lié d'ores et déjà à la perception et, partant, à une première lueur de clarté sur le monde et la plénitude de l'être; l'homme, enfin, en faisant expressément de cette plénitude d'être l'objet de son intérêt pour le bonheur et en vivant, fût-ce de façon éphémère, au contact de l'éternel, de l'universel et du nécessaire. Si le monde terrestre représente, en regard du monde céleste, une diminution sans comparaison de la plénitude, de l'activité et de la félicité de l'être, en revanche, la vie terrestre manifeste, à travers l'échelle des créatures dont elle se compose, un puissant mouvement ascendant vers le plus haut, sommet que sa pointe humaine parvient à toucher. Dans toute cette série, l'on a affaire à un accroissement de l'être jusqu'au suprême degré d'intensité conciliable

1. Cf. *Éthique à Nicomaque*, I, 6, 1098 *a* 16.
2. Cf. *Politique*, 12, VII, 1331 *b* 24 *sqq*.
3. Cf. *Métaphysique*, A, 1, 980 *a* 26 *sqq*. et 981 *b* 29; 2, 982 *b* 8-983 *a* 10.

avec le terrestre. Tel est le cosmos aristotélicien : le mouvement de l'étant en direction de l'être suprême, vers l'actualité de l'éternel.

D'après Cicéron, Aristote aurait escompté l'achèvement de l'édifice scientifique encore de son temps ou dans l'espace de quelques générations[1]. C'est une science qui, tout en partant des expériences de l'homme pratique, comme nous avons eu plus d'une fois l'occasion de le constater, ne se propose jamais pour but l'utilité « pratique » pour l'homme, c'est-à-dire la domination sur les choses : une science purement esthétique, contemplative (et idéologique, pour employer un terme plus moderne). Bacon de Verulam sera le premier à l'attaquer sous ce rapport, au début du XVIIe siècle.

Bien qu'il y ait peu de penseurs à qui Bacon doive autant qu'à Aristote – jusqu'à son idée fondamentale du savoir efficace, l'idée qui identifie le savoir au savoir- et au pouvoir-faire, émane d'Aristote et de sa définition du savoir pratique de la τέχνη par opposition à la simple θεωρία – l'offensive qu'il lance à son encontre est l'expression nécessaire d'un climat spirituel et social changé : seule l'objectivité absolue garantit que nos actions agiront réellement sur la nature, et seule l'action effective, seule la domination fournit le critère de la connaissance véritable. La philosophie des débuts des Temps modernes recevra ainsi son impulsion de la visée d'une objectivité parfaite, but qu'elle cherchera à atteindre par des voies mathématiques sur le sol d'une certitude parfaite. La science d'Aristote, elle, n'est jamais parvenue à l'« objet pur » au sens de la pure extériorité : son but était la présence constante du sens omni-englobant, l'unité du dehors et du dedans, « les dieux présents même à la cuisine », non à travers l'inspiration ou l'extase mythologique, mais grâce à une observation et à une démonstration qui percent à jour la connexion. Cette connexion, qui n'est pas elle-même une réalité au sens de quelque chose ayant une existence individuelle dans le temps et l'espace, mais qui est l'essentiel dans et derrière tout, c'est la φύσις aristotélicienne, protoconcept ontologique auquel le penseur n'arrive pas de façon analytique ou inductive, qui est plutôt pour lui un fil conducteur indispensable, ce qui introduit chaque recherche concrète et qui en décide. On ne pourra s'écarter de la φύσις en ce sens, toujours globale et téléologiquement compréhensible, sans aboutir à une tout autre conception de la réalité et de la science. Ceux qui réalisent ce changement de voie jugeront alors Aristote inconcevablement

1. Cf. *Tusculanae disputationes*, III, 69, 1-6. *(N. d. T.)*

constructif, irréaliste, voire intellectuellement immature ; sa tentative d'une science totale relèvera à leurs yeux de la pure fantaisie spéculative.

Bien sûr, les péchés d'Aristote contre l'esprit de la recherche véritablement spécialisée ne le condamnent sans appel que pour ceux qui croient pouvoir remplacer un dernier mot de la métaphysique par un autre, enfin vrai et véritablement dernier. Dans une perspective historique, il est clair que le penseur qui a été le premier à présenter un projet systématique du savoir, qui, avec son idée de l'acheminement universel vers le plus-être, a créé un des plus grands modèles philosophiques du monde en totalité et un des plus durables, penseur à qui tout le savoir de son temps était familier, qui a posé les fondations ou du moins forgé le vocabulaire conceptuel et énoncé certains des problèmes de la plupart des disciplines, qui en a élaboré plusieurs (la logique formelle, la poétique, la systématique zoologique) avec une perfection remarquable et a fourni à d'autres (l'histoire constitutionnelle, l'histoire des sciences) leurs assises et leur mode de procédure – ce penseur-là ne pouvait pas ne pas devenir le point de départ de tout le développement ultérieur, même si ce développement allait se réaliser en majeure partie contre lui. Ses grands mérites appartiennent à lui seul ; ses préjugés, en revanche, seront partagés par les siècles suivants ; il y en a même plus d'un – les préjugés métaphysiques – dont l'humanité, à ce jour, ne s'est sans doute pas entièrement libérée.

CHAPITRE IV

ESQUISSE DE L'ÉVOLUTION HISTORIQUE DU CONCEPT D'ESPACE

DES COMMENCEMENTS JUSQU'À LEIBNIZ

Dans un ouvrage plein d'aperçus profonds et de spéculations audacieuses [1], Hedwig Conrad-Martius exprime l'idée que l'évolution historique du concept d'espace est déterminée par l'existence de trois conceptions fondamentales de la spatialité; toutes se retrouvent à chaque étape de l'évolution historique, mais il n'y en a jamais, à tour de rôle, qu'une qui prédomine. Ces trois conceptions fondamentales sont : 1) l'idée de l'espace absolu en tant qu'isotrope, continu et infini, qui assigne aux choses et aux événements leur emplacement naturel absolu; 2) l'idée d'un espace cosmique fini, consistant en une multiplicité hiérarchique de lieux naturels, disposés entre un centre et une périphérie absolue; 3) l'idée d'un espace essentiellement relatif, consistant intégralement en relations entre des faits empiriquement constatables. La première était dominante pendant la Renaissance et au commencement de notre ère scientifique, la deuxième dans l'Antiquité classique, notamment à partir de l'époque des grands systèmes du IVe siècle. La troisième tend à supplanter les deux autres à l'heure actuelle. – Sans vouloir contester la part de vérité que comporte la conception de Conrad-Martius, nous croyons nécessaire de noter que la succession des conceptions de l'espace en tant que fait objectif est déterminée, à partir du commencement des Temps modernes, par le développement de la

1. H. Conrad-Martius, *Der Raum*, Munich, Kösel, 1958.

mathématisation du réel et, en conséquence, par l'unification des connaissances le concernant. Cela étant, la conception qui prédomine est celle qui réussit à opérer la synthèse mathématique la plus étendue. C'est pour cette raison que l'espace euclidien absolu, sous la forme que lui donne Newton, prévaut, à l'époque de celui-ci, sur les conceptions relativistes défendues par Descartes et Leibniz; en revanche, dès qu'il devient évident que la notion relativiste de l'espace, exempte des difficultés philosophiques du concept d'espace absolu, se prête mieux à la synthèse mathématique de la réalité, l'espace absolu de Newton sera de plus en plus clairement abandonné, malgré tous les avantages de sa simplicité intuitive et de sa facilité à être compris. – Il faudrait aussi s'entendre sur la signification de la thèse affirmant la présence de toutes les trois conceptions de l'espace distinguées par Conrad-Martius à toutes les époques de l'histoire. À notre avis, ce n'est pas le cas du concept relativiste, qui est spécifiquement moderne, présupposant l'intérêt moderne pour le concept de relation et sa prééminence sur les concepts substantialistes. L'espace euclidien absolu se présentera, certes, à toutes les époques; reste cependant à savoir jusqu'à quel point on continuera à travailler avec ce concept *dans la science* et la philosophie scientifique pour résoudre les questions de la composante spatiale de la réalité physique.

L'évolution du concept d'espace objectif aux Temps modernes atteste donc que les sciences de la nature et la technique fondée sur la science, ainsi que l'homme qui vit dans la sphère de la science et de la technique et qui aménage sa vie selon leurs normes, identifient de plus en plus la réalité à la calculabilité, à la maîtrisabilité mathématique. L'espace absolu domine tant qu'il satisfait à cette exigence; dès lors qu'il se révèle un obstacle à de nouveaux progrès dans cette voie, il est rejeté en marge.

À côté de cette problématique, s'intégrant dans un contexte bien plus large (celui de la mathématisation, dont la préhistoire fait l'objet du présent ouvrage), l'espace absolu comporte d'autres énigmes encore, qui peuvent retenir l'attention. L'espace absolu est inconnu de l'homme naturel – pourtant, dès qu'il est conçu, dégagé par abstraction des contenus sensoriels, il s'impose à la pensée avec une force prodigieuse. Cette fascination est liée à l'idée de l'infini, qui trouverait de prime abord dans l'espace absolu une irrécusable réalisation intuitive. Par ailleurs, l'espace absolu, c'est-à-dire le vide absolu, semble rendre le mouvement possible à meilleur titre que le vide relatif attesté par l'expérience des sens. Enfin, l'espace de cette espèce relève d'un « style » d'expérience intuitive dont nous savons qu'il se confirmera toujours, même au-delà des limites de ce qui, dans les choses concrètes, nous est connu et familier; de là, alors, la tendance à y voir un cadre nécessairement antérieur à chaque objet concret. L'espace absolu est donc un concept singulièrement « naturel », tellement que nous sommes tentés de le tenir pour une réalité fondamentale, pour le cadre réel de la réalité, et de penser la réalité sur son fondement.

D'un autre côté, on peut constater dans l'esprit humain une tendance non moins nette – amplement documentée par l'histoire de la philosophie – qui répugne à l'indépendance de l'espace. C'est une force qui regarde l'espace absolu comme un de ces *entia rationis* en lesquels l'esprit est fertile, une tendance bien plus ancienne que la situation des sciences modernes de la nature qui aboutira au remplacement de l'espace absolu par la physique relativiste. Nous verrons dans les lignes qui suivent que déjà le premier traité systématique sur les problèmes de l'espace, dû à la main d'Aristote, est consacré à démontrer qu'une chose telle que l'espace ne peut pas exister et qu'il suffit entièrement de le remplacer par le phénomène du lieu, de l'emplacement et de la translation ou déplacement. Précisément la singularité, l'étrangeté, voire la bizarrerie de la conception si « naturelle » de l'espace absolu, qui s'ancre en nous comme une sorte de métaphysique spontanée, pousse celui qui l'analyse à prendre une position critique qui la dépouille de son aura métaphysique, faisant évanouir en néant, avec la compréhension et l'explication, ce θαυμάζειν qu'éveille la réflexion sur l'espace absolu.

L'histoire même du conflit des deux tendances montre ensuite que, malgré toute la finesse et la sagacité de la critique, malgré la justesse des connaissances de détail amassées, la problématique de l'espace absolu ne sera aucunement épuisée par cette première révélation de son caractère fallacieux. Au contraire, les difficultés internes au dévoilement contribuent à un retour en force de l'espace absolu qui, doté d'une autorité nouvelle, montrera plus que jamais son potentiel explicatif – aux commencements du tournant mathématique de la pensée des sciences modernes de la nature. Ce potentiel explicatif dans les sciences de la nature semble désormais bien tari, mais il ne s'ensuit pas qu'on puisse en dire autant de toute la problématique du concept.

Une sorte de dialectique historique se fait jour dans la succession des grandes idées sur l'espace. Après une première phase où s'affrontent des conceptions peu différenciées et mal élucidées, l'idée qui domine dans l'Antiquité est celle d'Aristote, qui dénie à l'espace toute existence indépendante. Ce qu'il y a d'effectivement réel dans l'espace, c'est le lieu, qui est une détermination de l'étant concret. De la Renaissance à Newton, l'espace apparaît comme le fondement réel de l'être substantiel ; c'est un étant concret, indépendant de son contenu que sont les choses. Cette opinion, combattue surtout par Descartes et par Leibniz, triomphera avec la preuve qu'apporte Newton de l'impossibilité d'édifier la mécanique classique, fondée sur le principe d'inertie, sans recourir à l'idée d'espace absolu ; elle s'effondrera enfin avec l'arrivée de la théorie de la relativité générale, du fait plus particulièrement de l'idée de la fusion du géométrique et du physique que cette théorie incarne. Tout se passe comme si le cours de l'histoire, parti d'une conception où l'espace n'était qu'une composante abstraite de l'étant conçu, quant à sa nature, de façon profondément non mathématique, pour ensuite traverser une étape qui comprend l'essence de l'espace comme mathématique et indépendante, s'orientait vers une résultante où l'espace ne sera derechef qu'un moment de l'étant concret, celui-ci étant conçu désormais de façon tout à fait mathématique. Ce bilan semblerait montrer que le problème de l'autonomie de l'espace, de sa différence essentielle d'avec les choses, ce problème qui parcourt toute l'histoire de la pensée et dont témoignent jusqu'aux théories qui désavouent l'espace absolu, ne pourra plus être résolu comme par le passé, en faisant de l'espace une sorte d'étant objectif fantôme à l'intérieur duquel les choses matérielles viennent se placer et qui se situe au même niveau de réalité qu'elles.

La philosophie archaïque grecque ne réfléchit pas sur l'espace en particulier, mais le problème de l'espace est compris dans ses réflexions sur la φύσις – l'étant naturellement en croissance et en mouvement que, selon le mot d'Héraclite, « nul des dieux ni des hommes n'a fait[1] ». La première parole philosophique authentique dont le texte originel nous soit parvenu parle de quelque chose d'infini, indéfiniment étendu, comme du principe qui gouverne l'univers, toutes les choses existantes. « L'origine qui régit toutes choses est l'infini-indéfini (ἄπειρον)[2]. » Cette « origine » est elle-même immortelle et impérissable (ἀθάνατον, ἀνώλεθρον[3]), car c'est elle qui est le fondement de toute génération et de tout périssement ; chaque chose, comme chaque ensemble de choses, se dégage, prend forme sur ce fond, se met à part de sa totalité chaotique, omni-englobante. La mise à part que représente l'individuation à partir du non-individué est le processus fondamental par lequel les choses se constituent : c'est un acte essentiellement négatif – un arrachement

1. Diels-Kranz, *Die Fragmente*..., Héraclite, B XXX. *(N. d. T.)*
2. *Ibid.*, Anaximandre, B I.
3. *Physique*, III, 4, 203 *b* 14.

à l'occultation dans le chaos infini [1]. Anaximandre le désigne comme ἀδικία; ce que signifie ici la δίκη, dite aussi τίσις (la justice, l'état normal, intact, et l'amende, c'est-à-dire la réparation, le redressement de ce à quoi il a été porté atteinte), découle du contexte – c'est l'in-différence, ou plutôt l'indifférenciation de l'ἄπειρον. L'ἀδικία est une sortie hors du rang, hors de ce qui est absolument prédominant et prépondérant. L'ἀ-δικία, acte qui demande réparation, c'est la mise à part par rapport à l'in-fini, l'individuation, la naissance de l'être fini, défini, ayant une forme et une limite. En quoi réside cette émergence de l'étant défini ? Anaximandre ne le dit pas, mais d'autres parmi les premiers penseurs nous permettent de nous en faire une idée. L'émergence de l'étant défini, c'est l'émergence des contraires. Rien n'est individué seul, mais toujours par couples de contraires : le feu (ou la lumière) par opposition aux éléments froids (l'obscurité), le lisse par opposition au rugueux. La zone individuée se divise en les différents domaines de contraires tout en s'opposant dans son ensemble à son fondement, l'ἄπειρον indifférencié, qui est comme un abîme de ténèbres tout autour, enfantant et engloutissant toutes choses. Les contraires, liés ensemble, tendent en même temps à se supplanter l'un l'autre : comme dira Héraclite, l'eau vit de la mort du feu, le feu de la mort de l'air, etc. [2]. C'est dire que tout en se mettant à part, les contraires se suppriment : rien n'est au bout du compte soi-même, tout alimente aussi son contraire, tout est « par essence » indéterminé, tout est ἄπειρον. L'ἄπειρον n'est donc pas sur le même plan que l'étant individué : il est un fondement qui subsiste dans tout devenir, un cadre omni-englobant dont la puissance s'incarne dans le jeu des contraires.

L'ἄπειρον est à la fois l'infini spatial comme présupposé de tout ce qui vient s'y placer en tant que son contenu et ce contenu même dans son essence; le contenu comme tel est une manifestation, un dévoilement de l'ἄπειρον; l'ἄπειρον se révèle un voilement dévoilant.

Parler ici d'« infini spatial » n'implique rien quant à la structure géométrique de cet infini. La question – notamment celle de la courbure ou non de l'espace, la question de savoir si des parallèles s'y rencontrent quelque part et si le marcheur qui irait à l'infini droit devant lui pourrait éventuellement rejoindre son point de départ – ne peut même pas se

1. Simplicius, *In Arist. Phys. I*, (CAG, vol. 9), p. 24, 13 *sqq.*, éd. Diels. Sur le problème de l'ἀδικία en tant qu'individuation, voir aussi H. Diels, « Anaximandros von Milet », *Neue Jahrbücher für das klassische Altertum*, 51 (1923), p. 65-76, et Fr. Dirlmeier, « Nochmals Anaximandros von Milet », *Hermes*, 75 (1940), p. 331.

2. Cf. Diels-Kranz, *Die Fragmente…*, Héraclite, B LXXVI. *(N. d. T.)*

poser, car les concepts géométriques correspondants manquent encore à cette époque. Mais, s'il est vrai que nous ne sommes pas ici en présence d'une structure euclidienne, il est sans doute également inexact de regarder cet espace originel, dans lequel tout se déroule, comme une formation sphérique close, à l'instar de Cornford (qui renvoie à l'usage archaïque du mot ἄπειρον cité dans une scolie de l'*Iliade*, chez Aristophane – δακτύλιον ἄπειρον, chez Eschyle – ἐν λόχῳ ἀπείρονι, qualifiant des personnes réunies en cercle, chez Euripide – ὕφασμα ἄπειρον, désignant une tunique sans couture, et surtout, chez Euripide toujours – ἄπειρος αἰθήρ, et chez Empédocle – ἀπείρων Σφαῖρος κυκλοτερής [1]). Ces citations ne prouvent rien de plus qu'une *différenciation* de la signification du mot ἄπειρος en « illimité » et « sans terme marqué », sans qu'il soit clair laquelle de ces deux acceptions est le sens premier, ni laquelle Anaximandre a en vue. Au contraire, le rapport entre l'ἄπειρον et le chaos des mythologues, avec son caractère d'abîme sans fond, de vide donné dans l'expérience affective de l'effroi face au tout autre, à l'insaisissable où tout appui se dérobe, indiquerait que le cosmos avec sa forme sphérique se place dans le cadre de l'ἄπειρον plutôt qu'il ne soit cet ἄπειρον comme tel ou que celui-ci ne soit identique à l'ἄπειρος αἰθήρ chanté par Euripide en écho à Anaximène. L'ἄπειρον est précisément le non-individué, l'indifférencié, ce au sein de quoi on ne peut pas plus discerner une forme que d'autres déterminations; s'il y a en lui la forme du cosmos comme rondeur visible, cette rondeur n'est que la limite intérieure de quelque chose qui s'étend indéfiniment, où il n'y a pas de sens à se mettre en quête d'autres déterminations, car c'est précisément le *tout autre*, l'*in-déterminé*, qui gouverne toute définition et toute déterminité. Ce « règne » est un fait, tout le défini en dépend, toute déterminité est un devenir dans l'indéterminé et en vertu de sa puissance; aussi cet indéterminé est-il essentiellement dynamique, événement et temps avant tout.

Même si on trouvait réellement, chez des penseurs du type d'Anaximandre et d'Anaximène, l'idée qui identifie le monde à la sphère de l'éther, cela ne prouverait rien de plus que la présence chez eux de deux expériences primordiales – l'expérience du tout autre, fondement

1. Voir Fr. M. Cornford, « The Invention of Space », dans J. A. K. Thomson et A. J. Toynbee (dir.), *Essays in Honour of Gilbert Murray*, Londres, Allen & Unwin, 1936, p. 226-227 [citant Aristophane, *Danaïdes*, frag. 250 (anneau infini); Eschyle, frag. 279; Euripide, frag. 279 *(sic)* et 941 (l'immense éther); Empédocle, frag. B XXVIII (éd. Diels-Kranz : « …illimité, Sphairos [est là,] tout rond »)].

non individué de l'individuation, et celle de l'impossibilité de penser l'informe – juxtaposées sans synthèse, indépendamment l'une de l'autre.

L'ἄπειρον, en tant que l'être non individué qui est le fondement des étants individuels et en imprègne la genèse et le périssement, exclut par principe la question qui pourrait conduire à une structure spatiale positivement déterminée, car une telle structure – que ce soit l'infini euclidien ou l'espace courbe – signifie quelque chose de toujours déjà déterminé, valable toujours, partout et en toutes circonstances – limite radicale pour l'idée de la non-individuation, de l'indéterminité, dont part Anaximandre. L'ἄπειρον d'Anaximandre, c'est l'être en tant que non-être, ce qui émerge sous son aspect prééminent lorsque tout l'étant sur lequel on croyait pouvoir compter perd sa solidité et cesse de fournir un appui.

Toute cette conception de l'ἄπειρον est une transposition, dans le λόγος commençant, dans le langage de l'abstraction alors à ses débuts, de la conception mythique de la nature de l'emplacement des choses. Le monde mythique s'articule en une sphère quotidienne, familière, maîtrisée, et une périphérie, domaine de forces inconnues, indomptées, hostiles. La périphérie est absolument prépondérante ; le centre lui-même en est un représentant réconcilié, devenu ami, une forme compréhensible uniquement à partir de la périphérie (la périphérie, elle, n'est jamais à comprendre à partir du centre). Cela se manifeste, par exemple, dans le fait que la sphère familière est orientée selon des lieux où l'étranger, sacré et dominant, s'incarne et s'exprime avec une force particulière. On sait que les tribus nomades du sud de l'Australie emportent dans leurs pérégrinations des lances sacrées représentant l'axe du monde, autour duquel ils disposent leur campement. Jacob, en se réveillant du songe qui lui a fait voir des anges descendant du ciel le long d'une échelle, fonde en ce lieu Béthel. Le point central de Delphes, c'est l'ὀμφαλός sacré, marquant le centre du monde. La fondation initiale des villes médiévales est toujours orientée de semblable façon. La vie humaine ordonnée, maîtrisée, se rassemble autour d'un centre privilégié au point de vue mythique. Le centre, l'étant familier, est ainsi compris comme la périphérie révélée, réconciliée, devenue amie.

Dans le mythe grec, ces rapports sont exprimés de façon différenciée par la cosmogonie d'Hésiode, qui débute par un chaos indéterminé – effroyable abîme sans fond, dont naissent, lentement et par couples de contraires, des formes de plus en plus claires et précises, de mieux en mieux délimitées. Comme ce sont les figures nouvelles qui prennent alors le pouvoir, on peut croire d'abord le principe obscur définitivement éclipsé – en réalité, cependant, toutes les formes sont *issues* de ce principe, elles sont son œuvre, ses enfants : le chaos règne, lui-même éclairci, manifesté, réconcilié par l'intermédiaire des formes nouvelles.

Les premiers penseurs, d'Anaximandre à Héraclite, transposent cette image mythique dans la pensée et le λόγος. L'entrée en scène de Parménide déclenchera cependant une révolution totale. L'Un étant de Parménide est une tête de Gorgone qui transforme l'ἀρχή – jusque-là mouvement sans fin, éternellement renouvelé, s'alimentant de soi-même – en tout le contraire. L'ἀρχή est désormais toujours et en tout la même, toujours entière et toujours présente, quel que soit le mouvement qui en découle. Ce qui fait être tout l'étant, ce dont toutes choses tiennent leur origine et qui, partant, les gouverne, ne peut lui-même – telle est l'intuition de Parménide – posséder aucun trait négatif. Il ne le peut pas, car la négation de l'existence serait la non-existence; mais ce qui est ne peut pas être non-étant. Le « non », la négation ne peut pas exister au sens propre du terme. L'être ne peut être *que* le pur être positif. Le problème du principe qui régit tout est à reprendre à la base, dans cette optique. Parménide considère pour cette raison la manière habituelle de parler de choses négatives telles que le mouvement, la génération, la multiplicité, etc. – expressions qui sont pour lui, comme pour les premiers penseurs, d'Anaximandre à Héraclite, étroitement apparentées – comme une simple conséquence de la force de fixation objectivante du langage, qui prête aussi présence et durée à ce qui passe et change [1], prenant alors être et non-être pour le même et pour le non-même [2]. Le manque de clarté, la contradiction est un présupposé du langage humain, qui évolue avec toute notre vie au milieu des singularités. Le langage qui sert à exprimer des *choses* contradictoires est, pour cette raison, incapable de distinguer entre ce qui est parfaitement étant et ce qui ne l'est pas au sens plein. C'est là un discernement qui doit être appris, et l'apprentissage est une *voie* (ὁδός – par la suite μέθ-οδος) définie par l'élimination de toute négativité, de tout non-, de la détermination de ce qui est. L'élimination du *non-*, que Parménide ne décrit pas expressément comme achevée, conduit à certains repères (σήματα) que son poème énonce selon une sélection non exhaustive [3] et qui sont comme les mots d'une nouvelle

1. Voir Diels-Kranz, *Die Fragmente…*, Parménide, B VIII, 53-54 : « Les hommes sont convenus de nommer d'un nom *deux* formes, dont l'une n'aurait pas dû être ainsi désignée (et en cela ils se sont fourvoyés)… »

2. *Ibid.*, B VI.

3. *Ibid.*, B VIII, 3-5.

langue dans laquelle il sera possible de parler du pleinement étant (τὸ ἐόν). Les σήματα cités par Parménide sont : inengendré et impérissable, tout d'une pièce, inébranlable, sans fin, sans passé ni avenir, tout entier au présent, un, continu. Si la plupart de ces déterminations se rapportent au temps (désignant le présent éternel et intégral de l'Un), la continuité a à voir avec l'espace.

L'Un étant, qui est absolument présent, est également un tout indissociable, au sein duquel aucune partie n'est à différencier ou à diviser d'avec aucune autre. L'étendue en son sein est tout autre chose que l'étendue telle que nous la comprenons couramment – c'est un *tout* indivisible. « Il est indivisible, car il est tout entier le même, et il n'y a nulle part en lui rien qui puisse se dire un "plus" ou un "moins", rien qui s'oppose à sa continuité, car il est tout entier rempli d'étant ; sa continuité en fait un tout, car l'étant voisine directement avec l'étant[1]. » Même s'il y a en lui une pluralité de lieux, ce ne sont pas au sens propre des *parties* : car il n'y a, au sein de ce tout, rien d'après quoi un lieu quelconque pourrait être distingué des autres. Si on peut y parler d'étendue, c'est donc uniquement parce que l'étendue est quelque chose de positif, parce qu'elle n'est pas elle-même une négation et uniquement pour autant qu'elle ne contient aucune négation (telle que le serait, par exemple, un point sans extension). La véritable définition d'une telle étendue est la *continuité* – non pas au sens où elle sera comprise ensuite par certains platoniciens, comme un ensemble de points, dense et compact, mais plutôt à la manière d'Aristote, pour qui les points ne sont que les *limites* possibles du continu ; pourtant, il n'y a chez Parménide rien à délimiter, rien qui puisse servir de point zéro de l'orientation.

Parménide juge néanmoins incorrect de qualifier l'Un étant d'illimité, d'infini. Il ne veut pas parler d'infinitude à son sujet parce que le concept *archaïque* d'infini – l'ἄπειρον – est à ses yeux encore, comme dans l'idée des premiers penseurs, indissociable du devenir, de la genèse, du mouvement, alors que l'Un est retenu dans un même lieu par les chaînes solides de la nécessité. L'Un parménidien n'est donc pas ἄ-πειρον au sens ancien, bien au contraire, il est quelque chose d'intégralement déterminé et défini. Quelque chose dont le caractère tout à fait *positif* fait justement que Parménide évite l'appellation d'ἄπειρον. D'un autre côté, le qualificatif de *non imparfait, non inaccompli* (οὐκ ἀτελεύτητον) semble bien indiquer qu'il le conçoit comme un infini *positif* : ce qui ne manque de rien, à quoi toutes les déterminations

1. *Ibid.*, B VIII, 22-25.

positives s'appliquent simultanément et tout à fait. Certes, Parménide parle d'une ultime limite par laquelle l'Un serait borné. Mais ce n'est pas ni ne peut être une limite spatiale, au-delà de laquelle il y aurait encore autre chose. Parménide entend ici par « limite » la *loi de l'étant* qui est de n'admettre en soi rien d'étranger et de négatif. En vertu de cette loi, l'Un étant exclut absolument non seulement le non-étant ou un étant autre (lequel n'existe pas), mais encore l'apparence (qui ne respecte pas la loi bornant l'étant au pur positif). Délimité par cette loi, l'Un est de toutes parts (c'est-à-dire dans toutes ses déterminations) parfait (exempt de négation), *semblable* (non pas identique !) à une sphère parfaitement arrondie, qui est, à partir de son centre, exactement de la même largeur de tous les côtés (pareillement « équilibré », ἰσοπαλές, selon le mot de Parménide) – on pourrait dire : c'est une sphère dont le centre n'est nulle part et la circonférence partout – une sphère *positivement infinie* (ne craignons pas cette définition paradoxale, qui n'est exclue qu'*en apparence* par les termes qu'emploie Parménide !). En effet : si Parménide parle du *centre*, cela ne peut être qu'une image, car il est impossible de trouver un centre dans son étendue parfaitement homogène ; rien non plus ne peut y être qualifié de « périphérie », car ce serait privilégier une partie aux dépens des autres. Il n'y a ici rien qui différencie l'Un, rien qui, sous un rapport quelconque, ferait qu'il ne soit pas égal à lui-même : il n'y a aucun non-être, ni « non », ni vide, ni même comparatif (lequel présupposerait également le « non »).

Que nous sommes effectivement, chez Parménide, en présence des commencements de la réflexion sur la structure de l'espace en tant que continu, en tant qu'étendue intelligible, c'est ce qu'atteste la philosophie de Mélissos, qui représente comme une synthèse de l'éléatisme de Parménide avec la première pensée ionienne. Mélissos reprend tous les σήματα de Parménide en y ajoutant expressément ἄπειρον. L'Un (ἕν) parménidien est ἄπειρον non seulement en tant qu'ἀγένητον et ἀνώλεθρον ; les textes confirment que Mélissos le regarde aussi comme infini en grandeur [1]. Quel « infini » est-ce là ? Selon les textes, ce n'est pas l'étendue (à trois dimensions) : « S'il avait une épaisseur, il [l'Un] aurait des parties et ne serait pas un [2]. » En ce sens, au sens d'un corps à trois dimensions, l'Un est incorporel [3]. Peut-on dire alors que le ἕν, que

1. Diels-Kranz, *Die Fragmente*..., Mélissos, B III : « De même qu'il est éternel, de même aussi faut-il qu'il soit de tout temps infini en grandeur. »

2. *Ibid.*, B IX.

3. *Loc. cit.* : ἓν δ' ἐὸν δεῖ αὐτὸ σῶμα μὴ ἔχειν.

Mélissos affirme être et incorporel et pourtant infini en grandeur, soit ἄπειρον au sens de l'ἄπειρος αἰθήρ d'Euripide ? Il est certain que l'ἄπειρος αἰθήρ n'est rien d'incorporel ; il a une étendue tridimensionnelle. D'un autre côté, dénier la grandeur à l'Un, ce serait lui dénier une détermination positive, lui dénier l'être. De quelle grandeur s'agit-il ? Certainement pas d'une grandeur numérique, car le nombre (nous le verrons chez les pythagoriciens) implique la distance, le vide (κενόν). Ne reste donc qu'un continu indivisible, au sein duquel on ne pourrait *distinguer* de dimensions. Ce continu est sans nul doute inépuisable au-dedans, et il est probable qu'on ne puisse pas non plus y parvenir à des limites extérieures, pour la bonne raison qu'il n'y en a pas. Tout simplement, il n'y a pas de sens à se l'imaginer comme un corps délimité, qui prendrait place quelque part, dans un « vide ».

Les considérations sur le « vide » sont, chez Mélissos, de celles où ses paraphrases des idées de Parménide sont les plus originelles et auront le plus d'influence au cours de l'histoire. Le vide, dit Mélissos, n'est rien et ne saurait donc pas exister, car le « néant » n'est pas. Cette idée, de prime abord évidente, devance de loin les penseurs du ve siècle qui, comme Anaxagore, tentent d'en prouver empiriquement la non-existence à l'encontre de l'apparence sensible qui suppose du « vide » là où la vue et le toucher ne nous montrent pas de corps – par exemple, à l'intérieur d'une outre « vide », etc. Le vide de Mélissos, comme, avant lui, celui de Parménide, est vide de toute existence, il est une négation pure et simple de la plénitude qu'est le ἕν. Or, fait important, quoique le vide ainsi conçu « n'existe pas », Mélissos ne s'en efforce pas moins de se le *représenter*, et cela séparément du ἓν ἐόν (l'Un étant), comme ce dans quoi l'Un étant prendrait place. Il se le représente, bien sûr, uniquement pour aussitôt le récuser : si le vide existait, l'étant aurait vers où se retirer, où fuir ; mais comme le vide n'existe pas, l'étant est nécessairement immobile. Mélissos est ainsi le premier à faire du vide une condition de possibilité du mouvement ; il sera suivi en cela par les atomistes, qui disperseront son ἐὸν ἄπειρον en une multiplicité infinie à travers un vide infini, s'étendant par-delà les limites de tout étant singulier.

Les considérations de Mélissos sur le vide sont une de ces démonstrations indirectes dont Parménide inaugure la méthode et dont les Éléates useront à profusion : d'une prémisse donnée, on tire des conséquences qui réfutent la prémisse comme telle. Avec cela, il peut arriver que la formulation explicite de la prémisse et le processus de son développement soient plus importants que la conclusion, et c'est bien le cas des considérations sur le vide.

L'homogénéité absolue du continu parménidien, son immobilité et son statisme parfaits, son exacte égalité à soi, indépendamment de la distance à la laquelle il se déploie [1], tout cela donne forcément à réfléchir, inspirant de nouvelles considérations abstraites sur l'espace et ses divers aspects et propriétés. Bien que dirigées dans un premier temps *contre* l'espace au sens propre du terme, ces considérations servent avant tout à *fixer* leur objet, à le rendre statique (à la différence de l'ἄπειρον primitif), tout en mettant en valeur son homogénéité, sa structure partout identique; enfin, elles conduisent la pensée aux concepts des dimensions, au problème du plein et du vide, à la question du tout et des parties, à la division et à la composition – bref, aux schémas et opérations abstraits dans lesquels se fixera l'espace au sens géométrique.

C'est ainsi que Parménide forge la première image intellectuelle d'une étendue accessible à la seule réflexion armée du mot fiable (le πιστὸς λόγος ou νόημα [2]) selon lequel le non-être n'est pas : étendue intégrale, continue et indivisible – image qui reviendra souvent dans la suite de l'histoire de la pensée, sous une forme atténuée (par exemple, chez Malebranche, sous le titre d'*étendue intelligible*, chez Spinoza, dans l'attribut de l'*extensio*, ou aussi chez Newton, pour autant qu'il se représente l'espace comme un tout indivisible). Là où l'ἄπειρον d'Anaximandre était comme tel dynamisme et mouvement, l'Un de Parménide (étendu, car ne se réduisant pas à un point inexistant) est tellement complet, compact et figé, que non seulement il n'y a pas en lui de mouvement, mais il n'y a même pas de parties, donc aucune possibilité d'un d'où-vers où : l'espace ainsi conçu exclut tout mouvement, quel qu'il soit. Ces conséquences seront ensuite illustrées par Zénon, avec la sagacité qui lui est propre, dans ses arguments contre la pluralité et contre le mouvement. Si l'on prend pour l'essence de l'étendue, l'essence de l'espace, l'homogénéité, l'indifférenciation globale, la continuité mise en avant par Parménide, il est tout à fait impossible de comprendre comment on pourrait, en son sein, définir des points quelconques, des lieux significatifs; à supposer même qu'on en définisse, il y aura toujours impossibilité de comprendre comment on pourrait aller de l'un à l'autre.

1. Cf. Diels-Kranz, *Die Fragmente…*, Parménide, B IV : « Vois comment, en vertu de la compréhension unificatrice, est *fermement présent cela même qui est absent* [souligné par J. P.], et que, pour la compréhension, il n'est pas possible de séparer l'étant de l'étant auquel il est consécutif, que ce soit de telle sorte qu'il se disperse tout entier à travers le monde ou qu'il se rassemble en un lieu. »

2. *Ibid.*, B VIII, 50. *(N. d. T.)*

La continuité n'est pas seulement inépuisable, elle n'est pas seulement indépassable, elle est encore impénétrable.

Les paradoxes de Zénon, s'ils n'apportent rien d'essentiellement nouveau en regard de Parménide (comme le Socrate de Platon le soulignera dans le *Parménide*, 128 *a-b*), n'en sont pas moins une étape d'une importance unique dans l'élucidation des problèmes de l'espace, du moins pour autant que l'espace est un *continu*. Zénon réalise en grand l'expérimentation intellectuelle dont nous avons touché mot tout à l'heure : faisant semblant d'admettre, par exemple, les points et la division du continu pour ensuite montrer, par les conséquences qui en découlent, qu'il n'existe rien de la sorte dans le continuum de l'Un.

On observe aussi chez Zénon le même processus déjà analysé par rapport à la caractérisation du vide chez Mélissos – la formulation et l'élaboration de la question prennent plus d'importance que les conclusions. La conclusion à laquelle Zénon entend arriver est toujours le continu indivisible de Parménide. Mais pour montrer l'impossibilité, le caractère contradictoire de tout ce qui n'est pas un tel continu, il entreprend des opérations réellement sans précédent, dans lesquelles la pensée franchit les limites de ce qui est donné aux sens en gardant néanmoins un caractère tout à fait impératif et contraignant : opérations telles que la division infinie d'un segment de droite ou, inversement, la composition infinie[1]. Dans le cas de l'addition, de l'ajout encore et encore de nouvelles portions d'espace, il est clair qu'il ne s'agit pas d'une progression à l'infini dans le sens d'un cercle, mais plutôt d'un infini linéaire, orienté selon la suite des nombres naturels. Or, un tel infini linéaire, représenté comme l'addition continuelle d'une grandeur spatiale (par exemple, un segment de droite) à elle-même, implique sans nul doute l'espace infini, non courbé, qui sera qualifié par la suite d'« euclidien ».

Il ne manque plus aux opérations de Zénon qu'un but positif pour devenir ce que Cornford appellera « l'invention de l'espace » – c'est-à-dire la formulation des lois fondamentales concernant les relations de position et de changement de position de différents corps, distingués au sein d'une étendue totale omni-englobante. Cela dit, il est à noter que Zénon n'est pas et ne peut pas être guidé par un intérêt pour la géométrie qui, au Ve siècle, se développe puissamment en visant d'ores et déjà la systématisation. L'espace de la géométrie est précisément ce qu'il

1. Cf. *ibid.*, Zénon, B I : « Si le multiple existe, il doit être petit au point de ne pas avoir d'étendue et grand au point d'être infini. »

combat. Pourtant, en cherchant à réfuter la pluralité, il procède par des voies de pensée analogues aux opérations des géomètres qui préparent l'idéalisation de la future systématique euclidienne, événement qui fera époque.

La pensée post-éléatique s'applique à résoudre un problème qui relève intégralement de la pensée éléate – à montrer comment l'Étant, en tant que fondement constant, immuable, règne aussi dans l'apparaissant et les « apparences » : « comment les choses apparentes doivent nécessairement être à découvert, se répandant à travers tout l'univers [1] ». Cela révèle en même temps la polysémie du concept de l'Un : l'Un, le ἕν, n'exclut pas forcément la pluralité si on le conçoit comme unité – pour employer un vocabulaire plus tardif – κατ' εἶδος (selon la spécificité), en prenant τὸ ἐόν au sens de l'existence, de l'être, à la différence des étants auxquels il appartient, auquel cas rien n'oblige à le penser également, suivant le modèle de Parménide, comme Un κατ' ἀριθμόν (selon le nombre). Les penseurs post-éléatiques font la distinction entre le ἕν κατὰ τὸ εἶδος et le ἕν κατὰ τὸν ἀριθμόν tout à fait *instinctivement*, sans moyens intellectuels suffisants (les moyens ne seront tirés au clair que par la philosophie socratico-platonicienne, grâce à ses méthodes logiques). De ce fait, le τὸ ἐόν parménidien, avec son immutabilité intrinsèque, acquiert un caractère d'élément, de partie constitutive. L'aspect de la pluralité, du calcul et de tout ce qui se rapporte au calcul et à la pluralité devient médiateur entre τὸ ἐόν au sens fort et τὰ δοκοῦντα : cela possède l'être, comme τὸ ἐόν chez Parménide, mais également la pluralité et la variabilité réglée que comporte la possibilité à la fois de combinaisons des unités ou des éléments en des ensembles supérieurs et d'analyse de ces ensembles en leurs constituants. Τὰ δοκοῦντα, autrement dit τὰ φαινόμενα, sont dès lors le point de départ de l'analyse et le but de la synthèse réitérée. Il s'agit d'observer non seulement comment les touts synthétiques sont composés de matériaux plus élémentaires, en remontant jusqu'aux fondements premiers, mais aussi *sous l'action de quoi* le processus de composition et de décomposition se réalise. C'est ainsi que se dessine initialement, sur le fondement du ἕν parménidien, le programme d'une véritable *physique* positive, d'une science de la φύσις (ce « cosmos que nul des dieux ni des hommes n'a fait »), laquelle n'a plus ici le caractère d'une *croissance épanouie*, de quelque chose donc de principiellement mobile, dynamique, mais repose

1. Diels-Kranz, *Die Fragmente*..., Parménide, B I, 31-32.

au contraire sur le fondement de l'être figé, intérieurement immobile, indestructible.

Cela dit, une des différences essentielles entre les physiciens post-éléatiques tient à ce que les uns articulent l'étendue continue des Éléates de manière à conserver la plénitude originelle du continu parménidien : telle est la démarche d'Anaxagore, par exemple ; les autres – les atomistes – s'accordent avec les Éléates pour juger que toute pluralité, toute affirmation de plusieurs ἐόντα, implique un « non » et contient donc la thèse de l'être du non-étant, mais ils se démarquent en niant expressément l'impossibilité de l'être du non-étant. Dans un sens, le non-étant est, voire ne peut pas ne pas être ; l'existence du non-étant est attestée par les φαινόμενα ou δοκοῦντα eux-mêmes. Sans l'existence du non-étant, il serait impossible de montrer comment, à partir de l'être immuable et impérissable, viennent à s'épanouir les formes éphémères, changeantes, mais infiniment diverses et fascinantes, qui donnent au monde ses couleurs [1]. Bien sûr, il ne s'agit pas du non-étant absolu, sans aucune présence ni aucune déterminité. Ce n'est qu'un non-étant relatif, un non-étant en regard de ce que Parménide définit comme l'étant absolument positif. Platon n'est pas le premier à dépasser ainsi la pensée du ἓν ἐόν parménidien ; il est devancé par Leucippe et Démocrite. Pour que quelque chose soit non-étant, point n'est besoin de le priver de toute détermination, au contraire, la privation ne concernera que les déterminations qui font être la chose au sens parfait, plein, absolument positif. Le *vide* – l'espace vide – est précisément un tel étant, qui se distingue de l'étant pleinement positif sans pour autant cesser d'être comme tel quelque chose.

L'atomisme de Démocrite et de Leucippe partage avec l'éléatisme l'immobilité intrinsèque de l'étant : la génération et le périssement en sont exclus.

Pour autant, il n'est pas exact de regarder les ἄτομα comme l'étant des Éléates dispersé à travers le vide en une multiplicité de mini-étants indifférents les uns aux autres.

À la différence de l'étant des Éléates, celui des atomistes *n'est* probablement *pas un continu.* Si l'on est bien fondé à chercher l'origine

1. Lorsque Démocrite dit « νόμῳ χροιή, νόμῳ γλυκύ, νόμῳ πικρόν », « ἐτεῇ δ' ἄτομα καὶ κενόν » [Diels-Kranz, B CXXV], il n'entend pas le mot νόμος au sens de *convention*, mais plutôt conformément à la signification du verbe νομίζω, ce qu'il semble à l'individu, ce qui se découvre dans l'interaction de l'organisme et de l'objet, ce qui est en accord avec notre διαθήκη. Voir W. Bröcker, « Das Höhlenfeuer und die Erscheinung von der Erscheinung », dans *Die Gegenwart der Griechen*..., p. 34.

de l'atomistique dans la réponse à l'argument zénonien de la divisibilité infinie, il s'ensuit que les atomes aussi se composent de ces minima d'étendue que sont les *points*. Chaque « point » est vraisemblablement lui-même étendu, *il a des dimensions*; en tout état de cause, l'*atome*, lui, en a.

L'étant des atomistes se distingue encore de celui des Éléates dans la mesure où, comme chez les premiers penseurs ioniens, chez Anaxagore et chez Héraclite, il renferme une contrariété interne. De même que le feu d'Héraclite se présente en même temps sous sa forme pleine, manifeste (la lumière, le feu) et sous une forme atténuée, inapparente (la nuit, l'obscurité, la terre en tant que pâture du feu), de même, l'étant atomiste aussi a deux faces : une positive et une négative, une forte et une faible, une pleine et une vide. Le vide n'est rien d'autre que la forme négative, affaiblie, impropre de l'étant, l'étant selon le mode de la privation. Voilà pourquoi, si le vide est qualifié de non-étant, en même temps le non-étant est proclamé étant. Et de même que la terre chez Héraclite est la condition de la forme manifeste du feu, de même le vide est la condition de la forme pleine, positive de l'étant des atomistes.

L'étant positif est caractérisé par la tangibilité – au sens objectif grec : il est dur, impénétrable; la privation d'étant, le non-étant, est caractérisé par une perméabilité illimitée. Et l'étant et le non-étant sont pareillement étendus.

L'espace vide, présupposé de tout ce qui existe positivement, est la possibilité de combiner les premiers éléments, les points, la possibilité de les coordonner entre eux selon trois orientations différentes; il y a donc en lui *plusieurs directions*, une pluralité de dimensions par lesquelles il se distingue de l'*étendue intelligible** des Éléates. L'ordonnance des points obéit à des lois telles que le postulat des parallèles; aussi cet espace est-il infini. – Il sépare l'étant au sens fort parce qu'il est une *in*suffisance, une absence d'étant; l'étant, en revanche, n'occasionne en lui aucune solution de continuité, l'espace s'étend aussi là où il y a de l'étant positif, car le positif ne lui enlève rien, lui ajoutant, au contraire, un complément de détermination.

L'espace vide rend alors possible tout ce qui, dans l'Un étant, est intrinsèquement impossible. Sur son fondement, l'étant s'éparpille en une pluralité infinie κατ' ἀριθμόν sans cesser d'être un κατὰ τὸ εἶδος. Il est une base qui admet en même temps la continuité et la discontinuité, qui donne la possibilité de *distinguer* les choses les unes des autres.

* En français dans le texte.

Le vide est le négatif qui sépare les unes des autres les particules de l'étant continu. Mais le vide rend aussi possible *le mouvement* en tant que changement de lieu dans l'espace, il rend possibles *la génération et le périssement* en tant qu'assemblage des étants dans l'espace, et l'*altération* en tant que réaménagement de ces composés [1].

L'explication des atomistes avec Parménide et Zénon apparaît ainsi comme l'œuvre d'un même esprit – c'est elle qui forge les idées de la physique et de l'explication physique au sens fort du terme. Tout cela s'accompagne de l'*invention de l'espace* comme chose dotée d'une existence indépendante qui sera l'un des fondements de l'explication physique. L'espace de Démocrite et de Leucippe n'est plus la simple *extensio intelligibilis*, comme l'Un étant de Parménide ; bien plus riche, de signification comme de structure, il est d'ores et déjà l'espace infini, effectivement réel, en tant que cadre et fondement des choses. Cet espace tient ses propriétés fondamentales d'une refonte des thèmes de pensée de l'éléatisme. Le statisme, l'homogénéité, la continuité, le caractère infini et non courbé sont, en effet, des attributs qui peuvent découler aussi bien d'un approfondissement, d'une transformation géniale des idées des Éléates que de la prise en compte des procédures de la géométrie en voie de naître, à laquelle Cornford accorde le primat [2]. De même que la théorie de l'atome chez Leucippe et Démocrite est une réponse à Zénon et à son aporie de la pluralité (l'étant qui devrait être et infiniment petit et infiniment grand), de même leur théorie du vide peut être une réponse à Parménide, à Mélissos et à Zénon en même temps. Voire il est parfaitement pensable que précisément ces considérations des Éléates et des penseurs post-éléates auront eu une influence puissante sur le développement et la systématisation de la géométrie : ce n'est certainement pas un hasard que la seconde moitié du Ve siècle soit en géométrie une grande période d'innovation et de progrès, en comparaison de laquelle la période précédente laisse une impression bien plus statique.

Comme les atomistes, les pythagoriciens aussi admettent l'espace vide. Aristote rend compte ainsi de leur conception :

> Les pythagoriciens aussi affirmaient que le vide existe et qu'il pénètre même la voûte céleste, laquelle l'aspire en quelque sorte à partir de l'exhalaison (πνεῦμα) infinie. Il y a encore un vide qui sépare les êtres les uns des autres, si bien qu'il est comme l'intervalle des choses qui se

1. Cf. Aristote, *De generatione et corruptione*, I, 2, 315 *b* 7-9.
2. Fr. M. Cornford, « The Invention of Space », p. 230.

> suivent immédiatement et l'intervalle de ce qui est différencié ; et il en va ainsi tout d'abord dans les nombres ; car le vide est ce qui délimite les différentes entités numériques [1].

Ce passage n'est pas d'une interprétation facile – il nous semble pourtant que le vide « aspiré » à partir du πνεῦμα infini ne peut pas être le vide absolu, ce qui fait ressortir encore davantage l'idée d'un non-étant relatif, apportée par l'atomistique [2]. Le grand principe négatif qui est en dehors du cosmos délimité en tant que son environnement indéfini et indéfiniment étendu – l'ἄπειρον – devient en même temps, par son « aspiration », le principe de séparation des étants entre eux ; son contraire, la πέρας, lui est indissolublement uni ; la limite est toujours délimitation de l'indéterminé, l'indéterminé, séparation de termes (de limites) qui, sans cela, se confondraient. Les nombres justement offrent un exemple de ce rapport, en ce sens que le nombre est un ensemble, un nombre déterminé d'unités, et les unités doivent être séparées afin de se distinguer les unes des autres. Ce qui vaut des unités dont les nombres se composent vaut aussi de leurs ensembles – des nombres proprement dits : ils doivent être séparés par un intervalle si on veut pouvoir les distinguer. Ajoutons que les nombres, pour les pythagoriciens, ne sont pas seulement les nombres nombrants, mais avant tout les nombres nombrés (ἀριθμοὶ ἀριθμητοί, selon la distinction aristotélicienne), c'est-à-dire toutes les « structures » qui peuvent être composées à partir d'éléments ; chez Aristote, une mélodie (nombre déterminé de demi-tons diatoniques), par exemple, ou encore un polygone (nombre déterminé de triangles) est un nombre en ce sens [3]. Les pythagoriciens, dans leur doctrine du vide aspiré par notre monde, font encore penser à l'ἄπειρον dynamique d'Anaximandre, qui donne forme au cosmos en s'imposant à lui-même des limites ; d'un autre côté, il est non moins clair qu'ils ont assimilé des éléments essentiels de l'atomistique.

Des pythagoriciens à Platon, il n'y a qu'un pas. Mais l'atomisme non plus, nous pouvons l'affirmer désormais avec une bonne certitude, n'est pas étranger à Platon [4]. À l'époque de son « système de

1. *Physique*, IV, 6, 213 *b* 22-26.

2. Soit dit en passant, la conception du vide « aspiré » par l'univers sphérique à partir du vide extérieur est difficilement conciliable avec l'idée que Cornford se fait de l'ἄπειρον comme étant de forme sphérique et close.

3. Sur le concept pythagoricien de nombre, voir O. Becker, « Die Aktualität des pythagoreischen Gedankens », dans *Die Gegenwart der Griechen*..., p. 14 *sqq*.

4. Cf. P. Wilpert, « Die Elementenlehre des Platon und Demokrit », où l'on trouvera aussi, cité, l'essentiel de la littérature sur la question.

réduction[1] » surtout, Platon intègre à son arsenal conceptuel des problèmes et des éléments essentiels empruntés à l'atomistique, notamment le principe de la réduction de l'étant visible à des éléments somatiques invisibles. Sa doctrine est toutefois bien plus finitiste que celle des atomistes, elle ne connaît qu'un nombre défini de formes fondamentales, donné par celui des polyèdres réguliers (mis à part le dodécaèdre). Le principe de construction de ces solides à partir de triangles élémentaires montre aussi que Platon conçoit son explication du monde dans un esprit nettement plus mathématique que l'atomistique de Démocrite[2]. Platon transforme donc profondément toutes les singularités qu'il emprunte à l'atomistique ; il en va de même du principe de l'espace vide qui, s'il est chez lui aussi un présupposé indispensable de l'explication physique, joue néanmoins un tout autre rôle que chez Démocrite. Platon n'a pas besoin de l'espace vide, comme Démocrite, pour rendre possibles le mouvement et le devenir ; le mouvement, tel qu'il le conçoit, réside ailleurs, avant tout dans l'âme du monde. Il a besoin de l'espace vide, au premier chef, comme milieu dans lequel se réalise la réflexion des Idées, leur imitation dans le monde sensible[3]. Il faut distinguer trois choses : 1) ce qui naît ou devient ; 2) ce en quoi cela devient ; 3) le modèle d'après lequel cela devient[4]. Ce qui devient peut être comparé à l'enfant, ce en quoi il devient à la mère, le modèle au père. (Nous tenons là le point de départ de l'interprétation d'Aristote selon laquelle ce que Platon nomme τὸ δεχόμενον, le lieu qui accueille le devenir, est également la matière par rapport au modèle en tant que forme[5].) L'espace ou réceptacle doit être lui-même de nature à pouvoir recevoir, accueillir en soi toutes les qualités et toutes les formes possibles ; c'est dire qu'il ne peut avoir lui-même aucune forme ni qualité[6]. Cela étant, il ne peut pas non plus être perçu, accessible aux sens. Comme les Idées, il n'est susceptible que d'une connaissance non sensible, qui passe par la considération intellectuelle ; c'est pourquoi

1. Voir là-dessus *supra*, chap. I, p. 48 *sqq*.

2. O. Becker, « Die Aktualität des pythagoreischen Gedankens », p. 12, traite de la signification mathématique des quatre solides de Platon comme représentants d'autant de groupes de congruence, ainsi que de la force de l'idée de symétrie qui aujourd'hui encore n'a rien perdu de son actualité.

3. *Timée*, 52 *a-d*.

4. *Ibid.*, 50 *d*.

5. *Physique*, I, 9, 192 *a* 10-25.

6. Cornford (*Plato's Cosmology*, p. 58 et 188 [commentaire du *Timée*, 34 *b* et 51 *b*]) affirme, au contraire, que l'espace a une forme sphérique. C'est aller contre le sens même du texte.

Platon dit qu'il participe en quelque façon à l'étant intelligible [1], car ce qui est connu par la pensée est de nature intelligible. Ailleurs, Platon dit que l'espace ne peut être connu que par une sorte de « raisonnement bâtard » et qu'il est d'une nature si étrange qu'il passe toute créance [2]. Il est quelque chose qui ne peut être perçu et ne devient pas, mais qui rend possible le devenir perceptible. Quel est donc le « raisonnement bâtard » censé nous persuader de l'espace? Supposer, avec Cornford, que c'est l'abstraction, qui isole l'espace de toutes les qualités singulières qui le remplissent [3], nous paraît problématique. Une telle « abstraction » ne conduit pourtant à rien de nouveau, qui ne serait pas contenu dans ce dont on abstrait. Pour Platon, l'abstraction en général est quelque chose d'éminemment positif; l'« abstraction » qui dégage, par exemple, le genre des espèces dans lesquelles il est dispersé n'a assurément rien d'une pseudo-réflexion, d'un raisonnement bâtard. Le raisonnement bâtard devra être réellement de nature hybride, c'est-à-dire être issu d'éléments, de prémisses hétérogènes; ce sera un raisonnement qui ne pourra pas se mouvoir uniquement dans l'élément intelligible, ni uniquement dans le sensible, qui devra évoluer dans *les deux à la fois*. Or, telle est bien la nature de la réflexion sur la nature de l'image, du reflet. L'image présuppose un modèle, un paradigme existant et une plaque réceptrice qui elle aussi existe, fût-ce dans un sens dérisoire en regard de la dignité du modèle; elle présuppose, de surcroît, l'information, la mise en forme de la plaque; le tout donnant alors une image qui, elle, *n'existe pas*. Le fait que le monde sensible soit l'image et le reflet des Idées implique donc *per analogiam* que nous devons présupposer quelque chose qui ne peut pas comme tel être objet de perception, mais qui en rend possible l'existence apparente. Ce qui existe ne pourra jamais, avec un autre existant, faire la paire qui est – comme l'image, en tant que réalité et en tant qu'image – à la fois une seule chose et deux.

Les premières images dans l'espace ne sont que les indices qualitatifs de corps matériels; les véritables corps matériels sont des figures mathématiques – géométriques – dans l'espace. Ces figures sont, on le sait, des triangles. Chez Platon, les corps sont donc générés par un incorporel – par des figures planes. Les quatre polyèdres réguliers caractérisent les quatre éléments. Les polyèdres sont vides à l'intérieur. La forme sphérique imprimée à l'univers par l'action de l'âme du monde assure

1. *Timée*, 51 *a-b*.
2. *Ibid.*, 52 *b*.
3. Fr. M. Cornford, *Plato's Cosmology*, p. 194.

que le vide entre les différents corpuscules élémentaires soit réduit au possible, si bien que le mouvement des corps matériels ne se déroule pas dans le vide, mais a toujours un caractère d'échange réciproque circulaire.

L'espace vide a donc pour la physique de Platon une importance non moindre que pour celle de Démocrite. Mais là où Démocrite voit dans l'espace, avant tout, la condition de possibilité du mouvement, Platon s'intéresse à son aspect statique structurel : aux lois qui régissent la position et les relations caractéristiques – tels les types de symétrie réalisés dans les polyèdres réguliers qui sont, chez Platon, les corps fondamentaux de la nature physique – que l'espace rend possibles. L'isotropie, qui fonde la possibilité de figures symétriques dans l'espace, est ainsi la principale propriété nouvelle relevée par Platon. Comme il s'occupe spécialement des structures spatiales, il n'est guère probable que l'espace (χώρα, ὑποδοχή) qui est à la base de la mise en ordre du monde dans le *Timée* soit, dès l'origine, fini et sphérique ; même la sphéricité de l'espace cosmique est quelque chose qui lui vient de sa formation par l'âme du monde et ses mouvements essentiellement circulaires. C'est le mouvement de l'âme qui découpe, dans la « nourrice » originelle « de tout devenir [1] », la sphère cosmique visible. La finitude de la ὑποδοχή serait d'ailleurs en contradiction aussi avec le passage connu du *Timée* qui traite de la possibilité qu'il y ait, non pas un seul monde, mais plusieurs, quatre ou cinq [2]. Les interprètes du *Timée* ne s'accordent pas sur la question de savoir si le substrat spatial du devenir est fini ou infini – euclidien. Les recherches récentes, qui montrent que Platon, dans son ultime système, intègre à son image du monde une reconstruction de tout l'atomisme de Démocrite, rendent, nous semble-t-il, d'autant plus probable l'hypothèse selon laquelle la ὑποδοχή originelle serait aussi illimitée que le vide démocritéen.

Bien sûr, en tant que miroir où se reflètent les formes des choses véritablement étantes, l'espace platonicien est rempli d'un devenir foisonnant, qui autorise à le regarder comme parent de l'antique ἄπειρον d'Anaximandre. Mais le devenir, la dynamique concerne désormais ce qui se reflète dans l'espace, le miroir comme tel demeurant, dans sa nature, tranquille et limpide – tels sont les contraires que la vision de Platon parvient à embrasser. La « nourrice de tout devenir » est continuellement secouée, ébranlée – à dire vrai, cependant, ce

1. Voir *supra*, p. 88, note 1. *(N. d. T.)*
2. *Timée*, 55 *d*. *(N. d. T.)*

mouvement n'est pas celui de l'espace comme tel, mais des images des éléments qui y apparaissent et s'éclipsent, c'est de là que naît la tendance du même vers le même qui conduit à l'accumulation des éléments dans certains lieux de l'univers.

Une autre conséquence de la doctrine platonicienne de l'espace, conséquence importante et qui sera d'une grande portée dans l'Antiquité plus tardive, c'est la séparation principielle de l'espace géométrique et de l'espace physique, dont on ne trouve pas trace chez Démocrite. Les figures géométriques ont leur espace propre, spécifique, qui n'est pas identique à l'espace des choses physiques. Les choses mathématiques se signalent par une précision absolue que les choses réelles n'ont pas; les relations de l'espace géométrique sont des relations précises; dans l'espace physique, réel, on ne peut escompter au plus qu'une imitation approximative de ces relations précises, dont la réflexion spéculaire ne saura jamais reproduire la pureté.

La séparation de l'espace géométrique et de l'espace physique sera reprise par Aristote aussi, malgré sa polémique contre l'existence indépendante des entités mathématiques. L'espace géométrique, avec ses caractères d'infinité et d'homogénéité absolue, est à ses yeux un produit de l'abstraction et d'une idéalisation fictive, de même que le mouvement mathématisé, géométrisé. Aussi, lorsque Aristote lance, dans le cadre de sa lutte contre les *entia rationis* platoniciens, une polémique contre la réalité indépendante de l'espace, l'espace géométrique restera-t-il à l'abri de ces attaques. Chez Platon déjà, le vide n'est plus la condition *sine qua non* de tout mouvement, celui-ci ayant, d'après lui, un tout autre fondement et une tout autre justification – l'âme du monde, qui est, par toute sa nature, ce qui se meut soi-même. L'espace vide perd ainsi une de ses principales fonctions physiques, et Platon montre même la possibilité du mouvement dans un espace totalement plein. Le vide subsiste, à ses yeux, à l'intérieur des corps physiques fondamentaux, qui ne sont rien d'autre que de l'espace mis en forme, ainsi que dans les intervalles infimes qui demeurent non comblés lorsque le mouvement comprimant de la périphérie sphérique du cosmos resserre et rapproche au maximum les corpuscules élémentaires. Nous l'avons déjà vu, Platon a besoin de l'espace pour y asseoir sa conception du monde sensible comme *image* de la réalité vraie, miroir dans lequel il s'en génère une réplique. Chez le dernier Platon, l'espace vide sera un élément essentiel de la théorie des Idées séparées de la réalité sensible et mobile, la raison qui explique pourquoi la science (ἐπιστήμη) s'arrête au seuil de ce monde de la γένεσις. Comme Aristote ne voit plus dans le monde sensible une image dérivée de ce qui est, la copie d'un original vrai, l'espace en tant qu'entité séparée perd toute utilité pour lui. Comme, par ailleurs, il ne juge réelle, dans l'aspect téléologique et mathématico-mécanique du regard porté par Platon sur le devenir physique, que la composante téléologique, il n'a pas de peine à se défaire de tout ce qui pour Platon est un moment indispensable de la compréhension – mathématique, s'entend – de la réalité objective. Aristote peut ainsi, sans hésiter, déclarer une guerre sans réserve à l'espace vide en tant qu'entité indépendante.

En polémiquant contre l'existence indépendante de l'espace, Aristote remonte, pour les raisons indiquées, de Platon à Démocrite.

Chez Démocrite et les anciens atomistes, les fonctions principales de l'espace vide étaient les suivantes :

1) rendre possible l'extension des corps ;

2) rendre possibles les formes composées sur la base des formes simples ;

3) rendre possibles le mouvement, la génération et le périssement, ainsi que l'altération ;

4) rendre possibles les relations des corps entre eux, leur emplacement.

Pour Aristote, l'extension est fonction de la matérialité. Les choses sont étendues parce qu'elles sont composées d'éléments dont une propriété marquante est la continuité. Pour la forme et la mise en forme, Aristote a son principe de la μορφή ; la μορφή, qui est φύσις [1], informe de manière typique et régulière un substrat d'abord amorphe. La détermination de l'indéterminé se déroule dans le cadre de chaque étant, si bien que l'étant serait inconcevable sans cette loi. L'indéterminé a beau être, dans une perspective ultime (chez les éléments), un concept abstrait, construit, reste toujours qu'il doit *être*, c'est-à dire être quelque chose de déjà déterminé jusqu'à un certain point, offrant la possibilité de déterminations ultérieures. Or, l'espace vide n'est rien de la sorte : il a *ses propres* déterminations géométriques, mais il n'est jamais déterminé plus avant par ce qui prend place en lui. L'espace vide est donc foncièrement en contradiction avec la conception ontologique d'Aristote. Par ailleurs, la mise en forme n'est pas un problème chez Aristote. Point n'est besoin d'inventer des mécanismes à l'aide desquels les choses recevraient leur forme, car c'est là l'œuvre de la φύσις. Au bout du compte, le *mouvement* est pour Aristote le processus même de *détermination* du substrat,

1. Cf. *Physique*, II, 1, 193 *b* 18. *(N. d. T.)*

processus qui, comme nous l'avons vu, loin d'être rendu possible par le vide, en devient impossible. De toutes les fonctions échues à l'espace chez les atomistes (et en partie encore chez Platon), il ne reste donc pour Aristote qu'une seule à prendre en compte – la fonction localisatrice.

La discussion aristotélicienne de l'espace comporte deux parties. La première envisage l'espace sous son aspect positif, dans son « être », thématisé au moyen du lieu, du τόπος; la seconde en traite sous son aspect de *non*-être, représenté par le problème du vide, τὸ κενόν [1]. Le but qu'Aristote se propose est de prouver que l'aspect « *non*-être » de l'espace est en réalité inexistant et que, quant à sa face positive, l'étant corporel et fini, avec la structure et les relations qui lui sont propres, suffit à en élucider tous les problèmes.

Il commence par poser le problème : le lieu existe-t-il ou non ? Le fait principal allégué à l'appui de l'existence du lieu est ici le changement de place réciproque, la substitution, le remplacement d'une chose par une autre. Sans encore analyser de plus près le concept de substitution (il y reviendra au chapitre 2 et surtout au tournant décisif du chapitre 4), Aristote montre comment ce mouvement renvoie à quelque chose de distinct des objets qui changent de place. C'est dire qu'il doit exister quelque chose d'autre, outre les choses qui se remplacent réciproquement; et il y a d'autres phénomènes encore qui indiquent que le lieu, dont le changement de place permet de constater l'existence, n'est pas uniquement passif et impuissant : les phénomènes du mouvement naturel, qui porte les éléments de même nature vers un même lieu. Le mouvement naturel, révélant la diligence des choses à gagner le lieu qui leur est propre, fait voir donc que le lieu existe en tant que force (δύναμις). Les lieux naturels sont ordonnés selon un ordre propre au lieu. C'est le haut et le bas, la droite et la gauche, qui ne sont pas des notions relatives uniquement à notre orientation, mais des déterminations du lieu comme tel [2]. Le haut et le bas « subjectifs »

1. Voir *Physique*, IV, 1-5, 208 *a* 27-213 *a* 11 (exposé du τόπος); 6-9, 213 *a* 12-217 *b* 27 (exposé du κενόν).

2. Selon Aristote, la position du monde est déterminée de façon analogue à celle de l'organisme animal. Pour le monde aussi, pour la sphère céleste, il y a un « haut » et un « bas », une « droite » et une « gauche »; ainsi, le pôle Sud correspond au haut, le pôle Nord au bas du monde, car le mouvement (des étoiles) commence à droite (à l'est); si la partie septentrionale de l'univers était en haut, les étoiles se déplaceraient de droite à gauche *derrière le dos* de celui qui aurait la main droite à l'est et la tête au nord; or, elles se déplacent d'est en ouest devant la face de celui qui a la tête au sud et la main droite à l'est. Le mouvement frontal est, selon le commentaire de Simplicius, un mouvement à droite, tandis que, de dos, le mouvement va à gauche. Cf. Th. L. Heath, *Aristarchus of Samos : The*

sont d'une singulière impuissance ; souvent l'un et l'autre désignent les mêmes objets, selon l'angle sous lequel nous les regardons ; en revanche, le « haut » et le « bas » qui sont dans la nature des choses ne se confondent jamais. Ce n'est pas seulement leur position qui les distingue et les sépare, mais encore leur force. Pour voir clairement l'impuissance du « haut » et du « bas » subjectifs, il suffit, du reste, de considérer les figures géométriques. Les figures ne sont à proprement parler nulle part, elles ne sont pas dans un lieu ; elles ont néanmoins un « haut » et un « bas », une « droite » et une « gauche » d'orientation relative à leur position.

Or, le « haut » et le « bas » en tant que représentatifs de la force du lieu ne sont rien en regard de la prépondérance ou, plutôt, de la surpuissance attribuée au vide par ses partisans – plus particulièrement ceux qui demeurent attachés à la vieille conception mythique, exprimée déjà par Hésiode, qui commence sa théogonie par le chaos, c'est-à-dire l'espace illimité, l'ἄπειρον des premiers penseurs. Aristote met ainsi les atomistes et les mythologues dans le même sac[1]. Leur vision fait de l'espace, ce lieu universel, quelque chose comme une loi de l'être ; pour être, il faut être quelque part ; le lieu relève de l'être des choses étantes, il en est un présupposé et l'un des déterminants suprêmes. « S'il en est ainsi, la puissance du lieu serait prodigieuse et primerait tout[2] » ; ce qui est présupposé par tout le reste, sans rien présupposer à son tour, est sans nul doute premier ; et, dans l'idée de ces penseurs, le lieu ne cesserait pas d'exister même si tout le reste était anéanti. Les mythologues et leurs héritiers philosophiques, dont les atomistes sont les derniers en date, mènent l'importance ontologique du lieu et, partant, de l'espace à son plus haut point. Ils sont le grand adversaire que tout l'exposé d'Aristote entend combattre.

Aristote n'escalade ce sommet que pour montrer que, dès qu'on tente de déterminer l'essence du lieu, sa prétention à la précellence

Ancient Copernicus, Oxford, Clarendon Press, 1913, p. 231-232, et la note de J. L. Stocks à la traduction anglaise du *De caelo*, II, 2, 285 *b* 29 dans l'édition d'Oxford [*The Works of Aristotle*, Oxford, Clarendon Press, 1930, vol. II].

1. Qu'Aristote classe ainsi côte à côte les mythologues et les atomistes, c'est encore une preuve du peu de vraisemblance de l'exposé de Cornford, présentant l'ἄπειρον d'Anaximandre – ce descendant du chaos mythique – comme originellement clos, de forme sphérique, *n'admettant pas l'extension indéfinie*. La sphère arrondie est la limite intérieure de l'ἄπειρον ; l'ἄπειρον ne possède pas d'abord l'infinité euclidienne pour les raisons que nous avons indiquées, mais il n'est pas exclusif d'un *plus ultra* préthéorique, qui se poursuivrait indéfiniment.

2. *Physique*, IV, 1, 208 *b* 34-35.

ontologique s'effondre avec perte et fracas, au point de faire douter de son existence même. La prétention du lieu à la primauté échoue dès lors qu'on le mesure à l'aune des étants qui sont un modèle *a minima*, mais indéniable, de ce qui est : les choses matérielles, corporelles, finies. Le lieu paraît être un corps ; il fait penser à un corps donné aux sens, possédant, comme celui-ci, trois dimensions ; pourtant, il ne peut pas être un corps indépendant, ce serait en contradiction avec l'impénétrabilité des corps – deux corps coïncideraient dans leurs déterminants spatiaux. Quant à savoir au juste ce qu'il est, on n'a aucune clarté : une sorte de fantôme quantitatif de corps, mais aucunement un corps réel. Un tel fantôme abstrait peut-il être quelque part ? Essayons de pousser la question plus loin. Est-ce seulement le solide géométrique qui occupe un lieu ? Ne peut-on pas en dire autant de la surface, de la ligne, du point ? Arrivé au point, l'absurdité éclate ; il est clair qu'il n'y a pas de lieu du point. Mais si le point – un point quelconque – n'est pas en un lieu, il en ira de même de tous les points dont se composent la ligne, la surface, le solide. Le même raisonnement vaudra pour la ligne, la surface, le solide : tout cela sera sans lieu. L'essai de déterminer le lieu par les déterminations géométriques du corps aboutit à la non-existence du lieu. – Voyons donc du côté des déterminants réels : le lieu ne sera à trouver parmi les constituants ni de l'étant corporel, ni de l'étant incorporel (parmi les substances qui sont actualité pure). Le lieu n'est ni l'un des éléments ni un composé élémentaire ; il ne saurait l'être, n'étant pas de nature corporelle. Mais on ne peut pas non plus le ranger parmi les composantes de l'être incorporel car, en tant qu'ombre (fantôme) *quantitative*, il est susceptible de s'additionner et de se combiner et, partant, se distingue de l'étant incorporel dont les éléments, ajoutés les uns aux autres, ne donneront jamais une grandeur. Allons plus loin : pour que le lieu ait quelque espèce de réalité physique, il faudrait qu'il exerce une action opérante, qu'il soit cause de quelque chose dans le monde des choses en mouvement ; mais il n'est à mettre dans le tiroir d'aucune des quatre « causes ». Surtout, n'aboutira-t-on pas à l'impossible en appliquant au lieu comme tel l'enseignement des physiciens d'autrefois, selon qui, « pour être, il faut être quelque part » (question posée, entre autres, par Zénon d'Élée) ? La progression à l'infini qui en résulte dénonce l'absurdité de la thèse de l'indépendance du lieu. Ajoutons la difficulté supplémentaire de savoir comment le lieu peut croître et diminuer selon que les choses croissent et décroissent chacune en son lieu, et nous pourrons passer à la conclusion de cette enquête : il faut non seulement analyser l'essence du lieu, mais trancher d'abord la question de savoir s'il existe. Les considérations qui précèdent font apparaître cette question comme parfaitement justifiée.

Pourtant, la non-existence pure et simple du lieu serait, même du point de vue d'Aristote, tout à fait inacceptable. Le lieu a à voir avec la région où se trouvent les choses, avec leur environnement proche et lointain. L'environnement immédiat, l'embrassant premier de la chose, ce qui la délimite, τὸ πρῶτον περιέχον, c'est son pourtour, la surface par laquelle autre chose entre en contact avec elle. Or, cette étreinte qui délimite la chose a à voir avec son « aspect », avec son εἶδος ; c'est la limite qui lui donne son contour, sa forme. Un instant, on pourrait donc croire que le lieu se confonde avec l'εἶδος, mais, d'un autre côté, il n'est pas que la surface et la forme, il semble, au contraire, coextensif à l'étant corporel en son entier, indiscernable de la matière même dont le corps est constitué. Cette confrontation avec l'εἶδος et la ὕλη montre précisément que le lieu n'est rien de la chose qui est dans son lieu. Il est certain que la forme et la matière appartiennent l'une et l'autre à la chose même ; d'autre part, on a commencé par montrer que le principal phénomène attestant l'existence du lieu est le changement de place réciproque, le fait que le lieu subsiste lorsque ce qu'il embrasse est remplacé par autre chose ; il se distingue donc de l'εἶδος, parce qu'il peut être séparé de la chose ; il se distingue de la matière (ὕλη) comme le contenant se distingue du contenu. Le lieu est un enveloppant qui ne fait pas partie de la chose comme telle ; il est une manière de réceptacle, un vase immobile, de même que le vase est, inversement, un lieu transportable. En tout état de cause, l'εἶδος et la ὕλη ne sauraient être le lieu pour la bonne raison qu'ils n'ont ni « haut » ni « bas », ni autres déterminations de ce genre, et qu'ils ne sont pas ce vers quoi se dirige le mouvement. Le lieu est donc comme un vase, une sorte d'enveloppe ; il est « l'autre chose » dans quoi la chose donnée se trouve. Encore faudrait-il approfondir les significations possibles de la notion de « l'autre », afin de déterminer à quelles conditions on peut dire d'un vase qu'il est en lui-même sans que cela ramène à l'εἶδος ou à la ὕλη comme essence du lieu. Sans un tel éclaircissement, on pourrait difficilement dire du monde en totalité qu'il est quelque part, en un lieu – vu que tout est en lui et qu'en dehors de lui il n'y a rien. La tournure « être dans (un autre) » peut avoir plus d'un sens. Aristote en énumère huit, dont le dernier, qui est en même temps le principal, signifie précisément « être dans un autre comme dans un lieu ». En général, « être dans un autre » peut être compris ou au sens propre ou dans un sens détourné, impropre. « L'autre » au sens propre signifie « totalement différent de soi », « autre » au sens détourné,

« partiellement différent » – c'est en ce sens que le tout est différent de ses parties, en ce sens qu'on peut dire qu'une jarre de vin est en elle-même, c'est-à-dire dans la jarre et dans le vin comme dans ses parties. De même, on peut affirmer que le sachant est dans le savant ou le blanc dans ce qui est blanc, si l'on entend par « le sachant » et « le blanc » une propriété qui sert également à désigner le tout, par « le savant » et « ce qui est blanc » l'étant entier auquel cette propriété est attribuée. Le concept, la signification des deux termes n'est pourtant pas identique, et ils ne peuvent être assimilés l'un à l'autre au sens propre ; sans cela, le vin serait contenu dans la jarre parce qu'il serait lui-même jarre, la jarre contiendrait du vin parce qu'elle serait vin. Ou encore, si on pouvait dire de chaque chose qui en contient une autre, fût-ce au sens impropre, qu'elle est « en elle-même », cela entraînerait le non-sens de deux corps pouvant être en même temps dans le même lieu. Il est donc clair que, s'agissant du lieu, « dans un autre » n'admet aucune ambiguïté : le contenant ne se confond en aucune de ses parties, concrètes ou logiques, avec le contenu. Il est impossible d'identifier le lieu à ce qu'il contient ou à l'une quelconque des parties ontologiques de ce contenu, notamment à l'εἶδος ou à la ὕλη. Mais nous avons acquis davantage que ce résultat négatif. En analysant les sens dans lesquels quelque chose peut être dit « dans un autre », nous avons constaté que la notion d'« être quelque part » est ambiguë. Les mythologues et les philosophes dont on entend un dernier écho dans le paradoxe de Zénon : « si le lieu existe, où est-il ? » (paradoxe qui n'a un sens que si l'on présuppose le lieu comme condition première de tout être) ont succombé à cette ambiguïté. Ce paradoxe, redoutable pour les premiers penseurs qui (tel Anaximandre) voyaient tout l'étant fini se détacher sur un fond indéterminé et sans limite, n'est en réalité, de l'avis d'Aristote, qu'un jeu sur les différentes acceptions des mots « être quelque part ». Dans un sens, il est vrai que tout ce qui est doit être quelque part, mais non pas au sens absolu, qui obligerait à reconnaître l'infini. Ainsi, le monde sensible, considéré dans son ensemble, est certainement « quelque part », mais seulement dans la mesure où, en tant que tout, il est contenu dans ses parties, non pas au sens d'être « enveloppé dans autre chose », ce qui mènerait à une progression à l'infini.

Là, nous ne sommes pas loin d'avoir tiré au clair ce qu'est le lieu. Le lieu est ce qui contient la chose sans en faire partie ni la dépasser, ce qui est cause du mouvement des corps pour autant que ce mouvement se dirige vers le « haut » ou le « bas ». En général – il faut bien le répéter – le problème du lieu ne se poserait pas sans le mouvement local. C'est ce mouvement, c'est la substitution des choses les unes aux autres qui nous engage à les considérer non seulement en elles-mêmes, mais aussi en tant qu'elles sont contenues dans d'autres. C'est précisément le mouvement local qui met à découvert les régions où sont les choses. Mais le lieu n'est pas la région tout entière ; il n'en est que la partie qui entoure la chose au plus près ; et cet entour doit être, dans un sens, séparé de la chose même, la chose doit s'en distinguer car sans cela elle ne se meuvrait pas *dans* le lieu, mais *avec lui*. D'autre part, cette partie ne doit être ni plus ni moins ample que la délimitation immédiate de la chose. Il n'y a que quatre choses qui remplissent ces conditions : l'εἶδος, la ὕλη, un intervalle entre le contenant et le contenu, ou enfin les limites du contenu et du contenant (limites qui coïncident, tout en appartenant à deux choses différentes). Or, on a déjà démontré que le lieu ne saurait être ni la forme ni la matière de la chose ; il suffira donc, pour obtenir la vraie solution, de prouver qu'il ne peut pas non plus être un intervalle. Il est de fait impossible que l'essence du lieu soit un espace entre le contenant et le contenu ; si c'était le cas, le lieu se déplacerait à chaque changement du contenu, et il faudrait dire, par exemple, lorsque l'eau sort d'un vase, que le lieu de l'eau change, diminue par rapport à ce qu'il était avant qu'elle ne commence à se déverser ; il y aurait ainsi, pour chaque volume d'eau qui va diminuant et, par conséquent, pour son lieu aussi, un autre lieu, plus grand, qui le contient – il y aurait un lieu du lieu, et ainsi de suite à l'infini. En réalité, alors même que le vase est en mouvement, le remplacement de l'eau par l'air est considéré par rapport au vase, non par rapport à la région à l'intérieur de laquelle le vase se déplace ; pour constater l'échange comme tel, il faut quelque chose d'immobile. On le voit, le raisonnement qui établit l'existence du lieu a quelque analogie avec celui qui prouve l'existence de la matière (ὕλη). Pas plus que le lieu, la matière des choses n'est l'objet d'une expérience immédiate ; nous la présupposons nécessairement, étant donné le mouvement continu qui fait qu'une chose dure devient molle, qu'une autre passe du blanc au noir. Comme la matière première, le lieu aussi est invisible et n'est établi que par raisonnement ; ce raisonnement dit, dans le cas de la matière, qu'il doit y avoir quelque chose qui se maintient dans le changement, quelque chose qui subsiste dans le changement des déterminations, à savoir le subsistant *qui* change ; en ce qui concerne le lieu, il nous apprend qu'il y a, pour deux choses qui se remplacent, une troisième, immobile, *en dehors* d'elles et qui les embrasse. Voilà pourquoi la matière est inséparable des choses, alors que le lieu peut en être séparé. Nous arrivons ainsi à notre conclusion : attendu que le lieu ne peut être quelque chose de la chose même, ne faire qu'un avec ses principes ontologiques, sa forme ou sa matière, et attendu que rien n'autorise à supposer un intervalle d'espace entre les choses qui se remplacent, il s'ensuit que le lieu ne saurait être que la première limite du premier enveloppant immobile. Pour cette raison, le centre de la Terre, qui est immobile, et la voûte céleste, qui se meut sans doute, mais sans jamais s'écarter de sa circonférence sphérique, constituent ensemble le lieu de tout ce qui est. L'existence du lieu va avec celle de la chose, car les limites n'existent que par rapport aux choses auxquelles elles appartiennent. Le ciel en tant que tout n'est pas dans un lieu, il n'est pas enveloppé par un corps extérieur à lui et qui le délimite, il n'est contenu dans rien ; seules ses parties, cernées par d'autres parties, sont « quelque part ». La sphère céleste dans son ensemble ne peut être dite en un lieu que selon un sens impropre – le même qui fait dire, de choses comme la cruche d'eau, qu'elles sont « en elles-mêmes ». Ce n'est pas tout étant qui est dans un lieu, mais uniquement l'étant corporel, mobile. Et ce n'est qu'*en apparence* que le lieu est quelque chose de grand et de difficile à comprendre ; en réalité, les problèmes qu'il pose sont des sophismes sur lesquels il suffit de faire la lumière. Ainsi, le faux raisonnement qui, partant du fait que le changement de place présuppose quelque chose de distinct des choses qui se remplacent, conçoit le terme « distinct » comme signifiant non seulement « différent selon le nombre », mais « différent d'essence » et conclut à l'existence nécessaire d'un lieu indépendant des choses, d'un espace autonome. Toutes les apories du lieu se résoudront si l'on adopte la solution proposée : le lieu ne s'accroîtra ni ne diminuera avec les choses qui se trouvent en lui s'il est la première limite immobile de la région environnante ; il n'y aura pas de lieu du point ; deux corps différents ne pourront occuper simultanément un même lieu ; il n'y aura pas d'intervalle d'espace entre deux corps qui se remplacent ; le lieu sera quelque part – non comme la chose est dans un lieu, mais comme la limite est dans la chose limitée.

C'est intentionnellement que nous nous sommes étendus au sujet de la partie positive de la doctrine d'Aristote, afin que le lecteur mesure bien les efforts déployés pour présenter la problématique de l'espace, exception faite du lieu, comme un pseudo-problème. L'on voit maintenant aussi qu'Aristote applique derechef à l'espace le même principe ontologique qui lui a déjà servi à jeter les bases de sa nouvelle doctrine du mouvement et de l'étant mobile, principe qui n'est rien d'autre qu'une adaptation de la « plaidoirie » de Platon, dans le *Sophiste*, pour l'existence du non-étant. Le non-étant existe bel et bien, mais en tant qu'altérité : c'est dire qu'il n'est possible que sur un fondement positif. L'« apologie » faite du non-étant le prive en même temps de toute indépendance ; il doit toujours y avoir quelque chose de positif, antérieur au non-étant ; en lui-même il est impossible, et il en va pareillement de l'espace vide de Démocrite. Le « lieu » est distinct de la chose qui est dans le lieu ; en ce sens, il *n'est pas* une chose ; il est, autant dire, le non-être de la chose – non-être qui, pour autant, n'est pas à comprendre comme existence indépendante, mais à ramener à l'étant positif dans les relations de la différence et de l'échange.

Il faut maintenant encore passer en revue, au moins de manière succincte, la partie négative de la doctrine : la démonstration de la non-existence du vide.

Le raisonnement procède par étapes avec : 1) l'analyse et la définition du sens donné au mot « vide » ; 2) la preuve que le vide, aussi bien intérieur qu'extérieur, est inutile, n'étant pas une condition indispensable du mouvement ; 3) la preuve que le vide extérieur est impossible, son existence ne pouvant qu'empêcher ou annuler le mouvement ; 4) la preuve qu'il est impossible de distinguer le vide dans lequel une chose se trouve de la chose elle-même ; 5) la preuve que le vide intérieur, loin d'être la condition de possibilité du mouvement vers le haut et le bas (du mouvement de ce qui est rare ou dense), le rend, au contraire, impossible ; 6) la preuve que la condensation et la raréfaction n'ont pas leur source dans la plus ou moins grande quantité de vide mélangée à la matière.

1) Aristote examine ce que signifie le vide : un lieu où il n'y a rien. Telle est la signification courante de ce terme (par exemple, chez les atomistes). Tout dépendra donc de la manière de concevoir le « quelque chose » dont l'absence génère l'espace vide. Ceux qui soutiennent l'existence du vide (notamment les atomistes) croient que l'étant corporel seul existe, et le corporel doit être tangible. Or, comme, selon ces mêmes penseurs, tout ce qui est doit être *quelque part*, il doit y avoir un lieu disposé à l'avance à recevoir n'importe quelle chose ; dès lors qu'une chose en est ôtée sans être remplacée par autre chose, on se trouve en présence de l'espace vide. Qu'un tel espace possède un éclairage ou une couleur n'y change rien ; tant qu'il n'y a en lui rien de sensible au toucher, il est vide.

Certains (les platoniciens) affirment que le vide est là où il n'y a aucune substance corporelle (au sens d'une unité de μορφή et de ὕλη), si bien que le vide est pour eux la pure matière (ὕλη) des choses. Aristote tient cette opinion pour erronée, car le vide est censé être le *lieu* des choses, lieu qui peut en être séparé, alors que la matière en est inséparable.

Il est clair, en tout état de cause, que le vide dont il y va n'est pas relatif, mais absolu : ce n'est pas le vide où il n'y a rien qui puisse être appréhendé par le toucher (par exemple, où il n'y aurait que de l'air), mais où il n'y a véritablement aucun corps.

Cela une fois établi, il est clair que les partisans du vide n'y voient pas quelque chose qui serait lui-même corporel, mais plutôt un intervalle entre les corps. Ils entendent, par le « vide », ce qui nous fait dire que les choses sont *quelque part*, c'est-à-dire le lieu. Or, Aristote a montré que le lieu n'est rien qui existe séparément des choses. Il s'ensuit que le vide aussi, en tant que lieu qui serait indépendamment des choses, est nécessairement inexistant.

2) Le principal argument des partisans du vide consiste à affirmer que le mouvement local, la translation, serait impossible sans le vide; seraient, de même, impossibles la condensation et la raréfaction, ainsi que la croissance et le changement quantitatif qui s'y rattachent.

C'est ne pas tenir compte du fait que le mouvement, plus précisément un mouvement circulaire, est possible même dans une étendue remplie de façon continue. La condensation et la raréfaction aussi peuvent être causées, non par un accroissement ou une diminution du vide dans la matière donnée, mais par l'expulsion ou l'introduction d'autres matières.

En lisant chez Aristote l'exposé de l'argument sur le mouvement, il est clair que celui-ci s'inspire de la doctrine éléate. Son auteur est à vrai dire Parménide : l'étant de Parménide est immobile pour la même raison qui fait qu'il n'y a nulle part en lui ni plus ni moins d'étant : parce que sa continuité n'admet aucune négation, partant, aucun vide. Aristote ne cite pas Parménide, mais plutôt Mélissos, qui a donné à l'argument une forme négative : afin que quelque chose puisse se mouvoir, il faut qu'il y ait du vide; or, le vide n'existe pas; par conséquent, le mouvement pas davantage.

Au fond, Aristote s'accorde avec Parménide pour regarder le monde comme un plein continu, sans bien sûr persister à le croire, comme lui, immobile. Depuis le temps de Parménide, la discussion philosophique a appris à conjuguer les concepts de mobilité, de multiplicité et d'étant. L'unité de l'étant a été sacrifiée, ouvrant tout grand la porte à la multiplicité et à la mobilité. Aristote ici démontre au fond, à l'encontre de Parménide et des atomistes, ses disciples sur ce point, que l'espace vide n'est pas nécessaire pour introduire la multiplicité (et la mobilité) dans le monde. Platon lui a frayé les voies (dans le *Sophiste*) en en apportant la preuve pour l'étant inétendu – l'étant idéal – qui n'est pas dans un lieu. Aristote parachève et perfectionne la démonstration platonicienne en l'appliquant également à l'étant sensible.

3) Cette démonstration révèle, par ailleurs, pourquoi Aristote est à vrai dire incapable d'accorder un sens physique à la doctrine qui affirme l'existence du vide. Là où Platon savait voir dans l'espace un schéma global de relations de lieu ayant encore un côté positif, le schéma des lois *géométriques* de la contiguïté, de l'inclusion et de la correspondance, Aristote n'y trouve rien de positif : l'espace vide est un *pur non-étant*, et c'est dans les questions *dynamiques* que sa non-existence peut être le mieux constatée. Parce que l'espace *dynamiquement* vide ne signifie rien et que la question de la structure géométrique du monde ne se pose pas pour Aristote, celui-ci exclut l'espace vide du domaine de l'étant.

L'espace vide n'est pas, aux yeux d'Aristote, la condition de possibilité du mouvement. Ce qui conditionne le mouvement naturel des corps physiques vers le haut et le bas, c'est la matière comme substrat des contraires « dense-rare », dont dépend l'opposition « lourd-léger », sens dans lequel Platon est seul à avoir compris l'« espace vide » [1]. La condition du changement qualitatif est derechef la matière en tant que substrat des contraires « dur-mou ». La matière est déterminée, du moins en puissance, par l'un et l'autre des contraires. Le vide, en revanche, est totalement indéterminé. Or, qu'est-ce qui peut être conditionné par l'indétermination totale ? Et, comme le mouvement est toujours de quelque part vers quelque part : *vers où* ira le mouvement dans le vide ? Certainement pas dans la totalité de cet espace (qui est infini). Comment quelque chose pourra-t-il en général se mouvoir ou être en repos dans le vide (où règne une absence absolue de toute différenciation) ? Le vide étant donné, il sera impossible de distinguer entre mouvement et repos [2]. Par ailleurs, le tout ne sera pas dans le vide de la même manière que la partie : la partie sera dans le tout, le tout dans le vide. Mais surtout le vide rend le mouvement principiellement impossible : dans le vide, les choses sont nécessairement au repos, car elles n'ont aucune raison de se mouvoir dans telle direction plutôt que dans telle autre ; le mouvement naturel, qui présuppose la distinction du « haut » et du « bas », y est donc impossible et, le mouvement naturel étant antérieur au mouvement forcé, il s'ensuit derechef qu'il ne peut y

1. *Physique*, IV, 7, 214 *a* 13 ; 9, 217 *b* 20.
2. *Physique*, IV, 8, 214 *b* 20 *sqq*.

avoir aucun mouvement dans le vide. Selon le même raisonnement, il n'y a rien dans le vide qui puisse donner l'impulsion à un objet (lancé); le mouvement ne peut pas commencer. Il n'y a pas non plus de raison pour que la chose s'arrête à tel endroit plutôt qu'à tel autre – dans le vide, le mouvement peut continuer à l'infini, aussi longtemps que rien n'y fait obstacle. Il n'y a rien qui – à l'instar de la densité plus ou moins grande de la chose (les contraires lourd-léger) et du plus ou moins de résistance du milieu – puisse être cause d'un plus ou d'un moins de vitesse. – Il est intéressant de voir ici Aristote approfondir, à vrai dire, les conditions et les conséquences du mouvement d'inertie, c'est-à-dire du mouvement pensé dans un milieu vide, indifférent, infini, où, la première impulsion une fois donnée, il peut continuer *in indefinitum*; il voit à juste titre qu'un tel mouvement ne peut pas être regardé, au sens propre, comme quelque chose de causé – mais justement, c'est pour lui une raison de plus de le refuser. En effet, comme nous l'avons vu au chapitre précédent, le mouvement est toujours pour Aristote une réalité dynamique; le considérer comme un *état* qui, pas plus que le repos, n'a besoin d'être déterminé par une cause, c'est tout à fait étranger à sa manière de voir.

L'argument auquel Aristote lui-même semble accorder le plus de poids est celui qui se fonde sur la proportionnalité de la vitesse du mouvement et de la résistance du milieu; en revanche, il ne peut pas y avoir de proportion entre le vide et le plein, pas plus qu'entre le point et la ligne. Le rapport qu'on peut établir entre deux vitesses, quelles qu'elles soient, signifie qu'à chacune correspond un milieu caractérisé par un certain degré de densité; en suivant cette voie, on ne parviendra jamais à un milieu absolument vide. Le vide est aussi contraire à la loi (qu'Aristote, à l'encontre des faits, tient pour certaine) selon laquelle les corps parcourent un trajet donné d'autant plus rapidement qu'ils sont proportionnellement plus lourds ou plus légers; cela vaut pour tous les milieux, et devrait donc s'appliquer de même au vide; dans le vide cependant, rien ne le justifie, car la vitesse plus grande vient de l'impulsion supérieure avec laquelle le corps, plus lourd ou plus léger, divise le milieu, et dans le vide il n'y a pas de différence. Dans le vide, toutes choses étant égales par ailleurs, tout devrait donc se déplacer à la même vitesse (conclut Aristote, à juste titre).

4) En soi, le concept d'espace vide ne remplit aucune fonction. Un cube de matière déplacera autre chose; un cube de vide ne peut ni opposer lui-même de résistance ni déplacer autre chose. Si on dit que le vide possède une certaine grandeur, elle sera impossible à distinguer de

la grandeur du corps contenu en lui; mais si le corps et le vide sont équivalents, on pourra se représenter encore et encore d'autres entités mutuellement perméables, à l'infini – ce qui démontre encore une fois l'inutilité de la première d'entre elles : l'espace vide.

5) et 6) Toutes les preuves de la non-existence du vide extérieur valent de même pour le vide intérieur, qui est donc également impossible, à moins qu'on n'entende par vide intérieur quelque propriété inhérente à la chose qualifiée de « rare » ou « molle ». Au fond, Aristote ne présente pas ici d'arguments nouveaux, se bornant à modifier ceux que nous connaissons déjà. La question qui l'occupe est plutôt de savoir comment se représenter la condensation et la raréfaction, ces changements foncièrement quantitatifs, sur le modèle des transformations qualitatives. Cela n'a pas à nous intéresser ici.

En somme, la discussion du vide comme la discussion du lieu montre qu'Aristote est conduit, par le regard qu'il porte sur la nature de l'étant physique, à dénier à l'espace toute réalité indépendante. L'espace vide est ainsi banni du réel par la notion de l'étant existant par lui-même physiquement, de la substance qui possède en elle-même un principe de mouvement et apporte la clarté de l'intelligence dans tout ce qui est. Inapte à rien élucider concernant la composition et surtout la dynamique de la substance, l'espace indépendant est dévoilé comme un pseudo-concept sans aucun titre à l'existence, le problème de l'espace proclamé un pseudo problème. Ce n'est pas l'espace qui explique l'étant indépendant, c'est l'étant qui nous montre ce qu'il y a de positif, de réel dans l'espace. Or, l'étant positif comporte une partie supraspatiale, qui est même sa partie la plus importante. Comme chez Parménide, comme chez Platon, l'idéal de l'être présent et absolument positif conduit, chez Aristote aussi, à une dépréciation du monde spatial et sensible.

L'idée aristotélicienne du lieu paraît très étrange à celui qui la compare avec les vues de la physique d'aujourd'hui. Elle ignore totalement la géométrie, ne tient compte d'aucune conception quantitative.

Un des grands traits de l'évolution du concept d'espace à partir de la Renaissance sera la réaction contre cette séparation introduite entre la géométrie et l'espace réel par la métaphysique classique grecque de Platon à Aristote, divorce qui, pendant toute la période dominée par l'aristotélisme, empêchera de tirer, par rapport au concept d'espace physique, les conséquences de l'infinitisme essentiel de la géométrie d'Euclide.

Les premiers pas dans la nouvelle voie semblent pourtant prendre une autre direction – Nicolas de Cues, avec son univers sensible qui est une image affaiblie de l'infini, paraît de prime abord porter à son comble le divorce entre les mathématiques et le réel. À son avis, l'astronomie antique a tort de voir, dans ses centres, ses pôles et ses grands cercles, tenus pour fixes et immobiles, une image rigoureuse de la réalité qui est essentiellement imprécise, insaisissable dans son fond [1]. La méfiance platonicienne envers le monde sensible est donc poussée ici à des conséquences astronomiques : il ne faut pas s'étonner de ne pas trouver les étoiles là où elles devraient être selon les calculs des astronomes antiques. D'un autre côté, Nicolas de Cues, en vertu de sa conception de l'univers comme image de l'infini, détruit justement ce qu'il y a de solide et de fixe dans l'univers aristotélicien – toute son armature astronomico-métaphysique. Certes, le monde n'est pas infini au sens positif, mais il ne peut pas non plus être qualifié de fini, car il n'a pas de limites fermes entre lesquelles il serait enfermé. Il n'a pas de circonférence, car s'il avait un centre et une circonférence, il aurait en lui-même son commencement et sa fin. La machine du monde a son centre partout et sa circonférence nulle part [2]. – Il en va de même du mouvement, qui est essentiellement relatif : il n'y a pas dans le monde de point absolument fixe, la Terre elle-même ne l'est pas, et les pôles de la huitième sphère non plus ne sont pas tout à fait immobiles. Si nous nous trouvions ailleurs, sur n'importe quel autre corps céleste, c'est celui-ci qui nous paraîtrait un centre immobile, et nous croirions que tout le reste se meut. La Terre est une noble étoile, possédant une lumière propre comme les autres qui, pour leur part, le Soleil y compris, ont chacune sa zone terreuse et ses habitants…

Le Cusain reconnaît donc un univers sans fin, mais aussi, en son sein, une sphère ultime des étoiles fixes – cette sphère est contenue dans l'étendue indéterminée comme enveloppe interne du monde au sens propre. Il n'y a pas de limites dans le monde parce qu'il est tout entier imprécis, sans bornes constantes et fixes, on pourrait dire : parce que ses limites sont estompées. Pourtant, l'influence exercée par les idées de Nicolas de Cues ira dans un sens diamétralement opposé – elles seront comprises par la postérité comme l'expression d'un relativisme, non pas métaphysique, mais mathématique.

Chez Nicolas Copernic, l'influence platonicienne manifeste est, au contraire, liée à un mathématisme principiel. S'il procède à une révision de l'astronomie ptoléméenne, c'est, à la différence du Cusain, justement

1. Cf. *De docta ignorantia*, II, 11.
2. *Ibid.*, II, 12.

parce qu'il veut rendre la compréhension du monde plus exacte; en admettant les présupposés ptoléméens, les mathématiciens sont incapables de se mettre d'accord entre eux, incapables d'indiquer, par exemple, la longueur exacte de l'année – tellement leurs connaissances des mouvements du Soleil et de la Lune sont incertaines [1].

> En effet, si C. Ptolémée Alexandrin [...] avait, à l'aide des observations de quatre cents ans et plus, amené cette science presque à sa perfection, de telle façon qu'il semblait n'y avoir rien qu'il n'ait pas atteint, nous voyons cependant que la plupart des choses ne s'accordent pas avec [les mouvements] qui devaient suivre de sa doctrine, mais plutôt avec d'autres mouvements découverts depuis, et qui lui étaient encore inconnus [2].

Dans la question de la nature de l'espace, Copernic se tient sur la réserve. En tant qu'astronome (mathématicien), la question de la finitude ou de l'infinitude de l'espace lui est indifférente; il se borne à exprimer des doutes quant à la possibilité que le monde, au sens de la sphère des étoiles fixes, puisse être contenu dans le néant [3]. Il laisse la querelle sur la finitude ou l'infinité du monde aux « physiologues », c'est-à-dire aux philosophes de la nature; pour sa part, il ne s'intéresse qu'au noyau interne, à la sphère cosmique qui ou bien est seule réelle ou bien, hypothèse sans doute plus vraisemblable, réside dans un espace infini, non rempli par ailleurs. Cette sphère, plus vaste de beaucoup que la huitième sphère d'Aristote, est néanmoins finie.

Toute la position de Copernic relativement aux questions du lieu et du mouvement naturel est marquée au coin de la même réserve. Il vise en tout un minimum de spéculation et un maximum d'observation et de calcul exact. Ne pouvant reprendre telle quelle la théorie aristotélicienne du lieu naturel, il s'efforce néanmoins d'en extraire ce qui peut l'être. Comme il lui faut avant tout expliquer le mouvement de rotation de la Terre en parant à l'objection ptoléméenne selon laquelle la rapidité du mouvement rotatoire ferait voler la Terre en éclats [4], il élabore une théorie du mouvement circulaire comme seul naturel. Son idée du caractère naturel du mouvement circulaire part de la forme sphérique. La forme sphérique est privilégiée parce qu'elle est parfaitement

1. *De revolutionibus orbium coelestium*, Praefatio. [Voir trad. fr. d'A. Koyré, *Des révolutions des orbes célestes*, Paris, A. Blanchard, 1970, p. 40.]

2. *Ibid.*, I, *Prooemium*. [Trad. fr., p. 54.]

3. *Ibid.*, I, chap. 8.

4. *De revolutionibus orbium coelestium*, I, chap. 7.

compacte et close, la forme qui contient le volume le plus grand à surface égale, celle de tous les mondes (c'est-à-dire de tous les corps célestes) en même temps que celle sous laquelle toutes choses tendent à s'enclore (les gouttes d'un liquide, etc.). La sphère est, pour ainsi dire, la forme naturelle du corps accompli. À cette forme naturelle appartient aussi naturellement le mouvement circulaire, expression du fait que la sphère est la forme la plus simple, qui ne comporte ni antériorité ni postériorité, ni commencement ni fin discernable – forme qui conserve ce caractère dans le mouvement circulaire. Le mouvement rectiligne ne se rencontre que chez les corps qui ne se comportent pas de façon entièrement naturelle – ceux qui ont quitté leur lieu naturel, qui en ont été séparés. Or, rien n'est aussi contraire à l'ordre et à la forme du monde que le fait de ne pas être à sa place.

C'est ainsi que Copernic refond la théorie du lieu naturel, en la mettant au service de son explication du mouvement circulaire de la Terre. C'est une théorie qui n'est pas chez lui élaborée en profondeur et à laquelle il n'accorde du poids qu'à titre de réponse polémique aux adversaires du mouvement de la Terre. Le point de départ positif de sa théorie astronomique est plutôt la relativité du mouvement – à nous, qui formons avec la Terre un même système, le mouvement terrestre apparaît comme un état de repos, ne se manifestant que dans les mouvements des autres corps célestes, plus précisément dans le mouvement apparent de la sphère des fixes et les irrégularités de l'orbite des planètes. C'est ce perspectivisme cosmique qui donne à Copernic le fil conducteur de sa théorie nouvelle.

On le voit, Copernic n'est pas, par principe, opposé à la théorie aristotélicienne du lieu naturel ; il ne la démolit pas, mais la corrige simplement, en la dépouillant notamment de son rapport essentiel au couple de contraires lourd-léger. La pesanteur et la légèreté ne sont pas propres aux choses en elles-mêmes, mais seulement en tant qu'elles se trouvent hors de leur lieu naturel ; en faisant diligence pour le rejoindre, elles accomplissent un mouvement non uniforme, irrégulier, complexe – mais dès lors qu'elles se retrouvent « chez elles », dans leur lieu propre, elles cessent d'être lourdes ou légères, et leur mouvement également prend fin. Le mouvement circulaire, en revanche, a (dans la nature de la sphère) une cause éternelle, incessante.

Il est difficile de dire si, oui ou non, cette idée de Copernic trahit l'influence de la théorie de Nicolas de Cues qui *identifie* rondeur parfaite et mouvement circulaire ; il se peut que ce motif, ou bien aussi les *Problemata* du pseudo-Aristote, signalant l'aptitude éminente de la sphère au mouvement, se soient fait valoir chez Copernic ; Copernic lui-même, nous l'avons déjà dit, n'insiste pas sur ce côté « physiologique » de son hypothèse.

Malgré les auteurs britanniques qui se plaisent à mettre en avant l'antériorité de leur compatriote Thomas Digges dans la question de l'espace infini, l'homme fatal dont le nom restera lié à la réunion de ce que Platon et Aristote avaient séparé pour la tradition scientifique pendant plus de mille ans – l'espace géométrique et l'espace physique – est indéniablement Giordano Bruno [1].

De prime abord, la conception de l'univers qu'on trouve chez Bruno ressemble à une synthèse assez libre du copernicianisme, du cusanisme et de l'atomisme épicurien représenté par Lucrèce et son *De natura rerum*. De Lucrèce, découvert au début du XVe siècle, vient l'idée atomiste de l'espace infini ; de Nicolas de Cues, l'armature métaphysique qui sous-tend l'idée de la pluralité des mondes et de l'infini spatial en tant qu'« explication » de l'unité infinie, ou encore l'« animation » des corps ayant un mouvement circulaire ; de Copernic, enfin, la théorie du lourd et du léger, celle du mouvement circulaire comme seul naturel et, surtout, le principe de la relativité du mouvement et de l'explication des mouvements apparents des corps célestes sur la base du mouvement réel de la Terre.

Le génie de la synthèse éclate lorsqu'on considère ce qui, de fait, manque à chacun des éléments qui y entrent. La théorie atomiste épicurienne de l'univers ne tente jamais d'incorporer à son explication somme toute philosophique du monde les doctrines astronomiques sous leur forme concrètement scientifique ; elle est étrangère à la vision *scientifique* antique en général. L'épicurisme est une doctrine morale de la paix intérieure et du bonheur fondé sur cette quiétude, une doctrine qui n'entend pas s'empêtrer dans les tracas interminables d'explications mathématico-astronomiques détaillées. Cela étant, ce serait aussi en vain qu'on chercherait dans l'espace atomiste les germes d'une théorie de la *forme apparente* des sphères, des corps, des distances et des mouvements célestes.

1. A. Koyré, dans *From the Closed World to the Infinite Universe* (Baltimore, Johns Hopkins University Press, 1957), chap. II, met en avant le rôle de pionnier joué par Bruno dans la question de l'espace infini. Il ne souligne pas sa contribution à la mathématisation de l'espace.

Bruno lui-même relève ce qu'il ne trouve pas chez Nicolas de Cues [1] : il reconnaît son génie, mais en parle comme de l'homme qui nage dans une mer déchaînée et ne voit la lumière que lorsqu'une vague le porte à sa crête. Le Cusain ne rejette pas complètement les sphères, mais se contente de les adapter à son relativisme métaphysique ; il ne rejette pas la doctrine antique de l'éther ; il ne rejette pas l'idée du Soleil comme n'étant pas de nature ignée – bref, il reste, au point de vue *physique*, excessivement tributaire de l'aristotélisme, dont il se distancie au point de vue métaphysique.

C'est à Copernic que Bruno doit le plus : ce sont ses conceptions astronomiques, mais aussi physiques, qu'il élabore et systématise. Relève de ce contexte son idée du couple de contraires lourd-léger comme concepts relatifs, dépendants de la direction dans laquelle se meut une *partie* d'un quelconque corps cosmique, séparée de la masse de matière homogène qui assurerait sa conservation (alors que, dans la séparation, elle risque d'être anéantie, transformée en une matière d'une autre espèce), idée étroitement liée à celle qu'il se fait de la pesanteur comme n'étant pas une propriété réelle, absolue, du corps qui est dans son lieu et son mouvement naturel. Toute cette théorie de la gravitation, complètement erronée du point de vue moderne, est pour Bruno d'une importance fondamentale, car c'est elle qui lui sert à réfuter un des principaux arguments d'Aristote pour considérer la Terre comme immobile au centre de l'univers. À cela se rattache encore une nouvelle théorie des éléments : ils ne forment plus une hiérarchie depuis le plus grossier jusqu'au plus subtil, au contraire, leurs propriétés essentielles (la friabilité, l'atomicité de la terre, la tendance de l'eau à confluer, celle de l'air à pénétrer partout) les prédestinent à coopérer. Bruno remplace aussi la source du mouvement, qui chez Copernic demeure aristotélicienne (la forme sphérique), par une impulsion animatrice interne, inspirée de Nicolas de Cues – un *impetus* qui, bien sûr, n'est pas forcé, mais naturel. – Le complément le plus marquant que Bruno apporte à la doctrine de Copernic, pour ce qui est de la physique, c'est toutefois la prise de conscience claire de la notion du système physique comme corrélat de la relativité du mouvement [2]. Là où, face à l'argument

1. « De l'infinito, universo e mondi », III, dans *Dialoghi italiani*, Florence, Sansoni, éd. G. Gentile, 3e éd., 1958, p. 441. [Trad. fr. *De l'infini, de l'univers et des mondes*, dans *Œuvres complètes*, Paris, Les Belles Lettres, vol. IV, 2006, p. 196.]

2. Cf. A. Koyré, *Galilée et la loi d'inertie* (*Études galiléennes*, t. III), Paris, Hermann, 1939, p. 13-14.

ptolémaïco-aristotélicien qui affirme que la pierre lâchée du sommet d'une tour ne tomberait pas à son pied si la Terre se mouvait, ou que les nuages courraient toujours dans le même sens, vers l'Occident, Copernic se tire d'affaire par une pirouette plutôt qu'en expliquant que tous les corps se trouvant sur la Terre participent en quelque sorte à sa nature – et, partant, à son mouvement de rotation dans lequel ils sont entraînés –, Bruno se rend d'ores et déjà pleinement compte qu'il s'agit d'exemples du principe de la relativité du mouvement qui fait que des objets dans le même état de mouvement se comportent les uns à l'égard des autres comme s'ils étaient en repos [1]. Cette conclusion sagace, tirée du concept d'*impetus* [2], est un des thèmes les plus profonds de la physique de Bruno, un de ceux qui anticipent la science mécanique moderne de la nature. L'importance de Bruno pour le problème qui nous intéresse ici ne réside pourtant pas dans tous ces points de détail – où Bruno ne fait que parachever le renversement de la conception aristotélicienne du lieu naturel et de l'emplacement lié au caractère même d'un cosmos hiérarchiquement ordonné.

Le plus important de notre point de vue, c'est que Bruno présente non seulement une théorie relativiste des *mouvements* des corps célestes, mais encore une théorie (mathématiquement) relativiste des *formes et distances* apparentes du ciel et des corps célestes : théorie inspirée de la perspective géométrique, où la forme et la distance apparentes se révèlent une conséquence nécessaire de lois optico-géométriques dont le point de départ est l'espace infini, non courbé, de la géométrie euclidienne.

Cette conception implique au premier chef le dévoilement des contradictions internes de la théorie du lieu chez Aristote ; l'idée aristotélicienne du lieu ne s'applique pas au monde en totalité conçu d'après Aristote [3]. De là, la conclusion révolutionnaire :

> Il me semble ridicule de dire que hors du ciel il n'y a rien, et que le ciel est en lui-même, et localisé par accident, et lieu par accident [...]. Et que l'on entende comme on veut le "par accident" d'Aristote ; il ne peut manquer de faire de un deux : car ce qui est contenant et ce qui est contenu sont deux choses différentes – deux choses tellement différentes que, selon Aristote lui-même, le contenant est incorporel et le contenu

1. « La Cena de le ceneri », III, 5, dans *Dialoghi italiani*, p. 116-117. [Trad. fr. *Le Souper des cendres*, dans *Œuvres complètes*, éd. cit., vol. II, 1994, p. 184-188.]
2. Voir *infra*, chap. VI, p. 339 *sqq*.
3. « De l'infinito, universo e mondi », I, dans *Dialoghi italiani*, p. 372. [Trad. fr., p. 64.]

> un corps; le contenant est immobile, le contenu mobile; le contenant mathématique, le contenu physique. [...] *[N]ous ne pouvons éviter le vide, si nous voulons poser l'univers fini*[1].

Bruno met ici le doigt sur la plaie de la doctrine d'Aristote. Aristote ne peut maintenir sa thèse d'un univers fini qu'à condition de prendre la structure géométrique de l'espace pour une abstraction pure. Dès lors qu'on accepte la structure euclidienne comme quelque chose de réel et de nécessaire, force est de poser la question d'un *plus ultra*.

Il est ensuite facile pour Bruno de montrer, sur la base de considérations métaphysiques puisées en partie à des sources cusaniennes, que cet infini ne saurait être vide, car ce serait contraire au principe du meilleur, généralement accepté dans la scolastique.

En bref, Bruno, d'une part, rend réel l'espace euclidien et, d'autre part, remplit cet espace réel infini, le peuple d'innombrables corps célestes, eux aussi réels, qu'il nomme « mondes ».

Le présupposé des mondes qui viennent ainsi peupler l'infini est une théorie nouvelle de la sphère céleste visible. C'est *la sphère elle-même* – non pas les seuls mouvements des étoiles qui s'y inscrivent – qui est un effet de la perspective, effet dû à la relativité du mouvement : formant avec la Terre un même système, nous ne percevons pas son mouvement, réel, et nous le projetons donc dans l'univers sous les espèces de la rotation de la sphère des fixes, censées se trouver toutes à même distance.

En disant que nos sens sont trompeurs, que nous succombons aux impressions optiques, aux apparences[2], Bruno n'entend pas les illusions des sens dont parlaient les vieux philosophes sceptiques. L'« illusion » dont il y va est la structure perspective, intelligible, voire géométriquement saisissable en elle-même. L'infini de l'espace cosmique est représenté dans notre optique par la voûte céleste, sphère visuelle qui maintient des distances et des relations toujours identiques entre les lumières célestes qui s'y projettent; c'est cette sphère mathématique qui, chez les aristotéliciens, reçoit une interprétation physique.

Précisément parce qu'il s'agit d'un effet de perspective, les habitants de n'importe quel autre monde auront la même impression que nous : leur corps céleste leur apparaîtra comme le centre immobile de leurs sphères visuelles respectives. C'est là tout autre chose que le relativisme métaphysique de Nicolas de Cues, tenant la Terre pour une « noble

1. « De l'infinito, universo e mondi », I, dans *Dialoghi italiani*, p. 372-373. [Trad. fr., p. 66; souligné par J. P.]

2. Voir, par exemple, *ibid.*, III, p. 433-434. [Trad. fr., p. 180-184.]

étoile », qui n'est pas immobile; les sphères du Cusain sont toujours réelles.

Les principes de la perspective guident Bruno non seulement dans sa négation de la sphère ultime, de la grande sphère des fixes (ainsi que des autres sphères qui s'y rattachent – il nie, de fait, toute la théorie des déférents et des sphères concentriques censées porter les corps célestes), mais encore là où il réfléchit à la distance et à la grandeur apparentes des planètes. Le *Souper des Cendres* montre, par des considérations de perspective, comment le volume de ce que nous apercevons d'un corps est relatif à l'angle sous lequel nous l'observons, comment notre vue d'ensemble de l'hémisphère visible s'accroît en raison inverse de son diamètre apparent, lequel diminue à mesure que l'éloignement augmente. Une autre considération de perspective traite ici de la relation entre les distances respectives d'un corps éclairant, d'un corps éclairé et d'un corps éclipsant, dans le but de montrer quand le corps éclipsant empêche ou non de voir le corps éclairé [1]. Ailleurs, la perspective optico-géométrique sert à montrer que les étoiles se trouvant sur une même ligne visuelle se recouvrent et paraissent relativement proches, alors que celles situées sur des lignes divergentes paraissent plus lointaines.

> Telle est la première cause d'erreur, qui en a produit et bientôt produira quantité d'autres; de là vient notre méprise. Ainsi, quand du regard nous balayons l'horizon, à partir du centre vers les bords, il nous est possible d'évaluer la plus ou moins grande distance qui sépare les objets les plus proches, ou qui nous sépare d'eux; mais à partir d'un certain seuil, ils nous apparaîtront tous également éloignés [2].

Cette étude de perspective, qui part de la notion d'espace infini pour, à l'arrivée, en faire la preuve en tant qu'espace physique, nous semble constituer le véritable apport nouveau de Bruno. C'est chez lui que l'espace géométrique et l'espace physique commencent pour la première fois réellement à se confondre, chez lui, et quasiment à son insu – Bruno lui-même ne fait pas grand cas de son savoir et de ses découvertes *mathématiques* –, que l'espace mathématique devient ce qui sous-tend l'espace physique.

Et ce n'est certainement pas un hasard que cela arrive chez un penseur de la Renaissance italienne, période pour laquelle le problème de la perspective est une affaire tout ensemble artistique et scientifique

1. « La cena de le ceneri », V, dans *Dialoghi italiani*, p. 160-168. [Trad. fr., p. 264-280.]
2. *Ibid.*, V, p. 144. [Trad. fr., p. 234.]

de première importance. Les artistes de la Renaissance italienne sont d'ores et déjà parfaitement au courant de la représentation visuelle de l'infini dans les relations projectives; ils savent que la ligne d'horizon représente l'infini de la profondeur spatiale, ils ont connaissance des lois exactes qui enserrent le visuel dans un réseau géométrique auquel toutes choses doivent se conformer si on veut les représenter telles qu'elles se donnent à voir. C'est dire qu'ils connaissent aussi la différence essentielle entre l'espace tel qu'en lui-même et sa projection. Ils savent que l'espace en soi est sans rapport au « haut » et au « bas » – sans cela, des œuvres comme les scènes de la Création peintes par Michel-Ange sur le plafond de la chapelle Sixtine n'auraient pas été possibles, ces œuvres où le spectateur a la vive impression que les relations spatiales se constituent dans le rapport entre lui-même et l'objet, indépendamment de quoi que ce soit d'autre, de quoi que ce soit d'absolu [1].

Avec Giordano Bruno, l'espace géométriquement conçu, l'espace « systématique » des théoriciens de la perspective qui savent intégrer l'infini, comme point de fuite, dans la structure des choses visibles, acquiert une fonction nouvelle : celle de fondement du système de l'astronomie moderne. Mais la carrière brillante de cette conception de l'espace ne s'arrêtera pas là. L'espace matériel infini devient, avec Bruno, l'unité fondamentale que présuppose tout étant fini. Bruno lui-même ne parvient à en tirer les conséquences pratiques que pour ce qui est des corps célestes, mais Descartes fera de l'idée de l'étendue matérielle indéfinie le fondement aussi d'une physique. La physique cartésienne repose sur l'identification de l'étendue indéfinie à la substance corporelle même. Dans un sens, l'espace se voit octroyer ici une dignité ontologique sans précédent; il est la substance corporelle même, au sens le plus profond. Ayant perdu tout contenu qualitatif, la substance devient « le mesurable » en soi. D'un autre côté, si l'espace avec ses dimensions est l'essence des corps, il devient lui-même corps, sans autonomie vis-à-vis des corps matériels. Penser un espace qui serait uniquement espace, et non pas corps, paraît désormais absurde. Il s'ensuit que le vide est tout ensemble logiquement et métaphysiquement impossible. Descartes pourrait dire avec Aristote que le lieu est dans le monde, plutôt que le

1. Cf. M. Dvořák, *Geschichte der italienischen Kunst im Zeitalter der Renaissance. Akademische Vorlesungen*, t. II : *Das 16. Jahrhundert*, Munich, Piper, 1928, p. 30 : « *Hier die Raumvorstellung nicht an eine materielle Begrenzung gefesselt, nicht in einem deskriptiven Raumschema verwirklicht, sondern in der freiräumigen Wirkung der bewegten Körper selbst begründet ist. Sie lassen uns ihre Umgebung als Raum, als das unkörperliche, unbegrenzte Medium dieser Bewegung erscheinen…* »

monde dans un lieu. Il s'accorde avec Aristote pour nier le vide, mais la spatialité n'est pas pour lui simplement une détermination parmi d'autres de la substance, elle est la substance même ; le monde n'est pas *dans* l'espace, il *est l'espace*. L'espace incorporel n'est qu'une illusion des sens et de la raison ; des sens qui identifient l'étant au sensible et nous suggèrent le vide là partout où nous ne percevons aucune qualité ; de la raison qui prend pour une différence d'essence ce qui est une simple distinction rationnelle, deux manières de regarder une même chose. Nous regardons la chose du point de vue de l'universel en parlant de l'espace, du point de vue de l'individuel en parlant de la différence des corps ; l'essence de l'espace est partout identique, ses parties sont partout différentes. Nous tenons pour un même corps celui dont la forme, la grandeur et la position relative vis-à-vis d'autres corps demeurent constantes. La substance corporelle, telle que Descartes la conçoit, est dépourvue d'individualité. Telle est la grande raison qui explique ses divergences avec les atomistes, ce qui lui fait soutenir la divisibilité infinie contre les partisans de l'indivisibilité que sont les atomistes. En fait, on peut dire que la substance corporelle de Descartes est comme le squelette nu du schème spatial. Les parties de l'espace – les corps – ne peuvent se distinguer les unes des autres, en dernière analyse, que par différents mouvements. Mais le mouvement lui-même ne serait à définir que par le changement de position relativement à d'autres corps. Il n'y a pas de mouvement absolu, car il n'y a pas d'espace absolu, c'est-à-dire pas d'espace indépendant des corps. Au fond, Descartes est très moderne : il spatialise la matière en même temps qu'il matérialise l'espace. Sa négation de l'autonomie de l'espace est plus radicale encore que chez Aristote, mais sa physique, entièrement abstraite et sans appareil mathématique, se montre incapable de résoudre les problèmes dynamiques.

Cet aspect de la conception de l'espace chez Descartes n'est pas celui qui attire d'abord la critique de ses contemporains. Ce sont d'autres considérations qui inspirent les premières polémiques contre l'idée cartésienne de l'espace matériel. La définition de l'essence des choses matérielles comme *extensio* est trop large, dit Henry More. Dieu, les anges, l'esprit humain sont, dans un sens, eux aussi des choses étendues : ne sont-ils donc pas présents dans l'espace ? Or, comment être présent dans l'espace sans y participer ? Enfin, les choses matérielles ne seraient-elles pas mieux définies par leur tangibilité que par l'extension pure, ou plutôt encore par l'impénétrabilité, telle que l'entendaient les atomistes ? Henry More affleure là un problème profond : celui de la présence à l'espace d'un être qui se sait dans l'espace, le problème de la spatialité spécifique de l'être qui sait. En même temps, il est tenté par l'idée d'un espace qui serait tout à fait indépendant, distinct des corps étendus. Peut-être est-ce un préjugé que de croire que toute extension, spatiale ou temporelle, soit nécessairement matérielle, non moins, se dit Henry More, que de vouloir prouver l'existence du vide par le témoignage des sens ? Peut-être l'extension est-elle aussi un attribut de ce qui n'existe pas ? Ou disons plutôt qu'il n'est pas indispensable de lui chercher un support substantiel. L'idée d'un espace indépendant, le pressentiment d'un espace distinct de tout être dans l'espace, voilà qui hante les questions dont More presse son célèbre correspondant. Mais s'il joue avec ces possibilités, c'est sans s'y arrêter. Reculant devant la thèse atomiste et platonicienne du vide en tant que non-étant, il revient plutôt à l'idée de la nécessité d'un support substantiel pour toute étendue. Mais dire substantiel, ce n'est pas dire nécessairement tangible et imperméable, ni même matériel. Le support peut aussi bien être perméable, ou plutôt susceptible de raréfaction et de condensation : telle pourrait être l'essence de l'esprit, et la présence de l'esprit dans l'espace serait définie précisément par cette extensibilité et cette perméabilité. L'élan problématiseur de Henry More tourne court en faisant de l'esprit une sorte de fluide compressible.

Pourtant la brèche est ouverte ; l'espace matériel de Descartes cède le pas à une pluralité de notions qui permettront d'étendre encore l'usage du nouveau concept d'espace. Newton et ses disciples, qui montrent souvent plus d'audace philosophique que leur maître, en tireront les conséquences. En remplaçant l'étendue cartésienne par un espace absolu, infiniment étendu, où prennent place des choses impénétrables et qui s'appuie pour sa part sur la substance divine, également présente en tous ses points, Newton en arrive à la possibilité de formuler les « principes mathématiques de la philosophie naturelle », c'est-à-dire de la mécanique moderne. Seul l'espace absolu rend possible un mouvement absolu ; or, le mouvement absolu est un corollaire nécessaire du principe d'inertie ; le mouvement rotatoire témoigne de la présence de forces d'accélération dont un mouvement relatif tel que le mouvement inertiel ne saurait rendre compte. L'espace infini, euclidien, homogène, isotrope, unique et indivisible, devient ainsi le fondement premier de la science mathématique de la nature. La possibilité de déchiffrer les caractères mathématiques du livre de la nature, d'en tirer des lois mathématiques, est à ce prix[1]. Newton se rend bien compte de l'essentielle nouveauté de sa conception de l'espace ; il l'oppose à l'idée courante de l'espace sensible et matériel, qu'il qualifie de « vulgaire ». Il a conscience de s'opposer non seulement aux idées de l'École, mais encore au relativisme de Descartes et à l'atomisme courant, qui affirme bien l'existence de l'espace absolu, mais sans en avancer de preuve décisive. Ceux qui nient l'espace absolu sont victimes d'une illusion des sens : l'homme naïf, qui pense les quantités telles que le temps, l'espace et le mouvement uniquement par rapport aux objets sensibles, est pour cette raison incapable d'en distinguer l'aspect relatif de l'absolu, qui est en même temps mathématique et vrai. Newton renouvelle ici, non seulement contre la scolastique, mais encore contre Descartes, l'objection de Henry More qui, déjà, flairait le préjugé des sens à l'origine de l'idée cartésienne d'un espace matériel.

> L'espace absolu, par sa nature propre, sans relation à quoi que ce soit d'extérieur, demeure toujours semblable à lui-même et immobile. L'espace relatif est une dimension ou une mesure de l'espace absolu ; nos sens le définissent par sa position à l'égard des corps, et le vulgaire le prend pour l'espace immobile : telles, par exemple, les dimensions de l'espace souterrain, aérien ou céleste, définies par leur position à l'égard de la Terre. L'espace absolu et l'espace relatif ont toujours même forme et même grandeur, mais ne demeurent pas numériquement les mêmes. Car, si, par exemple, la Terre se meut, l'espace de notre air qui demeure toujours le même relativement à la Terre, sera tantôt une partie de l'espace absolu où l'air circule, tantôt une autre ; et ainsi, absolument parlant, il changera sans cesse[2].

On voit là que l'espace absolu de Newton n'est nullement, comme chez Descartes, une somme de parties ayant partout même essence ; l'unité de l'espace n'est pas générique, mais individuelle. L'espace est un tout infini et immobile, qui assigne à chaque étant corporel et sensible sa place effective. C'est l'espace qui est le fondement de ce qui est dans l'espace, du corps et du mouvement. Mais nous n'appréhendons ce fondement premier que par le raisonnement, car il est tout à fait inaccessible aux sens. Il est un étant dépourvu de toute nature corporelle. Ne pouvant atteindre directement l'espace absolu, nous le déterminons de façon indirecte, en partant des choses sensibles. Telle est l'origine de

1. Cf. A. Koyré, *From the Closed World…*, chapitre [IX] sur Newton et ses disciples.

2. I. Newton, *De philosophiae naturalis principia mathematica*, I, définition VIII, scolie ; cf. trad. fr. M.-Fr. Biarnais, Paris, Bourgois, 1985, p. 30. *(N. d. T.)*

l'espace relatif, semblable à l'absolu par ses déterminations géométriques (la forme et la grandeur), mais insuffisant au point de vue cinématique et dynamique. Son caractère d'étant totalement inaccessible aux sens rend l'espace absolu capable d'une fonction qui, aux yeux de Newton, prime toutes les autres : celle d'assurer à Dieu le rôle de participant actif à la vie de l'univers. L'inaccessibilité aux sens corporels signifie la spiritualité, et la spiritualité, c'est la présence de Dieu dans tous les points de l'univers. L'espace est un *sensorium Dei*, expression qui sera impitoyablement disséquée par Leibniz, mais qui illustre fort bien le rang que Newton assigne à l'espace. Il ne le dira pas lui-même, tenant à maintenir rigoureusement la différence méthodique entre le côté scientifique et le côté « hypothétique » de sa doctrine, mais les adeptes de celle-ci le diront pour lui : l'espace est quelque chose de divin. Clarke et d'autres se chargeront à sa place d'exposer l'importance de cette conception au point de vue théologique. Les principes mathématiques de la philosophie naturelle sont en même temps le fondement le plus solide de la religion. Ils sont seuls à même de prouver l'existence d'une intelligence présidant à la création de la matière et à son organisation en corps célestes aux mouvements harmonieusement ordonnés. Ils prouvent un maître de l'univers, qui a construit sa machine à la façon d'un horloger, mais doit également intervenir de temps à autre dans son réglage – compte tenu de la déperdition inéluctable de mouvement dans le mécanisme – afin d'y réintroduire l'impulsion nécessaire à sa marche. Et comme l'espace absolu est une condition *sine qua non* de toute mécanique qui procède mathématiquement, il devient en même temps l'axe essentiel de toute théologie naturelle.

Il est vrai que l'espace ainsi conçu est paradoxal à bien des égards. Il est à la fois une unité individuelle et une multiplicité homogène, dont les parties manquent de toute différenciation qualitative. Ou, pour mieux dire, il n'a des parties qu'eu égard à notre savoir, qui ne peut se passer d'un point de départ dans le sensible ; l'espace en lui-même est un et indivisible. Individuel et universel, indivis mais comprenant des lieux exclusifs les uns des autres, qui se combinent pour former des touts plus complets, inaccessible aux sens et sans différenciation, mais fournissant en même temps le fondement de toute la diversité sensible – voilà quelques-unes des propriétés paradoxales de l'espace absolu. Un autre paradoxe, auquel le XVIIe siècle est très sensible, c'est la particularité qu'a l'espace d'être sans statut ontologique déterminé. En tant que condition première de chaque étant concret, il devrait être davantage substance que toutes les substances ; en même temps cependant, le vide qui le caractérise, son manque de toute détermination positive et son rôle de lieu des substances lui ôtent tout caractère substantiel. Clarke tente bien de lui donner le caractère d'attribut; il concède ainsi à Leibniz qu'il ne saurait y avoir de détermination ontique qui ne soit pas ancrée dans un support substantiel. Mais l'espace en tant qu'attribut divin risque d'introduire l'extension et la divisibilité au sein même de l'être absolu, comme Leibniz ne manque pas de le souligner avec force.

Une notion aussi paradoxale se voit imputer bon nombre de fonctions dans lesquelles elle fait figure de fondement : c'est elle qui sous-tend le monde sensible dans sa structure géométrique, elle qui fonde l'ordre astronomique, sur elle que repose la mécanique; finalement, c'est elle encore qui est censée fournir son point de départ à la théologie naturelle. Cette dernière prétention sera la première à s'effondrer, sa débâcle précédant la faillite des autres de deux bons siècles. C'est la discussion entre Clarke, le champion de Newton, et Leibniz, partisan d'un relativisme renouvelé, qui pose la question dont la solution demandera un temps aussi long. La discussion Clarke-Leibniz montre clairement que la partie théologique de l'enseignement de Newton est indéfendable et ne peut être considérée comme indissociable de son contenu proprement scientifique. Pour autant, elle ne parvient pas à ébranler d'emblée le cadre des principes mathématiques de la philosophie naturelle tels que formulés par Newton, car les adversaires de celui-ci sont incapables de proposer une solution positive du problème de la relativité.

Il nous est impossible, dans ce cadre, de retracer cette célèbre controverse dans tout ce qu'elle apporte d'important pour les problèmes philosophiques. Elle nous servira simplement d'introduction à la théorie leibnizienne de l'espace, conception qui, parmi toutes celles de l'aube de la modernité, nous paraît anticiper avec le plus de bonheur les points de vue contemporains.

Leibniz s'en prend d'abord à la théologie de Newton pour étendre ensuite la critique à tous les points de sa doctrine qui s'y rapportent. Il montre que cette théologie comporte des infractions essentielles à l'ordre immanent de l'univers mécanique. Il la conteste, par exemple, dans la question du « remontage » périodique de la machine du monde, comme de l'attraction des corps séparés dans l'espace, que Newton explique par la présence de Dieu en tous lieux; il combat la vision de l'espace absolu en tant que *sensorium Dei*. En tout cela, Leibniz s'efforce de prouver que la divinité de la théologie newtonienne est incompatible avec l'idée de la nature comme scientifiquement compréhensible. La manière dont

Newton se représente l'intervention divine dans la nature est, d'après Leibniz, singulièrement primitive; l'intelligence absolue et suprême est, dans son idée, dégradée, disparaît complètement derrière son ouvrage, le monde matériel, dont la marche, d'une logique parfaite, n'admet donc aucune influence, aucune immixtion extérieure. Cela présuppose, au premier chef, les mêmes concepts de force et de mouvement que requiert la physique moderne. Ce ne sont plus les notions semi-animistes de la pensée non scientifique ou les concepts métaphysiques de la physique scolastique; ce sont des facteurs de l'ordonnancement mathématique de la nature. Leurs divers modes d'action s'expriment par des lois mathématiques qui n'admettent pas d'exception. Même un influx physique de la sorte que Descartes envisageait dans la question de l'interaction du corps et de l'âme est incompatible avec le principe de la conservation des forces vives. *A fortiori*, il n'est pas question ici de l'intervention d'une force « formatrice » ou « plastique » au sens de Henry More, pour ne rien dire de l'action à distance des corps, transmise par des agents spirituels.

Quant à l'espace absolu, c'est une notion incompatible avec le grand principe de la raison suffisante. Ce principe, qui est à la base de l'explication de toute existence, Leibniz le formule également comme principe du meilleur et en déduit le principe de l'identité des indiscernables. Ainsi compris, il n'admet aucune entité qui ne se différencierait des autres que par le nombre; aucun principe d'individuation ne provient d'une différence exclusivement numérique [1]. L'espace de Newton, le vide infini, inaccessible aux sens, sans distinction de parties, constitue une infraction inadmissible à ce principe. Il est, avec le temps absolu et l'atomisme courant, le résultat d'un mathématisme superficiel qui n'a pas suffisamment pesé la différence entre les principes de l'essence (de l'être idéal), d'une part, et les principes de l'existence (de l'être réel), d'autre part. Leibniz ainsi non seulement met en évidence tous les paradoxes du concept d'espace absolu [2], mais encore édifie une théorie de l'espace comme essentiellement relatif, théorie d'un espace qui ne consiste qu'en relations. Il prend pour point de départ le phénomène du mouvement (n'oublions pas que le changement de place est pour Aristote aussi le phénomène spatial par excellence). Le mouvement, c'est-à-dire le changement des relations de position des corps, donne la possibilité

1. *Cinquième écrit à Samuel Clarke*, § 26.

2. Cf. par exemple *Troisième écrit à Samuel Clarke*, § 5; *Cinquième écrit à Samuel Clarke*, § 36-45 et 78-79.

pour différents corps d'entrer avec d'autres dans les mêmes relations. Les relations comme telles demeurent inchangées, alors même que leurs termes varient. L'ordre que l'on constate dans ces relations constantes à termes variables, considérées comme coexistantes, c'est l'ordre spatial. Cet ordre permet de déterminer toujours la position d'un objet quelconque par rapport à tous les autres, ainsi que la position qu'il occupera au terme d'un mouvement dont la vitesse et la direction sont connues. En ce sens, l'espace est un ordre de relations simultanées qui, certes, ne peuvent pas exister sans leurs termes, et pourtant qui diffèrent essentiellement de ceux-ci. Leibniz définit notamment la notion du *lieu* d'un corps par la somme de ses relations à d'autres, considérés comme immobiles, les relations elles-mêmes étant de la sorte qui pourrait convenir pareillement à tout autre corps susceptible de remplacer celui dont il s'agit. Somme toute, on peut dire que l'espace est la réalisation d'un certain ordre statique, tenu pour immuable et qui se maintient au travers de tous les possibles changements de lieu. Selon Leibniz, il n'est pas exact de dire que les relations de deux corps A et B à un ensemble d'autres corps puissent être identiques ; ce serait là encore contraire au principe de l'identité des indiscernables ; elles peuvent concorder, mais sans coïncidence parfaite. Or, l'esprit ne se contente pas d'une simple concordance, il désire l'identité ; les relations de position ne sont pas individuellement les mêmes si les termes changent ; elles ne sont que spécifiquement identiques ; cette identité spécifique, objectivée et prise en vue comme identité plénière, comme une manière de chose, c'est proprement le lieu ou l'espace. Le lieu, étant par essence quelque chose de général, manque de réalité ; il n'est ni substance ni accident ; il est donc un étant idéal. On le voit, Leibniz ne fait au fond que purger la conception cartésienne de son élément substantiel ; il est lui aussi relativiste, voire plus encore que Descartes. Pour illustrer l'idéalité de l'espace, il recourt à l'exemple des lignes généalogiques qui, n'existant pas en dehors des membres d'un arbre de parenté, expriment des relations réelles entre ces membres, mais sont idéales, car générales ; si l'on y ajoute l'idée de la métempsychose, les individus pourraient changer de place les uns avec les autres à l'intérieur de l'ordre généalogique ; cela accentuerait encore l'accord structural entre l'espace et ce tout autre système de relations. Leibniz ajoute ensuite l'exemple des fonctions mathématiques et celui des proportions musicales et compare sa manière de définir le lieu à la manière dont Euclide introduit la notion d'identité des proportions sans pouvoir dire ce qu'est au juste la proportion en elle-même.

La conception de Leibniz est une reprise moderne de l'idée aristotélicienne de l'espace qui est dans les choses, plutôt que les choses dans l'espace. Elle actualise toutefois cette idée à travers la notion de relation, empruntée aux mathématiques modernes. Leibniz récuse à juste titre le reproche superficiel qui lui est fait de négliger le caractère quantitatif de l'espace. Les ordres de relations ont leur grandeur propre. Il y a, dit-il, dans un ordre de relations, un antécédent et un conséquent, donc une distance, donc un intervalle. Ce n'est pas encore tout à fait l'idée de construire la quantité sur la base des relations, mais cette idée n'est plus loin, et elle est à regarder comme une conséquence des considérations que nous venons d'évoquer.

La polémique de Leibniz dévoile ce qui sous-tend les idées sur l'espace dont Newton s'est fait le champion – la réalisation de conceptions mathématiques hypostasiées. S'appuyant avec force sur le principe de la raison suffisante, elle trace les grandes lignes d'une conception de l'espace consistant en un système de relations susceptibles de réalisation dans différents modèles. Bien sûr, elle ne peut fournir d'emblée une solution à tous les problèmes posés par la nouvelle science de la nature, autant en ce qui concerne la physique proprement dite que par rapport à la structure de l'espace. Il faudra construire des systèmes de géométrie non euclidienne, résoudre le problème de la relativité du mouvement et pousser jusqu'à la relativité généralisée avant de parvenir réellement à une image unifiée de l'univers physique telle que Leibniz le souhaite. C'est dire que le problème restera longtemps en suspens. Pendant ce temps, d'autres problèmes sont posés concernant l'espace et, plus particulièrement, son rapport au sujet, les questions de la représentation de l'espace, etc., thèmes que nous n'avons pas à aborder ici. Nous en resterons à l'anticipation leibnizienne de la conception moderne, espérant avoir montré que la question de la nature de l'espace, posée pour la première fois clairement chez Aristote, se prête particulièrement bien à illustrer la collaboration de la philosophie, des beaux-arts et de la science spécialisée à la solution d'un complexe de problèmes commun à tous ces domaines.

Arrivé au terme de notre esquisse, nous voyons que chaque conception de l'espace évoquée dans les pages qui précèdent est intimement liée à une conception du mouvement. (Comment ne pas rappeler ici Aristote et son affirmation que le problème du lieu n'aurait jamais été posé sans le mouvement local ?)

Dans l'atomisme qui, pour reprendre le mot de Cornford, a « inventé l'espace », le *vide*, dont aucune partie ne se distingue, par sa détermination intrinsèque, de n'importe quelle autre, est un présupposé nécessaire du mouvement aveugle et chaotique, sans but, dans lequel tout, y compris les mondes et la finalité apparente en eux, n'est que l'expression d'une sommation et d'un cumul contingents.

Chez Platon, l'espace rend possible la représentation de l'étant intelligible par des copies dont le nombre peut s'accroître *in indefinitum*; mais cette représentation est en même temps une projection irréelle. La γένεσις est une représentation – en tant que telle, irréelle; elle présuppose un miroir fluide, analogue à la surface d'une rivière; l'espace n'est pas autre chose.

La φύσις aristotélicienne est un ordre universel qui se manifeste comme une hiérarchie de lieux. Cette hiérarchie rend possible un mouvement pourvu de sens – le mouvement ontologique des êtres vers un plus de déterminité et, par là, un maximum d'être. C'est le lieu qui, dans la conception aristotélicienne, rend possible le mouvement naturel.

Chez Bruno, l'espace de la géométrie rend possible l'infinité des mondes, ainsi que l'indépendance et l'animation de chacun d'entre eux.

La conception de Descartes, qui identifie l'espace à la substance matérielle comme telle, conduit à une différenciation des parties du monde physique par le mouvement; or, le mouvement n'est rien d'autre qu'un changement des relations de position et, le changement étant toujours réciproque, le mouvement est donc essentiellement relatif. L'espace en tant que la substance matérielle même exige un mouvement relatif.

Newton, comme Galilée, réintroduit l'espace vide des atomistes. Reprochant à l'espace relatif d'être relatif au sujet, il pose l'espace absolu comme seul à même de justifier la différence entre le mouvement inertiel et celui causé par une force.

Leibniz trouve le moyen d'unifier l'absoluité du processus et la relativité du mouvement tout en distinguant entre les êtres et l'espace grâce à sa théorie relationnelle de l'espace. La détermination de la substance, des êtres, est donnée par l'ensemble des rapports de l'individu à toutes les autres substances – à l'univers entier; le processus est une transformation de la substance; il a donc nécessairement pour conséquence une transformation des rapports de coexistence (c'est-à-dire des relations spatiales), et ce changement est le mouvement. Comme la relation est quelque chose de réciproque, qui peut et doit toujours être envisagé du point de vue de l'ensemble de ses termes, elle n'appartient jamais exclusivement à une chose unique; aussi le mouvement est-il, de même, essentiellement relatif, et la différence entre le mouvement et le repos est celle de deux états de mouvement, fonction de celui des termes dont on part pour déterminer la relation mutuelle.

La corrélation entre la conception du mouvement et celle de l'espace permet aussi de comprendre un certain parallélisme dans l'évolution des deux notions.

La première tentative d'une mathématisation universelle chez Platon ne concerne pas le mouvement physique. Y correspond, dans la question de l'espace, le divorce introduit par Platon entre l'espace mathématique et l'espace physique (si l'on entend par espace physique celui du monde de la γένεσις – la ὑποδοχή).

Le mouvement-processus se dresse alors, chez Aristote, contre le mathématisme universel, conçu du point de vue des quantités statiques, entraînant une démathématisation de l'univers physique. La phase correspondante de l'évolution du concept d'espace est celle qui réduit l'espace à une hiérarchie de lieux que les êtres occupent chacun selon sa nature, selon la définition de son essence.

L'évolution vers un mouvement mathématisé qui n'est plus un processus trouve, dans les problèmes de l'espace, un parallèle dans la réalisation des abstractions mathématiques, de Bruno à Newton. La position de Newton se distingue de l'atomisme par l'accent mis sur l'optique dynamique. En même temps cependant l'on discerne déjà le germe d'une concrétion nouvelle – le changement de relations a, chez Leibniz, son origine dans le processus d'évolution individuelle.

CHAPITRE V

LES PREMIERS CRITIQUES DE L'ARISTOTÉLISME

L'œuvre systématique d'Aristote, qui régnera sur le monde islamique et occidental durant presque tout le Moyen Âge, n'avait rien de canonique pour l'Antiquité grecque, ou du moins rien de comparable à l'autorité qui sera la sienne par la suite, lorsque Aristote passera pour le Philosophe par excellence. Déjà les successeurs immédiats d'Aristote vont étonnamment loin dans leur critique de sa doctrine, à tel point qu'on est souvent tenté d'établir un parallèle avec l'état où l'aristotélisme se trouvera au XVIe siècle : comme à cette époque, on constate chez les premiers héritiers d'Aristote un empirisme croissant, une prise en compte de l'expérience comme véritable source de la science, ainsi qu'un renouveau du mathématisme par opposition à la spéculation purement métaphysique et enfin un retour vers les représentants d'écoles et de styles de pensée plus anciens. Et de même que les tendances antiaristotéliciennes du XVe siècle culmineront dans l'astronomie héliocentrique de Copernic, de même l'opposition au système au sein de l'école aristotélicienne atteint son point culminant dans l'astronomie d'Aristarque, dont l'héliocentrisme nous est connu par des sources sûres.

Bien sûr, Aristote aussi était empiriste, en ce sens qu'il estimait l'observation des choses elles-mêmes la seule source authentique du savoir sur ce qu'il en est. Mais l'empirisme en tant que programme est une chose, autre chose la mise en œuvre de ce programme. Tout empirisme, toute observation présuppose un système de concepts qui règlent l'observation en nous disant ce qui est à observer et comment. Ces auxiliaires de l'observation sont autant de canaux par lesquels un élément non empirique peut se glisser dans les résultats de celui qui observe. La conceptualité aristotélicienne, qui rend possible un empirisme grandiose, exerce sur l'observateur, en raison même de son caractère singulièrement spéculatif, un pouvoir de suggestion considérable. Dans certains écrits d'Aristote, on trouve des propos qui relèvent les mérites de l'empirisme contre la spéculation [1] – propos en harmonie avec l'esprit qui anime ses recherches, mais difficilement conciliables avec sa systématique. Des chercheurs qui ont tenté de nos jours, sur la base de l'état actuel de nos connaissances sur sa vie et son œuvre, de brosser hardiment un tableau de l'évolution de sa doctrine la regardent comme partie de la spéculation pour s'acheminer vers un empirisme de plus en plus conséquent. Aristote aurait ainsi parcouru au cours de son existence un chemin immense, depuis la spéculation platonicienne quasiment jusqu'aux portes de la science moderne [2]. En réalité, son empirisme correspond à l'état d'esprit qui régnait sur la dernière période de l'Académie, encore du vivant de Platon. À l'autre extrême, la science chez Aristote ne sera jamais exempte d'un aspect philosophique ; au contraire, comme nous avons essayé de le montrer dans les pages qui précèdent, elle demeure intégralement imbue de et conditionnée par la spéculation. Cela dit, on conçoit aisément que le colossal travail de recherche accompli dans le Péripatos, joint à la solide discipline critique qui y est la règle, oriente dans une mesure croissante les investigations vers le singulier et le détail ; les faits positifs sont quelque chose de solide, à quoi on peut se tenir, alors que les positions spéculatives appellent la critique à plus d'un égard (cela correspond du reste à la position d'Aristote lui-même dans le passage cité du traité des *Parties des animaux*, où il relève ce qui est connaissable pour nous par opposition à ce qui est premier selon l'ordre des choses ou de la nature). C'est un tel point de vue, lucide et dégrisé, que défend le systématicien de la botanique et perfectionneur de la logique aristotélicienne, fin observateur et critique sagace, Théophraste d'Érèse (372-288 av. J.-C.). G. Senn, qui a étudié à fond l'histoire des écrits botaniques de Théophraste, croit même discerner, entre le *De causis plantarum* et la *Historia plantarum*, une différence fondamentale de méthode : le premier de ces deux écrits défend encore le point de vue de la téléologie naturelle d'Aristote, l'autre

1. Voir, par exemple, *De partibus animalium*, I, 5, 644 *b* 22 *sqq*.

2. Tel est le point de vue de W. Jaeger, *Aristoteles, Grundlegung einer Geschichte...*, notamment p. 363-365 et 431-434. – Il définit ensuite la place de son propre travail dans l'évolution historique dans l'article « Die Entwicklung des Studiums der griechischen Philosophie seit dem Erwachen des historischen Bewußtseins », *Zeitschrift für philosophische Forschung*, 6 (1952), notamment p. 216 *sqq*.

l'abandonne définitivement au bénéfice d'une description purement empirique[1]. Senn estime que les doutes quant aux principes métaphysiques d'Aristote qui s'expriment dans le fragment métaphysique de Théophraste, ainsi que dans la partie du *De causis plantarum* (I, 10-22) consacrée au bourgeonnement et à la maturation annuels, porteront leurs fruits plus tard, lorsque ses recherches, comme dans la *Historia plantarum*, se libèrent de toute spéculation. D'autres chercheurs ne se laissent pas convaincre par l'argumentation de Senn[2]; mais même ceux-là constatent que Théophraste renonce à bon nombre des théories physiologiques d'Aristote qu'il n'est pas à même de justifier avec certitude, qu'on ne trouve pas chez lui de réflexion sur la ψυχή des plantes, sur leur hiérarchie ou leur position dans l'ensemble de la nature, que d'autres thèses de la science ou plutôt de la philosophie aristotélicienne de la nature sont également passées sous silence. Il est à noter que la prudence critique de Théophraste l'arrête au seuil de plus d'une découverte, celle, par exemple, de la sexualité de nombreuses plantes ou de l'essence de la fécondation végétale[3]. Sans récuser en bloc les principes péripatéticiens, il n'est pas sans distance critique à leur égard – il les regarde avec réserve et exige un complément de discussion. Toute l'œuvre de Théophraste est, de fait, animée d'un tout autre esprit que les recherches d'Aristote. Aristote, bien que sa vie durant un étranger à Athènes, en a parfaitement assimilé les idéaux, il s'est acclimaté dans le milieu de la libre πόλις grecque, dont le citoyen incarnait pour lui l'humanité; Théophraste, en revanche, met l'accent sur l'humanité en tant que telle, il est un des auteurs de l'idée d'une humanité sans frontières, idée fondée sur une élaboration de la doctrine aristotélicienne de la φύσις humaine et qui influera sur l'éthique stoïcienne en voie de naissance[4]. Bref, l'œuvre de Théophraste est d'ores et déjà portée par l'esprit de l'hellénisme et par son atmosphère civique, sociale,

1. G. Senn, *Die Entwicklung der biologischen Forschungsmethode in der Antike und ihre grundsätzliche Förderung durch Theophrast von Eresos*, Aarau, H. R. Sauerländer, 1933.

2. Voir O. Regenbogen, article « Theophrastos », dans Pauly-Wissowa, *Real-Encyclopädie der classischen Altertumswissenschaft*, vol. VII suppl., Stuttgart, Metzler, 1940, p. 1353-1562.

3. Cf. Th. Ballauff, *Die Wissenschaft vom Leben : Eine Geschichte der Biologie*, vol. I, Freiburg/Munich, Alber, 1954, p. 58.

4. Sur l'importance réellement révolutionnaire de l'éthique de Théophraste à cet égard, voir Fr. Dirlmeier, *Die Oikeiosis-Lehre Theophrasts*, Leipzig, Dieterich, 1937 (*Philologus*, Supplementband XXX, Heft 1), p. 91.

scientifique et éthique, dont les principes ne sont plus ceux du milieu du IVe siècle.

Penchons-nous sur quelques-unes des notes critiques que Théophraste, dans son fragment métaphysique [1], inscrit en marge des doctrines centrales de la philosophie première d'Aristote.

Théophraste s'accorde avec Aristote, contre les platoniciens, pour insister sur la continuité du monde dans l'échelle qui va de l'étant suprême, spirituel, jusqu'au plus grossier, à celui qui est au plus près des sens. C'est aussi en bon aristotélicien qu'il montre que le platonisme échoue à expliquer le mouvement et le changement dans l'univers. Pourtant, il demande ensuite si l'argumentation destinée par Aristote lui-même à rendre compte du mouvement méconnu par le platonisme est véritablement à la mesure de ce problème, et il entreprend la critique de la doctrine aristotélicienne des moteurs suprasensibles, objet du désir de tout l'étant sensible, plus particulièrement des sphères célestes qui, à force d'aspirer au plus-haut et à l'éternel, se meuvent du seul mouvement digne d'elles : la rotation. L'argument du désir exige, d'après Théophraste, des explications plus poussées concernant la nature et l'objet du désir, la question de savoir s'il y a une multiplicité de mouvements circulaires qui, éventuellement, diffèrent entre eux (quant à la vitesse ou à la direction), si ce sont des mouvements sans fin et, si oui, pourquoi. S'il n'y a en dernière instance qu'une unique source du mouvement, il est en effet étrange qu'elle n'octroie pas le même mouvement à toutes les sphères célestes ; s'il y en a, au contraire, plusieurs, la question devient de savoir d'où vient l'harmonie de ces divers mouvements célestes. On peut d'ailleurs s'étonner que les sphères célestes, dont la nature est d'aspirer à l'état où se trouve durablement l'étant suprême, lui qui, en tant qu'« acte pur », est en même temps, à vrai dire, tranquillité éternelle, optent, par désir de lui, pour le contraire de la tranquillité, le mouvement perpétuel. Théophraste n'omet pas, à ce propos, de faire remarquer ce que la « théologie » d'Aristote a de commun avec le platonisme : de même que, dans le platonisme, les nombres naissent par imitation de l'Unité originaire, si bien que le multiple provient paradoxalement de l'un, ce sont ici le repos et l'immutabilité qui donnent paradoxalement naissance au mouvement et au changement. Par ailleurs, il n'est pas vrai que le mouvement circulaire soit le seul changement d'état dont les sphères célestes soient capables. Le désir

1. Voir *Theophrasti Eresii Opera quae supersunt omnia*, éd. Fr. Wimmer, Paris, Firmin Didot, 1866, frag. XII, p. 410-417.

présuppose en effet une âme, et l'âme est susceptible d'un mouvement autre que le mouvement local, susceptible de la pensée et de l'intellection dont dépend aussi le désir. Encore une autre question qui se pose est de savoir pourquoi seules les choses sphériques à la périphérie de l'univers contiennent le désir, et non pas les choses situées plus près du centre – la Terre immobile est pourtant bien capable de mouvement, comme l'atteste la chute des corps éloignés de force de sa surface. Se pourrait-il que la puissance du moteur ne s'étende pas si loin ? Ou les choses terrestres sont-elles simplement trop grossières, insensibles à l'impulsion du premier moteur ?

La finesse de toutes ces questions fait penser à Galilée, demandant, dans son *Dialogue sur les deux grands systèmes du monde*, pourquoi le système aristotélicien ne comprend pas aussi des corps par nature incapables de mouvement, à côté de ceux qui sont naturellement mobiles, puisque la nature est source et de mouvement et de repos. Théophraste a d'autres interrogations, plus subtiles, qui, nullement insignifiantes du point de vue du système et de la pensée qui chemine dans ses voies, montrent comment la systématique dévoile elle-même ses faiblesses internes. Encore plus important est ce qu'il pense des possibilités de comprendre les causes et les principes premiers de l'univers, étant donné le fait que la source de la connaissance humaine se trouve intégralement dans l'expérience, dans la rencontre des choses médiatisée par les sens. Jusqu'à un certain point, dit Théophraste, nous pouvons constater ces principes grâce à une réflexion causale, en les extrayant de ce qui est donné aux sens. Mais lorsque nous abordons la sphère des choses premières et suprêmes, nous perdons pied, soit que nous ne tenions plus de fil causal clair, soit que les principes apparaissent, au contraire, comme trop évidents, d'une clarté que notre raison finie supporte aussi peu que notre œil de regarder le soleil en face. La première de ces deux hypothèses est plus probable, car les principes, là où nous parvenons malgré tout à les discerner, n'ont rien d'aveuglant (comme le croyaient les platoniciens). Cela dit, il est très difficile de voir jusqu'où nous sommes effectivement guidés par la déduction causale à partir de ce qui est donné aux sens, difficile de mettre le doigt sur le point au-delà duquel cela ne suffit plus. L'astronomie, par exemple, sait établir les mouvements, les grandeurs, les formes, les distances, etc., des corps célestes, mais reste encore la question de la cause de leur mouvement, des premiers moteurs et de la finalité de tout cela, la question de la hiérarchie des étants, de l'échelle d'interdépendance qui descend de l'être suprême jusqu'aux animaux et aux plantes. Ce mode d'investigation, qui concerne en quelque sorte la face vivante de l'univers, est ainsi à la fois plus profond et moins direct que celui qui nous est tout d'abord accessible. Nous nous y heurtons derechef à la même difficulté que nous avons rencontrée en demandant pour commencer d'où vient le mouvement de l'univers, en cherchant à pénétrer jusqu'au principe premier de la vie cosmique. Nous ne savons pas saisir le sens et la finalité, le « pourquoi » de chaque chose. Où y a-t-il un sens et où n'y en a-t-il pas ? Où se trouvent les limites du sens ? À quoi servent, par exemple, les marées, ou encore les inondations et les grandes sécheresses (Théophraste s'occupe assez intensément de ces sujets ; les présocratiques déjà ont compris le signification des fossiles pour l'étude des changements de la surface terrestre, et Théophraste défend tout particulièrement la théorie aristotélicienne de l'éternité de l'univers contre les objections des stoïciens qui s'appuient, entre autres, sur des arguments géologiques primitifs de ce genre[1]), pourquoi la transformation perpétuelle d'une matière en une autre, le cycle sans fin de la génération et du périssement ? Dans le cas des processus géologiques en particulier, ces changements sont, en effet, mécaniques, dus à une simple modification du rapport réciproque des parties, de leur position, de leur poids, etc. Et dans le reste de la nature aussi, chez les animaux, par exemple, il ne manque pas de choses qui semblent bien n'être en vue de rien, ainsi les mamelles chez les mâles, la purge mensuelle chez les femelles en l'absence d'accouplement, la barbe et le poil qui pousse à certains endroits, la grandeur des cornes qui, chez les cerfs, peut même être nuisible à l'individu. L'alimentation et la reproduction des animaux en particulier prennent des formes tellement variées, et souvent peu naturelles, qu'elles ne peuvent s'expliquer simplement par la finalité, sans prendre en compte aussi une source de nécessité. Il faut demander par conséquent si véritablement (comme le pense Aristote, suivant en cela le programme tracé par Platon dans le *Phédon*) la nature en toutes choses désire ce qu'il y a de meilleur et de plus haut, et si ce bien les fait participer toutes à l'éternité et à l'ordre pour autant que chacune en est capable. De fait, le principe supérieur ne manque pas de se faire valoir dans la mesure du possible, mais il y a de très nombreuses choses qui ne lui obéissent pas et n'admettent pas ce qui est bon. Quantitativement, ces choses-là ont le dessus dans l'univers. Il y a peu de vivant, mais une multitude immense de choses inanimées ;

1. Cf. P. Duhem, *Études sur Léonard de Vinci, ceux qu'il a lus et ceux qui l'ont lu*, seconde série, Paris, Hermann, 1909, p. 286 *sqq*.

parmi les êtres vivants, la plupart mènent une vie indigente; en général, le bien est rare et ne se présente que dans peu de choses. La cause en est-elle la simple inaptitude, la non-finalité de la matière? Ou bien faut-il donner raison à Platon lorsqu'il estime le hasard inhérent aux fondements premiers de l'étant, figurant, avec la finalité, parmi ses contraires les plus originaires? Si l'étant est tout entier contradictoire, rien n'empêcherait qu'il ne soit finalement aboli, réduit à néant. Quoi qu'il en soit : il semble y avoir, outre la finalité et le bien, une nécessité qui règne partout, plus dans certaines choses et moins dans d'autres; parmi les choses naturelles, celles qui ont le plus d'ordre sont les choses célestes – à moins qu'on n'adopte les principes de Démocrite.

La révision critique de la téléologie d'Aristote chez Théophraste nous laisse ainsi sur un nom qui évoque le contraire de toute téléologie, la suprématie de la nécessité mécanique. Ce nom, avec tout ce qui s'y rapporte, prendra dès lors une importance sans cesse croissante au sein de l'école aristotélicienne. Théophraste lui-même se rapproche probablement d'Épicure, restaurateur de l'atomisme démocritéen, dans les années 307-306, après la prise d'Athènes par Démétrios Poliorcète, lorsque tous deux s'exilent (peut-être ensemble, à Mytilène?), puis regagnent la ville de concert. En tout état de cause, son insistance sur le mécanisme et la simple nécessité sans finalité est surtout importante dans la mesure où elle ouvre grand la porte précisément au renouveau de l'atomistique et du mécanisme, à toutes les renaissances de vieux systèmes de pensée antérieurs à Aristote : l'attention se porte derechef sur la face extra-humaine, purement objective, de la nature, qui était dominante chez Démocrite et d'autres penseurs abdéritains. Chez Aristote, le monde est l'économie bien entendue des hommes et des vivants qui leur sont apparentés; sa doctrine est une systématique de notre monde naturel. Chez les successeurs d'Aristote, c'est la face étrangère du monde, accessible à la seule raison abstraite et constructive, qui amorce un retour en force.

Straton (vers 330-270, successeur de Théophraste à la tête du Lycée dans les années 288-270) ira bien plus loin encore dans la même voie. Aristote, en cas de conflit entre l'expérience et la réflexion abstraite, donnait la préférence à celle-là; l'expérience était pour Théophraste la source unique du savoir; Straton, lui, n'entend plus par « expérience » la simple observation, mais l'observation sous la direction d'idées et avec le complément d'une expérimentation menée dans le but exprès de vérifier les théories. Malheureusement, si beaucoup d'écrits importants de Théophraste ont été perdus, de Straton il ne nous est pour ainsi dire rien parvenu. La perte est d'autant plus sensible qu'il s'agit d'un penseur chez qui la réorientation vers l'aspect objectivement mécanique de la nature, esquissée par Théophraste, est réalisée résolument dans tout un système physique. Selon les rares indices conservés, le couple aristotélicien du chaud et du froid aurait joué un rôle important dans cette physique. À cet égard, Straton rappelle ces penseurs de la Renaissance (Cardan, Telesio) qui, eux aussi, recourront encore à de tels principes qualitatifs en même temps que se dessinent, dans leur propre pensée et au plus près, les premiers pas de la conception quantitative et mécanique (Nicolas de Cues, Léonard de Vinci).

Traditionnellement, c'est cet aspect qualitatif de la physique de Straton qui est mis en avant de préférence à son autre face. Ce n'est qu'en 1893 que H. Diels réussira à identifier, dans l'introduction des *Pneumatiques* de Héron d'Alexandrie, un fragment authentique du traité *Du vide* de Straton, où ce penseur apparaît plus clairement et sous un jour plus favorable [1]. Non seulement chaque affirmation est fondée sur l'observation, mais les questions discutables sont réglées au moyen d'appareils expérimentaux primitifs, inventés ou aménagés *ad hoc*. Tel est le cas de la question du vide – question très importante pour Aristote, car c'est un des points où il croit réduire l'atomisme démocritéen *ad absurdum*. Pour Aristote, le vide est chose totalement absurde ; dans le vide, le mouvement, objet propre de la physique, est impossible. En fait, depuis Platon déjà, la physique grecque distingue deux cas de figure : le vide continu en grande quantité et le vide dispersé entre les particules de la matière. Selon Straton, les deux peuvent exister – le vide continu sous l'action extérieure d'une cause violente (βία), si l'on aspire, par exemple, l'air d'un vase ou d'une pipette, au lieu qu'un vide infime est naturellement (φύσει) disséminé entre les particules des matières de toute sorte, où il tendra à reprendre sa place s'il arrive que la violence (une compression anormale) l'en chasse. Straton prouve l'existence du vide par l'élasticité des matières. Il invente à cette fin une expérience avec une sphère métallique remplie d'eau dans laquelle il injecte par une soupape de l'air qui peut être ou retenu ou relâché, auquel cas il ressort avec une grande violence ; ce fait, argumente-t-il, ne laisse aucun recours à ceux qui voudraient prétendre les intervalles entre les particules d'eau remplis d'air. Comment un surplus d'air pourrait-il entrer dans la sphère s'il n'y avait pas des intervalles dans l'air comme

1. H. Diels, « Über das physikalische System des Straton », dans *Sitzungsberichte der Königlichen Preußisschen Akademie der Wissenschaften*, Berlin, 1893, p. 101-127.

dans l'eau? Il en déduit que les corps sont composés de parcelles séparées par des pores; pour employer le langage moderne, ils ont une structure moléculaire; mais les corpuscules individuels sont séparés les uns des autres, non pas assemblés au moyen de poignées et de crochets, comme le suggère Démocrite. Straton est proche là d'Héraclide du Pont, penseur génial de l'école de Platon qui lui aussi postule une telle micro-structure de la matière, passant hardiment outre – avec une radicalité qui dépasse celle de Démocrite lui-même – à l'image de la réalité que nos sens et la grossière praxis journalière nous offrent antérieurement à toute réflexion. À un égard, pourtant, et Straton et Héraclide gardent leurs distances vis-à-vis de Démocrite : ils ne sont pas partisans d'un mécanisme purement quantitatif, loin de là, les qualités (chez Straton, le chaud et le froid) sont à leurs yeux des forces et des propriétés essentielles des choses. D'autres arguments de Straton pour l'existence du vide partent du fait de la croissance organique (qui, dit-il, ne serait pas possible sans cela) et surtout de la théorie de la lumière, de la chaleur et des autres influx qui pénètrent les substrats matériels. Si l'eau n'avait pas de pores, même un reflet partiel à sa surface serait impossible, et il en irait de même du passage du reste de la lumière à travers le liquide; le mélange parfait de certains fluides s'explique de façon analogue, ainsi que – exemple non négligeable – l'action indirecte de l'aimant dont l'attraction traverse, de proche en proche, toute une série d'objets en fer, ou encore la décharge du poisson torpille qui se propage aussi à travers d'autres corps. L'acceptation du vide oblige Straton à adopter une théorie mécanique de la lumière tout à fait différente de ce qu'on trouve chez Aristote. La théorie d'Aristote est liée à l'idée d'un cinquième élément matériel, l'« éther », dont Straton n'a pas besoin; c'est du coup la composition de tout l'univers qui se simplifie : les corps célestes ne sont pas faits autrement que les corps terrestres, le Soleil est de nature ignée[1]. Si l'on considère que, pour Straton, le Soleil, en tant que puissante source de la chaleur qui est la force active de l'univers, est lui-même un foyer de cette force active, un moteur au sens fort du terme, et si l'on tient compte aussi du rapport de maître à élève qui lie Straton de

1. Il y a aussi une théorie qui avance qu'Aristote aurait lui-même abandonné, vers la fin de sa carrière, l'idée du cinquième élément – dans *Physique*, IV, 5, 212 *b* 21, le mot αἰθήρ est derechef synonyme de feu, les étoiles ne sont plus absolument éternelles, et la différence entre le domaine sublunaire et le domaine supralunaire est atténuée. Voir L. Elders, *Aristotle's Theory of the One*, p. 186-187 et 207-208.

Lampsaque à Aristarque de Samos, cette connexion apparaîtra comme très significative.

Par ailleurs, Straton mène à sa conclusion logique le scepticisme exprimé par Théophraste quant au premier moteur immobile d'Aristote; il récuse quelque source transcendante que ce soit du mouvement, voyant la raison de tout l'ordre cosmique dans les propriétés et les forces des corps naturels, plus particulièrement dans la pesanteur. Les différents emplacements des matières dans l'univers sont fonction de leur pesanteur qui, elle, dépend manifestement de la quantité variable de vide que tel ou tel élément contient. Cela sonne aussi le glas de la théorie des lieux naturels, qui chez Aristote tenait lieu de théorie de la gravitation et qui a conduit à l'idée d'un cosmos fini et clos sur soi [1]. Quant à savoir comment Straton lui-même se représentait l'origine du mouvement cosmique et les lois qui le régissent, les textes conservés ne permettent pas de le reconstituer; le problème est d'envergure, et il ne pouvait guère en venir à bout avec les moyens de son temps, mais il n'est pas sans intérêt de noter la précision des questions qu'il pose sur la nature de la pesanteur et sa connaissance du fait de l'accélération qu'il dégage par l'expérimentation.

En bref, là où Théophraste n'oppose à la théorie du moteur universel qu'un scepticisme hésitant, Straton démolit en détail, par des observations ciblées, la théorie de la non-existence du vide, ce qui remet aussi en question la théorie de la composition de la matière, de l'essence des éléments, de la lumière et des couleurs; il élimine de surcroît la notion du lieu naturel, ébranlant de ce fait l'idée même de la structure du cosmos fermé. Nous ne pouvons savoir si, pour sa part, il alla jusqu'à tirer cette conclusion, mais il n'est nullement exclu que l'un ou l'autre de ses élèves n'ait franchi le pas.

Parmi les élèves attribués à Straton figure en effet Aristarque de Samos (vers 310-230) [2] dont nous savons, par *L'Arénaire* d'Archimède, qu'il a

> publié certains écrits relatifs aux hypothèses; des fondements posés en ces écrits il résulte que le Monde est beaucoup plus grand [que la sphère dont le rayon est égal à la droite menée du centre du Soleil au centre de la Terre]. Il admet, en effet, l'hypothèse que la sphère des étoiles

1. Théophraste déjà mettait cette théorie en doute, notamment en ce qui concerne la détermination du lieu du monde en totalité, dans le fragment XXI de l'édition Wimmer (p. 419).

2. Voir l'ouvrage déjà cité [*supra*, p. 286, note 2] que Th. L. Heath lui a consacré.

> inerrantes et le Soleil demeurent immobiles; quant à la Terre, elle se meut suivant une circonférence de cercle tracée autour du Soleil, qui se trouve au centre du cours de la Terre. La sphère des étoiles fixes est décrite autour du même centre que le Soleil; [...] elle est tellement grande que [le rayon de] la circonférence selon lequel, par hypothèse, la Terre circule a, à la distance des étoiles fixes, le même rapport que le centre de la sphère à la surface de cette même sphère. Il est évident que cela est impossible [...]. Nous devons croire qu'Aristarque a entendu ce qui suit : Le rapport qui existe entre la Terre que nous supposons placée au centre du Monde est égal au rapport qui existe entre la sphère sur laquelle est tracé le cercle que la Terre parcourt selon les suppositions d'Aristarque et la sphère des étoiles fixes. Telle est l'hypothèse qu'il est conduit à faire par des démonstrations adaptées aux apparences célestes. Il apparaît clairement que la sphère sur laquelle il admet que la Terre se meut est supposée précisément égale à celle que nous appelons le Monde [1].

L'explication proposée par Archimède est-elle bien exacte? Heath, qui a publié en 1913 le seul traité astronomique d'Aristarque qui nous soit parvenu, *Sur les grandeurs et les distances du Soleil et de la Lune*, pense que celui-ci voulait dire simplement que la sphère des fixes est *incomparablement* plus grande que celle dont le grand cercle serait l'orbite de la Terre; il cite d'autres astronomes antiques, Géminos de Rhodes et Ptolémée, selon qui la Terre serait comme un point par rapport au rayon du Monde [2], mais il est clair que la sphère des fixes a, chez ces géocentristes, une tout autre signification, celle d'une réalité physique qui est en mouvement, alors que chez Aristarque elle ne joue aucun rôle – si ce n'est négativement, dans la mesure où les étoiles fixes n'ont pas de parallaxe. Cela étant, ne pourrait-on supposer que la « sphère des fixes » représente chez Aristarque une fiction mathématique du même ordre que le point-centre de l'univers?

Aristote déjà assignait un grand rôle dans la nature, animée et inanimée, à la chaleur produite par l'action du mouvement solaire sur les sphères inférieures; la réforme de Straton ne fait que renforcer cette fonction, et on peut demander si les hypothèses astronomiques

1. Cité d'après la traduction de P. Duhem (dans *Le Système du monde* [voir *infra*, p. 329, note 1], t. I, p. 420-421), qui (malgré une lecture divergente de la première phrase) s'appuie, comme Patočka, sur le texte proposé par Heath (*Aristarchus of Samos*..., p. 302); cf. aussi Archimède, *L'Arénaire*, chap. I, dans *Œuvres*, Paris, F. Buisson, 1807, p. 348-349. *(N. d. T.)*

2. Cf. Th. L. Heath, *Aristarchus of Samos*..., p. 309-310. *(N. d. T.)*

d'Aristarque ne sont pas influencées par les conceptions physiques de Straton. Il est certain que la théorie stratonicienne de la microstructure s'accorde avec les vues d'Héraclide du Pont, penseur qui partage par ailleurs bon nombre d'opinions avec Aristarque : Aristarque utilise pour déterminer la distance et la grandeur du Soleil et de la Lune les mêmes méthodes qu'Eudoxe et Héraclide au sein de l'Académie, et on sait qu'Héraclide (comme aussi Straton) croyait les étoiles fixes sans lumière propre, leur clarté étant, de même que celle de la Lune et des planètes, un reflet de la lumière du Soleil. Héraclide portera ensuite la technique du retournement des points de vue du « sens commun » jusqu'à postuler la rotation journalière de la Terre et la révolution de Vénus et de Mars en tant que satellites autour du Soleil, soit ce que nous appelons le système du monde de Tycho. Or, chose toute naturelle étant donné la tendance spéculative spécifique aux penseurs grecs, il semble, encore qu'on ne puisse pas le définir avec précision, qu'il y ait un lien entre les considérations de la physique de Straton et celles de l'astronomie d'Aristarque, influencée par Héraclide : dans le calcul des distances des corps célestes, un rôle important revient à la considération de la forme et de la grandeur du grand cercle mesuré sur la Lune par la limite de la lumière et de l'ombre, ainsi que par celle de la grandeur de l'ombre terrestre que la Lune traverse lors d'une éclipse. La lumière solaire est, pourrait-on dire, le principal messager qui apporte des nouvelles de la composition de l'univers, arrivant jusqu'à nous depuis les lointains de l'univers, à travers les microstructures des choses. Straton déjà (donc, vraisemblablement, Aristarque aussi) avait sa théorie sur la nature de ce processus : la lumière serait, d'après lui, comme le son, une suite de pulsations que nos sens perçoivent sommativement. Qu'il ait réellement exploré de telles idées, c'est ce qu'attestent les échos qui nous sont parvenus de sa théorie des couleurs, qui fait penser à celle de Démocrite – au sens de la théorie physique antique. Que lui annonçait donc ce messager, ce *sidereus nuntius*, pour détourner le titre de Galilée ? Malgré l'extrême inexactitude des données de départ avec lesquelles Aristarque réalise ses calculs, géométriquement justes, le résultat est, pour la grandeur du Soleil, un chiffre nettement supérieur à celui de la grandeur de la Terre, le premier étant *grosso modo* 300 fois le second. De l'avis de Schiaparelli [1], ce résultat a pu être l'un des motifs de la création de l'héliocentrisme : serait-ce concevable qu'un corps aussi immense tourne

1. Voir G. Schiaparelli, *Scritti sulla storia della astronomia antica*, Bologne, 1925 (rééd. Milan, Mimésis, 1997-1998). *(N. d. T.)*

autour d'un plus petit ? Ajoutons, dans le sens de la doctrine de Straton : serait-ce concevable qu'une aussi immense source de force active soit le satellite de ce qui est passif et réceptif ? Il se peut bien que l'écrit d'Aristarque, traitant des distances et des grandeurs, ait eu une forme purement géométrique ; on ne peut en conclure pour autant, comme semble le faire le célèbre historien du système du monde P. Duhem [1], qu'Aristarque envisage les choses dans une optique, non pas physique, mais mathématique. La distinction entre l'enquête physique et la méthode d'investigation astronomico-géométrique est, certes, une vieille distinction péripatéticienne, qu'on trouve aussi bien chez Aristote que dans la *Métaphysique* de Théophraste, mais cela ne veut pas dire que le même chercheur ne puisse pas être physicien et mathématicien à la fois. Même le peu de documents conservés montrent bien qu'Aristarque n'était pas qu'un simple spécialiste, comme le seront plus tard des hommes comme Ptolémée. Et si son astronomie était de fait partie intégrante d'une conception physique qui, malheureusement, ne nous est pas parvenue, n'aurait-il pas été naturel que ce système eût pour sens de réorienter les principes de Straton en vue d'une nouvelle image de l'univers et, partant, d'une théorie universelle de la source du mouvement cosmique ? Dans ce cas, ce précurseur de Copernic serait également un pionnier de la mécanique céleste.

On le voit, la science grecque s'aventure derechef, après Aristote, très loin dans les microstructures et les macrosystèmes dont elle définit les mouvements et les propriétés très souvent en désaccord avec la vision « naturelle » que suggère tout d'abord l'expérience courante. Chez Aristarque, de surcroît, la spéculation physique entre étroitement en contact avec les méthodes géométriques de l'astronomie ; sans encore se mathématiser, la physique se retrouve ainsi, bien plus qu'auparavant, sous l'influence de données et de calculs mathématiques. À la fin du siècle, Archimède réussira à construire mathématiquement les premiers principes de la statique. C'est dans ce contexte qu'on rencontre aussi pour la première fois la notion de loi de la nature, encore indépendamment de toute application au mouvement ou au devenir en général. De là, il n'y aurait eu qu'un pas aux concepts modernes – pas qui n'est pas franchi. Comment expliquer ce fait déconcertant qui aboutira, dans ses conséquences, à la stagnation et à la catastrophe de la science grecque ? Laissant de côté les causes sociales et économiques, qui pèsent

1. P. Duhem, *Le Système du monde. Histoire des doctrines cosmologiques de Platon à Copernic*, Paris, Hermann, t. I, 1913.

certainement très lourd dans le choix des chercheurs grecs de se détourner des chemins expérimentaux pour privilégier l'analyse des faits mécaniques et dynamiques simples, il faut souligner que c'est sans doute l'audace même des grands penseurs qui les condamne à rester longtemps sans continuateurs. Le système d'Aristote, c'est – systématisée et pourvue d'une armature conceptuelle – la vision naturelle du monde ambiant humain, que sous-tend la force de conviction de nos expériences les plus courantes; de surcroît, comme Duhem le fait remarquer, ce système est seul à présenter une véritable théorie des forces motrices, seul à inclure une dynamique, spéculative, certes, et tellement erronée qu'on a de la peine à le concevoir, mais conçue en grand. C'est une dynamique essentiellement non mathématique – celui qui en aurait tenté une formulation mathématique n'aurait pas tardé à se rendre compte de son désaccord avec les faits de l'expérience. Non mathématisable (ou mathématisable uniquement de manière fictive, artificielle) est, de même, le concept aristotélicien du mouvement-changement comme passage de la puissance à l'acte, comme acte imparfait. Les présupposés d'Aristarque ne conduisent pas à la déduction réellement exacte des faits observés. C'est ce qui ne peut échapper aux astronomes postérieurs, tel Hipparque. Au lieu de remplacer la théorie des révolutions circulaires par quelque chose d'analogue, à l'instar de Kepler, ceux-ci inventent toutefois un système d'épicycles et de déférents excentrés dans lequel les siècles suivants salueront l'occasion de revenir à la vision « naturelle », aristotélicienne, et, avec elle, au divorce de principe entre les méthodes géométriques de l'astronomie et la « méthode » spéculativement empirique des recherches physiques. Cette séparation rendra la mathématisation de la physique impossible durant près de deux mille ans.

CHAPITRE VI

LA DISSOLUTION DE LA DYNAMIQUE ARISTOTÉLICIENNE ET LE PRÉLUDE DU MÉCANISME MODERNE

Nous avons vu que le problème du mouvement constitue l'axe central de toute l'entreprise de pensée d'Aristote. C'est un des carrefours où il se sépare de Platon, qui fut longtemps son maître, jugeant qu'il n'a pas bien saisi le caractère inéluctablement matériel de tout mouvement, ni le fait que le mouvement, en tant que processus à travers lequel les choses changent intérieurement, a nécessairement une certaine durée temporelle. (Platon en a une autre vision – pour lui, le mouvement est ce qui « génère » les jugements et les figures géométriques dans l'âme.) Aristote se croit aussi, grâce au concept de φύσις, qui lui sert à caractériser tout l'étant matériel, mieux à même d'atteindre le but que Platon se proposait en ramenant tout mouvement à l'âme du monde : élucider le sens et la finalité du monde, et cela plus concrètement. Bien sûr, c'est éliminer de la réalité du monde matériel tout ce dont le démiurge ordonnateur, représentant mythique de la composante rationnelle de l'âme du monde, portait chez Platon la responsabilité, c'est-à-dire toute la charpente mathématique de la réalité matérielle. Avec cela, Aristote abandonne également l'idée d'un principe d'explication mathématique dans les sciences de la nature, l'idée de l'explication scientifique comme visant nécessairement une mathématisation de l'expérience qui se donne d'abord sous une forme purement qualitative. Certes, nous avons déjà vu qu'Aristote ne rejette pas la mathématisation en bloc. Il ne récuse pas notamment le traitement mathématique du mouvement local – ce serait contraire au bon sens –, mais il lui donne le sens d'une « simple abstraction » ; c'est pour lui une pure fiction, qui étudie la trace géométrique du mouvement comme s'il s'agissait du mouvement lui-même. Il n'est pas non plus absolument opposé à l'analyse du mouvement physique en composantes conceptuelles, selon la méthode platonicienne de réduction de tout à ses ἀρχαί, et cela l'amène aussi à l'idée d'établir entre les facteurs simples une relation exprimée par une loi mathématique, comme nous l'avons vu dans sa formulation élémentaire du principe des déplacements virtuels [1]. Ce qui empêche foncièrement Aristote de concourir directement à la fondation de la cinématique rationnelle, c'est sa conception philosophique du mouvement 1) comme constituant par essence un tout organique ; 2) comme un passage au travers duquel un substrat subsistant ou bien actualise ou bien perd une possibilité qui lui est propre, de telle sorte que l'être qui se meut change, que ce soit en gagnant ou en perdant une détermination.

Ces deux caractères qu'Aristote assigne au mouvement ne sont pas dépourvus de fondement. Il est certain que le mouvement est essentiellement lié au changement : tous les changements sont causés par un mouvement, et dans tous les mouvements tant soit peu complexes il se produit un changement de l'état de mouvement. Or, fait caractéristique d'Aristote et de son approche des choses, il s'en tient avant tout à des mouvements complexes de ce genre, les seuls à être véritablement donnés dans l'expérience, au lieu que le mouvement sous sa forme la plus élémentaire est construit par la pensée. La conception d'Aristote peut convenir ou, le cas échéant, s'adapter à la description phénoménale de « mouvements » tels que les actions et processus biologiques, peut-être même les taxies et les réflexes. En parlant de phénomènes anthropologiques complexes (l'apprentissage, le processus de décision volontaire), voire de changements sociaux (les décisions gouvernementales, les guerres, les révolutions, etc.) comme de processus, nous utilisons aussi une notion du mouvement-processus assez proche de celle d'Aristote. Comme sa conception est, en apparence, si largement fondée dans l'expérience, ce n'est pas sans raison qu'il se croit pour sa part à même, par ce moyen, d'élucider les processus naturels de toute sorte dans tous les domaines, y compris, voire notamment ceux de la sphère élémentaire. Il réussit ainsi, en particulier, à expliquer fort ingénieusement les mouvements (inexistants) des sphères célestes (inexistantes) ; la distinction entre le mouvement naturel et le mouvement forcé ou violent lui permet de contourner le problème de l'action de la gravitation et du mouvement gravitationnel. Pourtant, des mouvements

1. Voir *supra*, p. 188, note 1. *(N. d. T.)*

relativement simples, comme le lancer vertical ou oblique d'un objet vers le haut, posent à Aristote un grand problème, qu'il ne cherche pas à dissimuler et qu'il ne surmontera jamais. Les difficultés de l'explication de ces phénomènes tiennent à l'essence même de sa cinématique dynamique. Le mouvement, en tant que processus, demande toujours non seulement une cause interne, mais encore une cause motrice externe ; y participent nécessairement non seulement la φύσις, mais encore un moteur (τὸ κινοῦν). Or, le moteur (exception faite du cas particulier que représente le mouvement des sphères) doit transmettre son action par le contact (Aristote ignore l'action à distance), et il doit agir sur la chose mue pendant toute la durée du mouvement ; sans cela, le mouvement n'aura aucune raison de ne pas s'arrêter dans l'une quelconque de ses étapes, avant de parvenir à son terme. Il est donc clair que l'idée qu'Aristote se fait de la relation entre la force et ce sur quoi elle agit n'a rien à voir avec celle de la dynamique moderne ; le mouvement sans l'action d'une force est, pour lui, inconcevable, et loin d'agir simplement sur l'état de mouvement (comme dans la science moderne de la nature depuis Newton), la force telle qu'il la conçoit est concrètement ce que l'agent déploie pour entretenir le processus, de même que, pour porter un fardeau sur une certaine distance, il nous faut déployer un certain quantum de notre « force » physique, dépense qui se traduit par la fatigue et l'épuisement.

Qu'en est il de la pierre lancée ? Le lancer, oblique, vertical ou horizontal, est un mouvement communiqué au corps « par force », « violemment », « contre » sa nature qui le destine plutôt à tomber, c'est-à-dire à regagner par le chemin le plus court son lieu « naturel ». Au lieu de cela, le corps continue sur sa lancée alors même que la main ou la fronde n'est plus en contact avec lui. Comment est-ce possible ? Question de détail, en apparence sans importance, mais qui aura pour la doctrine d'Aristote des conséquences immenses. Ce qui est là en question, c'est la distinction entre mouvement naturel et mouvement forcé, c'est le concept de φύσις et, conjointement, tout le fondement de l'explication du monde matériel.

Le fait qu'il ne cache jamais ses embarras à ses élèves témoigne, chez Aristote, d'une réelle bonne foi scientifique. Au livre VIII de la *Physique*[1], il avoue ne pas voir clair dans ce qui rend un tel mouvement possible et tente d'établir, en général, à quelles conditions il se laisse penser. Nous savons déjà que, d'après Aristote, tout mobile est mû par

1. *Physique*, VIII, 10, 266 *b* 28 *sqq*.

un autre, distinct de lui ; le cas des êtres vivants, qui se meuvent « d'eux-mêmes », n'est qu'une exception apparente. Cela étant, comment les projectiles peuvent-ils rester en mouvement alors même que le moteur n'est plus en contact avec eux ? Si le moteur met aussi autre chose en mouvement, par exemple, le milieu dans lequel la pierre ou la flèche se meut (l'eau ou l'air), la difficulté demeure la même : comment la chose pourra-t-elle être mue par le milieu lorsque celui-ci n'est plus en contact avec le moteur ? Arrivé là, Aristote exprime une idée qui, encore qu'elle reste chez lui tant bien que mal dans les limites de la doctrine, conduira, dans ses conséquences et chez ses continuateurs, à une révision de sa dynamique. La pierre ne pourra être mue par le milieu que si celui-ci reçoit non seulement le mouvement, mais encore la capacité de mouvoir – capacité de mouvoir que le milieu devra conserver un certain temps après qu'il aura lui-même cessé d'être mû. À cette condition, l'air, mû en même temps que la flèche tirée, pourra mouvoir la flèche alors même que la corde de l'arc aura retrouvé le repos et cessé depuis longtemps d'être en contact avec le projectile. – Si l'air ne conservait pas cette capacité de mouvoir même après avoir cessé pour sa part d'être mû, c'est-à-dire en remplissant un lieu occupé auparavant par le projectile, il ne pourrait pas mouvoir encore et encore d'autres objets, qu'il s'agisse de couches d'air ou d'autre chose. Par conséquent, il ne suffit pas non plus, pour expliquer le lancer vertical ou horizontal, de reprendre le raisonnement de ceux qui ont voulu prouver la possibilité du mouvement en l'absence du vide – de l'ἀντιπερίστασις (remplacement réciproque) – en montrant comment l'air d'abord déplacé par le projectile revient circulairement en prendre la place ; l'air en question ne saurait, en effet, continuer à mouvoir le corps à moins qu'on ne lui attribue une capacité motrice qui perdure alors même qu'il prend la place occupée d'abord par celui-ci. Ainsi, malgré les diverses difficultés liées à la conception de l'ἀντιπερίστασις, le mouvement antipéristatique peut être une réalité ; pour autant, il n'est pas la cause propre qui fait que la pierre demeure en mouvement une fois interrompu le contact avec la main ou la fronde qui l'a lancée. Si le projectile continue à être mû, ce n'est pas parce que le milieu (l'eau, l'air) le porte, ni parce qu'il le pousse devant soi en arcs de cercle ; la cause propre du mouvement est ici la capacité motrice communiquée au milieu par l'impulsion première. C'est une capacité de mouvoir qui n'est pas, originellement et par nature, propre au milieu ; elle y est induite parce que le milieu est mû ; si l'on veut expliquer pourquoi le mouvement de lancée se ralentit et finalement s'arrête, il faut supposer que cette capacité, transmise à encore et encore d'autres couches d'air (ou d'eau), s'affaiblit, jusqu'à ce que l'air ne conserve que le mouvement, sans la capacité de mouvoir – ce mouvement une fois accompli, tout le processus s'arrête. Au livre VII de la *Physique*[1], il est dit ensuite que le moteur produit dans le mû un mouvement hors de lui, plus fort que le mouvement même du mû, lequel y persiste aussi longtemps que le mouvement imprimé le « régit ».

On le voit, l'analyse d'Aristote isole ici quelque chose comme une cause du *changement du processus de mouvement*, cause qui, si elle est toujours sise dans un porteur, n'est pas liée à un sujet *déterminé* comme à son substrat, migrant plutôt de l'un à l'autre, siégeant un certain temps dans chacun, se maintenant alors même qu'elle s'affaiblit, pour se retrouver dotée d'une sorte d'indépendance, celle-ci n'eût-elle – chez Aristote cela ne fait aucun doute – rien de substantiel. C'est un concept de force entièrement différent de la δύναμις τοῦ ποιεῖν aristotélicienne. Il se dessine là pour la première fois une force qui ne coïncide pas avec une possibilité propre à la chose agissante, la force en tant que quelque chose d'indépendant. Le premier germe des concepts modernes de force et d'énergie serait donc à chercher, chez Aristote, non pas dans le couple δύναμις-ἐνέργεια, mais plutôt dans la βία. L'indépendance de cette force (βία) est d'autant plus manifeste que la force ne peut pas produire de transformation interne, qu'elle ne crée aucune qualité dans la chose même – cela reviendrait à mélanger un mouvement forcé avec un mouvement naturel.

Bien sûr, ce point de vue s'éloigne notablement de l'axe central de la philosophie aristotélicienne de la nature ; Aristote y est amené de force, par les phénomènes, ce n'est pas quelque chose qui se présente de soi-même dans la voie royale de sa spéculation. Il s'efforce donc de montrer que cette singulière transmission d'une force motrice censée subsister dans le moteur intermédiaire alors même que celui-ci a cessé de se mouvoir est limitée au milieu particulier que représentent l'eau et l'air ; ces deux éléments sont naturellement à la fois pesants et légers (relativement, selon qu'ils sont eux-mêmes condensés ou raréfiés), à la différence du feu, qui est seulement léger, et de la terre, qui est seulement pesante[2]. L'air produit, en tant que pesant, un mouvement vers le bas, en tant que léger, un mouvement vers le haut. Le mouvement vers le bas est peut-être, dans ce contexte, une allusion à l'accélération ; Aristote parle à un moment[3] du surcroît de poids qui vient aux corps dans un mouvement

1. *Physique*, VII, 2, 243 *a* 20-*b* 2.
2. *De caelo*, III, 2, 301 *b* 23 *sqq*.
3. *Ibid.*, I, 8, 277 *a* 30 *sqq*.

vers le bas. En tant que léger, l'air produit un mouvement vers le haut ; c'est ainsi lui qui est responsable du lancer vertical. Pourtant, ce n'est pas la légèreté normale, propriété naturelle de l'air, qui est cause du mouvement des projectiles, mais plutôt la légèreté en tant que fondement et raison de la capacité rémanente de mouvoir dont il vient d'être question. Averroès comprendra ensuite l'idée en ce sens qu'Aristote chercherait la cause de la transmission de la force motrice dans l'actualisation de la capacité naturelle de l'air à se mouvoir ; c'est tenter de ramener derechef au concept de φύσις l'anomalie de la conceptualité physique aristotélicienne [1], mais c'est là une possibilité qu'Aristote lui-même ne voit pas. Le mouvement forcé, qui, dans le monde, est secondaire et plus faible que le mouvement naturel, a aussi, chez lui, une cause spécifique.

L'explication ingénieuse du mouvement des projectiles que propose Aristote comporte un inconvénient pour sa doctrine, car les conséquences qui en découlent sont empiriquement vérifiables. Ces conséquences seront, de fait, très vite tirées, dans un processus au cours duquel il devient évident que l'explication ne résiste pas à l'examen. Certains attribuent déjà au grand astronome Hipparque, réputé le véritable fondateur de l'astronomie géocentrique dont la synthèse sera ensuite présentée par Claude Ptolémée, les vues qu'on trouve pleinement développées chez l'un des derniers commentateurs d'Aristote, « le premier aristotélicien chrétien », Jean d'Alexandrie (actif au VIe siècle) [2].

Jean d'Alexandrie, dit le Grammairien ou Philopon, est une figure intéressante de l'histoire de la philosophie [3]. Le surnom φιλόπονος signifiait à l'époque, comme en Syrie σπουδαῖος, un zélateur chrétien, un laïc travaillant pour l'Église. Philopon semble être entré comme élève à l'école d'Alexandrie de la même façon que d'autres étudiants chrétiens à l'époque, mais la persécution des écoles philosophiques païennes par l'empereur Justinien au début du VIe siècle l'amènera, du fait de ses rapports étroits avec Ammonios, alors à la tête de l'école, à jouer un rôle singulier à la fois politique et culturel. Ammonios se sert de son assistant chrétien comme d'un bouclier pour lui-même et pour l'école – un

1. Voir A. Maier, *Die Impetustheorie der Scholastik*, Vienne, Schroll, 1940, p. 10.

2. Ainsi É. Meyerson (*Identité et Réalité*, Paris, F. Alcan, 3e éd., 1926, p. 117 et 120) parle tout uniment des « idées d'Hipparque », s'agissant de la *vis impressa*. Mais E. Wohlwill déjà a montré que les aristotéliciens de la basse Antiquité tenaient les conceptions d'Hipparque pour tout à fait compatibles avec celles d'Aristote ; voir son article « Ein Vorgänger Galileis im 6. Jahrhundert », *Physikalische Zeitschrift*, 7 (1906), p. 27.

3. Cf. H.-D. Saffrey, « Le chrétien Jean Philopon et la survivance de l'école d'Alexandrie au VIe siècle », *Revue des études grecques*, 67 (1954), p. 396-410.

document conservé évoque un accord conclu avec l'évêque d'Alexandrie (vraisemblablement sur la teneur des cours et le mode de l'enseignement) ; il est à tout le moins certain que Jean le Grammairien, chargé sans doute par Ammonios, rédige et publie en 517 le commentaire de celui-ci sur la *Physique* d'Aristote, et que ce n'est pas le seul grand commentaire de son maître qu'il édite durant cette période. Que le maître n'écrive pas lui-même ses cours, c'était une pratique courante dans les écoles hellénistiques, mais dans le cas d'Ammonios les circonstances obligent aussi à faire la part de la prudence. Toujours est-il qu'on ne sait pas au juste ce qui, dans le commentaire, est effectivement d'Ammonios et ce qui est à mettre sur le compte de son assistant, dont le talent ne fait aucun doute. On peut penser en tout état de cause que, s'il n'est pas lui-même l'auteur des aperçus nouveaux qui vont fonder la renommée de Philopon, Ammonios devait bien les approuver. Philopon, lui, prenait très au sérieux sa mission de concilier Aristote et l'enseignement de l'école aristotélicienne avec le christianisme. En 529 – ayant succédé à Ammonios à la tête de l'école d'Alexandrie – il publie, du point de vue de la doctrine chrétienne de la création du monde, une réfutation de l'interprétation par Proclus du *Timée* de Platon qui peut être lue comme le manifeste de l'école d'Alexandrie, texte dans lequel il se distancie de l'auteur principal de l'Académie d'Athènes au moment même où le décret de Justinien la ferme et contraint les philosophes qui y enseignent à s'exiler en Perse. Par la suite, Philopon écrira aussi une réfutation de la doctrine aristotélicienne de l'éternité du monde ; Simplicius réagit à ce traité (perdu) dans une controverse que nous avons déjà évoquée dans un chapitre précédent [1].

Pour revenir au commentaire de Philopon, ou d'Ammonios, sur les écrits physiques d'Aristote, il contient bon nombre de critiques perspicaces et d'observations scientifiques exactes. Plus d'une thèse de l'astronomie et de la météorologie aristotéliciennes y est remise en cause : Philopon ne suit pas Aristote lorsque celui-ci affirme que le Soleil n'est pas une boule de feu et dit la chaleur solaire générée par un mouvement impétueux au contact des sphères inférieures ; il n'est pas d'accord avec lui pour situer la Voie lactée dans la sphère sublunaire. Particulièrement digne de remarque est son opposition aux doctrines physiques : 1) à la théorie du mouvement forcé des projectiles chez Aristote, 2) à l'idée de l'impossibilité du mouvement dans le vide, 3) à l'affirmation de l'absence de commune mesure entre un milieu plein et un milieu vide,

1. Voir *supra*, p. 141-142. *(N. d. T.)*

mais (étant donné des milieux diversement denses) d'une proportion directe entre la densité du milieu et la vitesse (ce qui rendrait le mouvement impossible dans le vide, car il devrait être infiniment rapide). Philopon établit clairement que cette proportion ne s'applique pas. Par ailleurs, il combat l'idée aristotélicienne du lieu (τόπος) comme doté d'une force : d'après lui, les corps pesants ne tombent pas vers le centre du monde, mais vers le plus grand amas de l'élément terre. Il se rend compte enfin que le poids d'un corps est sans influence sensible sur sa vitesse dans la chute libre [1].

Que Philopon soit l'auteur ou simplement l'éditeur des idées d'Ammonios [2], il est en tout cas, dans l'état actuel des connaissances, le premier auteur dont on peut dire, sans l'ombre d'un doute, qu'il s'écarte foncièrement de la théorie aristotélicienne du mouvement forcé : il ne voit pas la cause de ce mouvement dans le milieu où il se déroule, mais dans un mouvant, qui est une force, transmise, semble-t-il, par le moteur immédiat à la chose même. À ceux qui pensent que le projectile est mû par l'air mis en mouvement en même temps que lui et qui, en raison de sa légèreté, conserverait une impulsion rémanente, Philopon [3] pose une question : celui qui meut violemment une pierre la met-il en mouvement uniquement par l'air qui la porte, ou plutôt par le fait qu'il imprime aussi à la pierre une certaine force motrice (κινητικὴ δύναμις) ? S'il ne transmet pas de force à la pierre, pourquoi a-t-il besoin de la toucher ? Il suffirait après tout de mettre en mouvement d'une autre façon l'air derrière la pierre ou le projectile (par exemple, avec un soufflet ou en agitant les bras), on pourrait trouver un moyen de brasser puissamment l'air tout en réduisant au minimum la résistance initiale du projectile – pourtant l'expérience montre que, dans un tel cas, celui-ci ne bougera pas. D'ailleurs, quel air fait mouvoir le projectile à l'instant où il quitte la main ou la corde de l'arc ? Ce qui est initialement au contact du trait lancé, ce n'est pas l'air, mais plutôt le moteur immédiat, et l'air de part et d'autre ne peut pas mouvoir la chose. Il s'ensuit de tout cela que le mouvement forcé ne se déroule pas de la façon décrite par Aristote, loin de là, qu'il nécessite une force incorporelle (ἐνδίδοσθαι κινητικὴν δύναμίν τινα ἀσώματον) transmise au projectile par le lanceur, l'air

1. Cf. E. Wohlwill, « Ein Vorgänger Galileis im 6. Jahrhundert », p. 29-32.

2. Mais serait-ce concevable qu'un disciple attribue à son maître des théories qu'il aurait lui-même inventées et qui s'écartent à ce point de la tradition de l'école ? À plus forte raison, des théories ayant si peu en commun avec l'orientation générale de sa conception du monde ?

3. *In Arist. Phys.*, (CAG, vol. 17), p. 641, 15 *sqq.*, éd. Vitelli.

environnant n'y contribuant pas du tout ou seulement pour une part insignifiante. (Philopon en déduit encore que le mouvement forcé serait possible même dans le vide, si celui-ci existait.)

Philopon lui-même ne se sent pas opposé par principe à Aristote. Sa mission, telle qu'il la conçoit, est de montrer la possibilité foncière d'harmoniser Aristote avec la nouvelle idéologie chrétienne – il en est le premier interprète chrétien et il voit clairement les vastes possibilités qu'offre la doctrine d'Aristote comme base de la nouvelle manière de voir. À plus d'un égard, son exégèse apporte une intelligence nouvelle des concepts expliqués; ainsi Wieland[1] a montré qu'il est le premier à parler du *flux* temporel qu'implique la compréhension linéaire du temps par opposition à la conception cyclique de l'Antiquité. De façon analogue, on peut sans doute relever aussi dans la question de la transmission du mouvement forcé des tendances à admettre l'action incorporelle (fût-elle médiatisée corporellement), à voir à l'œuvre, jusque dans le domaine physique, des facteurs non spatiaux. Philopon invoque, à l'appui de cette possibilité, Aristote lui-même : chez lui aussi, la vision à distance des couleurs n'est possible que parce que certaines forces (ἐνέργειαι) des choses visibles s'acheminent d'elles-mêmes, en vertu de leur propre pouvoir, jusqu'à la vue, et ces ἐνέργειαι peuvent être modifiées en chemin – un rayon de lumière, par exemple, peut être coloré par le verre qu'il traverse, colorant alors de même l'objet sur lequel il tombe : c'est là une modification qui se transmet sans aucune participation du milieu, par le simple passage incorporel d'un lieu à un autre.

Il ne vient pas à l'idée de Philopon de tenir la δύναμις ἐνδοθεῖσα pour quelque chose de constant – il lui est clair, comme à Aristote, que cette βία (violence) s'épuise avec le temps[2]. Chez Philopon, on n'a pas affaire à une conception foncièrement nouvelle du mouvement; il n'est question ni de la transmission directe du mouvement ni de sa conservation (l'inertie); ce dont il s'agit est une modification de la conception aristotélicienne de la *cause* du mouvement forcé. La doctrine dynamique fondamentale d'Aristote n'est pas remise en question chez Philopon : le mouvement et la cause du mouvement sont deux choses bien distinctes, et le mouvement est nécessairement accompagné de sa cause. S'applique à la δύναμις ἐνδοθεῖσα comme aux « mouvements naturels » d'Aristote l'axiome selon lequel « tout ce qui se meut est mû par quelque chose »,

1. W. Wieland, « Die Ewigkeit der Welt (Der Streit zwischen Johannes Philoponus und Simplicius) », p. 311 *sqq.*

2. Cf. *In Arist. Phys.*, p. 644, 19-21.

ce qui signifie, au fond, « par un autre que lui-même ». En effet, la δύναμις ἐνδοθεῖσα demeure étrangère à la chose même à laquelle elle est imprimée (de là, le caractère violent, forcé du mouvement qu'elle produit) – tout à fait comme l'impulsion première transmise d'après Aristote au milieu et que le commentateur tardif Themistius compare à la chaleur communiquée par le feu à l'eau chauffée, chaleur qui se maintient un certain temps après que le feu a cessé de chauffer l'eau, avant de se perdre totalement.

Cela mis à part, il y a une belle cohérence dans bon nombre des points sur lesquels Philopon s'écarte d'Aristote. Tout se fonde sur la doctrine de la force imprimée comme cause propre du mouvement forcé ; c'est de là que découle la possibilité du mouvement dans un milieu vide, car l'action du milieu n'est plus indispensable ; cela conduit alors, de surcroît, à une analyse critique de l'argument tiré de la proportion entre la densité du milieu et la vitesse du mouvement du corps qui le traverse. Et pourtant – fait éminemment caractéristique ! – tout cela ne suggère pas à Philopon une révision plus approfondie de la doctrine aristotélicienne de l'espace – il ne croit pas plus au vide qu'Aristote lui-même, et s'il récuse le caractère dynamique du lieu, s'il y substitue, comme cause de la gravitation, l'ordre éternel imprimé aux choses par le Créateur, toutes ses modifications annoncent un même propos idéologique : celui de marier l'aristotélisme à la doctrine de la Création et des causes incorporelles, éventuellement d'ordre sacré ou miraculeux.

Le commentaire de Philopon sera connu des Arabes, chez qui la théorie de la « force imprimée » est reprise par Avicenne au XIe siècle, puis, au XIIe, par l'astronome arabo-espagnol al-Bitrogi, considéré parfois comme le truchement qui la transmet à l'Occident chrétien. Les penseurs européens du XIIIe siècle n'y ajoutent rien d'essentiel. Au XIVe siècle, en revanche, elle deviendra l'une des nouveautés les plus remarquables de la pensée des nominalistes parisiens. P. Duhem, épistémologue positiviste et physicien connu, à qui revient le mérite de la première étude d'envergure sur la science de la nature des nominalistes du XIVe siècle [1], souligne tout ce qui la rapproche du mécanisme moderne et éloigne de la doctrine propre d'Aristote ; il croit trouver notamment dans la théorie de la « force imprimée » un premier germe

1. P. Duhem, *Études sur Léonard de Vinci...*, I-III, surtout la troisième série (Paris, Hermann, 1913).

des concepts modernes d'inertie, d'impulsion et d'énergie. Le fait que certains représentants de ces idées vont, dans les conséquences qu'ils en tirent, jusqu'à abandonner la doctrine aristotélicienne des moteurs des sphères célestes, voire jusqu'à envisager la rotation quotidienne de la Terre, lui donne lieu de parler d'une physique nouvelle, dépassant la distinction du domaine céleste et du domaine sublunaire, de précurseurs du copernicianisme dans la scolastique parisienne, qui aurait vu aussi les commencements de la science mathématique de la nature, avec l'invention, par Nicole Oresme, d'un système de coordonnées rectangulaires et ses réflexions sur la loi du mouvement uniformément accéléré. À travers Marsile d'Inghen et Nicolas de Cues, le fil conduit jusqu'à Léonard de Vinci et la science de la nature de la Renaissance; à travers Dominique Soto, scolastique espagnol du XVIe siècle qui fait revivre les tendances nominalistes, jusqu'à Galilée. Comme, d'autre part, Duhem situe avec beaucoup d'esprit les commencements des nouvelles théories scientifiques dans le contexte de la lutte d'Étienne Tempier et de ses partisans à l'université de Paris, à la fin du XIIIe siècle, contre le renouveau de l'aristotélisme, tout cet enchaînement historique lui apparaît comme la suite pour ainsi dire directe de l'intervention de la théologie, inscrivant les dogmes chrétiens dans la philosophie – ce qui aurait eu à son tour pour conséquence un premier embryon de la science moderne de la nature. Or, toutes ces constructions ambitieuses négligent une circonstance fondamentale – la persistance de l'essentiel des théories dynamiques d'Aristote chez tous les penseurs cités [1]. Toute l'histoire de la théorie nominaliste de la force imprimée a été analysée sur nouveaux frais par Anneliese Maier qui en a également édité les textes majeurs et dont le travail représente aujourd'hui le principal point de départ pour une révision des conceptions de Duhem.

Pour l'instant, il n'a pas été prouvé que la théorie de la force imprimée, que les scolastiques nomment *impetus* ou *vis impressa*, leur soit venue par l'intermédiaire des Arabes. Les racines aristotéliciennes et le simple bon sens, sans artifice, suffiraient à en expliquer la naissance. On la rencontre chez Thomas d'Aquin comme chez Bonaventure – non pas là où ils commentent la *Physique* et font des exposés systématiques (là, les grands scolastiques sont de fidèles aristotéliciens), mais là où

1. Cf. A. Maier, *Die Impetustheorie*..., p. 16 : Malgré la polémique contre Aristote, la doctrine nouvelle de la force inhérente au mouvement imprimé à la chose n'est possible que dans le cadre de l'aristotélisme – c'est de l'aristotélisme revu et corrigé.

l'analogie du mouvement du projectile leur sert à élucider d'autres actions retardées, par exemple, celle de la force végétative et animale du père dans l'embryon en voie de développement, ou encore là où il s'agit d'expliquer l'action conjointe d'un instrument et d'un agent intelligent. Il y a toutefois un passage dans le commentaire de Thomas sur le *De caelo* [1] où il rejette expressément l'hypothèse de la force imprimée.

Anneliese Maier voit les prémices de la théorie de la *vis impressa* chez les auteurs du XIIIe et du début du XIVe siècle qui, tels Pierre Olivi et Guillaume d'Ockam, veulent étayer l'idée de l'*actio in distans* en vue d'une théorie de la causalité à distance. Le cas d'Ockam, chez qui Duhem trouve non seulement une reprise spirituelle de la critique de Philopon (deux archers peuvent tirer l'un contre l'autre – comment les deux traits seraient-ils portés par le même air ?), mais encore un premier énoncé du principe d'inertie (l'idée que le mouvement, une fois initié, n'a plus besoin de moteur pour continuer), est particulièrement important. En regardant de plus près, cependant, les choses se présentent autrement. Il ne s'agit pas pour Ockam du mouvement et de sa conservation, mais de la conception aristotélicienne de la causalité, de la *cause* du mouvement : la théorie selon laquelle la cause doit agir aussi longtemps que dure le mouvement et demeurer au contact de l'objet mû. Dans l'idée d'Ockam, le mouvement, une fois commencé, n'a plus besoin d'intermédiaire ; la cause initiale suffit. Il n'est pas dit pour autant qu'il continuera *in indefinitum* en l'absence d'obstacles. La doctrine d'Ockam est ainsi une simple conséquence de sa méthode qui consiste à rechercher et à éliminer partout les *entia rationis*. Son propos n'a rien à voir avec la philosophie de la nature ; ce qu'il entend faire, c'est désigner le mouvement comme un simple mot qui ne signifie rien d'objectif et, en ce sens, aucun réel. Bien sûr, son affirmation selon laquelle le mouvement continué n'est pas une conséquence nouvelle et ne requiert donc pas de cause [2] est pleine des potentialités les plus riches – mais ni son époque ni la suivante ne les exploitera.

L'on tient désormais pour le véritable auteur de l'idée de l'impulsion transmise le contemporain d'Ockam, le franciscain scotiste François de

1. *In De caelo et mundo*, III, lect. 1.

2. Cf. le texte du *Commentaire sur les Sentences* d'Ockam dans A. Maier, *Die Impetustheorie…*, p. 41-42. On ne peut donner raison à Maier lorsqu'elle minimalise l'assertion d'Ockam selon laquelle le mouvement n'est pas un *ens*, mais une simple *vox*, désignant l'*ens* dans certaines relations spatiales ; c'est pourtant, au fond, une théorie de la relativité du mouvement.

la Marche, chez qui elle porte le nom de *virtus derelicta*[1]. Il est caractéristique que la théorie soit présentée chez lui comme base d'une analogie permettant de comprendre l'efficace des sacrements. Les franciscains, à la différence des thomistes, niaient que la consécration génère une qualité nouvelle dans les sacrements ; pourtant, ils ne se résolvaient pas non plus à y voir l'action immédiate de Dieu ; l'analogie de la force imprimée arrivait à propos pour prouver que la faculté d'agir peut perdurer dans ce qui subit l'action sans causer de modification de sa nature intime. Or, ce sur quoi François de la Marche fonde cette analogie, c'est une théorie élaborée du jet qui engage une ample polémique avec Aristote et Averroès (utilisant des argments tout autres, bien plus spéculatifs que ceux de Philopon). Il distingue clairement deux espèces de force motrice : l'une qui initie le mouvement, l'autre qui l'exécute et le prolonge ; les forces de la seconde sorte sont causées ou transmises par les premières. Elles sont une « forme » intermédiaire entre la permanence naturelle (la chaleur du feu) et l'éphémère absolu (le mouvement), un peu comme la chaleur générée dans ce qu'on réchauffe sur le feu. La *vis derelicta* n'est donc pas une *forma naturalis*, comme la pesanteur, mais elle est bien une *forma accidentalis*, qui elle aussi produit dans la chose une certaine *inclinatio*, fût-elle éphémère (car accidentelle).

François tente également d'appliquer sa théorie au mouvement des sphères célestes, essai plutôt timoré et malvenu, car il tient toujours ce mouvement pour naturel. Une application remarquable dans l'astronomie sera, en revanche, l'un des grands accomplissements intellectuels de Jean Buridan, au nom de qui la théorie de la force imprimée (que, pour sa part, il appelle « *impetus* ») est indissolublement liée. Buridan est le penseur, au Moyen Âge, qui donne à cette théorie la forme la mieux définie, appuyée sur des faits empiriques. Il développe en particulier ceux de ses aspects qui se rapportent à la quantité du mouvement (soit à un concept embryonnaire de ce que la mécanique moderne connaît sous le nom d'énergie cinétique), à l'effet de la force comme cause de l'accélération gravitationnelle et enfin à la force imprimée en tant que cause durable du mouvement des sphères célestes, *impetus* qui se conserve et qui est comme une forme primitive, embryonnaire de l'idée d'inertie.

1. Cf. K. Michalski, « La physique nouvelle et les différents courants philosophiques au XIVe siècle », *Bulletin international de l'Académie polonaise des sciences et des lettres. Classe d'histoire et de philosophie*, 1927, p. 140-142 ; A. Maier, *Die Impetustheorie...*, p. 45 *sqq*.

Buridan ne se contente pas de répéter les arguments empiriques de Philopon, il en apporte aussi de nouveaux, en nombre, mais le point fort de son enseignement est ailleurs, dans la façon dont il généralise la théorie de la cause du mouvement violent (qui n'est chez Aristote qu'un épisode insignifiant dans le règne de la nature, dominé par le principe *interne* du mouvement) pour en faire la clef de l'explication de l'accélération même d'un mouvement aussi naturel que la chute des graves, voire la clef du mécanisme d'un mouvement tel que la rotation des sphères célestes. La pierre rejetée par le bâtisseur devient ainsi, en vérité, pierre angulaire [1].

Le mouvement des projectiles ne peut pas s'expliquer par une impulsion communiquée au milieu, mais uniquement par ceci que la force initiale constitue dans le corps lancé lui-même une force nouvelle et dérivée, un *impetus* dont la direction sera conforme à l'orientation du premier moteur, la grandeur en fonction de la vitesse à laquelle ce premier moteur aura fait mouvoir l'objet. L'*impetus* est freiné par deux forces : l'une, externe – l'air ; l'autre, interne – la pesanteur propre, qui engendre dans le projectile une tendance au mouvement contraire à celui auquel pousse l'*impetus*. Aussi le jet va-t-il en ralentissant, l'*impetus* en diminuant pour finalement disparaître, vaincu par la pesanteur. C'est impliquer que l'*impetus* se conserverait en l'absence de ces forces adverses ; rien dans le discours de Buridan n'indique qu'il s'épuiserait de lui-même (comme cela semble être le cas chez François de la Marche).

Si l'on demande pourquoi la pierre lancée va plus loin que la plume, le fer ou le plomb (à condition d'avoir reçu une forme appropriée) plus loin que le bois, la réponse sera à trouver dans le principe (aristotélicien) universel selon lequel toutes les formes et dispositions naturelles se manifestent dans les choses proportionnellement à la quantité de leur matière ; cela vaut aussi de l'*impetus*, qui est d'autant plus grand et plus intense que la matière dont il s'empare est plus dense et plus pesante (dans le dense et le pesant, il y a en effet, *ceteris paribus*, plus de matière première que dans le léger et le rare). On notera que le fait que Buridan parle ici de l'*impetus* comme d'une des *formae et dispositiones naturales* ne l'empêche pas, par la suite, de vouloir en démontrer le caractère forcé : dans son esprit, l'opposition du naturel et du violent ou forcé a clairement cessé de jouer un rôle dirigeant dans les processus de la nature.

1. Cf. Ps. CXVIII, 22. *(N. d. T.)*

Pour Duhem, la proposition selon laquelle l'*impetus* est proportionnel à la quantité de matière est analogue à la proposition de Descartes sur la quantité de mouvement conservée dans le monde (mv), ainsi qu'à la force vive de Leibniz (1/2 mv^2) [1]. En réalité, l'*impetus* n'est ni le mouvement ni la vitesse, mais plutôt, comme Anneliese Maier le fait remarquer à juste titre [2], la *cause* du mouvement, laquelle ne produit la vitesse que conjointement avec d'autres facteurs, ce qui permet alors de dire que, par son intermédiaire, elle agit aussi sur l'énergie cinétique de l'objet. La question de l'énergie cinétique est, en tout état de cause, un thème emprunté à la physique moderne, qui n'est pas à sa place ici.

L'idée de l'*impetus* comme ce qui cause l'accélération en chute libre est peut-être plus digne de remarque encore que l'exposé sur sa proportionnalité avec la quantité de matière. La pierre qui tombe est mue d'abord par sa seule pesanteur, mais en faisant mouvoir le corps, la pesanteur lui communique également un *impetus* dont les effets s'ajoutent à ses effets directs. Plus le mouvement s'accélère alors et plus l'*impetus* aussi va en s'intensifiant, entraînant derechef une augmentation de la vitesse. Les nombreuses obscurités, voire le cercle vicieux patent [3] que comporte cette conception ont souvent été soulignés : la conséquence est censée exercer sur la cause une action en retour qui lui fasse elle-même subir des changements. Malgré cette confusion, on dégage ici le fait que le mouvement gravitationnel est à expliquer à partir de deux sources : la source normale du mouvement normal (soit, selon le terme moderne, du mouvement uniforme) et une force cause de l'accélération. Dans le discours confus sur la vitesse qui exercerait une action en retour sur l'*impetus* et vice versa, on peut voir une tentative pour exprimer la continuité de l'action de la force d'accélération et l'additionnement de ses impulsions. Buridan ne part donc pas encore ici, comme plus tard Galilée, du « mouvement le plus simple » (soit le mouvement uniforme) sans en élucider la cause : la *vis motiva* initiale est chez lui la *gravitas*, la pesanteur. Mais il a d'ores et déjà une conscience aiguë du *facteur perturbateur* qu'est la force d'accélération. Et il introduit cette force perturbatrice au cœur même du mouvement éminemment naturel qu'est pour Aristote la chute libre, la tendance des choses terreuses, pesantes, à regagner leur lieu naturel. Ici le principe de l'impulsion transmise, limité d'abord par Aristote au milieu fluide,

1. P. Duhem, *Études sur Léonard de Vinci…*, troisième série, p. VII.
2. A. Maier, *Die Impetustheorie…*, p. 90.
3. *Ibid.*, p. 91-92.

introduit ensuite par Philopon dans le projectile lancé, gagne tout d'un coup la chute ou sa composante essentielle, celle qui la caractérise mathématiquement – en tant que mouvement uniformément accéléré.

Si le cas de la chute libre est tellement intéressant, c'est que même la science moderne de la nature ne prend pas en compte ici uniquement les différents paramètres du mouvement (l'espace parcouru, le temps, la vitesse) dans leur rapport quantitatif, mais qu'elle connaît également la *force* en tant que *cause* du changement de l'état de mouvement ; ici, le concept d'*impetus* est donc tout à fait adéquat. Il y a, bien sûr, une obscurité dans le fait que Buridan distingue la pesanteur et la cause de l'accélération [1] ; mais il voit clairement que l'explication exige *deux* facteurs – l'un qui signifie la constance (l'uniformité) du mouvement, l'autre qui *abolit* cette constance.

La troisième remarque importante de Buridan au sujet de l'*impetus* concerne les sphères étoilées. La Bible, constate-t-il, ne dit rien d'« intelligences » capables de mouvoir les corps célestes ; on pourrait donc en conclure qu'il n'y a aucune nécessité à supposer l'existence de telles intelligences. Il suffit de dire que le Créateur, au commencement, a imprimé à chacune des sphères célestes un *impetus* capable de la maintenir durablement en mouvement (sans qu'Il ait à intervenir derechef). Ces forces imprimées ne s'affaiblissent pas avec le temps, mais se conservent, car les corps célestes n'ont aucune inclination à un autre mouvement et il n'y a ni forces ni milieu qui tendraient à en arrêter ou freiner le mouvement dû à la force imprimée (Buridan emploie désormais le terme *impetus impressus* et, plus tard, *vis impressa*).

L'*impetus* en tant qu'origine du mouvement des sphères célestes elles-mêmes – cela signifie : la violence, principe *non* naturel, *contre*-nature, domine dans l'ensemble de la nature. En effet, toute génération et tout périssement dans le domaine sublunaire, tous les changements météorologiques, toute naissance et toute procréation, toutes les catastrophes naturelles périodiques comme aussi l'histoire en son entier, tout dépend du mouvement des sphères célestes. Buridan est conscient du pas qu'il franchit ici dans sa conception du monde. Faire appel à la cause qui rend raison du mouvement violent dans notre proche environnement pour expliquer l'œuvre du Créateur et, au travers d'elle, le cours uniforme, suprêmement harmonieux de la partie supralunaire du

1. Et pourtant il les réunit derechef : l'*impetus* accélérateur découle de la pesanteur. Toute la faiblesse de la conception de Buridan tient précisément à ce que cet *impetus* n'est pas identique à la pesanteur, qu'il en est plutôt la « conséquence ».

monde qui, pour un aristotélicien, est la plus parfaite, la plus proche de la divinité – c'est une démarche qui donne à penser et que Buridan lui-même n'ose point accomplir de façon assertive, en tant que thèse concrète : s'il en parle, c'est à l'intention des maîtres théologiens, afin qu'ils l'instruisent comment il pourrait en être ainsi.

Buridan passe enfin à un bref exposé de la nature ontologique de la *vis impressa* : on aurait tort d'y voir une cause *naturelle* du mouvement car, bien qu'immanente à la chose même, elle va à l'encontre de son inclination intrinsèque (vers le bas) ; on aurait tort, de même, d'identifier cette impulsion au mouvement local (dans le sens de la doctrine d'Ockam) ou de la considérer comme aussi transitoire que le mouvement comme tel (on voit là que Buridan se réclame toujours de la conception aristotélicienne traditionnelle du mouvement). L'*impetus* est une qualité capable de mettre un corps en mouvement, de même que la force magnétique communiquée au fer par l'aimant fait que le fer se meut vers l'aimant. L'*impetus* est comme une aimantation par le mouvement. Cela explique aussi l'hystérésis, la persistance du mouvement dû à l'*impetus*, alors même qu'il a atteint son terme : le rebond de l'objet qui tombe à terre, la vibration d'une corde, la résonance prolongée des cloches ; l'aimantation aussi persiste un certain temps, une fois son œuvre – l'attraction du fer par l'aimant – accomplie.

Chez Nicole Oresme, le suivant dans la lignée des grands théoriciens de l'*impetus*, on trouve également des considérations intéressantes sur l'accélération due à l'*impetus*. Malheureusement, elles partent d'un « fait » supposé qui, bien que parfaitement fictif et irréel, passait alors pour vrai et qui sera généralement admis jusqu'au XVIIe siècle : la supposition que les corps lancés commencent par s'accélérer pour atteindre un maximum de vitesse vers le milieu de leur trajectoire et aller ensuite se ralentissant. Ce « fait » a son origine dans une fausse interprétation d'un passage énigmatique du *De caelo* d'Aristote [1], où il est dit que les choses mues d'un mouvement naturel atteignent leur maximum de vitesse au point d'arrivée, les choses mues d'un mouvement forcé, au point de départ, les choses lancées, dans l'entre-deux. Passage qui, déjà chez les Anciens, laissait les commentateurs perplexes et que la scolastique explique de la façon indiquée, par un « fait » inventé pour les besoins de la cause, qui induira encore Leibniz en erreur, en 1671 [2].

1. *De caelo*, II, 6, 288 *a* 19 *sqq*.
2. Cf. A. Maier, *Die Impetustheorie…*, p. 103.

Chez Oresme, ce fait inventé a pour conséquence intéressante de faire expliquer solidairement et presque à l'identique les processus naturels et les processus forcés, comme si cela allait de soi. Aussi l'explication de la gravitation procède-t-elle chez lui de pair avec celle du jet vertical ou oblique et selon les mêmes principes, voire il lui arrive à l'occasion de donner le même nom au principe qui sert à l'exégèse des deux – *gravitas accidentalis*. L'explication du mouvement gravitationnel et celle du jet diffèrent uniquement en ceci que, dans le premier cas, l'*impetus*, étant en harmonie avec l'inclination interne de la chose, ne cesse de croître, alors que dans le jet il tend à se perdre. Les deux cas s'accordent aux yeux d'Oresme dans la mesure où tout *impetus* découle d'une accélération et – même dans le cas du jet de projectiles – produit derechef une accélération. Sans doute, Oresme n'a pas l'audace spéculative d'un Buridan, qui applique le concept d'*impetus* à l'univers en totalité. Il néglige par ailleurs complètement l'élément important de la conception de Buridan qu'est la possibilité de la conservation de l'*impetus*, voire sa conservation nécessaire en l'absence de forces adverses. C'est néanmoins chez Oresme que le thème de l'accélération comme conséquence principale de l'*impetus* est le mieux mis en valeur.

Nous n'approfondirons pas davantage les détails de la théorie scolastique de la force imprimée. Albert de Saxe, que Duhem présente comme un des principaux pionniers de cette doctrine, se révélera, dans la révision qu'entreprend Anneliese Maier, un simple écho de ses maîtres parisiens, notamment d'Oresme[1]. Important est, en revanche, Marsile d'Inghen, fondateur de l'université de Heidelberg et l'un des initiateurs de la tradition nominaliste sur le sol allemand. Important non seulement parce qu'il élabore une détermination ontologique très précise du concept d'*impetus*, qui servira d'exemple à la période suivante, mais aussi par son rôle d'intermédiaire. C'est, en effet, à travers lui que le concept parvient à celui qui le transmettra sous une forme singulière – d'ores et déjà comme véritable embryon du principe d'inertie – aux penseurs de la Renaissance, à Léonard de Vinci, à Bruno et peut-être à Copernic : Nicolas de Cues.

Selon Marsile, l'*impetus*, considéré en lui-même (c'est-à-dire en tant que propriété) est une qualité sensible simple (un élan qui se manifeste, par exemple, en passant au travers des obstacles) ; considéré sous le rapport de son origine, il est un *habitus* du sujet auquel il est imprimé (une habitude, car ce n'est qu'avec le temps, c'est-à-dire au fur et à

1. A. Maier, *Die Impetustheorie...*, p. 130-140.

mesure de l'accélération, qu'il se déploie dans la plénitude de sa force); considéré sous le rapport de sa fin, c'est-à-dire de sa fonction qui est de mouvoir, l'*impetus* est toutefois une *action*, il est producteur de mouvement, moteur [1]. – Avec une minutie scolastique, Marsile effectue aussi la répartition de l'*impetus* en sous-catégories : l'*impetus* vertical vers le haut et vers le bas, l'*impetus* naturel et violent, l'*impetus* droit et circulaire. L'*impetus* naturel se maintient, l'*impetus* violent se résorbe et s'épuise petit à petit.

L'*impetus* naturel circulaire précisément sera le thème traité par Nicolas de Cues dans le premier de ses deux dialogues connus sous le titre *De ludo globi* [2]. Dans ce dialogue, le mouvement de la boule dite *globus*, projectile à la forme spécifique, qu'on lance ou plutôt qu'on fait rouler vers une cible, fournit le point de départ de comparaisons instructives et de considérations spéculatives. (Le jeu en question est un jeu de quilles au parcours en spirale; le *globus* est un hémisphère légèrement concave, lancé dans une spirale à dix tours de façon à abattre les figurines placées dans chaque tour à une certaine distance pour finalement venir reposer au centre. La forme de la boule est conçue pour décrire cette trajectoire contournée.)

Selon Nicolas de Cues, la forme du *globus* est adaptée à un mouvement qui ne doit être ni entièrement droit ni entièrement circulaire. La domination de l'un ou de l'autre obéit à la forme des deux (hémi-)sphères dont le *globus* concret est l'intersection : la plus grande, à l'extérieur, lui donnant sa surface convexe, la plus petite, à l'intérieur, sa surface concave. Si nous nous figurons un anneau sans épaisseur, roulant sur un plan de glace parfaitement lisse, sa trajectoire sera une droite – il n'y aura aucune raison pour qu'il dévie de cette orientation linéaire. Le tournoiement du *globus* est dû au caractère plus volumineux de l'un de ses côtés. – Par ailleurs, le même *globus*, lancé avec plus ou moins de force, décrira des courbes d'une allure différente, et cela (toujours d'après l'exposé du Cusain) selon la force de la première impulsion (*impetus*) : si celle-ci est plus forte, la trajectoire sera plus droite, et inversement. Le commencement de la trajectoire sera donc plus droite, après quoi elle deviendra de plus en plus courbe, plus elle se prolonge. Cela, parce que l'*impetus droit* est moins naturel, moins

1. *Ibid.*, p. 150.

2. Voir trad. fr. de M. de Gandillac dans *Lettres aux moines de Tegernsee sur la docte ignorance – Du jeu de la boule*, Paris, O.E.I.L., 1985, notamment p. 66-67 et 77-79. *(N. d. T.)*

adéquat à la nature (à la forme) du *globus*; un *impetus* plus fort soumet le *globus* à une plus grande violence, l'obligeant à suivre, contre sa nature, une ligne plus droite.

Un peu plus loin, le dialogue revient encore à la trajectoire que décrit le *globus*. La thèse, c'est que si je veux lancer le globe sur le bord de façon qu'il vienne reposer au centre de la spirale, il ne faut pas le lancer tout droit, quelle que soit sa forme. L'objection y répond : si le globe est parfaitement sphérique, il n'y a pas de raison pour qu'il n'arrive pas au centre en ligne droite (la sphère est exactement équilibrée des deux côtés) et ne s'y arrête. La réponse à l'objection fait remarquer qu'une sphère parfaite, se déplaçant sur une surface parfaitement plane, ne sera en contact avec elle que par un point (un « atome »), que sa trajectoire sera donc invisible (elle n'aura pas d'épaisseur); elle ne sera pas la ligne la plus courte entre le point de départ et le centre (Nicolas croit en effet le minimum absolu impossible dans le monde sensible, tout autant que le maximum absolu), et le corps qui la suivra ne s'arrêtera pas au centre. Cela, parce que le mouvement d'une sphère parfaite est telle que *ce corps, tout en étant mû, est toujours dans le même état* (ni sa nature ni ses relations n'en sont modifiées) [1]; or, un corps qui, à tel moment, ne se comporte pas autrement qu'à tel autre ne pourra pas s'arrêter; roulant sur une surface parfaitement plane, la sphère devrait poursuivre son mouvement indéfiniment. La rotondité parfaite signifie selon le Cusain l'identité du plus haut et du plus bas; mais là où le plus haut est à la fois le plus bas, il ne peut pas y avoir de repos, il y a nécessairement mouvement – la rotondité parfaite *est* un mouvement. Aussi la forme ronde est-elle la mieux appropriée à la durée du mouvement [2]. Là où le mouvement est donné *naturellement* à une forme sphérique, il est perpétuel et ne peut pas s'arrêter. Qu'est-ce à dire, « naturellement » ? Le mouvement doit être tel que la chose elle-même soit le centre de son mouvement – c'est-à-dire que la sphère ne soit pas poussée, mais *tourne sur elle-même* en se mouvant. Tel est le mouvement de la sphère cosmique, au mouvement *naturel* de laquelle participe tout ce qui existe dans ce monde. À la question de savoir comment le Créateur a créé le

1. E. Wohlwill (« Die Entdeckung des Beharrungsgesetzes [I] », *Zeitschrift für Völkerpsychologie und Sprachwissenschaft*, 14 [1883], p. 365-410) voyait là une première formulation de la loi d'inertie (fût-ce pour un cas spécial).

2. Duhem rappelle à cette occasion les *Problemata mechanica* du pseudo-Aristote (851 *b* 35-852 *a* 14), où il est également question de l'aptitude particulière du cercle au mouvement; mais il néglige la justification que le Cusain tire de son idée de la *coincidentia oppositorum*.

mouvement dans la plus haute sphère, la réponse est : de même que toi, tu crées le mouvement dans la boule que tu lances. Ce n'est pas le Créateur lui-même ni son esprit qui meut la sphère, de même que la boule n'est pas mue par notre esprit, même si son mouvement est une suite de notre volonté – nous retrouvons là la doctrine de l'*impetus* : l'*impetus* est imprimé à la chose afin qu'il en génère dès lors le mouvement, pourtant il n'est lui-même ni ce mouvement ni la force originelle qui en a été cause, mais une force dérivée de celle-ci. Arrivé là, le Cusain recourt à une image qu'on ne trouve chez aucun des scolastiques jusque-là : l'*impetus* produit le mouvement de même que l'âme est la cause du mouvement dans notre corps; l'*impetus* dans la plus haute sphère est donc quelque chose comme l'intelligence qui lui est impartie. Le Cusain transpose ainsi tout le problème du domaine de l'*impetus* de Buridan, qui se maintient, vers celui d'une spéculation sur l'intelligence qui meut le monde, et cette intelligence n'a plus pour lui le caractère des moteurs immobiles d'Aristote (chez lesquels il n'y a rien de causé ou de mû), mais rappelle plutôt l'âme du monde platonicienne qui est, d'après lui, à la fois mouvement et repos, *coincidentia oppositorum*.

Encore un détail de la doctrine de Nicolas de Cues : le *globus* s'arrête parce que le mouvement rectiligne qui lui est initialement communiqué ne lui est pas naturel et combat sa nature, qui le pousse à décrire une spirale; l'inclination naturelle l'emporte, mais si elle persiste, c'est à peine plus longtemps que l'*impetus* droit, non naturel. (La mécanique du Cusain n'intègre ici aucun frottement, aucune résistance. Pourtant Aristote, au livre VII de la *Physique*, évoquait déjà la différence – non encore nettement formulée, mais bien aperçue – entre le mouvement libre et le mouvement lié.)

Sans se déclarer l'adversaire d'Aristote, Nicolas de Cues met le concept d'*impetus* au nombre des notions puisées désormais à de tout autres sources et dans de tout autres domaines de pensée. Cela a pu jouer un rôle dans le fait que les penseurs du XVIe siècle étrangers à la tradition scolastique qui seront ses lecteurs – les Copernic, les Bruno, les Kepler – s'expliquent la théorie de l'*impetus* comme quelque chose d'essentiellement non aristotélicien, dirigé contre Aristote. En tout état de cause, la dynamique astronomique aristotélicienne n'existe pas pour Nicolas de Cues, qui y substitue l'âme du monde de Platon; celle-ci est, d'après lui, l'*impetus* originel, communiqué au monde par le Créateur.

Le fait même que Nicolas de Cues parle du mouvement naturel d'une boule comme d'un *état qui ne change pas* révèle l'influence d'un concept de mouvement tout autre que celui d'Aristote. Chez Aristote, même le mouvement des sphères célestes ne peut être caractérisé comme *toujours le même état*, car il est toujours le même *changement*. Ici aussi, Nicolas est manifestement sous influence de Platon et de son âme du monde dont on sent la présence un peu partout dans le dialogue *De ludo globi*. L'âme du monde se meut d'elle-même, mais d'un mouvement qui *n'est pas* un changement – le Cusain l'a fort bien compris.

Le concept d'*impetus*, revu par Nicolas de Cues, jouera ensuite un rôle, en premier lieu, chez Léonard de Vinci (dont, il est vrai, la pensée fait une part aussi à des influences plus anciennes et aux versions antérieures du concept). Léonard est important dans l'histoire de l'*impetus*, d'une part, parce qu'il le fait passer, de la théorie des savants scolastiques, jusqu'à un certain point, dans la praxis de l'ingénieur, sélectionnant dans le contexte des commentaires et réunissant ce qui peut servir son intérêt, purement objectif et technique ; d'autre part, par sa mise en relief de la nature mixte du mouvement naturel (« tout mouvement naturel est aussi, jusqu'à un certain degré, violent, ou plutôt non naturel [1] »). L'influence du Cusain s'exprimerait dans l'accent mis par Léonard sur la nature immatérielle, spirituelle, de l'impulsion imprimée.

C'est une influence particulièrement manifeste chez Giordano Bruno, sinon précisément dans la partie de ses idées qui regarde vers l'avenir, dans une partie qui n'en est pas moins indispensable, les adversaires du géocentrisme d'Aristote ayant besoin de n'importe quel appui *dynamique* contre le vieux système, dût-il se révéler par la suite totalement insuffisant. Bruno déduit donc, de l'*impetus* compris à la manière du Cusain comme force animatrice, directement analogue à l'âme, sa théorie du principe spirituel du mouvement des corps célestes ; les étoiles sont à ses yeux des êtres vivants qui s'impriment à eux-mêmes un *impetus* circulaire naturel. Les vieux philosophes présocratiques, dit-il dans le cinquième dialogue du *Souper des Cendres*, connaissaient un espace infini, « un infini réservoir d'innombrables mondes pareils au nôtre, qui effectuent leurs rotations comme la Terre effectue la sienne. Aussi les appelait-on *ethera* dans l'Antiquité, c'est-à-dire coureurs, courriers [...]. Ces coureurs ont pour principe intrinsèque de mouvement leur propre nature, leur âme propre, leur propre intelligence [...]. Il convient [...] à la bonne marche des choses existantes, comme à l'effet de la cause suprêmement parfaite, que ce mouvement soit naturellement

1. Nous n'avons pas réussi à identifier la citation qui, d'après le contexte, proviendrait des *Manuscrits* de Léonard. Cf. P. Duhem, *Études sur Léonard de Vinci...*, seconde série, p. 211-238. *(N. d. T.)*

dû à un principe interne et à une propulsion spécifique, qui ne se heurte à aucune résistance. Cela vaut pour tous les corps qui se meuvent sans contact sensible avec un autre corps qui les pousse ou les attire [1] ». – « Car, en ce qui concerne le mouvement, tout ce qui se meut naturellement décrit un cercle ou autour de son propre milieu, ou bien autour du milieu d'un autre [...]. Le mouvement rectiligne n'est propre ni naturel à aucun corps principal, parce qu'on ne le trouve que dans les parties qui sont presque les excréments expulsés des corps du monde ou bien qui affluent dans les sphères et les contenants de même genre [2]. »

Chez Bruno, le mouvement naturel de rotation est totalement séparé de la théorie du lieu naturel qui, chez Aristote, l'accompagne nécessairement. Le mouvement naturel, n'étant rien d'autre qu'une pure expression de l'aspiration intime du corps céleste en mouvement à réaliser pleinement son essence dans toutes ses parties, à *être* le plus pleinement possible, n'a rien de commun avec la limite externe immobile qu'est le « lieu » [3]. Non seulement il n'a, mais il ne peut rien avoir de commun avec le lieu; la « gravité » et la « légèreté » ne sont pas des propriétés absolues, mais de simples déterminations relatives de parties des choses qui en elles-mêmes ne sont ni lourdes ni légères; ce sont les déterminations de particules séparées du tout dont elles font partie et qui tendent à se réunir à lui. S'étant ainsi débarrassé de la théorie aristotélicienne de la gravitation, Bruno peut alors attaquer le cosmos fermé d'Aristote avec la dernière véhémence et lui opposer son propre univers infini, rempli de mondes innombrables, lequel est derechef une explication de l'unité infinie – l'univers doit être infini et partout rempli afin que se réalise la plénitude de l'être sensible. Tout cela est de la métaphysique au service d'une géométrisation de la conception du monde – *Bruno réalise le mariage de la géométrie et de l'espace que la philosophie classique grecque, avec Platon et Aristote, avait séparés*; il le réalise à l'aide de la métaphysique, mais surtout grâce aux moyens fournis par la *pensée perspectiviste* dont l'inspiration lui vient sans nul doute – en fils du *cinquecento* italien qu'il est – des arts plastiques très développés de son pays [4].

Là, la théorie de l'*impetus* sert de machine de guerre contre Aristote. Dans la scolastique de la même période, l'on assiste cependant au processus inverse. Les scolastiques du XVIe siècle considèrent, de plus en

1. « La cena de le ceneri », V, dans *Dialoghi italiani*, p. 146-147. [Trad. fr., p. 238-240.]
2. « De l'infinito, universo e mondi », III, dans *ibid.*, p. 450-451. [Trad. fr., p. 212.]
3. « La cena de le ceneri », V, p. 162-163. [Trad. fr., p. 270-272.]
4. Voir *supra*, chap. IV, p. 304-306.

plus, la théorie de la *vis impressa* comme évidente, n'hésitant pas à l'attribuer au bout du compte à Aristote lui-même. Ce processus a été étudié en détail par Anneliese Maier [1] – nous relèverons, parmi les résultats de son étude, que pour un homme comme Suarez il va désormais de soi que l'*impetus* des projectiles est une théorie aristotélicienne.

Vers la fin du XVIe siècle, la théorie de l'*impetus* est ainsi en passe d'être universellement approuvée, dans deux camps que tout sépare, pour des raisons totalement différentes chez les uns et chez les autres. Les aristotéliciens y voient à juste titre un développement de l'idée dynamique propre depuis toujours à la doctrine d'Aristote ; leurs adversaires y puisent un appui dynamique pour la nouvelle conception copernicienne du monde. En même temps, le XVIIe siècle commençant voit des changements révolutionnaires dans la mécanique : Beeckman formule pour la première fois la loi d'inertie, Descartes élimine de la physique toutes les *qualitates occultae*, tout ce qui jusque-là s'appelait force ou énergie (y compris l'*impetus*). Galilée, s'il conserve le terme d'*impetus*, lui donne un contenu entièrement nouveau, purement empirique : l'*impetus* d'un corps signifie pour lui le *moment*, c'est-à-dire le poids multiplié par la vitesse [2]. Tout cela fait définitivement tomber en désuétude le concept d'*impetus* au sens ancien, tacitement abandonné par tout ce qui compte dans la science moderne en train de naître.

Cela, à une seule exception près, bien mise en relief par Anneliese Maier toujours, quoique cette exception réfute jusqu'à un certain point sa propre thèse radicale, affirmant qu'il n'y a, dans la mécanique moderne, rien qui corresponde à l'*impetus* [3]. Elle montre en effet que la philosophie naturelle du XVIIe siècle, indissolublement liée à la mécanique en gestation, se divise en deux camps dans la question de l'origine du mouvement de la matière élémentaire : les uns en voyant la cause dans une *vis motrix* inhérente aux atomes, les autres (le camp des partisans conséquents du concept d'inertie, à commencer par Descartes) considérant le mouvement lui-même comme quelque chose de tout à fait originaire, qui ne saurait être reconduit à une cause antérieure. Involontairement et sans s'en rendre compte, les penseurs du premier camp (dont notamment Gassendi, suivi par Newton) conservent l'ancien

1. A. Maier, *Die Impetustheorie...*, p. 157-167.
2. Cf. A. Koyré, *Galilée et la loi d'inertie*, p. 94-95.
3. A. Maier, *Die Impetustheorie...*, p. 14.

impetus jusque dans les Temps modernes [1]. Mais l'autre camp non plus ne parvient pas à se passer entièrement du legs de cette notion. La conception du mouvement fondée sur le principe d'inertie requiert, en effet, le concept de force comme cause de l'accélération; bannie du mouvement inertiel, la force prend une petite revanche dans tous les changements d'état de mouvement. À ce propos, il ne serait pas juste de ne pas rappeler que les penseurs du XIVe siècle étaient les premiers à envisager la force comme cause de l'accélération, sans encore parvenir à la séparer clairement de la fiction de la force comme cause du mouvement en général.

Il y a donc là, dans ce concept de la force d'accélération, un fragment de l'héritage aristotélicien qui subsiste encore dans la mécanique moderne. Non qu'Aristote ait effectivement eu lui-même un tel concept ou pensé l'introduire. Mais l'*impetus* est indubitablement une simple adaptation d'un thème aristotélicien – l'impulsion violente, imprimée au milieu; et c'est cette adaptation – passée, bien sûr, par le principe d'inertie, parfaitement étranger à Aristote et à tous les fondements de sa dynamique – qui donnera naissance au concept moderne de force.

1. *Ibid.*, p. 173.

CHAPITRE VII

FRANCIS BACON

Au commencement de la philosophie moderne se dresse une figure à la fois inspiratrice et contradictoire, qui aujourd'hui encore, comme déjà de son temps, suscite l'enthousiasme des uns et la critique des autres : la personnalité maintes et maintes fois étudiée et diversement appréciée de Francis Bacon. Ses cadets, hommes du XVIIe siècle, qu'un philosophe connu a baptisé le siècle des génies [1], le respectaient comme un des plus grands esprits de l'humanité ; au XVIIIe siècle ensuite, l'*Encyclopédie* de Diderot et d'Alembert paraît pour ainsi dire sous le signe de ses idées et Emmanuel Kant inscrira un passage de la Préface de l'*Instauratio magna* en exergue à sa *Critique de la raison pure*. Au XIXe siècle, à côté du jugement chaleureux de Marx et d'Engels [2], bon nombre de voix négatives aussi se font entendre ; on reproche à Bacon de n'avoir pas compris l'essence propre de la méthode des sciences de la nature, de n'avoir pas eu le sens des mathématiques qui en constituent l'échine dorsale, d'avoir été plutôt programmateur et propagateur que cocréateur de la science nouvelle. De nos jours, en revanche, on est à nouveau plus enclin à louer la force d'anticipation avec laquelle ce visionnaire lucide découvrit non seulement la structure et la méthode d'une science encore inexistante, mais jusqu'à son application et sa signification pour la société future

1. A. N. Whitehead, *Science and the Modern World*, New York, MacMillan, 1925, chap. III : « The Century of Genius ». *(N. d. T.)*

2. Cf., par exemple, *Die Heilige Familie* (1845), chap. VI (dans *Werke*, éd. cit., Bd. 2, 1957, p. 135), où il est salué comme « le véritable père fondateur du *matérialisme anglais* et de toute la science *expérimentale moderne* ». *(N. d. T.)*

– au point qu'on l'entend à présent qualifier, non sans une certaine emphase, de premier homme d'État de la science. Cette force divinatoire se manifeste dans l'ensemble comme dans les détails; J. G. Crowther, dans son ouvrage sur Bacon, cite la liste révélatrice établie par F. S. Taylor en 1941 [1], mettant en regard le programme des inventions scientifiques utiles publié par Bacon en même temps que *La Nouvelle Atlantide* et les acquis de la science moderne, depuis le prolongement de la durée de la vie, l'anesthésie, la modification de la taille et des complexions corporelles et la chirurgie esthétique jusqu'aux prodiges de la technologie chimique et physique et aux techniques psychologiques – sous tous ces rapports, notre vie actuelle dans la science et la technique apparaît en vérité, en grande partie, comme une réalisation des rêves positifs de Bacon.

Pourtant, ce n'est pas au juste par là qu'il convient de l'aborder. Seul l'œil de l'historien de la philosophie, qui interroge la conception du savoir et de la science de nos jours et pendant la période de la Renaissance, discernera la véritable grandeur de Bacon. Le lecteur qui approche son œuvre à partir de nos présupposés actuels n'y verra rien. Il ne comprendra pas pourquoi Bacon parle avec tant d'enthousiasme et d'insistance prophétique de choses qui, pour nous, vont désormais de soi. Cela, parce que la plus grande idée baconienne, déterminante à la fois du destin personnel et de l'essor intellectuel de celui qui la conçoit, l'idée qui fit de lui, nécessairement, un étranger incompris dans le milieu de la cour élisabéthaine et jacobéenne où il lui fut donné d'évoluer, s'est si parfaitement imposée depuis lors qu'elle passe inaperçue, aussi invisible et familière que l'air que nous respirons. D'un autre côté, le mode concret d'expression de cette idée, sa transformation en acquis réels en matière de connaissances, a chez Bacon la particularité de ne pouvoir se prévaloir d'aucun apport matériel au trésor du savoir humain comparable aux principes de la mécanique galiléo-newtonienne, à la géométrie analytique de Descartes ou au calcul infinitésimal de Leibniz et de Newton. Bacon n'est ni un naturaliste, ni un décrypteur de phénomènes sociaux, ni un mathématicien d'importance révolutionnaire; il est un méthodologue. Sa découverte méthodologique partage le sort de toute découverte *philosophique*, livrée à la merci de la problématisation et des controverses auxquelles échappent les résultats objectivement scientifiques, eux qui se placent sur la terre ferme de certitudes,

1. Cf. J. G. Crowther, *Francis Bacon : The First Statesman of Science*, Londres, Cresset Press, 1960; F. S. Taylor, *The Century of Science, 1840-1940*, Londres, Heinemann, 1941.

dépassables sans doute, mais qui, en attendant, se présentent comme clairement définies et offertes tout entières au regard. Bref, si sa grandeur saute si peu aux yeux, c'est parce que Bacon ne fait pour ainsi dire qu'un avec nous, parce qu'il nous est trop proche et trop évident. Quelle est donc l'idée qui a porté la vie de cet homme il y a quatre siècles et que l'homme d'aujourd'hui trouve aussi familière que l'air qu'il respire ? Elle consiste en une nouvelle détermination de la nature du savoir humain selon laquelle le seul savoir véritable est le savoir *efficace*, celui qui est à même d'intervenir dans les choses, de les transformer, de les adapter à nos buts et à nos besoins. Le savoir véritable, c'est le savoir *actif, au travail*. L'acquérir, c'est déjà un travail, voire un travail au sens le plus propre du terme : l'explication avec les choses, l'incorporation des choses à nous-mêmes et de nous-mêmes dans les choses, la synthèse de nos fins proprement humaines et des moyens en vue de ces fins qui sont à trouver dans les choses. Et les résultats du savoir sont derechef des ouvrages avec lesquels l'on travaille : susceptibles de transformer la vie humaine en lui donnant une figure nouvelle, moins pénible, plus noble et plus digne. Le savoir découle du travail, est lui-même un travail, agit sur le travail et en multiplie l'efficacité. Et parce qu'il est dans son fond un travail, il partage un autre trait encore, non moins profondément distinctif du travail que l'efficacité : son caractère *commun, collectif*. Le savoir en tant qu'acte d'un individu n'est concevable que sous une forme dérivée et dégénérée, là où il est – pour employer des termes modernes – aliéné à lui-même. Il peut alors sembler qu'il ait son sens et son essence dans la satisfaction individuelle, en tant qu'il contribue à contenter notre curiosité ou à promouvoir nos besoins personnels, nos intérêts immédiats. Mais découvrir le savoir en tant qu'actif et efficace, c'est découvrir en même temps qu'il n'appartient à personne en particulier, qu'il est plutôt l'œuvre commune de générations et de communautés entières. Le savoir efficace n'est pas la conquête d'un héros, d'un Alexandre le Grand de la science, il ne peut être le résultat que d'un travail organisé en commun. Et ce travail en commun n'est possible qu'en vertu du fait que le savoir efficace ne procède pas au petit bonheur, qu'il n'est pas un savoir instinctif, à l'instar de l'orientation kinesthésique sensorielle et de celle, intellectuelle, médiatisée par le langage, à travers lesquelles nous faisons en grandissant notre entrée dans le monde naturellement et historiquement donné. Le savoir efficace, sans contester que nous soyons bien, naturellement et d'emblée, au contact du monde réel, concret, se méfie des informations immédiates fournies par ce contact et, plus encore, des fantaisies dont l'entoure un désir indiscipliné de saisir le tout. Le savoir efficace aura à examiner, patiemment et systématiquement, le contenu et la portée de tous nos concepts ; il aura à reconstruire, de son propre point de vue, tout le contenu du monde, afin de pénétrer jusqu'à la réalité véritable, au-delà de la première apparence qui s'ouvre instinctivement. C'est dire que le savoir efficace est nécessairement *méthodique*.

L'efficacité, le caractère actif, collectif, méthodique – tels sont les traits fondamentaux de l'intuition de Bacon sur l'essence du savoir. Idées profondément ancrées chez l'homme moderne. Idées qui sont cependant, au temps de Bacon, quelque chose d'inouï. Non que ses contemporains aient ignoré ou méprisé le savoir efficace. Bien au contraire, les architectes et ingénieurs, les céramistes et métallurgistes de la Renaissance sont, en ce sens, des puits de science : les Léonard, les Leon Battista Alberti, les Rudolf Agricola, les Bernard Palissy, représentants éminents du savoir efficace, sont, qui plus est, d'ores et déjà habités de la confiance que ce savoir et sa domination sur les choses donnent à l'homme ; les Ludovicus Vivès, les Thomas More savent aussi en apprécier théoriquement l'importance [1]. Mais la science d'alors, représentée tant par le fonctionnement des universités avec leur tradition aristotélico-scolastique que par l'érudition humaniste, appuyée sur l'étude des lettres classiques, comprend le savoir tout autrement : comme un tissu ingénieux et raffiné de concepts destinés à saisir l'harmonie de l'univers, la somme de ses déterminations qualitatives fondamentales, sa perfection et sa beauté intrinsèque. C'est précisément cela que la scolastique médiévale a en vue en déclarant la philosophie servante de la théologie : le savoir philosophique a à mettre en évidence la bonté essentielle, la consonance du monde. Le savoir servira, non pas à ériger l'homme en maître de la nature, mais à ce qu'il contribue, par son admiration, à maintenir la nature dans l'état où elle est depuis toujours – la vocation de l'homme est de servir cette essence immémoriale des choses, de la sauvegarder, de la laisser se déployer pleinement dans son esprit et de parfaire ainsi l'harmonie du monde. Même les théories mathématiques et astronomiques des savants du Moyen Âge et de la Renaissance n'outrepassent pas ce cadre. Elles perpétuent les intentions de la mathématique antique qui, hormis quelques exceptions mineures, est une doctrine spéculative, tournant délibérément le dos

1. Cf. P. Rossi, *Francesco Bacone. Dalla magia alla scienza*, Bari, Laterza, 1957, ainsi que le compte rendu de G. Boas dans le *Journal of the History of Ideas*, 19 (1958), p. 584-587.

aux considérations pratiques pour se focaliser autour de ce qu'on pourrait appeler l'harmonie mathématique : la satisfaction de ce qui, dans l'esprit humain, aspire à l'unité et à des relations compréhensibles. Même Copernic et Kepler n'abandonnent pas cette orientation, à laquelle Galilée lui-même adhère toujours à plus d'un égard. Il faudra passer à une conception nouvelle et plus active des mathématiques aussi pour comprendre qu'elles sont également un instrument puissant de la compréhension des choses réelles, un outil du savoir *dominateur* – conception qui ne sera élaborée qu'au cours du XVIIe siècle. Certes, il y a aussi une autre orientation, parallèle et non officielle, visant à procurer la force et le pouvoir à l'homme – la voie périlleuse et insolite de l'alchymie, de l'astrologie et de la magie, qui invoque des puissances occultes et, au fond, surhumaines, immaîtrisables par la praxis courante. Bacon en reprend l'objectif : la force humaine, la puissance de l'homme au service de l'aménagement de sa vie. Voire il l'élargit en aspiration à bâtir un *regnum hominis*, règne non plus d'un individu, mais de toute l'espèce humaine. En même temps, cependant, il en rejette les moyens, remplacés par la procédure qu'il a apprise auprès des ingénieurs, des métallurgistes, des céramistes de son temps, d'hommes comme Georgius Agricola chez nous ou Bernard Palissy en France. Et, circonstance éminemment importante, il comprend que ce savoir n'a pas à se cacher dans l'ombre, comme une ligne subsidiaire, *à côté* de la science officielle, qu'il est appelé, bien au contraire, à supplanter celle-ci, qu'il faut une grande réforme de toutes les sciences, car ce qui jusque-là se présentait comme science n'en était pas – la science vraie est encore inexistante et reste à bâtir à partir de la base. Bien sûr, cette réforme, qui serait mieux qualifiée de révolution, présuppose la compréhension *philosophique* de tous les modes du savoir efficace resté jusque-là dans l'ombre, en marge du savoir verbal et purement édifiant de la philosophie officielle, héritière de l'idée de la θεωρία antique ; elle présuppose l'élucidation philosophique de cette nouvelle approche intellectuelle de la réalité, et de même qu'Aristote créa autrefois, avec la logique formelle, l'outil – en grec, ὄργανον – de l'approche purement spéculative des choses, de même l'attitude nouvelle rend nécessaire la création d'un nouvel instrument, d'une logique du savoir actif et efficace : un nouvel *organon*. Le premier à exprimer une telle revendication, à se rendre compte de la position atteinte alors par l'homme dans son évolution historique et, du coup, à prendre en vue l'immense tâche de refonte méthodique de tout l'univers des idées, des concepts et des connaissances humains, ne pouvait être, la chose est claire, qu'un génie philosophique de premier ordre, un homme qui mériterait ce titre quand bien même il n'aurait rien laissé de plus que ce projet et cette exigence. Bacon cependant n'était pas que cela, il était – comme nous le verrons tout à l'heure – bien plus grand encore.

Son intuition fondamentale représente ainsi un véritable nœud dramatique dans le cours palpitant de l'évolution philosophique, un moment où quantité de chemins de pensée divergents cherchent un débouché dans la voie unique d'une idée concrète qui les concentre pour aller au cœur des choses. Bacon s'en rend bien compte : sa logique nouvelle, sa nouvelle théorie de la connaissance entraîne aussi une nouvelle philosophie de l'histoire. C'est une philosophie typique de la Renaissance – bien plus radicale toutefois que la conception du groupe d'humanistes qui, depuis le XIVe siècle, protestaient contre l'augustinisme traditionnel et son idée de l'histoire comme un cadre où il ne se passerait rien d'essentiel entre l'advenue du christianisme et la fin du monde [1]. Ces humanistes déjà revendiquaient, pour l'homme de leur temps, plus particulièrement pour le poète, l'artiste et le savant, le droit de recommencer sur nouveaux frais en concurrençant les suprêmes créations de l'Antiquité classique. Bacon cependant déplace ouvertement l'accent de façon à mettre en avant, non plus l'art et les artistes, mais l'ingénieur, le technicien, l'homme du savoir efficace, actif. Ce sont les hommes du savoir actif qui inaugurent l'ère nouvelle, et ils y sont d'autant mieux fondés que, dans le domaine de la technique, à la différence de la spéculation philosophique, les découvertes s'ajoutent les unes aux autres, s'additionnent pour dessiner la progression linéaire que nous qualifions de progrès. Le savoir efficace introduit l'homme dans une ère de découvertes continuelles et de progrès ininterrompu. Là où les premiers à avancer l'idée d'une nouvelle ère de l'histoire parlaient du règne de l'esprit, Bacon annonce le règne de l'homme. Le règne de l'homme, c'est l'ère de l'histoire où le savoir efficace saura, par un progrès continu, dompter la nature et la mettre au service de l'homme, où le savoir efficace, méthodiquement cultivé et exploité avec méthode, deviendra l'organe du véritable amour de l'homme, de l'amour du *genus humanum* – de la vraie φιλανθρωπία.

Au-delà du rôle qu'il joue sur la scène de l'histoire de la philosophie, le destin personnel de Bacon est, de même, un drame dont le ton est

1. Voir H. Baron, « The *Querelle* of the Ancients and the Moderns as a Problem for Renaissance Scholarship », *Journal of the History of Ideas*, 20 (1959), p. 3-22.

donné, au fond, par l'idée du savoir efficace[1]. Sa vie personnelle elle aussi est remplie de l'idée du pouvoir, du désir du pouvoir, d'efforts pour justifier cette ambition par le suprême idéal vers lequel sa pensée prend son envol, la vision du futur règne de l'homme que son pouvoir veut préparer; remplie encore, en définitive, de la tragédie de cette course au pouvoir qui, dans la situation de son temps, ne peut pas ne pas prendre les mêmes formes problématiques qu'il entend surmonter en fondant le règne rationnel de l'homme, son empire sur la nature. Sans pouvoir, il lui est impossible de réaliser le savoir qui est un pouvoir; mais il ne peut arriver au pouvoir qu'en servant ceux qui le détiennent, et ces forces, foncièrement irrationnelles, font de lui leur jouet et leur esclave à l'instant même où il pense en devenir le maître. Il prendra une revanche à la mesure de sa grandeur : en écrivant au soir de sa vie une description du « règne de l'homme » tel qu'il le voit en esprit, dans l'esquisse utopique de *La Nouvelle Atlantide*. À la différence des nombreuses utopies de la fin de la Renaissance, l'ouvrage de Bacon est un portrait fidèle de la vie de ceux qui vivent dans le monde actuel de la science et de la technique modernes, dans un monde régi par la raison, où l'homme est le maître des éléments, d'où les maladies et la misère sont en passe d'être bannies, où un pouvoir sans précédent élèvera l'homme à un degré supérieur de noblesse, de bonté et de bonheur. Dans tout le récit, il n'y a pas un seul détail concret, presque pas une seule invention ou institution qui puisse laisser le lecteur de nos jours sur une impression de bizarrerie ou d'étrangeté (si ce n'est ce que l'auteur emprunte à sa propre époque). C'est dans ce cadre qu'il brosse enfin son propre portrait comme l'un des pères de la « Maison de Salomon », l'académie des sciences qui est le pilier central de toute la Nouvelle Atlantide, sous des traits empreints d'une compassion douloureuse pour l'humanité souffrante.

Il a donc pris courageusement son parti de son échec au-dehors; courageuse était aussi sa lutte interne avec sa propre idée, la lutte pour l'élucider et lui donner une expression qui s'impose impérieusement. Il a vite compris qu'il ne pourrait pas lui-même mener à bien la science nouvelle dont il élaborait le projet, voire que tous ses plans et programmes n'étaient que des préalables; il savait aussi que son idée nouvelle se heurterait forcément à de l'incompréhension. Mais son propre naufrage n'était pas pour lui une raison de désespérer; au contraire, il y puisait la motivation pour redoubler d'efforts. Il tente

1. Cf. E. Lewalter, *Francis Bacon : Ein Leben zwischen Tat und Gedanke*, Berlin, Kiepenheuer, 1939.

donc d'exposer son programme de façon toujours plus brillante, plus précise, plus urgente. Son style, plein d'images prodigieuses, de comparaisons grandioses, de formulations inoubliables, interpelle le lecteur avec une puissance irrésistible – le lecteur tel qu'il le souhaitait pour s'en faire un collaborateur : exigeant, aimant la vérité qui gît sous la surface des choses, d'esprit indépendant, capable de penser pour lui-même.

Personne mieux que Leibniz n'a exprimé l'impression que produit Bacon écrivain, Leibniz selon qui Descartes et Hobbes, les plus spirituels des auteurs philosophiques, rampent à ras le sol en comparaison de Bacon qui, par la grandeur de ses idées, de ses projets, de ses anticipations même, paraît s'élever au-dessus des nuages, comme s'il voulait dépasser les forces de l'homme [1]. Et tout ce qu'il fait pour gagner son lecteur n'est que la face externe de la lutte qu'il mène avec lui-même pour la pleine maîtrise de sa pensée, déployée dans un élan titanesque au-devant du règne de l'homme.

Pour saisir cette lutte en quelques mots il faut recourir à une comparaison. Bacon, dans son aspiration intime à la vérité, apparaît comme une sorte d'anti-Platon. Je pense ici au Platon du célèbre mythe des hommes qui vivraient dans la caverne de l'erreur et de l'apparence et ne pourraient être amenés à la lumière du vrai que par une conversion violente. Platon, selon Bacon, a bien vu que l'homme est loin de la vérité, porté d'emblée à l'erreur, à l'illusion, voire au mensonge. Nous avons, dit-il dans ses *Essais* [2], un amour corrompu mais naturel du mensonge : le mensonge, les simulacres, les vaines opinions, les espoirs flatteurs, les jugements trompeurs occupent le plus clair du temps de l'esprit humain qui, sans cela, sombrerait dans la mélancolie et la mauvaise humeur qu'occasionne la sobre lumière de la vérité. Bacon propose une classification des illusions dans lesquelles l'homme vit depuis le berceau et auxquelles il prend plaisir. Certaines – les *idola tribus* – sont communes à tout le genre humain, ainsi le penchant à la simplification, le goût pour les symétries, pour la dimension esthétique aux dépens de la complexité subtile de la réalité même. D'autres – les *idola specus* – sont des préjugés individuels, des automystifications forgées par notre histoire personnelle. Il n'y a pas jusqu'au don qui relie les individus entre eux et grâce auquel l'homme se distingue de la bête, il n'y a pas jusqu'au langage qui

1. Cf. « Leibnitiana », dans *Opera omnia*, éd. Dutens (Genève, 1768), t. VI, p. 303. *(N. d. T.)*

2. Cf. Fr. Bacon, « Of Truth / De la vérité », dans *Essais*, Paris, Aubier, 1979, p. 2-7. *(N. d. T.)*

ne recèle des *idola fori*, lorsque les mots se substituent aux choses et créent de faux problèmes, nous faisant nous croire en présence de la réalité là où nous n'avons affaire qu'au discours. Les illusions les plus funestes pour la philosophie sont toutefois celles qui découlent de l'ambition d'en imposer aux autres, d'avoir le dernier mot en persuadant chacun de notre sagesse hors du commun – les *idola theatri*, lorsque l'on s'applique à jouer face à autrui la comédie du vrai. Platon lui-même, malgré sa compréhension profonde de l'inaptitude au vrai innée dans l'homme, n'y a pas échappé. Il érige sa méfiance à l'égard de l'homme naturel en système : mettant la fausseté humaine sur le compte du monde sensible, dans lequel nous sommes initialement engagés, si bien que le revirement méthodique qui nous fait nous tourner vers la vérité est à ses yeux, en même temps, la découverte d'un monde vrai, monde suprasensible des aspects, des formes, des Idées. Aristote en prend le contre-pied, constatant à juste titre que, loin d'être un monde pour soi, ces formes, cet universel, ces intelligibilités n'ont aucune espèce de réalité en dehors du réel sensible. Selon Aristote, la conversion de l'apparence vers la vérité se produit dans la caverne même, c'est le mouvement qui se détourne des phénomènes éphémères vers leur essence durable. Pourtant la volte par laquelle Aristote se tourne vers le monde n'est en rien moins illusoire que celle de Platon pour s'en détourner – Aristote est incapable de découvrir le vrai chemin qui mène à ce monde. Il ne parvient pas à le dévoiler, car le savoir, dans son idée, ne veut pas agir, mais uniquement discourir, raisonner et persuader. Si l'aristotélisme est le nom qu'on donne au propos de saisir l'essence de ce bas monde, seul réel, Aristote est aux yeux de Bacon un faux aristotélicien, et c'est lui-même, Bacon, qui en serait un vrai. Toute son entreprise philosophique peut être conçue comme un nouvel aristotélisme, une tentative pour réussir là où Aristote à échoué. De prime abord, la démarche d'Aristote paraît très réfléchie et méthodique ; il s'est forgé dans son *Organon*, notamment dans les *Analytiques*, un instrument de fer, qui retient dans les chaînes de sa logique quiconque en accepte les prémisses et les concepts de départ. Pourtant, d'où viennent ces concepts et principes comme tels ? Aristote n'indique aucune procédure logique systématique pour se les procurer ; ils sont pêchés au hasard, instinctivement, sans aucune possibilité de contrôle – et pourtant c'est là même que devrait s'appliquer la méthode proprement logique. La vraie logique, pense Bacon, ce n'est pas une simple méthode de maniement de concepts tout faits, mais la logique de leur acquisition. Aristote lui-même parle de l'ἐπαγωγή, de l'induction généralisante qui nous fournit les prémisses dont nous tirons nos conclusions, mais il la comprend unilatéralement, dans la seule optique du passage de cas individuels à une formulation générale. Une logique généralisante de cette espèce, basée sur une simple énumération de cas, n'apporte rien de foncièrement nouveau, aucune invention, aucune découverte, aucun passage de la connaissance superficielle au fond de la chose, du phénomène à l'essence. Or, le problème est précisément le « plus » grâce auquel les singularités constatées forment à nos yeux un tout, ce qui nous fait passer des parties au tout, des qualités superficielles aux qualités profondes. C'est une telle méthode de découverte, orientée vers le fond des choses, qui mène au sens propre aux choses mêmes, qui est *in-ductio*, ἐπ᾽-ἀγωγή.

Autre fait important : le point de départ de l'induction baconienne est fourni par des problèmes pratiques, problèmes des céramistes, des métallurgistes, des chimistes. Comment vernir un pot ? Peut-on transformer le plomb en argent ? De tels problèmes n'exigent pas seulement l'observation et la réunion des faits, mais encore une procédure et de l'invention, la découverte de la voie qui, d'un état de la matière donnée, conduit à un autre. Bacon demande à cette voie d'être sûre et d'être libre, c'est-à-dire de ne pas fonctionner uniquement dans certaines conditions exceptionnelles, mais d'épuiser toutes les possibilités de la transformation dont il s'agit [1]. Cette exhaustivité est éminemment importante : c'est seulement en épuisant ainsi tous les possibles que nous nous élèverons des pratiques singulières jusqu'à une véritable saisie de l'essence universelle du phénomène donné. Nous savons transformer facilement la transparence de l'eau en blancheur en l'agitant de façon à créer de l'écume, celle du verre en le pulvérisant, mais qu'y a-t-il de commun à tous les cas où la blancheur se présente comme propriété, qualité ou, selon le terme de Bacon, « nature » d'un corps ? Connaître ce qui est commun, c'est remplir la condition d'Aristote pour une juste définition de l'essence – que ce par quoi nous la définissons vaille pour tous les cas de figure et que le phénomène déterminé et le déterminant aient la même extension [2]. Ce qui est commun, c'est donc l'essence du phénomène donné ou, pour parler le langage d'Aristote, sa forme. La forme est l'essence du phénomène, ce au moyen de quoi nous l'interprétons ; connaître la forme, c'est savoir aussi la réaliser, savoir faire passer

1. Cf. Fr. Bacon, *Valerius Terminus : Of the Interpretation of Nature*, chap. 11.

2. Voir Aristote, *Seconds Analytiques*, I, 5 ; W. Frost, *Bacon und die Naturphilosophie*, Munich, Reinhardt, 1927, p. 97 ; T. Kotarbiński, « The Development of the Main Problem in the Methodology of Francis Bacon », *Studia philosophica* (Lwów), 1 (1935), p. 107-117.

n'importe quel corps, de l'état où il possède cette forme, à un état où il ne la possède pas, et inversement (pour autant, bien sûr, que la chose soit le moins du monde possible). C'est dire que la forme rend possible, au même titre, la compréhension de l'essence, l'explication de la chose, et aussi la domination de la nature; à vrai dire, cela revient au même (ce qu'exprimera ensuite le célèbre premier aphorisme du deuxième livre du *Novum Organum* [1]).

Il est alors clair aussi que la forme au sens de Bacon n'est pas simplement le τί ἦν εἶναι, l'essence aristotélicienne, composée du *genus proximum* et de la *differentia specifica*. La forme satisfait, certes, à cette condition, mais elle est loin d'en être épuisée : la forme doit être une légalité structurelle, pour rendre possible à la fois l'explication et l'action opérante. Les formes dans la conception de Bacon sont les lois de dynamismes structurels. Elles présupposent, d'une part, une certaine configuration typique des particules élémentaires, un schématisme caché, inaccessible aux sens, d'autre part, un processus caché par lequel l'on passe d'une configuration à l'autre, et qui régit ces schématismes. Dès lors, connaître les formes signifie tout autre chose que chez Aristote, car la forme, chez Bacon, n'a plus le même sens. La forme au sens d'Aristote désigne ce par quoi une chose donnée participe à ce qui est éternel et impérissable, à ce qui ne change pas. La forme aristotélicienne est une idée agissante, un *concretum*. Pour Bacon, au contraire, la forme signifie la participation de la chose au dynamisme essentiel de tout ce qui est, au mouvement et au changement perpétuel de l'étant, et comme elle n'est qu'un terme général pour désigner cette dynamique, elle est un *abstractum*. Se rapporte aussi à cela le fait que, là où Aristote pense la forme comme une synthèse de qualités, Bacon y voit la loi d'un dynamisme déterminé, gouvernant la structure particulaire. La forme de la chaleur, par exemple, est une espèce particulière du mouvement interne des particules dans un corps donné. Bacon ne doute pas du caractère dynamique de la réalité, « être » signifie à son sens « être en mouvement », ce qui à son tour signifie, fidèlement à Aristote, agir et subir l'action. « Sur la surface de la terre, en effet, il n'existe, sinon en apparence, nul vrai repos dans les corps [empiriquement connus], qu'on les prenne dans

1. « *Super datum corpus novam naturam sive novas naturas generare et superinducere, opus et intentio est humanae Potentiae. Datae autem naturae Formam, sive differentiam veram, sive naturam naturantem, sive fontem emanationis (ista enim vocabula habemus quae ad indicationem rei proxime accedunt) invenire, opus et intentio est humanae Scientiae...* » *(N. d. T.)*

leur tout ou dans leurs parties. Or ce repos apparent a pour cause soit l'équilibre des mouvements, soit la prédominance absolue de l'un d'entre eux [1]. » S'il va de soi, pour Bacon comme pour Aristote, que le mouvement est quelque chose d'interne, en revanche, il n'en analyse ni les composantes ontologiques ni les composantes conceptuelles. Sous ce rapport, il reste loin derrière ceux qu'il critique. Les formes, les schématismes cachés, sont constitués par des mouvements internes, des *latentes processus*; le concept de mouvement et de dynamisme du mouvement devrait donc être *la* pierre fondamentale de la pensée de Bacon. En réalité, il est ici précisément tributaire de la tradition – le mouvement est chez lui synonyme de *virtus activa* et de *nixus corporis*, preuve qu'il tient pour évident le concept aristotélicien du mouvement en tant qu'*actus entis in potentia*. Ce n'est pas l'*essence* du mouvement que Bacon détermine autrement qu'Aristote, ce sont les *formes* : il en connaît davantage, et il ne les voit pas comme aussi dépendantes de l'ordonnance du cosmos qu'elles le sont chez Aristote, encore que, loin de refuser l'ordre cosmique originel, lui aussi le présuppose. Ce n'est qu'en identifiant le mouvement à la possibilité en acte qu'on peut, avec Bacon, regarder l'imperméabilité *(antitypia)* comme un mouvement. Sa classification et sa différenciation des mouvements posent bon nombre de problèmes : ainsi, il se rend compte que les dix-neuf mouvements dont il dresse l'inventaire pourraient sans doute être ramenés à un nombre moindre, que leur multiplicité n'est donc que provisoire, mais il tient à mettre en avant la richesse et la diversité des mouvements qu'il ne considère pas comme réductibles au mouvement local (outre le *motus antitypiae*, c'est surtout le *motus assimilationis* ou *generationis simplicis* qui est essentiellement différent du passage d'un lieu à un autre); le lieu, l'espace n'a aucune force chez Bacon, aussi regarde-t-il tous les mouvements comme des « vertus » actives de la matière. Le mouvement céleste n'est pas produit par des intelligences, au contraire, il est un *motus rotationis spontaneus* – aussi spontané que chez le jeune Aristote du *De caelo*.

Cette conception toujours qualitative du mouvement fait que la compréhension et la domination des formes – dans lesquelles Bacon voit la clef de la compréhension et de la domination de la nature – demeurent également qualitatives. Dominer ne signifie pas encore pour Bacon *calculer*, maîtriser quantitativement. Cela implique en revanche qu'on se concentre sur les *formes*, sur ce qu'il y a dans la réalité de

1. *Novum Organum*, II, aph. 48. [Trad. fr. M. Malherbe et J.-M. Pousseur, *Novum Organum*, Paris, P.U.F., 2010, p. 315.]

dynamique, agissant ou susceptible de subir l'action, tandis que la connaissance de la *causa materialis* et de la *causa efficiens* devient accessoire. Bacon n'a pas d'idéal de réduction, comme Platon et Galilée ; dominer, ce n'est pas, pour lui, construire mathématiquement ; sa conception de la dynamique naturelle juxtapose tranquillement, en tant que non réduits et, peut-être, non réductibles, ce que nous qualifierions aujourd'hui de processus mécaniques, magnétiques et chimiques. Comme Aristote, il est vivement sensible à l'originalité, à la concrétude, à l'infinie richesse de la nature qui s'ouvre à nous dans le contact sensible. Il diffère du philosophe grec dans son propos, qui n'est pas d'imposer à la nature une harmonie, un système préétabli, mais plutôt de la percer à jour, lentement, méthodiquement, stratégiquement.

Nous voyons à présent sur quoi repose le processus d'induction – ce n'est pas une description du donné sensible et sa généralisation, mais plutôt une tentative pour pénétrer au-delà, dans la nature des choses, pour sonder l'inconnu. Certes, l'induction part du matériel sensible et respecte ce donné en ce sens qu'elle n'y ajoute rien de fantaisiste ; en même temps, elle permet de dégager ce qu'il y a en lui d'essentiel, d'unifiant, de fondamental, ce qu'est la chose en elle-même, abstraction faite des propriétés qu'elle reçoit dans sa relation à nous. Induire, c'est donc passer, des « natures » que les choses et les processus assument relativement à nous, à leur forme en soi ; c'est une percée hypothétique au-delà du donné, qui élimine les hypothèses insuffisantes par voie de confrontation avec les faits, établit des corrélations en étudiant la concordance des changements quantitatifs concomitants, etc. Ce processus, généralement applicable et appliqué tant dans les sciences de l'homme que dans celles de la nature, Bacon l'a, somme toute, bien saisi. Kotarbiński, étudiant le développement du problème central de sa méthodologie, souligne à juste titre que la démarche baconienne peut être exemplifiée non seulement par l'établissement de la formule d'une substance donnée dans un laboratoire de chimie analytique mais, tout aussi bien, par une théorie de la localisation des fonctions psychiques dans le cerveau ou, en génétique, par l'investigation de la structure chromosomique correspondant à tel ou tel trait externe [1].

Le lecteur aura certainement noté l'absence, dans notre description de la méthode inductive, de l'aspect le plus connu de la procédure baconienne – les tables, mille fois citées, de présence, d'absence et de

1. Cf. T. Kotarbiński, « The Development of the Main Problem in the Methodology of Francis Bacon », p. 115-116.

degrés des phénomènes examinés. Un mot là-dessus, avant de conclure, pour mentionner aussi le *caput mortuum* de cette philosophie. Bacon croyait la méthode inductive maîtrisable avec la même précision autant dire mécanique que la syllogistique aristotélicienne, il la tenait même pour la machine par excellence. C'est à cet idéal mécanique que se rapportent les fameuses tables – hélas, tellement erronées, critiquées à juste titre par Liebig [1] et d'autres. Les indications concrètes sur la conduite de la pensée inductive, avec référence aux différentes instances à prendre en compte, l'esquisse d'une logique de l'*ars inveniendi* que l'on trouve au second livre du *Nouvel Organon*, tout cela tend plutôt à réfuter cet idéal. Bacon a tort d'identifier le formalisme mécanique et la rigueur de la démarche – la révision méthodique de tous les concepts au contact permanent de la réalité qui découle de sa conception du savoir en tant qu'actif et qu'il léguera à tout le XVIIe siècle et aux siècles suivants. C'est à compter de lui que le mot magique *méthode* élit domicile au cœur de la pensée moderne. La méthode signifie la multiplication des forces psychiques de l'homme, capables de pénétrer jusqu'au noyau des choses; elle signifie la faculté de corriger les erreurs naturelles de la pensée qui nous rendent instinctivement captifs de l'illusion et du mensonge – la méthode est un mouvement qui délaisse l'apparence et l'illusion pour se tourner vers la vérité. Au service de la méthode, même les illusions primitives, les *idola* évoqués ci-dessus, deviennent souvent des jalons utiles de la problématique – ainsi, si notre goût pour la simplification ne verse pas dans l'anticipation systématique, elle sera un guide inductif utile dans la recherche de l'alphabet de la nature qu'est l'ensemble des formes que vise notre connaissance, et il en va de même de l'analogie, dangereuse en tant que croyance spéculative, mais éminemment utile en tant qu'instance méthodique qui nous aide à nous orienter dans nos expériences.

La méthode de Bacon n'est donc pas mécanique; c'est à tort qu'on lui en adresse le reproche. Plus profonde et plus justifiée est une autre critique, celle qui lui fait grief de s'en tenir à la conception qualitative de l'explication de la nature, propre à l'aristotélisme, de ne pas comprendre la signification des mathématiques pour la démarche des sciences de la nature. En effet, Bacon considère les mathématiques comme une simple instance auxiliaire, n'ayant pas vocation à porter toute la reconstruction conceptuelle de la nature, comme dans les sciences naturelles selon

1. Cf. J. von Liebig, *Francis Bacon von Verulam und die Geschichte der Naturwissenschaften*, Munich, Straub, 1863, chap. II. *(N. d. T.)*

Galilée et Newton. L'observation est juste, mais le fait même est lié à deux circonstances qui militent en faveur de Bacon. Premièrement, la mathématique qu'il a connue, c'était la mathématique précartésienne, médiévale, contemplative, inefficace, une mathématique incapable d'épouser la continuité du devenir. Deuxièmement, les formes de Bacon n'excluent pas principiellement un traitement mathématique de la nature, mais empêchent que l'explication scientifique ne se réduise à l'analyse et à la description mathématiques.

Bacon peut donc en effet être qualifié d'antiplatonicien, d'aristotélicien authentique, ayant réussi là où l'Alexandre de Macédoine de la philosophie grecque échoue. Qualité confirmée aussi par le fait que l'esquisse encyclopédique que contient son *De augmentis scientiarum*, fondée sur la célèbre classification des sciences dont d'Alembert se réclamera dans le *Discours préliminaire* de l'*Encyclopédie*[1], est également la reconstruction d'un schéma aristotélicien. De prime abord, on peut trouver arbitraire et extravagant que la classification baconienne du savoir humain en histoire, poésie et philosophie fasse voisiner la poésie avec les disciplines théoriques. La chose deviendra compréhensible en appelant à notre secours le livre A de la *Métaphysique* d'Aristote, qui expose l'accroissement et l'approfondissement de l'approche humaine de l'être, depuis l'αἴσθησις jusqu'à la τέχνη et à l'ἐπιστήμη en passant par la μνήμη et l'ἐμπειρία. L'ἐμπειρία et la μνήμη, c'est l'*historia* (*naturalis* et *civilis*) de Bacon; la τέχνη et l'ἐπιστήμη, c'est le domaine de la philosophie que la nouvelle conception baconienne du savoir et de l'être refond en profondeur. Or, il n'échappera pas au lecteur attentif que, dans l'esquisse de l'histoire de la philosophie qui, chez Aristote, suit sans transition l'exposé qu'on vient de citer, un rôle important de marchepied de la φιλοσοφία comme ἐπιστήμη recherchée revient aussi à la ποίησις, et il y a un texte célèbre d'Aristote – dans la *Poétique* – qui, comparant l'histoire et la poésie, dit que celle-ci est la plus philosophique des deux, car ses exposés ont plutôt un caractère universel, si bien que la poésie constitue la transition naturelle entre la ἱστορία et la φιλοσοφία[2]. Qu'est-ce qui, mieux que ce moule aristotélicien, pourrait montrer que le projet de Bacon sur le savoir humain, cette grande anticipation du

1. « Nous déclarons ici que nous devons principalement au Chancelier Bacon l'Arbre encyclopédique dont nous avons déjà parlé fort au long, & que l'on trouvera à la fin de ce Discours. Nous en avions fait l'aveu en plusieurs endroits du Prospectus; nous y revenons encore, & nous ne manquerons aucune occasion de le répéter. » *(N. d. T.)*

2. *Poétique*, 9, 1451 *b* 5-7.

système moderne des sciences, n'est pas conçu en opposition à la philosophie jusque-là et pour la défaire, mais plutôt comme sa reconstruction sur la base d'une réforme radicale par l'idée du savoir efficace, actif, méthodique? Bacon serait tout plutôt que l'ancêtre du positivisme moderne qui s'est tant réclamé de lui.

Cela nous ramène à notre point de départ – à l'influence de Bacon sur les siècles suivants, à son héritage. Cela nous amène à faire encore une remarque, importante pour nous en tant que Tchèques – il y a un grand esprit tchèque qui n'aurait pas été possible sans l'action de Bacon, du moins sous la forme sous laquelle nous connaissons son œuvre. C'est Jan Amos Komenský ou Comenius. Toute l'œuvre de Comenius, de la *Grande Didactique* à la *Via lucis* et jusqu'à la *Consultatio de rerum humanarum emendatione* [1], est marquée au sceau de son dialogue avec Bacon. Certes, Jan Kvačala [2] affirmait en son temps que Comenius n'aurait connu Bacon qu'après la rédaction de la *Grande Didactique*, mais c'est là une thèse à laquelle plus personne aujourd'hui n'adhère. La grande introduction à la *Didactique* est elle-même calquée par Comenius sur celle de la *Magna Instauratio*; ce que Bacon veut atteindre par la réforme de la science, Comenius propose de le parfaire par la réforme de l'éducation. L'accent mis sur la méthode, le propos d'invention constante allant de pair avec des efforts pour multiplier systématiquement l'effet des forces, des dispositions, des institutions – en tout cela, Comenius trouve une corroboration chez Bacon. Si l'on entrait dans le détail, la liste n'en finirait pas. Bien sûr, il y a aussi, entre les deux penseurs, de profondes différences dans toute la conception du savoir et de son rapport aux autres activités de l'esprit. Mais cela ne change rien au fait fondamental que Comenius était profondément inspiré par Bacon dans ses propres réformes et que lui-même a tenté, selon sa

1. Sur les ouvrages cités ici – *Didactica magna* (1657), *Via lucis* (1642, publié en 1668), *De rerum humanarum emendatione consultatio catholica* (1662, publié en 1966) – et l'œuvre de Comenius (1592-1670) en général, le lecteur pourra consulter le volume *J. A. Komenský. Gesammelte Schriften zur Comeniusforschung*, publié en 1981, sous l'égide de l'Institut de Pédagogie de la Ruhr-Universität Bochum, à l'initiative et sous la direction de Klaus Schaller qui y a réuni l'ensemble des écrits coméniologiques de Patočka, en tchèque, en allemand, en latin et en français. *(N. d. T.)*

2. Cf. J. Kvačala, « Beiträge zur Comeniusforschung, I : Comenius und Baco », *Paedagogium. Monatsschrift für Erziehung und Unterricht*, 10 (1888), p. 23-33; et J. Patočka, « Bacon Verulamský a Komenského *Didaktika* » [Bacon de Verulam et la *Didactique* de Comenius] (1956), dans *Sebrané spisy*, t. 9 : *Komeniologické studie I*, Prague, OIKOYMENH, 1997, p. 151-160 (texte traduit en allemand dans le volume *Andere Wege in die Moderne*, p. 321-329). *(N. d. T.)*

propre conception, mais avec une hauteur et une largeur de vues toute baconienne, une réforme d'ensemble de tout le savoir humain, enfin accessible [1] sous la forme unique de son système pansophique de réforme universelle. Cette réforme est fondée sur l'idée de l'*alphabeta rerum* que Comenius partage avec Bacon – l'idée que le monde dans sa richesse est, au principe, un tissu d'un nombre relativement infime d'éléments fondamentaux. Comenius veut dévoiler ces éléments, qu'il nomme les *venae rerum*, par la méthode de la comparaison et de l'analogie, méthode qui, là encore, renvoie au *Nouvel Organon*. Ouvrons le second livre de cet ouvrage à l'aphorisme 27. Nous y lisons :

> Enfin, sans nous lasser, nous ne pouvons trop recommander que l'attention des hommes dans l'étude et le recueil de l'histoire naturelle change à l'avenir du tout au tout et qu'elle se tourne dans une direction opposée à celle qui prévaut aujourd'hui. Car jusqu'ici, les hommes ont montré beaucoup de soin et même de curiosité dans l'observation de la variété des choses et dans l'explication minutieuse des différences des animaux, des herbes, des fossiles ; différences où il faut voir davantage des jeux de la nature que des apports d'une réelle utilité pour les sciences. Certes, de telles choses sont source de plaisir, et elles contribuent même parfois à la pratique ; mais elles font peu, sinon rien, pour l'examen de la nature. C'est pourquoi *les travaux des hommes doivent se tourner résolument vers l'étude et le relevé des ressemblances et des analogies des choses* [souligné par J. P.], qu'on prenne celles-ci dans leur tout ou dans leurs parties. Ce sont en effet ces ressemblances qui mettent de l'unité dans la nature et établissent les premières bases des sciences.
>
> Mais ici il faut veiller avec le plus grand soin et la plus grande rigueur à ne recevoir comme instances conformes et proportionnées que celles qui indiquent – comme nous l'avons dit au début – les ressemblances physiques, c'est-à-dire les ressemblances réelles et substantielles, qui sont inscrites dans la nature, et non celles qui sont hasardeuses et spécieuses ; et encore moins celles qui sont superstitieuses ou curieuses, comme nous en montrent partout les auteurs de magie naturelle (ces écrivains bien légers qui méritent à peine d'être nommés dans un sujet aussi sérieux que celui dont nous traitons à présent), lorsque avec beaucoup de

1. Comenius ne publia de son vivant que les deux premiers livres de son œuvre maîtresse, *De rerum humanarum emendatione consultatio catholica*, « enfin accessible » grâce à la découverte, en 1935, par Dmitrij Tschižewskij, du manuscrit complet, jusque-là tenu pour perdu, qui paraîtra à Prague en 1966 avec, en postface, une traduction latine de la seconde des deux contributions aux études coméniennes annexées par Patočka en 1964 à sa monographie sur Aristote. *(N. d. T.)*

> frivolité et d'extravagance ils décrivent et, parfois même, forgent entre les choses des ressemblances et des sympathies qui n'ont pas de consistance [1].

Ces paroles sont comme un programme de l'œuvre systématique de Comenius, de sa tentative pour mener une analogie entre la nature, l'histoire et les savoir-faire de l'homme. Au bout du compte, même la philosophie du progrès humain que contient la *Via lucis* serait inconcevable sans Bacon.

Pour conclure, nous voyons en Bacon un des plus grands génies philosophiques de l'humanité moderne, l'initiateur de l'idée du savoir actif et efficace. L'idée, elle, est le véritable nerf vital de toute la vision moderne du monde, et Bacon en a tiré toutes les conséquences qui pouvaient l'être de son temps – le schéma de la méthode scientifique, le schéma de la problématique systémique des sciences modernes qui réglera la future domination de la nature. Il faudra attendre deux cents ans avant que la forme baconienne de l'idée du savoir efficace soit à la fois conservée et dépassée – ce n'est qu'après l'étape de la philosophie classique allemande que Marx et Engels, s'appuyant sur la conception dialectique du travail chez Hegel, pourront l'élever à une hauteur nouvelle en montrant la voie qui mène, de la domination de la nature, à la domination de la société humaine elle-même dans son évolution historique. Le tronc qui soutient cette couronne touffue demeure toutefois celui de l'arbre que planta l'incomparable Verulam [2].

1. Trad. fr., p. 240. *(N. d. T.)*

2. Pour l'épithète, cf. G. W. Leibniz, *Dissertatio praeliminaris*, dans *Philosophische Schriften*, éd. C. I. Gerhardt (Berlin, Weidmann, 1880), t. IV, p. 143. *(N. d. T.)*

CHAPITRE VIII

GALILÉE ET LA FIN DU COSMOS

Le but de ce texte n'est pas d'apporter une contribution aux études galiléennes. Nous voudrions simplement clore nos esquisses sur l'histoire du concept de mouvement avant la naissance de la science positive moderne en tirant les conséquences de ce qui précède et en en cherchant confirmation, encore une fois, dans l'étape galiléenne de la théorie du mouvement.

Le mouvement cosmogonique des premiers penseurs ioniens, mouvement d'individuation à partir d'un fondement primordial indéfini, nous est apparu comme la première étape de l'évolution du concept de mouvement. Ce stade est également la période la plus proche de la conception mythologique du monde ; il a encore à prendre lui-même conscience de la différence de principe qui le sépare du mythe. La prise de conscience de la singularité de la pensée philosophique en tant qu'ἀλήθεια par opposition à la δόξα ne sera apportée que par l'ontologie de Parménide avec son principe d'exclusion du négatif et sa thèse de l'étant absolument positif, toujours présent, impérissable. Depuis lors, l'étant qui vaut en philosophie est le fruit, non pas d'un vécu passif, mais d'une *construction conceptuelle*.

L'Un étant de Parménide recèle aussi le germe de l'évolution ultérieure du concept de mouvement. Le mouvement et le changement avec leur négativité essentielle tombent sous le coup de l'exclusion parménidienne du négatif. La paradoxalité de cette condamnation inspire alors les tentatives de Zénon pour démontrer indirectement la thèse de Parménide. Ces démonstrations indirectes, impliquant également les premières analyses conceptuelles des différents aspects du mouvement

– la vitesse, l'espace parcouru, le temps –, se révéleront importantes pour sa détermination positive. On le voit surtout dans l'atomistique, qui compose même le temps et le mouvement d'insécables; rien cependant n'indique que les atomistes aient de surcroît entrepris d'établir, entre les différentes composantes du mouvement, un rapport exact, formulé mathématiquement. Au contraire, c'est l'expérience brute qu'ils ont en vue dans leur théorie concrète du mouvement qui génère les différents « mondes ». Ce qui nous importe ici, c'est que prend forme néanmoins chez les atomistes, sur des bases éléatiques, une physique primitive, mais réelle : une théorie purement causale de la structure des choses et de la régularité des processus de la nature. Le fondement de cette physique, chez les atomistes comme chez Anaxagore et Empédocle, c'est le principe de composition à partir de particules élémentaires subsistantes, en d'autres termes, un principe d'exclusion du changement et du devenir réels. Relève aussi de cette étape de la pensée post-parménidienne le pythagorisme avec sa mathématisation des phénomènes qualitatifs, notamment dans la musique et l'astronomie; ce qui se trouve là dans un rapport mathématique, ce ne sont pas les aspects abstraits de phénomènes de mouvement, mais les mobiles concrets – des cordes de telle ou telle longueur, du métal de tel ou tel poids, les planètes avec leur trajectoire et leur temps de révolution.

Le premier, à notre connaissance, à poser la question d'une conception mathématique du mouvement, et cela dans le contexte de la mathématisation de toute réalité, c'est Platon. Dans la dernière phase de sa pensée, il opère la synthèse de toutes les ébauches antérieures d'une mathématisation et d'une explication globale de l'univers et de l'étant en général par ce moyen. Mais cette mathématisation va de pair chez Platon avec une étape nouvelle de la réflexion philosophique – la philosophie de Platon ne se veut pas une simple physique, mais une *métaphysique*, une doctrine du monde vrai *au-delà* du monde présent des sens et de l'expérience (alors que la physique cherche l'essence vraie de *l'ici-bas*). Le monde sensible est gouverné par le monde vrai, il se rapporte à lui comme l'imitation au modèle, il serait incompréhensible sans lui; il est intégralement un moyen en vue de la réalisation de fins qui n'émanent pas de lui-même, mais de l'autre monde. La mathématisation en tant que loi de la rationalité suprême est à la fois un moyen du règne du Bien, c'est-à-dire de la raison et de l'ordre, sur le chaos et la nécessité irrationnelle. Le mathématisme universel de Platon est, pour cette raison, une synthèse du mécanisme en tant que moyen avec la téléologie en tant que fin. C'est ainsi que prend forme en même temps, chez Platon, une conception de la réalité en tant que cosmos hiérarchique – les grossières réalités matérielles, sensibles, au bas de l'échelle, renvoient aux réalités supérieures qui les gouvernent et sans lesquelles elles resteraient incompréhensibles, dépourvues de sens et d'ordre. Le monde élémentaire est incompréhensible sans le monde astronomique, gouverné à son tour par l'âme du monde, médiatrice entre l'être vrai, impérissable, et le simple devenir ; et, de médiation en médiation, l'échelle s'élève jusqu'aux premiers principes, dont le plus fondamental est l'Un ou le Bien.

Il est bien évident que cette doctrine téléologique se fait valoir également dans la question du mouvement : elle rend tout le mouvement du monde dépendant du « mouvement » de l'intelligence qui comprend, des opérations logiques puis aussi extra-logiques de l'âme du monde, de ses composantes subordonnées, ainsi que des âmes dépendantes, auxiliaires, des corps cosmiques et des corps organiques. Ici aussi, Platon respecte toujours son principe du parallélisme entre l'explication mathématique et l'explication téléologique – l'âme est à la fois une *forme* (déterminable par principe de façon géométrique) et un nombre, principe de toutes les formes. Le mathématisme cosmique est un moyen au service de l'ordre téléologique dans la question du mouvement également.

D'un côté donc, Platon porte plus loin la mathématisation – en plaçant l'idée et l'idéal de l'explication scientifico-philosophique dans la *réduction* de la diversité donnée à des principes dont le nombre est fini et, en définitive, le plus petit possible.

Le résultat général auquel il arrive est ainsi la mathématisation de tout – exception faite du mouvement au sens propre (c'est-à-dire du mouvement qui n'est pas de nature spirituelle, le mouvement astronomique étant, chez Platon, spirituel). Le mouvement au sens courant, Platon ne le conçoit pas mathématiquement, mais plutôt comme la « participation » énigmatique des Idées à quelque chose qui en trouble la clarté et les affaiblit.

Le système de réduction platonicien sert de point de départ aux efforts d'Aristote, qui y puise un argument fiable, permettant de justifier les deux disciplines philosophiques : la physique en tant que philosophie seconde, traitant du *mobile en tant que tel* (c'est-à-dire de l'étant qui est caractérisé par un *manque*), et la philosophie première, traitant de *ce qui fait défaut au mobile en tant que tel* et vers quoi tend son mouvement. L'une et l'autre portent le regard, chacune sous un angle différent, sur le mobile et le mouvement. L'une et l'autre sont une science (ἐπιστήμη), car elles traitent des ἀρχαί, des αἰτίαι et des στοιχεῖα de ce qui est.

En cherchant à comprendre le mouvement, Aristote fixe son attention avant tout sur ce qui en fait un processus, un devenir, un changement qui s'approche plus ou moins près du noyau des êtres et le touche : le mouvement n'est rien d'extérieur aux êtres, il est, au contraire, ce qui les édifie dans leur activité, dans leur actualité, dans leur existence même. L'essence du mouvement, en effet, n'est pas à la surface de l'étant, dans la simple modification de ses relations avec d'autres êtres (c'est là l'aspect le plus superficiel, aspect du mouvement qui existe bel et bien, mais que seule l'abstraction permet d'isoler des racines plus profondes) ; elle réside plutôt dans le noyau même, dans le processus d'édification des êtres, le processus de détermination d'un déterminable non entièrement déterminé par des déterminations fondamentales (la φύσις, le τί ἦν εἶναι) et complémentaires (les συμβεβηκότα). Ce processus de détermination des êtres dans leur être fait apparaître leurs possibilités d'actualisation au sein d'un ordre qui va de l'étant chaotique et dispersé à l'étant concentré et vigile, s'actualisant à partir de lui-même, jusqu'au sommet de l'être pur et nécessaire, proféré à titre de finalité indispensable et qui unifie tout. Le mouvement est alors le mode d'actualisation d'êtres qui ne peuvent pas être pleinement, qui sont finis et, partant, intérieurement caractérisés par un manque. Il est, par toute sa nature, un passage, quelque chose d'incomplet : il est un acte incomplet, quelque chose qui ne demande qu'à se défaire de soi pour devenir, autant que possible, *acte pur*. Si l'on conçoit la φύσις et le τί ἦν εἶναι comme le fruit, chez Aristote, d'une transformation de l'Idée platonicienne, il s'ensuit que le mouvement est une actualisation, une *réalisation* de l'Idée, dont il ne pourra donc jamais être lui-même la *réalité*.

Avec cela, le mouvement, cette « sorte de vie intérieure des choses [1] », est une unité organique, inviolable, continue. C'est dire que la mathématisation ne pourra le saisir que superficiellement : la mathématisation est indissolublement liée à la mesure, et la mesure implique la division, le fractionnement ; identifier le mouvement avec ce en quoi il peut être géométriquement divisé, c'est l'identifier arbitrairement à l'espace qu'il parcourt, c'est le briser et le sectionner, c'est, au bout du compte, frapper de mort la continuité sur laquelle reposent l'unité du mouvement fondamental et la succession continue, régulière, des processus dépendants au sein de l'univers. Pour autant, la mathématisation *en tant qu'opération superficielle* demeure toujours possible, et Aristote a fait plus d'un pas pour en mettre en place les présupposés, voire pour

1. Cf. *Physique*, VIII, 1, 250 *b* 14. *(N. d. T.)*

lui-même l'élaborer intellectuellement : il comprend le mouvement comme essentiellement matériel, essentiellement temporel (le temps comme étant d'essence mathématique, mais, pour cette raison même, étranger ou dans un rapport négatif à la nature des choses), c'est aussi à lui qu'on doit les premiers essais – diversement réussis – d'une formulation mathématique des lois mécaniques (aussi bien dynamiques que cinématiques).

Le téléologisme d'Aristote, dont Jean Philopon et l'école d'Alexandrie déjà comprennent les avantages idéologiques pour le christianisme, sous condition de certains aménagements, assumera la fonction de cadre fondamental de la vision chrétienne du monde. C'est une alliance entre métaphysique transcendantale et théologie chrétienne, dont le système d'Aristote revu et corrigé devient garant.

La force qui voit ainsi le jour sera difficile à ébranler. De fait, l'aristotélisme représente déjà dans l'Antiquité une tradition scientifique à laquelle l'épicurisme, avec sa reprise de l'atomistique, ne réussit pas à opposer une synthèse équivalente, aussi approfondie. Toutes les critiques des successeurs et des rivaux d'Aristote demeurent impuissantes à remplacer l'ensemble de son œuvre par un équivalent nouveau et positif. Lorsque s'ajoute à ce système l'autorité de l'organisation sociale représentée par l'Église, on pourra croire achevé un *monumentum aere perennius*[1]. Même la physique de l'*impetus*, qui, à partir du XIVe siècle, remet sur le métier les questions physiques fondamentales, n'apportera rien de plus qu'une correction de détail de la notion de la cause du mouvement telle qu'Aristote se la représentait.

Il importe, cela dit, de bien mesurer l'impact du renouveau de la tradition platonicienne, amorcé à partir du XVe siècle, sur les esprits habitués à penser avec Aristote. (Inutile d'insister sur le lien entre cette nouvelle ligne de pensée et les tendances sociales nouvelles.) L'aristotélisme est, pour tous les penseurs qui se détournent de la vision aristotélico-ptoléméenne, une telle évidence que, malgré leurs sympathies pour Platon, ils comprennent le mouvement en un sens qui n'est pas platonicien – le mouvement n'est pas pour eux, au premier chef, comme pour Platon, le mouvement logique de l'âme du monde, loin de là, il est toujours matériel et temporel : c'est le cas chez Nicolas de Cues comme pour Copernic, pour Léonard et même pour Giordano Bruno (chez lui aussi, l'âme joue le rôle de « moteur » du mouvement matériel). Cela étant, l'intérêt de tous ceux qui suivent la reprise du débat – destiné

1. Horace, *Odes*, III, XXX, 1. *(N. d. T.)*

à s'inscrire dans l'histoire du monde – entre platonisme et aristotélisme se tourne inéluctablement vers l'aspect du platonisme que représente le mathématisme cosmique. Rechercher plus en profondeur les lois mathématiques du monde astronomique matériel, les saisir avec plus de précision et de façon plus simple que dans l'astronomie ptoléméenne – tel est le sens du mathématisme de Copernic. Remplacer le continuum fini des lieux (qui, chez Aristote, engendre la géométrie par une formalisation fictive) par un espace ouvert, infini, où la géométrie (euclidienne) joue le rôle de loi-cadre de la nature, tel est le sens de l'œuvre de Bruno – l'espace infini est, avec cela, rempli d'une infinité de mondes matériels, c'est l'espace matériel. Découvrir la forme précise des orbites et les véritables lois des mouvements des corps célestes là où échoue non seulement l'astronomie ptoléméenne, mais encore la copernicienne, sous la forme qui est alors la sienne, y parvenir en perfectionnant la doctrine des proportions harmoniques héritée de la tradition platonico-pythagoricienne – telle est l'ambition de Kepler. Leur orientation mathématique amène tous ces penseurs à porter sur l'univers astronomique un regard de plus en plus objectif; comme toutefois ils ne cherchent pas à résoudre la question de l'essence du mouvement en tant que tel, mais uniquement celle de sa description mathématique (abstraction faite des explications animistes de Bruno et de Kepler à ses débuts), le mouvement peut demeurer à leurs yeux une expression, sinon de l'intelligence des corps célestes, du moins de la raison suprême du mécanicien céleste, responsable de l'ordonnance du monde sidéral.

La position de Galilée dans toute cette évolution est donnée par son problème, qui n'est pas le même. Pour Galilée, il y va justement de l'essence du mouvement, et du mouvement des choses qui nous entourent; ce qui l'intéresse, c'est la mécanique ou, plutôt, la cinématique du domaine terrestre qui est celui de notre vie. Aussi son modèle est-il d'emblée le plus grand des « platoniciens » (comprendre : de ceux qui entreprennent l'étude mathématique de la nature), Archimède, fondateur de la statique. Ce qu'Archimède a accompli pour les phénomènes d'équilibre, en en découvrant les lois mathématiques, Galilée entend le réaliser pour le mouvement en tant que tel. L'unité de tout ce qui est, l'unité des lois universelles, que l'aristotélisme niait, est une conviction qu'il tient de l'astronomie héliocentrique. Il en déduit que ses études mécaniques ont une portée cosmique; mais le sens de son mathématisme est l'inverse de ce qu'il était chez Copernic et les premiers disciples de celui-ci – chez Galilée, ce n'est pas le devenir terrestre qui est compris sur le fondement de ce qui se passe dans le ciel (la Terre se meut de même que les autres corps célestes), mais vice versa, le devenir céleste qui sera nécessairement à comprendre sur le fondement du devenir terrestre, sur le modèle des lois qui régissent les processus mécaniques du monde qui nous entoure.

Galilée accomplit la géométrisation du mouvement autrement que les astronomes, d'une manière qui n'est pas celle qu'enseigne la tradition pythagoricienne. On pourrait dire qu'il réalise, par des moyens nouveaux, le programme initial du jeune Aristote encore platonisant : lui aussi veut analyser le mouvement en ses éléments simples, ses ἀρχαί et στοιχεῖα. Toutefois, ce sera une analyse essentiellement quantitative. Pour Galilée, le mouvement est, par essence, une quantité. Cela dit, il tire bien sûr un parti substantiel de la décomposition antérieure du mouvement en les facteurs continus et quantitatifs de l'espace parcouru, du temps et de la vitesse – les principes qu'il tient pour constitutifs du mouvement sont précisément ces éléments dont Aristote avait connaissance, mais qui étaient chez lui ou expliqués qualitativement ou négligés du fait de leur caractère quantitatif (et, partant, abstrait). Il essaie ensuite de trouver la forme la plus simple du mouvement, susceptible de servir de point de départ aux formes plus complexes. Une telle forme éminemment simple est à ses yeux celle où une même distance est parcourue dans des espaces de temps égaux, où le mobile conserve donc une vitesse constante : le mouvement uniforme [1]. Galilée détermine les formes plus complexes à l'aide du concept d'accroissement de la vitesse, d'accélération, et la plus simple à ses yeux est derechef celle où l'accroissement est le même dans des espaces de temps égaux. Pour d'autres degrés de complexité, il fait appel au principe de composition des mouvements, qui lui fournit les formules du jet vertical, du mouvement horizontal, oblique ou encore pendulaire. N'était le manque d'un appareil mathématique adéquat, l'analyse galiléenne des mouvements en éléments simples, susceptibles d'expliquer par leurs combinaisons progressives même les phénomènes cinématiques les plus complexes, serait parfaite

1. Fait important, à noter : la définition du mouvement uniforme chez Galilée ne contient pas la rectilinéarité. Voir Galileo Galilei, « Discorsi e dimostrazioni matematiche intorno à due nuove scienze », dans *Opere*, edizione nazionale sous la direction d'A. Favaro, t. VIII : *Le Nuove Scienze*, Florence, Barbèra, 1898, p. 191 : « *Aequalem, seu uniformem, motum intelligo eum, cuius partes quibuscunque temporibus aequalibus a mobili peractae, sunt inter se aequales.* » Les théorèmes de Galilée sur le mouvement uniforme valent donc au même titre pour le mouvement circulaire « naturel » (réellement inexistant, mais présupposé par Galilée) que pour le mouvement uniforme rectiligne.

– on aura besoin de l'analyse infinitésimale pour exprimer mathématiquement la continuité du mouvement.

Que se passe-t-il *philosophiquement* du fait de cette nouvelle méthode de compréhension du mouvement ? Quel tournant, foncièrement nouveau, dans la conception du mouvement prend-il là son départ ?

Galilée ne considère plus le mouvement comme un *changement interne de la chose* au sens d'Aristote.

Comme s'il revenait au stade initial de l'analyse aristotélicienne du mouvement, aux livres V et VII de la *Physique*. Ce qui l'intéresse, ce sont derechef les éléments fondamentaux du mouvement, le temps, l'espace parcouru, le mobile. Il biffe cependant le moteur et le *terminus ad quem* ; il biffe toute l'interprétation dynamique, issue de l'analyse du mobile par le schéma tripartite et la réflexion sur le couple δύναμις-ἐνέργεια, qui a conduit à la conception ontologique du mouvement propre à Aristote. Il concentre en revanche son attention sur la *vitesse*, qui ne figure pas parmi les éléments fondamentaux distingués au livre VII de la *Physique*, mais que prend en compte la formule des lois dynamiques énoncées dans son chapitre 5. Chez Galilée, les éléments du mouvement sont le temps, le trajet, la vitesse, l'accroissement de la vitesse. Galilée considère ces éléments dans leurs rapports réciproques, de même que le géomètre considère le rapport de l'hypoténuse et des côtés de l'angle droit dans un triangle rectangle ou le staticien les rapports d'équilibre.

En cette qualité, ils réalisent comme tels certains rapports valables de tout temps, des vérités éternelles. La nature mathématique des éléments du mouvement en fait des *exemplifications d'Idées* ; le mouvement est *une Idée réalisée, non plus le processus de réalisation d'une Idée*, comme chez Aristote.

Rien n'indique que Galilée ait jamais cru, comme Platon, à des Idées *séparées* ; sous ce rapport, il reste fidèle à Aristote ; il s'oppose néanmoins à Aristote dans la mesure où il effectue l'analyse de l'étant mobile en στοιχεῖα *purement mathématiques*, correspondant au propos initial de la réduction platonicienne dont il redécouvre l'inspiration originelle. En accord avec cela, les éléments idéaux de l'étant mobile sont, chez Galilée, tout autres que ceux qu'on a relevés chez Aristote – les idées aristotéliciennes sont des formes agissantes, qui informent la réalité environnante, non formée, ainsi que leur propre matière ; leur actualisation présuppose un processus interne, un manque qui se comble ; chez Galilée, il n'est pas question d'une quelconque négation ni d'une privation ni, par conséquent, d'une « aspiration » ou d'une

« correspondance réciproque ». Tous les éléments de l'étant sont intégralement *positifs* et ont le même caractère immobile, « mort », d'objets simplement contemplés, s'épuisant, comme d'autres concepts et figures géométriques – les cercles et les triangles, les points, les segments de droite, etc. –, dans la contemplation dont ils sont l'objet.

Dès lors que le mouvement devient un concept mathématique, le processus naturel de la pensée humaine aussi est maîtrisé. Il n'y a plus de conjectures, plus d'interprétations, plus de décryptage des mystères de la nature : tout cela fait place à une conviction de principe. Il n'y a aucun doute qu'on ne réussisse à trouver toujours, dans un travail méthodique, une formule adéquate, plus ou moins simple ou complexe, qui saisisse le phénomène donné, car la réalité est mathématique non seulement dans sa statique, dans sa forme et son nombre, mais également dans sa succession temporelle. Le *Saggiatore* de Galilée, en parlant des caractères mathématiques dans lesquels est écrit le livre de la nature [1], donne à un vieux thème platonicien (évoqué dans un chapitre précédent [2]) une signification toute nouvelle. Si la nature est en vérité mathématique, saisir cette mathématique implique qu'on en ait, au principe, tous les facteurs en mains ; même si la mathématique de la nature est d'une complexité qui nous dépasse, l'explication procédera, *principiellement*, toujours de la même façon. Toute expérience ne peut avoir d'autre rôle que de fournir des données qui seront à insérer, à telle ou telle place, dans les schémas mathématiques ; l'expérience scientifique moderne présuppose un projet mathématique sur la nature.

Jusqu'à un certain point, on a donc tort de croire l'expérience et la construction en équilibre, se présupposant l'une l'autre dans la démarche de pensée galiléenne : l'expérience conduisant à une loi hypothétique dont la vérification aurait derechef recours à elle. Le fait est qu'on porte ici un regard nouveau sur l'expérience elle-même, à la lumière de la construction. La méthode de résolution et de composition paraît tout à fait identique à l'empirisme moderne avec son exigence de coordination entre analyse et synthèse, induction et déduction. En réalité, si la méthode de Galilée est bien conforme à ce schéma, avec lequel elle s'accorde aussi pour éviter toute détermination des « causes » du mouvement (entreprise dans laquelle la physique aristotélicienne s'est si inextricablement empêtrée), si Galilée réussit aussi à faire la clarté là où les efforts de Bacon pour saisir le *latens processus* restaient grevés

1. G. Galilei, « Il Saggiatore », dans *Opere*, éd. cit., t. VI, 1896, p. 232. *(N. d. T.)*
2. Voir *supra*, chap. II, p. 90-91.

d'obscurités, en revanche lui-même voit plus profond – le sens de ses efforts est distinct de l'orientation méthodique de l'empirisme moderne. Galilée vise *l'essence du mouvement*, ses formes essentielles ; il ne s'agit pas pour lui des lois hypothétiques du devenir empirique, mais de lois analogues aux théorèmes d'Euclide ou d'Archimède, de lois essentielles, dont la validité ne soit pas purement empirique.

L'expérience – ce par quoi il faut entendre, chez Galilée, la prise en compte du fait que la structure mathématique du mouvement doit être réalisée en quelque façon dans un monde où domine la forme sphérique des corps célestes, ainsi que leur mouvement circulaire « naturel » (Galilée demeure sur ce point bien plus fidèle à Aristote que Kepler) – est, au contraire, une source de difficultés qui l'empêcheront de passer systématiquement des problèmes cinématiques aux problèmes dynamiques. En effet, pour que le mouvement rectiligne uniforme soit bien le fait fondamental du mouvement, il faudrait qu'il soit possible dans un monde où règnent la forme de la sphère et la force de la pesanteur, ce que Galilée tient pour exclu. Galilée n'ose toujours pas formuler le principe d'inertie qui ferait du mouvement rectiligne uniforme une réalité physique. Pour reprendre l'expression d'A. Koyré, il demeure incapable de renoncer entièrement à l'idée du cosmos [1], à l'ordre hiérarchique d'un monde où il y a des « mouvements naturels » et qui est essentiellement sensé, rationnel au sens de la finalité, offrant, outre la satisfaction que nous puisons dans sa compréhensibilité mathématique, celle que donne l'impression de perfection et d'harmonie.

Compréhensible, ce retard de l'évolution déterminée dans son fond par la greffe de l'idée platonicienne du mathématisme universel sur la conception aristotélicienne du mouvement matériel et temporel ne pourra plus en compromettre le résultat : la nécessité de comprendre tout le processus, tout devenir, toute action opérante dans la nature matérielle, de façon absolument objective, d'abandonner donc la téléologie, l'idée du cosmos et tout ce qui s'y rapporte. Le mouvement mathématisé par Galilée n'admet aucun facteur qui ne soit pas lui-même de nature mathématique. Il n'admet, dans le processus de la nature, que ce qui est écrit dans les notions mathématiques et les figures dont parle le

1. A. Koyré, *Galilée et la loi d'inertie*, p. 98. Il nous semble improbable que Galilée ait été retenu de formuler la loi d'inertie par des considérations de l'ordre de celles indiquées par Fr. Pannaria (« Ritorno ad Aristotele », "*Scientia*" : *rivista di scienza*, 95 [1960], p. 173-180, 205-212 et 243-250 [notamment 177-179]), lorsqu'il reproche à Newton une conception trop grossière de ce principe.

Saggiatore. Aussi le concept newtonien – post-galiléen – de force sera-t-il foncièrement différent de tous les concepts dynamiques jusque-là : ce ne sera plus la cause d'un processus-changement, cause qui accompagne le changement tout au long de son chemin, mais un facteur mathématiquement déterminable parmi d'autres facteurs du même ordre.

Les penseurs du XVIIe et du XVIIIe siècle s'évertueront encore pendant un certain temps à montrer comment combiner le mécanisme – autant dire : le mathématisme – de la nature avec la finalité ou la téléologie d'une intelligence créatrice extranaturelle, mais ces considérations seront moins, et de moins en moins, des analyses du processus même de la nature que, plutôt, un regard porté sur ce processus d'un point de vue entièrement différent et étranger aux sciences de la nature. Le mouvement mathématisé, le devenir mathématisé a ses facteurs déterminants en lui-même et n'admet ni adjuvant ni frein extérieur.

Galilée a ainsi réussi à trouver une manière de saisir effectivement le mouvement mécanique, une méthode pour le déterminer par le rapport de composantes essentielles mathématisables. Il a montré la voie que les penseurs « pythagorisants » avaient cherchée en vain pendant des siècles. Il a réussi également une chose qu'il n'avait pas initialement en vue : montrer le seul moyen de *maîtriser* le devenir. L'idée de Bacon, ce que celui-ci cherchait à atteindre *grosso modo* et sous une forme purement qualitative, Galilée le réalise avec sûreté et précision. Et cela signifie en même temps quelque chose qui dépasse de loin la tâche que Galilée s'est lui-même fixée : cela signifie la fin de l'ère « métaphysique » de la pensée humaine, inaugurée par Platon et Aristote en rendant notre réalité dépendante d'un monde « vrai ». Avec la mathématisation galiléenne, ce vieux monde, que nous nommons le cosmos, prend fin sans retour ; de la métaphysique, on passe derechef à la physique, dont Platon et Aristote avaient mis le programme en suspens pendant deux mille ans. Et, fait à noter, cette dissolution découle du développement de motifs contenus dans le penser métaphysique des deux philosophes classiques grecs : le motif platonicien de la mathématisation et celui, aristotélicien, du mouvement matériel, auront raison de la composante métaphysique des deux systèmes.

CHAPITRE IX

DESCARTES ET HEGEL

I

Hegel ne surestimait pas Bacon, c'est le moins qu'on puisse dire. Pour lui, Bacon, comme Böhme, n'a pas franchi le seuil de la philosophie moderne, car, si la conscience de soi, que Hegel tient pour la véritable clef de cette philosophie, est bien implicitement présente dans l'exigence baconienne d'une nouvelle fondation méthodique de l'ensemble du savoir, elle n'y est pas expressément saisie. Ce rôle essentiel écherra, selon Hegel, à un autre penseur, qui deviendra de ce fait le Christophe Colomb de la pensée moderne : René Descartes. Avec Descartes, on entre dans une philosophie qui se sait issue de la raison et n'ignore pas que la conscience de soi est un moment essentiel de la vérité. Dans cette nouvelle période, le principe est la pensée qui part d'elle-même [1].

Hegel donne ainsi à la position révolutionnaire du cartésianisme (laquelle a, il est vrai, toujours été perçue ainsi – témoin, chez nous, Comenius avec son « *pestilentissimus in philosophia Cartesianismus* [2] » et sa comparaison du rôle de Descartes à la sédition de Masaniello [3]) la

1. G. W. Fr. Hegel, *Vorlesungen über die Geschichte der Philosophie III (Werke 20)*, éd. cit., p. 120.

2. *J. A. Comenii Opera omnia*, t. 23 : *Clamor Eliae*, éd. J. Nováková, Prague, Academia, 1992, p. 34. *(N. d. T.)*

3. Cf. *Cartesius cum sua naturali philosophia a mechanicis eversus* (1659), dans *J. A. Comenii Opera omnia*, t. 12, éd. J. Nováková, Prague, Academia, 1978, p. 298. Voir aussi M. Blekastad, *Comenius. Versuch eines Umrisses von Leben, Werk und Schicksal des Jan Amos Komenský*, Oslo, Universitetsforlaget, et Prague, Academia, 1969, p. 593. *(N. d. T.)*

définition la plus profonde du point de vue de sa propre philosophie. Ce fait même atteste qu'il y a entre les deux penseurs plus d'affinité qu'entre d'autres figures de l'histoire de la philosophie moderne, malgré la différence fondamentale de style de pensée que Hegel lui-même souligne dans plus d'un passage[1]. Nous voudrions montrer ici que, pour comprendre le problème central de la philosophie de Hegel – problème cerné en ces termes dans la *Phénoménologie de l'esprit* : « à mon avis, tout en philosophie dépend du fait de comprendre la substance aussi en tant que sujet[2] » – il est utile de partir d'une analyse du rapport de la substance et du sujet chez Descartes. Descartes est, en effet, le premier à introduire dans la philosophie le concept de sujet au sens moderne (dans l'acception du sujet de la connaissance qui s'oppose à l'objet), quoiqu'on ne trouve pas encore chez lui le terme même de « sujet » ; la chose dont il s'agit est bien présente, et Descartes en met aussitôt le concept en rapport avec la notion centrale de la philosophie jusque-là que nous avons vue prendre forme chez Aristote – le concept d'οὐσία, d'être individuel ou de substance.

Le sujet – le latin *subiectum* – est une traduction du grec ὑποκείμενον, rendu par ailleurs comme « substrat ». En traitant de la science philosophique de la nature chez Aristote, nous avons vu que le substrat ou sujet en ce sens premier était, en tant que porteur matériel des aspects, partie intégrante du concept de substance.

Or, fait significatif, une partie de la philosophie moderne explique ce concept traditionnel, de plus en plus, au sens de l'*étant conscient*. Ainsi Campanella, modèle et précurseur, à bien des égards, des aspirations d'un Comenius chez nous, explique chaque substance du point de vue de l'*anima*, de la ψυχή : la substance est sujet, non pas uniquement au sens du substrat matériel, mais aussi en tant que quelque chose qui entre avec le reste des choses dans un rapport qui sera le mieux caractérisé par la manière dont l'âme remplit ses fonctions sensorielles – être substrat, sujet, c'est être le sujet de relations perceptives – substrat, donc, non seulement de ses aspects *propres*, mais aussi des aspects des autres choses qu'elle n'est pas. Chez Leibniz, ensuite, les fonctions *sensorielles* cèdent

1. Voir, par exemple, *Enzyklopädie der philosophischen Wissenschaften*, § 77 [*Werke 8*, éd. cit., p. 166-167], où la différence est définie vis-à-vis de la philosophie de Jacobi, mais également de Kant.

2. Cité très librement. Cf. « Vorrede », dans *Die Phänomenologie des Geistes (Werke 3)*, éd. cit., p. 22-23 ; trad. fr. de B. Bourgeois, *La Phénoménologie de l'esprit*, Paris, Vrin, 2006, p. 68. Patočka renvoie à sa propre traduction tchèque (*Fenomenologie ducha*, Prague, NČSAV, 1960, p. 60). *(N. d. T.)*

la place à celle de la re-présentation en général, consistant à poser les aspects en vis-à-vis, et cette fonction deviendra une caractéristique non seulement fondamentale, mais exclusive de la substance, si bien que la substance, pour lui, s'identifie au substrat ou sujet de la représentation. Ce qui chez Campanella était une anticipation imparfaitement élucidée, est chez Leibniz un processus d'ores et déjà mené à son terme : la substance est sujet. Entre ces deux stades se place la découverte du sujet au sens moderne du terme, la découverte du sujet de la conscience et donc aussi du concept même de conscience qui s'y rattache.

Comment en vient-on à faire cette découverte ? Ses fondements sont vitaux autant que philosophiques, à chercher dans l'ébranlement total de la conception traditionnelle du monde, dans l'ébranlement de l'idée du cosmos dont nous venons de parler (lui-même à relier aux changements sociaux alors en cours, à la situation critique de la société féodale au sein de laquelle émergent de nouveaux rapports de production). Un nouveau sol ferme est fourni par la méthode mathématique, dont le trait caractéristique est la *certitude*. La vérité se fonde désormais dans la certitude qui se trouve ainsi investie d'une signification philosophique. Le contraste entre les conceptions chancelantes et la certitude mathématique conduit ensuite à poser la question du fondement ultime des certitudes : qu'est-ce qui est inconditionnellement certain ?

La première des *Méditations métaphysiques* de Descartes se met en quête de cette certitude inconditionnelle par la méthode du scepticisme ; le contraire de la certitude, le doute, doit servir de guide pour la découverte de ce dont on ne saurait douter. C'est ainsi que sera trouvé le *fundamentum inconcussum* indispensable à la philosophie, ou plutôt à la connaissance du vrai. La méthode du scepticisme choisit un détour à travers le doute hyperbolique. La différence entre le rêve et la réalité, étant donné l'impossibilité de distinguer l'un de l'autre par quelque signe immédiat, conduit d'abord à chercher la certitude dans le domaine des objets idéaux, neutres vis-à-vis de la distinction « réel-irréel ». Le doute est ensuite radicalisé par la supposition d'un « *mauvais génie* » qui sème la confusion jusque dans les certitudes objectives les plus claires. C'est cette idée qui conduit enfin à la découverte du « *fundamentum inconcussum* » – *ego cogito, ergo sum.*

Retournement singulier en regard du premier pas du doute méthodique ! Les évidences simples, mathématiques et autres, indépendantes de l'opposition réel-irréel, disaient le quoi et le comment de la chose sans pouvoir garantir le fait même qu'elle *soit* ; ici, au niveau du *fundamentum inconcussum*, le fait qu'elle *est* est garanti, mais c'est de savoir *ce qu'*elle est qui derechef pose problème. Que suis-je ? Que rien ici n'est garant de la réponse, la preuve en est fournie par les diverses interprétations qui aujourd'hui encore divisent les exégètes de la démarche de Descartes. Citons trois conceptions différentes représentées par des commentateurs contemporains : Étienne Gilson pense que la certitude du *cogito* est celle du sujet universel de la *cogitatio* en tant que telle ; J. Laporte est, au contraire, d'avis que c'est la certitude de la substance individuelle, le rapport du *cogito* à celle-ci étant celui d'un *abstractum* à un *concretum* ; F. Alquié, enfin, pense que c'est la certitude d'une substance individuelle qui dépasse essentiellement ce que j'en comprends. Quoi qu'il en soit, quelles que soient éventuellement les autres choses que le *cogito* garantit, l'ensemble des *cogitationes cogitati* (le *cogito* a la forme *ego cogito cogitatum*) qui sont immédiatement présentes au regard de l'*ego* en sont assurées sur le plan du contenu. L'*ego* est assurément le « sujet » de ces *cogitationes* – le sujet, le substrat, le trait d'union. Et les *cogitata* de notre *cogitatio* forment avec celle-ci le contenu de ce que, depuis lors, nous appelons la *conscience*.

L'important, cela dit, c'est que l'*ego cogito* est le fondement et le lieu de toute certitude. Aucune certitude n'est à trouver en dehors de son cadre. Et, attendu que la certitude est devenue la définition du vrai et que la vérité est comprise depuis longtemps comme un des traits fondamentaux de l'étant en tant que tel – *omne ens est verum* –, la possibilité de se présenter devant le regard du sujet est alors intégrée à la détermination même de l'être des choses – non pas de leur réalité ou de leur nature, mais de leur « vérité » – vérité qui ne sera plus l'accord avec une intelligence ultime et absolue, avec ses « Idées », mais l'exigence de démonstrabilité dans l'ensemble des certitudes de l'*ego cogito*. Sans que les choses soient dépendantes du sujet, l'être dépendant de la conscience sous le rapport ou de l'« existence » ou de l'« essence », la conscience devient ainsi la mesure de l'être des choses ; la conscience dans son essence est cette mesure, car l'être « veut » la certitude, l'évidence.

En même temps, Descartes ne renonce pas pour autant à l'ancienne manière de comprendre ce qui est, familière à toute la tradition substantialiste de la philosophie grecque classique, pour laquelle être signifie « être présent », une chose étant d'autant plus qu'elle est plus constante, plus durable (qu'elle a davantage de « présence »). L'être est ainsi lié au concept même de substance : la substance, c'est ce qui est « là », ce qui, présent antérieurement aux aspects sous lesquels cela se manifeste, est donc « plus présent » et plus constant. *Voilà* pourquoi la *substantia* n'a pas besoin de l'appui d'autre chose, étant, au contraire ce sans quoi les autres déterminations ne sauraient être données, être présentes. Voilà pourquoi il est, sans elle, impossible de comprendre aucune des autres déterminations – de concevoir l'être dans aucune des autres catégories. C'est de là alors que découlent le *in se esse* et le *per se concipi* qui figurent expressément dans les définitions de la substance au XVIIe siècle. De ce point de vue, l'*ego cogito* est non seulement la mesure de l'être pour chaque étant, il est aussi lui-même étant, suprêmement présent – toujours déjà, dès lors qu'est donné n'importe quel *cogitatum*, n'importe quel contenu – et, partant, substantiel au plus haut point. L'*ego cogito* est donc substance, il est *substantia cogitans*.

Mais la « méditation métaphysique » ne s'arrête pas là. L'*ego cogito* en tant que substance présente est une substance *finie*, comme cela découle clairement de la *dubitatio* inhérente à sa nature : à la base du *cogito, ergo sum* il y a un *dubito, ergo sum*. Or, le *dubito sum* est également la découverte de l'idée d'un étant infini – par contraste avec la finitude de notre être propre. Qu'il y a un étant infini, nous le savons en vertu du même acte qui nous fait connaître notre propre être fini – l'acte du *cogito*. Ma *cogitatio* implique ainsi, essentiellement, un rapport à l'infini que Descartes explique par une relation causale : je ne peux pas être cause de l'idée de l'infini, qui existe sans nul doute en moi, car cette idée ne saurait être l'œuvre d'un être fini. C'est ainsi que Descartes construit, à l'aide du concept de causalité, joint à l'appréciation scolastique des degrés de la « réalité objective », c'est-à-dire de l'essence, une « preuve » de l'existence d'un être infini. Cet être absolument positif, exempt de toute négation, de toute finitude, absolument nécessaire dans son être, Descartes en a besoin comme complément de la certitude de soi de la conscience qui, mesure de toute vérité, reste cependant, sans la toile de fond de cet être infini, close sur soi, incapable de franchir le seuil de la pleine réalité objective. Sans doute, l'infini est contenu implicitement dans la conscience de soi elle-même, dont le cadre et la juridiction ne sont donc, à proprement parler, nulle part battus en brèche. Il semble néanmoins que Descartes ne se rende toujours pas entièrement compte que sa détermination de la vérité comme certitude déplace la mesure de la vérité des choses, la fait passer de l'objet dans le sujet. En témoigne le concept de *veracitas Dei*, par lequel – parce que la *non-veracitas* serait une négation et une limitation – le penseur garantit derechef l'*objectivité* de ses idées claires et distinctes. Descartes montre, d'un côté, une tendance à la subjectivation de l'absolu, tout en en maintenant, de l'autre, l'objectivité transcendantale. Mais toutes ces notions traditionnelles sont utilisées pour approfondir la certitude de notre savoir fini, pour l'étayer de toutes parts et, en même temps, pour y relever la composante rationnelle structurelle et la distinguer des éléments dépourvus de clarté qui, dans notre rapport instinctif naturel aux choses, tendent à se confondre dans l'indifférenciation avec cette composante scientifique, seule objectivement garantie.

L'expérience du doute radical, après s'être heurtée au rocher inébranlable du *cogito* et à l'idée de l'infini dans notre esprit, se solde ainsi par la reconstitution d'un absolu véridique et la garantie du monde objectif où prend place notre être propre, reflétant ce monde – en ce sens, tout est à nouveau comme au départ, mais, en réalité, tout a changé. L'être vivant, qui se découvrait directement au milieu des choses étantes, fait place à la *conscience* en tant qu'objet de la certitude immédiate de soi ; ce qui, dans la conscience, est certain et garanti, c'est uniquement la donation de ses *cogitationes*, non pas leur *objectivité* ; l'objectivité est l'affaire d'un *choix* effectué dans le contenu immédiat, et elle n'appartient qu'aux structures sans remplissement qualitatif et dynamique. L'*anima* de la conception antérieure, héritière de la ψυχή antique, fait place à la *mens*, soit à la *substantia cogitans*, dont le fondement est l'*ego cogito*, le sujet. Le monde qualitatif réel devient *substantia extensa*, pure quantité et structure relationnelle. À partir de Descartes, l'évolution de la science moderne suivra une voie distincte de celle de la philosophie. L'une de ces deux voies se dirigera vers le matérialisme mécanique ; la réalité y sera séparée de toute signification, de tout sens, de toute finalité – la *cogitatio* elle-même, dans laquelle signification, sens et fins se présentent, sera interprétée de plus en plus comme la transposition subjective d'une réalité objective dépourvue de sens. L'autre voie est celle de la philosophie qui s'en tiendra à l'immédiateté du *cogito* : elle s'efforcera, au contraire, d'expliquer la réalité objective, privée de sens, comme un *phaenomenon bene fundatum* de notre subjectivité, comme une abstraction à partir du contenu de celle-ci. Telle est la voie de l'idéalisme moderne, à travers Leibniz jusqu'à Kant et à la philosophie classique allemande.

Chez Hegel, qui représente d'un certain côté le point culminant de cette seconde voie, on note cependant aussi un premier signe de son dépassement. Hegel reprend à partir du début toute la démarche de Descartes dans le dessein de réussir là où celui-ci a échoué. Descartes n'a pas réussi a trouver effectivement le passage de la *mens finita* à la *substantia infinita*, comme il n'a pas su clairement comprendre que l'*ego cogito* est la clef, non seulement de la vérité propre, mais encore de celle de l'univers. Appréhender la conscience de soi de façon dynamique, c'est restituer le mouvement à la conscience et redonner sens au réel. Hegel a en vue un dépassement du mécanisme, un dépassement de la scission mécanique de la réalité en les deux plans indépendants que Descartes désignait en gros par les termes *res extensa* et *res cogitans*. Hegel a en vue une substance unique, substance qui serait aussi sens, conscience, compréhensibilité et tout ensemble compréhension – qui serait aussi « sujet ».

II

La ψυχή grecque (dont l'*anima* médiévale demeure toujours, jusqu'à un certain point, l'héritière) signifiait la mobilité du vivant en tant que tel. Cette mobilité se distingue foncièrement de la mobilité mécanique. Le mouvement mécanique, considéré catégoriellement, est une relation – un état[1]. Le mouvement ne peut jamais être déterminé comme la *propriété* absolue d'une chose singulière, quelle qu'elle soit. Le mouvement mécanique a par ailleurs une structure temporelle spécifique : les points de son trajet peuvent être coordonnés à des instants, à des points temporels conçus comme autant de « maintenant » équivalents, dépourvus de toute extension, autant de présents successifs. Le mouvement mécanique ne présuppose rien d'interne, se rapportant à une extériorité, mais uniquement un rapport externe, la relation de deux ou de plusieurs choses entre elles. Or, il n'est pas exclu qu'un être vivant, être qui se rapporte à soi-même à travers le dehors ou, comme disent certains, qui se rapporte au monde à travers le dedans, il n'est pas exclu, disons-nous, qu'il ne fasse ainsi à l'aide et par le moyen du mouvement, de telle manière que le mouvement devient un caractère *interne* d'un tel être, un moment de son mode d'être spécifique, irréductible au mécanisme ; il est certain que la détermination du mouvement comme relation n'épuise pas toutes ses connexions et toutes ses possibilités. Mis en rapport avec l'intériorité organique, le mouvement acquiert également une nouvelle structure temporelle, il ne se compose plus exclusivement de présents ponctuels, devient plutôt un « pont » entre les deux non-réalités distinctes que sont le « pas encore » et le « déjà plus » : il devient *changement*.

1. C'est ainsi que le définit, par exemple, A. Koyré (*Galilée et la loi d'inertie*, p. 153).

Nous avons vu, dans le premier chapitre de ce volume, qu'Aristote considérait ce concept de mouvement-changement comme fondamental, qu'il classait même le mouvement mécanique sous ce chapeau. C'est dans cette optique qu'il conçoit sa définition du mouvement comme acte imparfait, qui dépasse ce qui est *déjà* par l'actualisation de ce qui n'est *pas encore*. Le mouvement est ainsi, en tant que changement de la dimension d'actualité de la substance, trop étroitement lié au concept de substance et, par là alors, absolutisé.

Au XVIIe siècle, le concept aristotélicien de mouvement est regardé comme entaché d'obscurités fondamentales, théoriquement inutile, voire nuisible. En mécanique, il n'y a réellement rien à faire avec cette notion. Au XVIIe siècle, le mouvement mécanique est considéré comme le fondement évident de tous les mouvements en général, qui sont de fait conçus exclusivement comme autant de structures composées de mouvements mécaniques. Un Gassendi intègre aussi le concept traditionnel d'*anima* au programme de la mécanique universelle, traçant ainsi la voie à la psychologie mécanique ; un Hobbes fonde le processus social sur la volonté des individus de *suum esse conservare*, sur l'inertie de l'être propre, visant une sociologie elle aussi mécanique.

Gassendi (dont Locke s'inspirera en partie) trace un programme qui sera repris aussi par les matérialistes du XVIIIe siècle : expliquer les phénomènes psychiques par le mouvement mécanique d'un « corps subtil », soit, en termes modernes, par les processus nerveux conçus mécaniquement. La première approche, par Descartes, de l'idée du mouvement réflexe va bien dans ce sens, ainsi que sa conception de l'organisme animal comme mécanique pure, exempte de toute intervention d'une *anima rationalis*.

D'autre part, Descartes thématise la conscience comme objet possible de la réflexion du sujet certain de soi, comme *ego cogito cogitatum*, ce qui en élimine tout ce qui n'est pas donné, en tant que tel : est ainsi banni de la conscience, notamment, tout rapport au mouvement réel, toute dynamique effective. Gassendi, dans ses objections à Descartes, demande pourquoi celui-ci ne dit pas, par exemple, *ambulo, ergo sum* [1] : c'est une incompréhension fondamentale du sens du *cogito*, et l'auteur de l'objection ne saisit pas bien non plus ce que la « conscience » – la *cogitatio* – signifie chez Descartes. Ce qui est immédiatement certain n'est aucunement le *ambulo*, mais seulement le *cogito, quod ambulo*.

1. *Cinquièmes Objections faites par M. Gassendi*, « Contre la seconde Méditation », I : « Vous pouviez inférer la même chose de quelque autre que ce fût de vos actions… »

L'on a donc, d'un côté, un mouvement dépourvu de sens, de l'autre, le sujet et ses significations – la conscience – sans mouvement réel propre. Le mouvement en tant qu'état relatif purement externe et la conscience comme règne purement interne des significations sont inconciliables, et l'un et l'autre découlent d'une même vision statique des choses.

III

Hegel cherchera à surmonter précisément toutes ces oppositions par sa conception du mouvement dialectique – qui est bien une relation, mais une relation interne – et par son idée de la conscience comme essentiellement mobile, dynamique. La conscience chez Hegel est, comme chez Descartes, la clef de toute vérité. À la différence de la conscience cartésienne, elle accomplit cependant d'elle-même le mouvement qui va du fini à l'infini, et la clef de la vérité, elle l'est précisément parce qu'elle est dynamique et mobile.

La *Phénoménologie de l'esprit* est consacrée à l'exposé de cette dynamique universelle, à l'exposé de la substance qui est sujet.

L'« Introduction » à la *Phénoménologie* [1] commence par une critique du terrain sur lequel Descartes a conduit la philosophie : le terrain d'une théorie relative de la connaissance, d'une théorie de la connaissance comme relation entre un objet et un sujet fini, lequel ne connaît la vérité que par rapport à lui-même, partant sous les espèces de vérités relatives – sujet qui est chez lui tout d'abord dans la sphère privée de sa conscience. À partir de là s'est développée, dans l'empirisme et le criticisme, une théorie de la connaissance qui, avant de connaître pour de bon, veut commencer par examiner la nature du processus cognitif. (Connaître pour de bon, au sens fort du terme, ce serait connaître sans reste le tout universel; ce tout est ce qui est en vérité; Hegel lui donne le nom d'absolu. Se maintenant dans tous les changements des singularités qui en relèvent, il mérite pour cette raison, éminemment, le titre de substance. L'absolu est ainsi, sans nul doute, une substance; reste à savoir si, outre ce caractère ontologique traditionnel, ou en même temps, conjointement avec lui, il n'est pas aussi autre chose.)

1. L'« Introduction » a fait dernièrement l'objet de plusieurs interprétations. Cf. J. Hyppolite, *Genèse et structure de la Phénoménologie de l'esprit de Hegel*, Paris, Aubier, 1946, chap. I; M. Heidegger, « Hegels Begriff der Erfahrung », dans *Holzwege*, Francfort, Klostermann, 1950, p. 105-192.

Selon la théorie relative de la connaissance, celle-ci serait quelque chose qui se rapporte de l'extérieur à un objet absolu. Cela étant, comment saurait-elle être elle-même absolue? Comment veut-on qu'elle corresponde à ce qui est en vérité? Qu'elle saisisse effectivement l'absolu? Ou bien le rapport à l'objet sera actif – la connaissance agira sur son objet, l'altérera, ne le laissera pas être ce qu'il est – ou bien il sera passif, et la connaissance un simple reflet de l'absolu dans un milieu étranger (milieu qui, lui, ne sera pas sans agir sur la chose dont il y va). Ni l'un ni l'autre de ces modes de réflexion sur la nature de la connaissance ne saura faire en sorte que l'absolu soit effectivement saisi; au contraire, l'un et l'autre ne font qu'accentuer la frontière absolue entre l'absolu et notre connaissance. Par notre propre pouvoir et par la nature de notre savoir et de notre conscience propre, tenue pour séparée de l'absolu, nous ne saisirons pas l'absolu (comme le croient Descartes et ses émules modernes); si une telle saisie n'est pas inhérente à l'absolu même, si elle n'est pas dans sa « volonté », c'est-à-dire dans sa tendance interne essentielle, tout ce que nous entreprendrons à cette fin restera vain.

Si minutieuse soit-elle, l'analyse, la description, l'évaluation de la connaissance séparée de l'absolu ne nous rapprochera pas de l'absolu. Nous ne pourrons espérer réussir que par un *saut* dans le cercle que forme l'absolu lui-même, dans sa plénitude. Cela tient au fait que l'absolu en tant que tout est seul vrai – il doit avoir la vérité en lui, non pas en dehors, la vérité doit être sa détermination; en même temps cependant, la vérité – n'étant pas une simple partie, un moment éphémère de l'absolu, qu'elle saisit, au contraire, dans sa totalité – doit elle-même *être* l'absolu, être absolue.

Le problème n'est donc pas : qu'est-ce que la connaissance en elle-même, séparément de l'absolu, quels en sont les présupposés et les moments (sujet-objet de la connaissance, chose en soi, etc.); le problème est bien plutôt de présenter un *concept* de la connaissance absolue, c'est-à-dire d'une connaissance qui, loin d'être séparée de l'absolu, se confonde avec lui, qui lui soit indissolublement unie. La connaissance absolue, c'est la *science* au sens propre du terme. Cela dit, il est certain que la philosophie, malgré tous ses efforts, n'est pas à ce jour parvenue à devenir une science. Jamais jusque-là le savoir n'a été réellement compris non seulement comme la forme dans laquelle se dépose un contenu essentiellement étranger, mais comme une forme dont le contenu est cela même qui constitue son essence. Dans la νόησις νοήσεως d'Aristote, ce n'est qu'indiqué, non pas réalisé. Le concept vulgaire de la connaissance, ou disons plutôt la représentation qu'on s'en fait couramment, est tout le contraire : la connaissance saisit quelque chose de foncièrement différent d'elle-même, quelque chose d'étranger, qui est en soi, indépendamment d'elle. Lorsque le philosophe finit par comprendre que ce concept de connaissance est essentiellement faux, qu'il découle non seulement d'une incompréhension de la vérité, mais d'une fuite devant elle, étant ce qui rend la réalisation de la vérité impossible – on se retrouve avec deux concepts qui se juxtaposent et s'opposent l'un à l'autre, se nient et s'annulent mutuellement. Comment décider entre eux ? Décider, c'est déterminer l'essence du savoir et de la science. Mais, pour l'instant, nous ne sommes pas en présence de l'essence, d'un côté, et du phénomène, de l'autre, il n'y a là que deux phénomènes – un double mode de donation du savoir, de son être pour l'autre. En effet, la science qui se dessine, qui se découvre, qui devient – elle n'existait pas auparavant, et elle se manifeste par *opposition* à la conception antérieure – n'est d'abord elle-même qu'un phénomène, qui a encore à montrer qu'il ne fait qu'un avec l'essence, qu'il est effectivement *l'apparaître de l'essence*. Comment la science démontrera-t-elle cela ? En aucun cas simplement en le déclarant, en renvoyant à elle-même, à l'existence de son attitude particulière. La conception à laquelle elle s'oppose peut en faire autant, en cela elle n'a aucune supériorité. À rien ne servira non plus d'affirmer que l'idée de l'égalité, de l'adéquation entre la connaissance et le connu est présente aussi dans l'attitude non scientifique, qui contiendrait donc une anticipation de l'attitude de la science effective : la connaissance et le connu ne peuvent être dans un rapport d'adéquation que s'ils sont de même essence. Cela revient, en effet, à se réclamer de cela même que l'on se propose de réfuter. La bonne réponse ne peut pas être la pré-ception, l'anticipation de l'absolu dans le savoir relatif, mais, au contraire, uniquement la rétroception du relatif par l'absolu. Seule la science véritable pourra montrer que le savoir relatif n'est *que* le phénomène du savoir, là où le savoir absolu est à la fois l'apparaître de l'essence ; seul le savoir absolu pourra présenter le savoir apparaissant même, lui seul pourra comprendre le savoir, non pas comme une simple certitude instinctive, mais comme le *processus* par lequel son essence se découvre nécessairement.

Si ce savoir est essentiellement un *processus*, il s'ensuit que la présentation de l'essence apparaissante est nécessairement la science elle-même ou, à tout le moins, une partie de la science. Pourtant, chose non moins nécessaire, cette présentation paraît autrement au savoir relatif. Le savoir relatif avec son sol – *la conscience naturelle* –

appréhende ce processus comme un chemin qui le fait parcourir différents stades ou étapes dans lesquels, s'il se purifie de ses défauts passés, s'il fait de plus en plus l'expérience de lui-même, c'est de telle façon qu'un savoir toujours nouveau et plus complet de l'objet vient se substituer aux objets précédents, plus naïfs, plus immédiatement donnés – l'objet lui-même dans son objectivité est, au contraire, ce qui dure, s'enrichit et se précise. Aussi la « conscience naturelle » ne pourra-t-elle jamais se « purifier » jusqu'à la conscience pure et absolue – cela signifierait : elle doit *renoncer à elle-même*. La conscience naturelle ne peut pas franchir la frontière de sa nature, de la nature. L'esprit lui-même n'est pour elle qu'une étape de l'évolution de la « nature »; la priorité reconnue à la nature, à l'objet, est une limite que la conscience naturelle ne peut pas outrepasser.

L'expérience dont il s'agit, c'est l'expérience que la conscience fait d'elle-même – sa conscience de soi, autrement dit un *cogito* immensément élargi. Cet *élargissement* du *cogito* est ce dont il y va. La conscience, de finie qu'elle était, limitée par son objet donné, sans liberté, ayant hors d'elle un monde étranger, devient illimitée et libre. Cela veut dire, d'une part, que la conscience finie et non libre devra perdre ce qu'il y a pour elle de plus essentiel, toute sa certitude du monde, de l'étant; or, perdre la certitude, c'est douter; le chemin de la conscience naturelle, par lequel elle progressera vers le savoir, sera donc le chemin du doute – comme chez Descartes. Le doute lui-même cependant ne sera plus ce qu'il était chez Descartes, et son résultat aussi sera différent. Ce ne sera pas le doute radical, visant à constater la certitude absolue qui reste, la démarche sceptique une fois parvenue à sa culmination extrême. Il ne s'agit plus d'inventorier nos certitudes, mais d'en changer. Une certitude prend la place d'une autre, sans que les premières soient renouvelées, ne serait-ce que partiellement, comme c'est le cas chez Descartes. Aussi ce doute peut-il être qualifié de désespoir : il est sans retour, ce qui y a une fois été sacrifié ne reviendra plus. Seule la pénétration, le regard *(Einsicht)* conscient dans la non-vérité du *phénomène* naturel du savoir qu'est la conscience naturelle sous toutes ses formes pourra accomplir la tâche que Hegel assigne à *sa* conception du doute méthodique. De prime abord, cette tâche semblerait purement négative; le rejet successif de toutes les certitudes est, en apparence, une pure perte. En réalité, la signification est éminemment positive; seule la conscience naturelle y voit un nihilisme pur, et seule l'une des figures de la démarche sceptique vise effectivement la destruction pure et simple (le scepticisme). En réalité, le processus du doute ne va pas de quelque chose à rien, mais de quelque chose à quelque chose d'autre ; sa négation n'est pas une destruction pure, mais la *substitution* d'une certitude à une autre. La négation n'est possible que par substitution. Chaque étape successive rapproche la conscience de son but ; c'est dire qu'avec chaque pas de plus l'objet de la conscience, ce qui apparaît tout d'abord comme étranger et limitatif, devient de plus en plus *propre* et *libérateur*, car la conscience s'y retrouve de plus en plus elle-même.

Nous arrivons là à l'autre différence fondamentale par rapport à Descartes. Hegel n'a besoin d'aucune preuve de l'existence de Dieu, d'aucunes ratiocinations sur l'idée de l'infini et son rapport à l'être propre ; sa « méthode sceptique » est elle-même le passage de la conscience finie à la conscience infinie. L'infinitude ne vient pas à la conscience de l'extérieur, au contraire, elle en est une détermination interne ; et si cette infinitude n'est pas d'emblée manifeste, c'est parce que le fini n'est pas en dehors de l'infini, mais à l'intérieur de lui, parce que le rapport de l'infini au fini est dynamique, l'infini un *dépassement* du fini. La conception dynamique de la conscience, liée à la méthode du doute et du désespoir vis-à-vis de la conscience naturelle, est une conception qui surmonte la finitude.

> Ce qui est limité à une vie naturelle est incapable, par ses propres forces, de franchir les frontières de son étant immédiat ; c'est un autre qui l'en chasse, et cet arrachement à soi est sa mort. Or, la conscience est à elle-même son propre concept, par là elle est immédiatement un dépassement de tout limité et, puisque le limité lui appartient, un dépassement de ses propres frontières ; avec chaque individu se pose aussi pour elle quelque chose situé au-delà de son cadre, serait-ce seulement à côté de ce limité, comme dans l'intuition spatiale [1].

Comment ce dépassement de soi se produit-il dans la conscience même ? Quel en est le principe ? Quel en est le « mécanisme » ? C'est un mode de dépassement indissolublement lié à la nature même du différend entre la conscience naturelle, qui est le simple phénomène du savoir, et la conscience vraie, qui est en même temps le phénomène et l'essence. Comme nous l'avons vu, et la conscience naturelle et la conscience vraie prétendent être le savoir vrai, le savoir réel. L'une et l'autre se veulent donc un savoir du savoir. Or, chaque savoir a un objet sur lequel il se règle, un objet qui est, en d'autres termes, sa vérité ; la

1. G. W. Fr. Hegel, « Einleitung », *Phänomenologie des Geistes*, éd. cit., p. 74. Cf. trad. fr., p. 123-124. Nous suivons ici encore la traduction de Patočka, qui présente des écarts par rapport au texte publié en 1960 (éd. cit., p. 99). *(N. d. T.)*

vérité est ce qui mesure le savoir. Le savoir lui-même, en tant que rapport à l'objet, est distinct de la vérité. Comment alors surmonter cette contradiction, ce décalage : l'objet ne peut pas se régler sur le savoir, le savoir ne peut pas lui-même se donner un objet. Cela semble alors valoir aussi pour l'objet présent qu'est le savoir lui-même : il n'y a aucune nécessité qu'il soit ce en tant que quoi il apparaît et se donne au savoir, aucune nécessité que le savoir reconnaisse cet objet pour sa mesure.

Il est cependant dans la nature du savoir d'être conscience, et la conscience a une structure spécifique, qui bat en brèche cette impasse. La conscience, en effet, n'est pas seulement conscience de certains objets singuliers, mais encore d'une certaine conception de ce qu'elle tient pour étant en soi, de ce qui à ses yeux est objet et donc être. Ce concept est pour la conscience la mesure de l'objectivité; mais aussi bien l'objet que cette conception, ce savoir explicite de l'objectivité, n'est là toujours que dans l'horizon qui, selon le passage cité ci-dessus, se pose en dehors du cadre du singulier et qui fait que la conscience s'outrepasse elle-même, c'est-à-dire outrepasse ce dont elle est la conscience *explicite*.

La conscience explicite peut aussi être nommée certitude; la certitude, elle, se règle sur la vérité, autrement dit sur l'objet. Or, il apparaît à présent que l'objet contient toujours quelque chose de plus que ce dont nous avons d'abord explicitement conscience, dont nous possédons un savoir. Ce « plus » se montre dans le développement de l'*objet* dans ses différents déterminations et aspects. Et ce développement signifie en même temps une *comparaison* du savoir ou de la conscience explicite de départ avec son objet. À travers la comparaison, la conscience s'examine elle-même. Si le savoir ou la certitude ne correspond pas à l'objet, il ne lui reste qu'à se corriger – ou à oublier le décalage – ou, enfin, les deux. La conscience naturelle, non philosophique, opte pour cette dernière voie. Elle corrige sa notion de ce que signifie « être en soi » tout en oubliant qu'elle s'est corrigée – comme elle a toujours un objet, il lui semble que cet objet est toujours le même. Pourtant la conscience *se meut*; le rapport de la certitude à la vérité change; s'il y avait d'abord entre elles un décalage, mis en évidence par la comparaison, la correction amène en revanche un rapprochement, elle n'a de sens qu'à cette condition. Et c'est en cela que réside précisément l'essence du mouvement : dans l'unification, dans la mise en relation de termes qui, considérés en eux-mêmes (dans l'abstrait), sont étrangers l'un à l'autre.

La conscience n'a donc pas besoin de sortir d'elle-même pour atteindre son objet; elle contient elle-même l'objet, voire toute une longue série d'aspects de l'objet, dans sa structure « intentionnelle ». Les objets ne tombent pas dans la conscience comme dans un réceptacle vide, au contraire, l'objectivité lui appartient essentiellement, et ce non pas de façon statique, mais en tant que mouvement.

Que l'exemple de la certitude sensible serve ici à illustrer. La certitude sensible est un savoir pour lequel la mesure explicite de l'être est l'*immédiateté*. L'être est donc dépourvu de contenu, il est une affirmation pure, sans médiation. Aussi la certitude sensible prend-elle tout uniment tout ce qui se présente ; elle est une réceptivité pure et, dans cette réceptivité, elle *croit* avoir à sa disposition la plus grande richesse objective : l'en-soi est ce qui est donné aux sens. Il n'y a pas de fin à son contenu, il est inépuisable dans l'espace, *ad minus* comme *ad maius*, dans le temps et selon la qualité. En même temps, en tant que *donné*, le contenu de la certitude sensible nous est, à nous-mêmes, essentiellement étranger, il est essentiellement distinct de la certitude comme telle, indépendant d'elle qui est tributaire de la réception de ce contenu. Telle est donc l'idée que la certitude sensible se fait tout d'abord de l'objet et d'elle-même.

Si l'on regarde de plus près ce qui est ainsi immédiatement donné, on remarquera aisément le plus qui dépasse les objets singuliers de la certitude sensible, ainsi que sa conception de l'être de l'immédiatement donné. La certitude sensible qui serait conséquente se bornerait à dire, de tout ce qu'elle concerne, que cela « est ». Mais chaque certitude immédiate n'est qu'*un cas* de cette certitude en général. Visant la richesse concrète, celle-ci est poussée à s'étendre toujours et encore à d'autres cas. Dans chaque cas, quelque chose doit être donné à quelqu'un, différentes choses à la même personne et la même chose à différentes personnes. La certitude immédiate se révèle ainsi médiatisée. Le *hic* et *nunc* de l'instant et du lieu individuel sont eux-mêmes quelque chose qui est médiatisé par le contenu qui s'y succède, et le *moi* auquel tout est donné est, pareillement, par toute sa nature, quelque chose de médiat – ce qui est justement indifférent à un quelconque donné. La certitude sensible est incapable d'être seulement affirmative, d'être une affirmation immédiate ; son contenu, suite sans fin de substitutions, est une négation de cette même richesse sensible dont elle se targuait.

Face à ce *plus* qui est le sien et qui est devenu manifeste dans le développement de l'objet sensible, la certitude sensible se montre alors le contraire de ce qu'elle prétendait initialement. Ce qu'elle donne n'est pas l'étant individuel le plus riche, loin de là, la seule chose qui en elle ne soit pas niée, c'est le « *est* » nu qui toujours se répète : l'être abstrait pur.

Voilà donc ce qui se révèle être la vérité de la certitude sensible. Cette vérité n'est plus celle du départ – c'est un être qui, lui-même, n'est plus immédiat, mais médiatisé, c'est un résultat auquel l'on arrive par le moyen des données sensibles. La mesure initiale – être en soi, c'est être donné aux sens – n'a pas résisté à l'examen, l'être en soi est un être médiatisé par le sensible.

Ainsi émerge un nouveau savoir sur l'objet, une certitude nouvelle, qui s'appelle la perception, avec aussi un nouvel objet – la chose, donnée aux sens, universelle ou commune dans ses aspects donnés. Cet objet lui-même implique désormais l'universalité et la médiation, incorporées l'une et l'autre dans la certitude nouvelle – certitude et vérité se sont donc rapprochées, tout en demeurant séparées et étrangères l'une à l'autre. En même temps, l'on discerne d'ores et déjà le but final de tout le mouvement, le rapprochement complet, l'identité parfaite de la vérité et de la certitude.

La seule tâche qui incombe au philosophe est de suivre le processus par lequel la conscience s'examine et s'outrepasse elle-même ; sans avoir besoin de rien ajouter de son cru, il cherchera simplement à arracher la conscience naturelle à l'oubli où elle est tombée ; il élucide ce que la conscience naturelle fait elle-même, mais que, dans l'angoisse qu'elle éprouve au sujet de sa finitude, elle ne veut pas admettre. Ce n'est pas le philosophe qui effectue la comparaison évoquée ci-dessus, c'est le mouvement dialectique de la conscience qui s'outrepasse et, dans ce processus, fait d'elle-même une expérience qui fait surgir sous ses yeux une objectivité toujours plus profonde, plus riche, mais, tout ensemble, plus proche et à laquelle elle se sent plus apparentée. Le philosophe n'aura fait que rappeler à la conscience naturelle l'oubli où elle était d'elle-même, ce en quoi réside l'irréalité de son savoir.

IV

La conscience est donc un mouvement. Tel est l'avis de Hegel. Elle se dépasse elle-même vers l'in-fini, vers le tout, vers l'absolu. C'est battre en brèche la compréhension statique de la conscience, dont les origines remontent à Descartes et que l'empirisme britannique et la psychologie dite « empirique » ont érigée en système. Mais on en reste à une première brèche : Hegel ne sait pas comprendre le mouvement lui-même autrement que du point de vue de l'absolu atteint, la conscience absolue et infinie est à ses yeux la clef de la conscience finie et de son mouvement.

Grevée donc d'une lourde dette métaphysique, la brèche ouverte par Hegel a pourtant encore une autre signification positive. Elle implique, de façon bien plus conséquente et plus profonde que ce n'était le cas chez Aristote, que l'être de l'étant est mouvement. Chez Aristote, le mouvement restait limité à l'être des choses sensibles. À commencer par Hegel, le mouvement est compris comme l'essence, l'accomplissement de tout ce qui est en général, de la totalité comme du fini – l'être en général n'est pensable que sous l'angle du mouvement. La *Phénoménologie de l'esprit* n'est pas une simple description de la conscience et de son acheminement vers l'esprit, mais également une analyse de toutes les mesures de l'étant, de toutes les conceptions de l'être de ce qui est, de tout le monde des objets en général qui, comme nous venons de le voir, ne peut pas être conçu comme une structure statique, comme une substance, mais est à penser, au contraire, en tant que sujet, c'est-à-dire, essentiellement, en tant que mouvement, processus, devenir. Ce n'est pas seulement la conscience mais chaque réalité qui se dépasse vers la totalité, vers la plénitude de l'être. Le concept d'être contient dans son principe une tendance à l'accroissement. Être, c'est être dans un mouvement ascendant, quand même cette montée n'est possible que grâce à la négation et à la chute ; le déchet qui se détache est précisément le fini que la montée est censée surmonter.

Le mouvement est donc, dans son fond, l'être même en tant que dynamique ; Aristote avait raison de ne pas mettre le mouvement simplement au nombre des catégories, mais de le placer encore à un autre niveau, celui de l'opposition δύναμις-ἐνέργεια. Chez Hegel aussi, le mouvement est au-dessus des catégories, il est ce qui, à un niveau de généralité plus élevé (selon le terme traditionnel : transcendantalement), relie toutes les catégories. Mais, de même que chez Aristote il y a des aspects du mouvement qui s'expriment également par certaines structures catégoriales (celles du couple passivité-activité, par exemple), de même le mouvement accuse, chez Hegel aussi, une affinité avec certaines catégories, dont surtout celle de la relation. Le mouvement n'est possible qu'en tant que rapport ou plutôt se-rapporter. La catégorie de la relation est celle sous laquelle, comme nous l'avons vu, le mouvement mécanique précisément – celui qui, négligé par Aristote, allait se révéler la pierre angulaire de toute compréhension de la nature inorganique – a été subsumé dans les commencements de la science mathématique moderne de la nature. Peut-être le concept hégélien de relation, en tant qu'unité du scindé, parenté de l'étranger, concordance du divers, permet-il de couvrir l'immense amplitude de variation des mouvements les plus hétérogènes et les plus diversement gradués que l'on rencontre dans la nature extra-humaine, chez l'homme et dans la société humaine : autorisant au même titre la plus extrême altérité *(Fremdheit)* et la parenté la plus étroite des membres de la relation. Le mouvement lui-même est alors précisément l'unité en tant que processus, l'altérité qui se surmonte, l'indifférence qui se supprime.

Bien sûr, nous ne pouvons pas aujourd'hui souscrire à la thèse de Hegel sur l'esprit comme absolu, identité du savoir et de l'être. La philosophie absolue hégélienne nous est désormais étrangère. Reste que, en chemin vers ce but chimérique, Hegel redécouvre le mouvement comme concept fondamental de toute ontologie, et que les traits qu'il en esquisse ouvrent une perspective sur une problématique qui demeure vivante encore aujourd'hui : le problème de l'analyse ontologique du mouvement en général et de ses différentes aspects en particulier, les questions de sa source, de sa dynamique interne, de son rapport aux concepts de commencement et de fin, à la notion de devenir et d'état, etc.

Tout cela se fait chez Hegel en traitant de la question du rapport entre substance et sujet, question posée dans la philosophie moderne par Descartes, dont le bistouri dualiste l'aura aussi tranchée, littéralement, pour longtemps. Nous avons tenté d'indiquer brièvement comment Hegel s'efforce de repenser toute la philosophie de Descartes, son *cogito* et la philosophie qui s'y fonde, comment, rencontrant dans cette voie le dynamisme, le mouvement au cœur même du *cogito*, il tire de cette découverte le programme d'une philosophie autre, non dualiste, pour laquelle le mouvement est l'essence même de l'être. Pour Hegel lui-même, ce dynamisme est lié à la dynamique du sujet, le dynamisme universel, à un sujet universel. Notre tâche aujourd'hui est de bâtir sur les ruines des conceptions de la philosophie classique allemande une conception effectivement *asubjective* du mouvement et du devenir, pour laquelle le mouvement soit derechef – comme autrefois chez Aristote – non pas un simple changement en surface, ne touchant pas à l'essence, mais ce qui édifie intérieurement l'être même des choses et permet de comprendre dans l'unité, sans abstraction ni violence, à la fois le plus élémentaire et le plus haut, la nature, l'homme et la société.

ANNEXES

I

RÉSUMÉ FRANÇAIS (1964)

Les études d'histoire de la philosophie ancienne et des débuts des Temps modernes réunies dans ce volume gravitent autour de deux foyers.

Le premier, c'est la conception aristotélicienne du mouvement en tant que thème fondamental de la philosophie. Cette conception de l'aristotélisme, mise en avant par des travaux récents, a encore à être intégrée à l'histoire générale de la pensée philosophique. Nous tentons ici de déterminer d'abord les conditions qui rendent possible la position du problème chez Aristote; nous essayons ensuite de définir aussi précisément que possible la philosophie aristotélicienne du mouvement; finalement, nous offrons une perspective sur la désagrégation de la conception d'Aristote, sur ses faiblesses comme sur ses virtualités fécondes.

L'autre foyer de nos recherches, c'est la lutte qui se livrait, au début du XVIIe siècle, autour de l'héritage aristotélicien, telle qu'elle se reflète dans l'œuvre d'un penseur tchèque de cette période : le fondateur de la pédagogie systématique, Jan Amos Komenský ou Comenius.

La principale question à l'éclaircissement de laquelle nous voudrions contribuer est celle de la mathématisation des conceptions de la nature, plus particulièrement du mouvement; nos études portent sur la préhistoire de cet événement fondamental, fondateur du « règne de l'homme », selon le mot de Bacon, soit, en d'autres termes, déclencheur de l'avènement de l'ère technique.

Il est devenu courant de regarder les idées d'Aristote comme le grand obstacle historique sur la route qui mène à ce règne.

Sans contester la part de vérité que comporte cette manière de voir, nous nous demandons si une telle caractérisation de la doctrine aristotélicienne n'en occulte pas des aspects non moins essentiels. La réponse à cette question suppose que soit élucidé le rôle joué par la philosophie aristotélicienne du mouvement dans l'évolution générale des idées sur le mouvement, le processus, le changement, dans la pensée grecque.

Nous constatons, dans une première étude sur *les débuts de l'idée de la mathématisation du mouvement*, que ni l'atomistique ni l'ancien pythagorisme ne dépassent l'idée du devenir cosmogonique, d'une part, les notions sur le mouvement suggérées par des faits empiriques non analysés, d'autre part. L'analyse de la structure interne du mouvement ne va pas ici au-delà des premiers rudiments. Concentrant ensuite notre attention sur le système du vieux Platon, tel que nous l'entrevoyons à travers les comptes rendus d'Hermodore et d'Aristote, nous le définissons comme un mathématisme universel ; par la « réduction » de tout être aux ἀρχαί, αἰτίαι καὶ στοιχεῖα, aux éléments et principes premiers, Platon parvient à une première formule générale d'explication philosophique, à une première esquisse de méthode universellement applicable. Si l'on cherche toutefois la place du mouvement dans ce système de mathématisme universel, on est étrangement déçu. Platon ne réussit pas à analyser le mouvement, à en découvrir les στοιχεῖα, les moments essentiels. Le mouvement figure, dans son système, dans plusieurs sens, dont les principaux n'ont rien à voir avec le mouvement et le changement se déroulant dans notre environnement physique. Le penseur s'intéresse au mouvement tout d'abord a) en tant qu'Idée, b) en tant que devenir supratemporel, c) en tant que mouvement de l'âme avec les mouvements astronomiques qui imitent le mouvement rationnel de celle-ci. Il n'entreprend aucune tentative sérieuse pour définir l'essence une du mouvement comme tel, à tous ses niveaux. Aussi peut-on affirmer sans paradoxe que cette première tentative d'une mathématisation universelle aboutit à un système d'êtres mathématiques dépourvus de mouvement au sens courant : le mouvement physique est abandonné à l'opinion mythique, incertaine et inconstante.

L'ouvrage se tourne ensuite vers l'étude du *thème de l'élément* (στοιχεῖον) *dans la philosophie grecque* depuis ses origines atomistiques (la chose, sinon le mot, est bien présente chez Démocrite) jusqu'à Platon et aux débuts de la philosophie d'Aristote. L'atomisme fusionne l'idée d'élément avec celle des lettres de l'alphabet sans pour autant accentuer le caractère finitiste, « réducteur » de ce complexe d'idées (les grandeurs et les formes des atomes sont en nombre infini). C'est Platon qui, dans le *Théétète*, dégagera l'attitude méthodologique correspondant à la recherche des στοιχεῖα. Dans la *République*, il assimile la philosophie à la lecture du texte de l'être. Dans le *Cratyle* d'abord, dans le *Sophiste* surtout, il précise les conditions de cette lecture, en définit les étapes dans les grandes lignes, détermine les composantes fondamentales sans lesquelles une telle lecture serait impossible. Il pousse enfin à l'extrême le finitisme ontologique symbolisé par l'alphabet dans son système dit de « réduction » universelle. Aristote, qui commence par adhérer à l'idéal platonicien d'explication universelle par la réduction (comme l'a montré P. Wilpert, dont les analyses ont été dernièrement confortées par les arguments de L. Elders dans son ouvrage *Aristotle's Theory of the One*), sera amené à en modifier profondément la signification et la structure en l'appliquant à l'étant mobile et au mouvement en tant que tel.

Quel est le sens de cette modification? Voilà la question à laquelle tente de répondre l'étude centrale du recueil, *La science philosophique de la nature chez Aristote*. Aristote retourne le sens du procédé réducteur contre le platonisme originel. Si l'investigation philosophique qui conduit à l'ἐπιστήμη vraie consiste à réduire les régions de l'être, les unes après les autres, à leurs στοιχεῖα en tant qu'ἀρχαί, il s'ensuit que partout où il y a des στοιχεῖα, il y aura une ἐπιστήμη; s'il y a des στοιχεῖα de l'étant mobile, il devra y avoir aussi, non seulement un mythe à la façon du *Timée*, mais une ἐπιστήμη ayant cet étant pour objet. Il faut donc montrer avant tout qu'il y a des στοιχεῖα du mobile en tant que tel, c'est-à-dire compris dans son devenir temporel. Les ἀρχαί platoniciennes (la source active de l'unité et de la forme et la dualité essentiellement indéterminée, responsable de toute réceptivité) ne satisfont pas à cette condition : elles sont indissolublement liées à la conception profondément intemporelle qu'a Platon de l'être, du devenir (γένεσις) et de la causalité. C'est ensuite, comme l'a montré Skemp, le substrat matériel, la ὕλη, qui assume chez Aristote un rôle foncièrement différent de celui assigné à la ὑποδοχή platonicienne, qui n'est pas susceptible de recevoir des déterminations réelles, mais uniquement des images. Le schéma dualiste platonicien devra donc être élargi en schéma tripartite (ὕλη–στέρησις/εἶδος), permettant à différentes qualifications de déterminer successivement un même fondement relativement indéterminé mais déterminable. Ce schéma aristotélicien est un premier essai de résolution de l'étant mobile en ses moments essentiels, il est clairement lié à une nouvelle conception ontologique de l'εἶδος en tant qu'immanent et régissant le devenir (c'est-à-dire la détermination) même de l'étant sensible; étonnamment riche en conséquences philosophiques, il est peut-être la source même de l'aristotélisme en tant que philosophie originale dans son opposition au réalisme transcendant des Idées séparées. Par ce schéma, Aristote réussit à franchir les limites du platonisme en s'appuyant sur des thèmes authentiquement platoniciens. Or, ce nouveau schéma qui, on le voit, a poussé sur le sol du mathématisme platonicien, se révèle le plus aisément et le plus naturellement applicable au devenir qualitatif. C'est ce qui a dû pousser Aristote à abandonner le mathématisme (sans sous-estimer la valeur scientifique des mathématiques et tout en continuant à les appliquer parfois au devenir naturel). Mais il y a une autre conséquence du schéma tripartite, plus radicale encore, qu'il faudrait souligner. Le schéma tripartite définit le mobile en tant que tel ; il implique donc que le devenir et la génération sont essentiellement fonction du temps et, par conséquent, réduit à néant la conception platonicienne du devenir intemporel et de la causalité par participation aux principes, c'est-à-dire le système même de la réduction de tout aux mêmes principes premiers. L'application de la méthode réductrice à l'étant mobile détruit l'ontologie de la réduction. Il faut donc abandonner complètement cette doctrine. Si L. Elders a raison d'affirmer que « l'abandon de cette réduction de l'être est à considérer comme un des événements les plus décisifs de l'évolution de la pensée d'Aristote [1] » et de juger la question de savoir si Aristote a jamais été partisan d'une réduction plus importante que le débat sur sa possible adhésion, à un moment ou à un autre, aux Idées séparées [2], nous croyons que c'est ici, dans ce qui touche au problème des ἀρχαί du mobile en tant que tel, qu'il faut situer la crise majeure de l'évolution aristotélicienne.

Le schéma tripartite doit prouver sa supériorité en permettant à Aristote d'édifier sur sa base toute une ἐπιστήμη de l'étant mobile et du mouvement dont le mobile est la composante centrale.

Il l'applique d'abord à toute espèce de devenir à l'exception de la rotation céleste, qu'il considère, depuis ses débuts platoniciens, comme la manifestation d'un principe de perfection ontologique, le mouvement terrestre étant en revanche toujours affecté d'une négativité essentielle. Ce n'est qu'en concevant son idée du premier moteur immobile qu'Aristote étendra l'idée d'une certaine négativité ontologique même au mouvement cosmique. Cela le poussera aussi à modifier l'idée du mouvement comme s'effectuant toujours entre deux contraires, notion déjà fortement ébranlée par l'application du schéma tripartite aux processus biologiques. C'est au cours de la réflexion sur l'applicabilité du schéma tripartite que prennent forme les principales conceptions du Stagirite sur la φύσις, le couple δύναμις-ἐνέργεια, la théorie des quatre causes ou

1. L. Elders, *Aristotle's Theory of the One*, p. 24.
2. *Ibid.*, p. 13.

facteurs, notamment de la cause du mouvement, et enfin l'analyse du mouvement en ses moments internes (temps, espace parcouru, moteur et mobile, vitesse), fruit mûr d'une méthode analytique qui a poussé sur le sol de la réduction platonicienne.

Interprété explicitement à la lumière du couple de concepts δύναμις-ἐνέργεια (qu'il contient en puissance), le schéma tripartite rend possible une définition du mouvement en tant qu'acte et en tant qu'actualisation. Notre étude s'applique à élucider la structure interne du mouvement en tant que passage de l'indétermination effective de quelque chose à une détermination jusque-là seulement possible. D'abord possibilité *indéterminée* (c'est-à-dire privation dont il n'est pas encore décidé si elle sera ou non comblée), la δύναμις passe à l'ἐνέργεια sous l'influence d'un facteur extérieur qui la tire de l'indifférence par rapport à l'être ou au non-être et la *détermine* ainsi à changer de détermination, de qualification. Cette détermination à changer de qualification est elle-même une certaine qualification – celle qui constitue précisément le changement ou mouvement. Cette théorie du mouvement en tant qu'acte imparfait montre donc que la *privation*, le négatif, est le fondement même de tout mouvement ou changement.

Le mouvement en tant qu'acte énergétique recouvre aussi bien la génération et la corruption absolues que le mouvement-changement au sens propre du terme. Il convient toutefois de séparer ces deux concepts pour mieux démontrer la source unique de tout mouvement et de tout devenir dans le monde. La démonstration a plus d'un trait commun avec la cosmologie platonicienne, notamment avec son idée d'une échelle des mouvements, depuis un mouvement premier au sommet, source de tous les autres, jusqu'aux mouvements de plus en plus subordonnés. Aristote laisse subsister cette hiérarchie des mouvements, mais tâche de déterminer les échelons supérieurs en éliminant les plus bas comme incapables de rendre compte du fait que l'univers est animé d'un mouvement éternel et continu. L'exclusion du couple génération-corruption, traité comme distinct du mouvement proprement dit, prélude à ce tri radical : le devenir et le périssement absolus sont au dernier rang des actes énergétiques, celui qui est radicalement *dépendant* de plusieurs autres et qui, entachant la nature de la chose de l'instabilité la plus profonde, est le plus loin de l'actualité stable et tranquille.

La continuité du mouvement est l'autre point d'appui de la démonstration de l'échelle des mouvements (et de la source unique de tous les mouvements). Ayant rejeté la conception platonicienne du continu (en tant qu'ensemble d'éléments discontinus) solidaire de l'idée de la réduction, Aristote construit, autour de sa distinction entre parties et limites, une autre théorie du continu. Parmi les continus, le mouvement possède un caractère singulier : celui d'être essentiellement indivisible. Pour le diviser, il faut, en effet, l'arrêter, ne fût-ce qu'un instant, et l'on obtient ainsi deux mouvements à la place d'un, deux qui ne sauraient plus dès lors retrouver l'unité. Cette continuité spécifique est un caractère interne du mouvement, découlant de sa nature d'ἐνέργεια, d'acte réalisateur. C'est elle qui donne un sens précis à la question de la source du mouvement cosmique; s'enquérir de cette source, c'est demander en effet : quel est le mouvement unique et continu dont dépendent tous les autres ? La réponse à cette question fait retrouver l'astronomie d'Eudoxe et de Callippe avec le mouvement constant et régulier du Premier Ciel dont dépend tout ce qui se passe dans les sphères inférieures et dans notre environnement terrestre.

La hiérarchie des mouvements permet de découvrir non seulement un premier mobile, mais encore un premier moteur, et cela par des moyens purement physiques, c'est-à-dire par la considération du mouvement en tant que tel, dans sa nature essentiellement négative, d'acte intérieurement incomplet. Dans la *Physique*, le premier moteur n'est jamais pris en vue en sa qualité d'ἐνέργεια pure.

Il faut dire donc qu'Aristote a fourni une première analyse du mobile (avec le schéma tripartite, le couple δύναμις-ἐνέργεια, la φύσις en tant que cadre général des mouvements-processus se déroulant dans un être donné) et du mouvement (avec le moteur, le mobile, le temps, le *terminus a quo* et le *terminus ad quem*, le trajet, la vitesse) en moments essentiels dont certains s'accordent avec les idées modernes sur le mouvement, d'autres pas du tout. Cette analyse lui permet de formuler les premières lois mathématiques du mouvement, restreintes – il est vrai – à un domaine très particulier. L'analyse aristotélicienne ne s'oppose pas à la mathématisation en tant que procédé purement technique, mais elle est tout à fait hostile à l'idée de la nature même du mouvement comme saisissable mathématiquement. Pour Aristote, le mouvement est un processus ontologique, le processus de détermination, de réalisation (toujours incomplète, mais visant un maximum d'être) d'un être fini. Cela étant, il ne peut jamais être un *état*, comme l'exige la mathématisation conçue ontologiquement. Aristote n'oppose donc pas simplement la qualité à la quantité, il a une vision bien plus profonde du mouvement. Tout en s'opposant à la mathématisation dans sa prétention à dévoiler l'être même des choses naturelles, Aristote fournit néanmoins certains éléments sur lesquels cette mathématisation (qui deviendra un fait accompli entre le XVIe et le XVIIe siècle) pourra s'appuyer: c'est son analyse du temps, de l'espace parcouru, de la vitesse, son premier essai de formules cinématiques et dynamiques, exprimées en termes mathématiques. Il serait donc inexact de dire que l'aristotélisme interdit la mathématisation : il en détourne plutôt l'attention, il la considère comme sans intérêt philosophique. Il en rend aussi la tâche plus difficile en abandonnant l'idée d'une substructure géométrique des choses qui aurait pu suggérer la réduction des processus qualitatifs aux mouvements locaux, réduction qui n'est pas entièrement étrangère à ses propres idées, quoiqu'il n'en tire pas tout le parti possible.

De fait, l'intérêt philosophique d'Aristote se concentre sur deux points : 1) l'élaboration d'une doctrine des êtres en tant que mobiles, c'est-à-dire en tant que caractérisés par un *manque*, doctrine donc du côté négatif de ce qui est (c'est ce qu'il appellera la philosophie seconde ou la physique) ; 2) l'élaboration d'une doctrine de l'étant en tant que tel, de l'étant par où il *est*, de la *plénitude* que les êtres visent à atteindre (c'est ce qu'il appelle parfois la philosophie première, et qui est en rapport étroit avec la doctrine de l'être en tant qu'être). Ayant éliminé la réduction platonicienne, Aristote est en effet contraint de reposer la question de la connexion universelle des êtres, assurée chez Platon par la doctrine des principes absolument premiers. Cette connexion ne peut plus être assurée par des principes premiers surpassant tout le reste en généralité. Il s'agit de trouver une clef nouvelle de la totalité universelle en accord avec la nouvelle conception de l'εἶδος en tant que φύσις, c'est-à-dire en tant que principe de mouvement (et de repos). Cette clef nouvelle sera fournie par l'idée du premier moteur en tant qu'actualité pure, ἐνέργεια sans mélange. Le rapport entre la sphère céleste et le maximum d'actualité qu'elle s'efforce d'atteindre devient le modèle sur lequel se calque la compréhension de la manière d'être et d'agir de tous les autres êtres finis. Cela oblige Aristote à repenser tout le problème de l'être fini (de la substance) sous cet aspect, à redéfinir avec précision le rapport entre le déterminable et ses déterminations qui constitue l'essence des êtres concrets, à développer toute une logique de la φύσις, une onto-logie permettant de déterminer le rapport de chaque être concret à l'ἐνέργεια pure et aux autres êtres ; c'est ici que se place la conception de l'εἶδος en tant que τί ἦν εἶναι, la conception de l'Idée au travail dans le concret, qui détermine le concret et le fait tendre au maximum d'actualité dont il soit susceptible – une conception de l'Idée qui informe son support de façon à le transformer en expression univoque d'elle-même.

On définirait mal la tâche de la philosophie première en l'identifiant purement et simplement à la théologie. Certes, la philosophie première est impossible sans l'étude de l'acte pur qui est à la fois être nécessaire et être purement être, sans aucune déterminabilité, entièrement différent, par sa structure, des substances finies dont le mouvement constitue l'actualité. Mais cette étude, la philosophie première l'entreprend également afin de comprendre les existants finis, sensibles et matériels. L'étant matériel n'est aucunement abandonné à lui-même; on peut comprendre le « pourquoi » de son être; les essences elles-mêmes constituent une échelle de degrés d'actualité, les échelons supérieurs étant aussi des degrés d'éveil, de clarté, de présence à l'être; l'être des choses peut donc être conçu comme les étapes d'une mise à découvert, d'une apparition toujours plus réelle, plus actuelle, plus durable; la première étape en est l'individuation, la suprême figure terrestre, l'autonomie de l'être qui se détermine lui-même à agir suivant les vues de la raison. La prise en vue de l'être selon la substance, selon l'acte, selon la vérité, ce sont autant de stades naturels de l'épanouissement d'un même dessein philosophique.

La philosophie aristotélicienne peut donc réellement être comprise comme une philosophie du mouvement. La grande intuition philosophique d'Aristote, c'est le mouvement ontologique : le mouvement en tant que détermination du déterminable, en tant que marche vers une actualisation plus avancée, en tant que moyen d'actualisation maximum. C'est grâce à l'actualité, dont la figure finie est l'actualisation, c'est-à-dire le mouvement, qu'« être » veut dire « apparaître ». Sans aucune nuance subjectiviste ou idéaliste – il ne connaît pas la notion de « sujet », ne prétend aucunement retrouver le « sujet » dans l'« objet », pas plus qu'il ne l'y projette – Aristote réussit à jeter un pont entre le haut et le bas, entre la nature la plus « naturelle » et l'esprit et la vérité. Ce résultat est atteint par des moyens purement ontologiques, susceptibles de variations diverses pour mieux s'appliquer aux êtres particuliers. Voilà pourquoi la conceptualisation aristotélicienne ressemble de prime abord à un anthropomorphisme colossal; elle est en réalité la mise en œuvre de structures ontologiques assez larges pour jeter un pont entre l'humain, le sous-humain et le supra-humain. Ces structures considérées dans leur particularité sont bien critiquables, et surtout leur application aux faits concrets de l'expérience est chez Aristote trop immédiate, dépourvue de l'esprit de précision et de contrôle continu qui fait l'essence de l'empirisme moderne. Le *système* aristotélicien est l'ouvrage de cette application hâtive à l'expérience de structures ontologiques qui auraient elles-mêmes besoin d'être critiquées et refondues. C'est ce qui rendra nécessaire l'abandon du système, la révolution antiaristotélicienne des XVIe et XVIIe siècles.

Mais cette révolution fera à son tour oublier la nature ontologique du mouvement et du processus ; la mathématisation du mouvement s'accompagne d'une éclipse du problème de l'unité du devenir universel. C'est Hegel qui, redécouvrant le mouvement ontologique (tout autrement structuré que celui d'Aristote et essentiellement subjectif), exposera aux regards la lacune ouverte par la disparition de la doctrine aristotélicienne.

La quatrième étude porte sur *Les transformations du concept d'espace* depuis les origines jusqu'à la fin du XVIIe siècle. Ce texte exprime certaines réserves vis-à-vis de l'idée de Hedwig Conrad-Martius sur la présence, à toutes les périodes de l'histoire, de trois conceptions essentielles de l'espace, ainsi qu'à l'égard de la thèse de Fr. Cornford qui considère l'ἄπειρον des premiers penseurs ioniens comme le tout arrondi formé par la Terre et le Ciel ; il met en relief les antécédents, dans la pensée des Éléates, de l'« invention de l'espace » par les atomistes ; en effet, l'« étendue intelligible » de Parménide est une sorte de continu indivisible, et les paradoxes de Zénon, comme aussi certaines idées de Mélissos, contribueront à penser les déterminations spatiales en elles-mêmes. Dans un sens, l'atomisme fait retour vers la pensée ionienne avec son idée d'une opposition originelle au sein de l'être rendant possible le devenir. Cela permet aux atomistes d'affirmer, avant Platon, l'existence du non-être. En tout état de cause, l'atomisme, en érigeant l'espace géométrique en réalité, évite le divorce entre espace physique et espace géométrique qui est à la base des idées de la philosophie grecque classique sur l'espace. Platon, sans croire l'espace vide indispensable au mouvement, juge néanmoins nécessaire de l'accepter afin de marquer la différence profonde entre l'*être* qui est en même temps intelligible et le *paraître* sensible (qui n'est qu'une image de l'être et a besoin d'un écran où se projeter). Pour Aristote, dont la pensée est examinée en détail, toutes les fonctions que les atomistes et Platon assignaient à l'espace (au vide) sont assumées par d'autres composantes de l'être, à la seule exception de l'emplacement (τόπος). Il en résulte une théorie du τόπος qui remplace la théorie de l'espace ; ainsi, aux yeux d'Aristote, le monde n'est pas dans l'espace, c'est plutôt l'élément positif de l'espace – le lieu – qui est dans le monde. Le lieu relève de l'ordonnance d'un monde où le mouvement « physique » naturel, c'est-à-dire le mouvement ontologique au sens que nous venons d'esquisser, est possible. Les antiaristotéliciens de la période de transition entre l'aristotélisme et les idées modernes ne s'attaquent pas d'abord à la racine de l'idée d'Aristote : tel Nicolas de Cues qui reporte sur le domaine astronomique la défiance platonicienne à l'égard de la connaissance du monde sensible, tel Copernic qui reprend la théorie aristotélicienne du lieu en la transformant pour déclarer le mouvement circulaire seul naturel. Giordano Bruno sera le premier à s'en prendre au divorce entre le géométrique et le physique présupposé par tous les penseurs de la Grèce classique : il en tire ses arguments les plus forts contre la théorie aristotélicienne du lieu, ouvrant ainsi une perspective sur un espace illimité (à structure euclidienne) rempli de mondes en nombre infini. Il est fort possible qu'il ait reçu, dans sa lutte contre les sphères finies du cosmos aristotélicien, un appui majeur de la peinture de son temps qui, à travers ses considérations sur la perspective, apprenait aux penseurs de la Renaissance à distinguer entre les illusions systématiques et les réalités du monde visible. Ainsi Bruno érige l'espace infini en fondement de l'astronomie et de la cosmologie modernes. Au siècle suivant, Descartes élèvera l'espace à une dignité plus haute encore, celle d'essence même des choses corporelles, tout en soulignant la relativité du mouvement considéré comme une simple modification des relations spatiales. C'est cependant chez Newton, qui s'appuie sur Henry More, que l'espace absolu, indépendant des choses, atteindra son apogée, devenant le fondement à la fois de la géométrie, de l'astronomie, de la mécanique et même de la théologie naturelle. Ce cumul de fonctions est rendu possible par l'idée de l'espace absolu (lumineusement dégagée par A. Koyré) comme ce qui seul rend possible la distinction entre le mouvement inertiel et le mouvement effectué sous l'action d'une force (par exemple, la rotation). Ce n'est plus en tant que vide que l'espace absolu est le fondement de la physique (comme chez les anciens atomistes, encore qu'il soit effectivement vide aux yeux de Newton), mais en tant que fondement des principaux concepts de la dynamique moderne : ainsi, les concepts d'inertie et de force. Leibniz enfin s'opposera à l'idée d'espace absolu en s'appuyant sur le principe métaphysique de raison suffisante; sans résoudre les difficultés techniques que Newton cherchait à pallier par son concept d'espace absolu, il construit une théorie relationniste de l'espace, renouvelant la thèse de l'espace comme lieu (en tant qu'ensemble des relations de coexistence entre les choses) : ce ne sont pas les choses qui sont dans l'espace, mais l'espace qui est dans les choses. Or, cette idée, dont la première version, toute substantialiste, se trouve chez Aristote, n'est plus affectée d'un divorce entre les mathématiques et la réalité physique mais, au contraire, ancrée dans la structure mathématique du réel. Ainsi, les conceptions de l'espace passent d'un premier stade, où l'espace est dans les choses dont l'essence n'a rien de mathématique, à travers une étape où il est une entité indépendante, qui sous-tend les choses et constitue la condition de possibilité de leur traitement mathématique, pour aboutir à un stade où il se confond à nouveau avec les choses, conçues désormais mathématiquement, sous le signe de l'idée de relation. Le concept d'espace passe donc, au cours des âges, par des étapes semblables à celles parcourues par l'idée du mouvement : conception ontologique opposée aux mathématiques chez Aristote – réalisation d'abstractions mathématiques au début des Temps modernes – retour à une conception plus concrète englobant des structures mathématiques dans la physique et la philosophie modernes.

Les premiers critiques de l'aristotélisme est une étude qui passe rapidement en revue l'opposition à la métaphysique aristotélicienne qui se dessine au sein même du Péripatos. Théophraste, Straton, Aristarque sont cités en exemple d'une indépendance d'esprit très prometteuse. Le texte pose la question, non résolue, de la possibilité d'une science empirique dès l'époque hellénistique, enrayée peut-être dans son développement par le déclin rapide des empires hellénistiques issus des conquêtes d'Alexandre.

La dissolution de la dynamique aristotélicienne et les précurseurs du mécanisme présente un résumé succinct de l'histoire de la notion *d'impetus* depuis Aristote jusqu'au XVIIe siècle, fondé pour l'essentiel sur les études d'Anneliese Maier. L'idée centrale est celle de la *violence* qui, principe secondaire du mouvement chez Aristote, l'emporte avec le temps sur la *nature* aristotélicienne pour, au bout du compte, la supplanter complètement – l'une des voies que l'époque de transition emprunte dans ses efforts pour aller au-delà d'Aristote en se servant de motifs aristotéliciens ; d'autres thèmes de ce genre sont le mouvement naturel sous la forme que lui donnent Copernic et Bruno, et la prédilection pour le cercle, la sphère et le mouvement de rotation sphérique que l'on relève chez ces derniers comme chez Nicolas de Cues et Léonard de Vinci.

Francis Bacon est un portrait du penseur rédigé à l'occasion du quadricentenaire de sa naissance. Bacon est ici pris en vue comme initiateur d'une conception du savoir opposée tant à la θεωρία grecque qu'au savoir dont la science médiévale faisait un marchepied de la vision théologique des choses. Le savoir tel qu'il le conçoit est un savoir agissant, ayant prise sur les choses, un savoir dont l'essence est le travail et qui est, dans son fond, une œuvre collective et méthodique. Bacon n'est pas lui-même un savant, mais c'est chez lui qu'arrive à maturité une nouvelle conception du rapport de l'être et du savoir humain. Il est au fond un « véritable aristotélicien », un homme tourné vers l'ici-bas, qui voit le monde répondre partout, non seulement au *langage* et à sa force de persuasion, mais à *l'action* humaine. L'expérience baconienne, c'est la conversion à cette nouvelle idée du savoir efficace. Pour la réaliser, il esquisse sa théorie de l'induction créatrice (qui se comprend elle-même improprement comme procédé mécanique). Les concepts philosophiques de forme et de nature cachent chez Bacon, sous leur apparence traditionnelle, une rupture profonde avec l'esprit de l'aristotélisme : ce ne sont plus des Idées en action (ni les fruits d'une telle action idéale), mais simplement des notions générales, désignant d'une manière abstraite des mouvements et des processus concrets. C'est ce qui permettra à la doctrine de Bacon, une fois débarrassée de son préjugé contre les mathématiques, de devenir l'un des piliers de la conception moderne d'une expérience qui ne cesse de progresser sous le contrôle continu de l'ensemble des données saisies avec précision.

Galilée et la fin du cosmos pose la question du sens philosophique de l'entreprise galiléenne. Galilée demeure aristotélicien dans la mesure où 1) il ne croit pas aux Idées séparées (celles-ci, du moins, ne jouent aucun rôle dans sa science), et 2) il considère le mouvement comme essentiellement matériel et temporel. Il est cependant platonicien en ce sens qu'il adhère au mathématisme universel de Platon. On pourrait dire même qu'il mène à sa conclusion l'analyse du mouvement entamée par le jeune Aristote, encore platonisant [1], cette analyse qui distingue les moments du temps, de l'espace parcouru, de la vitesse, du moteur et du mobile, du *terminus a quo* et du *terminus ad quem*. C'est l'interprétation de cette première analyse par le schéma ontologique tripartite du mobile en tant que tel qui sert à Aristote à bâtir sa théorie ontologique du mouvement – processus de détermination et d'actualisation qui comble une lacune, un manque d'être. Galilée supprime toute cette interprétation dynamiste, fondée sur les négations et les contraires. Il supprime de même le moteur, ainsi que le *terminus ad quem*. Restent alors des éléments *quantitatifs et positifs* qu'il envisage dans leurs relations réciproques à la manière du géomètre qui considère le rapport des cathètes dans un triangle ou du staticien qui analyse les conditions d'équilibre. C'est dire qu'il ne regarde plus les phénomènes cinématiques comme les actions d'une φύσις, de l'Idée présidant au devenir des êtres, mais comme autant d'exemples de certains rapports idéaux qui s'y trouvent réalisés. L'analyse en facteurs ultimes lui permet ensuite de déterminer le cas le plus simple du mouvement, c'est-à-dire le cas où tous les facteurs indispensables se trouvent avoir la forme la plus simple : le mouvement

1. Voir l'analyse du mouvement au livre VII de la *Physique*.

uniforme. De là, il procède à des cas toujours plus complexes, réussissant une construction synthétique du mouvement que personne avant lui n'avait imaginée, mais qui le place dans la droite lignée de la réduction et de la mathématisation platoniciennes – que Platon, empêché par sa conception des Idées séparées et par son aversion pour le devenir, n'avait pas su étendre au mouvement physique. Cette reconstruction mathématique du mouvement, Galilée la met en œuvre sans égard à l'expérience physique qu'il se contente de constater *a posteriori*. Là où il est contraint de tenir compte de l'expérience, il échoue, incapable qu'il est de la considérer autrement qu'à travers la conception traditionnelle du cosmos harmonieux, censé réaliser des formes parfaites (comme l'a montré A. Koyré dans ses *Études galiléennes* : c'est probablement pour cette raison que Galilée ne réussit ni à fonder une dynamique ni à donner une formule véritablement satisfaisante du principe d'inertie). Le mariage de l'expérience contrôlée de Bacon et du mathématisme de Galilée, éliminant du même coup l'élément platonisant de l'œuvre galiléenne, donnera la conception empiriste de la science moderne.

La reprise du problème d'un mouvement qui détermine l'étant dans son être même est traitée dans l'étude sur *Descartes et Hegel*. La formule que Hegel donne de sa philosophie – « concevoir l'absolu non seulement comme substance, mais encore comme sujet[1] » – oblige à prendre Descartes (celui qui a introduit en philosophie le concept de sujet) pour point de départ d'une interprétation de l'idée hégélienne. Le texte retrace l'origine du concept de sujet, ainsi que la dissociation cartésienne du monde entre sujets dépourvus de mouvement et corps dépourvus de signification. Le mouvement en tant qu'état-relation purement externe et la conscience en tant qu'ensemble d'« idées », de significations sans aucun dynamisme, sont sans nul doute incompatibles. – Dans la *Phénoménologie*, Hegel retrouve le dynamisme dans le sujet conscient qui se réfère toujours à la fois à l'objet (tel qu'en lui-même – pôle de la vérité) et à son propre savoir de cet objet (pôle de la certitude). La conscience s'examine donc elle-même en s'efforçant d'accorder sa certitude et sa vérité ; son être même, c'est cet examen, rendu possible parce que la conscience est à elle-même son propre concept : elle n'est pas uniquement une conscience *de fait*, son donné est toujours transgressé vers ce qui n'est pas donné. Chaque définition singulière de son savoir (exemple : le vrai est donné à la certitude immédiate et sensible)

1. Cf. *supra*, p. 388, note 2. *(N. d. T.)*

est donc nécessairement à dépasser. La conscience corrige alors son savoir pour le rendre plus conforme à l'objet, plus objectif; mais le savoir est en même temps savoir d'un objet; en prononçant son verdict, qui condamne l'objet premier à n'être qu'*objet pour elle*, elle définit en même temps son nouvel objet (l'objet en soi tel qu'il est pour elle), progressant ainsi jusqu'à ce que sa certitude ne soit plus distincte de sa vérité : en même temps que le savoir atteint l'objectivité maximale, la vérité (l'objet) se confond avec le savoir absolu, le savoir qui *est* à lui-même son propre objet. La conscience n'est donc pas une substance aristotélicienne qui change de déterminations; elle est elle-même un mouvement qui consiste en un renversement du pour au contre, du dépendant en indépendant et libre, du sujet en objet et de l'objet en sujet. Aussi la spéculation philosophique n'apporte-t-elle rien de l'extérieur; elle n'est pas une reconstruction idéalisante, quelque chose qui puisse être exprimé par des jugements ordinaires avec leur distinction entre sujet et prédicat. Elle traduit un mouvement où non seulement ce qui est, mais ses déterminations mêmes – *son être* – sont en devenir. Le sujet n'est pas *porteur* de déterminations, mais *le devenir même* de ces déterminations.

Hegel redécouvre donc le mouvement qui fait être les choses. À la différence de ce qu'il en est chez les Anciens, ce mouvement n'est pas autre chose que la subjectivité même. Comme nous ne croyons plus à l'esprit absolu (c'est en vain que Hegel a tenté d'en prouver l'existence) et que nous voyons la pensée dialectique gagner toujours plus de terrain – dans les sciences sociales comme dans celles de la nature, dans la pratique autant qu'en théorie –, force nous est de reposer le problème en des termes qui ne soient plus ceux de la subjectivité absolue. Mais la discussion de ce problème ne saurait plus trouver place dans le cadre de nos études historiques [1].

II

Résumé de soutenance

Le mouvement n'est pas seulement un problème des sciences spéciales, de la cinématique, de la mécanique, de la physique, de la physiologie, de la psychologie. Il est également un problème philo-

1. Suivent, dans l'édition tchèque de 1964 (p. 401-403), neuf paragraphes consacrés aux deux textes réunis dans l'« appendice » coméniologique. *(N. d. T.)*

sophique. Non seulement la *saisie de l'essence* du mouvement est autre chose que la maîtrise conceptuelle ou la description la plus exacte. Le mouvement se trouve de surcroît dans un rapport particulièrement étroit avec les problèmes de l'être en général, car même sa compréhension moderne en tant qu'*état* ne saurait occulter le fait que, dans le mouvement, il se produit un *changement* (ne serait-ce qu'un changement de *lieu*) qui, en dernière analyse, ne peut être saisi et déterminé autrement qu'en tant que passage (de quelque chose) du non-être à l'être ou inversement. Or, les problèmes de l'essence et de l'être ne relèvent pas des sciences spéciales, mais plutôt de la philosophie comme science de la totalité, science qui maintient l'idéal de l'unité de tout savoir.

D'un autre côté, il est certain qu'il faut distinguer entre le mouvement en tant que fait objectif et le mouvement grâce auquel un être corporel vivant est inséré dans la réalité matérielle extérieure, et ce à la fois essentiellement et expérientiellement. Le pouvoir sur le corps, avec les lois de l'approche et de la maîtrise des choses rendue possible par son moyen, nous renvoie à un plan plus profond que celui des données objectives des sens – au plan précisément du mouvement corporel, où le contact immédiat, préobjectif, constitue le présupposé indispensable sans lequel le rapport entre les choses et le sujet serait inconcevable. Or, le mouvement corporel nous met en présence d'un processus qui ne saurait être décrit exclusivement par les catégories de la science objective de la nature ; le mouvement corporel, pour autant qu'il n'est pas la simple abstraction d'un réflexe ou d'une taxie, a toujours un sens et un d'où-vers où qui lui est propre, il a, par là, son insertion dans la structure globale de la vie organique et plus qu'organique. Même le réflexe et la taxie en tant que concepts qui médiatisent entre le mouvement objectif et le mouvement originellement corporel doivent être susceptibles d'acquérir ce rapport, par exemple, par l'intermédiaire de l'adaptation dans le processus d'évolution avec ses mécanismes de sélection.

Ces deux circonstances – le rapport étroit qui lie le mouvement au changement, au devenir, à la venue à l'être et, par là, au problème ontologique, ainsi que les deux niveaux de l'expérience du mouvement, le plan de l'activité immédiatement corporelle et celui de la donation sensible objective – fournissent aussi en grande partie la clef de l'histoire du concept de mouvement, histoire qui, pour sa part, constitue le cadre indispensable sans lequel on ne saurait comprendre la problématique philosophique du mouvement. Or, le problème philosophique du mouvement est l'une des questions fondamentales qui exigent d'être résolues pour pouvoir approcher la relation entre le sujet et l'objet, et donc pour proposer une solution du problème fondamental de la philosophie. Le problème philosophique du mouvement peut être formulé comme la question de ses formes fondamentales et de leurs rapports, avant tout de l'unité qui les rend possibles.

On peut tenir pour des formes fondamentales du mouvement, d'une part, le mouvement mécanique objectif au sens de la science mathématique moderne de la nature telle qu'elle se développe depuis Galilée jusqu'à Newton et, de l'autre, le mouvement organique corporel et spécialement humain avec toute la richesse de son insertion expérientielle; le matérialisme mécanique de Hobbes à Büchner et aux monistes d'un côté et, de l'autre, la conception dialectique du mouvement, reprise et développée dans le matérialisme dialectique, sont à comprendre comme autant de modes particuliers de résoudre les questions de leur explication unitaire. Or, toutes ces connexions mettent en lumière la nécessité d'élaborer une histoire du concept de mouvement conçue philosophiquement, histoire qu'à ce jour nous ne possédons pas. Il n'y a même pas eu suffisamment de travaux préparatoires dans ce sens. Le présent volume se veut en partie une contribution à une telle histoire future, en partie un résumé de ce qui a été accompli par d'autres dans ces questions. Procédant sous la forme d'études partielles, il réfléchit principalement sur les étapes plus anciennes de l'évolution de la problématique philosophique du mouvement depuis l'Antiquité jusqu'à l'aube des Temps modernes avec quelques échappées de vue sur une solution dialectique. Il s'applique ce faisant, malgré le caractère pointu de ces études, à ne pas perdre de vue le problème systématique central dont il y va. Son intention n'est pas d'être une simple contribution à l'investigation érudite d'une tranche de l'histoire des idées, au contraire, il a en vue la systématique philosophique.

La première étude du volume *Aristote, ses devanciers, ses successeurs* décrit la situation du problème du mouvement avant Aristote. Elle montre comment ni les atomistes ni les pythagoriciens, à d'autres égards les premiers à forger des rudiments d'explication scientifique, ne parviennent à cerner le problème proprement philosophique du mouvement; comment Platon, le premier à appréhender le mouvement de façon mathématique, combine cette entente mathématique avec une division qui heurte la sensibilité moderne : le mouvement uniforme est, à ses yeux, celui de l'âme, le mouvement des choses qui nous entourent étant chaotique et, plus ou moins, sans loi. La réunion du motif ontologique – le mouvement est γένεσις, mais en tant que mouvement de l'âme, visant l'être – avec la séparation du mouvement céleste et du mouvement terrestre, que seul le motif organique permet de comprendre, est un trait caractéristique du concept platonicien. C'est là qu'Aristote trouve son point de départ ; aussi bien son schéma du devenir que la séparation des deux régions (le monde terrestre et le monde céleste) et les optiques ontologique et organique sont un legs platonicien.

Ce qui est propre à Aristote, c'est la manière dont est nouvellement conçu et projeté dans le problème du mouvement le mode d'explication scientifique thématisé pour la première fois par Platon dans son idée de la « réduction aux principes ». Le contexte de cette idée platonicienne est esquissé dans l'étude sur les γράμματα et στοιχεῖα.

La théorie aristotélicienne du mouvement, première thématisation d'envergure, à la fois philosophique et scientifique, de ce phénomène, est retracée dans le texte central du volume, « La science philosophique de la nature chez Aristote », qui présente également un bref tour d'horizon de l'état actuel des études aristotéliciennes et propose un essai d'explication de la transition entre la problématique platonicienne et celle d'Aristote. La découverte des principes du mobile en tant que tel donne naissance à la « physique », science de la φύσις – source du mouvement – en tant que telle, c'est-à-dire à la philosophie naturelle. Le concept de mouvement qui sert ici de fondement est ontologique, c'est la venue à l'être et la disparition des déterminations dans un substrat, et cet intérêt ontologique, ce passage du non-être à l'être et vice versa, le cas échéant du moins-être au plus-être, est la raison pour laquelle le concept de mouvement thématisé est aussi large, ne se limitant pas au seul mouvement local. Le texte suit alors le développement de cette thématique dans le domaine organique, sous les concepts de δύναμις et d'ἐνέργεια, jusqu'à la définition propre du mouvement et à toute la théorie de ses causes et principes. Le mouvement étant, d'après cela, toujours matériel et temporel, l'on analyse le problème d'un continu du mouvement et le concept de temps. D'autre part, la thématique ontologique du mouvement amène Aristote à transformer aussi, foncièrement, la conception de l'étant par où il est, les questions de la « philosophie première » qui, chez lui, ne se résume pas à une suprême unité concrète, toujours et partout présente, mais se concentre sur l'unité de l'acte, de l'activité, de l'ἐνέργεια. Les deux philosophies – la seconde, philosophie naturelle, et la première, philosophie de l'être proprement dit – sont ainsi, au fond, deux aspects d'une même chose, de la première philosophie systématique et d'envergure portant sur le mouvement.

Les chapitres restants exposent pour l'essentiel la dissolution du concept ontologique d'Aristote dans la suite de l'histoire, suivant le recul de la prétention de la philosophie classique à atteindre le noyau même de l'être, supplantée dès l'Antiquité, chez les successeurs d'Aristote, par un certain scepticisme et une attitude positiviste ; la résurgence de problèmes dont Aristote reconnaissait l'existence, mais qui étaient chez lui confinés dans des limites et relégués à l'arrière-plan – problèmes des lois mathématiques des différentes espèces de mouvements, d'abord astronomiques, puis aussi terrestres ; l'émergence de la problématique de l'*impetus* avec le thème de l'inertie qui s'y annonce et qui finira par sonner définitivement le glas de l'aristotélisme dans le concept de mouvement ; enfin la réapparition de motifs platoniciens, désormais sous une forme susceptible de s'appliquer aussi au mouvement terrestre (l'auteur voit là un héritage de l'aristotélisme encore dans la thématique moderne des sciences de la nature). Le tour d'horizon de la problématique du mouvement est complété, au surplus, par un regard sur le problème de l'espace (en connexion avec les questions de la possibilité du mouvement) depuis les Éléates jusqu'à Leibniz, précurseur du relativisme moderne. On voit surgir les thèmes de la problématique moderne du mouvement : la décomposition mathématique, adynamique, intellectuelle du mouvement chez Galilée, renouvelant la réduction platonicienne dans le domaine du mouvement ; l'accent mis sur le pouvoir et la maîtrise des phénomènes qui, chez Bacon, commence déjà à éclipser la saisie de l'essence sans encore être ressenti comme en opposition avec celle-ci ; le nouveau départ cartésien de la philosophie auprès de la subjectivité conçue de façon non dynamique, auquel répondra finalement, chez Hegel, la compréhension dynamique, dialectique de la conscience en tant que mouvement, acheminement vers soi visant à surmonter la contradiction entre sujet et objet ; là, le problème philosophique du mouvement est alors repris sur le plan de la philosophie moderne qui part de la subjectivité.

En annexe, on trouvera deux contributions coméniologiques dans lesquelles le passage de la conception aristotélicienne à la science moderne apparaît à travers le prisme de l'œuvre du grand penseur tchèque à cette charnière de deux époques. La première le présente par rapport à l'un des grands précurseurs de la conception inertielle du mouvement, Nicolas de Cues ; la seconde expose le propre système coménien, de style aristotélico-néoplatonicien, tel qu'on le voit se déployer dans son œuvre capitale *De rerum humanarum emendatione consultatio catholica*.

L'auteur continue à travailler sur ces questions, dans des textes aussi bien historiques que systématiques, traitant de l'histoire du problème du mouvement au XVIe et au XVIIe siècle, ainsi que dans la philosophie contemporaine [1]. Il aimerait étendre l'étude commencée ici à une vision d'ensemble de l'évolution de la pensée humaine sur le mouvement.

III

DISCOURS DE SOUTENANCE
(13 DÉCEMBRE 1966)

Je remercie les rapporteurs pour leur appréciation positive – peut-être excessivement positive ? L'intention de mon travail était à vrai dire la suivante :

1) donner à nos philosophes de la jeune génération une nouvelle incitation à étudier la philosophie classique grecque ; montrer que, malgré l'éloignement temporel, les problèmes de cette pensée peuvent toujours nous enrichir, que ces penseurs gardent toute leur fraîcheur intellectuelle et une force qui peut nous pousser à méditer sur notre propre mode de réflexion ; montrer encore que, là où la pensée cherche de nouveaux chemins, on ne peut mettre trop de soin à examiner ses changements de voie les plus anciens ;

2) donner un prolongement chez nous à certains efforts en vue de la nouvelle image d'Aristote qui se dessine petit à petit à la suite de la mise au rebut de l'Aristote scolastique et systématique d'autrefois – un Aristote qui réfléchit sur les principes et qui aborde sa tâche, non pas en « métaphysicien » au sens courant de ce terme, cherchant *quelque chose au-delà des phénomènes*, mais plutôt à travers le questionnement des phénomènes mêmes et la prise de conscience de la manière dont nous les comprenons déjà (fût-ce de façon non explicite) dans la vie de tous

1. Cf. l'essai allemand (écrit peut-être au cours ou dans la perspective du séjour de Patočka en Belgique et en Allemagne pendant le semestre d'hiver 1965-1966) « Aristoteles und das 17. Jahrhundert in der Bewegungsauffassung », publié par Ludger Hagedorn dans le volume *Andere Wege in die Moderne*, p. 281-291. Le 29 décembre 1964 déjà, Patočka écrivait à Václav Richter : « J'ai toutes sortes d'idées, par exemple, pour un second tome de mon *Aristote*, décrivant comment sa conception du mouvement ontologique revient aux Temps modernes, après un long détour à travers la biologie et l'histoire, de telle façon qu'on voit naître un nouveau cosmos – bien sûr, *non* statique. » (*Sebrané spisy*, t. 20, p. 140.) *(N. d. T.)*

les jours; tenter de montrer, dans cette connexion, que la *Physique* d'Aristote – cette doctrine de la φύσις sur fond de laquelle seule il devient possible de comprendre, peut-être, l'œuvre « métaphysique » et sans doute aussi logique, qui jusque-là était étudiée à titre quasi exclusif – est particulièrement importante et qu'elle a été négligée (non que je me targue d'être celui qui fera découvrir Aristote au public tchèque – les travaux de Dušan Machovec [1] ont été publiés avant les miens – mon seul mérite est de mettre en relief cet aspect méconnu);

3) attirer l'attention sur la connexion entre la philosophie, avec ses problèmes ontologiques et gnoséologiques, et l'évolution et les principes des différentes sciences spéciales; signaler à nos historiens de la science cette strate de questions qui leur est jusqu'à présent demeurée étrangère (du moins je n'ai connaissance d'aucun ouvrage significatif sur cette interaction historique) ;

4) pour moi-même enfin – j'ai voulu me mettre sous les yeux l'importance capitale du mouvement pour toute la problématique philosophique, tant métaphysique que gnoséologique.

En somme : mon ouvrage est une *tentative* pour introduire et acclimater, dans la pensée tchèque d'aujourd'hui et, par là, dans tout notre contexte culturel, un nouveau point de vue sur Aristote. Aristote en tant que chercheur vivant.

L'ouvrage, composé d'une série d'études indépendantes, n'est pas une monographie, malgré la cohérence thématique. Sans doute, un chapitre comme « La science philosophique de la nature chez Aristote », publié à part comme étude monographique, aurait pu faire un livre de taille respectable (136 pages imprimées). Mais mon idée n'était pas de présenter une histoire philosophique du concept de mouvement, plutôt simplement de signaler à d'autres, aux esprits analytiques comme aux systématiciens, peut-être plus heureux et plus doués que moi, l'importance et l'attrait de ce problème. J'accepte donc également le reproche qui est fait au livre de se lire, dans la partie « d'Aristote à Hegel », comme un compte rendu concis sur des philosophes choisis, où le rôle de la physique dans l'évolution des concepts de mouvement et d'espace

1. D. Machovec, « Aristotelova klasifikace věd a postavení filosofie v ní » [La classification des sciences chez Aristote et la position qu'elle réserve à la philosophie », *Acta Universitatis Carolinae. Philosophica et historica*, 1960, n° 2, p. 145-189; *Aristotelovy názory o podstatě. Příspěvek k filosoficko-historickému výkladu teorie podstaty [Les Vues d'Aristote sur l'essence. Contribution à une explication philosophico-historique de la théorie de l'essence]*, Prague, SPN (*Acta Universitatis Carolinae. Philosophica et historica. Monographiae*, vol. IV), 1963, 86 p. *(N. d. T.)*

n'est pas apprécié à sa juste valeur[1]. Je me demande pourtant si même un auteur nettement mieux informé que je ne le suis serait aujourd'hui à même de « passer en revue l'évolution de la philosophie d'Aristote, la transformation historique de ses idées et l'évolution de la critique de sa position dans les deux questions traitées ». En effet, les transformations subies par l'aristotélisme au cours du Moyen Âge, de la Renaissance et des débuts de la science moderne attendent encore leur synthèse ; nous n'en sommes aujourd'hui qu'au stade de l'analyse des matériaux et de la prospection des thèmes. Une histoire des concepts de mouvement et d'espace n'est d'ailleurs pour l'auteur qu'un lointain idéal, l'histoire de la tradition aristotélicienne, une partie seulement de l'immense complexe de travail qui, ici, demande encore à être accompli, et même cette tâche partielle ne saurait être menée à bien dans l'état actuel des recherches. Si l'auteur se réfère dans son livre à plus d'une tentative entreprise en ce sens, c'est avant tout parce qu'il y a là une thématique intéressante et qui s'impose, une thématique négligée par nos philosophes et qui, il s'en rend compte, dépasse ses faibles forces personnelles.

J'ai, de fait, pleinement conscience que, même à l'intérieur de ces limites, mon travail montre de nombreuses insuffisances, dans la conception comme dans les interprétations singulières. Il m'est clair que l'hypothèse génétique, que l'ouvrage se propose de mettre en œuvre dans la conceptualité de la *Physique*, n'est pas toujours respectée, que ce propos se heurte continuellement à une intention tout autre – celle de mettre en lumière la manière dont Aristote parvient à ses principes, sa recherche des fondements du savoir concret ; il arrive souvent que l'optique génétique et l'optique philosophique spéculative se contrarient plutôt que de se seconder l'une l'autre. Je ne suis pas non plus sans savoir que la thèse sur le système platonicien de réduction – ou disons plutôt sur la tendance réductrice du vieux Platon – dont j'ai fait le point de départ de toute ma construction a été ces derniers temps vivement contestée par les philologues et que les doutes exprimés à ce sujet rejaillissent forcément sur mon ouvrage. D'un autre côté, je pense que ce qui est mis en question, c'est uniquement la *forme* sous laquelle l'apport original d'Aristote cristallise sur fond platonicien. Platon demeure en tout état de cause l'initiateur de la réflexion sur ce que présuppose toute

1. Patočka se réfère ici et dans la phrase suivante à une remarque d'Ivan Úlehla dont le rapport reproche plus précisément aux chapitres V-IX de ne pas être « tout à fait à la hauteur » des précédents, notamment de ne pas envisager avec toute l'ampleur souhaitable « le rôle joué par la physique et les sciences de la nature en général dans l'évolution des catégories philosophiques de mouvement et d'espace ». *(N. d. T.)*

explication des choses – la réflexion sur les principes, les ἀρχαί, au sens, non plus archaïque, mais épistémologique, en tant que ὑποθέσεις –, comme Aristote celui qui, sur ce fondement, forge les principes du savoir, la connaissance principielle de la φύσις, de ce qui donne à comprendre les choses en mouvement – les origines de l'aristotélisme sont ainsi, en tout état de cause, à chercher dans un approfondissement de l'épistémologie platonicienne. Peut-être puis-je aussi me prévaloir, malgré tous les défauts de mon travail, du fait qu'il représente chez nous une première tentative d'aller au-delà du simple compte rendu de résultats d'interprétation pour présenter, sous une forme suivie, le travail d'interprétation même. Certes, il ne pouvait être question de faire ligne à ligne l'exégèse du texte d'Aristote. Ici aussi, le lecteur peut donc avoir l'impression d'une sélection arbitraire, qui privilégie certains thèmes, tandis que d'autres ne sont même pas abordés. Par endroits, l'interprétation colle au texte au risque d'en être indigeste, ailleurs elle ne fait que tourner très librement autour – dans une tentative, là encore inaboutie, pour trouver un moyen terme entre l'explication de texte et l'exposé fluide. Je serais heureux que les défauts de mon travail puissent contribuer chez nous, à travers la critique dont ils feront l'objet, à une meilleure approche, plus approfondie, non seulement d'Aristote, mais de tous les philosophes traditionnels. On me demandera peut-être si, cela étant, il n'aurait pas mieux valu me restreindre plus modestement à une simple partie, plus transparente, de la tâche ? Oui, certes. Je crois pourtant pouvoir me prévaloir ici de quelque chose qui, bien que subjectif, n'en est pas moins défendable : mon intérêt philosophique pour le problème du mouvement et tout ce qui s'y rapporte, problème qui me fascine depuis des années et ne me lâche pas, même s'agissant du domaine historique. Dans un sens, ce n'est pas nous qui choisissons nos problèmes, ce sont les problèmes qui nous choisissent en nous interpellant, en projetant devant nous une lumière, vraie ou fausse, qui nous fait croire à une solution possible, nous engageant ainsi dans une voie qui avec le temps se confond avec notre vie spirituelle même ou en devient du moins une partie essentielle.

La principale objection qu'on pourrait faire à mon travail, ce serait plutôt de n'être pas suffisamment *philosophique*. En effet, si l'ouvrage montre un grand enthousiasme pour Aristote, mettant aussi en lumière son ambition de créer une science qui touche aux racines mêmes de l'être, aux limites de ce que l'homme peut atteindre – en revanche, le lecteur n'y apprend pas comment le Stagirite a pu s'y prendre pour obtenir ce résultat. D'autant moins que mon texte insiste souvent, sans ambages, sur ses méthodes apparemment primitives, son recours aux formes du langage avec la compréhension qui s'y dépose : l'idéalisation et la purification des formes linguistiques données – comment un tel procédé a-t-il pu élever une telle prétention ? Comment cette philosophie – dans sa partie la plus profonde, que nous montre précisément la phénoménologie du monde naturel qu'est la *Physique*, cette prise de conscience de la manière dont « l'homme naturel » comprend le monde – comment cette philosophie peut-elle se vouloir la saisie de l'essence de toutes choses, de ce qu'il y a de plus profond et de suprêmement élevé ? Cela, on ne le trouvera pas dans mon livre, il ne répond pas à ces questions. Il est trop *historique* au mauvais sens du terme.

Peut-être ne serait-il pas impossible de remédier à ce manque essentiel dans un autre ouvrage, plus systématique. Si l'on veut justifier Aristote, il faudra montrer que le monde, l'étant en totalité, n'est pas à appréhender et à maîtriser sur le fondement du matériel, du contenu qu'il nous offre, mais plutôt de ce qui nous donne la possibilité de le saisir, de l'interpréter, de le comprendre. Là, il n'y a pas de doute que le langage en tant qu'ensemble de significations, constituant un certain système d'interprétration, d'interrogation de l'expérience (quand bien même ce système ne serait pas toujours clair et harmonieux), contient davantage qu'une simple image du matériel, déformé par le milieu humain. Le langage, qui dit perpétuellement que les chose *sont* et ce qu'elles *sont*, contient l'intelligence historique du verbe « être ». La méthode d'Aristote, consistant à approfondir l'usage linguistique jusqu'à l'harmonie dans les choses fondamentales, à dégager la structure de signification interne à notre parler sur nos expériences de tous les jours, est bien moins naïve qu'il n'y paraît – à condition, bien sûr, de remettre en question les préjugés qui nous conduiraient à comprendre le langage avant tout, voire exclusivement, sous son aspect « instrumental », comme quelque chose de purement subjectif.

La thèse la plus osée du livre, qui voit en Aristote celui qui parfait et transforme l'idée platonicienne de la réduction, n'est pas menée à son terme ; l'exposé ne montre pas comment la réduction universelle devient, chez Aristote, réduction aux *principes propres à un domaine*. Aristote, tel que nous le comprenons, part de Platon, de l'idéal scientifique platonicien, qui ne cherche pas la vérité dans le matériel, mais dans le λόγος ; il dévoile cependant les défauts de l'idéal platonicien d'une science unique et de la réduction universelle. Comprendre quelque chose, c'est, pour Aristote aussi, en établir les sources, les principes, dont seule la corrélation nous donne à voir les singularités sous leur vrai jour, nous met à même de poser des questions sur l'essentiel, de dominer ce qui est spécifique au domaine donné. Or, pour cette raison même, il ne peut pas y avoir de principes exhaustifs, communs à tout ce qui est. Dans mon travail, je ne distingue pas assez nettement la réduction platonicienne de celle qu'a en vue et qu'effectue déjà le jeune Aristote. Il se peut donc que ce qui est commun aux deux y soit excessivement mis en valeur.

Par ailleurs, plus d'une formulation isolée peut prêter à confusion. Je ne fais pas grand cas de ce que dit ma préface de la progression – *sit venia verbo* – dialectique dans la compréhension du mouvement : d'une conception mathématique de la nature sans mouvement à la conception d'un mouvement-processus qualitatif essentiellement non mathématique et, enfin, à un mouvement qui est une grandeur mathématique, mais n'est plus un processus. À mon avis, ce n'est pas là une loi, mais un simple résumé des faits. Le « passage à la contradiction dialectique[1] » dans le rapport Platon-Aristote aussi m'apparaît plutôt comme une pirouette stylistique que comme une saisie du fond de la chose : l'idée était de signaler l'émergence, sur la base commune d'un même complexe thématique, de la fondation nouvelle et entièrement différente de la physique en tant que *science* du mobile.

D'un autre côté, je serais marri qu'on se croie autorisé, par mon travail, à soupçonner Aristote de doctrines dogmatiques qui sont en réalité au-dessous du niveau de ses problèmes. A sa place ici la question de l'« artificialisme », la thèse selon laquelle Aristote aurait emprunté ses principes fondamentaux, la matière et la forme, à l'expérience courante d'un artisan, qu'il aurait tenté d'appliquer aussi en dehors de ce domaine. Le camarade Kalivoda est d'avis, si je le comprends bien, que, chez Platon, ce sont en revanche les mathématiques qui fournissent le modèle dirigeant d'interprétation de l'étant[2]. Mais les choses ne sont pas aussi simples, il ne s'agit pas tout uniment de remplacer un schéma d'interprétation par un autre, plus grossier et plus primitif, comme le suggère la lecture notamment des auteurs criticistes, d'un Brunschwicg, par exemple. Dans mon exposé sur le premier livre de la *Physique*, j'ai tenté de montrer qu'il ne s'agit pourtant pas d'un *modèle*, d'un schéma

1. Voir *supra*, chap. III, p. 139. *(N. d. T.)*

2. Kalivoda écrivait dans son rapport : « Dans l'explication de la présumée exploitation et du présumé dépassement dialectique interne de la méthode platonicienne de réduction par Aristote, reste bien sûr à savoir si un rôle n'est pas échu à un autre point de départ métaphysique encore d'Aristote, sans lequel, vraisemblablement, son "qualitatisme" n'aurait jamais pu voir le jour. À mon avis, la "déplatonisation de Platon" par Aristote est liée avant tout à son artificialisme. » *(N. d. T.)*

du devenir dans lequel on voudrait faire rentrer tous les autres processus comme dans un lit de Procuste. Il s'agit des principes, des points de départ, des points de vue qui, dans ce monde *des choses*, me donnent la possibilité de voir et d'interroger les choses en tant que *choses en mouvement*. Aristote, en analysant cette question fondamentale, n'utilise même pas un exemple artificiel, mais celui, tout « naturel », de l'homme inculte qui se cultive. Il se met en quête de la structure linguistique signifiante nécessaire à la formulation du fait qu'une chose soit engagée dans un processus, qu'il se passe quelque chose avec elle. (Qu'on entende parfois aussi une note artificialiste dans de telles formulations de la langue courante, c'est une autre affaire – dans le passage cité, Aristote se sert simplement de processus artificiels pour *vérifier* ses ἀρχαί, son « schéma d'interprétation », ce ne sont pas ces processus comme tels qui lui inspirent le schéma.) Le couple de la matière et de la forme n'est d'ailleurs pas ce que la chose a de typiquement aristotélicien, Platon aussi connaît, dans un certain sens, la matière et la forme. Ce qu'il y a ici de nouveau, de propre à Aristote, c'est qu'Aristote voit la *chose*, sous le rapport logique, comme à la fois une et composée, et que, au terme d'une analyse d'une infinie minutie, il formule les conditions pour qu'il se produise un *passage*, un changement à l'intérieur de la chose une. Joue ici un rôle important la στέρησις dont il est beaucoup question dans mon ouvrage. Il est bien évident, cela dit, que le monde des choses dans lesquelles il se produit des changements est, du point de vue de la science moderne de la nature, quelque chose de dérivé, que nous ne prenons pas au sérieux, où nous ne cherchons pas l'essence des choses. La question est de savoir si nous pouvons faire l'impasse sur ce point de départ indispensable, prédonné, de notre approche du monde, s'il ne faut pas, au contraire, y revenir continuellement. Aristote, en s'efforçant de faire accéder la structure de ce point de départ à la conscience explicite, a mis en place les présupposés de toute l'évolution ultérieure de la science, car celle-ci se déroule pour l'essentiel en appliquant cette réflexion aristotélicienne à d'autres contextes, en la révisant dans le détail afin qu'elle s'adapte à la nouvelle compréhension de la réalité qui pendant ce temps se constitue historiquement.

Qu'on me comprenne bien : je ne prétends pas que l'artificialisme ne joue aucun rôle chez Aristote. Mais la raison en est que notre expérience courante des choses et avec les choses a à faire avant tout et de façon prépondérante avec des choses fabriquées, avec des πράγματα. Pour Aristote cependant, la question de la φύσις est bien plus importante et plus fondamentale. Or, ce concept de φύσις est d'une difficulté extrême, précisément parce qu'il nous met en présence de tout autre chose que la

« substance » et le substrat matériel des choses. Ce n'est pas dire que le substrat n'en fasse pas partie, mais il ne devient substrat que par rapport à autre chose : le substrat se découvre de concert avec sa détermination, en lui-même il est indéterminable. La φύσις, loin d'être un principe matériel, ayant trait au contenu, se révèle ainsi avant tout le principe *de l'apparaître* – quoique nullement dans un sens subjectif. Comment se peut-il que quelque chose « apparaisse » autrement que pour le sujet et dans un sujet ? Mais ne sommes-nous pas, en posant cette question, excessivement tributaires de nos représentations modernes, post-cartésiennes ? Toute la philosophie classique de l'Antiquité s'efforce, chez ses grands protagonistes, de montrer que l'être *est*, dans sa nature, apparaître : ou bien il est la manifestation d'un autre, ou bien ce qui fait apparaître, ce qui rend manifeste. Pourtant, cette philosophie ne connaît pas le concept de sujet – au sens que nous donnons désormais à ce terme. En effet, la ψυχή, la vie, l'intelligence, tout cela n'est ici qu'un mode particulier de la manifestation qui, à un autre degré et d'une autre manière, est propre aussi à d'autres choses. Que quelque chose soit présent à autre chose et dans autre chose, cela n'en fait pas un étant subjectif, partie ou produit de la subjectivité – au contraire, pour les penseurs antiques, c'est simplement un cas particulier de la manifestation. Voilà ce que montre surtout la *Physique* d'Aristote : ce qui fait apparaître, ce qui amène la chose à sa forme essentielle, ce n'est ni la ψυχή ni, moins encore, la « conscience », mais bien le mouvement.

Il semble qu'Aristote précisément, avec son concept de νόησις νοήσεως, soit à l'origine du concept de conscience en tant que conscience-de-soi, *con-scientia* close sur soi. Le concept de conscience aurait alors sa genèse dans la manifestation, dont la νόησις νοήσεως est une espèce, et on pourrait demander si la conscience en tant que naissance de tous les phénomènes, *la manifestation subjective*, n'est pas une conception métaphysique qui aurait oublié ses propres racines. Il ne s'agit pas là de poser une thèse. La question est à entendre en question – une de celles que suscite l'étude d'Aristote et auxquelles il faut chercher à répondre sur la base d'une position *philosophique* dûment justifiée.

Voilà donc pour la question de l'artificialisme : dans la conception courante, comme application acritique des expériences de l'atelier (on ajoute parfois : et des champs), l'« artificialisme » n'est pas du tout à la hauteur de la problématique d'Aristote. En tant que thématisation des principes de compréhension de l'étant, au sein duquel on ne peut pas fermer les yeux sur les *artificialia*, il possède sa légitimité. Reste que, par son concept de φύσις, Aristote est un philosophe qui *s'oppose* éminemment et par principe à toute vision du devenir du point de vue du

« faire » ou de la fabrication, qui est donc *l'adversaire* de *tout* artificialisme.

Dans les remarques du camarade Kosík[1], je perçois une certaine crainte que ma propre interprétation ne se solde par un trop franc « retour à Aristote ». Il me reproche par ailleurs d'avancer sans preuve la thèse d'un antagonisme entre la conception hégélienne du mouvement et celle d'Aristote, et il regrette l'absence d'une analyse plus poussée du temps chez Hegel, analogue à l'analyse du temps aristotélicien. L'élément commun aux deux – le fait que le mouvement appartienne à la nature de l'être, qu'il soit ce qui *accomplit* la manifestation de l'étant dans son être – n'exclut pas, à mon avis, l'antagonisme ailleurs. Cet antagonisme peut s'illustrer, je pense, par un autre exemple que celui de la conception du temps. Le moteur du mouvement est, chez Hegel, la contradiction, et cela la contradiction au sens fort, où la *lex non-contradictionis* est une règle qui ne lie que l'entendement fini, non pas la pensée absolue qui constitue l'être des choses. La conception de Hegel se place, de ce seul fait, dans le domaine de la conception moderne de l'étant, sous le signe du subjectivisme moderne – sous cette forme radicale, qui va au-delà de la simple acception métaphorique, la contradiction siège en effet dans la conscience, humaine ou absolue, et n'a pas de sens en dehors d'elle. Pour Aristote, ce qui maintient la chose dans le mouvement ou le repos – le repos n'étant qu'un mode de la mobilité – est la φύσις, cette même φύσις dont Héraclite disait qu'elle aime à se cacher[2]. Cela signifie que la manifestation, qui chez Hegel est un *tout* et *se fait jour totalement* à travers le processus dialectique, chez Aristote, essentiellement, ne va pas sans le non-manifesté et le non-manifestable. Nous avons déjà vu que la ὕλη, par exemple, est en elle-même, en tant que telle, inintelligible et insaisissable. Le divin aussi est quelque chose dont nous n'avons connaissance que par un reflet marginal. La manifestation n'est jamais que partielle, limitée ; *chaque manifestation* dissimule tout en mettant à découvert. La φύσις, en tant que source du devenir et du mouvement en général, est une singulière merveille évidente, comme la manifestation : si on n'est pas capable de la saisir

1. « L'auteur souligne à juste titre que Hegel a “redécouvert le mouvement comme concept fondamental de toute ontologie”, mais une telle affirmation ne demanderait-elle pas une analyse de la relation interne entre le mouvement et le temps chez Hegel, si l'on ne veut pas que l'exigence d'édifier une “conception asubjective du mouvement et du devenir” aboutisse à un retour à Aristote ? » *(N. d. T.)*

2. Diels-Kranz, *Die Fragmente…*, Héraclite, B CXXIII. *(N. d. T.)*

sur le coup, si on ne prend pas d'emblée position en son sein, on n'y accédera jamais.

Faire retour à Aristote, c'est, dans un sens, impossible ; dans un autre sens, cela peut être sain. On ne peut pas revenir à Aristote en tant qu'incarnation d'une métaphysique figée de principes tenus pour immédiatement clairs, de formes substantielles et de leur hiérarchie, de la grande chaîne de l'être. Parler du *retour* à Aristote, cela présuppose une certaine idée préconçue, déjà connue, de la nature de son système ; en réalité, il s'agit, en sachant nous laisser guider par lui, de découvrir, à travers notre propre acte de philosophe, un Aristote inconnu et « vrai » en ce sens qu'il nous est loisible et possible de philosopher de concert avec lui.

J'ai peur aussi que le camarade Kosík ne surestime mes capacités sous le rapport méthodologique [1]. Il va de soi que je fais mon possible pour m'instruire auprès des philologues, du mieux et le plus amplement que je peux, mais il m'est non moins clair que mes moyens sont ici insuffisants. Le jour où notre philologie classique portera à nouveau un intérêt actif aux grands problèmes du contact entre l'actualité et l'Antiquité sans doute n'aura-t-on plus besoin de pis-aller tels que mon travail. À sa manière, son matériel étant ce qu'il est, la philologie classique est une science achevée et fermée, encore que, d'un autre côté, en tant que discipline historique, elle ne cesse de se renouveler. Puisse mon travail inciter nos philologues classiques à mieux développer les problèmes de ce genre, avec plus de précision, de façon plus adéquate.

Permettez-moi à présent de revenir à l'évolution de la science du mouvement et aux questions qu'elle pose. Aristote, par son analyse des présupposés de la compréhension des choses en mouvement, a esquissé plusieurs chemins possibles, sans pour sa part les suivre tous avec la même énergie – cela aurait été en tout état de cause impossible. J'ai tenté de montrer que même le traitement mathématique du mouvement – tout en demeurant bien sûr, de son point de vue, quelque chose d'accessoire, dont la place est plutôt du côté de la pure et simple ὕλη en tant que φύσις seconde – ne lui était pas entièrement étranger ; même ici, Aristote a fatalement prédéterminé ce qui est venu après lui. J'ai voulu faire comprendre, dans mon étude trop succincte sur Galilée, que tout

1. « On est d'emblée frappé par le fait que, chez Patočka, l'analyse détaillée et précise avance la main dans la main avec les conceptions hardies et que son étude sur Aristote est en ce sens un exemple brillant d'une approche qui combine celles du philosophe et du philologue. » *(N. d. T.)*

l'arsenal aristotélicien des principes du mouvement local conserve sa validité pour lui, mais j'insisterais encore sur le mouvement en tant que continu à côté d'autres continus, et par conséquent – aspect mis en avant par certains – sur l'intuitivité principielle, la possibilité de se représenter les processus naturels. Ce qui, en revanche, disparaîtra complètement avec la période de la Renaissance (et qui, même avant, demeurait dans le vague), c'est la compréhension du mouvement en tant que processus et, avant tout, en tant que manifestation, quelque chose qui ne concerne pas l'étant dans sa simple disponibilité matérielle, mais qui l'amène à la détermination par l'être essentiel. C'est seulement si l'on comprend le mouvement de cette façon que la manifestation cessera d'être une énigme. Ce trait sera oublié, tandis que la postérité d'Aristote, des Théophraste aux Philopon et des nominalistes du XIVe siècle à Galilée, s'évertuera à saisir plus exactement le mouvement en tant que *chose*, en tant que réalité analogue aux autres et surtout, indirectement, mathématiquement maîtrisable.

Il est alors, sans doute, très intéressant d'entendre, dans le rapport du professeur I. Úlehla, que la physique contemporaine s'accorde avec Aristote pour voir le mouvement sur la base d'une possibilité – la possibilité de passer d'état à un autre [1]. Évidemment, il faudrait préciser le concept moderne de possibilité, ainsi que celui d'Aristote; la possibilité aristotélicienne n'est pas la simple condition nécessaire d'une réalisation possible, mais avant tout une *aptitude*. Aristote voit la possibilité aussi du point de vue de sa φύσις. S'il se rencontre, dans la vision de la physique moderne, une reprise des analyses aristotéliciennes des fondements de l'expérience du mobile, cela ne peut être assurément que par accident – ce sont des analyses qui ne sont pas faites pour ce monde entièrement *inventé* par nous, non préparé dans nos expériences courantes, mais pour le monde de notre vie de tous les jours, avec ses choses et ses processus. Je crains fort que même l'affinement,

1. « Il est certain que l'analyse qualitative des aspects singuliers de ces deux catégories [du mouvement et de l'espace] a mené Aristote plus loin que la mécanique classique pour laquelle la génération du mouvement ne nécessite pratiquement qu'une cause externe. Seule la physique contemporaine constate, en accord avec Aristote – et sans en prendre pleinement conscience –, que l'une des conditions nécessaires pour le mouvement de différents objets est la possibilité qu'ils recèlent de passer d'un état à un autre, possibilité d'abord indifférenciée. L'auteur, malheureusement, clôt sa publication sur la période qui précède la naissance de la physique moderne, il n'a donc pas l'occasion d'y inclure ce parallèle de l'idée qualitative chez Aristote et, exprimée mathématiquement, dans la physique moderne, dans la théorie de la relativité et, plus particulièrement, dans la théorie quantique. » *(N. d. T.)*

l'approfondissement de la vision purement physique du jour d'aujourd'hui ne comporte aucune reprise de l'idée aristotélicienne. Ce que le mouvement a de plus important, ce ne sont pas ses lois et son déroulement, c'est le *sens* qui lui est associé et qu'il réalise, et ce sens, c'est la *manifestation de l'être* qui se fait jour continuellement dans ce monde et ses composantes essentielles, dans tous les étants qui ont une φύσις, une *nature* réelle qui leur est propre.

Je pense donc que, si nous devons assister aujourd'hui à une « reprise » de la conception aristotélicienne, ce ne sera pas sur le terrain de la physique, mais bien plutôt sur celui de l'explication de la *vie humaine*, conçue en tant que mouvement. Mais je m'éloigne de ce qui est indiqué dans mon livre. Ce serait là un autre sujet. Reste encore à remercier tous ceux qui se sont donné du mal pour lire l'ouvrage et en rendre compte, ou qui, par leur présence et leur participation à la discussion, ont témoigné de l'intérêt pour la chose.

BIBLIOGRAPHIE

ALEXANDRE D'APHRODISE, *In Aristotelis Metaphysicis commentaria*, éd. M. Hayduck (*Commentaria in Aristotelem graeca*, vol. I), Berlin, Reimer, 1891.

ALLAN (D. J.), *The Philosophy of Aristotle*, Londres, Oxford University Press, 1952. [Trad. fr. *Aristote le philosophe*, Louvain/Paris, Nauwelaerts, 1962.]

— « The Practical Syllogism », dans *Autour d'Aristote* [voir ci-dessous], p. 325-340.

APELT (O.), « Die Kategorienlehre des Aristoteles », dans *Beiträge zur Geschichte der griechischen Philosophie*, Leipzig, Teubner, 1891.

ARISTOTELIS Opera quae supersunt omnia ex recensione I. Bekkeri, éd. de l'Académie de Berlin, 1831, vol. I-IV.

— *The Works of Aristotle*, translated into English under the editorship of J. A. Smith and W. D. Ross, Oxford, Clarendon Press, 1905-1925.

— *The Works of Aristotle*, translated into English by W. D. Ross, vol. XII : *Select Fragments*, Oxford, Clarendon Press, 1952.

— *Aristotle : Selections*, edited by W. D. Ross, Oxford, Clarendon Press, 1927.

— *Aristotelis dialogorum fragmenta*, in usum scholarum selegit R. Walzer, Florence, Sansoni, 1934 [réimpr. Hildesheim, Olms, 1963].

— *Aristotelis qui ferebantur librorum fragmenta*, collegit V. Rose, Leipzig, Teubner, 1886.

— *Aristoteles, Die Lehrschriften*, herausgegeben, übertragen und erläutert von P. Gohlke, Paderborn, Schöningh, 2 vols., 1949-1951.

— *Aristotelis Metaphysica*, recognovit et enarravit H. Bonitz, 2 vols., Bonn, Marcus, 1848.

— *Aristotelis Metaphysica* recognovit W. Christ, Leipzig, Teubner, 1895.

— *Aristoteles' Metaphysik*, übersetzt und mit einer Einleitung und erklärenden Anmerkungen vorsehen von E. Rolfes, 2 vols., Leipzig, Dürr, 1904.

— *Aristotle's Metaphysics*. A Revised Text with Introduction and Commentary by W. D. Ross, 2 vols., Oxford, Clarendon Press, 1924 [rééd. 1953].

— *La Métaphysique*, traduction nouvelle et notes de J. Tricot, 2 vols., Paris, Vrin, 1953 [rééd. 2003].

— *Aristotelis Metaphysica*, recognovit, brevique adnotatione critica instruxit W. Jaeger, Oxford, Clarendon Press, 1957 [rééd. 1995].

— *Divisiones quae vulgo dicuntur Aristoteleae*, praefatus edidit testimoniisque instruxit H. Mutschmann, Leipzig, Teubner, 1906 [réimpr. Whitefish, MT, Kessinger, 2009].

— *Eudemische Ethik*, übersetzt und kommentiert von F. Dirlmeier, Berlin, Akademie-Verlag, 1962 [rééd. 1984].

— *Nikomachische Ethik*, übersetzt, eingeleitet und kommentiert von F. Dirlmeier, Francfort/Hambourg, Fischer, 1957 ; Berlin, Akademie-Verlag, 1961 [rééd. Stuttgart, Reclam, 2003].

— *Parva naturalia*. A Revised Text with Introduction and Commentary by W. D. Ross, Oxford, Clarendon Press, 1955 [rééd. 2001].

— *The Physics*. A Revised Text with Introduction and Commentary by W. D. Ross, Oxford, Clarendon Press, 1936.

— *Prior and Posterior Analytics*. A Revised Text with Introduction and Commentary by W. D. Ross, Oxford, Clarendon Press, 1949.

— *Vom Himmel*, eingeleitet und neu übertragen von O. Gigon, Zurich, Artemis-Verlag, 1950 [rééd. 1968].

« *Aristotele nella critica e negli studi contemporanei* » *Rivista di filosofia neoscolastica*, Supplemento speciale al vol. 48, Milan, 1956.

ARNIM (H. von), *Die Entstehung der Gotteslehre des Aristoteles*, Sitzungsberichte der Österreichischen Akademie der Wissenschaften, Philosophisch-historische Classe, 212, Bd. 5, Vienne, 1931.

— « Aristoteles' Metaphysik K und B », *Wiener Studien*, 47 (1929), p. 32-38.

— « Zu W. Jaegers Grundlegung der Entwicklungsgeschichte des Aristoteles », *Wiener Studien*, 46 (1928), p. 1-48.

— *Eudemische Ethik und Metaphysik*, Sitzungsberichte der Österreichischen Akademie der Wissenschaften, Philosophisch-historische Klasse, 207, Vienne, 1928.

— *Die drei aristotelischen Ethiken*, Sitzungsberichte der Österreichischen Akademie der Wissenschaften, Philosophisch-historische Klasse, 202, Vienne, 1924.

ASCLEPIUS, *In Aristotelis Metaphysicorum libris A-Z Commentaria*, éd. M. Hayduck (*Commentaria in Aristotelem graeca*, vol. VI,2), Berlin, Reimer, 1888.

Autour d'Aristote : recueil d'études de philosophie ancienne et médiévale offert à Mgr A. Mansion, Louvain, Publications universitaires, 1955.

BACON (Fr.), *The Works of Francis Bacon, baron of Verulam, Viscount St Albans and Lord High Chancellor of England*, collected and edited by J. Spedding, R. L. Ellis and D. D. Heath, Londres, 15 vols., 1857-1874.

BALLAUFF (Th.), *Die Wissenschaft vom Leben : Eine Geschichte der Biologie, Bd. I : Vom Altertum bis zur Romantik*, Freiburg/Munich, Alber, 1954.

BARON (H.), « The *Querelle* of the Ancients and the Moderns as a Problem for Renaissance Scholarship », *Journal of the History of Ideas*, 20 (1959), p. 3-22.

BARRETT (W.), *Aristotle's Analysis of Movement : Its Significance for Its Time*, New York, Columbia University (thèse), 1938.

BARTH (H.), *Die Seele in der Philosophie Platons*, Tübingen, Mohr, 1921.

— *Philosophie der Erscheinung. Eine Problemgeschichte, Erster Teil : Altertum und Mittelalter*, Bâle, Schwabe, 1947 [2e éd. 1966].

BEARE (J.), *Greek Theories of Elementary Cognition from Alcmaeon to Aristotle*, Oxford, Clarendon Press, 1906.

BENN (A.), « The Idea of Nature in Plato », *Archiv für Geschichte der Philosophie*, 9 (1896), p. 24-49.

BIGNONE (E.), *L'Aristotele perduto e la formazione di Epicuro*, 2 vols., Florence, La Nuova Italia, 1936.

— « Nuove testimonianze e frammenti del "Protrettico" di Aristotele », *Rivista di filologia e d'instruzione classica*, 14 (1936), p. 225-237.

BOCHENSKI (I. M.), *La Logique de Théophraste*, Fribourg, Librairie de l'Université, 1947.

BONITZ (H.), *Observationes Criticae in Aristotelis Libros Metaphysicos*, Berlin, Bethge, 1842 [réimpr. Whitefish MT, Kessinger, 2009].

— *Index aristotelicus*, Berlin, Reimer, 1870 ; rééd. Graz, Akademische Druck- und Verlagsanstalt, 1955.

— *Aristotelische Studien I*, Sitzungsberichte der kaiserlichen Akademie der Wissenschaften, Philosophisch-historische Klasse, Vienne, 1862 [réimpr. dans *Aristotelische Studien. Fünf Teile in einem Band*, Hildesheim, Olms, 1969, p. 1-61].

BORCHERT (E.), « Die Lehre von der Bewegung bei Nicolaus Oresme », *Beiträge zur Geschichte der Philosophie und Theologie des Mittelalters*, Bd. XXXI, Heft 3, Münster, Achendorff, 1934.

BORKENAU (Fr.), *Der Übergang vom feudalen zum bürgerlichen Weltbild. Studien zur Geschichte der Philosophie der Manufakturperiode*, Paris, F. Alcan, 1934 [réimpr. Darmstadt, Wissenschaftliche Buchgesellschaft, 1973].

BORY (Ch.), « Le continu et sa représentation dans les sciences », *Revue de métaphysique et de morale*, 62 (1957), n° 2, p. 134-156.

BOURGEY (L.), *Observation et expérience chez Aristote*, Paris, Vrin, 1955.

BRANDIS (Chr. A.), *Handbuch der griechisch-römischen Philosophie*, Bd. II/1 et II/2, Berlin, Reimer, 1844-1857.

— *Aristotelis et Theophrasti Metaphysica. Ad veterum manuscriptorum fidum recensita indicibusque instructa*, Berlin, Reimer, 1823.

BRÉHIER (É.), *Études de philosophie antique*, Paris, P.U.F., 1955.

BRÉMOND (A.), *Le Dilemme aristotélicien* (*Archives de philosophie*, vol. 10, cahier 2), Paris, Beauchesne, 1933 [réimpr. New York, Garland, 1987].

BRENTANO (Fr.), *Von der mannigfachen Bedeutung des Seienden nach Aristoteles*, Freiburg, Herder, 1862. [Trad. fr. *De la diversité des acceptions de l'être d'après Aristote*, Paris, Vrin, 1992.]

BRIEGER (A.), *Die Urbewegung der Atome und die Weltentstehung bei Leukipp und Demokrit*, Halle, Heynemann, 1884.

— « Die Urbewegung der demokritischen Atome », *Philologus*, 63 (1904), p. 584-596.

BROCHARD (V.), *Études de philosophie ancienne et de philosophie moderne*, Paris, F. Alcan, 1912 ; 2e éd. Vrin, 1926.

BRÖCKER (W.), *Aristoteles*, Francfort, Klostermann, 1935 (2e éd. 1957 [5e éd. 1987]).

— « Das Höhlenfeuer und die Erscheinung von der Erscheinung », dans *Die Gegenwart der Griechen im neueren Denken* [voir ci-dessous], p. 31-42.

BRUNET (P.) et MIELI (A.), *Histoire des sciences I. Antiquité*, Paris, Payot, 1935.

BRUNO (G.), *Gesammelte Werke*, übertragen von L. Kuhlenbeck, 5 vols., Iéna, Diederichs, 1906.

— *Dialogy*, Prague, SNPL, 1956 (trad. tch. J. B. Kozák). [Rééd. Prague, Academia, 2008.]

BURNET (J.), *Early Greek Philosophy*, Londres, A. Black, 1892 [4e éd. New York, Meridian Books, 1957]. [Trad. fr. *L'Aurore de la philosophie grecque*, Paris, Payot, 1919 (rééd. 1970).]

— *Greek Philosophy, Part I : Thales to Plato*, Londres, Macmillan, 1914 [rééd. 1968].

BURTT (E. A.), *The Metaphysical Foundations of Modern Physical Science*, Londres, Routledge & Kegan Paul, 1924. [2e éd. rev. Garden City NY, Doubleday, 1954 ; réimpr. Mineola NY, Dover, 2003.]

CAPELLE (W.), « Das Proömium der Meteorologie », *Hermes*, 47 (1912), p. 514-535.

CARTERON (L.), *La Notion de force dans le système d'Aristote*, Paris, Vrin, 1923.

CASE (Th.), « Aristotle », dans *Encyclopedia Britannica*, Cambridge, Cambridge University Press, 11e éd., 1910, t. 2, p. 501-522.

CASSIRER (E.), *Leibniz' System in seinen wissenschaftlichen Grundlagen*, Marbourg, Elwert, 1902. [Rééd. par B. Recki comme t. 1 des *Gesammelte Werke*, Hambourg, Meiner, 1998.]

— *Das Erkenntnisproblem in der Philosophie und Wissenschaft der neueren Zeit*, Berlin, B. Cassirer, Bd. 1, 1906 ; Bd. 2, 1907 ; Bd. 3, 1920. [Rééd. par B. Recki comme t. 2-4 des *Gesammelte Werke*, Hambourg, Meiner, 1999-2000. Trad. fr. *Le Problème de la connaissance dans la philosophie et la science des Temps modernes*, t. 1 : *De Nicolas de Cues à Bayle*, Paris, Cerf, 2004 ; t. 2, Paris, Cerf, 2005.]

— *Individuum und Kosmos in der Philosophie der Renaissance*, Leipzig, Teubner, 1927. [Rééd. par B. Recki comme t. 14 des *Gesammelte Werke*, Hambourg, Meiner, 2002. Trad. fr. *Individu et cosmos dans la philosophie de la Renaissance*, Paris, Minuit, 1983.]

— « Galileo's Platonism », dans M. Ashley-Montagu (dir.), *Studies and Essays in the History of Science and Learning Offered in Homage to George Sarton on the Occasion of His Sixtieth Birthday*, New York, H. Schuman, 1946, p. 279-297.

CASSIRER (H.), *Aristoteles' Schrift "Von der Seele" und ihre Stellung innerhalb der aristotelischen Philosophie*, Tübingen, Mohr, 1932. [Réimpr. Darmstadt, Wissenschaftliche Buchgesellschaft, 1968.]

CAVARNOS (C.), *The Classical Theory of Relations. A Study in the Metaphysics of Plato, Aristotle and Thomism*, Cambridge MA, Harvard University, 1948 (thèse). [Rééd. Belmont MA, Institute for Byzantine & Modern Greek Studies, 1973.]

CHEN (Chung-Hwan), « The Relation between the Terms ENERΓEIA and ENTEΛEXEIA in the Philosophy of Aristotle », *Classical Quarterly*, NS 8 (1958), p. 12-17.

CHERNISS (H. F.), *Aristotle's Criticism of Plato and the Academy*, vol. 1, Baltimore, Johns Hopkins Press, 1944.

CHRIST (W.), *Kritische Beiträge zur Metaphysik des Aristoteles*, Sitzungsberichte der philosophischen, philologischen und historischen Classe der kaiserlichen bayrischen Akademie der Wissenschaften, Heft 4, Munich, 1885.

— *Studia in Aristototelis libros Metaphysicorum collata*, Berlin, Bethge, 1853.

Commentaria in Aristotelem graeca, consilio et auctoritate Academiae Litterarum Regiae Borussicae, Berlin, Reimer, 1891-1907, 51 vols.

CONRAD-MARTIUS (H.), *Der Raum*, Munich, Kösel, 1958.

COOK WILSON (J.), « On the Platonist Doctrine of the ἀσύμβλητοι ἀριθμοί », *Classical Review*, 18 (1904), p. 247-260.

COPERNIC (N.), *Des révolutions des orbes célestes*, Paris, F. Alcan, 1934 (trad. fr. A. Koyré) [rééd. A. Blanchard, 1970 ; réimpr. Diderot multimedia, 1998].

— *De revolutionibus orbium coelestium libri VI*, Thorn, Sumptibus Societatis Copernicanae, 1873.

— *Über die Kreisbewegungen der Weltkörper*, Thorn, Lambeck, 1879.

CORNFORD (Fr. M.), « Innumerable Worlds in Presocratic Philosophy », *Classical Quarterly*, 28 (1934), p. 1-16.

— « Aristotle "De caelo" 288 A 2–9 », *Classical Quarterly*, 33 (1939), p. 34-35.

— *Plato's Theory of Knowledge : The Theaetetus and the Sophist Translated with a Running Commentary*, Londres, Routledge & Kegan Paul, 1935 ; 2e éd. 1946 [22e éd. 2000].

— *Plato's Cosmology : The Timaeus of Plato Translated with a Running Commentary*, Londres, Kegan Paul, Trench & Trubner, 1937 ; 2e éd. Londres, Routledge & Kegan Paul, 1948 [22e éd. 2000].

— *Plato and Parmenides : Parmenides' Way of Truth and Plato's Parmenides Translated with an Introduction and a Running Commentary*, Londres, Kegan Paul, Trench & Trubner, 1939 ; 4e éd. Routledge & Kegan Paul, 1951 [22e éd. 2000].

— « Mathematics and Dialectic in the *Republic* VI.–VII. », *Mind*, 41 (1932), p. 37-52 et 173-190.

— « The Invention of Space », dans J. A. K. Thomson et A. J. Toynbee (dir.), *Essays in Honour of Gilbert Murray*, Londres, Allen & Unwin, 1936, p. 215-235.

CROWTHER (J. G.), *Francis Bacon : The First Statesman of Science*, Londres, Cresset Press, 1960.

CUBELLS MARTINEZ (F.), *El concepto de acto energético en Aristóteles*, Université de Munich, 1959 (thèse). [Rééd. Facultad de Teología Vicente Ferrer, Valence, 1981.]

DE CORTE (M.), *La Doctrine de l'intelligence chez Aristote. Essai d'exégèse*, Paris, Vrin, 1934.

DE RIJK (L. M.), « The Authenticity of Aristotle's Categories », *Mnemosyne*, 4 (1951), p. 129-159.

— *The Place of the Categories of Being in Aristotle's Philosophy*, Assen, Van Gorcum, 1952.

DESCARTES (R.), *Œuvres*, édition Adam-Tannery, Paris, Cerf, 1897-1908, notamment vol. 5 : *Correspondance mai 1647-février 1650* [nouv. éd. Paris, Vrin, 1974].

DIELS (H.), *Die Fragmente der Vorsokratiker*, 6e éd. établie par W. Kranz, Berlin, Weidmann, 3 vols., 1951-1952. [Trad. fr. J.-P. Dumont (dir.), *Les Présocratiques*, Paris, Gallimard, « Bibliothèque de la Pléiade », 1988.]

— *Doxographi graeci*, Berlin, Reimer, 1879 ; nouv. éd. W. de Gruyter, 1929 [réimpr. 1965].

— *Elementum : eine Vorarbeit zum griechischen und lateinischen Thesaurus*, Leipzig, Teubner, 1899.

— « Anaximandros von Milet », *Neue Jahrbücher für das klassische Altertum, Geschichte und deutsche Literatur*, 51 (1923), p. 65-76 [repris dans *Kleine Schriften zur Geschichte der Philosophie*, Hildesheim, Olms, 1969, p. 1-12].

— « Zur Textgeschichte der aristotelischen Physik », dans *Abhandlungen der königlichen preußischen Akademie der Wissenschaften*, Berlin, 1882, p. 1-42.

— « Über das physikalische System des Straton », dans *Sitzungsberichte der Königlichen Preußischen Akademie der Wissenschaften*, Berlin, 1893, p. 101-127.

DIÈS (A.), « Le Dieu de Platon », dans *Autour d'Aristote* [voir ci-dessus], p. 61-67.

— *Le Sophiste de Platon*, trad. fr. et introduction par —, Paris, Les Belles Lettres, 1925 [rééd. 1986].

DIJKSTERHUIS (E. J.), *Die Mechanisierung des Weltbildes*, Berlin, Springer, 1956, trad. all. H. Habicht [rééd. 2002].

DIRLMEIER (Fr.), « Aristoteles », dans W. Kastell *et al.* (dir.), *Festschrift Albert Stohr, Jahrbuch für das Bistum Mainz*, 5 (1950), p. 161-171.

— *Die Oikeiosis-Lehre Theophrasts*, Leipzig, Dieterich, 1937 (*Philologus*, Supplementband XXX, Heft 1).

— « Nochmals Anaximandros von Milet », *Hermes*, 75 (1940), p. 329-331.

DODDS (E. R.), « The "Parmenides" of Plato and the Origin of the Neoplatonic "One" », *Classical Quarterly*, 22 (1928), p. 129-142.

DUHEM (P.), *Les Origines de la Statique*, Paris, Hermann, t. I-II, 1905-1906. [Réimpr. Paris, Éditions Jacques Gabay, 2006.]

— *Le Mouvement absolu et le mouvement relatif*, extrait de la *Revue de philosophie XI-XIV*, Montligeon, Imprimerie-librairie de Montligeon, 1909.

— « Un précurseur français de Copernic : Nicole Oresme », *Revue générale des sciences pures et appliquées*, 20 (1909), p. 866-873.

— *Études sur Léonard de Vinci, ceux qu'il a lus et ceux qui l'ont lu*, I-III, Paris, Hermann, 1906–1913. [Réimpr. Paris, Éditions des Archives contemporaines, 1984.]

— « Roger Bacon et l'horreur du vide », dans A. G. Little, *Roger Bacon*, Oxford, Clarendon Press, 1914, p. 241-284.

— *Le Système du monde. Histoire des doctrines cosmologiques de Platon à Copernic*, t. I-V, Paris, Hermann, 1914-1917 [rééd. 1979-1988].

— « François de Mayronnes, O. F. M., et la question de la rotation de la terre », *Archivum franciscanum historicum*, 6 (1913), p. 23-25.

DUPRÉEL (E.), « Aristote et le Traité des Catégories », *Archiv für die Geschichte der Philosophie*, 22 (1909), p. 230-251.

DÜRING (I.), « Aristotle and Plato in the Mid-Fourth Century », *Eranos*, 54 (1956), p. 109-120.

— « Problems in Aristotle's Protrepticus », *Eranos*, 52 (1954), p. 139-171.

— « Notes on the History of the Transmission of Aristotle's Writings », *Acta Universitatis Goteburgensis*, 56 (1950), p. 37-70.

— *Aristotle in the Ancient Biographical Tradition*, Göteborg (Studia Graeca et Latina Gotoburgensia V), 1957.

— « Aristotle in the Protrepticus », dans *Autour d'Aristote* [voir ci-dessus], p. 81-97.

DÜRING (I.) et OWEN (G. E. L.) (dir.), *Aristotle and Plato in the Mid-Fourth Century. Papers of the Symposium Aristotelicum held at Oxford in August 1957*, Göteborg (Studia Graeca et Latina Gothoburgensia XI), 1960.

EICHHOLZ (D. E.), « Aristotle's Theory of the Formation of Metals and Minerals », *Classical Quarterly*, 43 (1949), p. 141-146.

ELDERS (L.), « Aristote et l'objet de la métaphysique », *Revue philosophique de Louvain*, 60 (1962), p. 165-183.

— *Aristotle's Theory of the One*, Assen, Van Gorcum, 1961.

Die Entfaltung der Wissenschaft. Vorträge gehalten an der Tagung der Joachim Jungius-Gesellschaft der Wissenschaften in Hamburg 1957, Hambourg, J. J. Augustin, 1958.

FARRINGTON (B.), *Greek Science : Its Meaning to Us (Thales to Aristotle)*, Harmondsworth/New York, Penguin, 1944. [Réimpr. Nottingham, Spokesman Books, 2000.]

— *Head and Hand in Ancient Greece. Four Studies in the Social Relations of Thought*, Londres, Watts, 1947. [Réimpr. Nottingham, Spokesman Books, 2007.]

FESTUGIÈRE (A.-J.), *Contemplation et vie contemplative selon Platon*, Paris, Vrin, 1936 [rééd. 1975].

— *La Révélation d'Hermès Trismégiste, II : Le Dieu cosmique*, Paris, J. Gabalda, 1949. [Nouv. éd. rev., corr. et augm., Paris, Les Belles Lettres, 2006.]

FINK (E.), *Nachdenkliches zur ontologischen Frühgeschichte von Raum – Zeit – Bewegung*, La Haye, M. Nijhoff, 1957.

— *Sein, Wahrheit, Welt. Vorfragen zum Problem des Phänomenbegriffs*, La Haye, M. Nijhoff, 1958.

FLORIAN (P.), « De Bacon à Newton. L'œuvre de la Société royale de Londres », *Revue de philosophie*, 24 (1914), p. 150-168, 381-407 et 481-503.

FRANK (E.), *Plato und die sogenannten Pythagoräer. Ein Kapitel aus der Geschichte des griechischen Geistes*, Halle, Niemeyer, 1923.

FRANK (Ph.), *Das Ende der mechanistischen Physik*, Vienne, Gerold, 1935. [Trad. fr. *La Fin de la physique mécaniste*, Paris, Hermann, 1936.]

FRIEDLÄNDER (P.), *Platon*, I-II, Berlin, W. de Gruyter, 1928-1930 [rééd. 1957-1964].

FRITZ (K. von), « Der Ursprung der aristotelischen Kategorienlehre », *Archiv für Geschichte der Philosophie*, 40 (1931), p. 449-496.

— « Gleichheit, Kongruenz und Ähnlichkeit in der antiken Mathematik bis auf Euklid », *Archiv für Begriffsgeschichte*, 4 (1959), p. 7-81.

— *Philosophie und sprachlicher Ausdruck bei Demokrit, Plato und Aristoteles*, Leipzig/New York/Paris/Londres, Stechert, 1938.

— « Zur aristotelischen Kategorienlehre », *Philologus*, 90 (1935), p. 244-248.

— *The Theory of the Mixed Constitution in Antiquity : A Critical Analysis of Polybius' Political Ideas*, New York, Columbia University Press, 1954.

FROST (W.), *Bacon und die Naturphilosophie*, Munich, Reinhardt, 1927.

FÜSSLEIN (C.), *Das metaphysische Problem der Veränderung in der griechischen Philosophie*, Merseburg, Domgymnasium, 1881.

GADAMER (H. G.), « Hegel und die antike Dialektik », *Hegel-Studien*, 1 (1961), p. 173-199.

GALILEI (G.), *Le Opere di —*, Edizione Nazionale, Florence, 1890-1909.

GAUTHIER (R.-A.), *La Morale d'Aristote*, Paris, P.U.F., 1958 [3e éd. rev. et corr., 1973].

GERCKE (A.), « Der Ursprung der aristotelischen Kategorienlehre », *Archiv für Geschichte der Philosophie*, 4 (1891), p. 424-441.

GILSON (É.), *L'Être et l'Essence*, Paris, Vrin, 1948 [rééd. 1994].

— *L'Esprit de la philosophie médiévale*, Paris, Vrin, 1932 [rééd. 1989].

GOHLKE (P.), *Die Entstehung der aristotelischen Logik*, Berlin, Junker und Dünnhaupt, 1936.

— *Die Entstehung der aristotelischen Prinzipienlehre*, Tübingen, Mohr, 1954.

— « Die philosophische Entwicklung des Aristoteles », *Kant-Studien*, 43 (1943), p. 393-410.

— *Die Entstehung der aristotelischen Ethik, Politik, Rhetorik*, Sitzungsberichte der Österreichischen Akademie der Wissenschaften, Philosophisch-historische Klasse, 223, Vienne, 1944.

— « Die Entstehungsgeschichte der naturwissenschaftlichen Schriften des Artistoteles », *Hermes*, 59 (1924), p. 274-306.

GOLDBECK (E.), *Die geozentrische Lehre des Aristoteles und ihre Auflösung*, Berlin, Weidmann, 1911.

GOLDSCHMIDT (V.), « La théorie aristotélicienne du lieu », dans *Mélanges de philosophie grecque offerts à Mgr Diès… par ses élèves, ses collègues, ses amis*, Paris, Vrin, 1956, p. 79-119.

GOMPERZ (H.), *Die Lebensauffassung der griechischen Philosophen und das Ideal der inneren Freiheit*, Iéna, Diederichs, 1904. [Réimpr. Aalen, Scientia, 1979.]

GUTHRIE (W. K. G.), « Aristotle as a Historian of Philosophy : Some Preliminaries », *Journal of Hellenic Studies*, 77 (1957), p. 35-41.

— « Notes on Some Passages in the Second Book of Aristotle's *Physics* », *Classical Quarterly*, 40 (1946), p. 70-76.

— « Introduction » dans *Aristotle : De Caelo - On the Heavens*, Londres, Heinemann, « Loeb Classical Library », 1939.

— « The Development of Aristotle's Theology, I-II », *Classical Quarterly*, 27 (1933), p. 162-171 ; 28 (1934), p. 9-98.

HAAS (A. E.), « Antike Lichttheorien », *Archiv für Geschichte der Philosophie*, 20 (1907), p. 344-386.

— « Ästhetische und teleologische Gesichtspunkte in der antiken Physik », *Archiv für Geschichte der Philosophie*, 22 (1909), p. 80-113.

HACKFORTH (R.), *Plato's Phaedo*, Cambridge, Cambridge University Press, 1955 [rééd. 1998].

— *Plato's Examination of Pleasure : A Translation of the Philebus*, Cambridge, Cambridge University Press, 1958 [rééd. 1972].

— « Plato's Theism », *Classical Quarterly*, 30 (1936), p. 4-9.

HAMBRUCH (E.), *Logische Regeln der platonischen Schule in der aristotelischen Topik*, Berlin, Wissenschaftliche Beilage zum Jahresbericht des Askanischen Gymnasiums, 1904. [Réimpr. New York, Arno Press, 1976.]

HAMELIN (O.), *Le Système d'Aristote*, éd. L. Robin, Paris, F. Alcan, 1920 [rééd. Vrin, 1985].

HAMMER-JENSEN (I.), « Demokrit und Plato », *Archiv für Geschichte der Philosophie*, 23 (1910), p. 92-103 et 211-229.

HARDER (R.), « Die Meisterung der Schrift durch die Griechen », dans H. Berve (dir.), *Das neue Bild der Antike*, I, Leipzig, Koehler & Amelang, 1942, p. 91-108.

HARDIE (W. E.), *A Study in Plato*, Oxford, Clarendon Press, 1936.

HART (I.), *The Mechanical Investigations of Leonardo da Vinci*, Londres, Chapman & Hall, 1925. [Réimpr. Westport CT, Greenwood, 1982.]

HARTMANN (N.), *Platos Logik des Seins*, Gießen, Töpelmann, 1909 [2e éd. Berlin, W. de Gruyter, 1965].

— « Aristoteles und Hegel », *Beiträge zur Philosophie des deutschen Idealismus*, 3 (1923), p. 1-36.

— « Aristoteles und das Problem des Begriffs », dans *Abhandlungen der Preußischen Akademie der Wissenschaften : Philosophisch-historische Klasse*, 5, Berlin, W. de Gruyter, 1939.

HAYDUCK (M.), *Bemerkungen zur Physik des Aristoteles*, Greifswald, Jahresbericht des städtischen Gymnasiums, 1871.

— *Observationes criticae in aliquot locos Aristotelis*, Greifswald, Jahresbericht des städtischen Gymnasiums, 1873.

HEATH (Th. L.), *Mathematics in Aristotle*, Oxford, Oxford University Press, 1949. [Réimpr. New York, Garland, 1980.]

— *Aristarchus of Samos : The Ancient Copernicus*, Oxford, Clarendon Press, 1913. [Rééd. Mineola NY, Dover, 2004.]

HEGEL (G. W. Fr.), *Sämtliche Werke*, Jubiläums-Ausgabe (éd. H. Glockner), 20 vols., Stuttgart, Frommann, 1927.

HEIBERG (J. L.), « Mathematisches zu Aristoteles », *Abhandlungen zur Geschichte der mathematischen Wissenschaften*, 18 (1904), p. 1-49.

HEIDEGGER (M.), *Holzwege*, Frankfort, Klostermann, 1950 [rééd. GA 5, 1977]. [Trad. fr. *Chemins qui ne mènent nulle part*, Paris, Gallimard, 1962.]

HEIMSOETH (H.), *Die sechs großen Themen der abendländischen Metaphysik und der Ausgang des Mittelalters*, Berlin, Stilke, 1922. [Réimpr. Darmstadt, Wissenschaftliche Buchgesellschaft, 1987.] [Trad. fr. *Les Six Grands Thèmes de la métaphysique occidentale du Moyen âge aux Temps modernes*, Paris, Vrin, 2003.]

HEINZE (R.), *Xenokrates. Darstellung der Lehre und Sammlung der Fragmente*, Leipzig, Teubner, 1892. [Réimpr. Hildesheim, Olms, 1965.]

HENRICH (D.), SCHULZ (W.) et VOLKMANN-SCHLUCK (K.-H.) (dir.), *Die Gegenwart der Griechen im neueren Denken. Festschrift für Hans-Georg Gadamer zum 60. Geburtstag*, Tübingen, Mohr, 1960.

HERO ALEXANDRINUS, *Pneumatica et Automata*, éd. G. Schmidt, Leipzig, Teubner, 1899.

HYPPOLITE (J.), *Genèse et structure de la « Phénoménologie de l'Esprit » de Hegel*, Paris, Aubier-Montaigne, 1946.

HIRZEL (R.), « Über Entelechie und Endelechie », *Rheinisches Museum*, 39 (1884), p. 169-208.

— « Ousia », *Philologus*, 72 (1913), p. 42-52.

HOENEN (P.), « Die Geburt der neuen Naturwissenschaft im Mittelalter », *Gregorianum*, 28 (1947), p. 164-172.

HOFFMANN (E.), « Die Herkunft des Wachstafelbildes im Theätet », *Sokrates. Zeitschrift für das Gymnasialwesen*, 9 (1921), p. 56-58.

— *Das Universum des Nikolaus Cusanus*, Sitzungsberichte der Heidelberger Akademie der Wissenschaften, Philosophisch-historische Klasse 1929-1930, Heidelberg, 1930.

HOLWERDA (D.), *Commentatio de vocis quae est ΦΥΣΙΣ VI atque usu praesertim in graecitate Aristotele anteriore*, Groningue, Wolters, 1955.

IANNONE (A.), « I logoi essoterici di Aristotele », *Atti dell'Istituto Veneto di Scienze, Lettere ed arti*, 113 (1954-1955), p. 1-31.

IVÁNKA (E. von), « Aristotelische und thomistische Seelenlehre », dans *Aristote et saint Thomas d'Aquin*, Louvain/Paris, Nauwelaerts, 1957, p. 221-228.

— « Zur Problematik der aristotelischen Seelenlehre », dans *Autour d'Aristote* [voir ci-dessus], p. 245-253.

— « Die Behandlung der Metaphysik in Jaegers *Aristoteles* », *Scholastik*, 7 (1932), p. 1-29.

JACKSON (H.), « Plato's Later Theory of Ideas », *Journal of Philology*, 10 (1881), p. 253-298.

JAEGER (W.), *Aristoteles, Grundlegung einer Geschichte seiner Entwicklung*, Berlin, Weidmann, 1923 [2e éd. 1955]. – Trad. ang. *Aristotle : Fundamentals of the History of his Development*, Oxford, Clarendon Press, 1934. [Trad. fr. *Aristote : fondements pour une histoire de son évolution*, Paris, Éditions de l'éclat, 1997.]

— *Emendationen zur aristotelischen Metaphysica*, Berlin, Akademie der Wissenschaften, 1923.

— *Studien zur Entstehungsgeschichte der Metaphysik des Aristoteles*, Berlin, Weidmann, 1912.

— *The Theology of the Early Greek Philosophers*, Oxford, Clarendon Press, 1947. [Trad. fr. *À la naissance de la théologie : essai sur les présocratiques*, Paris, Cerf, 1966.]

— « Die Entwicklung des Studiums der griechischen Philosophie seit dem Erwachen des historischen Bewußtseins », *Zeitschrift für philosophische Forschung*, 6 (1952), p. 200-221.

— « Das Pneuma im Lykeion », *Hermes*, 48 (1913), p. 29-74.

JAMBLICHI Protrepticus. Ad fidem codicis florentini edidit H. Pistelli, Leipzig, Teubner, 1888.

JAMMER (M.), *Concepts of Space. The History of Theories of Space in Physics*, Cambridge MA, Harvard University Press, 1954 [3e éd. augm. New York, Dover, 1993]. [Trad. fr. *Concepts d'espace : une histoire des théories de l'espace en physique*, Paris, Vrin, 2008.]

JOACHIM (H. H.), *Aristotle on Coming-to-Be and Passing-Away*, Oxford, Oxford University Press, 1922 [rééd. 1998].

— *The Nicomachean Ethics. A Commentary*, Oxford, Clarendon Press, 1951.

KALCHREUTER (H.), *Die ΜΕΣΟΤΗΣ bei und vor Aristoteles*, Tübingen, Université de Tübingen, 1911 (thèse).

KAPP (E.), *Greek Foundations of Traditional Logic*, New York, Columbia University Press, 1942.

KAPPES (M.), *Die aristotelische Lehre über Begriff und Ursache der κίνησις. Eine naturphilosophische Studie*, Bonn, C. Georgi, 1887 (Université de Freiburg, thèse).

KARPP (H.), *Untersuchungen zur Philosophie des Eudoxos von Knidos*, Würzburg, Triltsch, 1933.

KLEIN (J.), « Die griechische Logistik und die Entstehung der Algebra », I, *Quellen und Studien zur Geschichte der Mathematik, Astronomie und Physik*, Abt. B, Bd. III, Heft 1, Berlin, Springer, 1934, p. 18-105.

KOSSEL (W.), « Individuation in der unbelebten Welt », dans 6. *Kolloquium der Gesellschaft für physiologische Chemie*, Berlin, Springer, 1955, p. 25-61.

KOTARBIŃSKI (T.), « The Development of the Main Problem in the Methodology of Francis Bacon », *Studia philosophica* (Lwów), 1 (1935), p. 107-117.

KOYRÉ (A.), *From the Closed World to the Infinite Universe*, Baltimore, Johns Hopkins Press, 1957. [Trad. fr. *Du monde clos à l'univers infini*, Paris, P.U.F., 1962 (rééd. Gallimard, 1992).]

— « Bemerkungen zu den Zenonischen Paradoxen », dans *Jahrbuch für Philosophie und phänomenologische Forschung*, Bd. V, Halle, Niemeyer, 1922, p. 603-628.

— *Études galiléennes. I : À l'aube de la science classique. II : La loi de la chute des corps, Descartes et Galilée. III : Galilée et la loi de l'inertie*, Paris, Hermann, 1939 [rééd. 1966 et 2001].

— « Galileo and Plato », *Journal of the History of Ideas*, 4 (1943), p. 400-428.

KRBEK (F. von), *Grundzüge der Mechanik : Lehren von Newton, Einstein, Schrödinger*, Leipzig, Geest & Portig, 1954 [2e éd. 1961].

KUCHARSKI (P.), « Sur la théorie des couleurs et des saveurs dans le "De sensu" aristotélicien », *Revue des études grecques*, 67 (1954), p. 355-390.

LANG (P.), *De Speusippi Academici Scriptis. Accedunt Fragmenta*, Bonn, C. Georgi, 1911. [Réimpr. Hildesheim, Olms, 1965.]

LE BLOND (J.-M.), *Aristote philosophe de la vie. Le livre premier du traité sur les Parties des animaux*. Texte et traduction, avec introduction et commentaire, Paris, Aubier-Montaigne, 1945 [rééd. 1978].

LEE (H. D. P.), « Geometrical Method and Aristotle's Account of First Principles », *Classical Quarterly*, 29 (1935), p. 113-123.

— « Place-Names and the Date of Aristotle's Biological Works », *Classical Quarterly*, 42 (1948), p. 61-67.

LEIBNIZ (G. W.), *Die Hauptschriften zur Grundlegung der Philosophie*, éd. E. Cassirer, I-II, Leipzig, Dürr, 1904-1906 [rééd. Hambourg, Meiner, 1996].

— *Correspondance Leibniz-Clarke*, présentée d'après les manuscrits originaux des bibliothèques de Hanovre et de Londres par A. Robinet, Paris, P.U.F., 1957.

LESKY (E.), *Die Zeugungs- und Vererbungslehren der Antike und ihr Nachwirken*, Mayence, Verlag der Akademie der Wissenschaften und der Literatur, 1951.

LEWALTER (E.), *Francis Bacon : Ein Leben zwischen Tat und Gedanke*, Berlin, Kiepenheuer, 1939.

LEWINSOHN (W.), *Gegensatz und Verneinung. Studien zu Plato und Aristoteles*, Berlin, E. Ebering, 1910.

LIEBIG (J. von), *Francis Bacon von Verulam und die Geschichte der Naturwissenschaften*, Munich, Straub, 1863. [Trad. fr. *Lord Bacon*, Paris, L. Guérin, 1866.]

LOVEJOY (A. O.), *The Great Chain of Being : A Study of the History of an Idea*, Cambridge MA, Harvard University Press, 1936. [Nouv. éd. New Brunswick NJ, Transaction Publishers, 2009.]

LURIA (S.), « Die Infinitesimaltheorie der antiken Atomisten », *Quellen und Studien zur Geschichte der Mathematik, Astronomie und Physik*, Abt. B, Bd. II, Heft 2, 1933, p. 106-185.

LUTHE (W.), « Zur Kritik und Erklärung von Aristoteles' Metaphysik und Alexanders Kommentar », *Hermes*, 15 (1880), p. 189-210.

MABBOTT (J. D.), « Aristotle and the χωρισμός of Plato », *Classical Quarterly*, 20 (1926), p. 72-79.

MAIER (A.), *Die Mechanisierung des Weltbildes im siebzehnten Jahrhundert*, Leipzig, Meiner, 1938. [Nouv. éd. dans *Zwei Untersuchungen zur nachscholastischen Philosophie*, Rome, Edizioni di Storia e Letteratura, 1968.]

— *Das Problem der intensiven Größe in der Scholastik*, Leipzig, Keller, 1939.

— *Die Impetustheorie der Scholastik*, Vienne, Schroll, 1940. [Nouv. éd. augm., avec le précédent, dans *Zwei Grundprobleme der scholastischen Naturphilosophie*, Rome, Edizioni di Storia e Letteratura, 1968, p. 111-314.]

— *An der Grenze von Scholastik und Naturwissenschaft : Studien zur Naturphilosophie des 14. Jahrhundert*, Essen, Essener Verlags-Anstalt, 1943 [2e éd. Rome, Edizioni di Storia e Letteratura, 1952].

— « Die scholastische Wesensbestimmung der Bewegung als forma fluens oder fluxus formae und ihre Beziehung zu Albertus Magnus », *Angelicum*, 21 (1944), p. 97-111.

— « La doctrine de Nicolas d'Oresme sur les "Configurationes intensionum" », *Revue des Sciences pures et appliquées*, 32 (1948), p. 52-67.

— « Der Funktionsbegriff in der Physik des 14. Jahrhunderts », *Divus Thomas*, 19 (1946), p. 147-166.

— *Die Vorläufer Galileis im 14. Jahrhundert. Studien zur Naturphilosophie der Spätscholastik*, Rome, Edizioni di Storia e Letteratura, 1949.

— *Metaphysische Hintergründe der scholastischen Naturphilosophie*, Rome, Edizioni di Storia e Letteratura, 1955.

— « Verschollene Aristoteleskommentare des 14. Jahrhunderts », dans *Autour d'Aristote* [voir ci-dessus], p. 515-541.

— « Die Subjektivierung der Zeit in der scholastischen Philosophie », *Philosophia naturalis*, 1 (1951), p. 361-398.

MAKOVELSKIJ (A. O.), *Zlomky starořeckých atomistů [Fragments des anciens atomistes grecs]*, trad. K. Svoboda, Prague, SNPL, 1953.

MANSION (A.), *Introduction à la Physique Aristotélicienne*, Louvain, Institut de Philosophie, 1913 (2e éd. Louvain/Paris, 1945). [Réimpr. Paris, Vrin, 1973 ; Louvain, Institut supérieur de Philosophie, 1987.]

— « Étude critique sur le texte de la *Physique* d'Aristote (I-IV) », *Revue de philologie, de littérature et d'histoire anciennes*, 47 (1923), p. 5-41.

— « La genèse de l'œuvre d'Aristote d'après les travaux récents », *Revue Néo-scolastique de Philosophie*, 29 (1927), p. 307-341 et 423-466.

— « Autour des Éthiques attribuées à Aristote », *Revue Néo-scolastique de Philosophie*, 33 (1931), p. 80-107, 216-236 et 360-381.

— « L'immortalité de l'âme et de l'intellect d'après Aristote », *Revue philosophique de Louvain*, 51 (1953), p. 444-472.

— « L'objet de la science philosophique suprême d'après Aristote, "Métaphysique", E, 1 », dans *Mélanges de philosophie grecque offerts à Mgr Diès...*, Paris, Vrin, 1956, p. 151-168.

— « Philosophie première, philosophie seconde et métaphysique chez Aristote », *Revue philosophique de Louvain*, 56 (1958), p. 165-22.

— « L'origine du syllogisme et la théorie de la science chez Aristote », dans *Aristote et les problèmes de méthode* [voir ci-dessous], p. 57-81.

— « Travaux d'ensemble sur Aristote », *Revue philosophique de Louvain*, 57 (1959), p. 44-70.

MANSION (S.), « La doctrine aristotélicienne de la substance et le traité des *Catégories* », dans *Proceedings of the Tenth International Congress of Philosophy*, Amsterdam, North-Holland, 1949, p. 1097-1100.

— *Le Jugement d'existence chez Aristote*, Louvain, Institut de Philosophie, 1946 [rééd. Peeters, 1998].

— « Les apories de la Métaphysique aristotélicienne », dans *Autour d'Aristote* [voir ci-dessus], p. 141-179.

— « Le rôle de l'exposé et de la critique des philosophies antérieures chez Aristote », dans *Aristote et les problèmes de méthode* [voir ci-dessous], p. 35-56.

— (dir.), *Aristote et les problèmes de méthode. Communications présentées au Symposium Aristotelicum tenu à Louvain du 24 août au 1er septembre 1960*, Louvain, Publications universitaires, 1961.

MARTIN (G.), *Klassische Ontologie der Zahl*, Cologne, Kölner Universitätsverlag, 1956.

MERLAN (Ph.), « Beiträge zur Geschichte des antiken Platonismus, I-II », *Philologus*, 89 (1934), p. 35-53 et 197-214.

— *From Platonism to Neoplatonism*, La Haye, M. Nijhoff, 1953 [2e éd. rev., 1960].

— *Studies in Epicurus and Aristotle*, Wiesbaden, Harrassowitz, 1960.

— « Metaphysik: Name und Gegenstand », *Journal of Hellenic Studies*, 77 (1957), p. 87-92.

— « Ὂν ᾗ ὄν und πρώτη οὐσία : Postskript zu einer Besprechung », *Philosophische Rundschau*, 7 (1959), p. 148-153.

— « Aristotle's Unmoved Movers », *Traditio*, 4 (1946), p. 1-30.

MEULEN (J. van der), *Aristoteles : die Mitte in seinem Denken*, Meisenheim/Glan, Hain, 1951.

MEYER (J. B.), *Aristoteles' Thierkunde, ein Beitrag zur Geschichte der Zoologie, Physiologie und alten Philosophie*, Berlin, Reimer, 1855.

MEYERSON (É.), *Identité et Réalité*, Paris, F. Alcan, 1908 [rééd. Vrin, 1951].

— *De l'explication dans les sciences I-II*, Paris, Payot, 1921 [rééd. Fayard, 1995].

MICHALSKI (K.), « La physique nouvelle et les différents courants philosophiques au XIVe siècle », *Bulletin international de l'Académie polonaise des sciences et des lettres. Classe d'histoire et de philosophie*, n° 4-6 (avril-juin) 1927, p. 93-164.

MITTERER (A.), *Die Entwicklungslehre Augustins im Vergleich mit dem Weltbild des hl. Thomas von Aquin und dem der Gegenwart*, Vienne, Herder, 1956.

— « Der Dienst des Menschen an der Natur nach dem Weltbild des hl. Thomas und dem der Gegenwart », *Zeitschrift für katholische Theologie*, 56 (1932), p. 1-45.

— « Der Bewegungssatz (omne quod movetur, ab alio movetur) nach dem Weltbild des hl. Thomas und dem der Gegenwart », *Scholastik*, 9 (1934), p. 372-399.

MONDOLFO (R.), *L'Infinito nel pensiero dell'antichità classica*, Florence, La Nuova Italia, 1956.

MORE (H.), *Correspondance avec Descartes*, dans R. Descartes, *Œuvres*, édition Adam-Tannery, vol. 5 [voir ci-dessus].

MOREAU (J.), « L'être et l'essence dans la philosophie d'Aristote », dans *Autour d'Aristote* [voir ci-dessus], p. 181-204.

MORAUX (P.), *Les Listes anciennes des ouvrages d'Aristote*, Louvain, Publications universitaires, 1951.

— « La composition de la "Vie d'Aristote" chez Diogène Laërce », *Revue des études grecques*, 48 (1955), p. 124-163.

— *À la recherche de l'Aristote perdu : le dialogue "Sur la Justice"*, Louvain, Publications universitaires, 1957.

— « À propos du νοῦς θύραθεν chez Aristote », dans *Autour d'Aristote* [voir ci-dessus], p. 255-295.

MOSER (S.), *Metaphysik einst und jetzt. Kritische Untersuchungen zu Begriff und Ansatz der Ontologie*, Berlin, W. de Gruyter, 1958.

MUGNIER (R.), *La Théorie du premier moteur et l'évolution de la pensée aristotélicienne*, Paris, Vrin, 1930.

MUSKENS (G.), « De ente qua ens Metaphysicae Aristoteleae obiecto », *Mnemosyne*, 13 (1947), p. 130-140.

NATORP (P.), « Thema und Disposition der aristotelischen Metaphysik », *Philosophische Monatshefte*, 24 (1888), p. 37-65.

— *Platos Ideenlehre : eine Einführung in den Idealismus*, Leipzig, Dürr, 1903. [Réimpr. d'après la 2e éd. augm. de 1921, Hambourg, Meiner, 2004].

NEDELKOVITCH (D.), *La Philosophie naturelle et relativiste de R. J. Boscovitch*, Paris, Éd. de la vie universitaire, 1922.

NICOL (A. T.), « Indivisible Lines », *Classical Quarterly*, 30 (1936), p. 120-126.

NICOLAS DE CUES, *Werke, herausgegeben von der Heidelberger Akademie der Wissenschaften*, Bd. I : *De docta ignorantia* Leipzig, Meiner, 1932 (E. Hoffmann et R. Klibansky, éds.). [Trad. fr. *De la docte ignorance*, Paris, F. Alcan, 1930 ; nouv. trad. Paris, Cerf, 2010.]

NILSSON (M. P.), *Geschichte der griechischen Religion I*, Munich, Beck, 1941 [2e éd. 1955].

NUYENS (F.), *L'Évolution de la psychologie d'Aristote*, Louvain, Institut supérieur de Philosophie, 1948 [rééd. 1973].

OEHLER (Kl.), « Zur Metaphysik-Ausgabe von Werner Jaeger », *Philosophische Rundschau*, 7 (1959), p. 125-128.

OGGIONI (E.), *La Filosofia Prima di Aristotele. Saggio di ricostruzione e di interpretazione*, Milan, « Vita e pensiero », 1939.

OWEN (G. E. L.), « A Proof in the *Peri Ideōn* », *Journal of Hellenic Studies*, 77 (1957), p. 103-111.

— « Τιθέναι τὰ φαινόμενα », dans *Aristote et les problèmes de méthode* [voir ci-dessus], p. 83-103.

OWENS (J.), *The Doctrine of Being in the Aristotelean Metaphysics. A Study in the Greek Background of Mediaeval Thought*, Toronto, Pontifical Institute of Mediaeval Studies, 1951 [3e éd. rev. 1978].

PANOFSKY (E.), « Die Perspektive als "symbolische Form" », dans F. Saxl (dir.), *Vorträge der Bibliothek Warburg 1924-1925*, Leipzig/Berlin, 1927, p. 258-330. [Trad. fr. *La Perspective comme forme symbolique et autres essais*, Paris, Minuit, 1991.]

— *Dürers Kunsttheorie, vornehmlich in ihrem Verhältnis zur Kunsttheorie der Italiener*, Berlin, Reimer, 1915.

PARODI (D.), *La Philosophie contemporaine en France. Essai de classification des doctrines*, Paris, F. Alcan, 1919.

PATZIG (G.), « Theologie und Ontologie in der "Metaphysik" des Aristoteles », *Kant-Studien*, 52 (1960-1961), p. 185-205.

PHILIPPE (M.-D.), *Initiation à la philosophie d'Aristote*, Paris, Éditions du Vieux Colombier, 1956.

PHILIPPSON (R.), « Il *Peri Ideon* di Aristotele », *Rivista di filologia e d'istruzione classica*, NS 14 (1936), p. 113-125.

— « Akademische Verhandlungen über die Lustlehre », *Hermes*, 60 (1925), p. 444-481.

PHILOPONUS, *In Aristotelis Physicorum I-II. Commentaria*, 2 vols., éd. A. Vitelli, (*Commentaria in Aristotelem graeca*, vol. XVI–XVII), Berlin, Reimer, 1887, 1888.

PLATON, *Œuvres complètes*, I-XIII, Paris, Les Belles Lettres, Collection Budé, 1920-1932. - Traductions tchèques de Fr. Novotný, Prague : *Ústava [La République]* (trad. Novotný/Peroutka), Laichter, 1921 [nouv. éd. corr. OIKOYMENH, 2005]. *Zákony [Les Lois]*, ČSAV, 1961 [rééd. OIKOYMENH, 1997].

PLATONIS Leges et Epinomis ad optimorum librorum fidem emendavit et perpetua adnotatione illustravit Fr. Astius, I-II, Leipzig, Weidmann, 1814. [Réimpr. New York, Garland, 1987.]

POSIDONIUS, *The Fragments*, L. Edelstein et I. G. Kidd (éds.), Cambridge, Cambridge University Press, 1972.

RABINOWITZ (W. G.), *Aristotle's Protrepticus and the Sources of its Reconstruction*, Berkeley, University of California Press, 1957.

REES (P. A.), « Some Aspects of Aristotle's Development », *Proceedings of the Eleventh International Congress of Philosophy*, vol. XII, Amsterdam, North-Holland, 1953, p. 83-85.

REGENBOGEN (O.), « Theophrastos von Eresos », dans A. Pauly et G. Wissowa, *Real-Encyclopädie der classischen Altertumswissenschaft*, vol. VII suppl., Stuttgart, Metzler, 1940, p. 1353-1562.
— « Theophrast-Studien I », *Hermes*, 69 (1934), p. 75-105 et 190-204.
— « Eine Polemik Theophrasts gegen Aristoteles », *Hermes*, 72 (1937), p. 469-475.
REINHARDT (K.), *Kosmos und Sympathie. Neue Untersuchungen über Poseidonius*, Munich, Beck, 1926.
— *Parmenides und die Geschichte der griechischen Philosophie*, Bonn, F. Cohen, 1916 [4e éd. Francfort, Klostermann, 1985].
RICŒUR (P.), *Platon et Aristote*, Paris, Centre de documentation universitaire, 1960.
RIVAUD (A.), *Le Problème du devenir et la notion de matière dans la philosophie grecque depuis les origines jusqu'à Théophraste*, Paris, F. Alcan, 1906.
— *Les Grands Courants de la pensée antique*, Paris, Armand Colin, 1929 [6e éd. 1953].
ROBIN (L.), *Aristote*, Paris, P.U.F., 1944.
— *Platon*, Paris, F. Alcan, 1935 [rééd. P.U.F., 1997].
— *La Théorie platonicienne des idées et des nombres d'après Aristote, étude historique et critique*, Paris, F. Alcan, 1908.
— *La Pensée grecque et les origines de l'esprit scientifique*, Paris, Renaissance du livre, 1923 [nouv. éd. augm. Albin Michel, 1973].
— *La Pensée hellénique, des origines à Épicure. Questions de méthode, de critique et d'histoire*, Paris, P.U.F., 1942 [rééd. 1967].
RODIER (G.), « Sur la composition de la *Physique* d'Aristote », *Archiv für die Geschichte der Philosophie*, 8 (1895), p. 455-460, 9 (1896), p. 185-189.
ROSS (W. D.), *Aristotle*, Londres, Methuen & Co., 1923 [6e éd. Routledge, 1995]. [Trad. fr. *Aristote*, Paris, Payot, 1930 (réimpr. Publications Gramma, s. l., 1971).]
— « The Development of Aristotle's Thought », Dawes-Hicks Lecture on Philosophy, *Proceedings of the British Academy*, 43 (1957), p. 63-78; reproduit dans *Aristotle and Plato in the Mid-Fourth Century* [voir ci-dessus], p. 1-17.
— *Plato's Theory of Ideas*, Oxford, Clarendon Press, 1951.
— « The Discovery of Syllogism », *Philosophical Review*, 48 (1939), p. 251-271.
ROSSI (P.), *Francesco Bacone. Dalla magia alla scienza*, Bari, Laterza, 1957.
RUNNER (H. E.), *The Development of Aristotle Illustrated from the Earliest Books of the Physics*, Kampen, J. H. Kok, s. d.
SACHS (E.), *De Theaeteto atheniensi mathematico*, Berlin, Schade, 1914.
— *Die fünf platonischen Körper. Zur Geschichte der Mathematik und der Elementenlehre Platons und der Pythagoreer*, Berlin, Weidmann, 1917.
SAFFREY (H.-D.), « Le chrétien Jean Philopon et la survivance de l'école d'Alexandrie au VIe siècle », *Revue des études grecques*, 67 (1954), p. 396-410.
SCHADEWALDT (W.), « Eudoxos von Knidos und die Lehre vom unbewegten Beweger », dans *Satura. Früchte aus der antiken Welt. O. Weinreich zum*

31. März 1951 dargebracht, Baden-Baden, Verlag für Kunst und Wissenschaft, 1952, p. 103-129.

SCHAERER (R.), « La structure des dialogues métaphysiques », *Revue internationale de Philosophie*, 9 (1955), p. 197-220.

SCHIAPARELLI (G.), *Scritti sulla storia della astronomia antica*, Bologne, 1925. [Réimpr. Milan, Mimésis, 1997-1998.]

SCHILLING (K.), « Ursprung und Bedeutung der Logik », *Zeitschrift für philosophische Forschung*, 5 (1951), p. 197-219.

SCHMID (W.), *Epikurs Kritik der platonischen Elementenlehre*, Leipzig, Harrassowitz, 1936.

SCHRAMM (M.), *Die Bedeutung der Bewegungslehre des Aristoteles für seine beiden Lösungen der zenonischen Paradoxie*, Francfort, Klostermann, 1962.

SENN (G.), « Die Pflanzenkunde des Theophrast von Eresos », *12. Sonntagsblatt der Basler Nachrichten*, 1921.

— *Die Entwicklung der biologischen Forschungsmethode in der Antike und ihre grundsätzliche Förderung durch Theophrast von Eresos*, Aarau, H. R. Sauerländer, 1933.

SEXTUS EMPIRICUS, *Adversus Mathematicos X*, Londres, Heinemann, « Loeb Classical Library », 1949.

SHOREY (P.), « Note on the "Evolution of Aristotle" and Calogero's "I fondamenti della logica aristotelica" », *Classical Philology*, 22 (1927), p. 420-423.

SIEBECK (H.), *Aristoteles*, Stuttgart, Frommann, 3e éd. rev., 1910.

SIMPLICIUS, *In Aristotelis Physicorum I-II. Commentaria*, 2 vols., éd. H. Diels (*Commentaria in Aristotelem graeca*, vol. IX–X), Berlin, Reimer, 1887, 1895.

SKEMP (J. B.), *Plato's Statesman. A Translation of the* Politicus *of Plato, with Introductory Essays and Footnotes*, New Haven, Yale University Press, 1952.

— « Plants in Plato's *Timaeus* », *Classical Quarterly*, 41 (1947), p. 53-60.

— *The Theory of Motion in Plato's Later Dialogues*, Cambridge, Cambridge University Press, 1942.

— «Ὕλη and Ὑποδοχή », dans *Aristotle and Plato in the Mid-Fourth Century* [voir ci-dessus], p. 201-212.

SOLMSEN (Fr.), *Die Entwicklung der aristotelischen Logik und Rhetorik*, Berlin, Weidmann, 1929 [rééd. 1975].

— *Aristotle's System of the Physical World. A Comparison with his Predecessors*, Ithaca, Cornell University Press, 1960.

— « The Vital Heat, the Inborn Pneuma and the Aether », *Journal of Hellenic Studies*, 77 (1957), p. 119-123.

— « Platonic Influences in the Formation of Aristotle's Physical System », dans *Aristotle and Plato in the Mid-Fourth Century* [voir ci-dessus], p. 213-235.

SOUILHÉ (J.), *Étude sur le terme δύναμις dans les Dialogues de Platon*, Paris, F. Alcan, 1919. [Réimpr. New York, Garland, 1987.]

STALLMACH (J.), *Dynamis und Energeia. Untersuchungen am Werk des Aristoteles zur Problemgeschichte von Möglichkeit und Wirklichkeit*, Meisenheim/Glan, Hain, 1959.

STARK (R.), *Aristotelesstudien. Philologische Studien zur Entwicklung der aristotelischen Ethik* (= *Zetemata*, VIII), Munich, Beck, 1954 [2e éd. rev. et augm. 1972].

STENZEL (J.), *Zahl und Gestalt bei Plato und Aristoteles*, Leipzig, Teubner, 1924 [3e éd. rev. Darmstadt, Wissenschaftliche Buchgesellschaft, 1959].

— « Speusippus », dans A. Pauly et G. Wissowa, *Real-Encyclopädie der classischen Altertumswissenschaft*, III A, Stuttgart, Metzler, 1929, p. 1636-1669.

— *Metaphysik des Altertums*, Munich, Oldenbourg, 1931 [réimpr. 1971]. (*Handbuch der Philosophie*, 1, D).

— *Studien zur Entwicklung der platonischen Dialektik von Sokrates zu Aristoteles*, Leipzig, Teubner, 2e éd. augm., 1931. [Réimpr. Darmstadt, Wissenschaftliche Buchgesellschaft, 1961].

— « Platon und Demokritos », *Neue Jahrbücher für das klassische Altertum und Pädagogik*, 45 (1920), p. 89-100.

— *Über zwei Begriffe der platonischen Mystik : ζῷον und κίνησις*, Breslau, Jahresbericht des städtischen Johannes-Gymnasiums, 1914.

STROHM (H.), « Zur Meteorologie des Theophrast », *Philologus*, 92 (1938), p. 249-268.

SVOBODA (K.), *Zlomky předsokratovských myslitelů [Fragments des penseurs présocratiques]*, Prague, ČSAV, 1944 [rééd. 1962].

SWEENEY (L.), « L'infini quantitatif chez Aristote », *Revue philosophique de Louvain*, 58 (1960), p. 505-528.

TANNERY (P.), « Sur la composition de la *Physique* d'Aristote », *Archiv für Geschichte der Philosophie*, 7 (1894), p. 225-229, et 9 (1896), p. 115-118.

TAYLOR (A. E.), « Forms and Numbers. A Study in Platonic Metaphysics », *Mind*, 35 (1926), p. 419-440, et 36 (1927), p. 12-33.

— *A Commentary on Plato's « Timaeus »*, Oxford, Clarendon Press, 1928. [Réimpr. New York, Garland, 1987.]

— « Critical Notice on Jaeger's *Aristoteles* », *Mind*, 33 (1924), p. 192-198.

TAYLOR (F. S.), *The Century of Science, 1840-1940*, Londres, Heinemann, 1941.

THEMISTIUS, *In Aristotelis Physica Paraphrasis*, éd. H. Schenkl, (*Commentaria in Aristotelem graeca*, vol. V,2), Berlin, Reimer, 1900.

THÉON DE SMYRNE, *Expositio rerum mathematicarum ad legendum Platonem utilium*, éd. E. Hiller, Leipzig, Teubner, 1878 ; [réimpr. New York, Garland, 1987]. [*Exposition des connaissances mathématiques utiles pour la lecture de Platon*, éd. et trad. J. Dupuis, Paris, Hachette, 1892.]

THEOPHRASTI ERESII Quae supersunt opera et excerpta librorum, éd. J. G. Schneider, 5 vols., Leipzig, Teubner, 1818-1821.

THEOPHRASTI ERESII Opera quae supersunt omnia, éd. Fr. Wimmer, Paris, Firmin Didot, 1866.

THOMPSON (D. W.), *On Aristotle as a Biologist*, Oxford, Clarendon Press, 1913.

TORRACA (L.), « La tesi di J. Zürcher circa il "De generatione animalium" e il "De partibus animalium" di Aristotele », *Sophia*, 26 (1958), p. 35-47.

— « Il I° libro del "De partibus animalium" di Aristotele », *Rendiconti della*

Accademia di archeologia, lettere e belle arti di Napoli, 33 (1958), p. 79-102.
— « Sull'autenticità del "De motu animalium" di Aristotele », *Maia*, 10 (1958), p. 220-233.

TRENDELENBURG (A.), « Das τὸ ἑνὶ εἶναι, τὸ ἀγαθῷ εἶναι etc. und das τὸ τί ἦν εἶναι bei Aristoteles. Ein Beitrag zur aristotelischen Begriffsbestimmung und zur griechischen Syntax », *Rheinisches Museum*, 2 (1828), p. 457-483.
— *Geschichte der Kategorienlehre*, Berlin, Bethge, 1846. [Réimpr. Hildesheim, Olms, 1979.]

TUGENDHAT (E.), *TI KATA TINOΣ. Eine Untersuchung zu Struktur und Ursprung der aristotelischen Grundbegriffe*, Freiburg/Munich, Alber, 1958 [rééd. 2003].

UEBERWEG (Fr.) et PRAECHTER (K.), *Grundriß der Geschichte der Philosophie*, I, 13e éd., Bâle, Schwabe, 1953.

VALK (M. van der), « Sur un passage d'Aristote (*Métaph.* 987 *a* 9) », *Revue des études grecques*, 70 (1957), p. 235-238.

VLASTOS (G.), « The Disorderly Motion in the *Timaios* », *Classical Quarterly*, 33 (1939), p. 71-83.

VOGEL (C. J. de), « À la recherche des étapes précises entre Platon et le Néoplatonisme », *Mnémosyne*, 7 (1954), p. 111-122.
— *Greek Philosophy. A Collection of Texts with Notes and Explanations, vol. II : Aristotle, the Early Peripatetic School and the Early Academy*, Leyde, Brill, 1953 [3e éd. 1967].
— « La théorie de l'ἄπειρον chez Platon et dans la tradition platonicienne », *Revue philosophique de la France et de l'étranger*, 149 (1959), p. 21-39.

VOGTHERR (K.), *Das Problem der Bewegung in naturphilosophischer und physikalischer Sicht*, Meisenheim/Glan, Hain, 1956.

WAGNER (H.), « Zum Problem des aristotelischen Metaphysikbegriffs », *Philosophische Rundschau*, 7 (1959), Heft 2, p. 129-148.

WEHRLI (Fr.), *Die Schule des Aristoteles. Texte und Kommentar*, I-X, Bâle, Schwabe, 1944-1960 [rééd. 1967-1969].

WEISS (H.), « Aristotle's Teleology and Uexküll's Theory of Living Nature », *Classical Quarterly*, 42 (1948), p. 44-58.

WIELAND (W.), « Die Ewigkeit der Welt (Der Streit zwischen Johannes Philoponus und Simplicius) », dans *Die Gegenwart der Griechen im neueren Denken* [voir ci-dessus], p. 291-316.
— « Das Problem der Prinzipienforschung und die aristotelische Physik », *Kant-Studien*, 52 (1960-1961), p. 206-219.

WILPERT (P.), « Die Ausgestaltung der Aristotelischen Lehre vom Intellectus Agens bei den griechischen Kommentatoren und in der Scholastik des 13. Jahrhunderts », dans A. Lang, J. Lechner et M. Schmaus (dir.), *Geisteswelt des Mittelalters : Festschrift für Martin Grabmann*, Münster, Aschendorff, 1935, p. 447-462.
— « Die wissenschaftliche Persönlichkeit des Aristoteles », *Blätter für deutsche Philosophie*, 12 (1938), p. 293-303.

— « Zum aristotelischen Wahrheitsbegriff », *Philosophisches Jahrbuch*, 53 (1940), p. 3-16.

— « Die Lage der Aristotelesforschung », *Zeitschrift für philosophische Forschung*, 1 (1946), p. 123-140.

— « Neue Fragmente aus περὶ τἀγαθοῦ », *Hermes*, 76 (1941), p. 225-250.

— *Zwei aristotelische Frühschriften über die Ideenlehre*, Ratisbonne, J. Habbel, 1949.

— « Die Elementenlehre des Platon und Demokrit », dans *Natur - Geist - Geschichte. Festschrift für Aloys Wenzl*, Munich, Filser-Verlag, 1950, p. 49-66.

— « Die aristotelische Schrift "Über die Philosophie" », dans *Autour d'Aristote* [voir ci-dessus], p. 99-116.

WOHLWILL (E.), « Ein Vorgänger Galileis im 6. Jahrhundert », *Physikalische Zeitschrift*, 7 (1906), p. 23-32.

— « Die Entdeckung des Beharrungsgesetzes », *Zeitschrift für Völkerpsychologie und Sprachwissenschaft*, 14 (1883), p. 365-410, et 15 (1884), p. 70-135 et 337-387.

WUNDT (M.), *Untersuchungen zur Metaphysik des Aristoteles*, Stuttgart, Kohlhammer, 1953.

— *Platons Parmenides*, Stuttgart/Berlin, Kohlhammer, 1935.

ZELLER (E.), *Platonische Studien*, Tübingen, Osiander, 1839. [Réimpr. Amsterdam, Rodopi, 1969; Saarbrücken, VDM, 2007.]

— *Die Philosophie der Griechen in ihrer geschichtlichen Entwicklung*, II. Teil 2. Abt. : *Aristoteles und die alten Peripatetiker*, Tübingen, Fues, 1876. [Réimpr. Hildesheim, Olms, 1990.]

— « Über die Benutzung der aristotelischen Metaphysik in den Schriften der älteren Peripatetiker », *Abhandlungen der Akademie der Wissenschaften, Philosophisch-historische Klasse*, Berlin, Dümmler, 1877, p. 145-167.

ZÜRCHER (J.), *Aristoteles' Werk und Geist untersucht und dargestellt*, Paderborn, Schoningh, 1952.

INDEX

Les index ne concernent ni l'Avertissement ni la Bibliographie. L'index des notions n'a aucune prétention à l'exhaustivité.

INDEX DES NOMS

ADRASTE : 57.
AÉTIUS : 43.
AGRICOLA, Georgius : 361.
AGRICOLA, Rudolf : 360.
ALBERT DE SAXE : 348.
ALBERTI, Leon Battista : 360.
ALEMBERT, Jean Le Rond d' : 357, 371.
ALEXANDRE DE MACÉDOINE : 101, 359, 371, 415.
ALQUIÉ, Ferdinand : 390.
AMMONIOS : 336-338.
ANAXAGORE : 40, 86, 92, 127, 132, 159, 198, 220, 273, 277, 278, 376.
ANAXIMANDRE : 44, 114, 132, 266-270, 274, 280, 283, 287, 290.
ANAXIMÈNE : 75, 266.
ANTIPHON : 155.
ARCHIMÈDE : 65, 326, 327, 329, 380, 384.
ARCHYTAS DE TARENTE : 46, 58.
ARISTARQUE DE SAMOS : 315, 326-330, 415.
ARISTOPHANE : 73, 268.
ARISTOTE : *passim*.
ARNDT, Johann : 88.
ARNIM, Hans von : 31, 105, 106, 108, 109.
AST, Friedrich : 59.
Atomistes : 24, 38-45, 47, 50, 74, 75, 86, 92, 102, 127, 273, 277-281, 285-287, 293, 294, 301, 307, 308, 315, 323, 376, 379, 406, 413, 414, 420.
AUGUSTIN (saint) : 362.
AVERROÈS : 336, 343.
AVICENNE : 340.

BACON, Francis : 28, 35, 89, 261, 357-374, 383, 385, 387, 405, 415-417, 422.
BALLAUFF, Theodor : 319.
BARON, Hans : 362.
BARRETT, William : 32, 190, 195, 202.
BAYLE, Pierre : 29.
BECKER, Oskar : 280, 281.
BEECKMAN, Isaac : 354.
BERKA, Karel : 35.
BITROGI, Abu Isaac al- : 340.

BLEGEN, Carl : 72.
BLEKASTAD, Milada : 387.
BOAS, George : 360.
BÖHME, Jacob : 90, 387.
BONAVENTURE (saint) : 341.
BORY, Charles : 190.
BOŠKOVIĆ, Rugjer Josip : 89.
BRAHÉ, Tycho : 328.
BRÉMOND, André : 110.
BRIEGER, Adolf : 42.
BROCHARD, Victor : 193.
BRÖCKER, Walter : 32, 111-112, 227, 228, 277.
BRUNO, Giordano : 301-306, 315, 316, 348, 351-353, 379, 380, 414, 415.
BRUNSCHWICG, Léon : 430.
BÜCHNER, Ludwig : 420.
BURIDAN, Jean : 343-348, 351.
BURNET, John : 41, 48.
BURTT, Edwin A. : 34.

CALLIPPE : 32, 410.
CAMPANELLA, Tommaso : 29, 35, 388, 389.
CARDAN, Jérôme : 324.
CICÉRON, Marcus Tullius : 261.
CLARKE, Samuel : 310-312.
COLOMB, Christophe : 387.
COMENIUS : 29, 34, 35, 88, 89, 372-374, 387, 388, 405.
CONRAD-MARTIUS, Hedwig : 263, 264, 413.
COPERNIC, Nicolas : 298-303, 317, 329, 341, 348, 351, 354, 361, 379, 380, 414, 415.
CORNFORD, Francis M. : 59, 92, 268, 275, 279-282, 287, 314, 413.
CROWTHER, James G. : 358.
CUVIER, Georges : 89, 257.

DALTON, John : 89.
DARWIN, Charles : 257.
DARWIN, Francis : 257.
DE CORTE, Marcel : 202.
DEDEKIND, Richard : 190.
DÉMÉTRIOS Poliorcète : 323.
DÉMOCRITE : 38, 40, 42-45, 60, 74, 86, 95, 102, 103, 114, 159, 171, 185, 186, 198, 202, 209, 213, 277, 279, 281, 283-285, 293, 323-325, 328, 406.
DESCARTES, René : 252, 264, 266, 306-309, 312, 313, 315, 345, 358, 364, 371, 387-396, 398, 399, 402, 404, 414, 417, 422, 430.
DIDEROT, Denis : 357.
DIELS, Hermann : 43, 72, 73, 76, 77, 99, 267, 324.
DIGGES, Thomas : 301.
DIJKSTERHUIS, Eduard Jan : 34.
DIOGÈNE LAËRCE : 40.
DIRLMEIER, Franz : 104, 109, 110, 267, 319.
DUBSKÝ, Ivan : 35.
DUHEM, Pierre : 34, 188, 322, 327, 329, 330, 340-342, 345, 348, 350, 352.
DÜRING, Ingemar : 108, 109.
DUNS SCOT, Jean : 342.
DVOŘÁK, Max : 306.

Éléates : 38, 41, 42, 47, 68, 114, 128, 131, 138, 190, 195, 203, 272, 273, 276-279, 294, 376, 413, 422.
ELDERS, Leo : 31, 32, 109, 122, 124, 215, 216, 256, 325, 407, 408.
EMPÉDOCLE : 62, 76, 86, 92, 127, 132, 159, 198, 268, 376.
ENGELS, Friedrich : 28, 357, 374.
ÉPICURE : 40, 75, 301, 323, 379.
ESCHYLE : 268.
EUCLIDE : 74, 264, 268, 269, 275, 276, 283, 287, 297, 303, 304, 308, 313, 314, 380, 384, 414.
EUDOXE DE CNIDE : 46, 328, 410.
EURIPIDE : 268, 273.

FINK, Eugen : 32, 111, 193.
FRANÇOIS DE LA MARCHE : 342-344.
FRANK, Erich : 46, 58.
FREI, Václav : 35, 188.
FROST, Walter : 366.

GALILÉE : 27, 65, 188, 315, 321, 327, 339, 345, 354, 358, 361, 369, 371, 375, 380-385, 416, 417, 420, 422, 432, 433.
GANDILLAC, Maurice de : 349.
GASSENDI, Pierre : 354, 394.
GÉMINOS DE RHODES : 327.
GERHARD, Johannes : 88.
GILSON, Étienne : 254, 390.
GOHLKE, Paul : 31, 99, 109, 111, 248.
GOMPERZ, Theodor : 30, 48.
GUILLAUME D'OCKAM : 342, 347.
GUTHRIE, W. K. C. : 31, 108, 143, 147, 148, 155.

HAGEDORN, Ludger : 421.
HAMELIN, Octave : 51.
HARDER, Richard : 72, 73.
HARDIE, R. P. : 95, 96, 99.
HEATH, Thomas L. : 286, 326, 327.
HEGEL, Georg Wilhelm Friedrich : 29, 32, 51, 374, 387, 388, 392, 393, 395, 398, 399, 402-404, 413, 417, 418, 422, 424, 431.
HEIDEGGER, Martin : 395.
HÉRACLIDE DU PONT : 325, 328.
HÉRACLITE : 25, 27, 37, 45, 63, 76, 79, 92, 114, 131, 257, 266, 267, 270, 278, 431.
HERDER, Johann Gottfried von : 104.
HERMODORE : 122, 132, 406.
HÉRODOTE : 40.
HÉRON D'ALEXANDRIE : 324.
HÉSIODE : 269, 287.
HIPPARQUE DE NICÉE : 330, 336.
HIPPOCRATE : 110.
HOBBES, Thomas : 364, 394, 420.
HORACE : 379.
HYPPOLITE, Jean : 395.

IVÁNKA, Endre von : 105.

JACOBI, Friedrich Heinrich : 388.
JAEGER, Werner : 30-32, 101, 105-111, 143, 214, 230, 231, 248, 256, 318.
JAMBLIQUE : 109, 130.
JIRÁNEK, František : 35.
JUSTINIEN : 336, 337.

KALIVODA, Robert : 35, 428.
KANT, Emmanuel : 357, 388, 392.
KEPLER, Johannes : 46, 58, 330, 351, 361, 380, 384.
KLEIN, Jacob : 89.
KOLMAN, Arnošt : 35.
KOSÍK, Karel : 431, 432.
KOSSEL, Walter : 212.
KOTARBIŃSKI, Tadeusz : 366, 369.
KOYRÉ, Alexandre : 34, 193, 299, 301, 302, 309, 354, 384, 393, 414, 417.
KRBEK, Franz von : 188.
KVAČALA, Jan : 372.

LAPORTE, Jean : 390.
LE BLOND, Jean-Marie : 256.
LEIBNIZ, Gottfried Wilhelm : 89, 263, 264, 266, 310-316, 345, 347, 358, 364, 374, 388, 389, 392, 414, 422.
LÉONARD DE VINCI : 324, 341, 348, 352, 360, 379, 415.
LEUCIPPE : 38, 41-43, 62, 74, 86, 114, 213, 277, 279.
LEWALTER, Ernst : 363.
LIEBIG, Justus von : 370.
LINNÉ, Carl von : 257.
LOCKE, John : 394.

LOVEJOY, Arthur O. : 34.
LUCRÈCE : 301.
LULLE, Raymond : 89.
LURIA, Solomon : 38.

MACHOVEC, Dušan : 35, 424.
MAIER, Anneliese : 34, 336, 341-343, 345, 347, 348, 354, 415.
MAKOVELSKIJ, A. O. : 40.
MANSION, Augustin : 31-33, 105-107, 109, 112, 115, 116.
MARSILE D'INGHEN : 341, 348, 349.
MARX, Karl : 23, 28, 101, 102, 357, 374.
MASANIELLO (Tommaso ANIELLO, *dit*) : 387.
MÉLISSOS : 94, 272, 273, 275, 279, 294, 413
MENDELEÏEV, Dmitri : 89.
MERLAN, Philip : 30, 31, 33, 48, 49, 52, 53, 63, 93, 107, 116, 215.
MEYERSON, Émile : 336.
MICHALSKI, Konstantyn : 343.
Milésiens : 41, 47, 76.
MITTERER, Albert : 50.
MORE, Henry : 307-309, 312, 414.
MORE, Thomas : 360.

NEDELKOVIĆ, Dušan : 89.
Néoplatoniciens : 62, 422.
NEWTON, Isaac : 188, 264, 266, 274, 308-312, 314-316, 333, 354, 358, 371, 384, 414, 420.
NICOLAS DE CUES : 35, 88, 89, 295, 298, 300-302, 304, 305, 324, 341, 348-352, 379, 413, 415, 422.
NILSSON, Martin P. : 73.
NOVÁKOVÁ, Julie : 387.
NUYENS, François : 31, 106-108.

OGGIONI, Emilio : 31, 106.
OGLE, William : 257.
OLIVI, Pierre : 342.
ORESME, Nicole : 341, 347, 348.
OWENS, Joseph : 31, 111, 112.

PALISSY, Bernard : 360, 361.
PANNARIA, Francesco : 384.
PARMÉNIDE : 42, 91-95, 114, 115, 128, 229, 270-277, 279, 294, 297, 375, 413.
PARODI, Dominique : 48.
PATZIG, Günther : 249.
PHILOLAOS : 47.
PHILOPON, Jean : 141, 142, 336-340, 342-344, 346, 379, 433.
PLATON : 24-27, 29, 30, 32, 33, 40, 43, 46-48, 50-54, 56, 58-60, 62-70, 72, 73, 76, 77, 82, 85-93, 95-100, 103-111, 113, 115-117, 119-132, 136-146, 169, 171, 172, 183, 185-189, 191, 195, 196, 198, 202, 208, 210, 212-217, 219-223, 225-227, 232, 233, 236-238, 242, 246, 252, 254, 255, 275-277, 280-286, 290, 295, 297, 298, 301, 306, 315, 316, 318, 322-325, 331, 332, 337, 351-353, 364, 365, 371, 376-385, 406-409, 411, 413, 414, 416, 417, 420-422, 425-429.
Platoniciens : 28, 33, 34, 70, 91, 127, 135, 172, 195, 242, 271, 291, 320, 321, 380.
PLUTARQUE : 53, 145.
POKORNÝ, Zdeněk : 35.
POPELOVÁ, Jiřina : 35.
POSIDONIUS : 53.
Présocratiques : 37, 50, 68, 114, 210, 322, 352.
PROCLUS : 337.
PROTAGORAS : 79.
PSEUDO-ARISTOTE : 300, 350.
PTOLÉMÉE, Claude : 298, 299, 303, 327, 329, 336, 379, 380.
PYTHAGORE : 88, 168, 376, 406.
Pythagoriciens : 24, 38, 45-47, 58, 62, 64, 69, 86, 186, 273, 279, 280, 380, 381, 385, 420.

RABINOWITZ, W. Gerson : 109.
REGENBOGEN, Otto : 319.
RICHTER, Václav : 35, 423.
RICŒUR, Paul : 111, 112.
RIVAUD, Albert : 39.
ROBIN, Léon : 30, 48, 51, 52, 54, 64, 69, 86.
ROSE, Valentin : 50, 126, 183.
ROSS, William David : 31, 105, 108.
ROSSI, Paolo : 360.
RUNNER, Howard Evan : 111.

SAFFRAY, Henri-Dominique : 336.
Sceptiques : 304.
SCHALLER, Klaus : 372.
SCHIAPARELLI, Giovanni : 328.
SEGERT, Stanislav : 72.
SENN, Gustav : 318, 319.
SEXTUS EMPIRICUS : 50, 189.
SHOREY, Paul : 110.
SIMPLICIUS : 41-43, 75, 122, 141, 267, 286, 337.
SKEMP, Joseph Bright : 140, 407.
SOCRATE : 63, 76, 77, 79, 88, 238, 275, 276.
Socratiques : 103.
SOLMSEN, Friedrich : 186.
SOTO, Dominique : 341.
SPEUSIPPE : 53.
STARK, Rudolf : 113.
STAVĚL, Josef : 35.
STENZEL, Julius : 48, 103.
STOBÉE, Jean : 53.
STOCKS, J. L. : 287.
Stoïciens : 319, 322.
STRATON de Lampsaque : 323-329, 415.
SUAREZ, Francisco : 354.
SWEENEY, Leo : 191, 202.

TAYLOR, Alfred Edward : 48, 105.
TAYLOR, F. Sherwood : 358.
TELESIO, Bernardino : 324.
TEMPIER, Étienne : 341.
THEMISTIUS : 340.
THÉON DE SMYRNE : 46, 57.
THÉOPHRASTE D'ÉRÈSE : 318-324, 326, 329, 415, 433.
THOMAS D'AQUIN (saint) : 254, 341, 342.
Thomistes : 254.
TSCHIŽEWSKIJ, Dmitrij : 373.

ÚLEHLA, Ivan : 425, 433.

VANĚČEK, Václav : 35.
VEČERKA, Kazimír : 35.
VIVÈS, Ludovicus : 360.

WAGNER, Hans : 216.
WHITEHEAD, Alfred N. : 357.
WIELAND, Wolfgang : 142, 339.
WILPERT, Paul : 30, 33, 48-51, 85-87, 95, 96, 106, 107, 110, 129, 280, 407.
WOHLWILL, Emil : 336, 338, 350.
WÖLFFLIN, Heinrich : 90, 91.

XÉNOCRATE : 53.

ZELENÝ, Jindřich : 35.
ZELLER, Eduard : 41, 42, 104.
ZÉNON d'Élée : 29, 39, 45, 47, 120, 189-195, 274, 275, 278, 279, 288, 290, 375, 413.
ZŮNA, Miroslav : 35.

Index des notions

Absolu : 228-229, 391-396, 402, 404, 417.
Accélération : 39, 201, 308, 326, 335, 341-349, 355, 379.
Accident, accidentel (συμβεβηκός) : 154, 160, 176, 189, 194-195, 199-200, 219-220, 235, 303, 313, 343.
Acte (ἐνέργεια) : 33, 69, 120, 170-178, 181, 192, 196, 207, 222, 224-226, 228-229, 231-232, 235, 239-251, 259-260, 320, 339, 380, 394, 410-412, 421. – Et puissance : 66, 98, 118, 149-150, 156, 158, 160-162, 166, 168, 170-176, 179, 182, 193, 209, 213, 238, 243-250, 334-335, 382, 403, 408-410.
Alphabeta rerum : 57, 88-91, 370, 373, 383, 407.
Altération (ἀλλοίωσις) : 60, 114, 118, 137, 170, 179, 183-185, 200, 256, 279.
Âme (ψυχή) : 52-64, 67, 107-108, 116, 124-125, 146-148, 199, 208, 226, 351-352, 377, 388, 392-393, 420-421, 430.
Antérieur et postérieur (πρότερον καὶ ὕστερον) : 134-135, 194, 204-206.
Anthropomorphisme : 248, 410.
Ἄπειρον : 41-42, 44, 47, 54, 114, 139, 266-269, 271-274, 280, 283, 287, 413. Voir aussi Infini.
Apparaître : 33, 77, 103, 127, 222, 229, 250, 267, 390, 397, 412, 430-431, 433-434.
Art (τέχνη) : 124-125, 154, 157-158, 163-165, 251, 261. Voir aussi Nature et Technique.
Astronomie : 31-32, 45-46, 56-58, 64, 102, 113, 125, 186, 230, 256, 298-306, 311, 317, 321, 326-330, 336-337, 343, 360, 376-377, 380, 410, 414.
Asubjectivité : 251, 253, 404, 431.

Bien (ἀγαθόν) : 67, 89, 116, 129, 323, 376-377.
Biologie : 118, 148-151, 163-164, 257, 422.

Catégories : 123-124, 169-170, 403.
Cause (αἰτία, αἴτιον) : 39, 50, 56, 95-96, 98-99, 103-104, 118-120, 126, 130, 141, 149-150, 153, 166-167, 176, 183-184, 196-201, 216, 223-225, 240, 249-251, 253-254, 296, 321, 339-349, 369, 385, 391. – Théorie des quatre causes : 118, 149, 163-166, 182, 213, 288.
Ceci-là (τόδε τι) : 161, 234-238.
Centre et périphérie : 255-256, 269-272.
Certitude : 261, 358, 389-392, 398-402.
Chaos : 32, 38, 43-45, 65, 69, 142, 156, 210, 220, 225-226, 228-229, 250, 267-270, 287, 376.
Christianisme : 254-255, 335-339, 379.
Cinématique : 27, 58, 122, 143, 187-188, 332-333, 380-381.
Classification des sciences : 371.
Cogito : 389-392, 394, 398, 404.
Connaissance : 49, 56-57, 77-79, 129, 233, 261, 321, 362, 395-397.
Conscience : 116, 259, 387-403, 417-418, 430.
Continu : 26, 54-55, 120, 145, 180-182, 189-196, 199-202, 205-206, 271-275, 292, 378, 409-411, 433.
Contraires (ἐναντία) : 29, 37, 49, 54-55, 68-69, 97, 115, 121, 123-127, 130, 133-144, 150-151, 163,

170-172, 181-182, 193, 200-201, 217-219, 241, 251, 253, 267, 295-296, 300-302, 408. – Coïncidence des : 350-351.
Cosmos : 37, 44, 65, 69, 260-261, 268, 276, 280, 303, 326, 353, 368, 377, 384-385, 422.
Création : 52, 55, 59, 116, 118, 141-142, 181, 310, 337, 339.

Définition (ὁρισμός) : 31, 34, 103, 132, 139, 155, 157, 234-236.
Désir : 226-229, 250, 313, 320-322, 359.
Dialectique : 25, 80-83, 103, 265, 395-402, 428.
Divin : 34, 146-148, 215, 228, 257, 310-312, 346-347.
Division (διαίρεσις) : 49-52, 67, 87, 93, 103, 131, 194, 215. – Du mouvement : 59-61. Voir aussi Continu.
D'où-vers où : 165-166, 177, 180-182, 205, 210, 212, 274, 419.
Dyade : 25, 49, 51-52, 87, 97, 123-124, 169, 219.
Dynamique : 58, 146, 184 188, 295, 330, 333-334, 339-341, 354-355, 369, 379, 384-385, 395, 403-404.

Εἶδος : 97-99, 140-142, 146, 148-149, 155-156, 166, 174, 209, 218, 223-225, 228-229, 232-234, 238-239, 242, 245-246, 253, 276, 289-291, 407. Voir aussi Matière, forme et privation.
Élément (στοιχεῖον) : 24-25, 33, 50-51, 55, 73-78, 80-99, 117, 120, 124, 128-132, 135-136, 180-181, 188-189, 213-216, 220, 223, 241, 276, 375, 381-383. – Les quatre éléments : 61-62, 74-77, 86, 116, 125-126, 132, 142-145, 186, 233, 256, 267, 282-283, 302, 335.
Empirisme : 27-28, 109-111, 317-318, 383-384.
Erreur : 92, 364, 370.
Espace : 21, 38-40, 44, 52, 54, 117, 119, 194-195, 207, 209, 255, 263-316, 340, 352-353, 368, 380, 415-417. – Absolu : 263-266, 307-312. – Chez Platon (ὑποδοχή, χώρα) : 43, 61, 65, 88, 95, 126, 128, 144, 283-284.
Essence (τί ἦν εἶναι) : 139, 232, 234-243, 245-246, 249-250, 367, 376, 411.
Étant en tant qu'étant (ὂν ᾗ ὄν) : 33, 111, 215-219, 223, 226-227, 230, 411.
Étant vrai (ὄντως ὄν) : 81-84, 87-88, 91, 103, 111, 128.
Étendue intelligible : 272-279.
Éternité du monde : 141-142, 210, 322, 337.
Éther (αἰθήρ) : 111, 122, 143, 147, 174, 268, 302, 325.
Évolution d'Aristote : 30-32, 91, 93, 96-99, 104-112, 122 *sqq.*, 227, 427.

Faux : 53, 56.
Finalité : 116-117, 165, 322-323, 384-385, 392. Voir aussi Téléologie.
Force : 46, 58, 89, 124-126, 187-188, 211-212, 286-287, 330 331, 335-336, 343, 346, 354-355. – Imprimée : voir *Impetus*. – Vive : 312, 345.
Forme : voir Εἶδος et Μορφή.

Génération (γένεσις) : 41, 43, 52, 60-61, 63-64, 77, 87, 116, 120, 134-142, 144-145, 147, 158-162, 179, 184-185, 189, 237, 255, 315-316, 405, 419. – Et périssement (φθορά) : 37, 97, 114-115, 118,

119, 128, 133, 161-163, 170, 177-180, 197, 199-200, 217, 225, 229, 241, 253, 256, 266, 277, 279, 285, 322, 346.
Genre (γένος) : 50-51, 82-84, 92-93, 134-135, 172, 179, 223, 232, 235-236, 242-243, 246. – Et espèce : 59, 84, 166, 242, 282.
Géométrie : 27, 38, 52, 56, 61-65, 86, 145-146, 185-189, 211, 275-277, 284, 297, 301-304, 329-330, 380-381.
Gravitation : 302, 326, 332, 345, 348, 352.

Harmonie : 47, 57-58, 64, 320, 360-361, 369, 384.
Hasard (τύχη) : 116, 124-125, 166-167, 224-225, 323.
Haut et bas : 37, 123-126, 144, 167, 209-210, 228, 248-250, 256, 286-291, 295, 306, 410.

Idées (platoniciennes) : 49-53, 84-88, 103, 115-116, 140-141, 189, 214, 225, 237, 281, 365, 377, 382.
Illusion : 304, 364-365, 370, 414.
Image : 61, 128, 140, 282-285, 298, 407.
Imitation (μίμησις) : 58, 64-65, 80, 116-117, 249, 281, 320, 376.
Impetus : 302-303, 340-355.
Individuation : 41, 47, 114, 211-212, 238, 250, 266-269, 312, 375, 412.
Induction (ἐπαγωγή) : 27, 261, 365-366, 369-370, 416.
Inertie : 27, 40, 211, 296, 308, 342-347, 354-355, 384, 394.
Infini : 41, 44, 62, 74, 87, 160, 176, 190-192, 255, 264, 266-267, 271-272, 279, 287, 297-299, 306-308, 353, 391-392, 399-400.
Intelligence (φρόνησις) : 52-53, 116, 124-126, 143, 228, 245, 297, 346, 350, 379, 430.
Intention : 139, 245, 401.

Καθ αὑτό (en soi) : 51, 195, 217, 234-235.

Langage : 53, 71, 76-77, 80-90, 96, 133, 233, 246, 270-271, 359, 364-365, 415, 427, 429.
Latens processus : 368, 383.
Lieu (τόπος) : 59-60, 169, 176, 213, 230, 265, 286-294, 303, 313, 315, 338, 368, 380, 413. – Théorie du lieu naturel : 126, 144, 180, 286, 299-303, 316, 326, 353.
Limite (πέρας) : 47, 85, 204-205, 219, 271-273, 280, 289-292.
Logique : 89-90, 103, 113, 133-139, 186, 262, 361-362, 365-366.
Λόγος : 53, 56-58, 64, 76, 84-85, 97, 103, 133-136, 138, 140, 240, 245, 250, 260, 269-270, 427.

Mâle (et femelle) : 238, 320.
Matérialisme dialectique : 23, 420.
Mathématisation : 26-28, 30, 39, 46, 63-68, 70, 88, 120, 128, 139, 184-185, 189, 194-195, 203, 210-211, 264, 284, 300, 316, 329-331, 376-378, 384-385, 410-411.
Mathesis universalis : 230.
Matière (ὕλη) : 28-29, 63, 70, 88, 116, 121, 132, 137-140, 146-167, 178, 191, 213, 222, 224-225, 228-252, 289-295, 307, 323-326, 368. – Matière, forme et privation : 25, 33, 97, 117-118, 140-142, 150-151, 156, 159, 161-163, 165, 167-169, 171, 173-176, 209, 213, 221, 237, 382, 407-410, 416.
Mécanique : 27-28, 34, 65, 102, 187-188, 210-211, 266, 302, 308,

310-311, 324-325, 353-355, 370, 385, 393-394.
Même et autre : 52, 54-59, 82-84, 87, 219.
Mesure : 29, 37, 52, 54-55, 57, 64, 87, 121, 139, 184-186, 204-208, 309, 378, 388-389, 400-403.
Μορφή : 104, 137-140, 155, 157-158, 164-167, 174-175, 192, 209, 231, 233-234, 238-240, 246, 249, 285. Voir aussi Matière, forme et privation.
Mouvement : *passim*. – Astronomique : 25, 57-61, 303, 320, 351, 377, 406, 422. – Circulaire (κυκλοφορία) : 57, 120, 136, 143, 148, 150, 181, 185, 210, 225, 299-301, 320, 384 320, 384. – Cosmogonique : 32, 37, 41, 44-45, 47, 65, 69-70, 121, 375. – Élémentaire : 65, 118, 188. – Κίνησις : 52-54, 119, 123, 155, 171-174, 176-178, 180, 182, 189, 213, 228, 244, 255. – Local (φορά) : 118-121, 144, 169-170, 179-180, 183-184, 197, 200, 204, 247, 256, 265, 279, 290-291, 294, 349, 368. – Logique : 25, 58, 124, 379. – Naturel et violent : 126, 143, 148, 164, 182, 198, 203, 286, 295, 302, 332-355. – Ontologique : 26-29, 32-34, 118, 163, 173-174, 176, 197, 226, 252, 315, 382, 404, 423. – Opposé à changement (μεταβολή) : 119, 136, 155, 170, 177-180. – Uniforme : 39, 59, 188, 192, 201, 213, 345, 381, 383.
Musique : 45-47, 56-58, 90, 313, 376.
Mythe : 24-25, 32, 63, 67, 72, 98, 140, 210, 254-255, 268-270, 287, 331, 375.
Nature (φύσις) : 24, 31-32, 68, 104, 111-112, 116-118, 122, 124-131, 143-159, 169, 173, 196-198, 209-210, 213, 228-230, 253-255, 258-261, 266, 276, 315, 319, 331, 333, 378, 429-431, 433. – Opposée à τέχνη : 118, 124-125, 156-158, 163-167, 237, 251.
Nécessité (ἀνάγκη) : 122, 164, 247, 253, 269, 320-321, 374.
Négation, négatif : 92, 115, 121-122, 126, 136, 138, 149-150, 156, 172, 207, 225, 229, 231, 248, 255, 270, 375, 391, 403, 408-411.
Nombre (ἀριθμός) : 45, 47, 49-54, 64, 67, 74, 86-87, 120, 130, 165, 189, 205-208, 217, 219, 230, 242-243, 273, 275, 280, 377.
Non-étant (μὴ ὄν) : 41, 44, 66, 75, 84, 92, 94-95, 123-124, 127-128, 132, 136, 138, 160, 172, 178, 209, 217, 219, 225, 227, 232, 269-270, 274, 277-278, 292-294.
Νοῦς : 49, 53, 125, 198, 208, 224, 226-227, 240, 245, 249-250.

Ontologie : 27, 67-68, 82, 115, 120, 128, 242, 248, 252-253, 261, 292, 375, 395, 404.
Opinion (δόξα) : 33, 49, 117, 364, 375, 406.
Ordre : 31, 63, 75, 116, 142, 151, 155, 184, 200, 210, 226-228, 246, 249-250, 254-255, 260, 300, 311, 313-315, 340, 376-378. Voir aussi Cosmos.
Οὐσία : 31, 61, 104, 115, 123, 134-136, 143, 155, 159-160, 169, 178-179, 215-220, 222-223, 229-237, 242-243, 247, 250-251, 388.

Paradoxes du mouvement : 29, 39, 190-195, 274-275.

Perception (αἴσθησις) : 49, 77-79, 97, 134-135, 139, 148, 183, 221, 226, 244-246, 256, 259-260, 371, 388, 402.
Permutation des éléments : 137, 159-164, 179, 249.
Perspective : 303-306, 414.
Pesanteur : 41-42, 126, 146, 189, 300, 302, 326, 344-346, 348, 384.
Phénoménologie : 231, 248, 427.
Philosophie de l'histoire : 362.
Politique : 105-106, 259-260.
Possibilité : 52, 151, 156-157, 162-163, 168, 170-171, 173, 178, 212, 227, 239, 247, 332, 335, 393, 433. Voir aussi Puissance.
Prédication : 55, 92, 159, 234, 418.
Premier moteur (πρῶτον κινοῦν) : 31, 108, 112, 150, 182-184, 196-202, 226-228, 321, 326, 408, 410-411.
Principe (ἀρχή) : 24-27, 29, 33, 42, 49-52, 67, 69, 71, 75, 85-87, 93, 95-99, 117, 120, 124, 128-135, 138-141, 143-146, 167, 186, 212-220, 270, 280, 332, 381. – Principe de conservation de l'énergie : 40. – Principe de contradiction : 156, 251 431. – Principe de l'identité des indiscernables : 312, 313. – Principe de raison suffisante : 312, 314, 414. – Principe des déplacements virtuels : 188, 332. – Principe du meilleur : 304, 312.
Privation (στέρησις) : 25, 95, 97-98, 121, 133, 138-140, 146, 156, 158-161, 167-168, 209, 231, 239, 277-278, 382, 409, 429.
Proportion : 45-46, 48, 51, 56-58, 64, 87, 187-189, 249, 294, 313, 380.
Puissance (δύναμις) : 117, 121, 150, 156-158, 162-163, 167-168, 170, 176, 193, 213, 220, 224-225, 229, 239, 243, 245-246, 251, 286. – Active et passive : 118, 174-175, 335. Voir aussi Acte et puissance.

Réduction : 24-26, 48-53, 62, 65, 67, 69, 74-76, 86-87, 97, 117, 120, 124, 127-135, 139, 145, 185-186, 188, 212, 214-216, 219-221, 223, 232, 281, 332, 369, 382, 406-411.
Règne de l'homme : 22, 361-364, 405.
Relation : 28, 40, 44, 51-52, 64, 123, 172, 179, 184, 188, 211, 214, 217, 234, 263-264, 275, 283-284, 295, 303-304, 312-315, 392-393, 395, 400, 403-404.
Relativité : 265-266, 300-304, 309, 311, 314-315, 342, 414, 433.

Schéma tripartite du mobile (ὕλη–στέρησις/εἶδος) : voir Matière, forme et privation.
Science (ἐπιστήμη) : 24-26, 33, 82, 95, 98, 103, 106-107, 109, 111, 117, 127-130, 141, 213-222, 229-230, 261-262, 284, 317-318, 371, 377, 396-397, 424. – Moderne : 23, 27-30, 37-38, 68, 60, 89, 102, 173, 182, 211-212, 264-265, 303, 308, 341, 357-358, 360-363, 374-375.
Scolastique : 31, 88, 304, 309, 312, 341, 347, 352-353, 360, 391.
Sensorium Dei : 310-311.
Séparation : 67, 140, 228-229, 232, 234, 237-238, 250, 252, 280, 284, 382.
Substance : 33, 51, 70, 93-94, 111-112, 216, 222, 231-232, 237, 239, 241, 263, 266, 288, 293, 297, 306-315, 388-395, 403-404.
Substrat (ὑποκείμενον) : 25-26, 69, 95, 97-98, 115, 136-144, 150-156,

159, 161-163, 165, 175, 185, 231-234, 237, 239-243, 247, 285, 335, 388-390.
Sujet, subjectivité : 44, 116, 208, 251-252, 287, 314-315, 388-396, 403-404, 412-413, 416-420, 422, 427, 430-431.
Technique : 264, 352, 358-361, 405.
Téléologie : 167, 258, 261, 285, 318, 323, 376-377, 379, 384-385.
Temps : 26, 38-41, 46, 55, 64-66, 97, 119-121, 127-128, 140, 144, 180, 182-194, 197-198, 202-209, 246-247, 268, 271, 308-309, 312, 339, 346, 376, 379, 381-384, 393.
Théologie : 31, 33, 109, 215, 218, 228, 230, 248, 254-255, 310-311, 320, 341, 360, 379, 411, 414-415.
Totalité : 26, 32-33, 94, 182, 203, 214-216, 219-220, 248, 258, 266, 395-396, 402-403, 419.
Trajet : 26-27, 39, 46, 119-120, 124, 182, 184, 186-189, 194, 204-208, 211, 346, 376, 381-382, 393.

Un (ἕν) : 49, 51-52, 67, 84, 87, 92-94, 116, 123-124, 131-132, 135, 169, 214-215, 217-219, 223, 226, 229, 270-277, 279, 320, 375, 377.
Universel (καθόλου) : 32, 67, 82, 103, 214, 216, 230, 232-233, 238, 242-243, 260, 307.
Vérité (ἀλήθεια) : 56-57, 64, 77-78, 84, 130, 231, 250-252, 364-365, 370, 375, 382, 389-392, 395-400, 402.
Vide (κενόν) : 36, 40-42, 44, 61-62, 75, 144, 209, 255, 264, 272-274, 277-287, 293-297, 304, 306-308, 312, 324-326, 334, 337-340.
Vie (ζωή) : 24, 26, 52-53, 84, 107, 126, 148-149, 153-154, 163, 181, 196-197, 211-213, 225, 228, 251-252, 256-260, 269-270, 311, 322-323, 359, 376, 380, 392-393, 419-420, 430, 433-434. – Vie bonne : 240, 259-260.
Violence (βία) : 125-126, 128, 146, 149, 335, 339, 346, 415.
Vitesse : 38-39, 46, 58-59, 184-186, 188-190, 203, 207, 296, 338, 345-347, 354, 376, 381-382.

Index des passages cités de Platon et d'Aristote

A) Platon

Phédon : 85, 113, 322.
70 *de* : 115.
100 *c*-101 *e* : 115.
103 *c*-104 *c* : 115.

Banquet : 113.

Phèdre : 82.
265 *e* : 79.
Cratyle : 77, 82, 83, 85, 407.
386 *de* : 79.
389 *b* : 80.
390 *d* : 80.
422 *de* : 76.
423 *b* : 80.
424 *d* : 80.
424 *e* : 80.
426 *d* : 76.
427 *bc* : 76.

République : 83, 85, 113, 406.
III, 402 *ac* : 81.

Parménide : 91, 93, 113, 214.
128 *ab* : 275.
149 *c* : 237.

Théétète : 406.
155 *d*-160 *d* : 77.
159 *e* : 78.
160 *ad* : 77.
182 *d* : 79.
185 *a*-186 *c* : 78.
186 *d* : 78.
187 *ab* : 78.
191 *be* : 78.
201 *d*-202 *c* : 78.
201 *e*-202 *c* : 76.
202 *e* : 78.
210 *b* : 49.

Sophiste : 84, 85, 88, 91, 93, 95, 113, 132, 292, 295, 407.
249 *a* : 52.
252 *b* : 92.
253 *a* : 82.
253 *bc* : 82.
253 *de* : 83.
254 *b* : 83.
255 *e* : 51-52.
257 *be* : 127.
259 *e* : 53, 214.
263 *d* : 53.

Politique : 113.
269 *de* : 57.

Philèbe : 91, 113.
59 *a* : 61.

Timée : 43, 48, 54, 58, 113, 126, 129, 130, 137, 140, 142, 144, 185, 210, 213, 337, 407.
36 *c* : 46.
37 *ab* : 56.
37 *d* : 55.
48 *b* : 86.
49 *a* : 88, 283.
50 *d* : 281.
51 *ab* : 282.
52 *ad* : 281.
52 *b* : 282.
52 *e*-53 *a* : 65.
55 *d* : 283.

Lois : 113.
X : 125.
X, 889 *a sqq.* : 116, 124.
X, 893 *c*-894 *c* : 59.

Épinomis : 113.
983 *ac* : 226.

B) Aristote

Premières Analytiques : 365.

Secondes Analytiques : 365.
I, 5 : 366.
I, 9 : 186.

Physique : 30-32, 104, 212, 223, 251, 337, 341, 410, 424, 425, 427, 430.
I : 33, 99, 117, 119, 122, 127, 128, 130, 131, 136, 143-145, 147, 150, 153, 158, 160, 165, 169, 179, 184, 195, 199, 201, 208, 219, 221, 428.
I 1, 184 *a* 10 : 129.
I 1, 184 *a* 10-16 : 95.
I 1, 184 *a* 21 : 131.
I 2, 184 *b* 25 : 93, 129, 131.
I 2, 185 *a* 13 : 93.
I 2, 185 *a* 18 : 93.
I 2, 186 *a* 25-32 : 94.
I 2, 186 *a* 32-35 : 94.
I 2, 186 *b* 4 *sqq.* : 94.
I 3, 186 *b* 14-15 : 132.
I 4, 187 *a* 25 : 96.
I 4, 187 *a* 27 : 92.
I 5-6 : 97.
I 5-7 : 133.
I 5, 188 *a* 31 : 133.

I 5, 188 *b* 29 : 133.
I 5, 188 *b* 32-34 : 134.
I 6, 189 *a* 29 : 97.
I 6, 189 *b* 25 : 135.
I 7 : 97, 135.
I 7, 189 *b* 30 : 135.
I 7, 190 *b* 5-8 : 164.
I 7, 191 *a* 5 : 121.
I 7, 191 *a* 5-7 : 142, 163.
I 7, 191 *a* 14 : 98.
I 8, 191 *a* 26-30 : 114.
I 8, 192 *a* 34 : 98.
I 9, 191 *b* 35 : 95.
I 9, 192 *a* 10-25 : 281.
II : 31, 118, 121, 182, 196.
II 1 : 153.
II 1, 192 *b* 14 : 167.
II 1, 192 *b* 8-193 *b* 21 : 153.
II 1, 193 *a* 13-18 : 155.
II 1, 193 *a* 31 : 155.
II 1, 193 *b* 18 : 285.
II 1, 193 *b* 20 : 158.
II 2, 194 *a* 6-9 : 186.
II 3-4, 194 *b* 16-196 *a* 3 : 163.
II 3, 195 *a* 26-*b* 30 : 166.
III : 118, 137, 176, 179, 182.
III 1, 200 *b* 12 : 167.
III 1, 200 *b* 25-27 : 168.
III 1, 200 *b* 32-201 *a* 1 : 189.
III 1, 201 *a* 10 : 66.
III 1, 201 *a* 10-11 : 170, 176.
III 1, 201 *a* 28-29 : 171.
III 1, 201 *a* 30-31 : 171.
III 1-3 : 196.
III 2 : 66.
III 2, 201 *b* 20 : 123.
III 4, 203 *b* 14 : 266.
IV : 118, 176.
IV 1-5 : 286.
IV 1, 208 *b* 34-35 : 287.
IV 4, 210 *b* 34 : 289.
IV 5, 212 *b* 20 : 256.
IV 5, 212 *b* 21 : 325.
IV 6-9 : 286.
IV 6, 213 *b* 22-26 : 279-280.
IV 7, 214 *a* 13 : 295.
IV 8 : 188.
IV 8, 214 *b* 20 *sqq.* : 295.
IV 8, 216 *a* 13-16 : 189.
IV 9, 217 *b* 20 : 295.
IV 11, 219 *a* 1 : 204.
IV 11, 219 *b* 1-2 : 205-206.
IV 14, 222 *b* 30 *sqq.* : 202.
V : 119, 137, 179, 182, 196, 197, 382.
V 1 : 176.
V 1, 224 *b* 10 : 136.
V 1, 225 *a* 20-22 : 178.
VI : 118, 120, 145, 190, 194, 196, 197.
VI 1, 231 *b* 18-19 : 38, 40.
VI 1, 232 *a* 18-19 : 40.
VI 10, 241 *a* 26 *sqq.* : 114.
VI 10, 241 *b* 2 : 121.
VII : 110, 118, 182, 351.
VII 1, 241 *b* 24 : 119, 121, 164, 176, 333-334, 339.
VII 2, 243 *a* 20-*b* 2 : 335.
VII 4 : 184.
VII 5 : 382.
VII 5, 249 *b* 27-250 *a* 28 : 187.
VIII : 111, 118, 120, 164, 196, 197, 202.
VIII 1, 250 *b* 14 : 213, 225, 378.
VIII 1, 252 *a* 33-35 : 198.
VIII 4, 254 *b* 25 : 121, 176.
VIII 8, 263 *a* 18 *sqq.* : 194.
VIII 10, 266 *b* 28 *sqq.* : 333.

De caelo : 43, 108, 342, 368.
I : 143.
I 3, 270 *a* 12 *sqq.* : 142.
I 3, 270 *a* 15 : 121.
I 8, 277 *a* 30 *sqq.* : 335.
I 9, 279 *a* 12-22 : 144.
I 9, 279 *a* 31 : 147.
I 9, 279 *a* 35-*b* 1 : 121, 146.
I 10, 279 *b* 12 : 142.

II 1, 284 *a* 19-23 : 147.
II 1, 284 *a* 27-30 : 147.
II 1, 284 *b* 1-5 : 147.
II 2, 285 *b* 29 : 287.
II 4, 286 *b* 13 *sqq.* : 145.
II 6, 288 *a* 19 *sqq.* : 347.
II 12 292 *b* 4-17 : 258.
III 1, 298 *b* 12-35 : 115.
III 2, 301 *b* 23 *sqq.* : 335.
III 7, 306 *a* 10 : 145.
III 7, 306 *a* 24-26 : 145.

De generatione et corruptione : 142.
I 1, 314 *a* 21-24 : 75.
I 2, 315 *a* 34 *sqq.* : 114.
I 2, 315 *a* 36 *sqq.* : 102.
I 2, 315 *b* 6-14 : 43, 75.
I 2, 315 *b* 7-9 : 279.
I 3 : 159.
I 3, 319 *b* 2-3 : 162.
I 3, 319 *b* 3-4 : 162.

Météorologiques : 256.

De anima : 107, 110.
I 4, 408 *b* 32 : 53.
II 1, 412 *a* 19-21 : 244.
II 1, 412 *b* 5-6 : 244.
II 4, 415 *b* 1-2 : 229.
III 9, 432 *b* 21-22 : 258.

De memoria : 208.

Historia animalium : 257.

De partibus animalium
I 5, 644 *b* 22 *sqq.* : 318.
I 5, 645 *a* 17 : 257.

De generatione animalium : 257.
I 18, 724 *b* 14 : 159.
III 11, 761 *b* 15-23 : 256.

Métaphysique : 30, 105, 106, 110.
A : 371.
A 1, 980 *a* 26 *sqq.* : 260.
A 1, 981 *b* 29 : 260.
A 2, 982 *b* 8-983 *a* 10 : 260.
A 3, 983 *b* 29 : 38.
A 3, 984 *a* 19 *sqq.* : 114.
A 4, 985 *b* 4-20 : 75.
A 4, 985 *b* 19 : 114.
A 4, 985 *b* 20 : 213.
A 6, 987 *a* 30 *sqq.* : 63.
A 6, 987 *a* 33-34 : 221.
A 7, 988 *a* 34-35 : 222.
A 7, 988 *b* 30 : 132.
B 2, 997 *b* 12-19 : 56.
Γ 1-2 : 216, 219-220.
Γ 2, 1003 *b* 17 : 217.
Γ 2, 1004 *b* 6 : 217.
Γ 2, 1004 *b* 12-13 : 217.
Γ 2, 1004 *b* 20 : 216.
Γ 2, 1005 *a* 3-4 : 219.
Γ 3, 1005 *b* 9 : 220.
Γ 4, 1007 *a* 21 : 220.
Γ 4, 1007 *b* 25-30 : 220.
Γ 4, 1007 *b* 26 : 156, 220.
Γ 5, 1009 *a* 27 : 156.
Δ 3, 1014 *a* 25 : 96.
Δ 3, 1014 *a* 35 *sqq.* : 74.
Δ 6, 1016 *b* 4-6 : 215.
E : 248.
E 1, 1026 *a* 25-27 : 230.
E 1, 1026 *a* 31-32 : 230.
E 2-4 : 107.
E 4, 1027 *b* 29-30 : 250.
Z : 32, 107, 108, 248.
Z 1, 1028 *a* 23-27 : 232.
Z 1, 1028 *b* 2-4 : 233.
Z 4, 1029 *b* 20 : 235.
Z 16, 1040 *b* 8-10 : 236.
H : 107, 108, 232, 248.
H 2, 1042 *b* 9-11 : 231.
H 3, 1043 *b* 14 : 141.
Θ : 32, 107, 108, 248.

Θ 5, 1048 *a* 3-5 : 250.
Θ 6, 1048 *a* 30-33 : 243.
Θ 6, 1048 *b* 33-34 : 244.
Θ 7 : 246.
Θ 8 : 246.
Θ 8, 1050 *b* 6 : 247.
Θ 10, 1051 *b* 1 : 250.
I : 107.
Λ : 202, 214, 219, 227, 232.
Λ 1-5 : 31.
Λ 1, 1069 *a* 18 : 223.
Λ 1, 1069 *b* 1 : 224.
Λ 3, 1070 *a* 5-9 : 224.
Λ 3, 1070 *a* 25-26 : 224.
Λ 4, 1070 *b* 9-10 : 223.
Λ 4, 1070 *b* 22 *sqq.* : 98.
Λ 4, 1070 *b* 32 : 98.
Λ 5, 1071 *a* 1-2 : 223.
Λ 5, 1071 *a* 4-17 : 225.
Λ 6, 1072 *a* 7 : 229.
Λ 6, 1072 *a* 8-18 : 225.
Λ 6-7 : 32.
Λ 7, 1072 *a* 19-20 : 225.
Λ 7, 1072 *a* 26-30 : 226.
Λ 7, 1072 *b* 14-27 : 228.
Λ 7, 1072 *b* 18-19 : 245.
Λ 7, 1072 *b* 21 : 53.
Λ 7, 1072 *b* 27 : 245.
Λ 7-9 : 99.
Λ 8 : 31, 107, 108.
Λ 8, 1073 *b* 3-4 : 186.
Λ 9, 1074 *b* 15-1075 *a* 5 : 228.
Λ 10, 1075 *a* 13 : 246.
M 1-9 : 107.
M 1, 1076 *a* 9 : 231.
M 1, 1076 *a* 10 : 231.
N 2, 1090 *a* 6 : 51.

Éthique à Nicomaque
I 6, 1098 *a* 16 : 260.
X : 110.

Politique : 107, 110.
VII 12, 1331 *b* 24 *sqq.* : 260.

Poétique
9, 1451 *b* 5-7 : 371.

Eudème : 109, 110.
48 R : 183.

De bono : 49, 85, 129.

Protreptique : 109, 130, 131, 149.
5a W (29, 2-4) : 50.

De philosophia : 105, 113, 117, 140, 143, 147-149.
20 R (35, 5-17) : 126.
24 R : 126.

Problemata : 300.

Problemata mechanica
851 *b* 35-852 *a* 14 : 350.

TABLE DES MATIÈRES

AVERTISSEMENT DE LA TRADUCTRICE 7

ARISTOTE, SES DEVANCIERS, SES SUCCESSEURS

Études d'histoire de la philosophie d'Aristote à Hegel

PRÉFACE DE L'AUTEUR 23
CHAPITRE PREMIER : Les débuts de la mathématisation du mouvement et le rôle d'Aristote dans son développement 37
CHAPITRE II : Les γράμματα et les στοιχεῖα dans la philosophie grecque jusqu'à Aristote 71
CHAPITRE III : La science philosophique de la nature chez Aristote 101
CHAPITRE IV : Esquisse de l'évolution historique du concept d'espace des commencements jusqu'à Leibniz 263
CHAPITRE V : Les premiers critiques de l'aristotélisme 317
CHAPITRE VI : La dissolution de la dynamique aristotélicienne et le prélude du mécanisme moderne 331
CHAPITRE VII : Francis Bacon 357
CHAPITRE VIII : Galilée et la fin du cosmos 375
CHAPITRE IX : Descartes et Hegel 387

ANNEXES 405
I : Résumé (1964) 405
II : Résumé de soutenance 418
III : Discours de soutenance (1966) 423

BIBLIOGRAPHIE 435
INDEX
NOMS 457
NOTIONS 462
PASSAGES CITÉS DE PLATON ET D'ARISTOTE 467

ACHEVÉ D'IMPRIMER
EN OCTOBRE 2011
PAR L'IMPRIMERIE
DE LA MANUTENTION
A MAYENNE
FRANCE
N° 775641T

Dépôt légal : 4e trimestre 2011